LA PROTECCIÓN DEL PATRIMONIO CULTURAL DE LA PROVINCIA DE CIUDAD REAL

LAS COMISIONES PROVINCIALES DE MONUMENTOS Y DE PATRIMONIO

Enrique Jiménez Villalta

LA PROTECCIÓN DEL PATRIMONIO CULTURAL DE LA PROVINCIA DE CIUDAD REAL

LAS COMISIONES PROVINCIALES DE MONUMENTOS Y DE PATRIMONIO

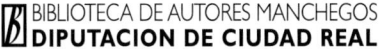
BIBLIOTECA DE AUTORES MANCHEGOS
DIPUTACION DE CIUDAD REAL

Primera edición: 2024

© Enrique Jiménez Villalta
© Diputación Provincial de Ciudad Real

Edita: Servicio de Cultura. Diputación Provincial
Biblioteca de Autores Manchegos (BAM)
Plaza de la Constitución, 1. 13001 Ciudad Real
Tlf.: 926292575
Web: www.dipucr.es

Cubierta: BAM. Obras en el convento de las Concepcionistas Misioneras de la
Enseñanza de Santa Cruz de Mudela, 1912. *Imágenes para el recuerdo. Santa
Cruz de Mudela*, Ayuntamiento de Santa Cruz de Mudela, 1998,

Coordinación editorial: Jesús Reviejo
Colección General, número 242

Imprime: Publiprinters Global, S.L.
ISBN: 978-84-7789-414-8
Depósito Legal: CR-751-2024

Impreso en España

ÍNDICE

INTRODUCCIÓN

El patrimonio cultural ha ido conformándose a lo largo de los siglos gracias al esfuerzo de millones de personas. Su conservación o destrucción y la evolución de su concepto no es algo natural, dado o sobrevenido, sino una construcción social que se gesta y modifica en contextos determinados. Por eso, descontados los fenómenos de la naturaleza o el paso del tiempo, el gran peligro para su protección y conservación ha sido y es el propio ser humano y sus dinámicas sociales. Las guerras y revoluciones, los intereses económicos y urbanísticos y la falta de sensibilidad o la apatía lo han destruido, mermado o puesto en peligro con una gran rapidez y facilidad.

El camino recorrido para contar con los instrumentos legales y administrativos y los recursos materiales, humanos y financieros suficientes para una gestión adecuada del patrimonio cultural ha sido largo, y todavía hoy no están plenamente conseguidos.

Entre la consideración sagrada del patrimonio de la Edad Media, el concepto de monumentos antiguos o antigüedades, ligada a la Ilustración, que se manejaba a comienzos del siglo XIX, o su consideración como símbolos de la grandeza y de la identidad nacional y nuestra concepción actual del patrimonio cultural, hay una enorme diferencia.

Hoy el patrimonio cultural está constituido por los bienes muebles, inmuebles y manifestaciones inmateriales, con valor histórico, artístico, arqueológico, paleontológico, etnográfico, industrial, científico, técnico, documental o bibliográfico de interés.

El patrimonio cultural es fuente de conocimiento de nuestra historia social, política y económica, un legado de nuestros antepasados que hay que proteger, conservar y transmitir, el principal testigo de la contribución histórica de las personas a la civilización universal y un recurso compartido con un enorme potencial simbólico, social y económico.

Legalmente, su conservación, protección y enriquecimiento es una obligación de todas las personas y un deber de los poderes públicos, plasmado en la Constitución (art. 46), el Estatuto de Autonomía de Castilla-La Mancha (art. 4) y en las leyes de patrimonio estatal y autonómica, para favorecer su disfrute, difusión y trasmisión a las futuras generaciones.

Partiendo de estas bases, el objetivo del trabajo es el conocimiento de los comportamientos sociales, dinámicos y estáticos que han dado origen, entre otras, a la aprobación y aplicación de disposiciones legislativas y a la creación de organismos, como las comisiones provinciales de Monumentos, que han tenido incidencia en la protección y conservación del patrimonio cultural español y más concretamente en el de la provincia de Ciudad Real.

No se trata por tanto de realizar descripciones detalladas de los monumentos o de los yacimientos arqueológicos de la provincia de Ciudad Real, que han sido y son objeto de numerosos estudios.

En los últimos años se realizado aportaciones muy interesantes al conocimiento del papel desempeñado por las comisiones de Monumentos en muchas provincias españolas y en el año 2017 se celebró en Mérida una reunión científica internacional para profundizar en su función y la de las sociedades arqueológicas, como instrumentos para la construcción del pasado europeo.

Entendíamos, por tanto, que era el momento de aportar algo de luz al agujero negro existente sobre la Comisión de la provincia de Ciudad Real. El reto no ha sido fácil, por el extravío, pérdida, ocultación o dispersión de las escasas fuentes documentales que han llegado hasta nuestros días y que se encuentran repartidas en la Real Academia de Bellas Artes de San Fernando, la Real Academia de la Historia, el Archivo Histórico Provincial y en el Archivo de la Diputación Provincial de Ciudad Real.

Basándonos en una metodología diacrónica, detallaremos los inicios y evolución de la protección jurídica del patrimonio cultural en España, la creación e incidencia de las reales academias de Bellas Artes y de la Historia, a las que se le asignaron funciones relevantes para la conservación y protección del patrimonio cultural, elaboración de las disposiciones normativas, proyectos y estudios, control de obras y en el nombramiento y coordinación de los miembros de las comisiones provinciales de Monumentos.

Repasaremos también las destrucciones durante las guerras y revoluciones. Algunos edificios fueron utilizados como cuarteles, saqueados o incendiados y gran cantidad de objetos de valor fueron destruidos o robados.

Prestaremos especial atención a la función esencial de los intendentes, jefes políticos, presidentes de la Diputación y gobernadores civiles, como agentes del control del poder central en las provincias y el papel fundamental de personajes influyentes, ligados a las élites religiosa, económica, política y educativa de la provincia y la ausencia y discriminación de la mujer en estas tareas, hasta la segunda mitad del siglo XX.

Conoceremos la tarea de la Comisión Provincial para la recogida de enseres de los conventos suprimidos por la desamortización. Los efectos devastadores de la desamortización sobre el patrimonio cultural nacional y provincial, con ocultaciones, expolios y destrucción de bienes muebles, esculturas, pinturas o libros y el abandono y ruina de bienes inmuebles. La efímera vida de la Diputación Arqueológica Provincial y sobre todo la conformación y los trabajos de la Comisión Provincial de Monumentos Histórico-Artísticos que, como veremos, fueron intermitentes y contó con incidencias y altibajos de todo tipo, en los casi 150 años de existencia y funcionamiento, por las situaciones difíciles por las que ha atravesado España, la movilidad y variaciones del personal, ausencias, mudanzas y fallecimiento de sus componentes, carencia casi absoluta de recursos, obstáculos frecuentes por la ignorancia y la falta de sentimiento artístico o la falta de cooperación de las autoridades.

Las comisiones provinciales de Monumentos Histórico-Artísticos, surgidas en una primera instancia para reunir objetos artísticos, conocerlos y ordenarlos para salvarlos de la destrucción o del olvido, se enfrentaron después a una tarea más penosa y difícil, la custodia y reparación de las fábricas monumentales, su defensa de los rigores del tiempo y de la incuria de los hombres.

No haremos una relectura de las descripciones, informes o textos legales. Hemos optado por transcribirlas casi literalmente para conocer cómo recibía la sociedad de cada momento las disposiciones administrativas que se aprobaban, los hallazgos arqueológicos o el estado en que se encontraban los monumentos y otros elementos del patrimonio cultural, los orígenes que les atribuían y el aprecio o desconsideración que tenían hacia ellos.

Iremos observando cómo, por un lado, se han introducido recursos tecnológicos para la localización, estudio, investigación o difusión de los bienes, desde los dibujos, planos o fotografías, al empleo de las nuevas tecnologías digitales, y cómo, por otro, los avances técnicos los han perturbado o alterado, con la colocación de soportes, cables, cajas y otras piezas de la luz eléctrica y teléfonos, carteles publicitarios y nuevos materiales constructivos, hasta llegar a las placas de captación solar.

Debemos recordar también que la organización territorial de la actual provincia de Ciudad Real surgió con la demarcación diseñada en 1833 por Javier de Burgos. Antes, la provincia de La Mancha nació en 1691 para facilitar una gestión más eficaz de la administración del extenso antiguo Reino de Toledo. La capital de esta provincia fue Ciudad Real, salvo en un pequeño periodo entre 1750 y 1761, que fue Almagro. A la provincia de La Mancha se incorporaron localidades de Toledo pertenecientes a la Orden de Santiago y, posteriormente, algunas de la Orden de San Juan. Otras, que pertenecen ahora a Ciudad Real, eran entonces de Córdoba (Chillón y Guadalmez) o Toledo (Alcoba, Arroba, Horcajo, Navas de Estena o Retuerta) y algunas pasaron a las provincias de Albacete, Toledo o Jaén.

Desde los años 70, los avances sociales, económicos y políticos han tenido una incidencia claramente positiva también sobre el patrimonio cultural. La recuperación de las libertades, los ayuntamientos democráticos, la autonomía y la universidad han contribuido a un mejor conocimiento, investigación, protección y divulgación, poniendo en valor su riqueza y aportando contenidos y argumentos para acabar con el estereotipo de tierra de paso sin interés que existía de la provincia de Ciudad Real. No en vano, José María Quadrado en el tomo sobre Toledo y Ciudad Real de su obra *España, sus monumentos y artes, su naturaleza e historia. Castilla la Nueva*, de 1886, refiriéndose al

Campo de Montiel apuntaba «que el artista y el arqueólogo hallan poco que estudiar y menos que admirar».

Hoy sabemos que contamos con ejemplos únicos o relevantes de todas las adscripciones culturales, desde la Prehistoria a la Edad Contemporánea, como veremos, que se han ido conociendo y poniendo en valor con las investigaciones y publicaciones, con la celebración de congresos y jornadas y con el fomento de trabajos de investigación y restauración que se vienen desarrollando en las últimas décadas y que hemos tenido la oportunidad de comprobar con la exposición «Atempora. Ciudad Real, un legado de 350.000 años», montada en el Museo de Ciudad Real en 2023.

1
LOS INICIOS DE LA PROTECCIÓN JURÍDICA DEL PATRIMONIO CULTURAL EN ESPAÑA

1.1. EL *FUERO REAL* Y LAS *SIETE PARTIDAS*

Elaborados durante el reinado de Alfonso X el Sabio, forman parte de su gran producción literaria, científica, histórica y jurídica y de su sensibilidad hacia los proyectos culturales en el seno de las Escuelas Alfonsíes.

Podemos considerarlos como la primera normativa para la protección y conservación del patrimonio cultural, empleando conceptos asimilables a los que hoy utilizamos referidos a los bienes culturales, como: donación, cesión, enajenación, inventario y documentación, sanción, propietario o patrono, deber de conservación o financiación de las obras de mantenimiento.

El *Fuero Real*, finalizado posiblemente a principios de 1255, coincidente con la *Carta Puebla* de Ciudad Real, fue concebido como ley general del reino para ir introduciéndolo paulatinamente como concesión a cada una de las localidades conquistadas o fundadas.

El *Libro Primero del Fuero Real*, dentro de su título V, dedicado a «la guarda de las cosas de Santa Eglesia», contiene leyes que otorgan protección a los bienes de la Iglesia[1]:

> «Ley I
> Et por ende mandamos que todas las cosas que fueron dadas a las eglesias, o serán daqui adelantre por los reyes o por los otros fieles de Dios, de cosas que deban seer dadas derechamientre, que siempre sean guardadas e firmadas en su juro e en su poder de la eglesia.
> Ley II
> e por que es onra de nos e de nuestros regnos, por ende queremos mostrar como se guarden para todo tiempo las cosas de las eglesias».

Las *Siete Partidas* establecieron unas primeras normas urbanísticas y protegían construcciones y bienes como los castillos, murallas, calzadas, puentes y fuentes, no por sus valores históricos o artísticos, sino por su utilidad para la defensa y por su carácter público, obligando a los propios vecinos de las villas a su mantenimiento y conservación y al rey a su financiación y custodia:

> «Partidas, III. Título XXXII Ley XX: "Cómo los castiellos et los muros de las villas, et las otras fortalezas, et las calzadas, et los puentes et los caños de las villas se deben mantener e reparar".

Apostura et nobleza del regno es mantener los castiello et los muros de las villas, et las otras fortalezas, et las calzadas, et los puentes, et los caños de las villas, de manera que non se derriben nin se desfagan.

Et como quier quel pro desto pertenesca a todos, pero señaladamente la guarda et la femencia destas labores pertenesce al rey; et por ende debe hi poner homes señalados et entendudos en estas cosas et acuciosos, et mandarles que fagan lealmiente el repartimiento que fuere menester a las cosas que desuso dixiemos. Otrosí decimos que debe dar a estos homes lo que hobieren meester para complimiento de la labor: pero si en las cibdades o en las villas do ha meester de facer alguna destas labores, si han rendas apartadas de común, deben hi ser seer prieramiente despendidas: et si non complieren o non fuese hi alguna cosa comunal, entonces deben los moradores de aquel logar pechar comunalmente cada uno por lo que hobiere fasta que ayuden tanta quantía de que se pueda complir la labor. Et desto non se pueden excusar caballeros, nin clerigos, nin vibdas, nin huérfanos, nin ningunt otro qualquier por previ-llejo que tenga; ca pues que la pro destas labores pertenesce comunalmente a todos, guisado et derecho es que cada uno faga hi aquella ayuda que podiere.

Partidas, III. Título XXXII, Ley XXII: "Cómo non deben facer casa nin edeficio cerca de los muros de las villas et de los castiellos".

Desembargadas et libres deben seer las carreras que son cerca de los muros de las villas, et de las cibdades et de los castiellos, de manera que non deben hi facer casa nin edeficio que las embargue nin se arrime a ellos. Et si por ventura alguno quisiese hi facer casa de nuevo, debe dexar espacio de quince pies entre el edeficio que face et el muro de la villa o del castiello: et esto tovieron por bien los sabios antiguos por dos razones: la una porque desembargadamiente puedan los homes acorrer et guardar los muros de la villa en tiempo de guerra: la otra porque por alleganza de las casas non veniese a la villa o al castiello daño nin traición».

1.2. *ORDENAMIENTO DE ALCALÁ* DE ALFONSO XI, 1348

Esta recopilación legislativa amplió la vigencia de la normativa aprobada durante el reinado de Alfonso X.

«LEY IV. Ley 53· tit. 32. del ordenamiento de Alcalá[2]

Conservacion de los tesoros, reliquias, imágenes y ornamentos de las Iglesias.

Porque los tesoros y reliquias, y cruces y cálices incensarios y vestimentas y ornamentos fueron dados á las Iglesias y Monesterios en limosna, así por los Reyes y Reynas, y por los infantes, y por los Ricos-hombres de nuestros reynos, por razon de sus sepulturas, y por otras devociones; mandamos, que todo esto sea bien guardado, y tambien las imágenes que fueron hechas con plata ó sobredoradas, ó con piedras preciosas; y ninguno sea osado de las deshacer, ni tirar cosa alguna deello, ni de lo vender ni empeñar, porque es defendido en Derecho; y lo que así fuere vendido ó empeñado, sea luego restituido y tornado á las dichas Iglesias ó Monesterios sin precio alguno; y si aquel á quien fué vendido ó empeñado lo negare, que lo peche con el doblo á la Igiesia cuyo fuere, y las setenas á nuestra Cámara. (ley 10. tit. 2. lib. I. R.)».

1.3. DEFENSA, RELIGIOSIDAD, PODER Y REPOBLACIÓN

Los territorios de la actual provincia de Ciudad Real fueron durante muchos años zona de frontera y, cuando el avance cristiano se fue consolidando, se implantaron y desarrollaron las órdenes militares de Calatrava, Santiago y San Juan, y el propio Alfonso X el Sabio se reservó un espacio para afianzar el poder real.

Estas realidades conformaron y transformaron la ocupación del territorio y configuraron nuestro patrimonio cultural, que podemos conocer por las fuentes escritas, especialmente los libros de visitas de las órdenes militares, por los estudios y publicaciones realizadas y por los trabajos arqueológicos que se están desarrollando en los últimos años.

La repoblación se hizo sobre los núcleos asociados a los castillos y fortalezas de origen andalusí y, al tiempo que algunas aldeas y fortalezas se abandonaron, otras se reforzaron para compaginar la función defensiva con la conversión en centros del poder político, económico, religioso y administrativo, con una gran fuerza simbólica que todavía mantienen.

En este proceso, en un primer momento, el desarrollo social, demográfico y económico de nuestro territorio se fundamentó sobre el modelo de castillo-casa de la encomienda, como ha descrito el profesor Jesús Molero García y en el papel decisivo del cristianismo y la creciente religiosidad, que ha estudiado la profesora Raquel Torres, que propiciaron la construcción de oratorios, templos, crmitas y pequeñas iglesias, algunos en el propio recinto de los castillos.

El proceso de construcciones civiles y religiosas, tal como apunta Pilar Molina, convirtió las sencillas chozas, pequeñas aldeas o humildes santuarios, en prósperos pueblos con buenas casas, palacios, ermitas, conventos y magníficas parroquias.

Después, la situación social y el patrimonio cultural se vieron alterados por la competencia entre los concejos y las encomiendas por acaparar el poder, por los conflictos civiles y nobiliarios que, una vez superados, propiciaron el crecimiento de nuestros pueblos desde finales del siglo XV, exigiendo ampliaciones y una vertebración en torno a nuevas iglesias parroquiales, plazas mayores y edificios vinculados a la administración, al comercio, la artesanía y la agricultura, y después por la fundación y construcción de gran cantidad de conventos.

En el proceso de fundación de conventos y construcción de iglesias, tal como apunta J. J. Barranquero, tenemos que tener en cuenta que las órdenes militares se centraron en la red de parroquias dentro de su territorio y las congregaciones religiosas en la fundación y creación de conventos.

Como muestra de ello, podemos citar que la provincia de Ciudad Real llegó a contar con 59 fundaciones de distintas órdenes religiosas[3], o que en 1498 la Orden de Santiago tenía en el Campo de Montiel 22 parroquias, 59 ermitas y tres capillas en las fortalezas[4].

Los elementos defensivos también sufrieron los avatares políticos y los conflictos nobiliarios y dinásticos. Como ejemplo citamos las siguientes medidas:

Juan II ordenó en 1430 y 1432 el «reparo de los castillos y fortalezas de las fronteras por cuenta del Rey, y de las torres y muros de los pueblos á costa de sus vecinos»[5].

En 1474, apoyándose en disposiciones anteriores de Alfonso XI y Enrique II, se determinó la «demolición de castillos y casas fuertes hechas sin Real licencia, y de las edificadas en tiempo del Señor Rey D. Enrique»[6].

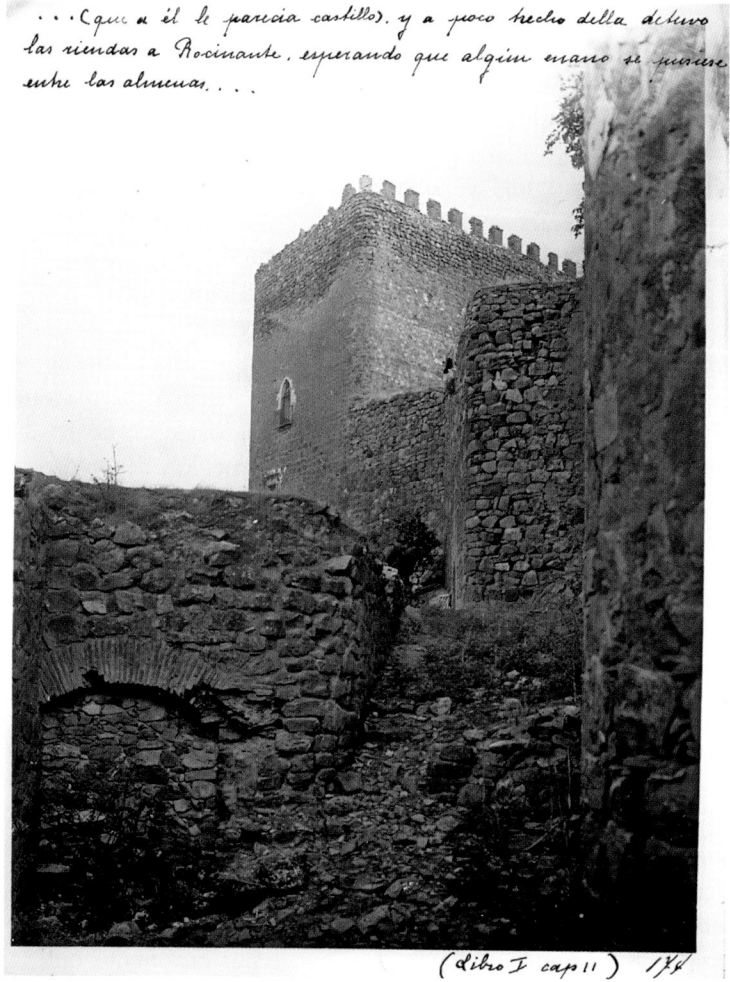

Castillo de Montizón, 1926. Charles Alberty "Loty", Colección Carlos Vázquez. Fuente: Archivo del Museo de Ciudad Real.

En 1500 los Reyes Católicos, por Pragmática de 9 de junio, establecen la:

«Prohibición de labrar torres y casas fuertes sin Real licencia en los pueblos y sus términos; y reparo de sus muros y cercas, puentes y otros edificios públicos. Los Asistentes, Gobernadores y Corregidores de los pueblos no consientan, que se hagan sin nuestra licencia torres ni casas fuertes en la ciudad ó villa ó tierra que fuere a su cargo, ni en sus términos y jurisdicción; y sepan si se hacen agravios y daños de las hechas nuevamente, y si perturban con ellas la paz del pueblo, y nos envien relación dello; y si en las comarcas de su jurisdiccion se hiciere alguna casa fuerte, luego que lo supieren, nos avisen dello: y que vean como estan reparadas las cercas y muros y cavas, y las puentes y los pontones y alcantarillas, y las calzadas en los lugares donde fueren menester , y todos los otros edificios y obras públicas; y si no estuvieren reparadas, den órden como se reparen con toda diligencia»[7].

1.4. LA SUPERVISIÓN DE LA ARQUITECTURA RELIGIOSA[8]

La capacidad y autonomía de las parroquias para promover y financiar, a través del diezmo, obras, reparaciones o ampliaciones en las iglesias y otros centros de culto estaba limitada y supervisada con las visitas pastorales de las autoridades eclesiásticas que, entre otras disposiciones, aplicaron las recomendaciones surgidas tras el Concilio de Trento, que para controlar y favorecer el culto y la liturgia, encargaron directamente a los obispos que:

«han de ser los que han de entender en ello, cuidando de que las rentas de las fábricas se inviertan en usos necesarios y útiles a la iglesia, según tuviesen por más conveniente».

Estas y otras funciones de las autoridades diocesanas, compartidas con las órdenes militares, generaron numerosos conflictos que tuvieron que regularse con disposiciones e instrumentos legales como las concordias. También debemos reseñar la rivalidad entre el clero secular y el clero regular.

Los visitadores se encargaban de inspeccionar las conductas de los curas, sacristanes o seglares, las cuestiones materiales y financieras de las iglesias, ermitas, hospitales, cofradías, capellanías, la fábrica de los templos y capillas, pilas bautismales, altares, ornamentos o retablos.

2
EL PATRIMONIO CULTURAL EN LAS RELACIONES, CATASTROS, CENSOS, DICCIONARIOS Y LIBROS DE VIAJES

Diversas relaciones, censos, catastros, diccionarios y libros de viajes, elaborados o realizados con otras finalidades directas, han servido para documentar nuestra historia y la organización social, política y económica de cada época. Nos permiten conocer detalles de nuestro patrimonio cultural, el origen y nombre de nuestros pueblos, hechos señalados, antigüedades, epitafios, diseño y evolución urbanística, sistemas constructivos, infraestructuras y edificios, como molinos, puentes, calzadas, castillos, torres, fortalezas, iglesias, conventos, ermitas, hospitales o mesones.

2.1. *RELACIONES TOPOGRÁFICAS* DE FELIPE II

Son una fuente documental y estadística que contiene las respuestas, que poco más de 700 localidades de la entonces Castilla la Nueva (provincias de Madrid, Guadalajara, Toledo, Cuenca y Ciudad Real), parte del Reino de Murcia (provincia de Albacete y algunos pueblos de la provincia de Murcia), además de algunos pueblos de las provincias de Alicante, Cáceres y Jaén, realizaron a los cuestionarios enviados por orden de Felipe II entre 1575 y 1579.

La inmensa mayoría de pueblos respondió en el interrogatorio de 1575, Chillón y Tomelloso lo hicieron por el de 1578, aunque otros cuatro pueblos más hicieron y enviaron sus respectivas relaciones después. En 1578 lo hicieron Fernán Caballero y Malagón, y en 1579, Manzanares y Miguelturra.

El documento original con las respuestas está depositado en la biblioteca del Monasterio de San Lorenzo de El Escorial y una copia en la Real Academia de la Historia. El cuestionario se refiere a aspectos sociológicos, demográficos, geográficos, estratégicos y económicos de cada localidad, que pretendía ofrecer una descripción detallada de todos los asentamientos poblacionales de los reinos bajo su mandato.

Podemos conocer con detalle como eran los pueblos de la actual provincia de Ciudad Real en las *Relaciones Topográficas* de Felipe II gracias a la edición de Francisco Javier Campos y Fernández de Sevilla, realizada por la Diputación Provincial de Ciudad Real en 2009.

Por la carta, instrucción y memoria de octubre de 1575 sabemos la finalidad de la iniciativa:

«El Rey por haber entendido que hasta ahora no se ha hecho ni hay descripción particular de los pueblos de estos reinos, cual conviene a la autoridad y grandeza de ellos, habemos acordado que se haga la dicha descripción y una historia de las particularidades y cosas notables de los dichos pueblos».

Transcribimos a continuación algunas respuestas que nos permiten conocer la existencia de piezas arqueológicas y elementos del patrimonio cultural, los orígenes que les atribuyen, el estado en el que se encuentran en ese momento y el aprecio o consideración que tienen hacia ellos:

ALHAMBRA

«…en esta villa no hay desdichadamente edificios señalados, salvo que en esta dicha villa hay dos rastros de edificios y antiguallas siguientes: lo primero, que la capilla mayor de la iglesia parroquial, vocación de señor San Bartolomé, está hecha y edificada de edificio muy antiguo, de tal manera que está hecho de piedras labradas largas y del ancho de la pared… a la puerta del sol de la dicha iglesia hay una estatua de mármol blanco antigua, y una basa del mismo mármol».

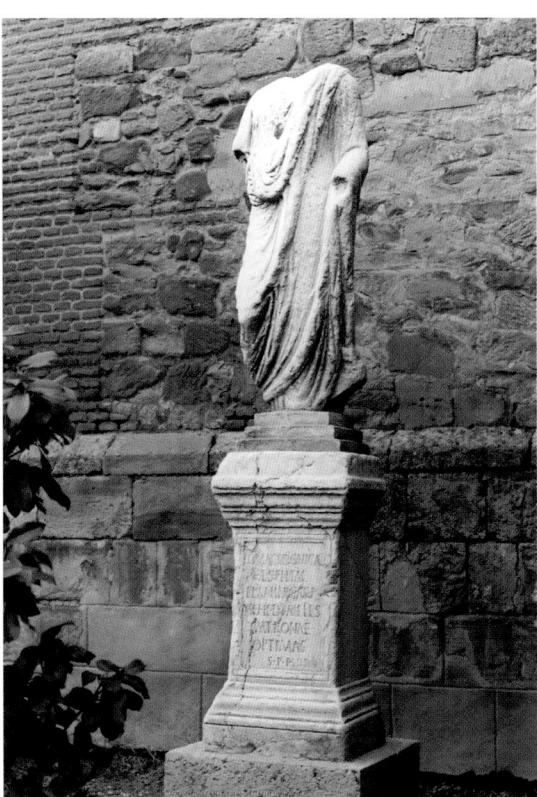

Togado y pedestal ubicado en los jardines de la iglesia de Alhambra en 1980. Fuente: Archivo del Servicio de Cultura, Exp. 80.0005.

«...y asimismo cavando en el sitio del dicho lugar se han hallado en él muchas monedas antiguas de emperadores romanos y especialmente de Julio César y de Trajano. ...en el dicho sitio de la dicha villa se hallan y parecen muchos aljibes antiguos con mezcla de guijarros muy pequeños y cal y algunos azulejos se hallan en el dicho sitio do está la dicha villa situada... los cuales dichos azulejos son de diversos colores, y asimismo se parece y hallan algunos caños labrados de piedra y de la dicha mezcla que van y salen sus vertientes a los dichos aljibes y se hallan y parecen pedazos de muralla y puestos de ella con sus quicialeras y agujeros para las trancas de ellas; y se hallan sepulturas en las laderas del cerro donde está la dicha villa labradas de piedra, y en las dichas sepulturas se han hallado muchos huesos y calaveras de muertos y algunas cuentas de azabache de diferentes maneras».

ALMEDINA

«En cuanto a los treinta y dos capítulos dijeron que esta villa está fundada en un cerro alto, el cual por la parte de cierzo está llano y está la población a la larga, porque el cerro es angosto en lo alto del llano, y que la parte antigua que solía ser el pueblo cuando esta villa fue de moros, entonces era una población pequeña, y estaba cercada de una cerca muy ancha y muy fuerte, la cual el tiempo tiene arruinada y solo los cimientos nos dan ahora testimonio de su grandeza y fortaleza, que son muy anchos y de muy grandes piezas de piedras labradas que se descubren por todo él.

En cuanto a los treinta y seis capítulos dijeron que en esta villa no hay edificios antiguos de que se pueda hacer mención más del edificio antiguo de la cerca que esta villa solía tener, de que se hizo mención en el treinta y dos capítulos, y ansimismo hay una piedra de alto de una vara casi cuadrada, tan viva, que en esta tierra ni en muchas leguas alrededor no hay piedra de la suerte, en la cual hay un letrero de hasta seis renglones con unas letras latinas largas, que aunque mucho de ello no se puede leer, pero lo que se puede leer nos significa que en tiempo de Trajano y Adriano, emperadores de Roma, quedó esta memoria en esta tierra. Ansimismo hay en el término de esta villa, hacia la parte de poniente, a media legua de ella, [en] un cerro que se dice el Gollizno, un edificio antiguo, el cual parece haber sido alguna muy gran fortaleza porque tiene tres cercas, y aunque derribadas, parece que fueron de un edificio de piedra viva y grande, que muchas piezas son de dos varas en largo y una de ancho, y éstas sin ningún betún porque ansí lo manifiesta un pequeño pedazo que de la cerca hay ahora, y asimismo, junto a esta fortaleza que es falda de sierra Morena hay otro cerro, en el cual, en muchas partes de él, todas las piedras y peñas que hay, si las parten se hallan dentro de ellas unas veneras de Santiago muy al propio».

ALMODÓVAR DEL CAMPO

«...el Castillo de Almodóvar el cual es anejo a la Encomienda, y la reedificación y reparo de él incumbe al comendador de la dicha villa.

En esta villa no hay edificio suntuoso ni señalado más que la torre de la iglesia parroquial que es muy alta y toda cuadrada, hecha de cal y canto y piedra labrada y muy fuerte y hermosa».

Bolaños

«Tiene un castillo de dos torres [con] la muralla de tierra no bien reparada; tiene los coseletes que es obligado a tener el comendador, aun no los han traído a él».

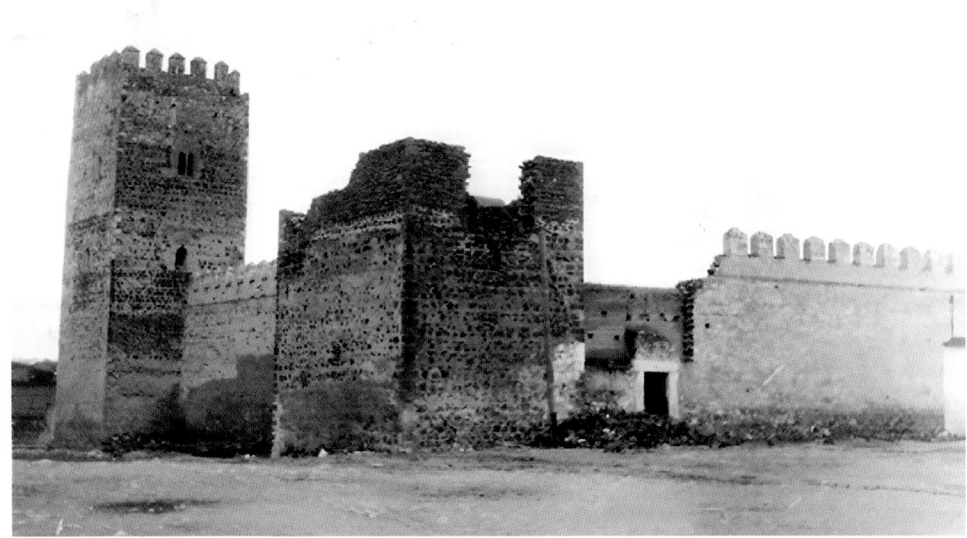

Castillo de Bolaños de Calatrava en 1960. Fuente: Centro de Estudios de Castilla-La Mancha, UCLM.

Cabezarados

«...alrededor de este pueblo al mediodía junto a él parece haber habido algunos edificios antiguos porque se hallan cimientos y algunas piedras labradas, aunque sin letreros, y se hallan debajo de tierra algunos pedazos de tejas antiguas y se han hallado algunos pilares labrados y algunas monedas antiguas de cobre, por lo cual se entiende que este pueblo fue de mayor fundación y muy antiguo; y asimismo se entiende que cuando la perdición de España del rey don Rodrigo se despobló este pueblo».

Caracuel

«Hállanse grandes edificios y enterramientos antiguos y hanse hallado epitafios en arábigo y cédulas, y por ser la gente labradores no se han dado nada por ello y no se ha guardado».

Daimiel

«...en esta villa hay un castillo antiguo que está dentro del pueblo cerca de las casas de la Encomienda lecho de tapiería enacerada con un foso o cava por de fuera, y de dentro [tiene] muy pocos edificios; está viejo y maltratado».

MONTIEL

«Hay en la dicha fortaleza en el asiento de ella, aljibes, pozos, mazmorras y otras muchas cosas de servidumbre y defensa de la dicha fortaleza, muy importantes y notables, y por descuido de los comendadores y sus alcaides ha venido en quiebra y daño la dicha fortaleza y sus edificios. Y tómase a más cumplidamente el fundamento de esta fortaleza en las crónicas del rey don Pedro cuando sucedió su muerte, y en otras que tratan de la destrucción de España, que allí se contiene el nombre y fundamento de algunos sucesos que hubo en la dicha fortaleza y villa de Montiel y en su jurisdicción».

PIEDRABUENA

«A los treinta y tres capítulos se responde que en el pueblo está un castillo fuerte de mampostería y bueno y bien reparado, y otro fuera del pueblo que está caído».

SANTA CRUZ DE MUDELA

«De los cuales dichos edificios [las Virtudes] se trajeron para la iglesia mayor de esta dicha villa ciertas piedras mármoles..., especialmente una piedra mármol cuadrada... hasta cinco años ha que se puso en una torre que ahora se va haciendo de la dicha iglesia, la cual dicha piedra tenía un letrero en cifra griego... y la dicha piedra está puesta como dicho es en una esquina de la dicha torre [con] el dicho epitafio a la parte de adentro, de manera que de presente no se puede leer.

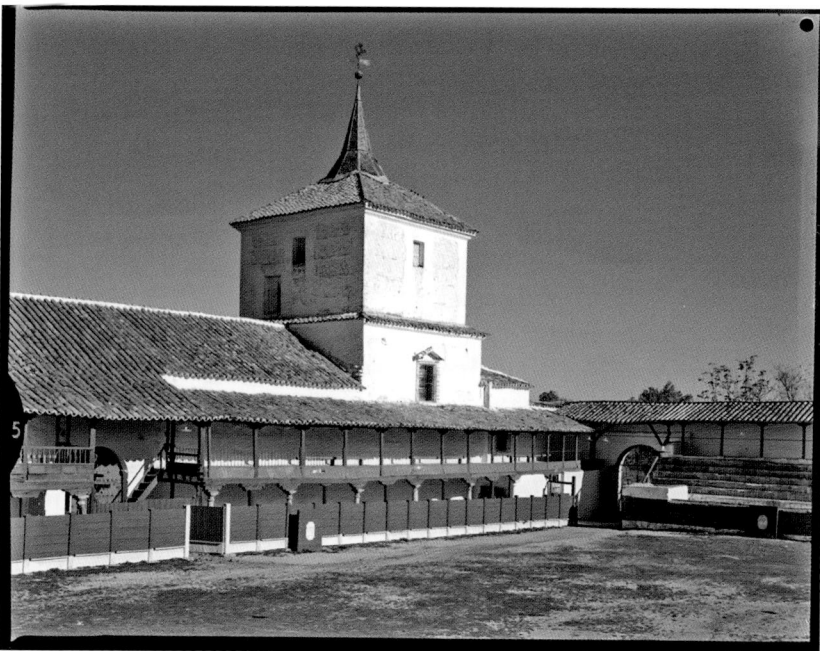

Ermita-santuario y plaza de toros de Las Virtudes, Santa Cruz de Mudela, en 1967. Fuente: Instituto del Patrimonio Cultural de España (IPCE). Fotografía de Juan Miguel Pando Barrero (1915-1992), PAN-B-008362.

Y en la dicha población antigua de Nuestra Señora de las Virtudes hemos oído decir a nuestros pasados que se hallaron dos sepulcros hechos de piedra mármol a manera de una pila larga grande... las cuales dichas piedras de sepulcros están puestas en el edificio de la dicha ermita de Nuestra Señora de las Virtudes que ha que se pusieron quince o diez y seis años poco más o menos. Y se dice por cosa cierta que las dichas piedras de los dichos sepulcros se trajeron, a lo menos la una de ellas, a esta dicha villa para servirse de ella por pila para dar agua a los ganados».

VILLANUEVA DE LOS INFANTES

«La iglesia parroquial de esta villa es de buen edificio de una nave. Tiene una torre muy buena en extremo, es muy galana, muy alta, labrada de sillería con muchas ventanas y alquitrabes, frisos, y cornisas; con un chapitel hecho de pizarra negra y plomo a la forma de los que Su Majestad ha mandado hacer en el Escorial y en otras obras suyas».

2.2. EL VIAJE DE COSME III DE MÉDICI POR ESPAÑA Y PORTUGAL (1668-1669)

La familia florentina Médici consiguió poder e influencia en toda Europa desde el siglo XIV, llegando a tener entre sus miembros a papas y reinas de Francia. Fueron grandes coleccionistas y mecenas de las artes, la arquitectura y la ciencia.

En 1668 Cosme III de Médic, (Florencia, 1642-1723), sexto gran duque de Toscana, era heredero del Gran Ducado. El viaje que nos ocupa pretendía completar su formación política y un alejamiento temporal de Margarita Luisa de Orleans, prima del rey Luis XIV de Francia, con la que se había casado por poderes en 1661. Comenzó en Florencia el 18 de septiembre de 1668 y terminó en La Coruña el 19 de marzo de 1669.

Acompañado de un gran séquito, el 25 de septiembre llegaron a Cadaqués y el 30 a Barcelona. Lorenzo Malagotti se encargó de redactar el informe final, que ilustró Pier María Baldi. Gracias a ellos y a la edición en español de David Fermosel Jiménez y de José María Sánchez Molledo, podemos conocer cómo eran los pueblos, la sociedad, economía, agricultura, paisaje, acontecimientos destacados y elementos del patrimonio cultural de esa época[1].

El recorrido, por lo que hoy es la provincia de Ciudad Real, comenzó en Consuegra:

«Antes del amanecer del día 1 de diciembre, Su Alteza estaba en iglesia principal de Consuegra en misa y al acabar montó en su carruaje para continuar su viaje seguido durante media legua por Guelfi. El camino durante las siguientes cinco leguas fue por una llanura en la que se veían algunas pocas casas y sólo muy a lo lejos se observaba alguna ciudad más grande cerca de

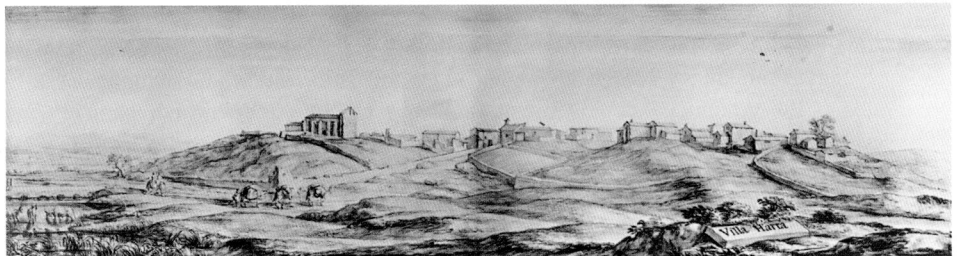

Lámina de Villarta de San Juan.

las montañas. Los cultivos en esta zona suelen ser de vino y aceite, aunque este último es más escaso y sólo se ve en las proximidades de Consuegra. Cerca de Villarta de San Juan, el último lugar de La Mancha y del Priorato de Castilla, que en esta parte tiene un pantano seco debido a la aridez de la zona y a la estación seca. Éste es atravesado por un puente de piedra largo y bajo, sin embargo, sin carriles laterales de madera.

En Villarta se refrescó de pie, y se puso en rumbo por otras cinco leguas a Membrilla, pueblo del rey donde se llegó dos horas después de la puesta de sol. Fuera de Villarta comienza la zona de Calatrava, al que pertenecen la Venta Pesada donde hay un pozo de veinticuatro varas de profundidad, que saca el agua del subsuelo del Guadiana, y el pobre pueblo de Manzanares, que es del rey. Aquí encontramos un recinto cuadrangular de paredes almenadas con tres torres similares en todos los ángulos, por lo que puede decirse que es apto para la defensa. Fuera del campo de Manzanares comienza inmediatamente Montiel que pertenece a Membrilla, también del Rey. Calatrava es toda una llanura yerma, y sin otra frontera que el horizonte.

Membrilla trae su nombre de la abundancia, en otros tiempos mucho más que ahora, de membrillo. Las viñas que tienen poco vigor producen pocas y claras uvas, por lo que el pueblo, en general, no tiene una producción abundante de vino. Aquellos pocos, sin embargo, que lo producen, lo hacen en abundancia, y desde un año y medio, lo han perfeccionado y tiene una duración de un máximo de cuatro años.

Su Alteza oyó misa el día 2 en la iglesia parroquial de Santiago, oficiada por un vicario de la Orden de Santiago con dependencia del Consejo de Órdenes con otros veinticuatro sacerdotes subordinados con títulos de capellanes. La iglesia es grande y la arquitectura gótica. De allí volvió a la posada a desayunar y de nuevo se puso en camino.

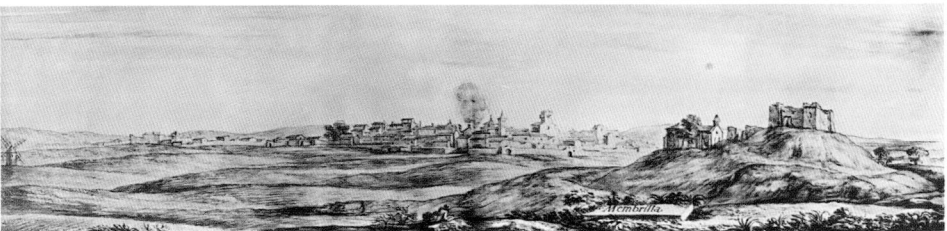

Lámina de Membrilla

Llegó a Villanueva de los Infantes tras un recorrido de siete leguas. El campo que se vio este día es de los más bonitos que se han visto hasta ahora, que se extiende por uno y otro lado por un largo trayecto hasta algunas montañas a lo lejos. En Villanueva de los Infantes destaca el cultivo de la uva para el vino y el trigo y en algún lugar se pueden ver bellos olivos como los nuestros. Se dejó a la izquierda La Solana, gran terreno del Rey, ubicado en una colina, y se pasó por una hermosa agua en Azuel, un lugar donde hay un molino de don Sebastián de Orduño. Alrededor de la mitad de la carretera se encuentra uno de los montículos selváticos que para pastos no puede ser más bonito, llamada esta zona por los lugareños Sierra del Peral. Ante de entrar en ella, se en la parte superior de la mano izquierda en la extremidad de la sierra, otra tierra del Rey llamada Alhambra. A la entrada de esta boca hay pocas construcciones, incluyendo un edificio rodeado de plantas salvajes y árboles frutales y una capillita llamada el Santo Cristo de Santa Helena. Esta imagen de Cristo Crucificado, dicen milagrosamente haber prolongado la vida durante trece días a un pobre viajero, cuyos asesinos le habían cortado la garganta, y pasó por allí un sacerdote y, al recibir de él la absolución por la cual había suplicado a la imagen, inmediatamente murió.

Pasada la Sierra del Peral, que está formada por una sola cadena de montañas, se encuentra el campo plano de nuevo a izquierda y derecha hasta donde llegaba la vista, sólo al frente se podía observar la frontera de las primeras montañas de Sierra Morena. Cerca de la Sierra del Peral se vieron cultivos de trigo, con troncos de encina gruesos y selváticos rejuvenecidos por los cortes, pero estas zonas salvajes están en declive y se están reemplazando por hermosos viñedos que nos acompañaron a continuación, sin mezclar sembrado hasta este lugar, donde en los alrededores del mismo, un poco por encima, hay una pequeña capilla llamada Nuestra Señora de las Ceras.

Villanueva de los Infantes es un lugarcito de los infantes de Lara, de los cuales viene el duque de Hajara de la casa Manríquez; está bien situado y lleno de buenas construcciones, que merece, si no el nombre de ciudad, por lo menos algo más por encima del de pueblo. La principal iglesia de San Andrés, la de los dominicos y las hermanas de Santa Clara, la calle Mayor, la calle de San Francisco, que ambas van a dar a la plaza, y la propia plaza que se construye, como el exterior de la iglesia, de piedra viva con una arquitectura de soportales que sostienen en torno a ellas toda construcción uniforme, son piezas que podrían darse en una ciudad italiana. Los barrios exteriores son reconocidos por ser casi todas las construcciones como las de Castilla. La población es de quinientos vecinos, aunque hay alojamiento muy cómodo

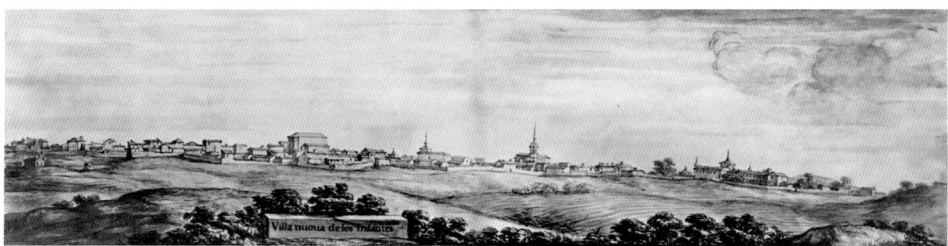

Lámina de Villanueva de los Infantes

para más de un millar. La jurisdicción temporal es del Rey, pero en el orden espiritual, como Membrilla, depende de la Orden de Santiago, el cual provee a la iglesia principal de un superior eclesiástico con el título de vicario, que tiene treinta capellanes subordinados, y su dignidad es revocable.

Hay dos conventos de dominicos y franciscanos regulares y dos conventos de monjas, uno de la Orden de San Francisco y el otro de Santiago. Estaban en la tierra de siete a ocho caballeros de Santiago y el Alcalde Mayor era Antón María de Padilla. Los arcabuceros de Villanueva de los Infantes son famosos en toda la Sierra Morena, la más fértil y salvaje de toda España, inculcando la caza a los habitantes de la zona, que ha hecho que sean unos de los mejores de España en este aspecto. Villanueva de los Infantes está, sin embargo, en el Campo de Montiel, y es uno de los lugares más importantes de la región, como el mismo Montiel, del que toma su nombre y que no llega a ser la mitad de ella. Lo más famoso, y lo que ha hecho a esta tierra como es, es que ha vivido aquí Santo Tomás, de hecho, vive aquí alguno de sus parientes, que fue arzobispo de Valencia. Se ve iniciada una capilla, que se estaba construyendo en su honor en la Iglesia Mayor a mano derecha de la puerta principal, de la cual no había otra cosa hecha que los materiales fuera. Su Alteza se alojó en el convento de los dominicos. Después de la misa fue a reverenciar a Su Alteza, el Alcalde Mayor; después se adelantó el desayuno como lo había hecho el día anterior, y mientras se cargaba todo, fue Su Alteza a ver la Iglesia Mayor, la plaza, la calle Mayor, y la Iglesia de Santa Clara. Luego entró en el carruaje alrededor de las 9, e iniciaron el camino rápidamente, para llegar a la Venta Nueva a siete leguas de allí; en cuanto se sale de Villanueva de los Infantes, el terreno empieza a ser desigual, y aunque cementado en partes sigue habiendo muchas zonas por encima y por abajo salvajes.

Y así continúa por tres leguas hasta Villamanrique, que es el último pueblo del Campo de Montiel, de La Mancha y de Castilla, donde hay una muralla baja de tierra; nada más pasarla se empieza a subir hacia Sierra Morena, que parece más una cadena de grandes colinas que de montes, los cuales se despoblan y se separan en varias líneas en un área de terreno bastante amplia. El campo no es fértil, es más, está lleno de piedras y tiene un aspecto bastante salvaje, tapizado de helechos; por donde las lluvias han debilitado la tierra se ven algunas venas de agua con piedras que parecen esponjas, de un color casi negro, que dicen son las que dan nombre a esta Sierra. Acuden allí muchos cazadores, pues hay muchísimas perdices y conejos y casi no hay casas. Todo el camino es desigual, tanto cuando se sube como cuando se baja, ya se tomen la ruta más cercana a la ladera, ya sea por los valles, o incluso subiendo a la cima de las colinas.

Al subir en dirección a la Venta Nueva se ve a lo lejos y a la izquierda Sierra Nevada, cuyas altísimas montañas dividen Andalucía desde Granada hasta la costa, para llegar a un lugar llamado Tomotrel. Nacen aquí tres ríos principales: el Guadiana, poco caudaloso, el Genil y el Guadalimar, y todos ellos desembocan en el Guadalquivir en Sevilla.

La Venta Nueva es una casa pobre que se mandó construir recientemente por el duque de Medina para que pudieran descansar los viajeros, y se compone de dos míseras habitaciones en la primera planta, una en la planta baja, un henil, y un cuarto con chimenea donde se cocina, situado delante de un establo muy grande donde se pasó la noche junto a las bestias. El mismo día 4 oyó misa en

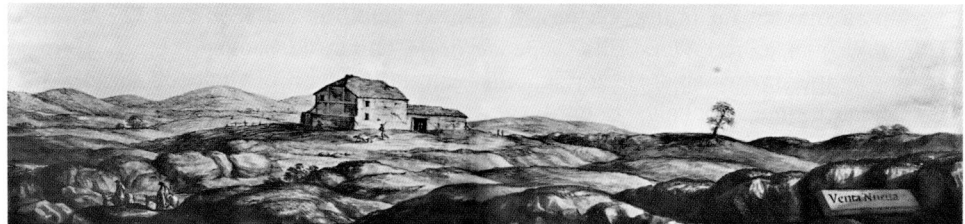

Lámina de Venta Nueva

esta casa, y cuando terminó se montó a caballo una hora después del amanecer, y entró en el bosque, al lado de la carretera principal, con perros y cazadores y fue a cazar codornices, dos de las cuales eran bien hermosas. Cuando hubo recorrido la mitad de ese camino entró en el camino principal, desmontó y se subió a la calesa y avanzó durante cinco leguas hasta la Venta de San Andrés, donde llegó una hora y media antes de que se pusiera el sol, situada casi en la frontera que divide La Mancha, y por tanto Castilla, de Andalucía».

2.3. LAS *RESPUESTAS GENERALES* DEL CATASTRO DEL MARQUÉS DE LA ENSENADA

Entre 1750 y 1754 todas las poblaciones de la Corona de Castilla fueron sometidas a un interrogatorio de 40 preguntas para obtener información de carácter fiscal, económico y demográfico.

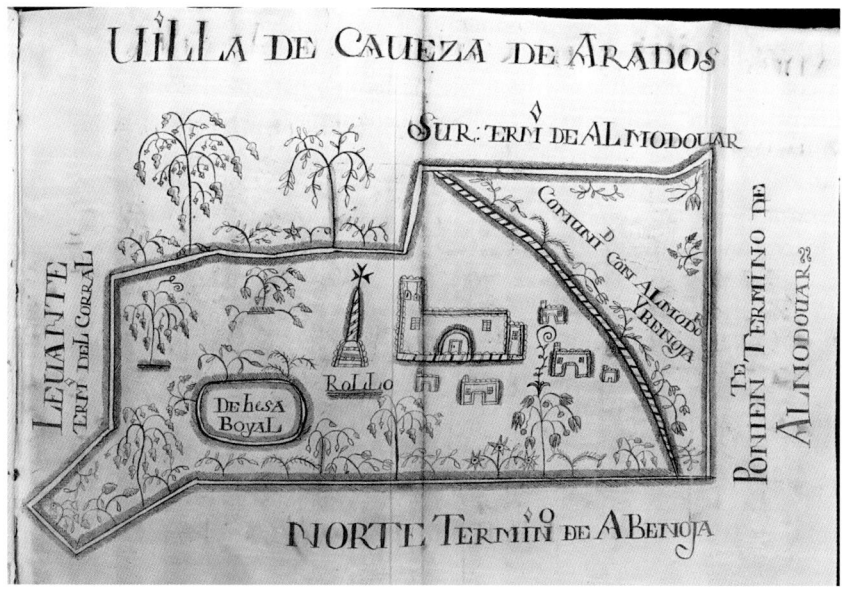

Mapa de Cabezarados según el Catastro del marqués de la Ensenada. Fuente: Archivo Histórico de Ciudad Real.

La *Respuestas Generales* se conservan en diversos archivos estatales. La documentación resultante es bastante detallada y se compone de correspondencia, libros, planos y mapas, de elaboración simple, pero que proporcionan información muy útil para el estudio de aspectos interesantes de la actual provincia de Ciudad Real a mediados del siglo XVIII: la geografía, la economía, la industria, la sociedad o el urbanismo.

2.4. LOS PUEBLOS DE LA PROVINCIA DE CIUDAD REAL EN LAS *RELACIONES GEOGRÁFICAS*, DE TOMÁS LÓPEZ

La recogida de información de Tomás López, tal como apunta F. Javier Campos y Fernández de Sevilla, se centra cronológicamente en dos fases: la primera en la década de 1763-1770 y la segunda en 1785-1787, coincidiendo con las *Descripciones* del arzobispo de Toledo, el cardenal Lorenzana, hasta tal punto que en algunos casos las respuestas fueron las mismas.

La documentación se conserva en la Biblioteca Nacional. El interrogatorio de Tomás López es un cuestionario de quince preguntas de carácter general acompañado de una carta circular impresa, que envió a las autoridades eclesiásticas y civiles para obtener información cartográfica, geográfica e histórica de España. Como en el caso de las *Relaciones Topográficas*, transcribimos a continuación, algunas respuestas:

ALCÁZAR DE SAN JUAN

«El convento de San Francisco, uno de los más suntuosos edificios de esta villa, Santa Quiteria, parroquia, tiene una sola nave; su obra, admirable, aunque con poca luz, orden dórico suntuoso; es bastante capaz y cómoda; se acabó el año de mil seiscientos cuatro. El ayuntamiento obra hermosísima (por lo respectivo a su primer cuerpo) de sillería, cuadrado con dos galerías en sus dos y bellos arcos».

GRANÁTULA DE CALATRAVA

«Como a media legua del pueblo hay un santuario en que se venera a Nuestra Señora con el título de Zuqueca de mucha veneración de todos los fieles de la comarca; este santuario es tan antiguo que en otros tiempos fue catedral, la que mereció tener por obispos a san Blas (que está enterrado en Cifuentes), a san Espiridrón y a san Venusto. En este sitio estuvo la ciudad de Oreto, situada a la orilla del río Jabalón para cuyo paso construyeron los romanos un famoso puente que posteriormente mandó reedificar el emperador Constantino, como todo consta de un cuadro que hay en dicha ermita».

POZUELO DE CALATRAVA

«En un alto inmediato a la villa está la iglesia antigua que es de tres naves y de mayor magnitud que la moderna; hoy sirve de ermita, y extramuros hay tres santuarios, siendo de más devoción el de Nuestra Señora que se halla a

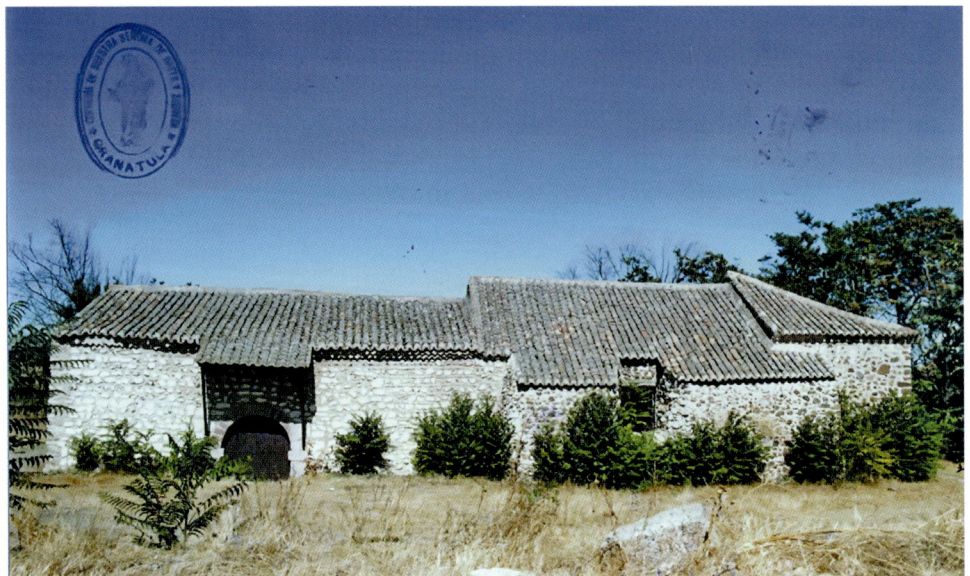

Ermita de Oreto. Fuente: Catálogo BIC, Junta de Comunidades de Castilla-La Mancha.

dos leguas en la eminencia de un cerro; su templo es de bastante magnitud, y tiene una cofradía bastante antigua que celebra su solemnidad el día ocho de septiembre teniendo en aquellos días una comida muy suntuosa».

Miguelturra

«En el centro de la población, inmediata a las Casas consistoriales, se está construyendo una suntuosa capilla, rotunda [redonda], para el culto y veneración del Santísimo Cristo de la Misericordia».

Viso del Marqués

La fábrica de esta iglesia es gótica, de una sola nave, pero con motivo de haber amenazado ruina la torre de resultas del terremoto del año pasado de 1755, se derribó para lo que fue necesario arruinar parte de la bóveda de la iglesia y coro, y para su reedificación y ampliar la iglesia».

Argamasilla de Calatrava

«Dentro de la jurisdicción de esta villa hay descripción de cuatro castillos o atalayas; uno en la sierra de la Nava, otro en el Sitio de Turruchel, donde hay una mazmorra que llaman vulgarmente Sala de los Moros, y los otros dos en la sierra de la Zarza y cerro que nombran del Moro cuyas fortalezas parecen las hicieron los moros para defender la entrada y salida de sierra Morena».

Membrilla y San Carlos del Valle

«A distancia de unos 200 pasos extramuros de la misma villa, y a la parte de poniente, se halla el muy antiguo, memorable castillo llamado del Tocón, arruinado;

en su primitiva fundación se hallaba fundado y sostenido sobre 20 columnas, y debajo de éstas siete atahonas con la demás habitación correspondientes para 2000 hombres de guarnición, cercado de muralla y foso, y en dicho sitio se halla hoy colocada la milagrosa imagen de Ntra. Señora del Espino en su capilla suntuosa. A distancia de dos leguas y a la parte entre levante y sur se halla igualmente la celebradísima ermita del Santísimo Cristo del Valle de Santa Elena, anejo de esta villa, y hoy erigido en parroquia separada de su población llamada de San Carlos, y sujeta a la jurisdicción de Membrilla; en ésta no hay más de una iglesia parroquial cuyo patrono es el señor Santiago apóstol; su construcción, hermosa, de bastante capacidad, y la mejor que se halla en este partido».

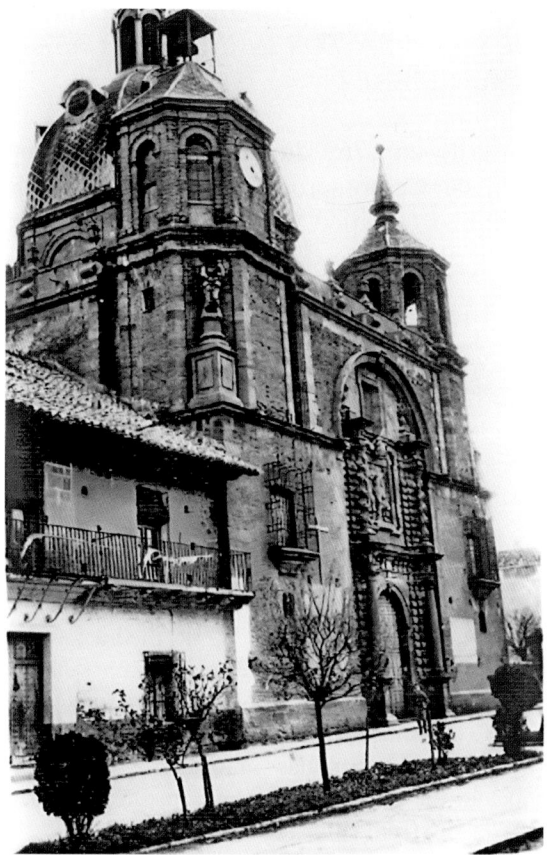

Iglesia de San Carlos del Valle. Fuente: Catálogo BIC, Junta de Comunidades de Castilla-La Mancha.

MONTIEL

«..sus edificios muy ligeros, excepto el castillo (cuyo título es de la Estrella), que aunque en el día está casi todo destruido aparenta vestigios de haber sido gran fortaleza en otro tiempo; más pues como digo, está ya por el suelo no puede de él formarse descripción alguna».

SOCUÉLLAMOS

«En esta villa tenemos una parroquia muy grande que la sostienen dos columnas sumamente gruesas; tiene adornos tan buenos como una catedral».

LA SOLANA

«La iglesia de una nave es la preciosa que hay en la provincia de la Mancha; su patrona, Santa Catalina mártir con cinco capillas, las cuatro de particulares, un coro y órgano muy decentes; la torre y campanario a correspondencia».

2.5. *DESCRIPCIÓN HISTÓRICA DEL GRAN PRIORATO DE SAN JUAN BAUTISTA DE JERUSALÉN EN LOS REINOS DE CASTILLA Y LEÓN*, DE DOMINGO AGUIRRE JIMÉNEZ

El libro, manuscrito en 1769 durante su comisión en Consuegra como alférez de la brigada de Carabineros[2], contiene descripciones e imágenes con gran valor geográfico, artístico, histórico y arqueológico[3]. De la actual provincia de Ciudad Real dispone de los siguientes dibujos y descripciones:

HERENCIA

«Al presente tiene una parroquia con la advocación de N. S. de la Concepción y un convento con Religiosos Mercenarios descalzos. Hermitas Santa Lucía, N. S. de la Concepción, Santa Ana, San Bartolomé, S. Joseph, y S. Christoval fuera del lugar en la garganta de dos sierras, y la del Socorro en la serna camino de Villafranca».

ALCÁZAR DE SAN JUAN

«Es de todas las Villas del G. Priorato la de mejores Edificios, Iglesias, Conventos y casa de Ayuntamiento todas de piedra labrada por haber contribuido a ello muchos de los Grandes Priores como se reconoce de las sumas considerables que gastó el Serenísimo Don Juan de Austria. Consta haberse celebrado en ella Capítulos Generales por la Sagrada Religión.

Al presente tiene dos Parroquias Santa María de la Asunción y Santa Quiteria que erigió año de 1511 a causa del aumento del vecindario y es grande y buena fábrica. Don Conventos de Religiosos uno de Trinitarios descalzos con Religiosos muy bien adornado y capaz, otro de Francisco observantes con Religiosos muy capaz y bien adornado. Dos Conventos de Religiosas Franciscas uno con la advocación de S. Joseph con Religiosas y el otro con la de N. S. de la Concepción y Religiosas. Hermitas de S. Sebastián, S. Juan, la Veracruz, Santa Ana, N. S. de Valvaneros, y otras sin uso.

Alcaydia del Castillo de Cervera.

A dos leguas de la Villa sobre Guadiana apartado de el 100 pasos están unas Casas llamadas Palacio de Cervera por que lo hubo y también Castillo que lo dio a la Orden el Rey Don Enrique I quando el de Villacentenos».

ARGAMASILLA DE ALBA

«La Iglesia o Parroquia con la advocación de S. Juan Bautista es la mayor de todo el G. Priorato y (un tercio de lo largo) no está acabada, pero exede a la de Santa Quiteria en Alcázar. Tiene tres naves formada por columnarios al gusto de Arquitectura Gótica, y dos torres que sus fundamentos y primer cuerpo denotas quanto quisieron elevarlas.

Ay un Convento de Religiosos Mercenarios descalzos con Religiosos y una hermita de N. S. de la Concepción.

Esta a distancia de dos leguas cortas de esta Villa asta oriente sobre las orillas del Río Guadiana la hermita de N. S. de Peñarroya fabricada en las murallas del Castillo de este nombre que dio a la Orden el Rey D. Enrrique I y es su situación en lo alto de la Roca que por esta parte es madre del Río muy escarpada y profunda en sus márgenes que llegan hasta perder la aspereza entre los molinos llamados nuevo y la parra.

Desde el Pie de la citada hermita empieza un Cas artificial de quatro leguas y media de largo esto es hasta los molinos de la Polvora del término de Alcázar que se hixo siendo G. Prior El Príncipe Manuel Philiberto año de 1612».

VILLARTA DE SAN JUAN

«Tiene una Parroquia con la advocación de San Juan Bautista y una ermita de Nª Sª de la Paz».

ARENAS DE SAN JUAN

«Al presente tiene una Parroquia con la advocación de Santa María de las Angustias y una hermita de N. S. de la Concepción».

PUERTO LÁPICE

«Las Ventas del Puerto Lápiche y antes Alapaches son 4; están dos en el término de la Villa de Arenas y las otras dos en el de la Villa de Herencia; desde ellas a Consuegra hay 3 leguas, 2 a Arenas, y lo mismo a Villarta y es el camino Real de Andalucía que divide las dos Jurisdicciones; puede llamarse un pequeño pueblo, el sitio es saludable, fértil con buena agua y entre Sierras que forman el Puerto con todas proporciones para aumentarse una población y solo hay una ermita muy pequeña donde se celebra una Misa los días de precepto por un sacerdote que envia la villa de Herencia, como asimismo para la administración de los demás sacramentos precisos a la Religión Christiana, y ademas de las 4 ventas hay 40 casas en la Jurisdicción de Herencia que las ocupan 33 matrimonios, 2 viudos, 2 viudas, 40 solteros y 33 solteras».

2.6. *DESCRIPCIONES* DEL CARDENAL LORENZANA

Depositadas en el Archivo Diocesano de Toledo, responden al interrogatorio de 14 preguntas, en el que los señores vicarios, jueces eclesiásticos y curas párrocos del Arzobispado de Toledo informaron entre 1782-1787 al cardenal Lorenzana sobre diversos aspectos de la vida de los pueblos.

Podemos observar la relación y descripción de los castillos, ventas, plazas, pósitos, palacios, casas y especialmente de la arquitectura religiosa, parroquias, conventos, ermitas, santuarios, con las capillas, imágenes, retablos y altares que contienen y, en algunos casos, se detienen en analizar su estado y las causas de su deterioro.

ALMAGRO

«Es cabeza de partido del Campo de Calatrava, tiene dos parroquias… Tiene ocho conventos, quatro de religiosos… Los otros quatro de religiosas… Tiene esta villa en el rezinto de su población catorce ermitas… y otras dos ermitas una distante una legua al mediodía, su nombre Nuestra Señora de la Caridad, y otra distante otra legua por la parte de oriente, su nombre Nuestra Señora de las Nieves, patrona de esta villa, cuya ermita es de las mejores y más bien alajadas de la provincia».

ALMODÓVAR DEL CAMPO

«Conserva esta villa el monumento antiguo de un fortísimo castillo que para su defensa fabricaron los moros en lo superior de un cerro pelado y arenoso».

BALLESTEROS DE CALATRAVA

«No hay en esta villa convento alguno y sí dos Hermitas… otra de Nuestra Señora de la Paz, imagen de mucha devoción, de la que carece al presente por hallarse su hermita bastante arruinada…».

HORCAJO DE LOS MONTES

Se refieren al estado de las dos ermitas existentes, la de San Sebastián y la de San Juan Bautista, «ambas bien derrotadas».

PIEDRABUENA

«Quando se dio la batalla de las Navas de Tolosa, en la relación o memorial que se dio a el rey de la tierra ganada, se decía la villa de Piedrabuena con sus dos castillos. Los quales oy permanecen, aunque destruidos; el uno con el nombre de Miraflores… el otro con el nombre de palacio está inmediato a ella y frente al referido de Miraflores, el qual es hoy havitable por aver rehedificado parte de él el escelentísimo señor marqués de Mortara».

MANZANARES

Al margen de la descripción del castillo de Pilas Bonas, sobre su parroquia destacamos lo siguiente:

«Tiene esta parroquial en su altar mayor un retablo magnífico y de admirable escultura, y en la puerta principal, que mira al mediodía, un pórtico especialísimo, como lo expresó nuestro católico monarca don Felipe quarto al paso de las Andalucías».

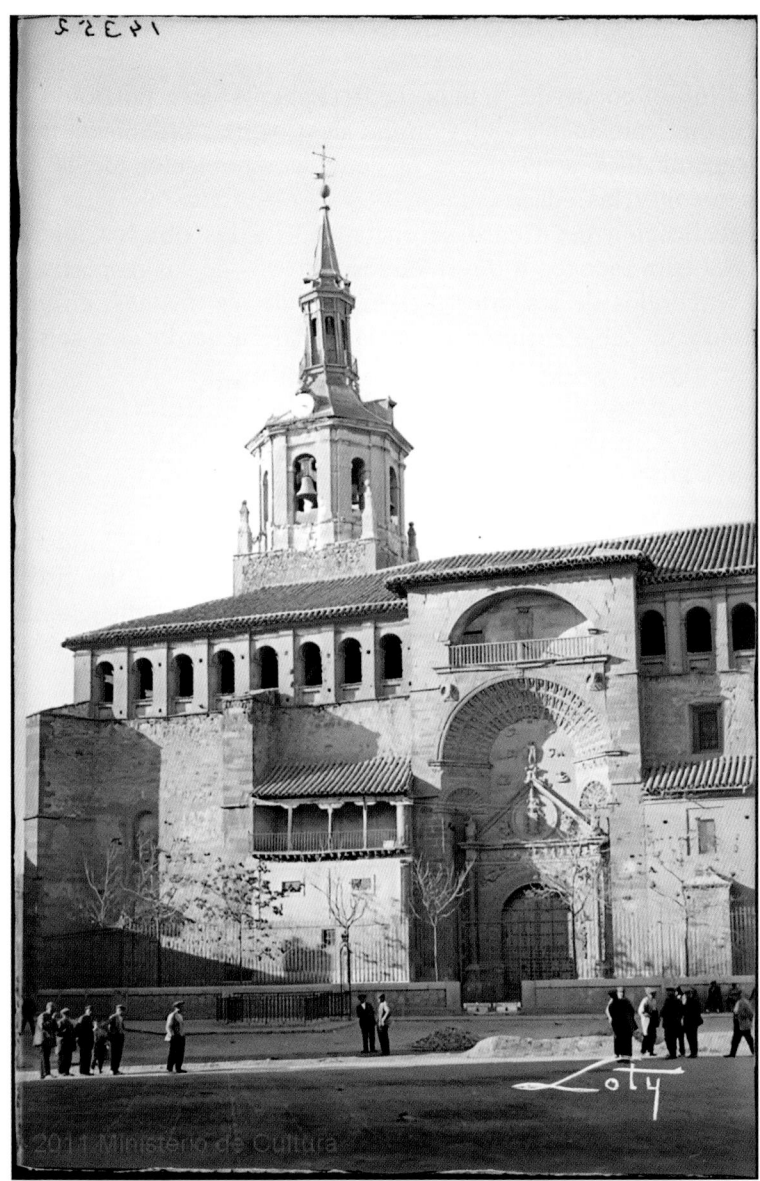

Iglesia parroquial de Nuestra Señora de la Asunción de Manzanares entre 1927 y 1936. Fuente: IPCE. Fotografía de Antonio Passaporte (1901-1983), Archivo Loty, LOTY-07244.

PUERTOLLANO

«Tiene una parroquia de muy fuerte y vistosa arquitectura, asi en el exterior como lo interior, de una sola nave, pero de una fábrica muy sólida de mampostería, con algunas piezas de sillería, que la hacen en su clase singular.

Aún conserva algunos vestigios o ruinas u fortalezas o castillos y demuestra ser uno de los antiguos pueblos oretanos».

2.7. CENSO DEL CONDE DE ARANDA

En 1768 el conde de Aranda, Pedro Pablo Abarca de Bolea y Ximénez de Urrea, como presidente del Consejo de Castilla, ordenó el inicio de los trabajos encaminados a averiguar la verdadera población de la Monarquía, según los sexos y las edades.

La realización del Censo se encomendó a los obispos, que recibieron instrucciones para recoger, a través de los párrocos de sus respectivas diócesis, los datos requeridos de los diferentes lugares de las mismas; en una tabla de doble entrada se debía resumir la población de acuerdo con seis grupos de edad, el sexo y el estado civil.

2.8. CENSO DE FLORIDABLANCA

Se realizó en 1787 bajo la dirección del conde de Floridablanca, con una finalidad primordialmente demográfica y económica y no fiscal. Es uno de los primeros censos realizados siguiendo técnicas estadísticas modernas.

2.9. EL *VIAJE DE ESPAÑA*, DE ANTONIO PONZ

Antonio Ponz Piquer (Castellón,1725-Madrid,1792) fue un erudito ilustrado, escritor de literatura de viajes y epistolar, tratadista de arte, académico, pintor, arqueólogo, naturalista y secretario de la Real Academia de Bellas Artes de San Fernando.

Emprendió en 1771 su primera salida para conocer y documentar el estado de conservación del patrimonio histórico nacional.

Viage de España, ó Cartas, en que se da noticia de las cosas mas apreciables, y dignas de saberse que hay en ella es una obra escrita de forma epistolar, recogida en dieciocho tomos que se publicaron entre 1772 y 1794. Ponz anotaba todo aquello que encontraba de interés para conocer la situación del país, algo que se consideraba fundamental en el plan de reforma ilustrada para la nación: estado de la economía, la agricultura, las manufacturas, la artesanía, el comercio, los caminos y puentes, los alojamientos para viajeros y otros aspectos de la realidad española. Todo ello, no limitándose a lo puramente descriptivo, sino también con espíritu crítico ante las carencias que existían, para su transformación dentro del proyecto de reforma ilustrada con esa finalidad[4].

Desde su entrada por Fuente el Fresno, del recorrido por la provincia de Ciudad Real hace descripciones muy detalladas. Destacamos a continuación las siguientes:

«Fuente del Fresno, situado al pie de la cordillera, no muy elevada, que viene desde Consuegra hasta mas allá de dicho Pueblo, consta de ciento y sesenta vecinos. El retablo de su Parroquia es bueno, con dos cuerpos de columnas corintias, y entre ellas muy razonables pinturas del estilo de Ricci, pertenecientes á Santa Teresa».

CIUDAD REAL

«Acercándose mas, causa disgusto ver arruinadas en varios trechos sus murallas, que podrian haberse conservado con mas facilidad que en otras Ciudades.

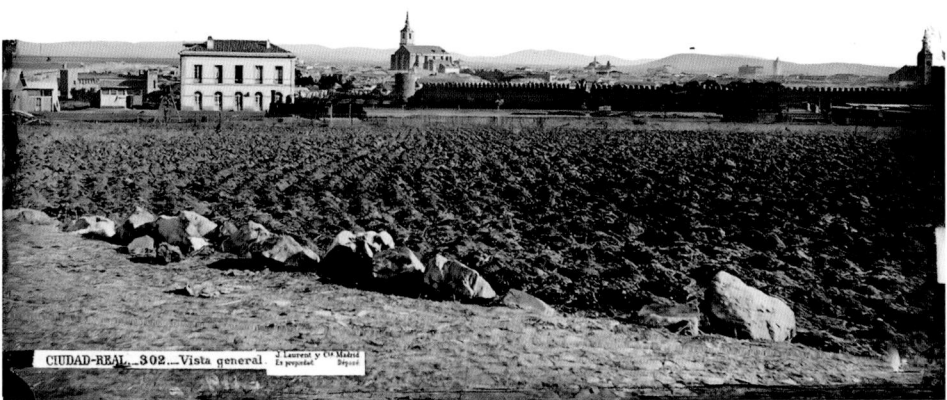

Vista general de Ciudad Real en 1867. Fuente: IPCE. Fotografía de J. Laurent (1816-1886), Archivo Ruiz Vernacci, VN-03209.

Tiene Ciudad Real tres Parroquias, seis Conventos de Frayles, y tres de Monjas. La Parroquia de Santa María la principal, solo, que es consta de una nave, pero tan grande, alta y espaciosa, que pocas ó ninguna he visto que la igualen por su término: es de estilo gótico, descargada de menudencias. El retablo mayor que ocupa todo el testero es de lo bueno y excelente que nos queda del mejor tiempo de las Artes. Consta de quatro cuerpos, y de los órdenes de arquitectura, dórico, jónico, corintio y compuesto, con quatro columnas en cada uno. Entre ellas, y el resto del retablo se ven compartidas mas de cincuenta piezas de escultura, contando las figuras enteras, y los medios relieves que representan asuntos de la Vida y Pasión de Christo.

Se concluyó este famoso retablo el año de 1616 por Giraldo de Merlo, según consta del Archivo pero no expresa si fué este el Escultor y Arquitecto de la obra, pues acaso puede ser el que estofó las estatuas y doró el retablo. Se dice esto atribuyen, porque algunos con fundamento la escultura á Montañes, célebre Profesor de Sevilla; y si el Escultor hubiera sido Merlo se debia poner á este en el número de los mejores Artífices que ha tenido la Nación. En el nicho principal del retablo hay una devota imagen vestida de telas, y en su Camarín guardan algunas preciosas alhajas que los devotos le han consagrado. También hay en el Camarín un quadrito de la Concepción de Lucas Jordán, y una cabeza del Bautista de Eugenio Caxés. Antes de entrar en la Iglesia hace mucha gracia un nuevo jardinito con sus calles de árboles, y otras plantas.

En las otras dos Parroquias no hay cosa que merezca mencionarse, sino para persuadir á sus Curas y Feligreses que las despojen de las ridiculeces de talla que en ellas hay, y lo mismo se puede decir de las Iglesias de los Conventos, exceptuando la de las Monjas Dominicas, que tiene un retablo muy razonable. También lo es el de las Carmelitas Descalzas, en donde se conservan algunas pinturas de mérito....

Cerca de Ciudad Real como dos leguas al Sur hay junto á una Ermita de Nuestra Señora algunos residuos de el nombrado Pueblo de Alarcos, en memoria de su total ruina, y de la de nuestro exército, vencido por otro innumerable de Moros, formado de Almohades, Árabes, Etíopes...».

«Miguelturra, Lugar bien situado, pero no quisiera haber visto en él una grande y costosa Ermita, ó Capilla con su cúpula que estaban construyendo de malísimo gusto».

«Tiene Almagro una gran plaza, igual ó mayor que la de Ciudad Real...».

«Santa Cruz de Múdela... Tiene buena Iglesia Parroquial, con dos Conventos, uno de Frayles, y otro de Monjas».

«Lo que hay en el Viso muy digno de la curiosidad de un Viagero es el Palacio del expresado Señor Marqués: famoso monumento de aquel célebre guerrero Don Álvaro Bazán... Fuera del Palacio también hallé qué ver, y qué notar, particularmente en un Convento de Frayles, y en otro de Monjas, ambos de la Orden de San Francisco. Aquel tiene buena Iglesia, y Altares: el mayor consta de dos columnas de orden jónico, con un gran quadro en medio de San Francisco y Santo Domingo, puestos de rodillas delante Nuestra Señora que está en Gloria, acompañada de Ángeles y Santos: es muy buen quadro, como también lo son los de las paredes de los lados, que representan la Anunciación y Presentación de la Virgen al Templo».

2.10. *DESCRIPCIÓN GENERAL DE LA EUROPA, Y PARTICULAR DE SUS ESTADOS Y CORTES, ESPECIALMENTE DE SUS CIUDADES, VILLAS Y PUEBLOS MÁS NOTABLES DE ESPAÑA*, ESCRITA POR PASQUAL RAMÓN GUTIÉRREZ DE LA HACERA

Publicada en 1791, la obra hace la siguiente descripción sobre la provincia de La Mancha:

«...Dividese en baxa y alta; de la primera es la Capital CIUDAD REAL, y Cabeza de su partido; dicha en latín Philippolis; plantada en una llanura hermosa, al resguardo de Murallas y varias Torres, y 6 puertas; cerca del Río Guadiana, a los 39 grados y 40 minutos de Latitud, 14 grados y 10 minutos de Longitud. Tiene 1.300 vecinos; 3 parroquias; 5 Conventos de Religiosos; 3 de Monjas; 6 Hermitas; algunos Oratorios; 3 Hospitales; un Colegio; y Estudios de Gramática; una Hermandad llamada Vieja, cuyo destido se dirige a asegurar los Caminos de Salteadores; gobernándose en ciertos casos con sus peculiares Constituciones, y en lo demás por las Leyes del Reyno; 10 Plazas; siendo la mayor nueva y muy pulida; y de las diversas Fuentes que hay las dos llamadas del Emperador y Congosto, logran la virtud de curar sus aguas las obstrucciones.

Dicen fue fundada por Alfonso el Sabio año de 1262, de donde la provino el nombre de Villa-Real, poniendo en el Escudo de Armas, orlado de 10 Torres, al propio Rey en Trono con espada y un Mundo en la mano, y este Lemma Sigillum Concilii Villa regalis; y aunque Don Juan I, en 1383 concedió el Titulo, y el Señorío de ella a León V, Rey de Armenia, después de la muerte volvió a la Corona. El de 1420 mereció que Don Juan II, la hiciese Ciudad. En Ella estuvo el Tribunal de la Inquisición, trasferido a Toledo en 1485; y la Chancilleria que fue mudada el de 1505 a Granada. Goza de campos bastante fértiles en trigo, vino, ganados, miel, aceite, zumaque y alcaparras. Fábricas de cordobanes y suelas: Feria a 15 de agosto, y venera por Patrona a María Santísima, baxo de la advocación del Prado...».

«Almaden, el Latin Cetrovix donde hay la primera Mina de Azogue descubierta en Europa y mas rica...».

«Almagro.

Cabeza del Campo de Calatrava, y residencia en lo antiguo de los Grandes Maestres de esta, donde tenían un suntuoso Palacio. Dicen fue fundada por los Romanos con el nombre de Lemilla Germanorum. Existe en un sitio llano, abundante de trigo, caza, aves, gmados y especialmente mulas y machos célebres, con otros fruros. Tíene 44 vecinos: 2. Parroquias: 4. Conventos de Monjas; los mismos de Religiosos, y en el de Dominicos Universidad erigida año de 1552.; una Fuente llamada Nava, cuyas aguas son de mucho beneficio para el mal de Piedra ; y Feria famosa á 24. de Agosto, y otra á 25. de Marzo. Pone la Villa en sus Armas la Cruz de dicha Orden de Calatrava».

«Calatrava.

En donde se halla el Convento que es Cabeza de la Militar Orden de este nombre: está puesta en un collado á las orillas del Río Guadiana»

«Alcázar de San Juan.

Villa consistente en dilatado espacio no lexos de la Rivera del Guadiana, en el que hay construidos varios Molinos para fabricar pólvora, á causa de la abundancia de Salitre que en sus inmediaciones produce el terreno, útil y á proposito para dicho género; sin que dexe de ser fértil por otra parte en medianas cosechas de trigo, vino y otros frutos. Afirman algunos que en tiempo de los Romanos se denominó Murum, y en el de los Moros Alcázar, á quienes conquistada hizo Don Alfonso IX donación de ella y sus cercanías á los Caballeros del Orden de San Juan, los que la constituyeron Cabeza de todo el Partido, y residencia del Gobernador que nombra la misma. Tiene 1.400. vecinos en dos Parroquias llamadas de Santa María, y Santa Quiteria, cuyo Prior es de la propria Orden, y elegido por ella: 2. Conventos de Religiosos, Trinitarios Descalzos y Franciscos, el que se hace notable por su bella arquitectura, y haber celebrado en él muchos Capítulos Provinciales: otros dos de Monjas, y algunas Hermitas».

«Villa Nueva de los Infantes.

Colocada en hermosa explanada, es Cabeza del discrito de todo el Campo llamado de Montiel, perteneciente á la Orden de Santiago, cuyo terreno goza de suma fecundidad en granos, vino y pastos, donde hay mucho número de ganado, principalmente mulas, machos y yeguas: tiene 1.800 vecinos, una Parroquia; 3. Conventos de Religiosos Dominicos, Franciscos y Trinitarios; 2. de Monjas y varias Hermitas».

«Almodovar.

Villa que se halla á las faldas de Sierra-Morena, en frondoso y bello Valle llamado el Real de Andalucía: la guarnece un Castillo, y la hace agradable y amena la Sierra vecina sembrada de azucenas; como todo su terreno fecundo en trigo, vino, aceyte, ganados y otros frutos; no faltando Minas de plata que se han descubierto: tiene 600 vecinos, una Parroquia, un Convento de Carmelitas Descalzos de fábrica muy particular, en cuya Iglesia se venera una Imagen de nuestra Señora del Carmen, á quien rinden especial devoción los del Pueblo y contornos; siendo de obra distinguida el Templo que han construido para si se verifica la Beatificación del V. Maestro Juan de Ávila, por ser natural de dicha Villa: como también lo fue el P. Martín Gutiérrez, y los Venerables Criptana y Juan Bautista de la Concepción, Fundador de la Reforma de Trinitarios Descalzos. A una legua están las celebérrimas aguas de Puerto Llano, y á otra los Baños de Fuen-Caliente».

«Manzanares.

Existe en una llanura cerca del Río Azuer, sobre el que hay Puente. La conquistaron á los Moros los Caballeros de la Orden de Calatrava, en la que logran buena Encomienda: sus Campiñas abundan en granos, vino, ganados y otros frutos: tiene pocos vecinos; una Parroquia con pulida y elevada Torre; dos Conventos de Religiosos Carmelitas Descalzos, y Monjas Franciscas. A 4 leguas se halla la Villa de Valdepeñas, célebre por sus vinos, y por la Encomienda que hay allí de la misma Orden».

2.11. *SUMARIO DE LAS ANTIGÜEDADES ROMANAS QUE HAY EN ESPAÑA, EN ESPECIAL LAS PERTENECIENTES Á LAS BELLAS ARTES* (1832), DE JUAN AGUSTÍN CEÁN BERMÚDEZ (1749-1829), HISTORIADOR DEL ARTE Y ANTICUARIO

Para redactar esta importante obra, que contiene bastantes imprecisiones que no le restan valor didáctico y divulgativo, Céan utilizó como fuente principal el archivo de la Real Academia de la Historia y estuvo trabajando en ella prácticamente hasta sus últimos días. Fue el propio Fernando VII quien mandó imprimirla[5].

Alhambra

«Además de las grandes ruinas de edificios árabes y españoles que hay en esta villa y su término, subsisten otros romanos. Tales cimientos y gran parte de las murallas de gruesos sillares, y la capilla mayor de la parroquia, que aseguran haber sido parte de otro antiguo, con piedras de extraordinaria magnitud».

ALMAGRO

«Villa de la provincia de La Mancha y cabeza de partido. Fue pueblo romano, como lo demuestran los vestigios de sus antiguos edificios, y esta inscripción que se encontró en ellos»:

ALMEDINA

«Villa de la provincia de la Mancha, partido de Infantes, de la orden de Calatrava en el campo de Montiel. Ya se conoce por el nombre que la dominaron los moros: quitáronle el antiguo que tenia entre los carpetanos, le pusieron el que ahora tiene, y la adornaron con grandes edificios. Se distinguen entre sus ruinas varios vestigios romanos.

Tales son los cimientos y parte de sus murallas, que son muy anchas y de piedras labradas, y una lápida cuadrada en que está grabada la siguiente inscripción.

En el cerro de Gallizno, término de esta villa, permanecen las ruinas de una fortaleza, cuya construcción es de piedras de á dos varas de largo y de una de ancho, sin mezcla de cal ni de betún que las una».

BOLAÑOS

«Villa de la orden de Calatrava en la Mancha y en el partido de Almagro. En la mitad del camino desde esta villa a la de Almagro se ve el asiento de un pueblo romano, que pertenecía á la región de los oretanos, donde se desenterraron muchas monedas imperiales; y á dos tiros de ballesta de Bolaños, ácia el mediodía, se hallaron, entre los escombros de otra antigua población, sepulcros de piedra, balanzas con sus pesas de hierro, ídolos de bronce, vasijas de barro, y medallas de emperadores y de colonias. Por último, en la falda de la sierra del Pradillo, que también está en el término de esta villa, se descubrieron el año de 1576 pesas de bronce y otras antiguallas domésticas».

CABEZA ARADOS

«Villa del Campo de Calatrava en La Mancha y en el partido de Almodóvar del Campo, de la que dista tres leguas. (h)acia su mediodía y cerca de ella se encuentran piedras labradas, pedazos de tejas, trozos de columnas, monedas romanas y otros vestigios de una población antigua, que pertenecía a los oretanos».

FUENLLANA

«No lejos de esta villa, donde se encuentran cimientos de murallas, ruinas, lápidas y otras antiguallas, en un alto, fijan los geógrafos modernos la antigua ciudad y municipio de Laminio... Subsiste en Fuenllana una muy interesante inscripción».

GRANÁTULA

«Villa de la provincia de La Mancha en el partido de Almagro. Cerca de ella permanecen los vestigios de la antigua ciudad Mariana, que pertenecía a la región de los oretanos...».

LUCIANA

«Se encuentran lápidas con inscripciones romanas en un sitio de su término llamado Altopaso, y en la dehesa de Morillas del Chiquero, que está cerca de esta villa».

MALAGÓN

«Conserva algunos vestigios de su primitiva población, sepulcros con cubierta de mármol de tres cuartas de largo, de mas de media vara de ancho y esta inscripción»:

ORETO O AZUQUECA

«(Ermita de nuestra Señora de) en la Mancha, cerca de la villa de Granátula, distante dos leguas de Almagro. La fábrica del templo es romana, y los vestigios que se ven en el cerro de los Obispos, situado en aquel término, son de la antigua ciudad de Oretum, capital de los oretanos. En el puente cercano que está sobré el río Javalón, cuya arquitectura también se tiene por romana, había una lápida de mármol cárdeno bien labrada, con su moldura y una inscripción, que ahora existe en las casas consistoriales de Almagro, y que copió Ambrosio de Morales. De ella se pudiera inferir que hubo circo en Oreto…».

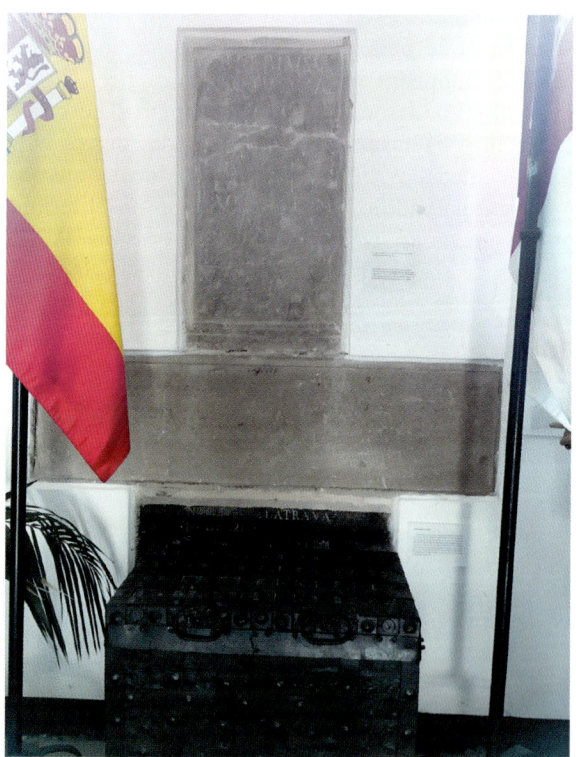

Inscripción procedente de Oreto en el Ayuntamiento de Almagro. Fotografía del autor.

PUERTO LAPICHE (LAS VENTAS DE)

«No hace mucho tiempo que se derribaron las ruinas y paredones romanos que había en este sitio para construir las casas y mesón, y eran señales de antigua población perteneciente a la región Carpetania».

SANTA CRUZ DE MUDELA

«En su término a una legua de distancia, cerca de nuestra Señora de las Virtudes, hubo población romana que pertenecía a la Oretania, de la que se sacaron mármoles azules y blancos labrados, con los que se adornó la parroquia de la villa, y una lápida también de mármol que se colocó en la torre de la misma iglesia, con una inscripción romana que no se puede leer ni copiar por su altura. En el mismo sitio de junto a la ermita han quedado sepulcros de piedra y otros monumentos antiguos».

VILLANUEVA DE LOS INFANTES

«Mantiene las ruinas y vestigios de una antigua población romana. La siguiente inscripción sepulcral se descubrió y permanece en esta villa».

2.12. *GUÍA DEL VIAJERO EN ESPAÑA*, DE FRANCISCO DE PAULA MELLADO

Francisco de Paula Mellado Salvador (Granada, 1818-1876) fue un geógrafo, periodista, escritor, editor y director español, impresor de la primera enciclopedia en español, la *Enciclopedia Moderna*. Su *Guía del viajero* de 1842 comprende una noticia geográfica estadística e histórica del reino, descripción de Madrid y de las principales poblaciones de España, noticia de los caminos generales y transversales.

«Almagro: Tiene dos parroquias, cuatro conventos que fueron de frailes, cuatro de monjas, un hospicio, un hospital y un cuartel de caballería.

Ciudad Real: Se cuentan en esta ciudad bastantes casas de mucha capacidad y buenas proporciones, una plaza mayor y diez plazuelas, sus calles son largas y rectas. Es admirable la parroquia de la Virgen del Prado, patrona de la ciudad, el hospicio es también magnífico.

Ventas de Puerto Lápiche. Tiene... una parroquia, casa de postas...

Villarta. Tiene... una parroquia, casa de postas...

Manzanares. Tiene... una parroquia, un convento de monjas, otro que fue de frailes, dos ermitas, un hospital, una casa llamada castillo... un torreón y murallas. A la salida del pueblo se pasa por un puente sobre un arroyo, luego se encuentra la venta, ermita y casa de postas de Consolación.

Valdepeñas: Una parroquia, un hospital, varias posadas..

Santa Cruz de Mudela: Una parroquia, cuya iglesia es del orden toscano, tres ermitas, un hospital, un hospital que fue de clérigos menores.

Malagón: Tiene un convento de monjas, hospital, un castillo casi arruinado, un edificio llamado la Tercia de gran capacidad y una fuente.

Peralvillo: Una ermita con la advocación de Santa María la Blanca.

Almuradiel: Una parroquia, una espaciosa calle. Siguiendo el camino se encuentran varias casas, la venta y casa de postas de Cárdenas».

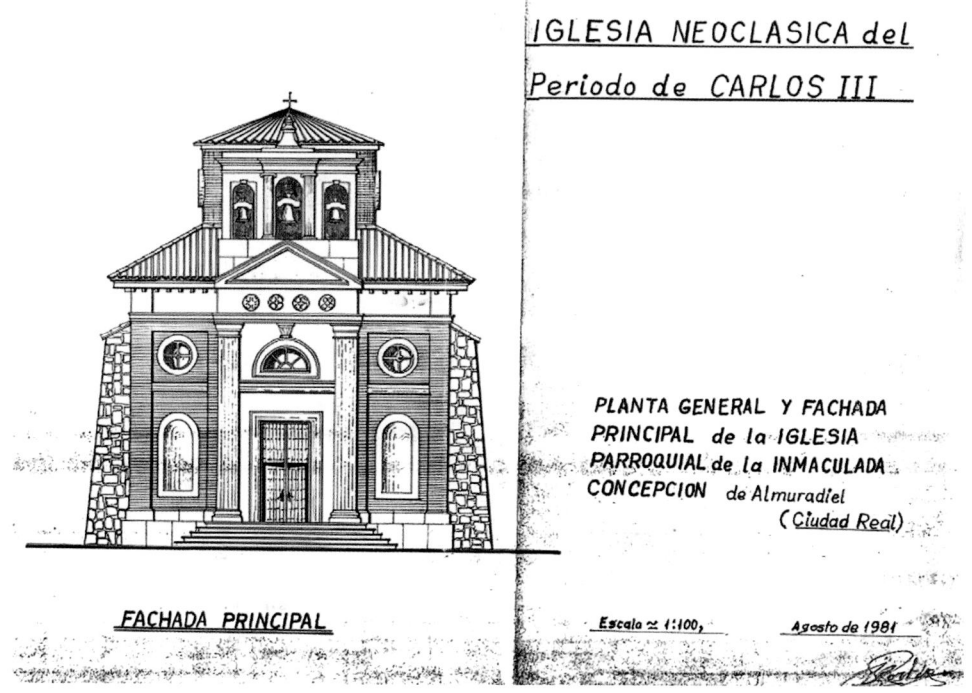

Alzado de la iglesia de Almuradiel. Fuente: Archivo del Servicio de Cultura, Exp. 81.0001.

2.13. *HANDBOOK FOR TRAVELLERS IN SPAIN*, DE RICHARD FORD

Richard Ford (1796-1858) fue un viajero, dibujante e hispanista inglés. La edición original de 1846 de su *Manual para viajeros por España* es una referencia de la literatura de viajes en el siglo XIX producto de los tres años de estancia en España, entre 1830 y 1833. Contiene más de 500 dibujos que nos permiten conocer la España del momento con una técnica prefotográfica. Entre noviembre de 2014 y enero de 2015, la Real Academia de Bellas Artes de San Fernando acogió una exposición con una selección de más de 200 dibujos.

Sobre la provincia de Ciudad Real, Ford aporta algunas referencias cervantinas y quijotescas sobre Alcázar de San Juan, Argamasilla de Alba, Manzanares, las Lagunas de Ruidera, el Campo de Montiel, Valdepeñas, Santa Cruz de Mudela y Venta de Cárdenas.

2.14. *DICCIONARIO GEOGRÁFICO-ESTADÍSTICO DE ESPAÑA Y PORTUGAL*, DE SEBASTIÁN MIÑANO

Sebastián de Miñano y Bedoya (1779-1845) fue un escritor y geógrafo[6]. El *Diccionario* comenzó a elaborarlo Miñano a su regreso a Madrid en 1824. Consta de más de veintiséis mil artículos y se publicó entre 1826 y 1829 en once tomos.

Se valió de diversas fuentes para obtener la información que buscaba sobre población, geografía, economía, topografía, administración, rentas o noticias históricas y artísticas. Su pretensión fue más ambiciosa que el resultado final.

En lo referente a los pueblos de la provincia de Ciudad Real, la información es desigual y presenta algunas omisiones y errores. Como ejemplo reseñamos a continuación las siguientes:

> ALAMILLO. «Lo que llaman Alamillo Alto, se reduce a un solo pilar, sin duda en señal de haber habido allí alg. ant. poblac. de que no quedan ningunos restos».

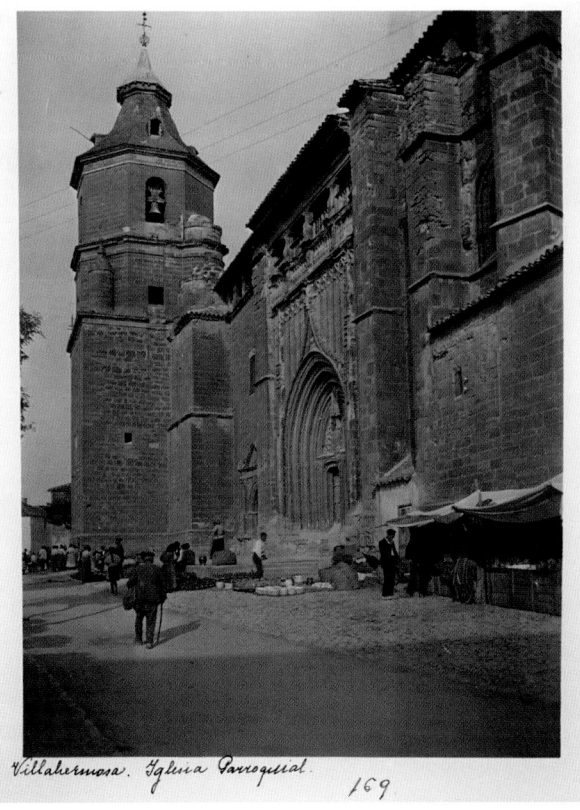

Iglesia de Villahermosa, 1926. Fotografía de Charles Alberty "Loty", Colección Carlos Váquez, Archivo del Museo de Ciudad Real.

ALBALADEJO DE LOS FREIRES. «Hay un castillo de escelente construcción del tiempo de los moros, el cuál, según parece, se corresponde con otro castillejo que hay encima de los referidos banos».

ALMADENEJOS. «Está este pueb. cercado de muralla bien construida, con solo 2 puertas, 1 al E. y otra al O».

ALMEDINA, «El nomb. de esta V. es de oríg, arab., y hay en ella inscrip. y otras antig. romanas».

VILLAHERMOSA. «Su igl. parr. es muy buena, está dedicada á la Asunción de Ntra. Sra. y su retablo mayor es de orden escelente. Es muy capaz y su capilla mayor esta dividida de; cuerpo de la igl. con una verja de madera dada de colores. La imagen está colocada en un precioso camarín, en el que están pintados los misterios de su Santísima vida. Delante de la puerta principal hay una grande plaza con habitaciones y aposentos altos, y por bajo de ellos, sus correspondientes portales para hospicio y comodidad de los devotos que concurren á visitarla. También hay un refectorio muy capaz para lo mismo, costeado á espensas de la devoción del Dr. Juan Francisco Vergalla».

2.15. *DICCIONARIO GEOGRÁFICO-ESTADÍSTICO-HISTÓRICO DE ESPAÑA Y SUS POSESIONES DE ULTRAMAR*, DE PASCUAL MADOZ

El abogado y político Pascual Madoz empezó los trabajos previos de elaboración en 1834, pero no fue hasta su nombramiento como presidente de la Comisión de Estadística en 1843 cuando buscó colaboradores por toda la geografía dominada por España. Para la impresión del *Diccionario*, Madoz montó su propia imprenta y fue publicado entre 1845 y 1850.

Transcribimos a continuación algunas reseñas:

ABENÓJAR

«Tiene 168 casas de un solo piso y regular distribución, 8 calles, 4 empedradas y las otras con pavimento pizarroso, dos plazas pequeñas diagonales, una grande cuadrada que encierra en un edificio reparado últimamente las casas consistoriales, el pósito sin existencia alguna, una igl. moderna con parroquialidad propia dedicada á Ntra, Sra. dé la Asunción; la reedificó el Comendador de la orden en 1826 entre los objetos que adornan esta igl., lo que más llama la atención son tres magníficos cuadros de 4 varas de alto por dos y media de ancho, que representan, el del altar mayor á la Virgen titular de la parr., el do la der. fuera de gradas a S. Carlos Borromeo, y el de la izq. á S. Francisco de Asi en el acto de ver desde su lecho una aparición celeste; su autor es desconocido; pero cuando se observa uno son todos de una mano, y que esta v. tenía una ad., de la encomienda mayor de Villa-Gutiérrez del ex-Infante D. Garlos, es probable que fuesen de su museo particular».

AGUDO

«tiene 277 casas de un solo piso y regular construcción, unidas entre sí, formando varias calles cómodas y empedradas, dos plazas, una cuadrada de 32 pasos por lado y otra cuadrilonga de 02 de long. y 43 de lat., con la igl. parr. dedicada á S. Benito, construida en 1553, á juzgar por estos guarismos que se ven en la torre. Fuera do la pobl. á corta dist. existe una ermita, dedicada, a Ntra. Sra. de la Estrella, sin mas rentas que las limosnas de los fíeles».

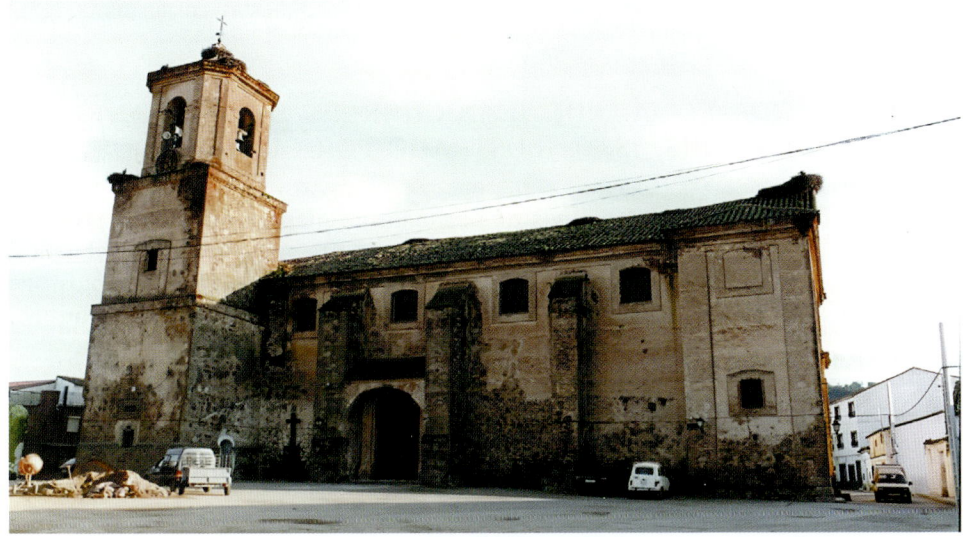

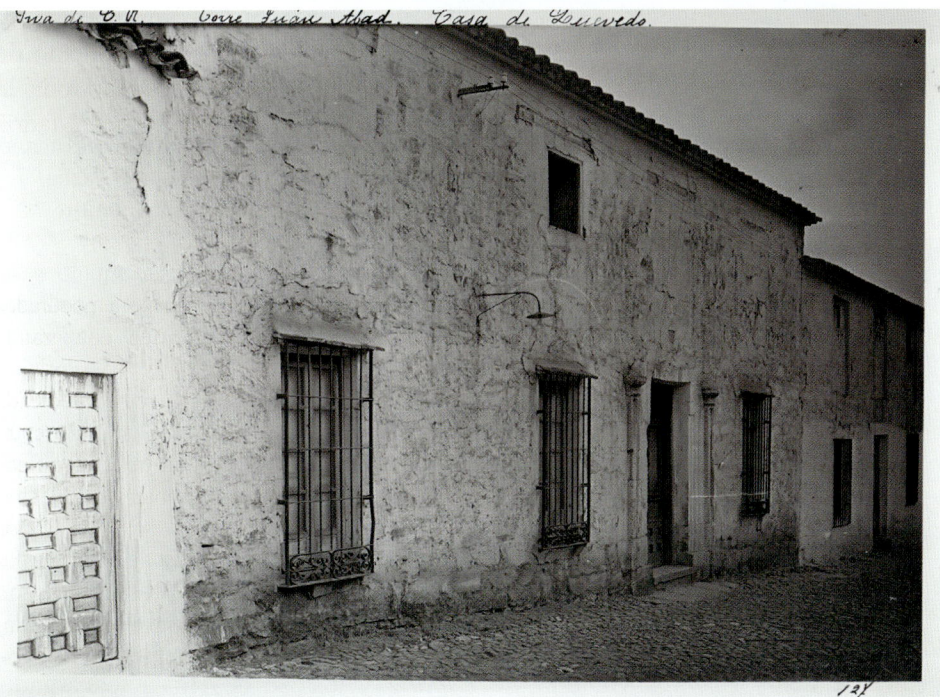

Arriba, iglesia de San Benito de Agudo. Fuente: Archivo del Museo de Ciudad Real. Abajo, Casa de Quevedo, Torre de Juan Abad, 1926. Fotografía de Charles Alberty "Loty", Colección Carlos Vázquez, Archivo del Museo de Ciudad Real.

TORRE DE JUAN ABAD

«Tiene 250 casas, entre las que se halla la que perteneció á Quevedo, que es la mas notable».

«Existe la ermita de Ntra. Sra. de la Vega, que es una igl. de tres naves, con su claustro alrededor, casa del santero, habitación para la justicia, sacerdotes, mayordomos , etc., y plaza de toros para las fiestas en su dia».

2.16. *VIAJE POR ESPAÑA*, DE JEAN-CHARLES DAVILLIER (RUAN, FRANCIA, 1823-PARÍS, 1883), ILUSTRADO POR GUSTAVO DORÉ

Contiene texto e ilustraciones que reflejan de manera humana y objetiva la España de 1862. Los relatos se publicaron periódicamente en la revista *Le Tour du Monde* entre 1862 y 1873 y en 1874 se convirtieron en un gran libro.

Reseñamos a continuación algunas referencias de la provincia de Ciudad Real:

«Santa Cruz de Mudela, la mayoría de las casas son bajas y las ventanas están revestidas con rejas de hierro. Las vallas a veces están trabajadas de forma bastante artística; la mayoría están rematadas por una coronación y una cruz; vimos un cierto número de ellos que databan del siglo XVI.

La gran curiosidad de Argamasilla es una casa en bastante mal estado, de la que la construcción nos pareció que databa del siglo XVI, la Casa de Medrano, y que pasa, según tradición, por la antigua cárcel de Cervantes.

El pueblo de Montiel está construido, se dice, sobre las ruinas de la antigua Munda, capital de los celtíberos, donde se instaló Escipión el Africano algún tiempo, después de haber expulsado a los cartagineses de España. Es aquí nuevamente donde sucedió, en 1369, uno de los acontecimientos más dramáticos de la historia de España. Pedro el Cruel.

En las llanuras de la Mancha todavía abundan los molinos de viento y se pueden descubrir en ciertos (cantones), como lo hacía don Quijote y su fiel escudero, hasta treinta o cuarenta molinos de Viento. Hay que decir que estos molinos son pequeños»,

2.17. *CRÓNICA GENERAL DE ESPAÑA*, DE ROSELL 1865. *CRÓNICA DE LA PROVINCIA DE CIUDAD REAL*, DE JOSÉ DE HOSTA, 1866

La introducción de Rafael Villena Espinosa a la edición facsímil de la Biblioteca de Autores Manchegos de la Diputación de Ciudad Real de 2008 analiza su contenido y realiza referencias a Cayetano Rosell y López, inspirador de la *Crónica General de España* y a José de Hosta, encargado del tomo de la provincia de Ciudad Real.

Podemos conocer detalles sobre nuestro patrimonio histórico, artístico y monumental, sobre todo en la parte tercera que contiene las descripciones y noticias históricas de los pueblos de los partidos judiciales y algunas ilustraciones como la de los restos del castillo y convento de Calatrava, las ruinas del castillo de Salvatierra o la fuente de la Plaza de la Constitución de Ciudad Real, erigida en honor de Hernán Pérez del Pulgar.

> «Moral de Calatrava. Villa con ayuntamiento a tres leguas de Valdepeñas y cinco de Ciudad Real. Tiene novecientas casas, generalmente bajas pero cómodas: las calles están medianamente empedradas, y la Plaza Mayor, que mide cien varas de longitud con cincuenta y siete de latitud, no deja de ser majestuosa por los edificios que la forman, pues la iglesia parroquial ocupa la fachada del Norte, la casa de la Encomienda la del Este, el pósito la del Sur y las casas consistoriales la del Oeste, de cuyos edificios el mejor es el pósito cuya fábrica es de mampostería. Tiene además de la iglesia parroquial y de varias ermitas, una denominada de Nuestra Señora de la Sierra, patrona de la villa, cuya imagen fue colocada en su primitiva capilla en el año 684 reinando en España Flavio Wamba, habiéndose encontrado al abrir sus cimientos varias monedas del tiempo del mismo rey.
>
> En el término hay varios cerros y sierras dignos de ser visitados, no solo por la agradable de sus respectivas posiciones, sino por los recuerdos históricos que contienen…».

2.18. OBRAS DE REFERENCIA

A continuación, relacionamos algunas obras literarias de referencia, editadas entre la segunda mitad del siglo XIX y los primeros años del siglo XX, que nos permiten conocer el patrimonio cultural de la provincia de Ciudad Real.

Guía de Ciudad Real, por Domingo Clemente, 1869.

Oreto y Nuestra Señora de Zuqueca, por Inocente Hervás y Buendía, 1882.

Guía del viajero en Ciudad Real y Almagro: ilustrada con un plano y una vista de Ciudad Real, por Emilio Valverde y Álvarez, 1885.

Castilla la Nueva, Toledo y Ciudad Real, por José María Quadrado y Vicente de la Fuente, 1886.

Apuntes para las biografías de hijos ilustres de la provincia de Ciudad Real precedidos del catálogo de los libros que se ocupan de su territorio e historia y seguidos de un índice de las obras consultadas, por Antonio Blázquez Delgado Aguilera, 1888.

Diccionario histórico, geográfico, biográfico y bibliográfico de la provincia de Ciudad Real, por Inocente Hervás y Buendía, 1890.

Ciudad Real artística, por Rafael Ramírez de Arellano, 1893.

Historia documentada de Ciudad Real. La Judería, la Inquisición y la Santa Hermandad, por Luis Delgado Merchán, 1893.

Paseo artístico por el Campo de Calatrava, por Rafael Ramírez de Arellano, 1894.

Documentos para la historia de Almagro, por Federico Galiano y Ortega, 1894.

Tratado geográfico-estadístico y descriptivo de la provincia de Ciudad Real, por Luis Fernando Niño y Fernández Izquierdo, 1897.

Apuntes para la Historia de la provincia de Ciudad Real, por Antonio Blázquez Delgado de Aguilera, 1898.

La Motilla de Torralba, por Inocente Hervás y Buendía, 1899.

Guía consultor e indicador de Ciudad Real y su provincia, por Jesús Rejá, 1905.

Memorias Manchegas, por Rafael Ramírez de Arellano, 1911.

3
SIGLO XVIII. FELIPE V, LAS REALES ACADEMIAS Y CARLOS III

La llegada de Felipe V al trono de España tras la muerte de Carlos II, provocó la Guerra de Sucesión española, un conflicto de orden internacional entre 1703 y 1713, si bien en Cataluña se prolongó hasta 1714 y en Mallorca hasta 1715. Supuso la instauración de los Borbones en España. Carlos II había testado a favor de Felipe de Anjou, nieto del rey de Francia Luis XIV. Todos los soberanos de Europa reconocieron a Felipe de Anjou como rey de España, excepto el emperador Leopoldo de Austria. En ese momento, Francia tomó posiciones para defender las plazas fuertes de los Países Bajos españoles, con el consentimiento de su nieto. Esta ayuda fue tomada como una provocación por parte de Holanda y de Inglaterra, que se posicionaron al lado del emperador. La guerra se inició en la frontera de Francia con estos países y posteriormente en la propia España, convirtiéndose en una guerra europea dentro de España, a la que se sumó una guerra civil entre los partidarios del archiduque Carlos, defendido por Aragón, y los partidarios de Felipe de Anjou, defendido por Castilla. Si bien, en ambos territorios hubo defensores y detractores de ambos pretendientes. El final de dicha contienda supuso la entronización de Felipe V en España y el comienzo del reinado de una nueva dinastía, la de los Borbones.

La Guerra de Sucesión tuvo también consecuencias sobre el patrimonio cultural de nuestros pueblos, tal como han documentado, entre otros, Juan Díaz-Pintado y Pedro Almarcha para en el caso de Membrilla:

> «En 1706-1707 Membrilla fue invadida por los imperiales atropellando casas y personas saqueando propiedades y alhajas y quemando muchos papeles y privilegios de su archivo»[1].

> «Uno de estos atropellos que escandalizó a la población de Membrilla tuvo lugar a principios del año 1707 se produjeron profanaciones de imágenes por parte de los soldados pertenecientes a una compañía de guardas flamencas de Corps. Suceso que fue denunciado por el familiar del Santo Oficio D. José Canuto»[2].

Felipe V vino a España en el año 1700 acompañado del gusto francés por el arte y abrió la puerta a la creación de instituciones encargadas de promover y velar por el patrimonio histórico y artístico.

La Real Academia de la Historia es la primera institución que podríamos asociar con una organización administrativa y pública con competencias en materia de patrimonio cultural[3]. Comenzó como reunión literaria de amigos en el año 1735. Los contertulios se dirigieron a Felipe V para que autorizara sus reuniones y el monarca les concedió su protección. La tertulia especializada en la investigación del pasado quedó convertida en Real Academia de la Historia. La autorización la otorgó Felipe V por Real Cédula de 17 de junio de 1738.

Después se creó la Real Academia de Bellas Artes de San Fernando, establecida por Real Decreto de 12 de abril de 1752 por Fernando VI (bajo el nombre inicial de Real Academia de las Tres Nobles Artes de San Fernando).

A las dos academias se les asignaron funciones relevantes para la conservación y protección del patrimonio cultural y, como veremos a continuación, desarrollaron una tarea fundamental en la elaboración de las disposiciones normativas, proyectos y estudios, control de obras y en el nombramiento y coordinación de los miembros de las comisiones provinciales de Monumentos.

3.1. LOS EFECTOS DEL TERREMOTO DE LISBOA EN EL PATRIMONIO CULTURAL DE LA PROVINCIA DE CIUDAD REAL

Tuvo lugar el sábado 1 de noviembre de 1755, día de Todos los Santos, antes de las 10 de la mañana, la hora de la misa mayor. El epicentro estuvo en el océano Atlántico, al oeste de Portugal. Causó un enorme impacto y produjo miles de víctimas en Portugal, España y norte de África y daños importantes, sobre todo en Lisboa, donde un enorme incendio acentuó los efectos[4].

El rey Fernando VI ordenó a don Diego de Rojas y Contreras, gobernador del Real y Supremo Consejo de Castilla y obispo de Cartagena, llevar a cabo una encuesta para conocer detalles de lo sucedido.

La documentación obtenida se conserva en el Archivo Histórico Nacional y en la Real Academia de la Historia y ha sido transcrita por José Manuel Martínez Solares y publicada por el Instituto Geográfico Nacional.

El cuestionario, al que respondieron 1.273 localidades, contenía las siguientes preguntas:

¿Se sintió el terremoto?

¿A qué hora?

¿Qué tiempo duró?

¿Qué movimientos se observaron en los suelos, paredes, edificios, fuentes y ríos?

¿Qué ruinas o perjuicios se han ocasionado en las fábricas?

¿Han resultado muertas o heridas personas y animales?

¿Ocurrió otra cosa notable?

Antes de él, ¿hubo señales que lo anunciasen?

Sobre la provincia de Ciudad Real, Javier Calamardo Murat, en el marco de las jornadas «Epidemias y calamidades en La Mancha», organizadas en el año 2022 por el Centro de Estudios del Campo de Montiel, elaboró un trabajo sobre los efectos del terremoto de Lisboa en el Campo de Montiel[5].

De la provincia de Ciudad Real disponemos de respuestas al cuestionario de 58 localidades:

Tabla 1

LOCALIDADES DE LA PROVINCIA DE CIUDAD REAL QUE CONTESTARON AL CUESTIONARIO DE LOS EFECTOS DEL TERREMOTO DE LISBOA

Ciudad Real, 291, 292, 293.	Granátula de Calatrava, 393.
Abenójar, 5, 212.	Herencia, RB-36.
Agudo, 12.	Luciana, 491.
Albaladejo, 22.	Malagón, RAH.
Alcázar de San Juan, 47.	Manzanares, RAH.
Alcolea de Calatrava, 50.	Membrilla, 560.
Alcubillas, 52.	Mestanza, 563.
Aldea del Rey, 54.	Miguelturra, 567.
Alhambra, 63.	Moral de Calatrava, 591.
Almadén, 71, 72.	Picón, 680.
Almadenejos, 72.	Piedrabuena, RAH.
Almagro, 73, 74, 75, 76, 77.	Porzuna, 697.
Almedina, 80.	Puebla de Don Rodrigo, 703.
Almodóvar del Campo, 84, 85.	Santa Cruz de Mudela, 760.
Ballesteros de Calatrava, 143.	La Solana, 822.
Bolaños de Calatrava, 186.	Terrinches, 845.
Cabezarados, 212.	Torre de Juan Abad, 859.
Calzada de Calatrava, 241.	Torrenueva, 869.
Campo de Criptana, 243.	Valdepeñas, 887, 888.
Cañada de Calatrava, 249.	Valenzuela de Calatrava, 896.
Caracuel de Calatrava, 253.	Villahermosa, 927.
Carrizosa, 263.	Villamanrique, 930.
Castellar de Santiago, 274.	Villamayor de Calatrava, 934.
Corral de Calatrava, 320.	Villanueva de la Fuente, 939.
Daimiel, RAH.	Villanueva de los Infantes, 945.
Fernán Caballero, 358.	Villanueva de San Carlos, 947.
Fuencaliente, 363.	Villar del Pozo, 952.
Fuenllana, 365.	Villarrubia de los Ojos, 954.
Fuente el Fresno, 367.	Viso del Marqués, 961, 962.

Reseñamos a continuación algunas de las respuestas para conocer los efectos sobre el patrimonio cultural de la provincia de Ciudad Real:

ABENÓJAR: «Quiso la infinita piedad de Su Majestad Divina no resultase ruina ni otra desgracia en este pueblo, ni hay en él quien previese o reparase señales que anunciasen el dicho temblor».

ALBALADEJO: «Que siendo entre las nueve y media a las diez de la mañana, poco más o menos, notó Su Merced un ruido subterráneo tan formidable, de modo que hicieron el juicio los vecinos de esta villa, que se hundiesen sus edificios, por hallarse para empezar a decir la misa mayor, y empezó a temblar las paredes de la Iglesia, de modo que se tocaron las campanillas que hay en el coro para tocarlas cuando alzan a Su Majestad, y las de la torre se movían, de suerte que de haber durado más se hubiera venido abajo, y se abrió y quebrantó el arco del coro, y cayeron abajo la mayor parte de las almenas de la Tercia, y asimismo algunas tapias de diferentes vecinos».

ALCOLEA DE CALATRAVA: «En donde se experimentó su terribleza [sic] con estrago, fue en la única Iglesia parroquial, que toda se halla cuarteada, las paredes se desplomaron y la bóveda se desunió, y desvió de su centro, de modo que ha quedado muy maltratada, y del mismo modo una ermita de el Señor San Bartolomé y San Antón, con la especialidad que se halla situada en la altura de un cerro».

BALLESTEROS DE CALATRAVA: «Los edificios, aunque tuvieron el movimiento referido, no se ha advertido en esta villa quiebra notable; sólo hundirse algunas paredes de poco fomento, pero donde hizo conocido daño fue en la Iglesia parroquial, quebrantando los arcos que por la parte de adentro la mantienen y cayendo parte de un lienzo de pared se descubre una quiebra notable».

BOLAÑOS DE CALATRAVA: «La Iglesia parroquial de esta villa se halla también muy quebrantada, pues así las murallas de su fábrica como la bóveda tienen manifiesto el quebranto, aunque parece no ser cosa de que, por ahora, pueda resultar la ruina de ella, no obstante de que bien reconocida, por la parte exterior no se encuentra piedra que aún no haya padecido detrimento.

Y por lo respectivo a las ermitas, lo mismo se reconoce en ellas, aunque por ser edificios más pequeños ha sido el quebranto más moderado».

CALZADA DE CALATRAVA: «Y se notó que el referido terremoto duraría como siete minutos, en cuyo tiempo la Iglesia parroquial se estremeció y desunió por diferentes partes, especialmente el testero del presbiterio, pared, cortina, y torre, contigua a ella, cayendo mucho de su fábrica, que arruinó la bóveda, y ésta destrozó el órgano, y otras cosas, y finalmente, está tan derrotada que parece no ser capaz de reparo, y se halla cerrada, por no poderse usar.

Las Casas Capitulares se destruyeron.

Las demás de este pueblo, algunas arruinadas; otras, maltratadas; y todas, con necesidad de reparos; por cuyo motivo esta villa, con dicho Párroco, acordó que los Maestros alarifes de ella la reconociesen y dicha Parroquia, con Juan Alejandro Núñez, Maestro de arquitectura, residente de la villa de Almagro, a fin de remediar tan grave daño, procurando descargar, apuntalar, y reparar. Y dicho Núñez depuso judicialmente que no había visto mayor destrozo que el de dicha Iglesia.

Y en este pueblo cada día se experimenta, en sus casas, mayores quiebras y ruinas».

CAMPO DE CRIPTANA: «Pero lo más lamentable han sido las considerables quiebras experimentadas en la ermita de Nuestra Señora de Criptana, Patrona de este pueblo, a vista de que no sufragando a repar[ar]las las limosnas de los fieles, y haberes de su corto caudal, que todo se ha expendido en remediar lo más preciso; queda aún mucha parte descubierta expuesta a una entera destrucción, si como no hay arbitrio se subviniese a las mayores inminentes daños con el remedio oportuno, que le es impracticable lograr.

La causa de que en este sitio fuese mayor el temblor distando solamente un cuarto de legua de esta villa se atribuye a que puede haber contribuido la altura, y eminencia que ocupa con la antigüedad de la fábrica, más expuesta a haber peligrado enteramente».

Ciudad Real: «Y las señales que precedieron, aunque no se aplican a que fuesen indicativas de temblor de tierra, son las que enuncia el Comendador de Mercedarios descalzos de esta ciudad en su informe y relación, que paso a mano de V. I., y en lo recio del terremoto y algún tiempo antes fue un recio viento, y turbada la luz del Sol, sin haber nubes intermedias, siendo muchos de sentir que a durar un minuto más lo recio del temblor, no hubiera quedado edificio en pie.

Y los destrozos causados, y hasta ahora advertidos, y reconocidos por peritos, son:

- En la Parroquial de San Pedro, de fuerte y admirable fábrica, bastante daño en machos, arcos, bóvedas, maderas, enyesados y demás partes que componen el todo de la fábrica, y para el reparo y seguridad se hacen precisos muchos gastos.

- En la Parroquial de Nuestra Señora del Prado se reconocen en su suntuosa fábrica, de una nave de grande elevación y correspondiente anchura, bastantes quiebras, quedando maltratada su armadura, quebrados dos de los estribos de la Puerta de la Umbría, y otros dos a la parte del altar mayor, para cuya ermita, y que se mantengan sin ruina de la Iglesia se hacen precisos muchos gastos.

- En la Parroquial de Santiago, el medio cuerpo de arriba de la torre se halla con aberturas y la bóveda, para que no se arruine, necesita mucho reparo, y por haberse hundido un arco de ladrillo de dicha torre sobre el tejado de dichas Iglesias se halla maltratado y con la precisión de repararse.

- En el convento de Santo Domingo se descubren grandes quiebras en sus capillas, coro y cuerpo de la Iglesia y su torre cuarteada, los dos cuerpos de ella, y su c[h]apitel, y sin repararla, y fortalecerla, no pueden usar de las campanas como antes y sí sólo tocarlas a pulso. En los claustros altos y bajos, en las celdas y demás oficinas se registran muchas quiebras y parte del tejado cayó sobre una de las capillas, causando mucho daño.

- En el convento de San Francisco, se descubren en su Iglesia, Capilla mayor y en las agregadas, bastantes quiebras, y lo mismo en las celdas y demás oficinas y, por haberse desprendido de la espadaña, o campanario, un remate de piedra, y caído sobre un tejado, causó destrozos.

- En la Iglesia de San Juan de Dios quedó tan ruinosa y destrozada, que ha sido preciso desalojarla de los altares y colocar al Santísimo Sacramento en la capilla de la enfermería, y poner los enfermos en su cuarto alto y, además de esto, los cuartos y oficinas no dejan de tener muchas quiebras.

- En los Carmelitas descalzos, extramuros de esta ciudad, además de otras quiebras, la de más consideración es el alzado donde está sentada la Capilla mayor, porque movidas las cuatro esquinas donde sentaba la armadura cayó sobre los tejados del convento uno de sus lienzos, causando mucho daño, en el colateral claustro, y celdas, y por estar movidos los otros tres lienzos, se hallan apuntalados, y agarrotados, porque con poco movimiento se vinieron a tierra.

- En el convento de religiosas Carmelitas descalzas, se descubren algunas grietas en él y la mayor en la media naranja o linterna de la capilla mayor, que por el gran quebranto de todos cuantos lienzos le están dados garrotes, además de haberlos apuntalados.

- En el convento de religiosas Dominicas se ve quebrantada una de las esquinas de la Capilla mayor, amovida [sic] parte de sus aleros, y lo interior de el convento muchas quiebras en celdas, claustro, y vistas, y en la cerca de la huerta lo mismo, con hundimiento de algunas tapias.

- En el convento de religiosas Franciscas, por lo que hace a la Iglesia se quebrantó el arco toral de la capilla mayor, y dos estribos, cayendo la mayor parte de los aleros a la parte interior, de que resultó destrozo de los tejados, y en lo interior del convento, algunas quiebras.

- En la ermita hospital del Santísimo Cristo del Refugio, son muchas las quiebras que se necesitan de pronto reparo.

- Y en casas particulares, y murallas, son muchas las quiebras que se han reconocido, que aunque no del todo arruinadas, serán muchos los gastos para repararlas».

CORRAL DE CALATRAVA: «Y estando en esta tribulación se oyó decir a una persona «¡que Nuestra Señora de la Paz se quema!» (la que es Patrona titular de esta villa, y se venera en su ermita, extramuros) de que aseguran muchas personas vieron llamas inmediatas a la ermita.

Y se halló la mitad del tejado de toda ella en el suelo, la cornisa y parte de la pared que la contenida caída desunidas las maderas. y muy quebrantadas las paredes, de los dos costados que juntan con la torre y sus cimientos, y en su mayor parte del yeso y de dentro en el suelo, por cuya ruina ha sido precisa colocar a Nuestra Madre y Señora en la Parroquial, que ésta, asimismo, ha recibido mucho quebranto así en la torre y sus costados como en las paredes del cuerpo de ellas, que la desunión con que han quedado se comunica la luz».

FUENCALIENTE: «Que en el día primero del corriente mes, en que celebró Nuestra Santa Madre la Iglesia la festividad de todos los Santos, siendo como entre nueve y diez de la mañana, se observó un fuerte movimiento de la tierra que hizo estremecer no tan solamente los suelos de esta Fundación sino es también todos sus edificios, el que duró con la repetición que inmediatamente tuvo un cuarto de hora, quebrantando, aunque no en cosa grave, el colateral derecho de esta Iglesia parroquial, de cuya pared contigua a la bóveda cayó en tierra parte de su enlucido, y hizo sentimiento su muralla.

Y el Pósito real, sito en la Plaza pública, padeció gran quebranto en sus paredes y, con efecto, se abrió la una de ellas de forma que echó más de media fanega de trigo fuera.

Y las casas propias del Real Orden de Calatrava, el cuarto principal y otro accesorio, padecieron también harto quebranto, que está inhabitable».

MALAGÓN: «No hubo diferencia en la hora, en el ímpetu, ni en los efectos. Arruinose la torrecilla en que estaba la Campana del Reloj; la Iglesia se quebrantó mucho y se valuó su reparo en 1.000 pesos. El Castillo antiguo ha quedado tan sentido que es forzoso derribarle, y la Iglesia de los Franciscos descalzos, y diferentes casas padecieron igualmente señalados perjuicios».

MEMBRILLA: «Y, estando en la calle, se reconoció y vio bambolear la torre, cruz y bolas, y duraría dicho temblor ocho minutos y sólo experimentado el desencaje de algunas de las piedras de la bóveda, que está a los pies de dicha Iglesia.

Y, asimismo, se ha reconocido que en la Capilla mayor del convento de Trinitarios calzados de esta villa está cuarteada la media naranja y una colateral quebrantada su bóveda. Como también un hastial de el coro, y algunas de las celdas contíguas a él».

MIGUELTURRA: «La torre de la Iglesia parroquial de esta villa y su chapitel se movía de un lado a otro como si fuera un árbol, causando todo gran terror y lástima, desplomándose muchas pizarras.

Las campanas se tocaron, la Iglesia se movía y, estando llena de gente, reconociendo caerse algunos pedazos de yeso procuraron echarse afuera todos, clamando a voces a María Santísima, pidiendo unos, confesión y otros, absolución, juzgando que todo hubiese venido a tierra, pues el yeso y polvo, que por las grandes quiebras que abría la torre con los movimientos, parecía un torbellino sin conocerse ni experimentarse aire alguno, más que el ruido por debajo de tierra.

El cuerpo de las campanas quedó bastantemente quebrantado.

Se cayeron dos pedazos de cornisa, contra las pizarras del capitel. Causó dos quiebras desde arriba abajo.

El caracol de la torre, desunido de su fábrica. La bóveda de la Capilla mayor de dicha Iglesia se desunió de su fábrica.

En la Iglesia que sirve a el convento de religiosas Mercedarias descalzas, con título de Nuestra Señora de la Estrella, se quebrantaron algo las bóvedas y el campanario se movía lo mismo que un árbol y se le cayeron algunos ladrillos y las campanas se tocaron».

SANTA CRUZ DE MUDELA: «Que en el día primero del ya citado mes de noviembre se experimentó en esta villa el temblor de tierra, a la hora de entre nueve y diez de la mañana, el que duró como un cuarto de hora, habiéndose observado mucho ruido, y movimiento, en los suelos, paredes, edificios, de lo cual se ha quebrantado lo bastante la capilla de Nuestra Señora del Rosario, que está en la Iglesia parroquial de esta villa, como también sentido lo bastante el chapitel de la torre de ella. Y, asimismo, la Iglesia de Padres Agonizantes se halla también sumamente quebrantada».

TERRINCHES: «Y de que se pasó dicho terremoto, se volvió a concluir la misa y, aunque con mucho miedo, entraron a oirla los que menos tuvieron, y dicha Iglesia ha quedado muy quebrantada, con especialidad de medio abajo, que con grande temor se celebró y oye misa en ella, por haberse reconocido por expertos y decir estar muy contingente a hundirse.

Y por no haber otro remedio es preciso pasar con esta contingencia, por no faltar al precepto divino, y se ha querido sacar de dicha Parroquial el Sagrado Sacramento, lo que se ha omitido por no haber otro paraje sagrado más que la ermita de Nuestra Señora de Luisiana, distante de esta villa dos tiros de arcabuz, antes que menos; cuya Parroquial necesita de prontísimos reparos para evitar los daños a que este pueblo está expuesto, sobre cuyo asunto tiene esta villa consultado al Señor Protector de las Iglesias de este territorio del Señor Santiago [= Encomienda de la Orden de Santiago. FRT] y, por miedo de perecer en las ruinas de dicha Parroquial, muchos dicen no van a misa, y los que lo hacen se están mirando a lo alto observando si hace movimiento a caerse, dejando de tocar el órgano por estar lo más quebrantado donde éste se halla sito».

TORRENUEVA: «Cuyos movimientos fueron en esta parroquial Iglesia con algún extremo, en sus edificios y suelos (?), con algunos movimientos en la Imágenes de el retablo del altar mayor, y en la de Nuestra Señora del Rosario, que puso a todos los que asistían a la misa mayor que se celebraba, en su mayor conflicto.

Y de ésta resultó haberse quebrantado la muralla de la capilla de Nuestra Señora de Gracia.

En la ermita de Nuestra Señora de la Cabeza, Patrona de este pueblo, que se venera extramuros de él, se ha quebrantado la muralla de la parte de Poniente, que se hace preciso a pronto reparo».

VALENZUELA DE CALATRAVA: «La Iglesia, muy destrozada, con muchos quebrantos y sentida, pues en fuerza del temblor se tañeron las campanas.

La ermita del Santísimo Cristo de la Clemencia (que fue hecha a expensas de los vecinos de esta villa) quedó quebrantadísima, especialmente el lienzo o muralla que mira a el Norte, tanto que en ella se entra con escrúpulo».

VILLAMAYOR DE CALATRAVA: «En cuyo lance, la torre de la Iglesia parroquial se andaba como devanaderas. Su capitel, como que se quería venir al suelo y quedó ladeado; y dicha torre muy quebrantada, y en particular de ventanas arriba está amenazando ruina.

Tres ermitas que tiene esta villa, de la Señora Santa Ana, San Miguel y San Benito, del efecto de dicho terremoto, quedaron muy maltratados sus edificios y lo mismo se ha experimentado en todas las casas de que se compone la población de la villa».

VILLAR DEL POZO: «Sin haberse experimentado más daños que en ellas un lienzo de paredes de un cuarto de la casa del Curato de esta villa, un hastial de la casa Encomienda del Señor San Jua.o y el arco toral que se quebrantó de la Iglesia parroquial, que es lo único que ha ocurrido sin otra desgracia alguna y sin otra observación por lo corto del pueblo y rustiquez [sic] de sus habitadores, habiendo durado el terremoto como diez minutos, con alguna corta suspensión en su fuerza, como a los cinco minutos».

VISO DEL MARQUÉS: «El suelo y los edificios temblaban, y estos se estremecieron dando vaivenes, y quedando los más altos quebrantados, como se experimentó en las murallas de la Iglesia parroquial, y su torre, que su reparo está tasado por Peritos en 38.000 reales de vellón.

También se han quebrantado las murallas del Palacio, y casa fuerte que, en esta villa, tiene el Excelentísimo Marqués de Santa Cruz».

3.2. EL REINADO DE CARLOS III

Durante el reinado de Carlos III, impulsor de las excavaciones en Pompeya siendo rey de Nápoles, por Real Cédula de 21 de octubre de 1773[6] se determinó que:

«En las Iglesias del reyno de Granada no se execute obra alguna sin Real licencia, y demas requisitos que se previenen… sin que primero se hayan enviado a mi Consejo de la Cámara los dibuxos y diseños, con la correspondiente justificación de la necesidad y utilidad que se considere en las Iglesias respectivas; para que, haciéndolos reconocer por los mejores artífices de Madrid, recaiga mi Real aprobación y licencia».

Dos reales ordenes circulares de 23 y 25 de noviembre de 1777 del conde de Floridablanca pretendían controlar y orientar la estética y funcionalidad de las edificaciones religiosas y públicas del estilo barroco al neoclásico[7].

«Después de haber promovido el Rey en sus Dominios el estudio de las tres nobles Artes, Pintura, Escultura y Arquitectura, ya fomentando en Madrid el instituto de la Academia de S. Fernando, y ya fundando en otras partes del Reino distintas Academias, ó Escuelas, á las quales ha facilitado toda su protección y auxilios aun á expensas del Real Erario, ha sabido y observado por sí mismo S. M. que no se coge todo el fruto que de tan útiles establecimientos debía esperarse, viendo emprender y llevar á efecto varias obras costosas de poca duración y de ninguna hermosura, expuestas á muchos riesgos y censuradas de los inteligentes nacionales y de la emulación estrangera.

Entre tantos daños como por tal descuido se han presentado á la consideración de S. M. han llamado singularmente su religiosa y soberana atención las tristes y dolorosas experiencias que se repiten frecuentemente en los sagrados Templos, en que por lo frágil y combustible de las materias de que se componen los retablos, adornos y techumbres de los más de ellos, y por no adaptar exáctamente su forma á las reglas del arte y del buen gusto, unos perecen lastimosamente entre las llamas, como acaba de suceder con el antiquísimo y precioso monumento de Santa María de Covadonga, y sucedió pocos años há con la Parroquia de Santa Cruz de Madrid, habiendo estado á riesgo de lo mismo la Iglesia de Santo Tomás; y otros desdicen de la magestad de aquellos lugares en que damos culto al Omnipotente, y veneramos los más sublimes objetos de la Religión.

La reverencia, seriedad y decoro debido á las casas de Dios, la permanente y sólida inversión de los dones que la piedad cristiana franquea para la mayor decencia de ellas, la reputación misma de los sugetos constituidos en dignidad, y de los cuerpos que mandan ó permiten la execución de tales obras, y en suma, la necesidad de poner término á tan lastimosos exemplares, han movido el ánimo de S. M. ademas de haber providenciado lo conveniente respecto á las obras públicas profanas, á mandarme escribir á V. en su Real nombre , y excitar por lo que mira á las sagradas, el ardiente zelo de V. para que en adelante cuide, de no permitir se haga en los Templos de, su distrito y jurisdicción obra alguna de consecuencia, sin tener fundada seguridad del acierto, el qual jamas podrá verificarse, si, no se toman precauciones para evitarse, edifique contra las reglas y pericia del arte.

A este fin, teniendo el Rey presente lo que sobre el particular le ha expuesto la Academia de S. Fernando, comprende no puede haber medio más obvio y eficaz que el de que se consulte á la misma Academia por los Arzobispos, Obispos, Cabildos y Prelados, siempre que estos, ya sea á propias expensas, ó ya empleando caudales con que la piedad de los Fieles contribuya, dispongan hacer obras de alguna entidad. Convendrá, pues, que los Directores ó Artífices que se encarguen de ellas, entreguen anticipadamente á aquellos Superiores los diseños con la correspondiente explicación, y que los Agentes ó Apoderados respectivos presenten en Madrid á la Academia los dibuxos de los planos, alzados y cortes de las fábricas, capillas y altares que se piden, poniéndolos en manos del Secretario, para que, examinados con atención y brevedad, y sin el menor dispendio de los interesados, advierta la propia Academia el mérito ó errores que contengan, é indique el medio que conceptúe mas adaptable al logro de los proyectos que se formen con proporción al gasto que quieran y puedan hacer las personas que los costeen.

Además encarga S. M. á V. que en la execucion se escuse quanto sea dable emplear maderas, especialmente en los retablos y adornos de los altares, puesto que apenas hay Ciudad en el Reino en cuyas cercanías no abunden mármoles, ú otras piedras adequadas mediante lo qual, no solo se evitará gran parte del riesgo de los incendios (mayormente si se reduxere el número de luces á lo que pide el decoro del Templo y diéta la devoción seria y magestuosa practicada en las Catedrales, y en las Capillas de S. M.) sino también se reformará el enorme infructuoso gasto de los dopados, expuestos á ennegrecerse y afearse en breve tiempo, y se promoverá el adelantamiento y digno exercicio de las Artes con monumentos de materias permanentes, pudiendo en caso necesario suplir mui bien los estucos, que son menos costosos que los mármoles y jaspes.

El Rey confia del zelo de V. no menos que de sus luces, y de las serias reflexiones que debe merecerle el asunto, tomará eficazmente á su cargo concurrir á que se efectúen tan justos deseos, como también á que quanto en los lugares sagrados execute no solo la Arquitectura, sino las dos Artes sus compañeras, Escultura y Pintura, sea correspondiente á la sublimidad de la Religión, y al mayor esplendor y magestad del culto.

Ultimamente encarga el Rey á V. para complemento de lo que va enunciado, que V. manifieste, y recomiende á ese Cabildo, y á las Comunidades que dependan de las intenciones de S. M. á fin de que contribuyan por su parte á que estas vayan efectuándose en el firme concepto de que serán sumamente gratas á S. M. las pruebas que espera le den todos de su esmero en promover tan sabias providencias».

La Circular de 25 de noviembre de 1777[8], expedida por la vía de Estado a los obispos, caballeros y prelados, establecía el:

«Modo de executar las obras ocurrentes en todas las iglesias y sus altares… A este fin no puede haber medio más obvio y eficaz, que el de consultar a la Academia de San Fernando, los Arzobispos, Obispos, Cabildos y Prelados».

Para controlar el gasto en la ejecución de las obras públicas, varias disposiciones establecieron la necesidad de autorización y visado previo por la Real Academia de San Fernando[9]:

Real Orden de 23 de octubre de 1777, Execución de obras públicas con precedente consulta de sus dibuxos a la Academia de San Fernando.

Real Orden de 11 de octubre de 1779, Prohibición de instancias en el Consejo para invertir caudales en obras públicas sin previa revisión de sus planes por la Academia de San Fernando.

Real Orden de 23 de julio, circulada por el Consejo en 30 de agosto de 1789. General observancia de lo dispuesto en las dos leyes anteriores.

Real Orden de 20 de diciembre de 1798. Observancia de lo mandado sobre el examen y aprobación de los planes y dibuxos de obas públicas por la Real Academia de San Fernando.

Real Orden de 7 de agosto de 1800 y provisión del Consejo de 5 de enero de 1801. Aprobación de los diseños para las obras públicas por la Real Academia de San Fernando.

También se llevaron a cabo iniciativas para la investigación y protección de monumentos antiguos. Entre otras podemos citar, «El Viaje de las Antigüedades de España» (1752-1765), de Luis José Velázquez, marqués de Valdeflores, expedición arqueológica promovida por la Real Academia de la Historia y la primera en su género financiada por la Corona o la creación en 1792 de la Sala de Antigüedades, en el marco de reforma estatutaria de la Real Academia de la Historia[10].

La Real Orden Circular de 5 de octubre de 1779, con el objetivo de impedir la salida de España de pinturas de grandes maestros ya fallecidos, contemplaba una sanción a los compradores fraudulentos «bajo la pena de competente multa pecuniaria y de embargo de las propias pinturas» y encargaba a los intendentes provinciales su observancia. Otra Real Orden Circular del 16 de octubre de 1779 completó la prohibición de exportar libros, pinturas, manuscritos y antigüedades sin autorización.

3.3. PROYECTOS DE RESTAURACIÓN Y CONSTRUCCIÓN DE LA PROVINCIA DE CIUDAD REAL VISADOS POR LA REAL ACADEMIA DE BELLAS ARTES DE SAN FERNANDO

Para dar cumplimiento a las circulares de noviembre de 1777, la Real Academia de Bellas Artes de San Fernando revisó y aprobó proyectos de obras en la provincia de La Mancha en las sesiones de las juntas ordinarias, juntas particulares o en la Comisión de Arquitectura.

La tesis doctoral de Adolfo de Mingo Lorente, *La Comisión de Arquitectura de la Real Academia de Bellas Artes de San Fernando y Castilla-La Mancha (1786-1808)*, es un estupendo trabajo en el que podemos profundizar en las tareas y proyectos analizados por este organismo en las localidades de lo que hoy es Castilla-La Mancha.

En la junta ordinaria del 2 de enero de 1780 se revisaron los dibujos para el arreglo del puente sobre el río Cigüela en Arenas de San Juan.

«Di cuenta del parecer de D. Ventura Rodríguez, sobre los dibujos que remitió el Consejo de las obras proyectadas para Arenas de San Juan, resultando de este dictamen el poco conocimiento de los autores de dichos dibujos, y los perjuicios que se seguirán ejecutando por ellos dichas obras, acordó la Academia que yo respondiese al tema de este dictamen, en que se conformaron los demás Profesores de Arquitectura».

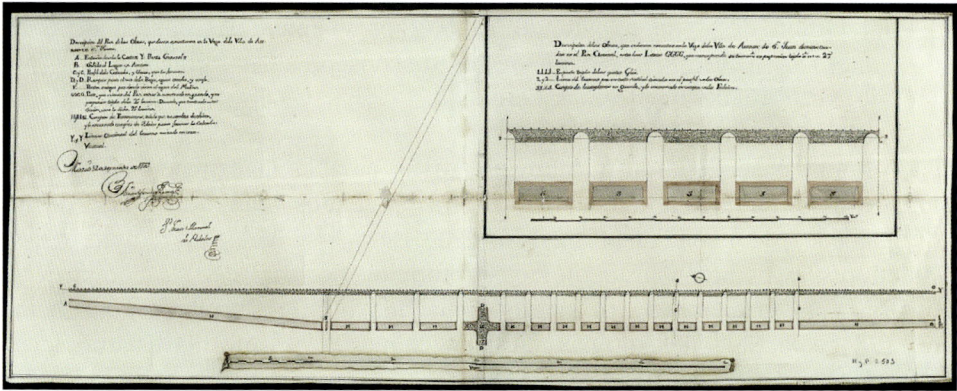

Dibujos realizados por Hilario Antonio Jorganes. Fuente: AHN, Consejos, MPD 2502 y 2503. Facilitados por Julio Chocano Moreno.

Posteriormente intervino en este proyecto el arquitecto Juan de Villanueva.

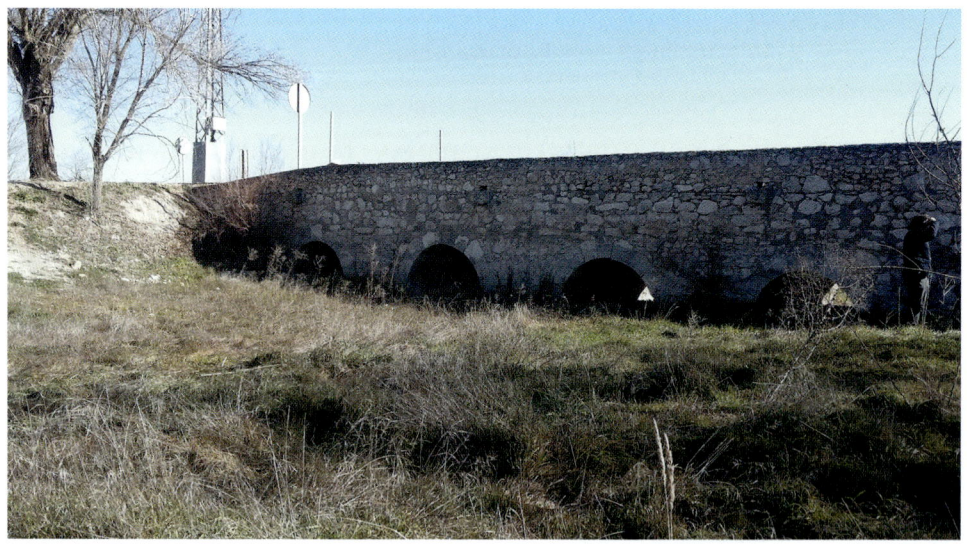

Imagen actual del puente sobre el río Cigüela. Fotografía del autor.

En las juntas particulares del 6 de julio y 3 de agosto de 1783 analizaron proyectos de las iglesias de San Bartolomé de Almagro y de Pozuelo de
Calatrava. En la junta correspondiente al 3 de agosto acordaron lo siguiente[11]:

«Muy señor mío: con devolución de los adjuntos planos y autos, acompañados
por V. S. en papel de 21 de Abril último sobre reparos proyectados para la Iglesia
parroquial de San Bartolomé de Almagro perteneciente a las Órdenes Militares,
y referencia a lo que acerca de semejantes expedientes manifiesto a V. S. por
oficio separado que en nombre de la Real Academia de San Fernando, expongo
a V.S. de acuerdo de la misma sobre el presente, que sin reconocimiento del
estado, en que se hallan el edificio, y su armadura, no puede determinarse el
reparo conveniente para asegurarle; y en cuanto a la gratificación correspondiente
al perito Pedro López Villanueva por los diseños, que ha ejecutado, se tasan en
cuarenta doblones de a sesenta reales de vellón cada uno».

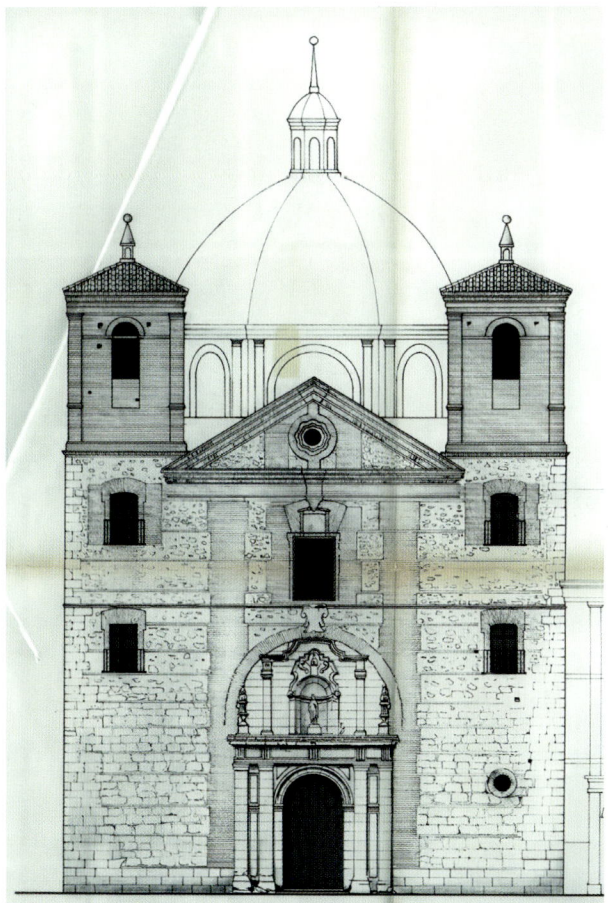

Iglesia de San Bartolomé de Almagro. Proyecto de
Miguel Fisac, marzo de 1980. Fuente: Archivo del
Servicio de Cultura, Exp. 79.0003.

«Muy señor mío: Habiendo hecho presente a la Real Academia de San Fernando el papel de V. S. de 17 del mes pasado con los autos, y planos que la remitió a informe, y devuelvo adjuntos sobre reparos precisos a la Iglesia de la Villa de Pozuelo de Calatrava, una de las de las Órdenes Militares, y especialmente sobre si será preciso aumentar un cuerpo alto a la torre de dicha Iglesia, y en tal caso, si habrá, o no, seguridad para ello respecto de su fundamento; pareció a la Academia este punto ajeno de su Instituto, mayormente necesitándose, como indispensablemente se requiere, para hacer juicio, y dar dictamen sobre el particular, un conocimiento práctico del suelo, y cimientos sobre que se disputa, si podrá, o no, cargarse más fábrica, que la que existe, uno y otro por las consideraciones respectivamente adaptables y contenidas en otros papeles míos a V. S. separados con esta misma fecha sobre expedientes parecidos [265] al presente».

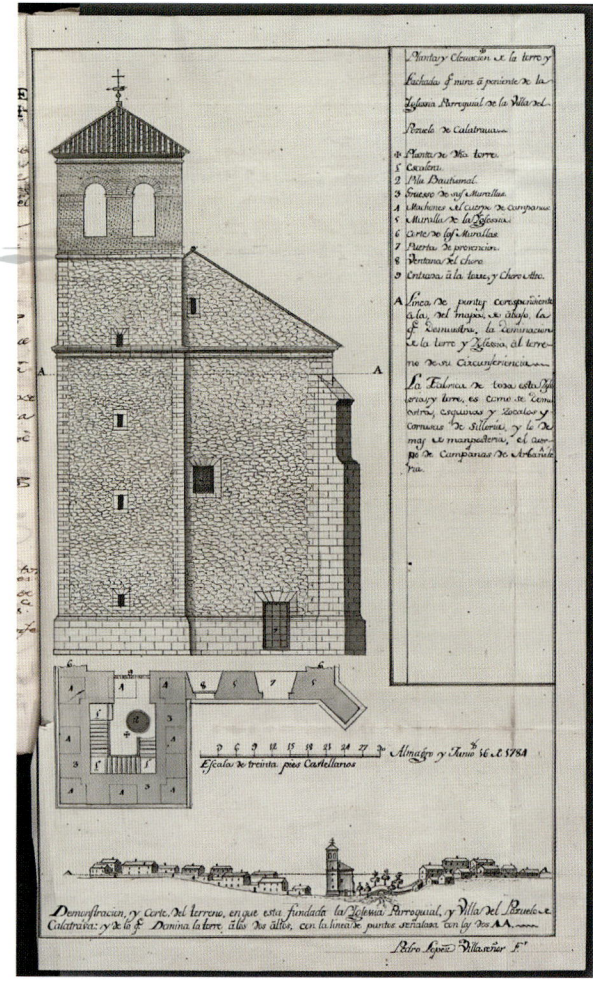

Alzado y planta de la iglesia de San Juan Bautista de Pozuelo de Calatrava, realizado por Pedro López Villaseñor en 1784. Fuente: AHN, OM, 5994.

Comisión de Arquitectura de la RABASF

La sesión del 30 de noviembre de 1786 rechazó los dibujos del maestro de obras del infante don Gabriel para la construcción de una cárcel agregada a las casas consistoriales de Herencia.

El 19 de abril de 1787, conociendo la intención del alcalde mayor de Campo de Criptana de arreglar la construcción de una cárcel agregada a las casas consistoriales de Herencia, la Comisión propuso al académico don Alfonso Regalado Rodríguez para la formación de planos y presupuesto, y el 8 de julio de 1789 los revisó y aprobó.

El 13 de diciembre de 1787 el marqués de Hinojosa, secretario del Consejo de Órdenes, participó a la Academia la resolución favorable para que el santuario del Santísimo Cristo de Santa Elena se convierta en villa con el título de San Carlos y que para ello se construyan casas de un tamaño proporcionado, sala para el Ayuntamiento, cárcel y granero. Acompañaba la propuesta un plano general de la población y otro particular para las casas públicas, de labradores y artesanos realizados por don Matías Antonio de Arias.

El 12 de septiembre de 1788 revisó los diseños del profesor don Juan Agustín Galiay para construcción de una cárcel agregada a las casas consistoriales de Herencia. El 18 de marzo de 1789 acordó encargar la dirección de obra al académico don Antonio Losada y el 10 de noviembre de 1789 valoró los diseños de Juan Agustín Galiay.

Esa misma comisión examinó los planos del maestro de obras de Torrenueva, don Fernando Sánchez Navarro, para la construcción de casas del ayuntamiento y cárcel de Torre de Juan Abad y el 10 de julio de 1790 encargó las obras al académico don José Miguel de Toraya.

El 27 de agosto de 1789 aprobaron la declaración y planos del profesor don Antonio Arriaza y Castañeda para rectificación de la Puerta de Valenzuela de Almagro y examinaron el método de construcción para reforma de los cañones de mampostería propuestos por don Ángel Sierra, revisor de obras de las minas de Almadén.

El 15 de enero de 1790 se volvieron a ver los dibujos para la ampliación de la iglesia parroquial de Agudo con las enmiendas advertidas a su autor, don José Miguel de Toraya, sobre la ventana de la fachada y las torres, proponiendo para su ejecución al mismo autor.

El 17 de diciembre de 1790 se revisaron unos diseños del alarife don Antonio Medina para la reparación de la iglesia parroquial de Piedrabuena. Dado que la academia no conocía a su autor y le generaban dudas su propuesta, decidieron encargar un reconocimiento de la iglesia a don José Miguel de Toraya o a don Guillermo Casanova.

El 8 de marzo de 1793 aprobaron los diseños de don José Miguel de Toraya para la reparación de los arcos, bóvedas y construcción de la torre de la iglesia de Madre de Dios de Almagro.

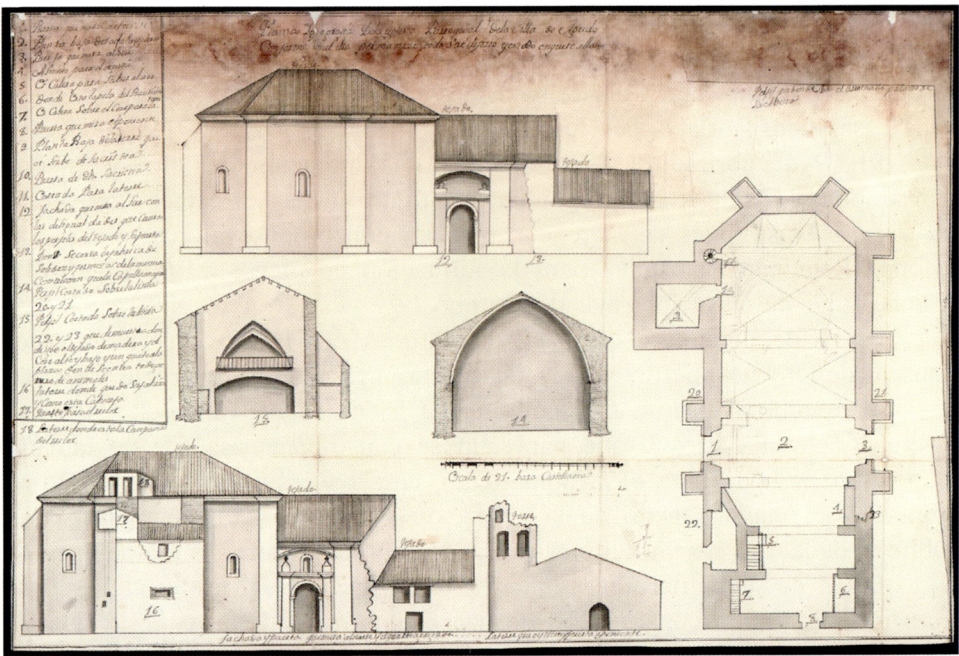

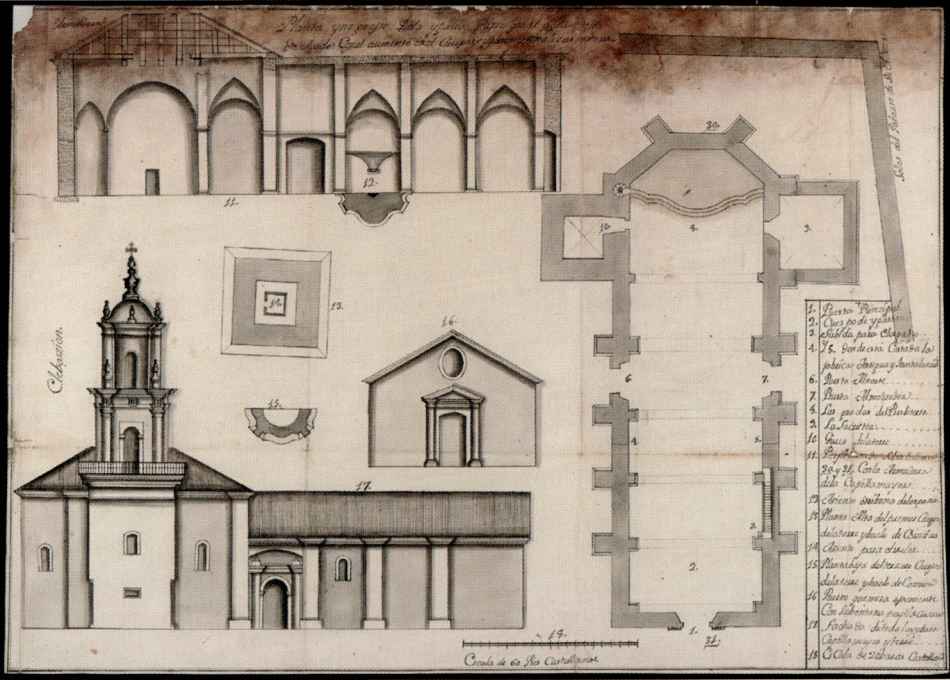

Iglesia parroquial de Agudo. Arriba, planta y alzado. Conforme en el día permanece todo su edifizio y estado en que se allá en 1790. Fuente: AHN, OM, MPD.337. Abajo, planta y alzado interior y exterior de las obras que se pretenden hacer. Fuente: AHN, OM, MPD.336.

El 27 de junio y 28 de noviembre de 1797 revisaron los planos y condiciones formadas por don Mateo López para rectificación de la iglesia de Montiel.

El 31 de agosto de 1798 examinaron los planos de don Silvestre Pérez para la hospedería de Calatrava en Almagro.

El 22 de mayo de 1802 aprobaron los diseños de don Francisco López para la reparación de armaduras de la iglesia y coro del convento de las Monjas Dominicas de Almagro.

En septiembre de 1804 don Vicente López Villaseñor, profesor arquitecto de Daimiel, realizó un informe por orden de don Francisco Ignacio Muñoz, cura rector de la iglesia parroquial de Fernán Caballero:

«Pasé a hacer reconocimiento de la capilla mayor de su iglesia que se halla sumamente indecente y con la precisa necesidad de cubrirla nuevamente y adornarla».

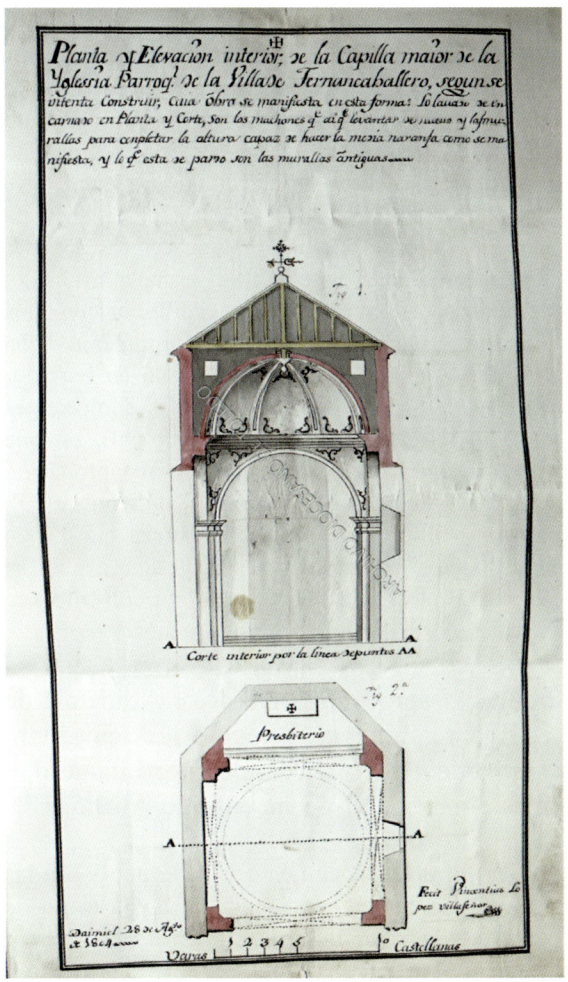

Planta y elevación de la capilla mayor de la iglesia de Fernán Caballero. Fuente: Archivo Diocesano de Toledo, Reparación de templos.

Solicitaba a la Real Academia que analizara con imparcialidad los dos proyectos presentados, su diseño y el del alarife de Ciudad Real don Luis Jerónimo Almilla.

El 28 de enero de 1805 revisaron seis diseños de Silvestre Pérez para la iglesia parroquial de Carrizosa.

El 31 de octubre de 1805 se aprobaron los seis diseños de don Juan Antonio Aguado para la iglesia parroquial de Las Casas y Sancho Rey.

El 31 de octubre de 1805 y el 6 de abril de 1806 aprobaron siete diseños para la iglesia de San Bartolomé de Almagro.

El 28 de julio de 1807 examinaron un proyecto para la reparación del puente, calzada y alcantarilla sobre el río Cigüela en Arenas de San Juan.

Según recoge José Muñoz en su blog sobre Villarta de San Juan[12], el 9 de diciembre de 1814 el arquitecto don Sebastián de Azcuaga remite informe al secretario de Cámara del Gran Prior sobre la visita de reconocimiento a la iglesia parroquial de Villarta[13]:

«Exima Señor= En virtud de la RO del Serenísimo Señor Infante Don Carlos María que V.E. me comunicó con fecha 26 de octubre pasado para que pasara a reconocer la Iglesia Parroquial de la Villa de Villarta una de las del Gran Priorato de San Juan que posee y administra S.A.R. lo verifiqué y habiendo reconocido toda la fábrica material de dicha Iglesia su estado actual es como sigue:

Las cuatro paredes principales del cuerpo de la Iglesia, de una capilla y sacristía se hallan en buen estado, e igualmente la torre; también permanecen las bóvedas del cuerpo de la Iglesia sin haber padecido nada; todo el resto se halla arruinado; es decir todas las armaduras de tejados, la bóveda de una capilla, el coro, los retablos, altares, púlpito, confesionarios, puertas y demás que se componía dicha Iglesia y para la reedificación de estos reparos e levantar el plano en borrador de todo el edificio según se halla para formar por él los planos competentes para la reedificación de lo arruinado, los que pasaré a manos de V.E. asi que concluya para que los eleve al conocimiento de S.A.R. y con su aprobación puedan pasar a la Real Academia de San Fernando; haciendo presente a V.E. que interín se trata de dichos reparos es necesario se quite la broza que tienen encima las bóvedas y hacer unos 'bujeros' para la salida de las aguas, pues se hallan descubiertas y están expuestas a que se arruinen por ser su construcción, su costo a un mil y quinientos reales de vellón poco más o menos».

El 29 de abril de 1815 el arquitecto aprobado por la Real Academia de San Fernando. don Sebastián de Azcuaga, remitió a la Comisión de Arquitectura un informe de la visita realizada por orden del serenísimo señor infante don Carlos María para reconocer la iglesia parroquial de la villa de Abenójar[14]:

«Me trasladé a ella para verificar otro reconocimiento y hallé que todas las paredes estaban arruinadas sin que pudiesen servir para ningún uso a causa de ser las más de ellas de tapias de tierra y habiéndolo hecho presente a S.A. se me mandó formar unos diseños para una nueva Iglesia con arreglo al vecindario, en ese supuesto he formado los planos que presento a V.E. para dar cumplimiento a la ordenes de esa R. Academia para que sean reconocidos por la Junta de Comisión y se pongan las objeciones o variaciones que les parezca».

La Comisión determinó el 6 de mayo de 1815 «hacer varias prevenciones a su Autor antes de pasar a poner a limpio dichos dibujos».

El 29 de noviembre de 1815, según orden del duque de Hijar, el arquitecto don Elías Villalobos expuso a la Real Academia de San Fernando, «para su censura y aprobación», los diseños e informes para la reparación y reforma de la iglesia parroquial de Villarrubia de los Ojos, bóveda, cuerpo de campanas, chapitel y remate de la torre y el pórtico contiguo[15]. La Comisión de Arquitectura examinó y aprobó los tres diseños el 29 de mayo de 1816.

El 31 de marzo de 1816 la Comisión de Arquitectura de la RABASF aprobó los borradores de diseño elaborados por el arquitecto académico don José Joaquín Troconiz para la construcción de nueva planta de la torre de la iglesia parroquial de Santa María del Prado de Ciudad Real, obra presentada a la Real Academia por don Eusebio Sabariegos y don Félix Messía de la Cerda, en representación del Ayuntamiento de Ciudad Real en enero de 1816[16].

En mayo de 1824 la Comisión analizó un expediente, plano y acuerdo del Consejo de Órdenes Militares, remitido por el Ayuntamiento de Almodóvar

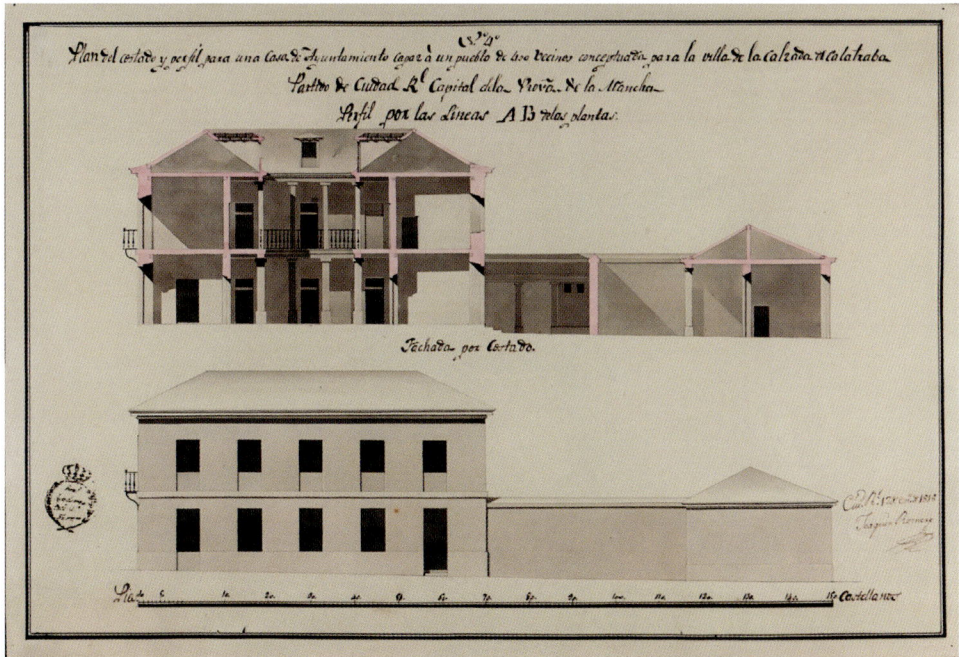

Ejercicio de Joaquín Romero, alumno de la RABASF para una casa de ayuntamiento para un pueblo de 400 habitantes, Calzada de Calatrava, enero de 1818. Fuente: Archivo de la RABASF, departamento Museo, núm. inventario: A-2814.

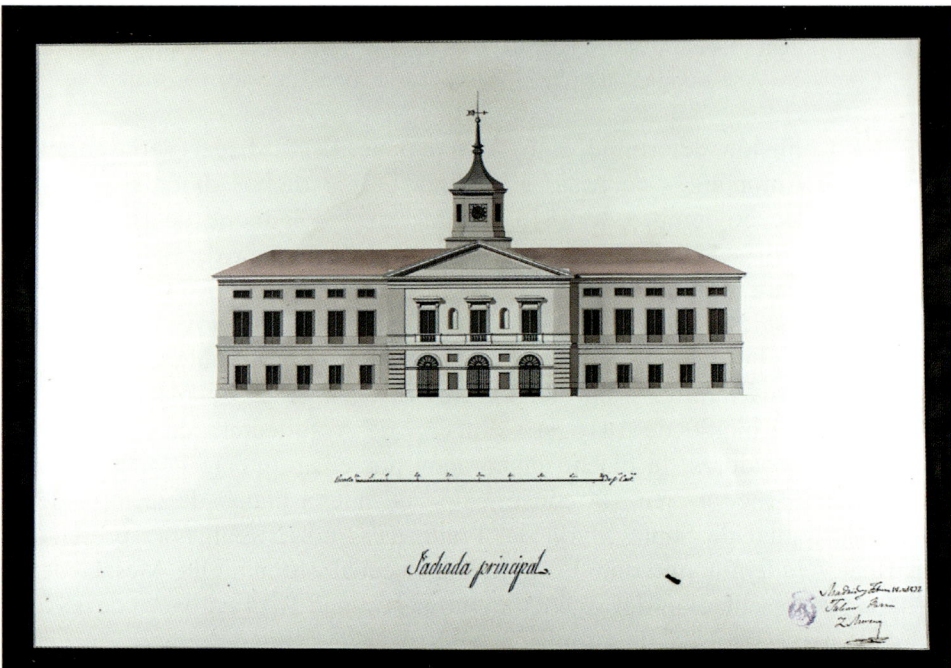

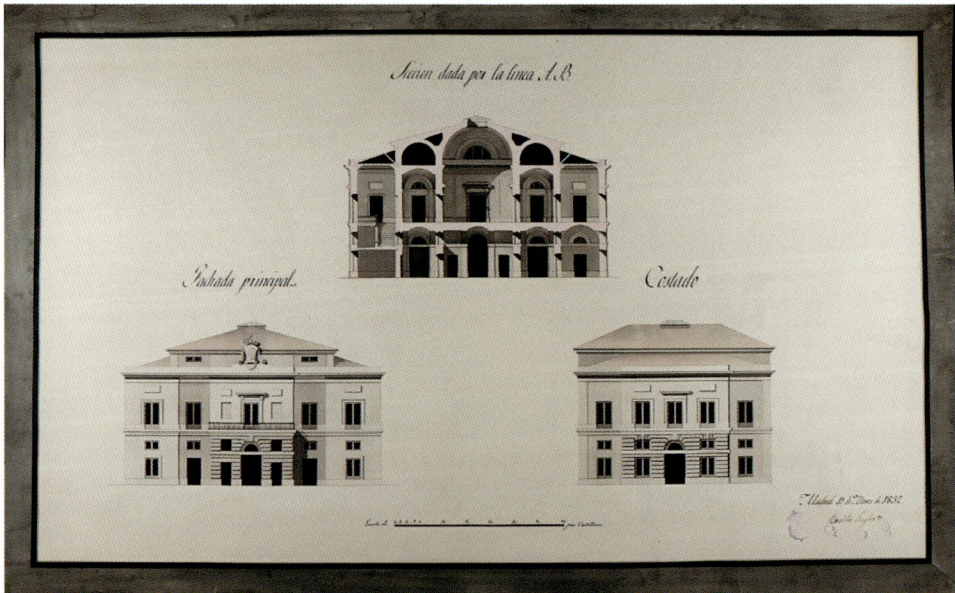

Arriba, ejercicio de Julián Parra y Moreno de una casa consistorial para una población de 2.000 vecinos en la Mancha, con escuela de primera enseñanza, cárcel, pósito y habitación para el alcaide, 1832. Fuente: Archivo de la RABASF, departamento Museo, núm. inventario: A-2873. Abajo, ejercicio de Basilio Ruyloa Segura de una casa consistorial para la ciudad de Almagro, en la provincia de La Mancha. Fue aprobado maestro de obras en la Junta Ordinaria del 20 de mayo de 1832. Fuente: Archivo de la RABASF, departamento Museo, núm. inventario: A-2876.

del Campo, solicitando licencia y permiso para la construcción de una ermita o capilla pública, en honor del beato Juan Bautista de la Concepción, fundador de los Trinitarios Descalzos y natural que fue de dicha villa.

El 31 de mayo de 1824 determinó que:

> «La Comisión no puede convenir con el diseño presentado por falta de demostración e inteligencia y es de dictamen de que debe encargarse a un profesor Arquitecto o Académico de mérito que tenga mejores conocimientos».

San Juan Bautista de la Concepción había sido beatificado el 21 de septiembre de 1819 por Pío VII. La capilla fue finalmente construida e inaugurada en 1884 en el solar donde nació. Fue canonizado el 25 de mayo de 1975 por Pablo VI.

En la sesión de la Comisión de Arquitectura de la Real Academia de Bellas Artes de San Fernando del 23 de octubre de 1857 fueron aprobados los planos redactados por el arquitecto don Francisco Enríquez Ferrer para la reparación del templo parroquial de Calzada de Calatrava y el proyecto para un edificio de oficinas del Gobierno y administración de provincia, aprovechando el exconvento de San Francisco de Ciudad Real.

Además, la Comisión de Arquitectura de la RABASF revisó otros proyectos:

Retablos de iglesias y ermitas en Manzanares, Corral de Calatrava y Piedrabuena.

Puentes en Piedrabuena y Tirteafuera.

Casas consistoriales en Albaladejo, Alhambra, Villahermosa, Villanueva de los Infantes y Villarta de San Juan.

Nuevo sagrario para San Carlos del Valle.

Altar en Villarrubia de los Ojos.

Casas consistoriales y cárcel en Ballesteros de Calatrava.

Ayuntamiento, cárcel, mesón y carnicerías en Alhambra.

Diseño de casas de ayuntamiento, cárcel y conducción en Albaladejo.

Proyecto de casa consistorial en Villahermosa.

Puente sobre el río de la Vega contiguo a Tirteafuera en Almodóvar del Campo.

Puente, calzada y alcantarilla en Herencia.

Puente sobre el río Bullaque en Piedrabuena.

Tres puentes sobre el río Cambrón en Fuente el Fresno.

Puente sobre el río Cigüela en Arenas de San Juan.

Plan de recogida de aguas pluviales en Porzuna.

Iglesias parroquiales (de nueva planta, reformas y ampliaciones) en Manzanares, Hinojosas de Calatrava, Pedro Muñoz, Calzada de Calatrava y Almodóvar del Campo.

Injerencias profesionales en Almuradiel

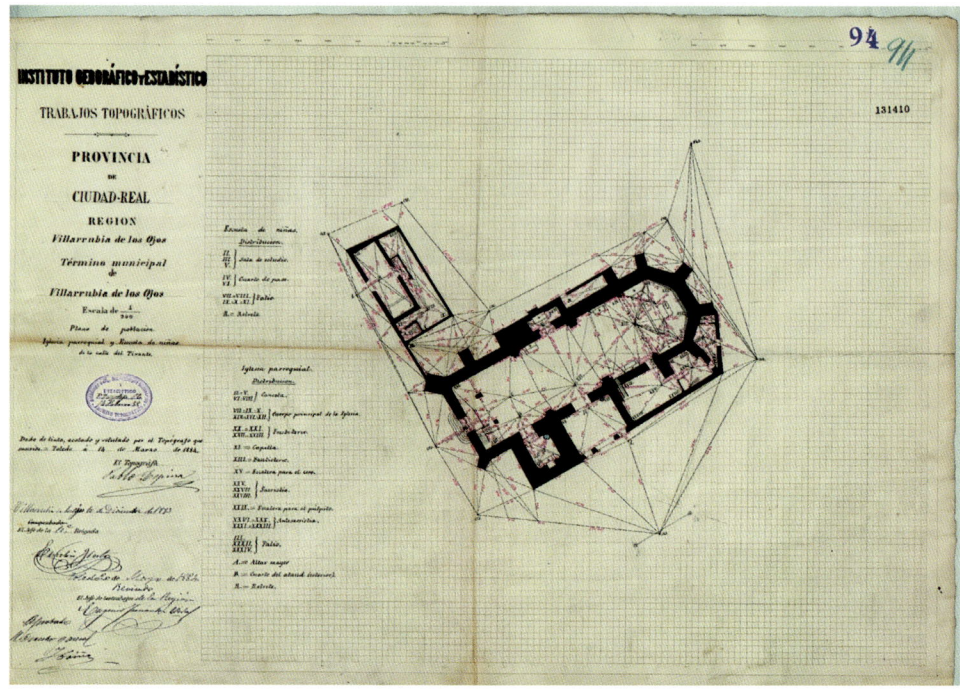

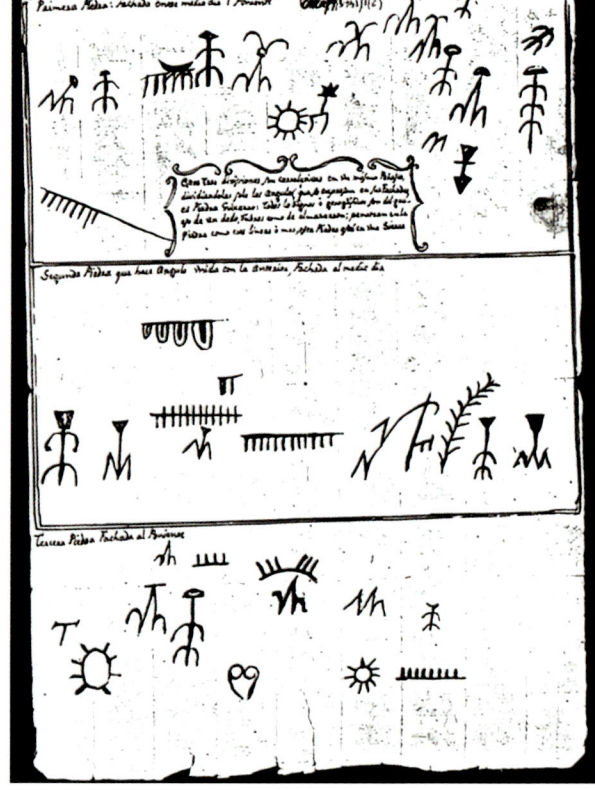

Arriba, plano de la iglesia parroquial de Villarrubia de los Ojos. Fuente: Instituto Geográfico Nacional, Planos de edifi-cios, EDIF131410-1883. Derecha, dibujo y descripción de la situación de las pinturas rupestres de Peña Escrita en Fuencaliente. Fuente: Real Academia de la Historia.

3.4. DESCUBRIMIENTO DE LAS PINTURAS RUPESTRES DE FUENCALIENTE POR FERNANDO LÓPEZ DE CÁRDENAS EN 1783

Fernando López de Cárdenas (Priego de Córdoba, 1719-Montoro, 1786), cura de Montoro, anticuario, erudito y académico correspondiente de la Real Academia de la Historia, trabajó desde 1766 proporcionando materiales, sobre todo piedras raras y otras curiosidades naturales de Sierra Morena, para los fondos del Real Gabinete de Historia Natural.

En ese marco se sitúa una de las primeras actividades de catalogación sobre restos prehistóricos en España, las referencias sobre las pinturas rupestres de tipo esquemático de Fuencaliente, que consideró erróneamente como fenicias o cartaginesas. Se trata del informe titulado *Láminas de los jeroglíficos de gentiles estampados en piedra viva en la sierra de Fuencaliente* (1783)[17].

3.5. REAL CÉDULA DEL 3 DE ABRIL DE 1787 POR LA QUE SE MANDABA LA CREACIÓN DE CEMENTERIOS EXTRAMUROS

Incluimos la referencia a esta normativa, inspirada en motivaciones higiénicas y sanitarias, por la implicación sobre el urbanismo y el patrimonio cultural de esta decisión de Carlos III de separar los muertos de los vivos, mandando construir los cementerios extramuros de los pueblos, justo lo contrario de lo que se había hecho hasta entonces.

«Se harán los Cementerios fuera de las poblaciones siempre que no hubiere dificultad invencible ó grandes anchuras dentro de ellas, en sitios ventilados é inmediatos a las Parroquias, y distantes de las casas de los vecinos: y se aprovecharán para Capillas de los mismos Cementerios las Hermitas que existan fuera de los Pueblos como se ha empezado á practicar en algunos con buen suceso».

3.6. PROYECTOS DE RESTAURACIÓN Y CONSTRUCCIÓN DE LA PROVINCIA DE CIUDAD REAL VISADOS POR EL ARZOBISPADO DE TOLEDO

Las recomendaciones surgidas tras el Concilio de Trento, para controlar y favorecer el culto y la liturgia, dieron origen al tratado *Instructiones Fabricae el Supellectilis Eclesiasticae*, escrito por el obispo Carlos Borromeo, que se convirtió en la normativa reguladora de la construcción de los edificios religiosos, reparos, decoración o distribución de espacios[18].

El proceso para acometer las obras era lento y complejo y no distaba mucho de los actuales. Solía iniciarse con una memoria técnica redactada por un maestro de obra local y las solicitudes y peticiones correspondientes. Seguía después con la búsqueda de la financiación de las obras, el depósito de los caudales, la supervisión de los proyectos, planos y dibujos, la licitación, subasta, adjudicación, firma del convenio, replanteos, ejecución, comprobaciones, pagos y remates.

En el Archivo Diocesano de Toledo se encuentra documentación de las siguientes intervenciones:

Expedientes de reparación en la iglesia parroquial de Santa Quiteria de Alcázar de San Juan, 1821-1861.

Expediente sobre reparación del convento de Religiosas de Santa Clara de la Purísima Concepción de Alcázar de San Juan, 1857.

Auto sobre obras para... la ermita de San Sebastián de Aldea del Rey, 1732.

Instancia solicitando gracias espirituales para mover a los fieles a contribuir a edificar la nueva iglesia parroquial de San Bartolomé de Almagro, 1802.

Expediente sobre obras de reparación en el convento de Religiosas Dominicas de Almagro, 1859-1861.

Expediente de reparación de la iglesia parroquial de la villa de Arenas, del Priorato de San Juan, 1724-1726.

Autos hechos sobre la obra y reparos que se ha ejecutado en la iglesia parroquial de la villa de Arenas, del Priorato de San Juan, 1736-1737.

Expediente instruido sobre reparación de la iglesia parroquial de Arenas de San Juan, 1853-1855-1862.

Expediente sobre obras en la iglesia parroquial de Argamasilla de Alba, 1861-1864.

Expediente para reparación de la iglesia parroquial de Brazatortas, 1862.

Expediente de obras en la iglesia parroquial de Calzada de Calatrava, en que se especifica: presupuesto, prestaciones personales y cantidad librada por el gobierno, 1857-1861.

Expediente sobre «necesidad de reedificar la iglesia parroquial de Calzada de Calatrava, incendiada por los facciosos carlistas en febrero de 1838, 1850-1853.

Expediente sobre reparación de la iglesia parroquial de Caracuel, 1860.

Expediente sobre obras de reparación en la iglesia parroquial de Castellar de Santiago y presupuesto de dichas obras, 1861-1867

Parroquia de San Pedro Apóstol de Ciudad Real: Expediente sobre obras de reparación, 1858-1859.

Expediente sobre reparación del templo de Nuestra Señora del Prado de Ciudad Real, 1861-1884 (1818).

Expediente sobre obras en el convento de Carmelitas Descalzas de Ciudad Real, 1862-1865.

Parroquia de Santiago: Expediente sobre obras en la iglesia parroquial de Santiago Apóstol de Ciudad Real, 1859-1861.

Expediente sobre obras en el convento de Religiosas Dominicas de Alta Gracia de Ciudad Real, 1852-1865.

Expediente sobre obras en el convento de Religiosas Franciscas Concepcionistas de Ciudad Real, 1857-1860.

Escrito del agente de diezmos concediendo que puedan proseguir las obras en el chapitel de la iglesia parroquial de Santiago, de Ciudad Real, 1817.

Oficio del agente de diezmos sobre las obras en la torre de la iglesia de Santa María del Prado y «documento de Data para la obra»,1818.

Expedientes sobre obras de reparación en los conventos de Carmelitas Descalzas y Dominicas de Alta Gracia de Ciudad Real, 1860-1863.

Expediente sobre obras de reparación en el templo de Santa María del Prado, 1861-1863.

Concesión de oratorio en Daimiel, con puertas,1772.

Expediente de obras de reparación en el convento de Religiosas Mínimas de Ciudad Real, 1861-1863.

Expedientes de obras en el convento de Carmelitas Descalzas de Daimiel, 1861-1864.

Para reparación del convento de Religiosas Mínimas de San Francisco de Paula de Daimiel, 1857-1868.

Concesión de oratorio, con puertas y campana, y que se celebre misa en una finca a dos leguas de Daimiel, 1772.

Obras de reparación en la iglesia parroquial de Fernán Caballero, 1831-1859.

Obras realizadas en la iglesia parroquial de Herencia, 1726-1727, 1782-1783, 1862.

Expediente sobre reparación de la iglesia parroquial de Huertezuelas, 1856-1860.

Expediente para obras de reparación en la iglesia parroquial de Las Labores, 1862 Carpeta.

Expediente para obras de reparación en la iglesia parroquial de Malagón, 1830, 1869-1894.

Expediente de reparación del convento de Religiosas Carmelitas Descalzas de Malagón, 1860-1868.

Expediente sobre reparación del convento de Religiosas Franciscas Descalzas de Manzanares, 1864-1865

Expediente sobre reparación del convento de Religiosas Franciscas de la Concepción de Membrilla, 1862.

Expediente sobre reparación del convento de Religiosas Mercedarias Descalzas de Miguelturra, 1858.

Expediente de obras de reparación de la iglesia parroquial del lugar de El Molinillo, 1729-1742, 1776-1779.

Expediente sobre reparación de la iglesia parroquial de Navalpino, 1845.

Expediente sobre obras en la iglesia parroquial de Poblete, 1862-1867.

Expediente completo sobre obras en la iglesia parroquial de Porzuna, 1851-1859.

Expediente sobre construcción de la iglesia en las Ventas de El Puerto Lápiche, 1766-1796.

Expediente sobre obras de reparación de la iglesia parroquial de Puerto Lápice, 1862-1864.

Expediente sobre obras de reparación en el templo parroquial de Puertollano, 1862-1865.

Expediente sobre obras en la iglesia parroquial de Saceruela, 1851-1853.

Obras de reparación en la iglesia de la aldea de Las Casas, próxima a Ciudad Real, 1861.

Expediente sobre obras de reparación de la iglesia parroquial de Santa Cruz de los Cáñamos, 1861-1862.

Expediente de obras de reparación del convento de Religiosas Dominicas de La Solana, 1859-1868, 1850-1868.

Sobre necesidad de obras en la iglesia parroquial de Torrenueva, 1864.

Expediente para la reparación de la iglesia parroquial de Valenzuela de Calatrava, 1864.

Expediente sobre obras de reparación del convento de Religiosas Dominicas de Villanueva de los Infantes, 1854.

Expediente de obras de reparación en la iglesia parroquial de Villanueva de la Fuente, 1857, 1859-1863.

Expediente de obras de reparación en la iglesia parroquial de Villar del Pozo, 1860-1862, 1876.

Expediente sobre reparación de la iglesia parroquial de Villarta de San Juan, particularmente reparación de la torre, 1795-1796,

Escrito al arzobispo solicitando ayuda para los gastos de reparación de la iglesia parroquial de Villarta de San Juan, 1818-1819.

Expediente creado para la recomposición de la iglesia parroquial de Villarta de San Juan, 1858-1863.

Expediente sobre obras de reparación del convento de Religiosas Franciscas de Viso del Marqués, 1862-1866.

Carta de los párrocos de las iglesias de Ciudad Real, para que se les exima de pagar la 5ª. parte para la torre de Santa María, 1818.

Obra de la torre de nueva planta de la parroquia de Nuestra Señora Santa María del Prado, 1824.

Informe de la cuenta que da el cura propio de Santa María del Prado, de la conclusión del segundo cuerpo de la torre, 1832.

Condiciones que se deberán observar en la ejecución de la obra de la torre de la iglesia de Santa María del Prado, 1816.

Los vecinos de la colación de Santa María del Prado a la que pertenece la ermita de la milagrosa imagen de Nuestra Señora de los Remedios de Ciudad Real piden que las limosnas recogidas se empleen para reparar su ermita, 1787.

Autos sobre la reparación del templo de Santa María del Prado de Ciudad
Real, 1661.

El contador de cuentas decimales propone nombrar un arquitecto asalariado
para que se ocupe de planos y demás para reparar los templos de los
prioratos de Ciudad Real, 1818.

Normativa enviada de Toledo sobre reparación de templos de Ciudad
Real, 1864.

Expediente del importe de los reparos y construcciones de la iglesia de
Santa María del Prado, 1833.

Obras en las iglesias parroquiales de San Salvador de Madridejos de San
Juan de Consuegra y la de Herencia, 1789.

Aprobación de las obras en Membrilla, Mestanza, Miguelturra y Valdemanco
(provincia de Ciudad Real) y Capilla y Peloche en la de Badajoz y
Herrera en la de Albacete, por la junta en esos pueblos y nombramiento
del arquitecto Vicente Miranda, 1867.

Expediente para obras de reparación en la iglesia parroquial de Villarrubia
de los Ojos, 1851-1853, 1861-1864.

Expediente para obras de reparación en la iglesia parroquial de Valverde, 1867.

Exposición del cura y del Ayuntamiento... a efectos que previene... el Real
Decreto de... 1861 para la iglesia de La Poblachuela, 1863.

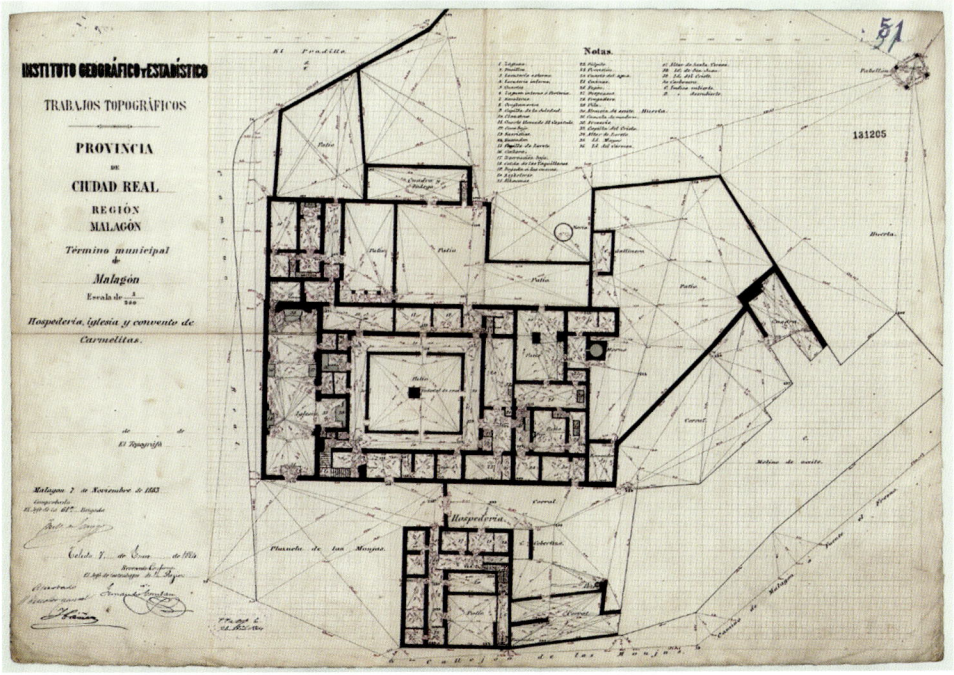

Plano de la iglesia, hospedería y convento de Carmelitas de Malagón. Fuente: Instituto
Geográfico Nacional, Planos de edificios, EDIF131205-1883.

Expediente para la construcción de la ermita de Nuestra Señora de la Estrella de Agudo, 1753.

Sobre obras y reparos de las iglesias parroquiales de Ruda, Arenas y Santa María de Alcázar de San Juan, tasadas de manos y materiales en 18.700 reales, 1779.

Escrito sobre las ermitas de San Miguel y San Sebastián de Arroba de los Montes, 1731.

Para las obras en la iglesia parroquial de Ontanarejo se conceden los remates de los diezmos de Arroba, Alcoba, Ontanarejo y Navalpino, 1744.

Expediente sobre reparación de la iglesia parroquial de Alcoba de los Montes, 1861-1865.

Expediente para obras de reparación en la iglesia parroquial, 1846-1852.

Expediente sobre obras en la iglesia parroquial de Piedrabuena, 1863-1868, 1859-1864.

4
INICIOS DE LA DESAMORTIZACIÓN Y GUERRA DE LA INDEPENDENCIA

Son numerosos los trabajos realizados y publicados sobre la desamortización en España, en Castilla-La Mancha y en la provincia de Ciudad Real. En ellos se han analizado las motivaciones que las iniciaron, situación crítica de la hacienda nacional, búsqueda de un mejor reparto de la riqueza y de la tierra, fomento de la agricultura, comercio e industria, etapas de este largo proceso iniciado a finales del siglo XVIII, gobiernos que los impulsaron, efectos sobre la economía nacional y el medio rural, personas beneficiadas o la legislación aprobada. La mayoría de estudios consideran la desamortización como una oportunidad perdida para la transformación económica del país, para la conformación de una clase media burguesa activa o para la mejora del urbanismo y de los servicios en los pueblos y ciudades y también apuntan los efectos devastadores de la desamortización sobre el patrimonio cultural nacional y provincial que generó, la ocultación, el expolio y la destrucción de bienes muebles, esculturas, pinturas o libros y el abandono y ruina de bienes inmuebles.

Haremos a continuación un repaso de las disposiciones legales aprobadas para hacer efectiva la amortización y nos centraremos especialmente en las referencias al patrimonio artístico y cultural existente y sobre todo en los efectos reales que tuvieron sobre él.

Las ideas desamortizadoras del siglo XVIII nacieron con el liberalismo y la Ilustración. En este contexto podemos situar el *Tratado de la regalía de la amortización,* de Pedro Rodríguez de Campomanes, publicado en 1765; el informe de Gaspar Melchor de Jovellanos de 1793, que se plantea hacerse con los bienes privados de los municipios, y la Pragmática Sanción de 2 de abril de 1767, dictada por Carlos III, para el «Extrañamiento de los Regulares de la Compañía de Jesús de todos los dominios de España é Indias, y ocupación de sus temporalidades»[1].

En 1798 comienza la conocida como Desamortización de Godoy, que en realidad fue obra de Mariano Luis de Urquijo y del secretario de Hacienda Miguel Cayetano Soler, con los reales decretos de 19 de septiembre de 1798, insertos en la Cédula del Consejo de 25 del mismo mes.

«1. Del destino de los caudales y rentas de los seis colegios mayores a la caxa de amortización.

2. De la incorporación a la Real Hacienda de los restos de temporalidades de los regulares de la extinguida compañía con destino a la caxa de amortización.

3. De la venta de bienes y obras Pías con destino de sus productos a la Real Caxa de Amortización».

De la ejecución de estas disposiciones, la normativa encargó funciones muy importantes a los Intendentes provinciales.

«1. RO de 19 de septiembre de 1798. Del conocimiento de las enagenaciones de bienes de las Temporalidades... solo deberán ya entender en estas enagenaciones los Intendentes y los Subdelegados de la Superintendencia general en las capitales de provincia y en las cabezas de partido de los pueblos donde se hallaren situados...».

La Real Cédula de 25 de septiembre de 1798 estableció Ia incorporación a Ia Hacienda Real de las temporalidades pertenecientes a los jesuitas.

«Con esta fecha he resuelto destinar á la Caxa de Amortización los fondos que constan del Decreto que os he dirigido; y teniendo presente que los caudales y rentas de los seis Colegios mayores de San Bartolomé, Cuenca, Oviedo, y el Arzobispo de la Ciudad de Salamanca, Santa Cruz de Valladolid, y San Ildefonso de Alcalá están hoy sin destino, he venido en resolver que tengan el de entrar en dicha Caxa con el rédito del tres por ciento á cuyo fin por ahora el Superintendente general de mi Real Hacienda se encargará de su recaudación, dando las órdenes oportunas para ello, y cuidando de los edificios, sus Bibliotecas, Capillas ó Iglesias, y muebles por los medios convenientes hasta tanto que en el plan general de reforma de Universidades».

El 18 de noviembre de 1798 se aprobaron reales órdenes sobre la pronta enajenación, modo de proceder en la venta por los intendentes como especiales comisionados y el 17 y 18 de diciembre de 1798 sobre el modo de subastar.

Por Real Oorden de 11 de enero de 1799 se creó la Junta Suprema para dirigir las enajenaciones y en una Instrucción del 29 de enero, sobre el modo de ejecutar las enajenaciones, en el capítulo 39 obligaba a los intendentes a:

«remitir a la Junta razón puntual de 15 en 15 días de las enagenaciones que se hayan verificado, de las que estén preparadas, y de las entregas de caudales que se hayan hecho a los Comisionados de la Real Caxa y de lo demás que estimen conducente para instrucción de la Junta».

Estas funciones fueron recordadas y puntualizadas a los intendentes mediante circulares y reales ordenes de abril, octubre y noviembre de 1799, marzo de 1800 para nombramiento de comisionados subalternos en las cabezas de partido, mayo y agosto de 1800, enero, febrero, marzo, abril y septiembre de 1801 y abril de 1802.

La bancarrota del Estado no solo afectó a los bienes de la Iglesia. En 1800 se pusieron a la venta en Granada y Sevilla todos los edificios de la Corona, a excepción de la Alhambra y el Alcázar.

El Vaticano aprobó las disposiciones desamortizadoras de Carlos IV mediante varias disposiciones, como la de los Breves Pontificios de 13 de agosto de 1799, 14 de junio de 1805 y 12 de diciembre de 1806.

4.1. REAL CÉDULA DE CARLOS IV DE 1803

La Real Cédula de 6 de julio de 1803[2] es la primera medida legislativa que se promulgó en España, y una de las primeras en Europa, para la conservación del patrimonio arqueológico y monumental. Su promotor fue el secretario de Estado Mariano Luis de Urquijo, y por ella se otorgaba a la Real Academia de la Historia la inspección de todas las antigüedades de España. Consta de siete artículos donde se definen los monumentos antiguos, trata sobre la propiedad y custodia de los hallazgos, encarga tareas a las autoridades eclesiásticas «como personas ilustradas», establece el modo de registrar los hallazgos, las funciones de la Academia de la Historia y encarga a los justicias de todos los pueblos velar por la correcta conservación de los monumentos antiguos.

Aunque dejó al margen cuestiones relevantes como la exportación de bienes, la concesión de autorizaciones o la regulación de sanciones por su incumplimiento, tuvo una aplicación aceptable teniendo en cuenta la situación política y social en España y Europa tras su publicación.

«Instrucción formada de orden de S. M. por la Real Academia de la Historia sobre el modo de recoger y conservar los monumentos antiguos descubiertos o que se descubran en el Reyno.

I.º

Por monumentos antiguos se deben entender las estatuas, bustos y baxos relieves, de qualesquiera materia que sean, templos, sepulcros, teatros, anfiteatros, circos, naumachîas, palestras, balos, calzadas, caminos, aqüeductos, lápidas ó inscripciones, mosaycos, monedas de qualquiera clase, camafeos, trozos de arquitectura, columnas miliarias; instrumentos músicos, como sistros, liras, crótalos; sagrados, como preferículos, símpulos, lituos, cuchillos sacrificatorios, segures, aspersorios, vasos, trípodes: armas de todas especies, como arcos, flechas, glandes, carcaxes, escudos: civiles, como balanzas, y sus pesas, romanas, reloxes solares ó maquinales, armillas, collares, coronas, anillos, sellos : toda suerte de utensilios, instrumentos de artes liberales y mecánicas; y finalmente qualesquiera cosas, aun desconocidas, reputadas por antiguas, ya sean Púnicas, Romanas, Cristianas, ya Godas, Árabes y de la baxa edad.

2.º

De todos estos monumentos serán dueños los que los hallasen en sus heredades y casas, ó los descubran a su costa y por su industria. Los que se hallaren en territorio público ó realengo (de que es dueño S. M.) cuidarán de recogerlos y guardarlos los Magistrados y Justicias de los distritos. Puesto en custodia, los descubridores, poseedores y Justicias respectivamente darán parte y noticia circunstanciada de todo á la Real Academia de la Historia por medio de su Secretario, á fin de que esta tome el correspondiente conocimiento, y determine su adquisición por medio de compra, gratificación, ó según se conviniese con el dueño.

3.º

Cooperarán á todo lo dicho en quanto sea de su parte (como personas ilustradas) los M. RR. Arzobispos, RR. Obispos, Abades, Cabildos y demas superiores Eclesiásticos, así como los Magistrados seculares, indagando y adquiriendo noticias de los hallazgos, y poniéndolos en la de la Academia, según y para los fines enunciados en el artículo 2.º

4.º

Los descubridores tendrán el mayor cuidado de notar puntualmente el parage de los hallazgos, para que por este medio pueda la Academia conjeturar ó resolver á qué Pueblo, Colonia ó Municipio pudieron pertenecer; expresando con exactitud á quantas leguas, millas o pasos estén Ciudad, Villa, Lugar, río, monte ó valle conocido, y hacia qué región celeste de ellos, esto es, si al Levante, Norte, Sur ó Poniente.

5.º

Si en algunas Ciudades ó Pueblos hay antigüedades de las indicadas en el artículo I.º, halladas en otro tiempo, y que aun existan en parages en que puedan aniquilarse por descuido, ó por injuria del tiempo, sus dueños ó las Justicias darán noticia del mismo modo que se ha dicho, para que la Academia la tenga de ellas, y vea las ventajas que puede sacar de nuestra Historia secular ó eclesiástica.

6.º

La Academia quedará agradecida á los buenos patriotas que coadyuden á la ilustración de la patria por el medio de buscar, conservar y comunicarla los monumentos antiguos arriba nombrados; sin que por eso dexe de satisfacer á los poseedores de las cosas halladas el tanto en que se convinieren, quedando la conducción de ellas á cargo de la Academia.

7.º

Generalmente las Justicias de todos los Pueblos cuidaran de que nadie destruya ni maltrate los monumentos descubiertos ó que se descubrieren, puesto que tanto interesan al honor, antigüedad y nombre de los Pueblos mismos; tomando las providencias convenientes para que así se verifique. Lo mismo practicarán en los edificios antiguos que hoy existen en algunos Pueblos y despoblados, sin permitir que se derriben, ni toquen sus materiales para ningun fin; antes bien cuidarán de que se conserven; y en el caso de amenazar próxima ruina, lo pondrán en noticia de la Academia por medio de su Secretario, á efecto de que esta tome las providencias necesarias para su conservación».

4.2. OCUPACIÓN FRANCESA

Comenzada la guerra contra la ocupación francesa, el gobierno napoleónico comenzó a aprobar disposiciones para castigar a los que no le apoyaban, entre otras, la supresión de conventos, el reparto de sus ornamentos a las iglesias, el uso público de sus bienes o la demolición y reparto de sus fábricas:

Real Decreto de 4 de agosto de 1808 reduciendo el número de conventos a una tercera parte.

Real Decreto de 11 de marzo de 1809 de supresión de conventos y religiosos de Zaragoza.

Por Real Decreto, de 9 de junio de 1809, se iniciaron los procesos de venta de bienes para el pago de la deuda.

El Real Decreto, de 20 de agosto de 1809, ordenó la primera supresión general de órdenes religiosas y estableció responsabilidades por las posibles extracciones u ocultaciones de los bienes[3].

El Real Decreto, de 6 de septiembre de 1809, establece el traslado de los vasos sagrados, ornamentos y demás efectos propios del culto, que se encuentren en los conventos suprimidos, a las parroquias que necesiten de ello.

El Real Decreto, de 12 de septiembre de 1809, establece las penas para los extractores de moneda, plata, alhajas... pertenecientes a los conventos suprimidos o a personas cuyos bienes hubiesen sido o fuesen secuestrados o confiscados o que existiesen en países no sometidos.

El Real Decreto, de 20 de diciembre de 1809, es el origen del llamado Museo Josefino, primer museo público de España

El Real Decreto, dc 21 de junio de 1810, ordena la conservación de los monumentos sepulcrales de hombres ilustres, estableciendo el traslado dc los sepulcros, lápidas o bustos de conventos suprimidos a la iglesia principal o catedral[4].

El Real Decreto, de 1 de agosto de 1810, renueva la prohibición de exportar cuadros y pinturas[5].

El Real Decreto, de 22 de agosto de 1810, manda que el museo de pintura creado en el Palacio de Buenavista reúna los cuadros de los conventos suprimidos y los cuadros que se escojan de los palacios de la Corona.

4.3. DESTRUCCIONES DURANTE LA GUERRA DE LA INDEPENDENCIA

El patrimonio artístico y cultural sufrió las consecuencias de la guerra. Algunos edificios fueron utilizados como cuarteles, saqueados o incendiados y gran cantidad de objetos de valor fueron destruidos o robados por las tropas francesas o por las guerrillas. Veamos algunos ejemplos de la provincia de La Mancha.

TORRALBA DE CALATRAVA

Fidenciano Márquez Ruiz de Lira en el artículo «La Villa de Torralba. Paisaje y sociedad (siglos XVI-XIX)», publicado en el libro de las actas de las III y IV Jornadas monográficas sobre Torralba y su entorno, estudia y transcribe las adiciones de León José Sánchez de León, escritas en el año 1828, a las *Relaciones Topográficas* de Felipe II. Las adiciones contienen en el apartado sobre acontecimientos notables y casos raros, como artículo 28, el siguiente texto sobre las consecuencias de la Guerra de la Independencia:

«En 28 de junio de 1809... entraron en este pueblo por la tarde cinco Regimientos enemigos de Cavallería... Bolvieron los enemigos al pueblo en donde hicieron un cruelísimo saqueo, mataron dos vecinos, hirieron otros muchos y cometieron mil excesos y desordenes en que padecio la honestidad de muchas mujeres, sin respetar templos a donde se refugiaban, mayormente el de Nuestra Señora de la Concepcion... en el día del 3 de julio repitieron otro saqueo aun mayor. ...A su retirada por Flor de Ribera incendiaron la Casa grande de aquella posesión, que quedo arruinada en la mayor parte».

ALMADÉN

Según los apuntes históricos de la vida de un pueblo, elaborados por el Grupo de Estudios de Almadén y Comarca, de la Universidad Popular, coordinados por Ismael Mansilla Muñoz:

«Son los soldados del general Digeon los que acudiendo al encuentro de la partida de Morillo (confrontación que no llegará a producirse), ocuparán por segunda vez Almadén el día 15 de enero de 1812, en esta ocasión de forma violenta, arrestando a Cabo y estableciendo una guarnición permanente en la localidad, fortificando el ruinoso castillo de Retamar con maderas y materiales sacados de la iglesia de Jesús Nazareno incendiada por ellos, y uniéndolo a la casa antigua llamada de Carballido, con fachada a la calle Mayor de San Juan».

CIUDAD REAL

El manuscrito escrito probablemente en 1849 por el abogado y político Joaquín Gómez Fernández, titulado *Historia de la Ciudad de Ciudad Real y extracto histórico de España y lista de sus Reyes, casamientos y muertes*, fue publicado en una edición facsímil en 2010 por la Junta de Comunidades de Castilla-La Mancha y el Ayuntamiento de Ciudad Real a propuesta de Manuel López Camarena. La edición se hizo sobre el libro propiedad de otro prestigioso abogado, Tomás Valle Castedo, y nos ofrece en primera persona un relato de los acontecimientos de la primera mitad del siglo XIX en Ciudad Real.

Tras la liberación francesa reseña:

«En todas estas épocas el precipitado edificio del Hospicio padeció bastante porque convirtiose siempre en fuertes donde colocaban los franceses y afrancesados guarnición con caballos de presa, troneras, fosos.

Las murallas por partes muy gruesas de tierra y de sillería, que parecían desafiar los siglos, han estado muchos años a merced de los vecinos que extraían bastantes piezas. Varias veces se completó como en tiempo de contagio y algo más en la larga época de las facciones, ya por la salida Puerta de Toledo, fortificándola un ingeniero enviado por el gobierno, hasta colocar dos cañones, ya por la de Calatrava, donde se puso una batería sobre el polvorín.

A pesar de tanto abandono y destrozo causado por dos guerras destructoras, todavía desde la puerta del Carmen a la de Ciruela, o nueva hay unas 1800 varas y desde la de Alarcos a la de Calatrava igual distancia.

Todas estas 23 lámparas con diferentes ricas alhajas fueron extraviadas el 17 de enero del año de 1811 por la partida guerrillera de Giraldo según disposición y orden terminante del Vicario eclesiástico de esta ciudad y partido Don José Ortega y Canedo, que con la junta de La Mancha, de que era individuo».

Este último apartado se refiere a las lámparas de plata de la parroquia de Santa María de Ciudad Real que colgaban de la nave central.

MANZANARES

Según reseñó José Antonio García-Noblejas en el libro *Manzanares Guerra de la Independencia*, en abril de 1809 las tropas francesas al mando de Sebastiani fortificaron el castillo de Manzanares para alojar al ejército. Para ello, demolieron los edificios próximos, entre ellos el convento e iglesia de los Carmelitas y dos casas del marqués de Salinas.

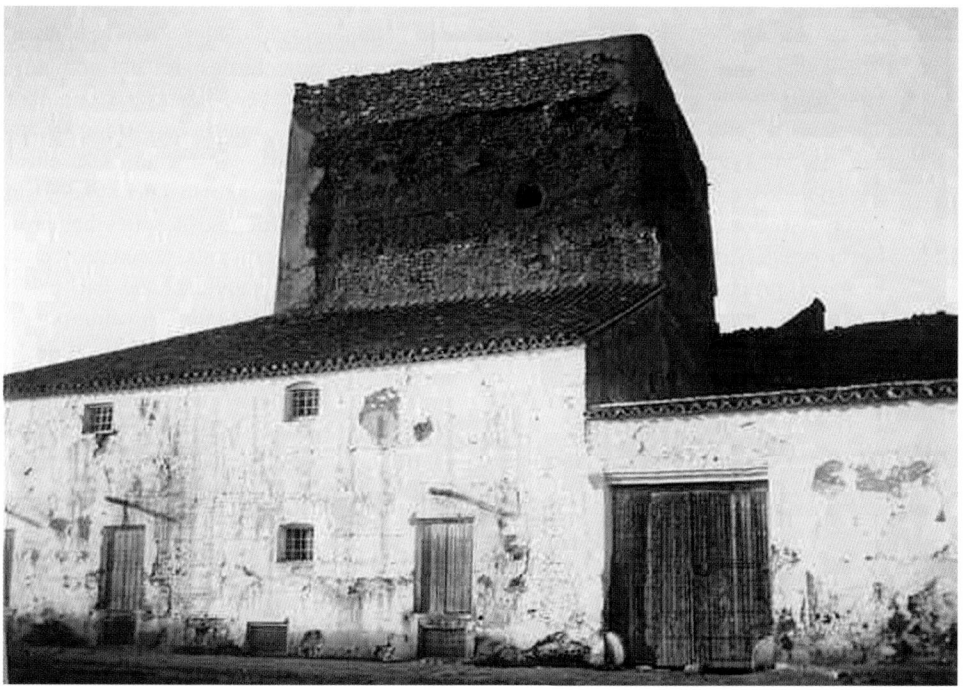

Castillo de Pilas Bonas de Manzanares a principios del siglo XX. Fuente: *Catálogo Monumental*, de Bernardo Portuondo.

VALDEPEÑAS

Incendio de la ermita de San Marcos durante la batalla del 6 de junio de 1808.

El 22 de mayo de 1811, la santera de la ermita de las Ventas de Consolación, conocida como La Fraila, en venganza por la muerte de su hijo a manos de los franceses, hizo estallar la pólvora que tenían los soldados enemigos pereciendo todos ellos entre las ruinas del edificio. Así lo relata Fernando Vasco en su *Historia de Valdepeñas* y lo recoge José Antonio García-Noblejas.

4.4. CRONISTAS EXTRANJEROS

Gracias a los textos escritos por soldados, oficiales y cronistas extranjeros que recopilaron Jesús y Ángel Villar Garrido en el libro *La Guerra de la Independencia en Castilla-La Mancha, testigos extranjeros*, podemos conocer el estado de nuestros pueblos y sus edificios y el deterioro que sufrieron por la contienda.

El primero de los relatos, del furrier francés Joseph Quantin (1808-1810), trata de desmentir los desmanes de los invasores con nuestro patrimonio cultural:

«Algunos soldados encontraron en Valdepeñas, en un torreón de la prisión de la ciudad, donde ellos estaban de servicio, algunos muebles preciosos de la suite ducal, que habían sido escondidos allí probablemente después del combate. Una parte de la ciudad había sido incendiada. Uno de los soldados, de nombre Thomas-Joseph, que era del departamento de Cote-d'or, comuna de l'Etang (France), encontró en uno de esos muebles los vasos sagrados, consultado entre ellos, los soldados restablecieron todo en el orden de cómo lo habían encontrado, sin apropiarse de nada de lo que este lugar contenía, algún tiempo después hablaron de la ocasión que habían tenido para enriquecerse. Yo cito esta anécdota, como la mejor prueba frente a todos los razonamientos de culpabilidad que han caído sobre estos hombres en 1814 y 1815, que querían demostrar con sus calumniosas diatribas que el ejército francés no eran más que una banda de ladrones y bandidos».

Estancia en La Mancha de Joseph Jacques de Naylies (1810):

«En esta región alejada de las montañas, la inmensa mayoría de las casas están edificadas en tierra y cubiertas de paja; casi todas tienen un patio donde se encuentran cisternas y sombreado por los naranjos, adelfas y árboles oloríferos; estas casas tienen sólo un piso, y, como en toda España las ventanas tienen cancelas, seá a través de esta defensa desde donde las mujeres de una cierta distinción traspasan su curiosidad examinándonos sin ser percibidas...

En los arrabales de Manzanares hay un viejo castillo que ha sido reparado, se le han añadido algunas fortificaciones exteriores, y es aquí donde se colocaron los administrativos del rey José, cuando íbamos a realizar nuestras expediciones. El pueblo de Membrilla, que está de aquí a media legua, tenía un escuadrón de guarnición, parapetado en un convento».

Andrew Thomas Blayney, militar inglés (1810):

«Aunque en general los caminos de España sean horriblemente malos, la carretera por la que entramos en La Mancha es una de las excepciones a esta regla. Tiene sesenta pies de ancho y está perfectamente cuidada. Así pudimos avanzar rápidamente y llegar a Santa Cruz el 24 de noviembre. Este pueblo es el primero que encontramos al entrar en La Mancha y no posee nada de particular. Las calles son estrechas y mal empedradas y como la comarca no produce sillar, todas las casas son de tierra o ladrillo oscuro».

FRANZ XAVER RIGEL, MILITAR Y ESCRITOR ALEMÁN (1809-1812):

«Este cronista visitó, durante sus expediciones por España, algunas provincias de este Reino y observó en todas partes una gran afición al baile y a la música en sus habitantes, pero en ningún otro lugar de tal manera como en los alegres habitantes de La Mancha, la patria de Don Quijote, famoso por sus aventuras caballerescas. Al anochecer, casi delante de cada casa, después de terminado el trabajo, se escucha el sonido de la guitarra acompañando a las populares seguidillas, que cantadas en parte por mujeres y en parte por hombres, agrada por su singularidad de forma extraordinaria a los oyentes y predisponen al ánimo alegre. Estas canciones casi siempre divertidas, a veces adornadas con auténtica poesía, tratan de las pasiones humanas más impetuosas, el amor y el deseo, pero de vez en cuando también de la valentía caballeresca del español sin olvidar al valiente Don Quijote....

Empecemos con Ciudad Real, la capital amurallada de la misma provincia, cuyo florecimiento se ha de agradecer especialmente al filantrópico Cardenal Lorenzana... tiene un aspecto muy bonito con sus seis puertas, cinco hospitales, un colegio de los Hermanos de la Caridad, seis conventos de hombres y seis de mujeres, dos capillas, y tres iglesias parroquiales, y con sus casas casi siempre pulcras y su calles uniformes y limpias.

La ciudad de Almagro, menor en extensión que la recién descrita, pero en su mayoría con hermosas calles y adornada con una gran plaza circundada por espléndidas casas.. tiene dos iglesias parroquiales, dos conventos, una fábrica de encaje de seda con dibujo en la que trabajan 2300 personas de los alrededores.

El Viso, un agradable pueblo con calles anchas, limpias y bien pavimentadas, un castillo de buena construcción perteneciente al Marqués del Viso.

Valdepeñas está situado en la carretera principal de Cádiz... y con solo una iglesia parroquial y un convento.

Manzanares, la Plaza Mayor, que durante la estancia de este cronista fue varias veces patíbulo sangriento de los valientes defensores de la patria, y que linda con la única y bonita iglesia parroquial que existe.

Villanueva de los Infantes, una pequeña ciudad bastante bonita pero pobre, situada en una árida llanura, con cinco conventos, cuatro casas de beneficencia, una iglesia parroquial y otra iglesia delegada».

ANDREW LEITHA HAY, MILITAR INGLÉS (1813):

«Ciudad Real se extiende sobre un gran nivel, en el centro de una región muy cultivada, es una hermosa ciudad, con una gran población. Los edificios son espaciosos, las calles amplias y regulares, dentro de la ciudad hay ocho conventos y un hospital para enfermos, el cual está rodeado por una vieja muralla mora».

4.5. DISPOSICIONES DE LAS CORTES GENERALES

Antes de la definitiva marcha de los franceses y la vuelta de Fernando VII, las Cortes Generales aprobaron disposiciones sobre la desamortización de bienes religiosos y amortización de la deuda:

Decreto de las Cortes Generales, de 17 de junio de 1812, por el que se incorporan al Estado los bienes de las órdenes religiosas disueltas o reformadas por el gobierno intruso de José I[6].

Decreto de las Cortes Generales, de 18 de febrero de 1813, dictando condiciones para el restablecimiento de los conventos suprimidos.

Decreto de las Cortes, de 13 de septiembre de 1813, por el que se ordena la clasificación y pago de la deuda nacional, señalando hipotecas para el pago de los intereses y extinción de capitales[7].

5
FERNANDO VII

5.1. SEXENIO ABSOLUTISTA, 1814-1820

Tras el abandono de los franceses del territorio nacional, el regreso de Fernando VII trajo consigo un impulso de las iniciativas para recuperar el Antiguo Régimen. El 4 de mayo de 1814 firmó un decreto que suprimía la Constitución de 1812 y declaraba nula la obra de las Cortes. Se detuvieron a muchos diputados liberales y se aprobaron disposiciones para frenar los procesos desamortizadores.

La Real Orden de 21 de mayo de 1814 devolvía todos los conventos con sus propiedades a los regulares «que han sufrido despojos y cuanto les corresponda para atender a su subsistencia. Dicha devolución se hará por intermedio de los M. RR. arzobispos y RR. obispos respectivos».

La Real Orden de 23 de mayo de 1814 ordenó la entrega a las religiosas de sus conventos y propiedades «que fueron expropiados injustamente por los bárbaros opresores de la patria».

Real Orden de 23 de julio de 1814:

> «El rey ha resuelto que los prelados o individuos de las Órdenes regulares, a cuyo cargo haya estado la administración o dirección de los bienes de sus comunidades en estos seis años últimos, presenten las cuentas correspondientes a ellos a las mismas comunidades; y que puestos por éstas los reparos que se les ofrezca, las pasen al Tribunal de Contaduría Mayor de Cuentas para su toma y fenecimiento en la forma acostumbrada».

La Real Cédula de 2 de octubre de 1814 recordó la vigencia de las disposiciones sobre la aprobación de arquitectos y maestros de obras y la dirección de las mismas sin examen de la Academia de San Fernando o de la de San Carlos en el Reino de Valencia.

La Real Orden de 2 de octubre de 1818 recordó lo contemplado en la Real Cédula de 1803 que ordenaba a los justicias de todos los pueblos la obligación de evitar la destrucción de los monumentos de antigüedad descubiertos o que se descubran, así como los edificios antiguos, y tampoco permitir que se derriben ni se toquen sus materiales para ningún fin, antes bien cuidarán de que se conserven y de amenazar ruina lo pondrán en conocimiento de la Academia de la Historia para su conservación. Constata también los daños producidos sobre el patrimonio cultural durante la Guerra de la Independencia:

«...Considerando S.M. que las circunstancias de la pasada guerra habrán causado varios prejuicios en las demás excavaciones que hay en el reino, se ha dignado mandar igualmente se recuerde a los Justicias de él la obligación que tienen de velar sobre el cumplimiento de las citadas leyes, y la conservación de la gloria y buen nombre de los pueblos».

5.2. TRIENIO LIBERAL, 1820-1823

Entre otras disposiciones aprobadas por el nuevo gobierno, se volvieron a reactivar las medidas desamortizadoras.

Decreto de las Cortes Generales, de 13 de agosto de 1820:

«Art. 1º. La junta nacional del Crédito público procederá inmediatamente a la venta en subasta, conforme a las leyes, de todos los bienes que le están asignados por los decretos y reglamentos de 1813, 1814, y 1818, e incluyendo los de la extinguida Inquisición, los que se han separado del patrimonio del Rey por su RD de 30 de mayo, y los que las Cortes separen todavía en uso de la facultad que se les concede por el artículo 214 de la Constitución, empezando por los que ofrezcan más fácil y pronta salida».

Decreto de las Cortes Generales, de 17 de agosto de 1820:

«Supresión de la compañía de Jesús, y restitución al Cabildo de la iglesia de S. Isidro de esta Corte de los derechos y funciones que obtuvo al tiempo de su erección.
Las Cortes, después de haber observado todas las formalidades prescritas por la Constitución, han decretado lo siguiente:1.° Se restablece en su fuerza y vigor la ley cuarta, título veinte y seis, libro primero de la Novísima Recopilación, y en su consecuencia queda suprimida en toda la Monarquía española la orden conocida con el nombre de compañía de Jesús».

Real Decreto de 4 de septiembre de 1820, sobre desamortización y desvinculación de bienes afectos a la Iglesia y baldíos de los municipios:

«Art. 1.° La junta nacional del Crédito público reunirá las noticias que existan en su poder de las fincas consignadas, y pasará nota de ellas á los comisionados de las provincias en que estén sitas para que soliciten y promuevan la enagenación».

La Ley de supresión de órdenes monacales y reducción de monasterios y número de conventos, de 25 de octubre de 1820, contemplaba el destino de sus bienes y encargaba a los jefes políticos provinciales su custodia[1].

«Las Cortes, después de haber observado todas las formalidades prescritas por la Constitución, ha decretado lo siguiente: Artículo I. Se suprimen todos los monasterios de las Órdenes monacales, los canónigos regulares de San Benito, de la Congregación Claustral Tarraconense y Cesaraugustana, los de San Agustín y los Premostratenses; los conventos y colegios de las Órdenes Militares de Santiago, Calatrava, Alcántara y Montesa; los de San Juan de Jerusalén, los de San Juan de Dios y de Betlehemitas, y todos los demás de hospitalarios de cualquier clase, y Hospitalarios. II. Para preservar la permanencia del culto divino en algunos santuarios célebres desde los tiempos más remotos, el Gobierno podrá señalar el preciso número de ocho casas, y dejarlas al cargo de los monjes que tenga por conveniente; pero con sujeción al ordinario respectivo y al prelado superior local que eligieren los mismos, y con prohibición de dar hábitos y profesar novicios...

27. Los Gefes políticos custodiarán todos los archivos, cuadros, libros y efectos de biblioteca de los conventos suprimidos, y remitirán inventarios al Gobierno, quien los pasará originales á las Cortes para que estas destinen á su biblioteca lo que tengan por conducente, según el reglamento aprobado por las ordinarias.

28. Será cargo del Gobierno aplicar el residuo de los efectos mencionados en el artículo anterior á las bibliotecas provinciales, museos, academias y demás establecimientos de instrucción pública.

29. Queda al arbitrio de los respectivos Ordinarios disponer en favor de las parroquias pobres de su diocesis de los vasos sagrados, alhajas, ornamentos, imágenes, altares, órganos, libros de coro y demas utensilios pertenecientes al culto».

El Archivo de la Diputación custodia los escritos enviados a los ayuntamientos de la provincia en 1820, solicitando información sobre el estado de los conventos y de los religiosos seglares de los municipios.

Los ayuntamientos remitieron la información entre 1820 y 1821 y en algunos casos manifestaron la gran labor que realizaban los religiosos en sus pueblos, como el caso de Chillón que destacó la utilidad del convento de Observantes de San Francisco o el informe sobre la gran labor realizada por los monjes del convento de Capuchinos de Villarrubia de los Ojos, redactado por el presbítero Ramón Espadas y firmado por gran cantidad de vecinos.

En el Archivo Histórico Provincial[2] y en el Archivo de la Diputación se encuentran los inventarios de bienes de los conventos de la provincia:

Convento hospitalario de San Juan de Dios de Ciudad Real (1820), Casa de Santiago de Uclés de Villanueva de los Infantes (1820-1821), Santo Domingo de Ciudad Real (1835), convento de Calatrava (1845), convento de Manzanares (1846-1849), convento Franciscano del Santo Ángel de Moral de Calatrava (1835), convento de San Pedro de Alcántara de Almagro (1821), Agustinos de Almagro (1820), convento del Carmen de Manzanares (1821-1823), convento de San Francisco de Malagón (1822-1823), convento de San Francisco de Carrión de Calatrava (1821-1823), convento de San Francisco de Viso del Marqués (1822-1823), convento de La Merced de Ciudad Real (1835).

La Orden de 1 de enero de 1821 ordenó a los jefes políticos la remisión de una nota de los cuadros que existían en los conventos suprimidos.

Inventario de los bienes del Convento de La Merced realizado por Francisco Benitoa. Fuente: Archivo General de la Diputación Provincial de Ciudad Real.

Para asegurase de recibir toda la información, la Real Orden Circular de 4 de junio de 1821, enviada a los jefes políticos, les ordenada cumplir en el plazo de un mes la resolución de 30 de abril de las Cortes que obligaba a informar sobre el estado de los conventos. El jefe político de la provincia de La Mancha acusa recibo de la circular el 16 de junio de 1821[3].

Por Real Orden de 6 de julio de 1821 los ayuntamientos podían destinar algunos edificios procedentes de la inquisición y conventos suprimidos para establecimientos de enseñanza o beneficencia.

El Real Decreto de 3 de junio de 1822 disponía que la Junta Nacional del Crédito Público procederá sin pérdida de tiempo a la rifa de los edificios y conventos que se hallen en despoblado[4].

5.3. DÉCADA OMINOSA, 1823.1833

Las tropas llegadas desde Francia acabaron con el sistema constitucionalista. El 13 de noviembre de 1823, dos días después de la ejecución de Riego, Fernando VII entró en Madrid abriéndose el periodo conocido como «Década Ominosa», caracterizado por la represión y la ausencia de libertades.

La Circular del Consejo Real de 19 de septiembre de 1827 incluye una Real Orden sobre la conservación de antigüedades[5]. Hace una recopilación de las disposiciones decretadas, las funciones de la Real Academia de la Historia y la responsabilidad de las autoridades civiles y religiosas para evitar daños y expolios.

5.4. HALLAZGOS ARQUEOLÓGICOS EN LA PROVINCIA DE CIUDAD REAL

En 1832 se registraron hallazgos arqueológicos en la provincia de Ciudad Real que fueron comunicados a la Real Academia de la Historia[6]:

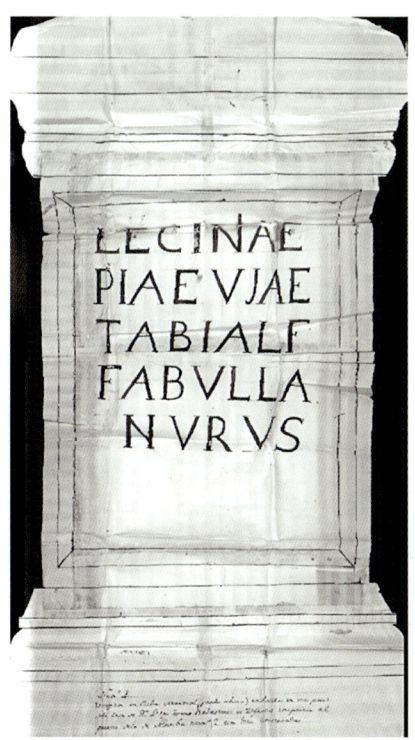 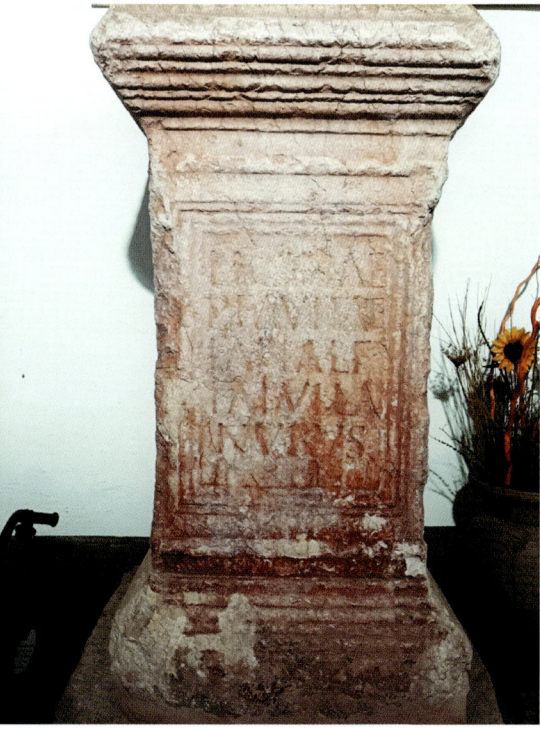

Izquierda, copia a escala real de un ara funeraria de mármol procedente de Alhambra que se encuentra empotrada en la casa de Diego Tomás Ballesteros en Infantes. Fuente: Real Academia de la Historia. Derecha, lápida ubicada en zaguán de la calle Rey Juan Carlos, 19 de Villanueva de los Infantes. Fuente: Carlos Aparicio.

Memoria remitida por fray José María Jurado en 1832 de las pinturas rupestres de Peña Escrita en Fuencaliente, descubiertas en 1783 por Fernando José López de Cárdenas.

Informes y dibujos de las antigüedades halladas en Alhambra y otras localidades del Campo de Montiel: ara funeraria, estatuas, sepulcro, inscripciones, pedestales y monedas de plata y cobre, remitidos a la Academia por el cura don José Cándido de Peñafiel entre 1831-1834.

6
ISABEL II

La muerte de Fernando VII, el 29 de septiembre de 1833, abre otro periodo complicado en la historia de España marcado por el conflicto por los derechos de sucesión entre su hija Isabel y su hermano Carlos que dieron origen a la primera Guerra Carlista.

A los enfrentamientos entre los partidarios de los cambios políticos, sociales y económicos que propiciaba el liberalismo y los que se resistían a ceder o perder privilegios, tenemos que sumar la fragilidad de la Regencia de María Cristina de Borbón, la llegada y extensión de la primera epidemia de cólera que provocó en España más de 100.000 muertes entre 1833 y 1835, la inestabilidad por los continuos cambios en el gobierno, el impulso a los procesos desamortizadores desde 1834, antes de las de Mendizábal de 1835 y 1836 como presidente del Gobierno o ministro de Hacienda y los motines de los veranos de 1834 y 1835 contra las propiedades eclesiásticas por la participación clerical en el bando de don Carlos, como los ha calificado el profesor Pérez Garzón.

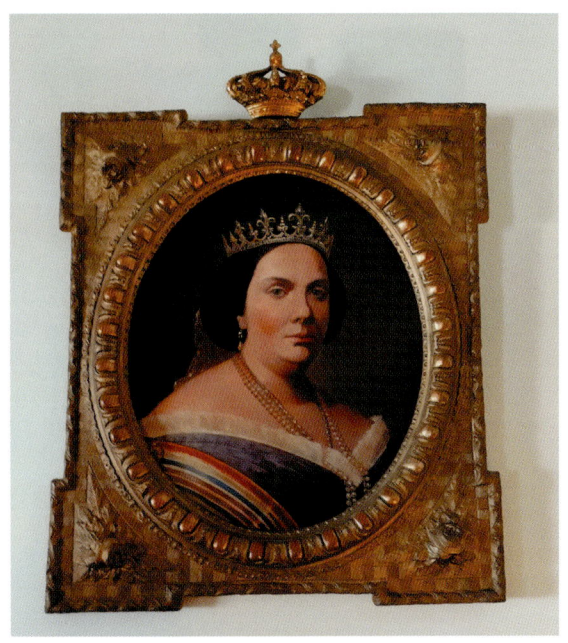

Retrato de Isabel II en la Torre de Don Borja de Santillana del Mar, agosto de 2023.

6.1. REGENCIA DE MARÍA CRISTINA

La *Gaceta de Madrid* del 28 de abril de 1834 publicó tres disposiciones fechadas el 22 de abril: el Real Decreto mandando que se forme una junta para la reforma y arreglo del clero, el Real Decreto designando las personas que han de formar la junta para la reforma y arreglo del clero y la Instrucción que deber servir de base para dicha reforma y arreglo[1].

El texto del primer decreto nos muestra la situación existente y las motivaciones de las disposiciones que se irían aprobando progresivamente:

«En medio de las atenciones que me rodean para afianzar el Trono de mi excelsa Hija contra la resistencia abierta y los ocultos manejos de los desleales y perjuros que han fraguado el temerario y criminal plan de socavarle; y para que, llegando á la mayor edad, le reciba cimentado sobre bases indestructibles, y engrandecido por las saludables y prudentes reformas que reclama imperiosamente el estado general de las luces y el particular de la nación, no he cesado de meditar acerca de los medios que convendría poner en movimiento para que nuestra santa religión, arraigada en los pechos españoles desde los Apóstoles, sin que hayan podido arrancarla los capciosos sofismas de tantos sectarios abortados por el orgullo, ni los ardides malignos de la impiedad, recobre su nativo inimitable esplendor , empañado por los abusos que llevaron en pos de sí el trascurso de los siglos, las guerras y las disensiones. El patronato universal de la Iglesia de España que me está encargado; la especial protección del santo concilio de Trento con que se honra mi Gobierno; y la íntima convicción de que la religión católica, apostólica romana, lejos de menoscabar la potestad civil, es su más robusto apoyo; teniendo en consideración que mis augustos Predecesores se ocuparon del grandioso objeto de consolidarla, ya solicitando comisiones apostólicas para preparar y realizar la conveniente reforma del clero regular, ya otorgando al reino junto en Cortes, y sus escrituras de millones, que se pondría coto á las demasías de un zelo indiscreto y mal entendida piedad, ya en fin encargando á la Real Cámara el arreglo conducente para la unión, supresión o reducción de beneficios: insiguiendo Yo sus piadosas ilustradas huellas, en nombre de mi muy cara y amada Hija Doña Isabel II, he venido en mandar;

Primero. Que se forme desde luego una junta, compuesta de eclesiásticos del clero secular y regular, recomendables por su virtud, ciencia, dignidad y adhesión sincera á la legitimidad, y de seglares, que á la piedad, madurez y experiencia reúnan los sólidos conocimientos de las regalías de la Corona, que son necesarias para que no se vulneren.

Segundo. Que esta junta se ocupe desde luego de examinar el estado actual de todo el territorio español en lo formal y material concerniente al culto divino y sus ministros; instruyendo los expedientes oportunos, por medio de los documentos é informaciones que crea del caso; debiendo concurrir á facilitárselas todas las autoridades, corporaciones y personas particulares sin excepción alguna.

Tercero. Que con presencia de antecedentes proponga á mi aprobación el plan de mejoras que creyere mas útil, con la minuta de preces para aquellas en que se necesitase interpelar la autoridad de la Santa Sede; hirviéndola de base para sus operaciones la instrucción que me habéis presentado, y en la que se hallan consignados mis deseos».

La Real Orden de 17 de junio de 1834 disponía que[2]:

«las corporaciones del clero secular y regular antes de proceder a la enajenación de bienes inmuebles, alhajas o muebles preciosos de su respectiva pertenencia, acudan á S. M. en solicitud de licencia, en cuyo caso con conocimiento de causa, resolverá S. M. lo que estime más conveniente al bien de la Iglesia y del Estado».

El Real Decreto de 4 de julio de 1835 suprimía perpetuamente en todo el territorio de la monarquía la Compañía de Jesús[3]:

La Real Orden de 29 julio de 1835[4] pretendía recoger de los monasterios y casas religiosas suprimidas los archivos, bibliotecas, obras de escultura, pintura y enseres que haya en dichas casas y puedan ser útiles a las ciencias y a las artes.

6.2. COMISIÓN PROVINCIAL PARA LA RECOGIDA DE ENSERES DE LOS CONVENTOS

En aplicación de lo contemplado en la Real Orden de 29 de julio de 1835, el gobernador civil debía nombrar:

«una comisión de tres ó cinco individuos inteligentes y activos, los cuales tengan á su cargo examinar, inventariar y recoger cuanto contengan los archivos y bibliotecas de los monasterios y conventos suprimidos, y las pinturas, objetos de escultura ú otros que deban conservarse.

A proporción que se vayan recogiendo dichos objetos cuidarán V. S. y los comisionados irlos remitiendo á la capital de cada provincia, en la que se depositarán en parage cómodo y seguro hasta que S. M., con conocimiento cierto y puntual de todo lo recogido, pueda darles el destino que mejor le pareciere».

Con tal motivo, el 14 de septiembre de 1835 el gobernador civil de la provincia, don Andrés Rubiano, se dirigió al Ministerio del Interior informando que:

«dado que no ha sido posible nombrar a los tres o cinco individuos para componer la comisión para abarcar en tantos y tan distantes pueblos. Ni sería fácil hallar sujetos que, abandonando sus casas, quisieran arrastrar el peligro que ofrece el tránsito en esta provincia, por causa de las diversas gavillas de facciones que existen en ella, y por consecuencia me he decidido elegir en cada pueblo de los que debe tener efecto la supresión de conventos, un vecino del mismo, adornado de la inteligencia y aptitud conveniente… con desinterés y por puro patriotismo»[5].

El 22 de octubre de 1835 el gobernador civil vuelve a dirigir otro escrito en el que manifiesta la dificultad del traslado y hace también una valoración de las obras[6]:

«Para satisfacer los gastos de transporte a esta capital… No siendo fácil determinar exactamente el coste de conducción de dichos efectos, creo conveniente exponer a VE lo que me ocurre sobre este punto.

Me consta que entre los objetos inventariados hay bastantes cuadros de una magnitud desmedida, y cuya pintura carece de toda bondad artística».

Supuesta esta circunstancia, expone don Andrés Rubiano que el traslado supondrá un gasto considerable y mucho riesgo para las obras y propone que se reconozca previamente su mérito en los puntos donde se encuentren, clasificando las que pueden ser conducidas a la capital.

Con fecha 16 de diciembre de 1835 el Ministerio del Interior informa al gobernador civil, que su propuesta para la recogida de cuadros había sido aprobada y que para el pago de los gastos se debía atener a la circular de 18 de noviembre[7].

La Real Orden de 19 de diciembre de 1835 dispuso que:

«sean los individuos correspondientes a la Academia de la Historia los que han de valerse los gobernadores civiles para recoger y custodiar los monumentos útiles de los monasterios y casas religiosas suprimidos»[8].

La vuelta a España de Juan Álvarez Mendizábal y su nombramiento como presidente del Consejo de Ministros y ministro de Hacienda, impulsó de nuevo las medidas desamortizadoras en un intento de rebajar la deuda del Estado.

El Real Decreto de 25 de enero de 1836 pretendía dar aplicación y destino útil a los conventos y monasterios suprimidos[9].

El Real Decreto de 19 de febrero de 1836 establecía que[10]:

«Atendiendo a la necesidad y conveniencia de disminuir la Deuda pública consolidada, y de entregar al interés individual la masa de bienes raíces que habían venido á ser propiedad de la nación, a fin de que la agricultura y el comercio saquen de ellos las ventajas que no podrían conseguirse por entero en su actual estado, o que se demorarían con notable detrimento de la riqueza nacional, otro tanto tiempo como se tardara en proceder a su venta teniendo presente la ley de 16 de Enero último, y conformándome con lo propuesto por el Consejo de Ministros, en nombre de mi excelsa Hija la Reina Doña Isabel II he venido en decretar lo siguiente:

Art. 1.° Quedan declarados en venta desde ahora todos los bienes raíces de cualquiera clase, que hubiesen pertenecido á las comunidades y corporaciones religiosas extinguidas, y los demás que hayan sido adjudicados á la nación por cualquiera título ó motivo, y también todos los que en adelante lo fueren desde el acto de su adjudicación.

Art. 2.° Se exceptúan de esta medida general los edificios que el Gobierno destine para el servicio público, ó para conservar monumentos de las artes, ó para honrar la memoria de hazañas nacionales.

El mismo Gobierno publicará la lista de los edificios que con estos objetos deban quedar excluidos de la venta pública».

El 1 de marzo de 1836 se publicó la Instrucción para efectuar la venta de los bienes nacionalizados en el Real Decreto de 19 de febrero de 1836[11].

La Real Orden de 5 de marzo de 1836[12] amplió la aplicación a la amortización de la deuda pública de los valores procedentes de la supresión de monasterios y conventos a:

> «todos los censos, imposiciones y cargas de cualquier especie y naturaleza que pertenezcan a las comunidades de monacales y regulares, así de varones como de religiosas, cuyos monasterios o conventos hayan sido o sean en adelante suprimidos, y sus bienes de todo género aplicados a la nación y mandados vender por mi RD de 19 del mes pasado...».

Por Real Orden[13] de 8 de marzo de 1836 quedaron:

> «suprimidos todos los monasterios, conventos, colegios, congregaciones y demás casas de comunidad o de instituciones religiosas de varones, incluidas las de clérigos regulares y las de las cuatro Órdenes Militares y San Juan de Jerusalén, existentes en la Península, islas adyacentes y posesiones de España en África, con las excepciones de: Los tres Colegios para misioneros de Asia, en Valladolid, Ocaña y Monteagudo; las casas de Escolapios y los conventos de Hospitalarios de San Juan de Dios que se hallasen abiertos en la actualidad, y los conventos y colegios de los Santos Lugares de Jerusalén...».

La Real Orden de 28 de septiembre de 1836 contenía «las reglas que han de observarse en la redención de cargas pertenecientes a las comunidades religiosas, cuyos conventos hayan sido o sean en adelante suprimidos»[14].

Para evitar el expolio u ocultación de los objetos preciosos de los establecimientos religiosos se aprobó el Real Decreto[15] de 6 de octubre de 1836 que disponía su recogida y concentración en los lugares seguros de las capitales de provincia.

La Real Orden Circular de 14 de diciembre 1836 contemplaba el destino de las riquezas artísticas que existían en los conventos[16].

Para dar cumplimiento a todo lo dispuesto en las normativas anteriores, desde el Gobierno Civil de la provincia de Ciudad Real se hicieron las siguientes gestiones:

El 25 de enero de 1836[17] el gobernador civil, don Andrés Rubiano, comunica al secretario de Estado y del despacho de la Gobernación del Reino, que:

> «La crudeza de la estación y el mal estado de los caminos no ha permitido llevar antes de ahora a efecto la orden de S.M. acerca de la traslación a esta capital de los objetos artísticos».

Solicita también aclaraciones sobre la venta de los bienes y propone que se realicen en cada pueblo, componiéndose para ello una comisión compuesta del «alcalde, el procurador síndico, el cura párroco y alguna otra persona de mi confianza».

El 20 de marzo de 1836, la Real Academia de las Tres Nobles Artes de San Fernando, en un escrito firmado por don Marcial Antonio López, informa al Ministerio de la Gobernación de la respuesta que debe darse al gobernador civil de Ciudad Real sobre las consultas planteadas[18].

El 28 de julio de 1836[19] el gobernador civil, don Juan de Leiva[20], informa al secretario de Estado y del despacho de la Gobernación del Reino que la persona encargada del traslado de las obras:

> «Nombrado como tal, por mi antecesor, D. Francisco Benitoa, vecino de esta capital... corrió de su cargo la formación de los inventarios... según lo que me manifiesta dicho interesado... todavía no se le han abonado las dietas correspondientes a su trabajo... que consagró sesenta y cinco días... Creido de mi deber, apoyado en la RO, poner término a su reclamación, señalándole mil quinientos reales de compensación de todo sobre los fondos de multas que se recauden».

El 15 de agosto de 1836[21] el gobernador civil, don Juan de Leiva, reitera la petición de abono de los mil quinientos reales a don Francisco Benitoa.

El 23 de septiembre de 1836[22] se comunica al jefe político de Ciudad Real, que debe abonar los gastos de inventario y traslado de las obras, con cargo a su venta pública al mejor postor «y que por lo mismo debe hacer el reintegro de los 1500 reales tomados del fondo de multas de policía».

Don José Puidullés, jefe político de Ciudad Real, informa al Ministerio de la Gobernación el 26 de enero de 1837 que, entre los objetos artísticos recogidos en los conventos, apenas habrá alguna obra que merezca la atención de los inteligentes, hallándose las de algún mérito repartidas en las iglesias abiertas. También manifiesta que no se conocen los nombres de los autores y que él mismo recorrerá la provincia para su examen[23].

Una circular de 25 de enero de 1837 ordenaba a los jefes políticos la recogida de los libros procedentes de los conventos suprimidos con el fin de crear en cada capital de provincia una biblioteca pública que mejore la instrucción general[24].

La Circular de 5 de abril de 1837 aclaró las dudas para la aplicación del Decreto de 6 de octubre de 1836, disponiendo que el depósito ordenado se entiende solo de los caudales, alhajas de oro, plata y piedras preciosas que no sean necesarios para el servicio de culto en establecimientos religiosos[25].

La Real Orden Circular de 28 de abril de 1837 trataba de impedir la extracción de la Península y provincias de Ultramar, para el extranjero, de las pinturas, libros y manuscritos antiguos de autores españoles sin autorizar[26].

La Real Orden de 27 de mayo de 1837 encomendó a los jefes políticos la formación de:

> «una comisión científica y artística presidida por un individuo de la diputación provincial ó del ayuntamiento, y compuesta de cinco personas nombradas por el gefe político é inteligentes en literatura, ciencias y artes. Esta comisión

reuniendo los inventarios particulares, formará uno general, en el cual designará las obras que merezcan, según su juicio, ser conservadas, y las hara trasladar inmediatamente á la capital».

La intención del gobierno era la creación de bibliotecas y museos «que en breve podrán abrirse al público estudioso» con las obras de literatura, ciencias y artes.

El Archivo de la Diputación conserva una nota del 20 de junio de 1837, de Juan Antonio Hidalgo, sobre el depósito de alhajas de oro, plata y piedras preciosas de los conventos. En ella informaba al jefe político que «no ha podido efectuarse el justiprecio por no haber en la capital ningún platero para hacer la apreciación».

La Ley de 29 de julio de 1837 suprimió la contribución de diezmos y primicias y todas las prestaciones emanadas de los mismos y que todas las propiedades del clero secular se adjudican a la nación convirtiéndose en bienes nacionales. Incluye una omisión del publicado el día anterior[27].

> «Art. 1.º Se suprimen la contribución de diezmos y primicias, y todas las prestaciones emanadas de los mismos.
>
> Art. 2,º Todas las propiedades del clero secular en cualesquiera clases de predios, derechos y acciones que consistan, de cualquiera origen y nombre que sean y concualquiera aplicación o destino con que hayan sido donadas, compradas ó adquiridas, se adjudican á la nación, convirtiéndose en bienes nacionales».

La Ley 29 de julio de 1837 declaró extinguidos en la Península, islas adyacentes y posesiones de España en África, todos los monasterios, conventos, colegios, congregaciones y demás casas de religiosos de ambos sexos[28].

La Ley de 9 de octubre de 1837, sobre los objetos procedentes de los establecimientos eclesiásticos que se inventariaron y depositaron, según lo prevenido en el Real Decreto de 6 de octubre de 1836, dispuso su venta para atender los gastos de la guerra, salvo los que, a juicio de las diputaciones provinciales y aprobación del Gobierno, tengan un mérito artístico conocido o sean objeto de una devoción predilecta de los pueblos.

La Real Orden Circular de 22 de septiembre de 1838 mandó formar bibliotecas públicas en las capitales de provincias para utilizar las riquezas literarias que contenían los suprimidos conventos.

El Real Decreto de 22 de diciembre de 1838 fomentó la colocación de las oficinas del Gobierno en edificios pertenecientes al Estado, dado que:

> «a diferencia de otras fincas, los conventos tienen difícil y no ventajosa enagenacion por su peculiar estructura, tan poco aplicable á los usos comunes de la vida».

6.3. DESTRUCCIONES DURANTE LA PRIMERA GUERRA CARLISTA

Al igual que ocurrió con la Guerra de la Independencia, el patrimonio artístico y cultural volvió a sufrir las consecuencias de este enfrentamiento. Veamos algunos ejemplos de la provincia.

IGLESIA PARROQUIAL NUESTRA SEÑORA DEL VALLE DE CALZADA DE CALATRAVA

Inocente Hervás recoge en su Diccionario los sucesos de la destrucción de la iglesia y Manuel Ciudad, Andrés Megía y Juan José García Ciudad los amplían.

El 19 de diciembre de 1837 se produjo un atentado sacrílego a cargo de tropas carlistas contra el sagrario de la iglesia parroquial Nuestra Señora del Valle de Calzada de Calatrava.

El 25 de febrero de 1838 llegaron a Calzada tropas al mando del general carlista Basilio Antonio García a las que se unió Antonio García de la Parra «Orejita». La mañana del 26 de febrero los carlistas incendiaron la iglesia y provocaron la muerte de más de 170 personas que se encontraban dentro, soldados, hombres, mujeres y niños y la destrucción del templo que fue demolido entre 1921 y 1922.

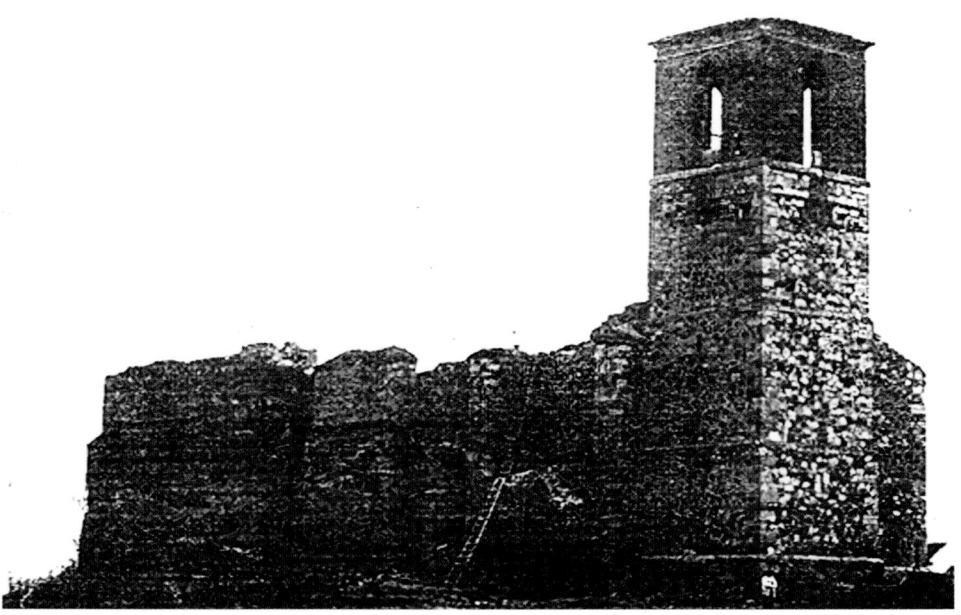

Iglesia quemada de Nuestra Señora del Valle de Calzada de Calatrava.

IGLESIA DE NUESTRA SEÑORA DE LA ASUNCIÓN DE PUERTOLLANO

El trabajo de José Rafael González Romero[29] sobre la restauración de la Iglesia en el siglo XIX, detalla cómo la facción carlista de don Basilio García llegó a Puertollano el 3 de marzo de 1838. La tropa que defendía la villa junto a algunos partidarios de Isabel II se refugiaron en la torre de la iglesia. Para conseguir su rendición, los atacantes decidieron incendiar la iglesia el 4 de marzo provocando graves daños y la muerte por fusilamiento de sus defensores.

Tendrían que pasar diez años, hasta la aprobación del proyecto de restauración de la parroquia, el 18 de octubre de 1848, aunque las obras no comenzarían hasta 1850, prolongándose con gran cantidad de incidencias e inspecciones hasta el 31de enero de 1868, don José Ramón Berenguer, arquitecto de la Real Academia de Bellas Artes, hizo el reconocimiento final de las tareas de restauración ejecutadas

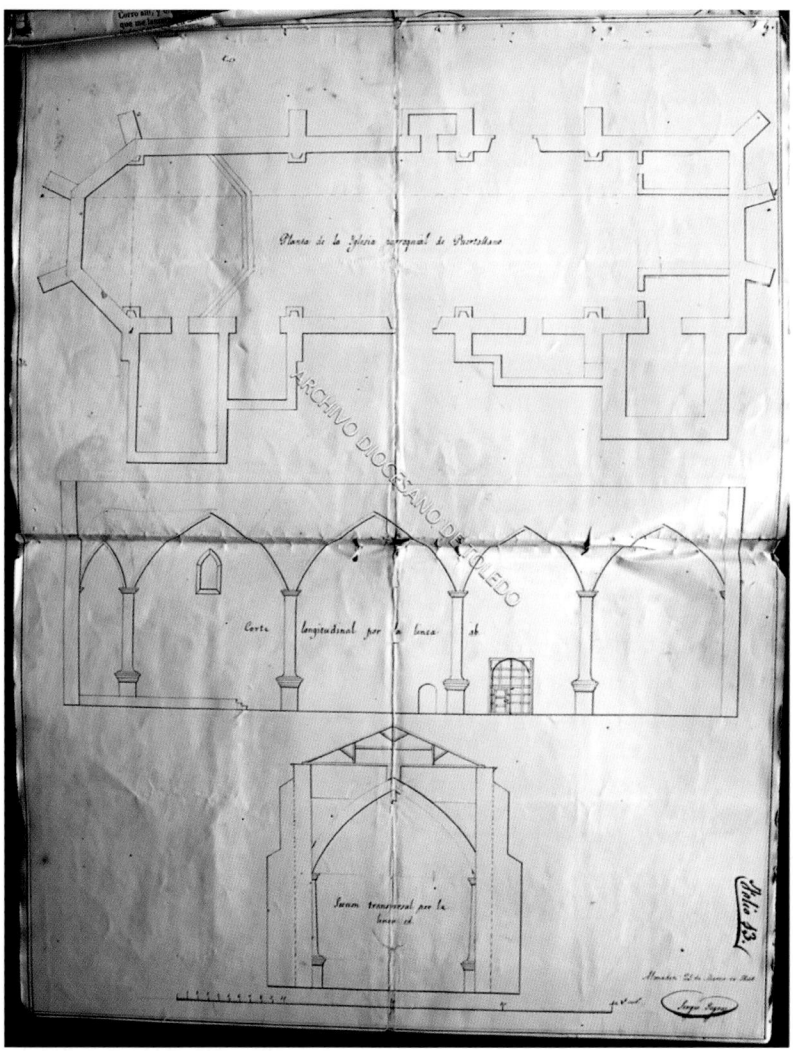

Planos realizados por el ingeniero civil Sergio Yegros en 1848.
Fuente: AGDT, Reparación de Templos, TO, leg. 29/16, vv.ff.

Iglesia parroquial de Nuestra Señora de la Anunciación de Corral de Calatrava

Según recogen Pilar Molina y Antonio de Juan en el proyecto de intervención arqueológica de las obras de 2019:

> «En 1837, durante la Primera Guerra Carlista, la iglesia pasará a ser cuartel, según confirma un documento del archivo parroquial transcrito por Luis Fernando de la Osa en el libro conmemorativo del centenario del Cardenal Monescillo (1987: 286).
> En 1848, el Diccionario de Pascual de Madoz refiere que la casa consistorial, la cárcel y la parroquia fueron incendiadas en 1838 «…por las partidas carlistas de Palillos; ninguna ha sido rehabilitada; pero la parroquia se ha establecido en la ermita de Nuestra Señora de la Paz, separada del pueblo como doscientos pasos al sur…» (MADOZ, ed. 1987: I, 383; HERVÁS, 1899: 418-419). Según documentación del libro de bautismo nº 8 del archivo parroquial, transcrita por Luis Fernando de la Osa (1987: 286-287):
> «En el año de mil ochocientos treinta y ocho día tres de Julio fue quemada la parroquia de esta Villa, y el día siete del citado mes se hizo un Fuerte en la Hermita de Ntra. Sra. De la Paz, y el once del mismo se quitó el Ssmo. Sacramento…»».

Como consecuencia de la profanación de los sepulcros del monasterio de Poblet, la Real Orden Circular de 3 de mayo 1840 solicitaba a todos los jefes políticos la remisión de noticias de los templos de su respectiva provincia en que existan sepulcros «que por serlo de Reyes ó personajes célebres ó por la belleza y mérito de su construcción merezcan conservarse cuidadosamente»[30].

El Real Decreto de 9 de diciembre de 1840 fijó un plazo de 60 días para que los ayuntamientos, por medio de las diputaciones provinciales, dirijan al Ministerio de Hacienda sus reclamaciones sobre edificios pertenecientes al Estado que consideren deban ser aplicados a establecimientos u objetos de conocida utilidad[31].

La Real Orden de 30 de diciembre de 1840 ordenó la formación de un listado de monasterios y conventos disponibles en cada provincia[32].

Como apuntan José Ignacio de la Torre y Esther Arias en el artículo «Historia del Museo de Ciudad Real»[33], en noviembre de 1840 la prensa nacional se hacía eco de la propuesta realizada por el jefe político para la creación de un museo provincial[34]:

> «El gefe político de Ciudad-Real quiere establecer allí un museo provincial, por lo cual recomienda á los comisíonados y particulares que tengan en su poder pinturas, estatuas, medallas, libros y manuscritos, procedentes de los conventos, los remitan á la capital. Creemos que de ese modo el señor gefe politico no llegará á formar un museo.
> El gefe político de Ciudad-Real ha mandado establecer en aquella capital un museo provincial, donde se reúnan las obras de bellas artes, literatura y ciencias que haya en la provincia, procedentes de los suprimidos Conventos.

El gefe político de Ciudad-Real se ha empeñado en ilustrar á su provincia. Ayer dijimos que trataba de establecer un museo, y en estos momentos se ocupa de la educacion pública; solo que á nosotros se nos ocurre que no acierta con los medios de realizar sus vastas miras, y además que lo echa á perder cuando se mete á filosofar»[35].

6.4. REGENCIA DEL GENERAL BALDOMERO ESPARTERO (1840-1843), NUEVA NORMATIVA DESAMORTIZADORA

El Real Decreto de 31 de agosto de 1841 determinó la forma de financiar los gastos de conservación y reparación de los edificios religiosos y los del culto, mediante reparto entre los vecinos y con los derechos de estola y pie de altar[36].

Por Real Orden Circular de 2 de septiembre de 1841 se consideraron bienes nacionales todas las propiedades del clero secular y se declararon en venta todas las fincas, derechos y acciones del clero catedral, colegial, parroquial, fábricas de las iglesias y cofradías[37], y la Instrucción de la misma fecha estableció las medidas y modelos para su enajenación[38].

De 1841 están fechadas diversas comunicaciones de los alcaldes de la provincia de Ciudad Real sobre los libros y pinturas pertenecientes a los conventos suprimidos[39].

El Real Decreto de 26 de febrero de 1842 ordenó la formación de listas duplicadas de todas las fincas rústicas y urbanas que se conozcan como de pertenencia indudable del clero secular[40].

El gobernador político de la provincia, don Juan Alix, dirigió un escrito al Ministerio de la Gobernación el 29 de junio de 1842[41] informando de lo acontecido con los libros del extinguido convento de San Francisco de la villa de Moral de Calatrava, robados en 1839 y «arrojados a las aguas de unas norias».

Nuevamente el 2 de julio de 1842[42] don Juan Alix expone al Ministerio el estado de abandono en el que se encuentran los depósitos de libros procedentes de los extinguidos conventos:

> «Creo deber llamar nuevamente la superior atención de V.E. con motivo de una comunicación que acabo de recibir suscrita por D. Julián Pérez de Gracia, Administrador de la Sra. Condesa Viuda de Casa Valiente en la ciudad de Almagro en que me manifiesta que en el edificio que fue Convento de Bernardas de la misma, perteneciente en la actualidad a su principal, existe la librería del extinguido Convento de Calatravos correspondiente a este gobierno político y que necesitando disponer de la habitación para otros usos, convendrá adopte las disposiciones oportunas para que dicha librería se traslade a otro punto en donde pueda conservarse y utilizarse cual merece».

Y remite con esta misma fecha un listado de conventos suprimidos de esta provincia y efectos científicos y artísticos inventariados de los que se ha hecho cargo el gobierno político:

Tabla 2
CONVENTOS SUPRIMIDOSY EFECTOS CIENTÍFICOS Y ARTÍSTICOS INVENTARIADOS

PUEBLOS	CONVENTOS	PINTURAS	ESCULTURAS	LIBROS	COMISIONADOS	OBSERVACIONES
Alcázar de San Juan	Franciscos	22	-	-	Joaquín Torres	Número considerable de libros en los dos primeros
	Trinitarios	14	-	-		
	Franciscas	-	-	-		
	Otro cerrado	-	-	-		
Almagro	Agustinos	8	-	477	Manuel Pérez de Gracia y Luis Medrano Treviño	En el de Franciscos hay muchos libros que no están clasificados
	Calatravos	-	-	653		
	Dominicos	-	-	263		
	Franciscos	-	-	-		
	San Juan de Dios	29	-	-		
	Dominicas	3	-	-		
	Franciscas	3	-	-		
	Bernardas	29	-	-		
Almodóvar del Campo	Carmelitas	46	-	-	Domingo López Villar	Tres estantes con libros
Argamasilla de Alba	Mercedarios	-	-	-	-	No hay nada
Campo de Criptana	Carmelitas	22	-	1.545	Carlos Pérez del Busto	-
Calzada de Calatrava	Capuchinos	8	-	988	José Antonio Trujillo	Destruido por el Ejército de reserva
Carrión de Calatrava	Franciscos	7	-	400	Manuel Monedero	-
Chillón	Franciscos	-	-	-	-	Comprado por el Gobernador de Córdoba
Ciudad Real	Dominicos	73	-	600	Francisco José Benitoa	Los tres últimos de monjas
	Franciscos	56	-	2.639		
	Mercedarios	17	-	1.151		
	San Juan de Dios	19	-	-		
	Carmelitas	19	10	300		
	Carmelitas	-	-	-		
	Dominicas	-	-	-		
	Franciscas	-	-	-		

Pueblos	Conventos	Pinturas	Esculturas	Libros	Comisionados	Observaciones
Daimiel	Carmelitas Carmelitas Franciscas Otro cerrado	19 - - -	10 - - -	54 - - -	Juan Félix López de Coca	Los tres últimos de monjas
Fuenllana	Agustinos	15	4	-	José Bustos	-
Herencia	Mercedarios	39	-	1.100	Manuel Eipto	-
Manzanares	Carmelitas Franciscas	3 -	12 -	46 -	Ramón Basco Arroyo	No hay inventario del último
Membrilla	Trinitarios Franciscas	17 -	- -	- -	José Díaz Peñalver Gonzalo María Chacón	No hay inventario del último
Malagón	Franciscas Carmelitas	12 141	- -	86 -	Manuel Sobrino	Hay además varias obras incompletas y destrozadas
Moral de Calarava	Franciscos	-	-	786	Pascual Nieto y Giraldo	Consta el robo de 19 libros
Puertollano	Franciscos	8	-	473	José Domingo Maestres	Hay muchos libros desarmados
La Solana	Trinitarios Dominicas	39 -	- -	1.349 -	José de Bustos	-
Santa Cruz de Mudela	Agonizantes	10	-	800	Juan Maestres	-
Socuéllamos	Trinitarios	9	-	260	Carlos Pérez del Busto	-
Villanueva de San Carlos	Capuchinos	17	-	376	Carlos Pérez del Busto	-

Pueblos	Conventos	Pinturas	Esculturas	Libros	Comisionados	Observaciones
Villarrubia de los Ojos	Capuchinos	9	-	720	Francisco Naranjo	-
Valdepeñas	Trinitarios	11	9	250	-	-
Viso del Marqués	Franciscos	-	-	-	Pedro Hilario Gómez	El archivo y biblioteca de la provincia en 1830. No hay pinturas
Villanueva de los Infantes	Dominicos Franciscos Trinitarios Franciscas Dominicas	16 - - - -	- - - - -	- - 800 - -	José Bustos	Los dos últimos son monjas
Totales		740	45	16.116		

6.5. JUNTA CREADORA DEL INSTITUTO PROVINCIAL[43]

Quedó constituida el 18 de mayo de 1843 para dar cumplimiento a la Real Orden Circular de 9 de febrero que creaba el Instituto.

Componían la Junta:

Don Tomás Bruguera, jefe político.

Don Antonio García, diputado provincial.

Don Celedonio López, procurador síndico del Ayuntamiento de Ciudad Real.

Don Esteban de Mendoza, abogado.

Don Manuel Miguel de Dolarea, secretario de la Diputación.

Se nombró como secretario de la Junta por unanimidad a don Celedonio López.

6.6. DIPUTACIÓN ARQUEOLÓGICA DE LA PROVINCIA DE CIUDAD REAL, 1843

El objeto de las diputaciones arqueológicas era formar una estadística de todos los monumentos de todas las épocas en cada provincia, su estado de conservación, historia de los mismos y de los hombres ilustres que en ella se hallen enterrados con sus biografías.

El germen de esta iniciativa surgió en abril de 1837 con la fundación de la Sociedad Numismática Matritense por Basilio Sebastián Castellanos,

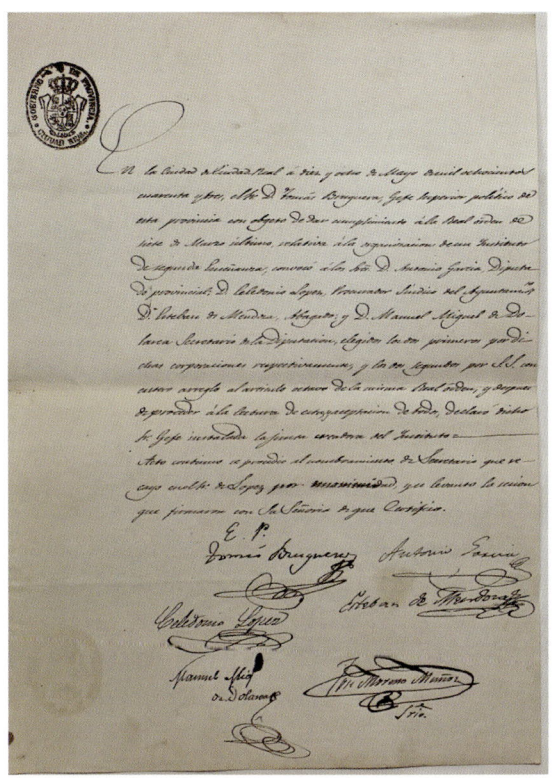

Izquierda, acta de constitución de la Junta Creadora del Instituto de Segunda Enseñanza en Ciudad Real. Fuente: Archivo Histórico Provincial de Ciudad Real. Abajo, alumnos de 5º y 6º curso de la Academia General de Enseñanza de Ciudad Real en el claustro de La Merced, curso 1905-1906. Fuente: CECLM.

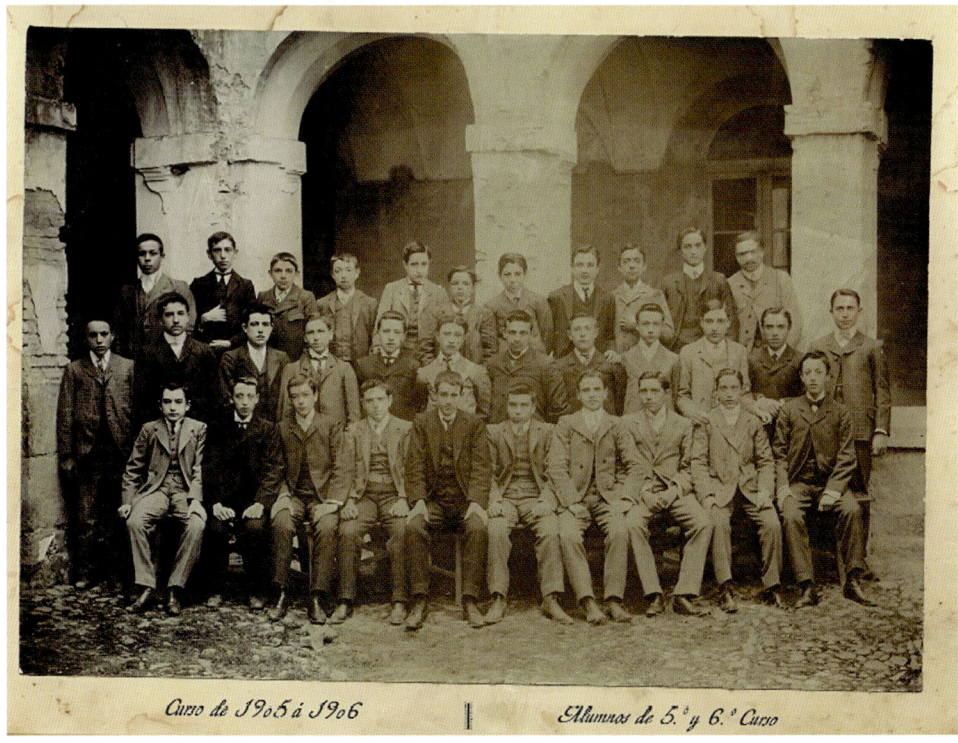

Curso de 1905 á 1906   Alumnos de 5.º y 6.º Curso

Pedro González Mate y Francisco Bermúdez de Sotomayor, con el objeto de vulgarizar los conocimientos sobre la numismática, para lo que publicaron la *Galería Numismática Universal.*

Esta sociedad, que tuvo una gran aceptación y contó con la colaboración de los más destacados numismáticos, pasó a denominarse en 1839 Sociedad Arqueológica Matritense y Central de España.

En 1844 Basilio Sebastián Castellanos de Losada junto a Francisco Bermúdez de Sotomayor, refundaron la Sociedad Arqueológica Matritense con la denominación de Academia Española de Arqueología, con la pretensión de que fuera reconocida como academia oficial, aunque no vieron culminados sus deseos, ya que el Gobierno consideró que sus objetivos y funciones eran idénticos a los de la Real Academia de la Historia. No obstante, la Academia Española de Arqueología desarrolló una importante actividad y llegó a fundar numerosas diputaciones arqueológicas en distintas provincias[44], como veremos a continuación con el caso de Ciudad Real.

El Archivo Histórico Provincial de Ciudad Real custodia la documentación entre 1842-1844 relativa a la Diputación Arqueológica de la provincia de Ciudad Real[45].

En un escrito de 24 de noviembre de 1842 de la Sociedad Arqueológica Matritense, Central de España y sus colonias, dirigido a don Tomás Bruguera, diputado fundador y jefe político de la provincia, expresa la satisfacción por la próxima constitución de la Diputación Arqueológica en la provincia de Ciudad Real. Firma el escrito el secretario, don Nicolás Fernández, con el visto bueno del director, don Basilio Sebastián Castellanos.

Según certificado de don Celedonio López, secretario de la Diputación Arqueológica Provincial de fecha 18 de mayo de 1844, la citada Diputación se constituyó el 9 de julio de 1843 por encargo de la Sociedad Arqueológica Matritense. Asistieron a la constitución: don Tomás Bruguera, jefe político, don Francisco Javier Izquierdo, don Joaquín Puebla, don Celedonio López, don Manuel Mohíno, don Matías Crespo, don Francisco Otalora, don Carlos Guernica, don Félix García, don Bernardo Hervás, don Pedro Contreras, don Antonio García, don Román Sánchez, don José Moreno, don Pedro Campos, don Antonio Hurtado, don José Adame, don José Domingo Maestre y don José Ibarrola.

Fueron elegidos los cargos.

Presidente: don Matías Crespo.
Vicepresidente: don Francisco Javier Izquierdo.
Secretario: don Celedonio López.
Se nombraron también individuos corresponsales, según artículo 11 de las constituciones:
Don José Cándido Peñafiel, para Manzanares.
Don Agustín Salido, para Almodóvar.
Don Miguel de los Santos Quijano, para Infantes.
Don Cándido Montero, para Piedrabuena.

Don Juan Ángel de Madariaga, para Almadén.
Don José María Cora, para Daimiel.
Don Agustín Gallego, para Alcázar.
Don Santos Maseres, para Valdepeñas.
Don Juan Antonio Jorreto, para Almagro.

Se emitió dicho certificado y se remitió a la Academia Arqueológica Española, ya que no se habían recibido ni los títulos de nombramiento de los componentes ni instrucciones para su funcionamiento.

6.7. GOBIERNO MODERADO DE NARVÁEZ, 1844

El proceso desamortizador abierto en 1841 se paralizó en 1844 con la llegada de los moderados al poder. Se reconoció lo realizado hasta el momento y entraron en negociaciones con la Iglesia, que llevaron a la firma, no sin dificultades, del Concordato del 17 de octubre de 1851 en el que se le reconocía a la Iglesia capacidad para la adquisición de bienes y se obligaba al Estado a una serie de pagos en forma de dotaciones.

La Real Orden Circular de 2 de abril de 1844 solicitaba a los jefes políticos que enviaran al Ministerio de la Gobernación una nota de todos los edificios, monumentos y objetos artísticos que se conserven en su provincia[46].

«Entre los edificios que pertenecieron a las comunidades religiosas y otras corporaciones suprimidas, y que han pasado a dominio del Estado, existen algunos cuya belleza es la admiración de los inteligentes, o que encierran en su recinto monumentos que por más de un título son dignos de respeto y conservación. Desgraciadamente la mano de la revolución y de la codicia ha pasado por muchos de ellos, y ha hecho desaparecer tesoros artísticos que eran la gloria de nuestra patria; y deseando la Reina que se salven de una vez los restos preciosos que todavía quedan, se ha servido disponer que en el término de un mes pase V.S. á este ministerio de mi cargo una nota de todos los edificios, monumentos y objetos artísticos, de cualquiera especie que sean, que se hallen en este caso, y que bien por la belleza de su construcción, bien por su antigüedad, por su origen, el destino que han tenido ó los recuerdos históricos que ofrecen, merezcan ser conservados, á fin de que en su vista se adopten las medidas convenientes. S. M. espera que penetrándose V.S. de cuánto interesa esta medida á la gloria nacional, no omitirá diligencia alguna para que estas noticias sean tan extensas y exactas como requiere su objeto, para lo cual se informará V. S. de los artistas y personas inteligentes que residan en esa provincia, y que puedan suministrar datos útiles ó dar su voto en la materia».

Como contestación a la Real Orden Circular de 2 de abril, don Dionisio Gaínza remitió con fecha 12 de junio de 1844 un escrito al ministro de la

Gobernación en el que detalla que se dirigió a las personas más ilustradas de la provincia para que le facilitasen información de los edificios, monumentos y objetos artísticos dignos de conservarse. Acompaña comunicaciones del cura párroco de Almagro, don Vicente Romero, y de su Ayuntamiento constitucional, en los que manifiestan los grandes valores que tiene el convento de Calatravos de aquella ciudad y hacen una descripción de sus elementos más relevantes. Concluye don Dionisio Gaínza reseñando que no existe en la provincia otro edificio que cumpla lo contemplado en la Real Orden Circular[47].

El número 20 del *Semanario Pintoresco Español* del 19 de mayo de 1844[48] contiene un artículo de Luis María de las Casas sobre las aguas minerales en el Campo de Calatrava y los baños de Fuencaliente, donde se hace eco del descubrimiento de las pinturas por López de Cárdenas en 1783. El artículo lo reseña Macarena Fernández en su libro sobre *Las pinturas rupestres esquemáticas del Valle de Alcudia y Sierra Madrona*.

> «El laborioso y erudito escritor D. Fernando López de Cárdenas, cura párroco de Montoro, con el objeto de recoger sustancias minerales y otras curiosidades para el gabinete de Historia Natural de Madrid, para lo cual estaba comisionado por el Conde de FloridaBlanca, reconoció en 26 de Mayo de 1783, varios lucos situados en el término de esta villa, y parage nombrado, por lo que después se verá, Piedra escrita, junto á el arroyo de las piedras, y orillas del río de los Batanes. Estos lucos de Fuencaliente son unas cuevas piramidales, abiertas en matriz vita de pedernal, en las cuales se hallan figurados con tinta encarnada bituminosa, símbolos, geroglíficos y figuras que no corresponden á los alfabetos hasta ahora conocidos. Es tan rara esta memoria de la antigüedad gentílica, que con dificultad se hallará otra de la misma especie. Pasan de 84 estas figuras, y se encuentran en dos sitios, al pie de la Sierra de Quintana, distante cerca de una legua de Fuencaliente».

7
CREACIÓN DE LAS COMISIONES PROVINCIALES DE MONUMENTOS

Las reales órdenes de 29 de julio de 1835 y 27 de mayo de 1837 habían establecido la creación de comisiones científicas y artísticas provinciales con la finalidad de examinar, inventariar y recoger el contenido de los archivos y bibliotecas de los conventos o monasterios suprimidos, y las pinturas y objetos de escultura u otros que debieran conservarse. Estas comisiones fueron el antecedente de las comisiones provinciales de Monumentos, creadas por Real Orden de 13 de junio de 1844 del Ministerio de la Gobernación, ante:

«...la necesidad urgente de adoptar providencias eficaces que contengan la devastación y la pérdida de tan preciosos objetos, procurando sacar de ellos todo el partido posible en beneficio de las artes y de la historia».

La Real Orden de 13 de junio de 1844 establece que[1]:

«Habrá en cada provincia una comisión de Monumentos históricos y artísticos compuesta de cinco personas inteligentes y celosas por la conservación de nuestras antigüedades.

Tres de estas personas serán nombradas por el gefe político; las otras dos por la diputación provincial, que podrá elegir una de su propio seno. La presidencia corresponde al gefe político, y en su defecto al vocal que esta autoridad señale».

Se les asignaron funciones técnicas, científicas, consultivas y administrativas relacionadas con la defensa y protección del patrimonio histórico en la provincia.

Se constituyó también la Comisión Central:

«Habrá en Madrid una comisión central presidida por el ministro de la Gobernación, y compuesta de un vicepresidente y cuatro vocales, á lo menos, nombrados por S. M.».

7.1. PRESIDENCIA DE DON DIONISIO GAÍNZA

La constitución de la Comisión Provincial de Monumentos Histórico Artísticos de Ciudad Real tuvo lugar en la sesión del 30 de julio de 1844. Se eligió como secretario a José Adame y no se trató ningún asunto más[2].

Para difundir la creación y funciones de las comisiones de monumentos, se publicaron las órdenes también en los boletines oficiales de las provincias. La de Ciudad Real lo hizo en los *BOP* del 1 de julio y 3 de agosto.

Como iremos observando más adelante, el funcionamiento de la Comisión Provincial de Monumentos fue intermitente y contó con incidencias y altibajos de todo tipo.

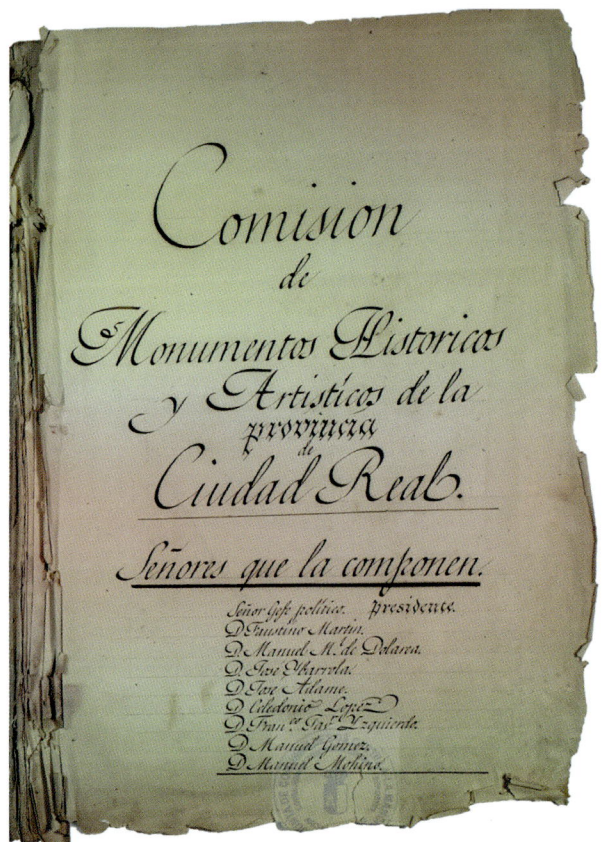

Portada del libro de actas de la Comisión con sus componentes. Fuente: Archivo Histórico Provincial de Ciudad Real.

El Decreto de 26 de julio y 8 de agosto de 1844 suspendió la venta de los bienes del clero secular y de las comunidades religiosas de monjas, hasta que el Gobierno, de acuerdo con las Cortes, determinen lo que convenga.

El 3 de agosto de 1844 don Dionisio Gaínza informa al ministro de la Gobernación que, al respecto del establecimiento de un museo y una biblioteca en esta provincia, según expuso su antecesor, el gobierno político ha logrado reunir más de 1.000 libros y algunos cuadros y que los volúmenes se encuentran en el local que ocupa el Instituto de Segunda Enseñanza[3].

Recibido este escrito por la Comisión Central el 9 de agosto de 1844, muestra su satisfacción por el celo manifestado por el jefe político de esa provincia en la protección de los objetos históricos y artísticos[4].

Desde las primeras semanas, el monumento que centró más atención de la Comisión, fue el convento de la Asunción Calatrava de Almagro. Contamos con diversos documentos con reseñas y comunicaciones sobre él, desde agosto de 1844 hasta mayo de 1846[5].

En la sesión del día 23 de diciembre de 1844 se dio cuenta de los libros y pinturas recogidos en los conventos suprimidos y se acordó solicitar a la Diputación Provincial los fondos necesarios para custodiarlos de forma segura, se recibió una comunicación del Ayuntamiento de Almagro sobre el mal estado del convento que fue de la Orden de Calatrava y se acordó aumentar el número de vocales de la Comisión[6].

En la sesión del 14 de enero de 1845 se trataron asuntos de Manzanares, Oreto y Malagón, por una lápida procedente de Alarcos y se comisionó a los señores Mohíno y López el estudio de los archivos de las órdenes militares.

El 15 de enero de 1845[7] la Comisión Provincial, en un escrito firmado por el presidente don Dionisio Gaínza y por el secretario don José Adame, informa a la Comisión Central del estado en el que se encuentra el antiguo convento de los Calatravos de Almagro y de los pocos frutos que han tenido los esfuerzos para su reparación.

El 6 de febrero de 1845 vuelve a reunirse la Comisión para ver cuestiones relacionadas con el convento de Daimiel y el convento de San Juan de Dios de Ciudad Real. Se leyó una comunicación del alcalde de Herencia en el que manifiesta que los 1.100 volúmenes que había en la biblioteca del suprimido convento de los Mercedarios Descalzos fueron extraídos en 1838 por los individuos del batallón de voluntarios de la provincia al mando de José Lobato. Finalmente se acordó remitir a los ayuntamientos y personas de ilustración de la provincia ejemplares del interrogatorio que emitió la Comisión Central en agosto.

El 5 de marzo de 1845 escribe el jefe político, don Dionisio Gaínza, al ministro de la Gobernación informando que, una vez constituida la Comisión Provincial de Monumentos[8]:

«se dedicó a investigar cuanto de precioso e interesante pudiera existir en los pueblos. [Informa que se han recogido algunos cuadros en Alcázar y que] ha sido objeto de mis desvelos y de aquella corporación el convento de Calatravos de Almagro».

En la sesión del 21 de abril de 1845 se constata que los alcaldes de La Solana, Santa Cruz de Mudela y Manzanares no remiten los datos solicitados y se repasa la información facilitada por el cura de Manzanares, don José Cándido Peñafiel, sobre el castillo de Montizón.

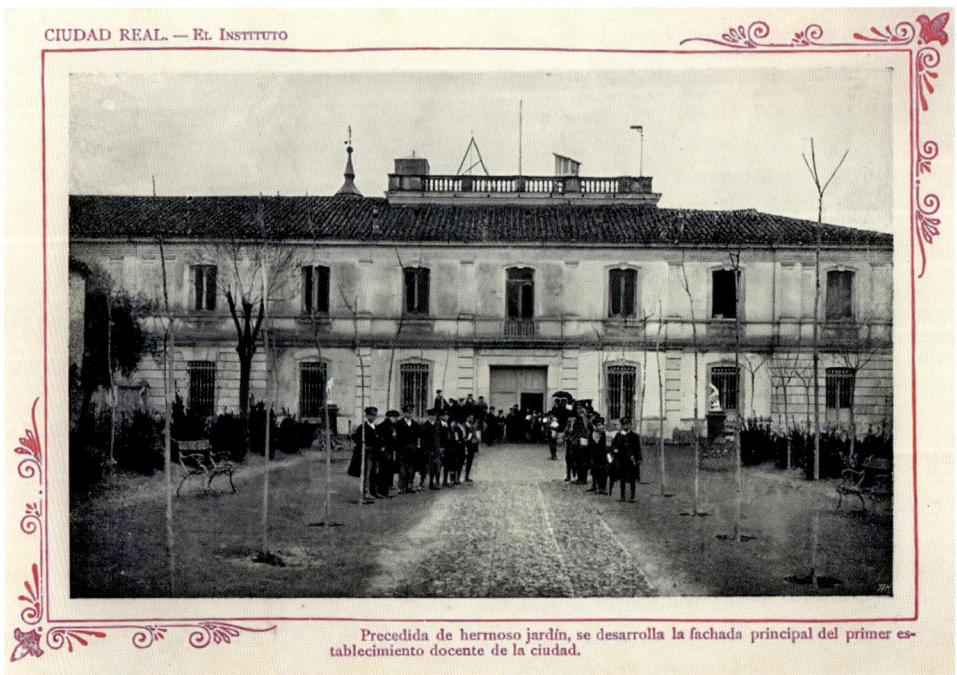

CIUDAD REAL. — EL INSTITUTO

Precedida de hermoso jardín, se desarrolla la fachada principal del primer establecimiento docente de la ciudad.

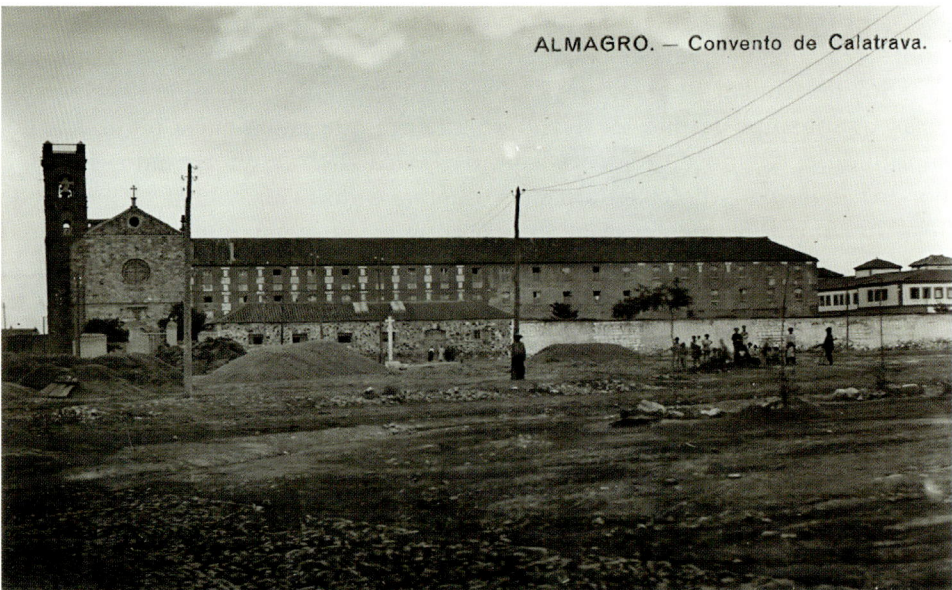

ALMAGRO. — Convento de Calatrava.

Arriba, Instituto de Segunda Enseñanza. Fuente: *Portfolio fotográfico*, 1900. CECLM. Abajo, exteriores del convento de Calatrava de Almagro. Fuente; CECLM, Biblioteca Virtual de Castilla-La Mancha, Material gráfico, 1930.

Aldea del Rey remitió el 14 de junio de 1845 las respuestas al interrogatorio en el modelo oficial y con un escrito firmado por Benito del Hombre Bueno[9].

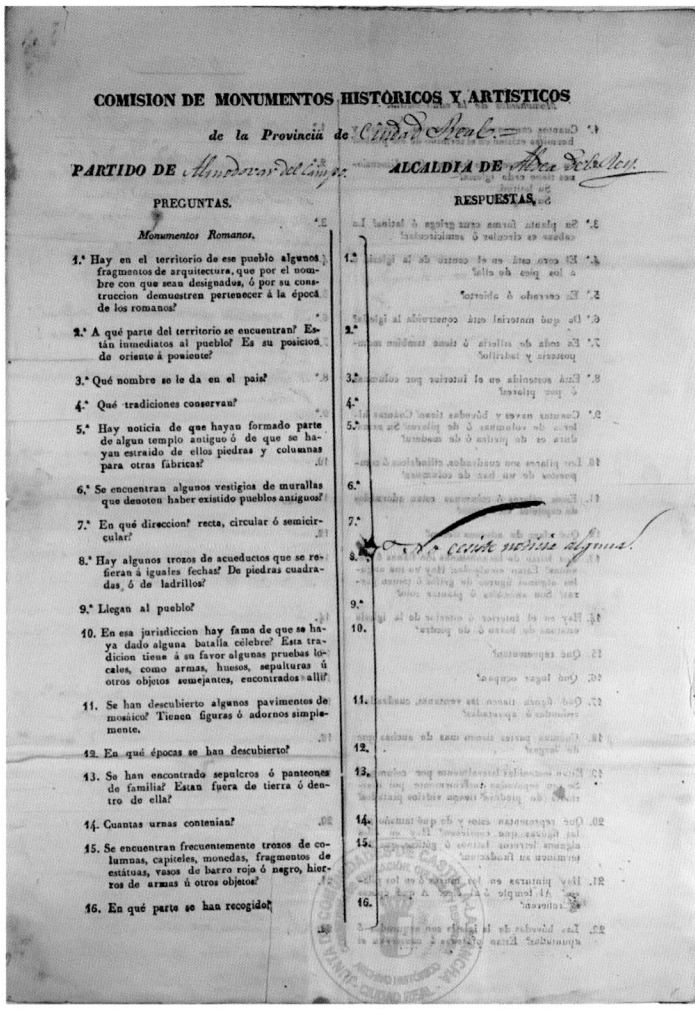

Hoja de respuestas de Aldea del Rey. Fuente: Archivo Histórico Provincial de Ciudad Real.

El 22 de abril de 1845 el jefe político y presidente de la Comisión Provincial de Monumentos, don Dionisio Gaínza, remite a la Comisión Central un escrito con el que podemos conocer su composición y perfiles personales y profesionales:

«25 de abril de 1845[10]. Nota de los miembros de la Comisión de Monumentos Históricos y Artísticos de la provincia de Ciudad Real con expresión de la carrera o estudios de cada uno y a que ramas de la historia o de las artes tienen particular afición:

Tabla 3

MIEMBROS DE LA PRIMERA COMISIÓN PROVINCIAL DE MONUMENTOS
DE LA PROVINCIA DE CIUDAD REAL

NOMBRE	CARRERA O ESTUDIOS	RAMAS DE LAS ARTES O DE LAS LETRAS A QUE SE HA DEDICADO
Dionisio Gaínza, jefe político, presidente	Administración Civil	Historia y Artes
Manuel Miguel de Dolarea	Oficial de la Diputación Provincial	Artes y Literatura
Faustino Martín	Diputado provincial	Historia
Manuel Mohíno	Presbítero	Paleografía
José Ibarrola	Diputado provincial	Artes Mecánicas
José Adame	Administración Civil	Historia
Francisco Javier Izquierdo	Licenciado en Derecho Civil	Historia
Manuel Gómez	Arquitecto	Arquitectura
Celedonio López	Licenciado en Derecho Civil	Historia y Geografía

Los dos primeros vocales con el presidente componen la comisión formada en virtud del artículo de la RO de 13 de junio último y los tres restantes han sido nombrados por la misma comisión para ampliarla en sus tareas».

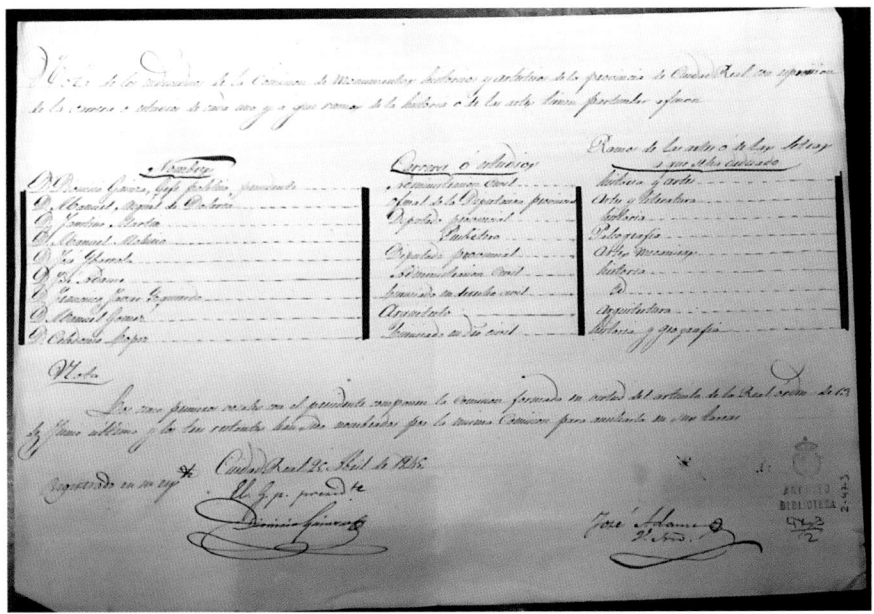

Relación de miembros la Comisión. Fuente: Real Academia de Bellas Artes de San Fernando.

El 22 de abril de 1845[11] escribe el jefe político, don Dionisio Gaínza, a la Comisión Central para informar que el Ayuntamiento de Almagro se ha dirigido a la Comisión Provincial comunicando el peligro de destrucción del retablo de la iglesia de San Agustín.

La Comisión Central solicita el 30 de abril de 1845 a la provincial informe acerca del mérito de los retablos, detallando cuantas circunstancias los hagan apreciables[12].

A finales de abril de 1845, escribe nuevamente don Dionisio Gaínza a la Comisión Central para informar que se han dirigido a los:

> «ayuntamientos y otras personas ilustradas de la provincia y de los datos que hasta ahora ha obtenido aparecen hechos muy curiosos y dignos de pasar a la posteridad por medio de la historia»[13].

El 7 de junio de 1845 escribe el jefe político y presidente de la Comisión Provincial a la Comisión Central y comunica que no puede remitir noticias de la sección 2ª dado que hasta el día de hoy no ha podido reunir «más que algunos cuadros de la villa de Alcázar, y estos no solo carecen de mérito, sino que están destrozados e inservibles»[14].

La memoria comprensiva de los trabajos verificados por las comisiones de Monumentos Históricos Artísticos del Reino desde el 1 de julio de 1844 hasta igual fecha de 1845, presentada por la Comisión Central, contiene las siguientes referencias de la provincia de Ciudad Real[15]:

> «CIUDAD REAL. La última comunicación de esta provincia, recibida en Abril del presente año, avisa de estar dando fin a la reunión de algunos libros depositados aún en varios pueblos, que juntos con los ya existentes en la capital, procedentes de Almagro y otros puntos, formaran la Biblioteca provincial, de cuya instalación se lisonjea dar en breve noticias satisfactorias.
>
> CIUDAD REAL. El desastroso furor ejercido en esta provincia durante la guerra civil hizo temer desde luego a la Central que fuese causa de la casi total carencia de objetos artísticos, en que pudiera emplear con éxito fecundo sus trabajos la Comisión Provincial. Las comunicaciones de esta recibidas en Abril y Junio del corriente año, han venido a confirmar aquellos temores, pues según su contexto solo ha podido recogerse un escaso número de cuadros en la villa de Alcázar, de poco merito en extremo maltratados. Sin embargo, de tan tristes precedentes, la Comisión ofrece continuar sus indagaciones y no omitir diligencia ni sacrificio alguno, para salvar cuanto pueda aparecer digno de estimarse.
>
> CIUDAD-REAL. Solo un edificio aparece en esta provincia digno de conservarse, según el dictamen de su Comisión. El convento de la orden militar de Calatrava de la villa de Almagro, fundado en el siglo XVI, cuyos claustros y escalera principal exceden a todo lo restante en suntuosidad y belleza, llamó, pues, especialmente el cuidado de esta Central que por otra parte no olvidó recomendar a la Comisión citada la conveniencia de adquirir cuantos datos fuera posible sobre otras fábricas de la edad media y de la época del renacimiento. Ningún resultado favorable, han tenido estas gestiones, sin embargo, lo cual debe

atribuirse a la pobreza de esta provincia más bien que a la falta de celo de su comisión, que en 15 de enero del presente año dirigió una exposición razonada a que acompañaba copia del presupuesto que a su instancia remitió la Intendencia a la Administración cereal de bienes nacionales para reparar citado convento de Calatrava y evitar su venta. Esta Comisión no pudo menos de prestar su apoyo a ambas medidas dirigiéndose a V.E. respecto del último extremo, y autorizando a su secretario para que se avistase con el Administrador general de bienes nacionales, con el objeto de que se sirviese despachar el referido presupuesto.

En el convento de San Agustín de la misma villa, destinado felizmente a ayuda de la parroquia, existen dos retablos de buena arquitectura, que se han visto amenazados de ser destruidos para sacar de ellos una insignificante cantidad de oro. La Comisión Provincial, dirigiéndose al Intendente para que suspendiera la venta de ellos, y al ayuntamiento de Almagro para que no consintiese su derribo, ha dado una prueba de su amor a las artes y del celo que la distingue por la conservación de esta clase de monumentos. Careciendo la Central de los datos necesarios para apreciar en su justo valor dichos retablos, pidió a la Comisión Provincial el correspondiente informe que, evacuando en 27 del último junio, ha pasado a la Sección para que se sirva exponer su dictamen».

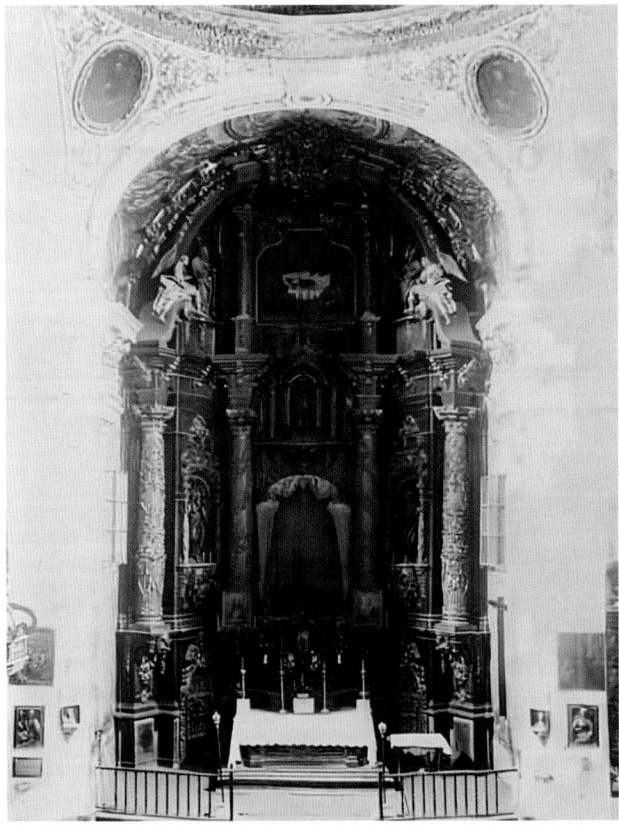

Retablo de la iglesia de San Agustín de Almagro.
Fuente: *Catálogo Monumental*, de Bernardo Portuondo.

Mediante la Ley de 3 de abril de 1845 se determinó en un artículo único la devolución al clero secular de los bienes no enajenados.

> «Los bienes del clero secular no enajenados, y cuya venta se mandó suspender por el RD de 26 de Julio de 1844, se devuelvan al mismo clero».

Un Real Decreto de 11 de abril de 1845 suspendió, hasta nueva resolución, la venta de los edificios-conventos de las comunidades religiosas suprimidas[16].

La Real Orden de 13 de abril de 1845 ordenó a los intendentes del Reino que procedan inmediatamente a formar una lista nominal de todos los edificios-conventos que estén por enajenar en sus respectivas provincias[17]:

Ante el ruinoso estado de gran cantidad de iglesias parroquiales, una Circular del 4 de diciembre de 1845, dirigida a los diocesanos, exponía la necesidad de procurar su reparación[18]:

> «a fin de mantener el decoro debido a los templos, y precaver las desgracias que á los fieles puedan sobrevenir mientras asisten á las funciones religiosas».

Un escrito de 30 de abril de 1845 del gobernador político, dirigido a la Comisión Central, informó de las gestiones realizadas por la Comisión Provincial desde su constitución para la formación de una biblioteca y un museo y de los escritos dirigidos a los ayuntamientos de la provincia solicitando información de los monumentos de sus localidades[19].

Del año 1846 tan solo disponemos del acta de la sesión del día 12 de mayo en la que se trató el encargo de formar la biblioteca provincial con los volúmenes que han podido recogerse de los conventos suprimidos y que no se han visto afectados por las guerras civiles.

La Comisión Central dirigió con fecha 23 de mayo de 1846 un escrito al jefe político de Ciudad Real en el que le solicitaba información sobre la formación de la biblioteca provincial. pidiéndole[20]:

> «sin demora la remisión de las noticias que se le tienen reclamadas… con el fin principal… de conocer con toda exactitud la riqueza literaria de cada provincia».

El mismo día 23 de mayo de 1846 el jefe político, don Dionisio Gaínza, dirige un escrito al ministro de la Gobernación en el que informa que la sección encargada de formar la biblioteca provincial encuentra pocas obras dignas de atención[21]:

> «merced al extravío que sufrió la riqueza literaria durante la pasada guerra civil… la referida comisión se ha impuesto la ardua y penosa tarea de examinar detenidamente y uno por uno los muchos libros recogidos, la cual muy probablemente no producirá los resultados que se desean».

El día 25 de mayo de 1846, el jefe político, don Dionisio Gaínza, se dirige de nuevo al ministro de la Gobernación informando que[22]:

«han desaparecido las pinturas y obras de escultura de algún mérito que pertenecieron a las comunidades religiosas, debiéndose esta desaparición al trastorno y desorden que produjo en los pueblos de mi mando la guerra».

La Comisión Central contesta al jefe político el 27 de mayo de 1846 resolviendo[23]:

«se sirva remitir el catálogo de los lienzos cualquiera que sea su estado de conservación y de mérito, puesto que siendo el principal objeto de la misma conocer la riqueza de todos géneros que encierre el país… es todo punto indispensable el tener a la vista los datos pedidos con tanta recomendación y por tan repetidas veces».

El 3 de julio de 1846 el jefe político y presidente de la Comisión Provincial de Monumentos, don Dionisio Gaínza, remite a la Comisión Central[24]:

«el índice de libros existentes en la biblioteca establecida en el edificio del Convento de La Merced de esta ciudad, con expresión de las materias de que tratan, sus autores, idiomas en que están escritas, volúmenes, años y puntos de edición, tamaño, encuadernación, procedencia y demás observaciones generales».

Listado de los libros existentes en la biblioteca establecida en el edificio del convento de La Merced. Fuente: Real Academia de Bellas Artes de San Fernando.

El 24 de julio de 1846[25] don Dionisio Gaínza remite al ministro de la Gobernación y presidente de la Comisión Central la memoria de los trabajos realizados durante el año 1845. El documento detalla los valores y bienes que existen en Alhambra, antigua Oreto, Alarcos, castillos de Calatrava y Salvatierra y los sepulcros de hombre ilustres.

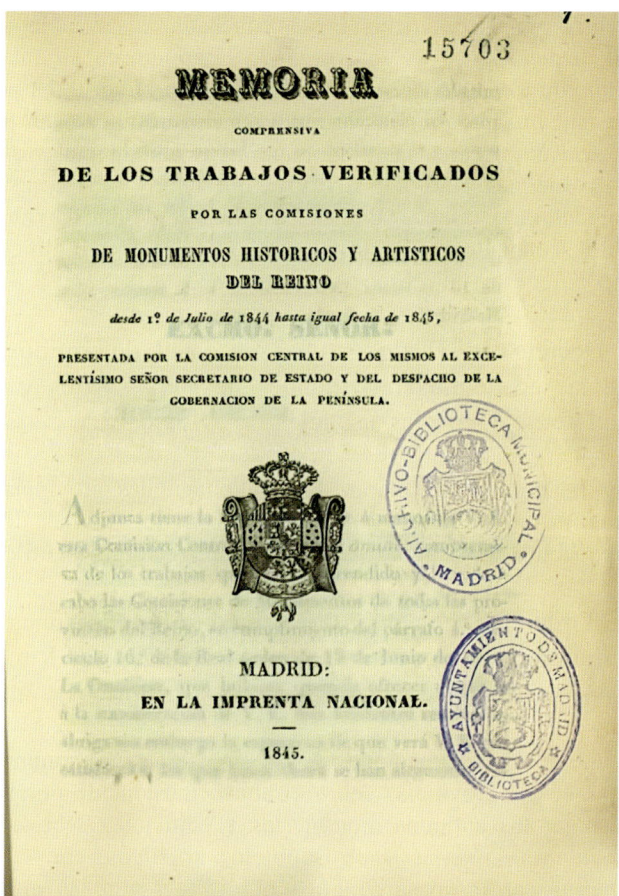

Memoria de trabajos. Fuente: Real Academia de Bellas Artes de San Fernando.

En un escrito remitido por don Dionisio Gaínza el 18 de octubre de 1846 responde al subsecretario de la Gobernación que remitirá el presupuesto que tiene que elaborar el Gobierno Político de la provincia con las necesidades de la Comisión de Monumentos para gastos de escritorio, mantenimiento de museo y biblioteca[26].

De nuevo el *Semanario Pintoresco Español* en el número 31 del 2 de agosto de 1846[27], en un artículo titulado «Templo fenicio y geroglificos de Fuencaliente», detalla las pinturas descubiertas en 1783 e incluye un nuevo dibujo.

«Entre las antigüedades que nos restan de los Fenicios, son dignas de una particular atención las grutas de Fuencaliente, población de Sierra Morena, muy conocida por sus baños termales. Están situadas estas curiosas grutas en la Sierra de Quintana á una legua de la villa más allá del río de los Batanes á la parte de Oriente. El terreno es sumamente áspero y fragoso, se crían con abundancia en él cabras monteses. Toda la falda de una parle de la montaña, que es de pedernal fino, se vé cortada formando un frontispicio de seis varas de alto y otras tantas de ancho. En esta fachada existen abiertas, y nadas con acero dos pequeñas cuevas en forma de pirámide, su altura será de vara y media, y su entrada poco más ancho de una. Con el corle del peñasco' dejaron llana y desembarazada aquella parte del terreno, formando un pequeño atrio al que sirve de valla ó cerca las piedras cortadas juntamente con una porción de enebros, alcornoques y árboles silvestres que hacen poco accesible aquel sitio. En las paredes de estas cuevas están escritos con tinta de rúbrica bituminosa caracteres desconocidos en los alfabetos antiguos, y geroglificos, que á pesar del tiempo se conservan frescos y hermosos».

El Real Decreto de 31 de octubre de 1849 determinó la creación y clasificación de las academias provinciales de Bellas Artes y encargó a los jefes políticos el fomento de las escuelas de Dibujo[28].

«Los jefes políticos excitarán á las Diputaciones provinciales, sociedades económicas y Ayuntamientos para la creación de escuelas de dibujo en las poblaciones donde á su juicio puedan ser convenientes ó útiles».

Una Real Orden Circular de 7 de diciembre de 1849 encargó a los jefes políticos el cumplimiento de las instrucciones dictadas por Real Orden de 24 de junio de 1844, sobre conservación de objetos históricos y artísticos dadas:

«Las numerosas reclamaciones de las comisiones de monumentos históricos establecidas en las provincias sobre el abuso introducido por los Ayuntamientos de despojar los antiguos monasterios y edificios célebres, privándolos de portadas, columnas, verjas y otros objetos artísticos, con el mal entendido celo de hermosear los paseos, sitios públicos y aun las obras de moderna construcción de las poblaciones».

La Real Orden de 4 de mayo de 1850 del Ministerio de Comercio, Instrucción y Obras Públicas estableció la necesidad de consulta previa a la Comisión de Monumentos Históricos y Artísticos antes de realizar obra alguna en edificios públicos.

Las reales órdenes de 14 de septiembre y 10 de octubre de 1850 determinaron la forma de intervenir en edificios de mérito artístico.

«Que estas obras nunca podrán tener lugar cuando para realizarlas sea necesario derribar claustros, portadas, galerías y ornatos de conocido mérito artístico.

Que por ningún pretexto se alteren las formas o se supriman partes de fachadas existentes, ni se haga en ellas la más pequeña innovación.

...si para la seguridad de las fachadas existentes de los edificios del Estado de conocido mérito artístico fuere necesario restaurarlas, se respete el pensamiento primitivo, acomodando las renovaciones al carácter de la fábrica y procurando que las partes antiguas y las modernas se asemejen y parezcan de una misma época».

El Concordato de 1851 firmado el 16 de marzo entre el Reino de España y la Santa Sede, es el fruto de los acercamientos que se venían produciendo en los últimos años entre la Iglesia y la Monarquía. El acuerdo supone la aceptación mutua de las dos instituciones de la legitimidad, poder y funciones que tenían en la sociedad española de mediados del siglo XIX.

Para la cuestión que nos ocupa, los efectos sobre el Patrimonio Cultural, el concordato contemplaba:

«Se devolverán desde luego y sin demora a las mismas, y en su representación a los Prelados Diocesanos en cuyo territorio se hallen los conventos, o se hallaban antes de las últimas vicisitudes, los bienes de su pertenencia que están en poder del Gobierno y que no han sido enajenados.

Además, se devolverán a la Iglesia desde luego y sin demora todos los bienes eclesiásticos no comprendidos en la expresada ley de 1845, y que todavía no hayan sido enajenados, inclusos los que restan dé las comunidades religiosas de varones».

Firmó el concordato Manuel Bertrán de Lis que había sido secretario del Gobierno Civil de Ciudad Real en 1836[29].

La Real Orden de 13 de mayo de 1851, teniendo en consideración lo que se establece en el Concordato celebrado con la Santa Sede, suspendió la venta y redención de los bienes, censos y demás pertenencias procedentes de las extinguidas comunidades regulares de ambos sexos, clero secular, ermitas, santuarios, hermandades y cofradías.

El Real Decreto de 19 de septiembre de 1851 estableció controles sobre gastos extraordinarios de edificación y reparación de las iglesias parroquiales[30]:

«Art. 3°. Para el reconocimiento de la obra que se haya de ejecutar, y formación de su presupuesto, bastará el informe por escrito de un alarife, maestro de obras ó aparejador de reconocida capacidad y honradez, y de cuyas circunstancias informarán el diocesano, el párroco y el alcalde.

Art. 8°. Concluida la obra, y examinadas y aprobadas sus cuentas por el diocesano, las remitirá al Gobernador para que también obtengan su aprobación en el preciso término de un mes; y devueltas que sean al diocesano».

La Real Orden Circular[31] de 27 de abril de 1852, dirigida a los gobernadores de provincia, determinó que:

> «por ningún pretexto permitan, sin previo permiso del Gobierno, aplicar la cantidad consignada á los gastos y conservación de los monumentos públicos en hacer excavaciones, las mas veces inútiles, con el deseo de descubrir mosaicos y antigüedades».

Un escrito del gobernador civil, don Sebastián García Pego, del 22 de septiembre de 1852, dirigido al presidente de la Comisión Central de Monumentos, en contestación al requerimiento de información sobre los edificios de la provincia que, por sus méritos históricos y artísticos, necesitan una perentoria reparación, informa del estado del convento de la Orden de Calatrava de Almagro apoyándose en los informes del Ayuntamiento y del gobernador espiritual de la Orden de Calatrava, don Vicente Centeno[32]:

> «El célebre Convento de la Orden de Calatrava... en la actualidad... está arrendado a un vecino de Almagro en una cantidad alzada y admite ganado de cerdos, contiene paja y destina algunas otras viviendas al hospedaje de personas, sin que de aquí pueda seguirse otra consecuencia dentro de breve tiempo que la de ver desmantelada y hundida una casa que nunca se repara... En nombre pues de la historia, de la gloria nacional y del decoro de nuestro país, el Convento de Calatrava, no debe permanecer así por más tiempo... y se cometa la anomalía de reducir a escombros un monumento precioso... si no hemos de presenciar en breve este insulto a la civilización de la época, es indispensable que el edificio de que se trata se ponga inmediatamente a cargo de esta comisión».

Don Faustino Martín y don José Ibarrola al dejar de ser diputados provinciales abandonaron la Comisión y en la sesión del 9 de agosto de 1852, a la que asistieron Dolarea, López y Adame, acordaron dirigirse al presidente de la Diputación para que nombrara sustitutos.

La Diputación de Ciudad Real comunicó el 1 de septiembre de 1852 a la Comisión Provincial el nombramiento de sus representantes en la Comisión: Ángel Enríquez, diputado por Piedrabuena, y Joaquín Muñoz, diputado por Ciudad Real, y como tales asistieron a la sesión del 5 de diciembre de 1852[33].

En la sesión de la Comisión del 15 de febrero de 1853 se encarga al arquitecto don Cirilo Vara y Soria un informe sobre el estado del Convento de Calatrava de Almagro, que una vez elaborado se analiza en la sesión del 26 de abril de 1853.

El 10 de octubre de 1853 el arquitecto de la RABASF, don Francisco Enríquez Ferrer, firma un informe con una breve descripción del convento-castillo de Calatrava y del convento de la Asunción de Almagro[34].

7.2. TOMA DE POSESIÓN POR LA COMISIÓN PROVINCIAL DE MO-NUMENTOS DE LOS EDIFICIOS Y CONVENTOS DE LA ORDEN DE CALATRAVA, 1854

El convento de Calatrava de Almagro y el convento-castillo de Calatrava ocuparon la atención de la Comisión durante las sesiones celebradas en 1854, el 27 de febrero, 5 de mayo, 12 de junio y 22 de octubre.

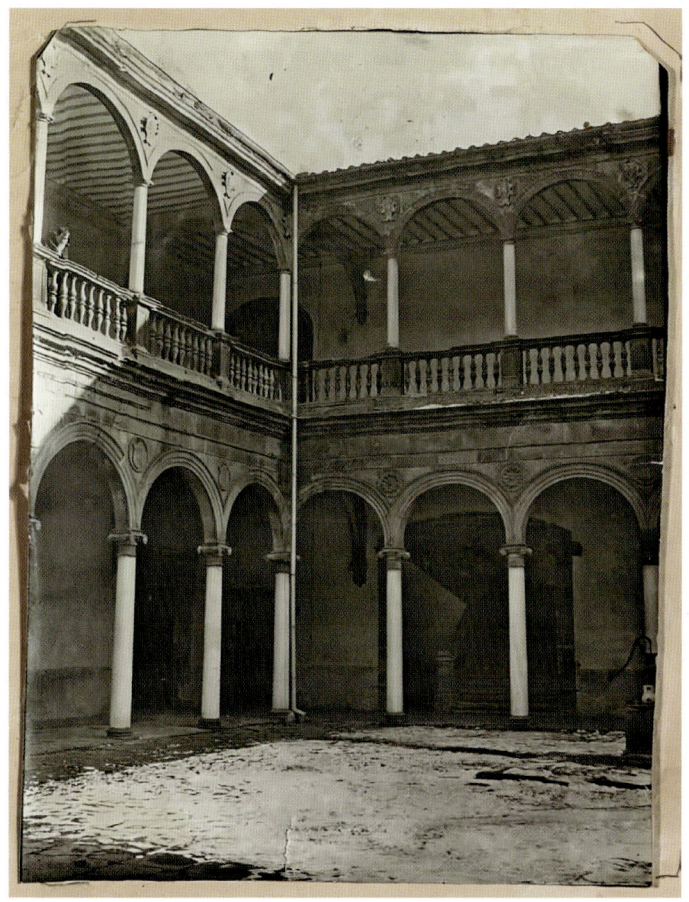

Claustro y patio central del convento de Calatrava de Almagro. Fuente: *Catálogo Monumental*, de Bernardo Portuondo.

Por Real Orden de 1 de mayo de 1854 se dispone la entrega a la Comisión Provincial de Monumentos de los edificios y conventos de la Orden de Calatrava en Almagro y la Calzada para cuidar de su conservación y reparación[35].

El junio de 1854 la Comisión de Monumentos de Ciudad Real toma posesión del exconvento de Calatrava de Almagro y se nombra para su cuidado al conserje don Ramón Correal, según la siguiente secuencia de acontecimientos:

El 17 de junio de 1854 el gobernador civil, don Manuel M. Herrero, encarga a don Celedonio López, miembro de la Comisión Provincial, la asistencia al acto de toma de posesión del convento de Calatrava de Almagro:

> «Resuelto por SM en RO de 1 de mayo último que se entreguen a esta comisión los edificios y conventos de la Orden de Calatrava en Almagro y la Calzada para cuidar de su conservación y reparación, ha acordado la misma nombrar a Vd para que se sirva encargarse del primero, debiendo asistir a este acto el Sr. Alcalde de dicha ciudad y el Sr. Gobernador espiritual del Campo de Calatrava».

El 23 de junio de 1854 Celedonio López remite un escrito al alcalde de Almagro en los siguientes términos:

> «Al reconocer todas las habitaciones y piezas de que se compone he visto con dolor profundo el deplorable estado en que se encuentra, habiendo llamado particularmente mi atención que la iglesia se halla ocupada con carruajes, paja y maderas y que en otras piezas del edificio se almacenan ropas y útiles de provisión, en considerable número…
>
> En cumplimiento de las instrucciones del Sr. Gobernador y usando de las facultades que ha tenido a bien delegarme, me dirijo a V para que se sirva adoptar las diligencias convenientes a fin de que en el preciso término de 15 días quede libre y completamente desembarazado el edificio…».

Con fecha 25 de junio de 1854 Celedonio López remite un escrito al gobernador civil en el que informa del resultado de la toma de posesión del edificio, su estado y del escrito remitido al alcalde de Almagro.

El 29 de octubre de 1854 el gobernador civil, don Joaquín Escario, notifica a la Comisión Central el nombramiento como vocal de la Comisión Provincial de don Joaquín Puebla, vecino de Ciudad Real[36].

7.3. BIENIO PROGRESISTA, 1854-1856

A raíz de la Vicalvarada y del Manifiesto del Manzanares del 7 de julio de 1854, redactado por Cánovas del Castillo, los progresistas que gobernaron de 1854 a 1856 pusieron de nuevo en marcha la desamortización. El encargado de la activación fue Pascual Madoz, ministro de Hacienda de enero a julio de 1855.

El Real Decreto de 15 de noviembre de 1854 reorganizó e impulsó las comisiones encargadas de la conservación y mejora de los monumentos históricos y artísticos pertenecientes al Estado[37]. Se definieron las tareas, funciones y componentes de la Comisión Central y de las comisiones provinciales de Monumentos.

> «Art. 21. Se compondrá la Comisión Provincial de monumentos históricos y artísticos de cinco Vocales que, á su reconocida afición á las bellas artes y á los estudios arqueológicos, reúnan un celo ya acreditado por el bien público.

Art. 22. La presidencia de las comisiones corresponde á los Gobernadores de provincia, los cuales nombrarán entre sus Vocales un Vicepresidente para sustituirles cuando les sea imposible desempeñar este cargo: designarán también el que ha de desempeñar las funciones de Secretario.

Art. 23. A propuesta en terna de los Gobernadores, elegirá la comisión central los individuos de las comisiones provinciales. Será siempre uno de ellos el arquitecto titular de la provincia, ó en su defecto el de la capital de la misma.

Art. 24. Las funciones de Vocal de la Comisión Provincial no son retribuidas, pero constituyen un cargo honorífico y una señalada distinción para los que las desempeñen. Mientras que no la renunciaren o no la desmereciesen por su conducta, continuarán en el ejercicio de sus funciones, y su destitución en todo caso será acordada por el Gobierno.

Art. 25. En los presupuestos provinciales se consignará la cantidad suficiente á cubrir los gastos puramente precisos de estas comisiones, según hasta ahora se ha verificado.

Art. 26. Se reunirán á lo menos una vez cada semana y siempre que el desempeño de sus obligaciones ó algún servicio extraordinario lo exigiese.

Art. 27. El Gobernador de la provincia les procurará un local oportuno para celebrar sus juntas y establecer convenientemente la Secretaría y el archivo.

Art. 29. Los Gobernadores de provincia y los Alcaldes de los pueblos prestarán á la comisión central y á las provinciales un eficaz apoyo, proporcionándoles cuantos datos y noticias necesiten para el mejor desempeño de sus respectivas funciones, y procurando remover los obstáculos que puedan oponerse á la continuación de las tareas de su instituto.

Art. 30. Por las oficinas de la Hacienda pública se les facilitará también el exámen de aquellos documentos, que habiendo pertenecido á las órdenes religiosas suprimidas, pueden ilustrar la historia de los monumentos, confiados á su custodia.

Art. 31. No podrán las comisiones provinciales destinar los fondos consignados en sus presupuestos á las excavaciones y diligencias practicadas para el descubrimiento de antigüedades y nuevas empresas arqueológicas, debiendo emplearse exclusivamente en la conservación de los edificios monumentales, en sus restauraciones, y en el sostenimiento de los museos, bibliotecas y archivos que se hayan establecido, ó que en lo sucesivo puedan establecerse.

Art. 32. Únicamente cuando estas atenciones se hallen satisfechas, será dado á las comisiones emplear las sumas sobrantes en las investigaciones arqueológicas de que trata el artículo anterior, y aun entonces necesitarán la autorización previa del Gobierno.

Art. 33. Donde no se hubiesen establecido museos provinciales, y por la escasez de objetos arqueológicos é históricos ya reunidos se haga imposible su erección, se pondrán estos á disposición de la Real Academia de la Historia, por conducto de la comisión central de monumentos artísticos, para plantear en la capital del reino un museo arqueológico general».

Un escrito del 8 de febrero de 1855[38] de don Javier Govantes, secretario del Gobierno de la provincia y encargado interinamente del mismo, dirigido al presidente de la Comisión Central de Monumentos, detalla las gestiones que se

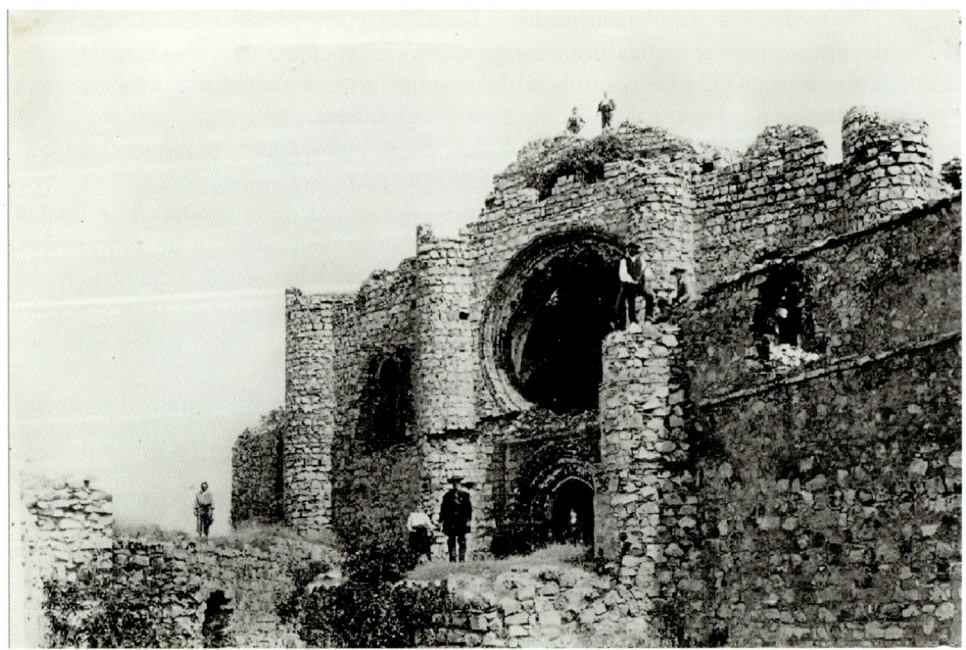

Calatrava la Nueva en 1900. Fuente: Museo del Traje, Centro de Investigación del Patrimonio Etnológico, FD027869.

vienen realizando con la Diputación para la protección del castillo de Calatrava y el convento de los Calatravos en Almagro custodiados por la Comisión Provincial.

El gobernador civil, don Mariano Castillo, notificó el 20 de marzo de 1855[39], al presidente de la Comisión Central de Monumentos la dificultad de reorganizar la Comisión Provincial, dado que:

> «encontrándose ausente de esta capital el vocal secretario de la de esta provincia, que tiene en su poder todos los papeles y antecedentes de la comisión, sin saberse el punto en donde residía, no fue posible encontrar ni menos hoy, por hallarse aún ausente aquel, cumplir, como son los deseos de este gobierno».

La Real Orden de 10 de febrero de 1855 suspendió las ventas de bienes pertenecientes al Estado, a los pueblos, al clero y a los establecimientos de beneficencia e instrucción pública, hasta la aprobación por las Cortes del proyecto de ley sobre desamortización[40].

La Ley General de Desamortización Civil de 1 de mayo de 1855, conocida como Ley Madoz, declaró en estado de venta[41]:

> «...todos los predios rústicos y urbanos, censos y foros pertenecientes: Al Estado, al clero, a las Órdenes Militares de Santiago, Alcántara, Calatrava, Montesa y San Juan de Jerusalén, a Cofradías, Obras pías, Santuarios, al secuestro del ex-Infante Don Carlos, a los propios y comunes de los pueblos, a

la beneficencia, a la instrucción pública. Y a cualesquiera otros pertenecientes a manos muertas, ya estén o no mandados vender por leyes anteriores.

II. Exceptúanse de los dispuesto en el artículo anterior: Los edificios destinados, o que el Gobierno destinare al servicio público, los edificios que ocupan hoy los establecimientos de beneficencia e instrucción, el palacio o morada de los M. RR. Arzobispos y RR. Obispos, y las rectorías o casas destinadas para habitación de los curas párrocos, con los huertos o jardines a ellas anejos, las huertas y jardines pertenecientes al instituto de las Escuelas Pías, los bienes de capellanías eclesiásticas destinadas a la instrucción pública, durante la vida de sus actuales poseedores, los montes y bosques cuya venta no crea oportuna el Gobierno, las minas de Almadén, las salinas, los terrenos que hoy son de aprovechamiento común, previa declaración de serlo..., y por último cualquier edificio o finca cuya venta no crea oportuna el Gobierno por razones graves».

Mediante circular de 8 de junio de 1856 se solicitó a los gobernadores civiles y presidentes de las comisiones provinciales una relación de monumentos y edificios célebres[42].

Don Rafael Acedo-Rico y Amat, Olazábal y Quintano, VI conde de la Cañada, en un escrito de fecha 13 de agosto de 1856[43], propuso como miembros de la Comisión a:

Vicepresidente: Joaquín Puebla, propietario vecino de Ciudad Real.
Secretario: Celedonio López, abogado.
José Medrano, propietario de Ciudad Real.
Fernando Menchero, abogado.
Manuel Gómez, arquitecto y maestro de obras.

El 20 de septiembre de 1856[44] el gobernador civil, don Donato de Tornos, remite la misma propuesta.

Don Santiago Sánchez Ramos firma un escrito el 13 de octubre de 1856[45] en el que comunica que no se conoce la residencia de don José Medrano y de los demás miembros propuestos para la Comisión.

7.4. GOBIERNOS DE LA UNIÓN LIBERAL, 1856-1868

Las primeras medidas tomadas por Narváez en su regreso a la presidencia del Gobierno el 12 de octubre de 1856, tras el pronunciamiento militar de Leopoldo O'Donnell, fueron la aprobación de un Real Decreto el 13 de octubre, que recuperaba lo convenido en el Concordato celebrado con la Santa Sede el 16 de marzo de 1851, y otro de 14 de octubre, suspendiendo la ejecución de la Ley de Desamortización de 1 de mayo de 1855[46].

Para atender las reparaciones de las iglesias y conventos de religiosas, se aprobó el Real Decreto de 12 de junio de 1857, disponiendo que las solicitudes serán dirigidas al diocesano por la superiora de la comunidad respectiva, con los siguientes condicionantes[47]:

«Art. 3º. Si el importe de la reparación no excede de 12,000 reales, y el edificio carece de un mérito artístico especial, el examen de la obra y la formación del presupuesto se practicarán por un alarife, maestro de obras ó aparejador de reconocida aptitud, designado por el Diocesano.

Art. 4º. Cuando el presupuesto de la obra excediere de 12,000 rs., ó fuese el edificio de un mérito artístico especial, el examen de la obra y la formación del presupuesto se verificarán por un arquitecto de la Academia de Nobles Artes de San Fernando, nombrado asimismo por el Diocesano.

Art. 5º. En los casos comprendidos en el artículo anterior se pasará el expediente al Gobernador civil de la provincia, para que, reunidos los datos necesarios, haga las observaciones que estime convenientes, así respecto de la necesidad de las obras, como sobre el coste del presupuesto y la más acertada ejecución de aquellas».

La Real Orden Circular de 13 de julio de 1857, dirigida a los obispos, concedía autorización para que la Comisión encargada de la publicación de los monumentos arquitectónicos de España, envíe artistas que recorran los diferentes puntos de la península con el objeto de perpetuar la memoria de sus edificios más notables[48].

El 25 de septiembre de 1857[49], el gobernador civil, don Cayetano Bonafós, comunica que la Comisión está completamente disuelta y remite una propuesta compuesta de quince personas.

La Comisión Central, de la propuesta presentada, acepta el 2 de octubre de 1857[50] la siguiente:

Vicepresidente: conde la Cañada.
Vocal 2º: José María Toledano, cura de Santiago.
Vocal 3º: Marqués de Treviño, propietario.
Vocal 4º: Manuel del Monte y Puente, decano del Colegio de Abogados.
Vocal 5º: Dionisio Arciniega, catedrático y director del Instituto.

La Ley de Instrucción Pública de 9 de septiembre 1857, conocida como Ley Moyano, introdujo novedades importantes para el patrimonio cultural español[51]. Entre otras, suprimió la Comisión Central de Monumentos, puso al cuidado de la Real Academia de San Fernando la conservación de los monumentos artísticos del reino y fomentó las academias, bibliotecas, archivos y museos estatales y provinciales y la formación del personal a su servicio.

«TÍTULO IV.
DE LAS ACADEMIAS, BIBLIOTECAS, ARCHIVOS Y MUSEOS.
Art. 158. Las Academias, Bibliotecas, Archivos y Museos se consideran, para los efectos de esta Ley, dependencias del ramo de Instrucción pública.
Art. 159. El Gobierno cuidará de que las Reales Academias Española, de la Historia, de San Fernando y de Ciencias exactas, físicas y naturales, tengan á su disposición los medios de llenar, tan cumplidamente como sea posible, el objeto de su instituto.

Art. 160. Se creará en Madrid otra Real Academia, igual en categoría á las cuatro existentes, denominada de Ciencias morales y políticas.

Art. 161. Se pondrá al cuidado de la Real Academia de San Fernando la conservación de los monumentos artísticos del reino y la inspección superior del Museo nacional de Pintura y Escultura, así como la de los que debe haber en las provincias; para lo cual estarán bajo su dependencia las Comisiones provinciales de Monumentos, suprimiéndose la central.

Art. 162. Para establecer Academias ú otras cualesquiera corporaciones que tengan por objeto discutir ó estudiar cuestiones relativas á cualquier ramo del saber humano se necesita autorización especial del Gobierno, que podrá concederla, oído el Real Consejo de Instrucción pública.

Art. 163. El Gobierno promoverá los aumentos y mejoras de las Bibliotecas existentes; cuidará de que en ninguna provincia deje de haber á lo menos una Biblioteca pública; y dictará las disposiciones convenientes para que en cada una haya aquellas obras cuya lectura pueda ser más útil, atendidas las circunstancias especiales de la localidad y del establecimiento á que pertenezca.

Art. 164. Igualmente cuidará el Gobierno de que se establezca en cada capital de provincia un Museo de Pintura y Escultura, el cual correrá al inmediato cargo de la respectiva Comisión de Monumentos.

Art. 165. Se organizará el servicio ele Archivos, determinando cuáles han dc scr tenidos como generales é históricos, y cuáles como de provincia; la clase de documentos que han de conservarse en ellos; las épocas en que habrán de remitírseles, y la inspección que al Gobierno corresponde sobre los de las localidades y corporaciones.

Art. 166. Se creará un Cuerpo de empleados en los Archivos y Bibliotecas, exigiendo á los que aspiren á entrar en él especiales condiciones de idoneidad; señalándoles digna remuneracion, y asegurándoles la estabilidad que exige el buen servicio de estos ramos».

7.5. PRESIDENCIA DE DON ENRIQUE DE CISNEROS

El *Boletín Oficial de la Provincia de Ciudad Real* del 23 de agosto de 1858 publicó una circular en la que informaba de la convocatoria de premios anuales por los descubrimientos de antigüedades para preservar, del extraordinario impulso que han tenido en España las obras públicas, las ruinas, piedras escritas, estatuas, restos antiguos de metal y monumentos importantísimos para esclarecer nuestra historia, teatro de innumerables hazañas...

El anuncio obedecía al dictamen de abril de 1858 de la Real Academia de la Historia para aprovechar los numerosos proyectos de obras públicas en la investigación de la geografía antigua y conservar las antigüedades.

Tal como han estudiado Luis Benítez de Lugo Enrich y Jesús Sánchez Sánchez en su trabajo «La Vía Augusta en Ciudad Real: su identificación y excavación arqueológica», a esta convocatoria acudió el profesor de Primera Enseñanza de Almedina (Ciudad Real), don Rafael Martínez de Carnero, quien envió un texto titulado *Memoria que tiene el honor de presentar a la Academia de la Historia, según su programa, el profesor de Primera Enseñanza de la villa de Almedina, D. Rafael Martínez de Carnero, acompañando el correspondiente plano. Año 1859.*

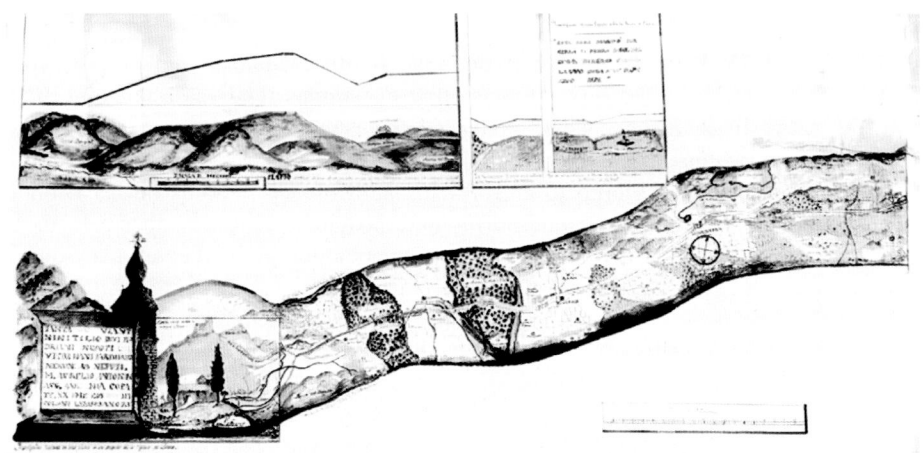

Plano de Rafael Martínez de Carnero. Fuente: Colección Fernández-Guerra, sig. 9-7373-52.

El 8 de marzo de 1859 la RAH se dirigió al gobernador civil de la provincia para ordenarle que procediesen a la recogida y conservación en lugar seguro de una piedra miliario aparecida en los trabajos sobre la identificación de la Vía Augusta.

En abril de 1859 comunica de nuevo la RAH al gobernador civil que, tras haber examinado la Comisión de Antigüedades la memoria y planos de la vía de Libisosa a Cástulo de Rafael Martínez de Carnero, ha resuelto que, aunque no reúne las condiciones para concederle el primer premio, se le concede la mitad consignada para el mismo, así como mención honorífica en las actas y la estampación de los planos cuando lo juzgue conveniente. No obstante, se le requiere al señor Martínez Carnero que rectifique ligeramente tales planos adecuándolos a una escala, registre y describa varias de las mansiones y saque un calco de la inscripción del miliario hallado en Aldeahermosa.

La Real Academia de la Historia comunicó el 16 de mayo de 1859 a su numerario, Antonio Delgado y Hernández, que había sido designado para informar sobre dos inscripciones romanas que se hallaron en Infantes y Fuenllana, según información remitida por el agrimensor Julián Abad y Moncada.

El 26 de mayo de 1859, Prisco G. Valladolid, remite una carta desde Almedina en la que se interesa por los estudios que Rafael Martínez de Carnero ha presentado a la Real Academia de la Historia.

Rafael Martínez de Carnero (1806-1867) fue profesor de Primera Enseñanza en Almedina (Ciudad Real). Obtuvo premio especial en la primera convocatoria de los premios concedidos por la Real Academia de la Historia, por una memoria y plano sobre la vía romana de Cástulo a Libisosa. En el curso de sus investigaciones descubrió un miliario en Aldeahermosa de Montizón (Albacete) y una inscripción en Lezuza que situaba la antigua Libisosa. Remitió la primera versión de su memoria y el plano del trazado de la vía de Libisosa a Cástulo en marzo de 1859, pero la Academia le sugirió que adecuase el plano a una escala que describiera las mansiones y sacase calco —había enviado una copia en febrero de ese año— del miliario. En mayo de 1859 remitió la segunda versión de la memoria con las rectificaciones oportunas. Fue revisada e informada por una comisión integrada por Pascual Gayangos, Pedro Sabau, Antonio Delgado y Aureliano Fernández-Guerra, que le concedió un premio de 3.000 reales de vellón, medalla de honor de plata y la estampación del plano, todo lo cual se verificó excepto la última de ellas. Poco después remitió una descripción de las ruinas de Torres (Montiel), además de algunos informes más sobre inscripciones de Almedina.

En 1863 ofreció su colección de monedas, que había reunido, según sus manifestaciones, en el curso de treinta años, a la Real Academia de la Historia, pero Antonio Delgado desestimó su adquisición por existir en la colección de la Academia todos los ejemplares[52].

REHABILITACIÓN DEL SANTUARIO DE ALARCOS 1860[53]

El 10 de enero de 1860 don Enrique de Cisneros, gobernador civil de Ciudad Real, comunicó a la RABASF la aprobación de un gasto de 6.469 reales de los fondos provinciales para la reparación del histórico santuario de Alarcos.

El 13 de marzo de 1860[54] solicita apoyo para conseguir otra partida de 3.507 reales para el mismo fin, e informa que la Comisión no llegó a constituirse en base al Real Decreto de 15 de noviembre de 1854, no celebra sesiones, tan solo el secretario conserva algunos papeles que ha puesto a disposición del Gobierno Civil y hace nueva propuesta compuesta de 15 personas.

Don Enrique de Cisneros, gobernador civil de Ciudad Real, comunicó el 13 de marzo de 1860[55] a la Real Academia de Bellas Artes de San Fernando que:

> «los edificios más notables que existen en esta provincia son el Convento de Calatrava de Almagro y el Santuario de Alarcos a una legua de esta capital. Del primero tomó posesión la Comisión de Monumentos… dando al arquitecto D. Francisco Ávila y Bermúdez de Castro el encargo de formar el presupuesto de reparación. Dicho presupuesto fue entregado a este gobierno en junio de 1854 pero se ignora su paradero, aunque hoy servirá de poco porque el edificio ha continuado deteriorándose y necesita otro, que con esta fecha mando formar al arquitecto de esta provincia D. Cirilo Vara y Soria.
>
> En cuanto al Santuario de Alarcos, se hallaba convertido en un establo y hundiéndose los techos por lo que en el pasado otoño acordé su reparación para lo cual formó un económico presupuesto el arquitecto provincial, se anunció la subasta de aquellas urgentes obras, se adjudicaron y se hicieron».

El 3 de mayo de 1860[56] la Real Academia de Bellas Artes de San Fernando expresó al gobernador civil la satisfacción por el celo desplegado en la conservación de los monumentos de Calatrava y santuario de Alarcos y la aceptación de la propuesta de miembros para la Comisión Provincial que estará compuesta por[57]:

Luis Díaz Sala, jefe de la Sección de Fomento.

Cirilo Vara y Soria, arquitecto de la provincia.

Celedonio López, abogado y propietario.

José María Toledano, cura de Santiago.

Genaro López, director del Instituto y abogado.

Don Enrique de Cisneros comunicó el 13 de mayo de 1860[58] a don Celedonio López su nombramiento como secretario de la Comisión Provincial.

El 19 de mayo de 1860[59] la Real Academia de Bellas Artes de San Fernando solicitó al gobernador presidente de la Comisión Provincial información sobre «una iglesia de notable mérito artístico en el caserío llamado de Benavente a dos leguas de esa capital y en el camino de Piedrabuena2.

Don Enrique de Cisneros comunicó el 18 de julio de 1860 a la Real Academia de Bellas Artes de San Fernando el descubrimiento de una lápida con inscripción romana realizado por el profesor de Primera Enseñanza de Almedina don Rafael Martínez del Carnero[60].

El 3 de diciembre de 1860[61] don Francisco Enríquez Ferrer responde al gobernador civil y presidente de la Comisión Provincial sobre diversos aspectos del presupuesto formado para arreglos urgentes en el convento de Calatrava en Almagro y la fortaleza de la misma orden. Entre otras cosas, recomienda no llevarse una puerta desde el castillo a Alarcos.

La *Gaceta* publicó el 8 de abril de 1860 el Convenio-Ley de 4 de abril firmado en 1859 entre el Reino de España y la Santa Sede[62].

> «Artículo I. El Gobierno de Su Majestad Católica, habida consideración a las lamentables vicisitudes por que han pasado los bienes eclesiásticos en diversas épocas; y deseando asegurar a la Iglesia perpetuamente la pacífica posesión de sus bienes y derechos, y prevenir todo motivo de que sea violado el solemne Concordato celebrado el 16 de marzo de 1851, promete a la Santa Sede que en adelante no se hará ninguna venta, conmutación ni otra especie de enajenación de los dichos bienes sin la necesaria autorización de la misma Santa Sede».

El 14 de marzo de 1861 don Enrique de Cisneros remite a la RABASF un informe redactado por los miembros de la Comisión don Genaro López y don Cirilo Vara y Soria sobre la antigua iglesia situada en el caserío de Benavente, según visita realizada el 2 de marzo de 1861:

> «Para evacuar el informe que esa Comisión de Monumentos Artísticos e históricos tuvo á bien confiarnos en reunión celebrada en 9 de febrero de

corriente año, con el fin de averiguar el estado de conservación, mérito artístico, estilo ó carácter arquitectónico y época de la construcción de la antigua Iglesia, situada en el caserío de Benavente á dos leguas de la capital y camino de Piedrabuena nos instalamos en dicho sitio en 2 del corriente con el objeto indicado y dispuestos a recoger cuantos datos y noticias fueran posibles para ponerlas en conocimiento de la Comisión. Efectivamente los que suscriben deseosos en hallar en aquel sitio algún objeto digno de llamar su atención, buscaron con avidez entre las ruinas de sus mugosas paredes pero nada hallaron que fuese digno de admirarse ó conservarse ni suficiente á satisfacer sus deseos.

Conservando artísticamente el edificio, ni su aspecto interior ni exterior ofrece en la actualidad cosa notable a juicio de los que suscriben y aunque desde luego no dudan de su primitiva fundación debe pertenecer a una época bastante remota, según podrá juzgar la comisión cuando más adelante explique los detalles de los escasos restos que ha respetado el tiempo y la destructora mano del hombre, se comprende sin embargo que en todo el transcurso de su edad ha debido sufrir reconstrucciones y modificaciones notables en épocas bien diferentes entre sí.

Sentados estos precedentes pasemos a ocuparnos de hacer una explicación detallada y minuciosa de cuanto allí se presenta.

Este edificio en primer lugar estaba perfectamente, a la manera de los templos góticos, en planta es un rectángulo de 23,45 centímetros de longitud, 9,69 de latitud: este rectángulo tiene un semicírculo que es el presbiterio.

El espesor general de los muros de este edificio es de un metro, su fábrica es de mampostería por hiladas horizontales, con un verdugo sencillo de ladrillo entre cada hilada labrado todo con buena mezcla de cal y arena estando sus muros descarnados y mutilados por su parte superior habiendo quedado reducido, a una altura media de cuatro metros.

Daban entrada a este templo tres puertas en los lados Norte, Sur y Oeste. Entrando en el interior del templo, se observa que toda la cubierta y bóveda del cuerpo de la iglesia ha desaparecido por completo y solo un pequeño trozo del rectángulo menor existe con una porción de bóveda de medio punto toda agrietada y próxima a desplomarse, conservándose en muy buen estado el arco toral y la bóveda del cascarón.

Este que debió estar pintado al fresco y aunque está blanqueado se ven algunos dibujos con toscos y gruesos contextos negros una mal entendida forma de animal mitad lobo y de león en aptitud de pisar una cinta con unas letras mal formadas en que se lee confusamente San Marcos.

En el fondo de este mismo cascarón se trasluce también con pretensiones de forma humana y de dimensiones colosales, aparece asomar su cara con aureola entre nubes, tiene en su mano izquierda un libro como cerrado; los pliegues del ropaje y su bordado se asemejan mucho a los que se ven en las pinturas chinas.

Fuera ya del arco toral y en la pared de la derecha habrá también fresco, más a causa de las aguas se han corrido los colores de tal modo que si bien es cierto se ven confusamente algunas figuras, no puede interpretarse el asunto.

Descrito ya el templo en su forma general me encargaré de la descripción de los dos cuerpos él ya destrozado retablo.

Componiase este de una mesa de altar, y sobre esta un pedestal corrido a cada lado de 40 centímetros de alto por 1,19 de largo dejando entre ambos un espacio de 1,22 centímetros. Sobre cada uno de estos dos pedestales descansan dos columnas entregadas distantes entre sí de 30 centímetros de eje a eje las cuales sostienen el liso cornisamento.

Todo este cuerpo es de orden corintio y con inclusión del pedestal tiene 3 metros 64 centímetros.

En el intercolumnio central, tiene un arco liso rehundido del cual se distingue una tosca figura de medio relieve de rasgos indescriptibles a causa del mutilamiento en que se encuentra, y en los intercolumnios más angostos habrá dos figuras pintadas que se han borrado.

A plomo de las columnas interiores se elevan dos fajas cuyos capiteles con ménsulas, las cuales con el caprichoso cornisamento cierran el 2º cuerpo, en el centro de este cuerpo que no tiene más de un metro ochenta centímetros de altura hay un crucifijo también de medio relieve de proporciones enanas y fuera del marco de los lados y en el remate de dicho cuerpo en arranques de frontones interrumpidos hay sentadas y recostadas figuras de matronas todas ellas de proporciones mostruosas y ridículas, cuya significación se ignora por carecer de atributos que la caractericen.

Todas las figuras y el altar mismo son de yeso pardo, y no se conserva más de todo ello, que los cuatro capiteles de las columnitas con una sola caña extraída de las mismas al lado del evangelio, el cornisamento y la figura del centro. El segundo cuerpo está bastante deteriorado sobre todo el crucifijo y la matrona de la derecha que carece de cabeza.

El estilo a que pertenece este templo, si bien participa exteriormente de reminiscencias Romano-Bizantinas del siglo XI, caracterizado por su ábside circular sin más vanos que dos angostas troneras al lado del altar. En su interior se rebela inmediatamente la rectificación moderna muy posterior a su primitiva construcción sin que pueda fijarse la época que esta acaeciese, pues no solo carece de inscripciones que indiquen la fecha, sino que ni la tradición ni los archivos según se nos ha informado, suministran datos de ningún género, solo dicen que es muy antigua dicha iglesia y que el cura de Valverde lo era también de Benavente, pero no se hallan más datos ni antecedentes.

Triste en verdad es la descripción que acabo de hacer pero por desgracia es exacta, a nosotros cumple someterlo al ilustrado parecer de la Comisión, para que decida si es ó no restaurable, por nuestra parte, si bien lo consideramos fragmentos de un monumento histórico, lo conceptuamos de escaso mérito artístico y de un coste numeroso no su restauración sino mejor dicho su reedificación».

Don Agustín Beltrán, vecino de Aldea del Rey y organista de la iglesia parroquial de San Jorge, expone el 16 de septiembre de 1861[63] a la Comisión Central el mal estado en el que se encuentra el convento de Calatrava y solicita la ejecución urgente de algunas obras.

El Real Decreto de 4 de octubre de 1861 estableció nuevas disposiciones acerca de la tramitación y distribución de fondos aplicados a la edificación y reparación de los templos catedrales, colegiales y parroquiales, de los palacios episcopales, de los seminarios conciliares y de las iglesias y casas de religiosos y religiosas[64].

Don Enrique de Cisneros comunicó el 12 de marzo de 1862[65] a la Real Academia de Bellas Artes de San Fernando que don Luis Díaz Sala ha tenido que trasladarse a Zamora y por tanto propone tres personas para sustituirlo.

El 5 de abril de 1862[66] la Real Academia comunica al gobernador civil que nombra para sustituir a don Luis Díaz Sala a don José de Castells y Bassols, jefe de la Sección de Fomento.

El presidente de la Junta de Instrucción Pública de Ciudad Real concedió durante el mes de agosto de 1863 a don Rafael Martínez de Carnero, profesor de Primera Enseñanza, permiso para trasladarse a Madrid y mostrar a la Academia las monedas que le ofrece.

Mediante el Real Decreto de 20 de abril de 1864 se aprobaron los estatutos de la Real Academia de San Fernando asignándole nuevos cometidos, como la inspección de museos, la restauración de monumentos, las funciones y documentación de la Comisión Central de Monumentos Históricos y Artísticos y las relaciones con las comisiones provinciales[67].

La Real Orden Circular de 6 de junio de 1865 recordó a los gobernadores y a las comisiones de Monumentos de las provincias que se cumpla la ley cuando se descubran antigüedades y así evitar que salgan de España o se destruyan objetos preciosos y de importancia para la historia de nuestra patria[68].

7.6. REGLAMENTO PARA LAS COMISIONES PROVINCIALES DE MONUMENTOS HISTÓRICOS Y ARTÍSTICOS DE 1865

Mediante Real Orden de 24 de noviembre de 1865[69], se aprobó un nuevo reglamento para las comisiones provinciales de Monumentos Históricos y Artísticos compuesta por los miembros correspondientes de las reales academias de la Historia y de Nobles Artes de San Fernando, inspectores de antigüedades, arquitectos provinciales y el jefe de la Sección de Fomento, presididas por el gobernador civil con atribuciones para conservación y restauración de los monumentos históricos y artísticos que fueren propiedad del Estado, cuidado, mejora, aumento o creación de museos provinciales de Bellas Artes, dirección de las excavaciones arqueológicas en cada provincia, creación, aumento y mejora de los museos de antigüedades. Dedicaba un capítulo a los museos provinciales y establecía obligaciones a las diputaciones y ayuntamientos.

La Real Orden de 10 de abril de 1866 exigió a los obispos que adoptaran medidas para que el clero de cada diócesis contribuya a la conservación de las bellezas artísticas que encierran los monumentos religiosos, «no disponiendo de los objetos artísticos o arqueológicos que existan ó sean descubiertos en las Iglesias y sus dependencias, sin previo conocimiento de las Academias de Bellas Artes ó de las Comisiones provinciales de Monumentos».

En el mes de mayo de 1866 la Diputación destinó 200 escudos para material de la Comisión de Monumentos Artísticos[70].

La Real Orden de 4 de febrero de 1867 modificó el artículo 21 del Reglamento de las comisiones provinciales de Monumentos, otorgándoles la facultad de suspender obras en edificios públicos que alteren su carácter histórico o adulteren sus formas artísticas[71].

En 1867 se crea el Museo Arqueológico Nacional por Real Decreto de 20 de marzo[72]. La normativa disponía también que:

> «Se formarán Museos provinciales de la misma clase en aquellas provincias en que se conserven numerosos é importantes objetos arqueológicos. En las demás se crearán colecciones con los objetos que se vayan reuniendo.
> Art. 4.° Los Museos provinciales existentes y los que se crearen conservarán los objetos arqueológicos pertenecientes á la provincia respectiva, y se instalarán en el mismo edificio donde se halle la Biblioteca pública ó el Archivo histórico, si fuere posible, y en todo caso en local adecuado y conveniente. Lo mismo se hará con las colecciones que por su escasa importancia relativa no lleguen todavía á formar Museo.
> Art. 5.° Las Comisiones de Monumentos artísticos é históricos entregarán á los Museos provinciales los objetos arqueológicos que actualmente posean y los que en adelante reunieren».

La Real Orden de 11 de junio de 1867 anuló el párrafo segundo del artículo 17 del Reglamento de las Comisiones Provinciales de Monumentos Históricos y Artísticos de 24 de noviembre de 1865:

> «Art. 17. Son atribuciones de las Comisiones Provinciales de Monumentos:
> 2°. El cuidado y mejora, aumento ó creación de los Museos provinciales de Bellas Artes».

Para enriquecer el Museo Arqueológico Nacional, la Real Orden Circular de 6 de noviembre de 1867 solicitó la colaboración de los gobernadores de las provincias y de las comisiones provinciales de Monumentos para promover la donación o depósito de piezas[73].

Por Real Orden de 14 de enero de 1868 y a propuesta de la RABASF, se determinó que todos los proyectos de monumentos públicos que se construyan y cuyo importe se satisfaga con fondos generales, provinciales o municipales, serán objeto de un concurso público, en el que podrán tomar parte todos los artistas españoles, formando previamente el programa la Comisión de Monumentos de la provincia respectiva, aprobándolo la Real Academia y publicándose por lo menos en la *Gaceta de Madrid* y *Boletín Oficial de la Provincia* donde haya de construirse el monumento proyectado.

El 13 de marzo de 1868 el gobernador de la provincia de Ciudad Real remitió al ministro de Fomento una carta por la que informaba de la creación de un museo arqueológico provincial. En el mencionado documento señalaba que, habiendo reunido a la Comisión de Monumentos Históricos y Artísticos de la Provincia, y de acuerdo con la misma, había dispuesto:

«1.º publicar una circular en el Boletín oficial de la provincia instando á las Corporaciones y personas particulares á que recojan y remitan á esta Capital, bajo las bases de la referida RO, todos los objetos dignos de conservación». 2.º Que aceptando y agradeciendo la espontanea oferta hecha por el vocal de la Comisión D. Genaro López, Director del Instituto provincial de 2ª enseñanza, de destinar para Museo arqueológico provincial uno de los salones del referido Instituto, donde se recibirán y custodiarán los objetos que hayan de formar parte de dicho Museo. 3.º que se reclamen de la Diputación provincial los recursos necesarios para el sostenimiento del referido Museo».

El 23 de marzo de ese mismo año don José Amador de los Ríos, director del Museo Arqueológico Nacional, daba oportuna respuesta al escrito del gobernador, señalando que tras cinco meses desde la publicación de la Real Orden no se daba cuenta alguna de las medidas tomadas por la Comisión de Ciudad Real:

«pero lo que más se extraña á primera vista es que se califique con el pomposo título de creación del Museo arqueológico provincial el haber destinado simplemente para este efecto uno de los salones del Instituto por oferta de su Director, y que nada tampoco absolutamente se diga de objetos que puedan cederse ó recogerse para el Museo Central».

Además, se quejaba de que no se mostrasen solícitos en un asunto tan trascendente como es la formación real y efectiva, y no puramente nominal, de los museos provinciales.

El 30 de marzo de 1868[74] la Comisión Provincial en un escrito firmado por el presidente, don Agustín Salido, y por el secretario, don Celedonio López, informa a la Comisión Central del estado en el que se encuentra la imagen de Nuestra Señora de Alarcos y considera muy peligroso su traslado a la capital:

«Esta Comisión cumpliendo con el cometido que V.E. se sirvió ordenarle respecto al reconocimiento ocular de la Imagen de Nuestra Señora de Alarcos que se venera en su primitivo Santuario situado en la cúspide del cerro en que existió la antigua ciudad de que fue Patrona la Señora, la ha examinado detenidamente despojándola de las vestiduras que actualmente encubren aquella hermosa imagen de piedra, anacronismo histórico que lamenta la Comisión y que solo puede disculpar un exceso de celo religioso, puesto que las ropas, recomendables por la antiguas y los contornos de la imagen, no merecían hallarse ocultas tras ligeras telas de seda, que lejos de adornar a la Señora la quitan su verdadera y primitiva importancia. Esta Comisión repite, ha examinado a Nuestra Señora de Alarcos, encontrándola en un estado lamentable de conservación, puesto que su cabeza está solamente unida al cuello por siete lañas o redoblones de hierro, faltándole además la mano derecha y toda la focana a asiento, encontrando también al hermoso niño que tenía en sus brazos, con la cabeza pegada con una pasta o betún que la sostiene, faltándole una parte del hombro izquierdo.

En este estado, Excmo. Sr., la Comisión no puede menos de considerar muy peligrosa la traslación de dicha Imagen a esta capital, puesto que, aun suponiendo que la piedad de los fieles y devotos se propusiera bajar a la Virgen sobre un carro triunfal de muelles, ni la salida del cerro, ni lo áspero de la montaña por la que ha de descender y ascender, la larga distancia que medida de dicha hermita a la ciudad y lo blando y penoso que se hace su trayecto en tiempo de lluvias, podrían ser causa de que en cualquiera accidente imprevisto en tan peligroso viaje, sino en este , en los posteriores años, pudiera sufrir la resentida imagen nuevos deterioros que sería fácil imposibilitaran en el porvenir su culto. Es más, el excesivo peso de la imagen hace sumamente difícil y peligroso el bajarla y subirla a su pequeño camarín y a la consideración de V.E. deja esta Comisión la suerte que cabría al monumental Santuario de Alarcos el día en que por cualquiera desgraciada eventualidad desapareciera su Señora, que colocada en su trono ha desafiado a los siglos conservándose casi ilesa a la veneración de los fieles desde tan lejanos tiempos hasta nuestros días.

En su vista V.E. resolverá lo que estime más acertado».

En 1868 el arqueólogo e historiador Manuel de Góngora Martínez[75],publicó el libro *Antigüedades prehistóricas de Andalucía*, donde incluye sus estudios y dibujos sobre las pinturas de Fuencaliente:

«Los de Fuencaliente son todavía de mayor interés é importancia. Cerca de una legua al Oriente de la villa, en un estribo de la sierra de Quintana y sitio de Piedra Escrita (cargando el acento en la última sílaba), hay un lugar casi inaccesible, habitación de fieras y cabras monteses. Pasado el río de los Batanes y el de las Piedras, mirando á la parte por donde se pone el sol y á la villa, se cortó á pico de espiochas con arte y simetría en remotísima edad, la falda del peñasco y sierra, que es de pedernal fino, dejando una fachada ó frontispicio de seis varas de alto y otras tantas de ancho, y abriendo allí dos cuevas contiguas que entran por ancho y acaban en punta, ó sean dos nichos triangulares pulimentados en sus cuatro caras. En los dos frentes esteriores de izquierda y derecha, aparecen más de sesenta símbolos ó geroglíficos escritos con modo rústico y sencillo por el dedo índice de ruda mano y con tinta rúbrica bituminosa. Los nichos, como de vara y media de altura, una de profundidad y media en la boca, están cubiertos por la durísima é inmensa piedra de la montaña».

8
SEXENIO DEMOCRÁTICO
O REVOLUCIONARIO

La pérdida de apoyos y el descrédito de la monarquía de Isabel II provocaron su derrocamiento y huida a Francia tras la «Revolución Gloriosa» de septiembre de 1868.

Pronto empezaron los desmanes a cargo de las juntas revolucionarias con una actitud anticlerical que se cebó con los edificios religiosos. Gran cantidad de ermitas, conventos e iglesias fueron destruidas o abandonadas.

Para frenar las destrucciones y contentar a la juntas revolucionarias, la Orden de 21 octubre 1868 ordenó a los gobernadores de las provincias la incautación de los edificios, libros, papeles y fondos pertenecientes a las extinguidas asociaciones religiosas[1].

El Ministerio de Gobernación solicitó ayuda a los gobernadores y alcaldes con una circular de 18 de noviembre de 1868 que se publicó en los boletines oficiales de las provincias:

> «Después de una conmoción tan profunda como la que acaba de experimentarse, no debe parecer extraño que continúen sintiéndose por algún tiempo sacudimientos más ó menos pronunciados; pero este fenómeno exige por parte de las autoridades un aumento de celo y de prudente vigilancia para evitar actos, cuyas consecuencias pueden producir en lo sucesivo resultados perjudiciales. Efecto sin duda de la primera escitacion revolucionaria, y consecuencia también de los recuerdos que en abundancia ofrece el largo y lamentable periodo de reacción antiliberal, es el hecho de estarse procediendo demasiado precipitadamente en algunos pueblos demoler edificios que fueron conventos o tuvieron otro destino de carácter religioso. No quiere el Gobierno que se conserven aquellos cuya desaparición el interés público exija, pero sí considera necesario evitar que se arruinen impremeditamente los que pueden ser utilizado de modo provechoso o que constituyan un monumento de riqueza artística o de gloriosos recuerdos históricos».

La *Gaceta* del 26 de enero de 1869 publicó el Decreto 1 de enero, la Orden de 18 de enero y la Circular de la misma fecha autorizando al ministro de Fomento la incautación de todos los archivos, bibliotecas, gabinetes y demás colecciones de ciencia, arte o literatura a cargo de las catedrales, cabildos, monasterios u órdenes militares[2].

Para llevar a efecto lo contemplado en el Decreto de 1 de enero, mediante la Orden de 5 de febrero de 1869, se nombró una comisión encargada de redactar un informe general sobre la importancia, valor científico y destino de las colecciones y objetos que existían en poder del clero y se ha incautado la nación[3].

La Ley de 9 de junio determinó el uso de los conventos y edificios que son propiedad de la nación[4].

> «Art. 7º. Con arreglo á lo dispuesto en el RD de 19 de Febrero de 1836, se exceptúan de las medidas anteriores los edificios que deban conservarse como monumentos históricos ó artísticos».

El Decreto de 11 de enero de 1870 aprobó una instrucción para llevar a efecto la Ley de 1 de enero de 1869 relativa a la cesión de edificios y terrenos pertenecientes a la nación[5].

> «Artículo 9º. No se hará cesión de edificio alguno sin que previamente haya emitido su dictamen la Comisión de Monumentos Histórico Artísticos conforme a lo expresamente dispuesto en el artículo 7º de la ley».

La Circular de 20 de abril de 1870 de la Real Academia de Bellas Artes de San Fernando, dirigida a los presidentes y vicepresidentes de las comisiones provinciales, hacía un desalentador balance de la eficacia de sus tareas, por las circunstancias del país, escasez de medios, falta de colaboración, ignorancia o trabas y animaba a las Ccomisiones provinciales:

> «para excitar su celo á fin de que aquellas que no han decaído, prosigan cada día con más empeño y tesón sus honrosas tareas; las que tienen interrumpidos sus trabajos y sesiones, procuren reanudarlos cuanto antes; aquellas pocas, en fin, que hasta ahora apenas han dado señales de vida, despierten de su inacción y acometan con fe tan meritoria y noble empresa».

El Código Penal de 17 de junio de 1870 contempló sanciones para los delitos contra el patrimonio cultural[6]:

> «Art 576. Serán castigados con la pena de prisión correccional en su grado mínimo y medio los que causaren daños cuyo importe excediere de 2.500 pesetas.
> 5º. En un archivo ó registro.
> 6º. En puentes, caminos, paseos ú otros objetos de uso público ó comunal.

Y en lo relativo a las faltas contra el orden público:

> «Art. 585. Los que apedrearen ó mancharen estatuas ó pinturas ó causaren un daño cualquiera en las calles, parques, jardines ó paseos, en el alumbrado ó en objetos de ornato ó pública utilidad ó recreo, aun cuando pertenecieren á particulares, serán castigados con la multa del duplo al cuádruplo del valor del daño causado, sí el hecho no estuviere comprendido por su gravedad en el libro 2.a de este Código. En la misma pena incurrirán los que de cualquier modo infringieren disposiciones dictadas sobre ornato de las poblaciones».

La llegada de Amadeo I de Saboya en enero de 1871 y su talante conciliador abren una etapa nueva de relaciones con la Iglesia. Se suspenden las ventas de bienes eclesiásticos y con la Ley de 2 de octubre de 1871, el Estado reconoce su personalidad jurídica, su función en la sociedad y garantiza su financiación[7].

> «A las leyes de expropiación de la Iglesia sucedieron otras determinando la dotación con que el Estado había de contribuir para sus atenciones espirituales.
>
> La necesidad de indemnizar á la Iglesia de los bienes que en diferentes épocas le han sido expropiados por el Estado es el fundamento de la obligación por este contraída de mantener el culto y los ministros de la religión católica. Pero no basta reconocer en principio la existencia de esta sagrada obligación, sino que es necesario determinar sus límites y la forma en que ha de ser cumplida».

Ante la falta de actividad por parte de la mayoría de comisiones provinciales de Monumentos, incluida la de Ciudad Real, la Real Academia de Bellas Artes de San Fernando emitió una circular el 3 de enero de 1873 dirigida a los gobernadores civiles solicitándoles su reactivación y abrió la posibilidad de nombrar corresponsales en las provincias.

Proclamada la I República en febrero de 1873, tras la renuncia de Amadeo I de Saboya, se aprobó el Decreto de 8 de marzo declarando disueltas y extinguidas las órdenes militares y las reales maestranzas[8].

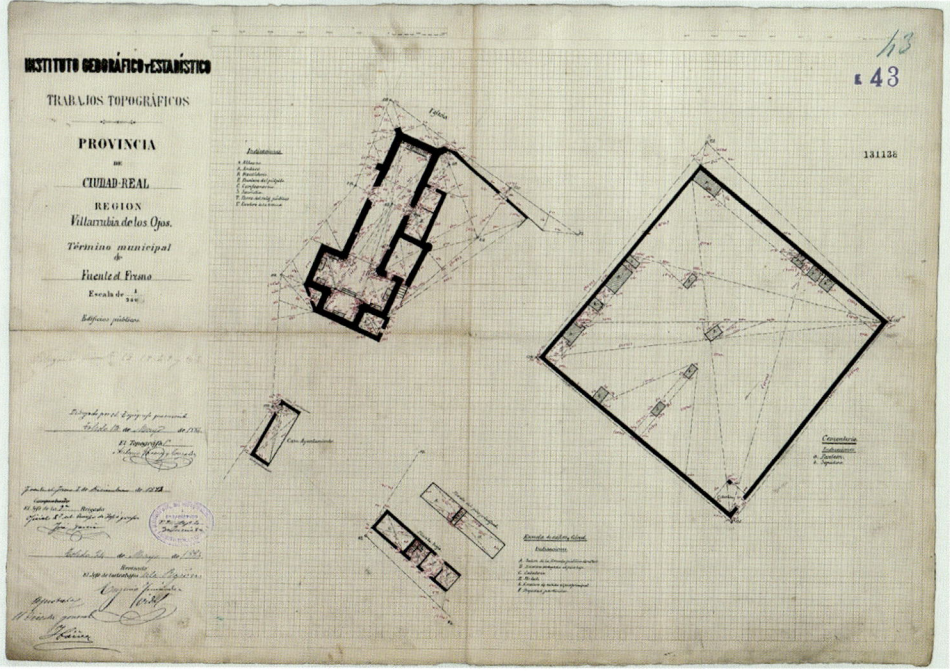

Plano de la iglesia de Fuente el Fresno. Fuente: Instituto Geográfico Nacional, Planos de edificios, EDIF131138-1883.

La Orden de 24 de mayo de 1873 estableció reglas para la resolución de los expedientes promovidos sobre construcciones civiles[9]:

«1º Los Jefes de los establecimientos públicos, ya sean Universidades, Bibliotecas, Archivos, Museos ó Monumentos históricos, después de obtener la correspondiente autorización de los centros de que dependan, remitirán á la Dirección general de Obras públicas los proyectos de las obras nuevas, reparaciones ó reformas, compuestos de Memorias, planos, presupuestos y pliegos de condiciones facultativas y económicas.

2º Todos los proyectos de obras de nueva construcción y los de reparación ó reforma, cuando estas afecten á fachadas, capillas, paraninfos y salones decorados, se pasarán á informe de la Academia de San Fernando con objeto de conocer su dictamen antes de que se dicte resolución por la Dirección general».

El *Boletín Oficial de la Provincia* publicaba el 26 de noviembre de 1873 una comunicación de la Real Academia de la Historia en la que solicitaba a las comisiones provinciales de Monumentos la remisión de las ordenanzas municipales, estatutos y reglamentos de gremios para conocer las costumbres y oficios de los pueblos.

El Gobierno de la República, alarmado por la destrucción de edificios de mérito artístico y valor histórico, por iniciativa de ayuntamientos y diputaciones, dictó el 16 de diciembre de 1873 un Decreto ordenando a los gobernadores que procedan a su paralización[10].

9
RESTAURACIÓN BORBÓNICA

El 3 de enero de 1874 el general Pavía puso fin al periodo republicano con un golpe de Estado, iniciándose la Restauración Borbónica.

Para frenar la desaparición de monumentos de mérito artístico, un Decreto de 9 de enero de 1875 dispuso la puesta a disposición de los arzobispos y obispos de las propiedades del clero en poder del Estado que no se hallen aplicados a servicios públicos y si alguno se está demoliendo, los jefes económicos dispondrán la suspensión de los trabajos[1].

El gobernador civil se dirigió el 18 de junio de 1875[2] al presidente de la RABASF comunicándole que el Ayuntamiento de Argamasilla de Alba había informado del mal estado en el que se encontraba:

«la casa que sirvió de prisión al inmortal Miguel de Cervantes en aquella villa… es visitada con respeto por muchos nacionales y extranjeros, pero que desaparecerá en breve quedando tan solo escombros y corralazos, por el estado ruinoso en que se encuentra, además de lo posible que es, que su destrucción ocasione alguna desgracia que lamentar».

El 28 de julio de 1875, la Real Academia de Bellas Artes informa al gobernador civil que se ha dado traslado de su comunicación a la Real Academia de la Lengua[3].

El 15 de octubre de 1875[4] la Real Academia de la Lengua insta a la Real Academia de Bellas Artes de San Fernando que:

«se sirva dictar sin tardanza las disposiciones que estime oportunas para lograr la conservación de un recuerdo histórico grato a nacionales y extranjeros y cuya desaparición causaría dolor y escándalo universal».

La Prelatura Cluniense o Priorato Nullius Dioeceseos de la Órdenes Militares Españolas de Santiago, Calatrava, Alcántara y Montesa fue creada por el Papa Pío IX el 18 de noviembre de 1875, mediante las *Letras Apostólicas Ad Apostolicam*, ejecutadas por el cardenal Moreno y Maisonave, arzobispo de Toledo, el 15 de mayo de 1876.

La Ley General de Obras Públicas de 13 de abril de 1877 contenía las siguientes disposiciones sobre monumentos artísticos e históricos[5]:

«Art. 8. Es atribución del Ministerio de Fomento:

- 8.º Todo lo concerniente á la construcción, ampliación, mejora y conservación de los edificios públicos destinados á servicios que dependen del Ministerio de Fomento y á las construcciones que tengan el carácter de monumentos artísticos é históricos.

Art. 10 Corresponde á la Administración provincial, con arreglo á su ley orgánica:

- 4.º La construcción y mejora de los edificios de carácter provincial destinados á servicios públicos dependientes del Ministerio de Fomento, y la conservación de los monumentos artísticos é históricos.

Art. 11 Corresponde á la Administración municipal conocer, con arreglo á las leyes orgánicas:

- 5.º La construcción y mejora de los edificios destinados á servicios públicos que dependen del Ministerio de Fomento, y la conservación de los monumentos artísticos é históricos».

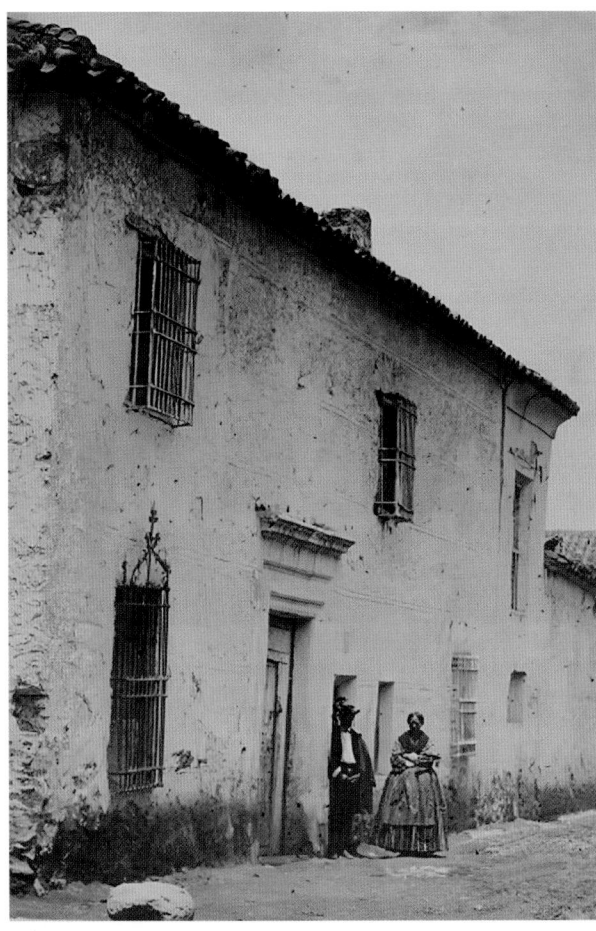

Casa de Medrano, Argamasilla de Alba, hacia 1863. Fotografía de Joan Martí, Fototeca de la Biblioteca Nacional.

El *BOP* del 25 de marzo de 1878 publicó una circular del Ministerio de Fomento sobre construcciones civiles en base a un informe de la Sección de Arquitectura de la Real Academia de Bellas Artes de San Fernando que establecía normas sobre la ejecución de los proyectos de alineación de calles y plazas, reformas interiores, obtención de licencias, fachadas y acabados.

El Reglamento para la ejecución de la Ley de Expropiación Forzosa de 1879[6] contemplaba la necesidad de informe de la «Comisión de monumentos históricos y artísticos, siempre que, entre los edificios que se hubieren de expropiar se contase alguno que revistiese tal carácter ó que contuviese obras de arte de mérito reconocido».

La Comisión Central de Monumentos trató en su reunión del 20 de diciembre de 1879 una comunicación de la Dirección General de Instrucción Pública, transcribiendo la que dirigía el decano de la Orden de Santiago sobre las reparaciones necesarias en el convento de la Orden de Calatrava y un oficio del gobernador civil de Ciudad Real en el mismo sentido.

La Real Orden de 30 de diciembre de 1881 reformó los artículos 1 y 21 del reglamento de las comisiones provinciales de Monumentos, modificando su composición y otorgándoles la potestad de la suspensión de obras no autorizadas[7].

En enero de 1881 el Ministerio de Gracia y Justicia remitió a la RABASF el proyecto redactado por el arquitecto diocesano, don Vicente Hernández, para la construcción del Palacio Episcopal en el solar resultante de la demolición de una casa de la calle Caballeros de Ciudad Real. La Comisión de Arquitectura de la RABASF analizó y aprobó el proyecto en las sesiones del 22 de enero y 24 de agosto de 1881[8].

La Real Orden de 8 de enero de 1882 derogó la de 11 de junio de 1867 disponiendo que se cumpla en todas sus partes el reglamento de las comisiones provinciales de Monumentos Históricos y Artísticos de 24 de noviembre de 1865, recuperándose de esta forma como atribución[9]: «El cuidado y mejora, aumento ó creación de los Museos provinciales de Bellas Artes».

Atendiendo a las protestas de las academias provinciales de Bellas Artes y de varias corporaciones científicas, literarias y artísticas, solicitando la derogación de la Real Orden de 8 de enero de 1882, se aprobó la Real Orden de 24 de abril de 1883[10], disponiendo que:

> «los Museos provinciales de Bellas Artes continúen bajo la dirección y custodia de las respectivas Comisiones provinciales de monumentos, allá donde no existen las Academias, y al cuidado de éstas y con la intervención de los individuos de las Comisiones de monumentos, establecidos en las provincias donde dichas Academias funcionen».

Por Real Decreto de 6 de diciembre de 1883 se creó una comisión para formar las bases de una ley de conservación de antigüedades españolas[11].

La situación de la Casa de Medrano seguía siendo lamentable y así lo comunicó el alcalde de Argamasilla de Alba, don Juan Antonio Millán, el 13 de noviembre de 1884[12] al presidente de la Comisión Central de Monumentos denunciando su mal estado:

> «La casa del alcaide de Conde Medrano, en cuya cueva encarcelado escribió Cervantes su inmortal Quijote, yace por doquiera desmantelada, agrietadas sus paredes, al aire libre sus galerías pudriéndose rápidamente su maderamen y a punto de desaparecer la antigua puerta de la cueva cárcel, como desapareció hace pocos años el banco que usó Cervantes convertido en hastillas para alimentar el hogar.
>
> Los herederos del ilustre y finado Infante D. Sebastián, sus propietarios, se honrarían sin duda en contribuir con su cesión gratuita a la realización del pensamiento y este municipio ofrece desde hoy santificar el solar que avecina la casa en cuestión con la construcción de la escuela municipal de niños de ambos sexos».

La Comisión Central, en su reunión del 18 de marzo de 1885, conoció el informe de su arquitecto, don Francisco de Cubas y González Montes, sobre el estado de la Casa de Medrano. Acordaron encargar al Ayuntamiento de Argamasilla de Alba que valorase las obras de conservación necesarias, su custodia y la búsqueda de destino de dicho inmueble.

El Real Decreto de 13 de agosto de 1876 dictó normas sobre construcción y reparación de templos y edificios eclesiásticos y creó la Junta Diocesana[13]:

> «Las obras extraordinarias de construcción y reparación de templos y edificios eclesiásticos se contratarán en pública subasta.
>
> Las de restauración artística que, oídas la Junta diocesana que se establece en el artículo siguiente, la Comisión Provincial de Monumentos y la Real Academia de San Fernando, se disponga que se hagan por Administración».

La Real Orden de 24 de marzo de 1886 dispuso que los empleados y dependientes de las comisiones provinciales de Monumentos fueran nombrados por las diputaciones provinciales previo concurso y anuncio de las vacantes para la admisión de solicitudes documentadas[14].

El Real Decreto de 30 de septiembre de 1887 contenía disposiciones para la conservación de los monumentos históricos y artísticos y otros edificios[15]. El objetivo de este decreto del Ministerio de Fomento era la instalación de pararrayos para evitar daños por las tormentas en los monumentos artísticos e históricos y en los edificios que contenían colecciones de arte. Encargaba a los gobernadores civiles y a las comisiones provinciales de Monumentos la elaboración de las memorias y presupuestos.

En julio de 1888 la Comisión Mixta Organizadora de las Provinciales de Monumentos[16] se dirigió al gobernador civil de Ciudad Real proponiendo la constitución de la Comisión Provincial con personas muy idóneas y amantes de las artes y de las antigüedades que hay en la capital. Según la propuesta, desde julio de 1888[17] y al menos hasta enero de 1890, los miembros de la comisión eran los siguientes:

Presidente: gobernador civil, don Ricardo García.

Representantes de la RAH:

Don Fernando de la Hermosa de Santiago.

Don Luis Delgado Merchán, canónigo y periodista católico, autor de numerosos artículos sobre historia y antigüedades.

Don Federico Galiano y Ortega, catedrático del Instituto Provincial, doctor en Filosofía y Letras y licenciado en Derecho Civil. Vicepresidente.

Don Manuel Blázquez Delgado.

Representantes de la RABASF:

Don Casimiro Piñera y Naredo, director de las obras del Seminario y del coro de la Catedral.

Don Joaquín María Herreros, profesor de Dibujo del Instituto Provincial.

Don Jerónimo Luna, escultor notable.

El secretario era don. Sebastián Rebollar, arquitecto provincial y vocal nato.

En 1894 Federico Galiano y Ortega, en sus *Documentos para la historia de Almagro*, hacía una valoración de la tarea de la Comisión Provincial y de las vicisitudes por las que había pasado el convento de la Asunción Calatrava sobre el que transcribe el informe realizado por Cirilo Vara y Soria:

> «Crearonse las Comisiones provinciales de Monumentos sin duda con el plausible objeto de salvar de la ruina o de la pérdida los inmensos tesoros que, en edificios, bibliotecas, pinturas, esculturas, orfebrería y en todas las manifestaciones del arte, guardaban en los conventos las suprimidas comunidades religiosas. Constituida la de nuestra provincia en 30 de julio de 1844, recogió unos 5.000 volúmenes que se conservan hoy en el Instituto provincial y atendió las quejas del Ayuntamiento de Almagro sobre el abandono en que se encontraba el monasterio, acordando que el jefe político oficiase al Intendente para que la oficina de Bienes nacionales atendiese a su reparación».

En 1889 se aprobó el primer Código Civil en España según Real Decreto de 24 de julio que ordenaba su publicación[18]. Contiene las siguientes referencias a las excavaciones y a los tesoros ocultos que siguen vigentes en la actualidad:

> «Artículo 350. El propietario de un terreno es dueño de su superficie y de lo que está debajo de ella, y puede hacer en él las obras, plantaciones y excavaciones que le convengan, salvas las servidumbres, y con sujeción a lo dispuesto en las leyes sobre Minas y Aguas y en los reglamentos de policía.
>
> Artículo 351. El tesoro oculto pertenece al dueño del terreno en que se hallare. Sin embargo, cuando fuere hecho el descubrimiento en propiedad ajena, o del Estado, y por casualidad, la mitad se aplicará al descubridor.
>
> Si los efectos descubiertos fueren interesantes para las ciencias o las artes, podrá el Estado adquirirlos por su justo precio, que se distribuirá en conformidad a lo declarado.

Artículo 352. Se entiende por tesoro, para los efectos de la ley, el depósito oculto e ignorado de dinero, alhajas u otros objetos preciosos, cuya legítima pertenencia no conste».

A partir de enero de 1890 don Fernando de la Hermosa y don Joaquín María Herreros dejaron sus cargos por cuestiones de salud y de cambio de residencia.

En respuesta a las solicitudes de información, entre 1889 y 1892 varios ayuntamientos de la provincia comunicaron al Gobierno Civil la inexistencia de monumentos históricos o restos que procedan de épocas remotas[19].

El 4 de marzo de 1890[20] la Comisión Provincial, en un escrito firmado por el gobernador civil don Ricardo García, da cuenta a la RABASF del estado de deterioro que presenta el exconvento de Calatravas de Almagro, instando a la adopción de medidas para evitar su ruina.

«En la visita girada por un individuo de esta Comisión Provincial al exconvento de señoras Calatravas de Almagro en virtud a lo dispuesto en el art. 31 del Reglamento, se ha notado que uno de los arcos del claustro alto amenaza ruina, que las canales maestras del patio principal se hallan casi destruidas, que el estado general de los tejados deja mucho que desear dando lugar con esto a grandes filtraciones que están destruyendo los enmaderados y por último que se notan también desperfectos graves en la escalera principal, cornisas y estribos de la iglesia».

El 21 de abril comunica de nuevo a la RABASF que:

«El Ayuntamiento de Almagro, accediendo a sus indicaciones, ha mandado ejecutar en el exconvento de Señoras Calatravas de dicha ciudad el apuntalamiento de dos arcos del patio principal y de la escalera, así como también la limpieza de los tejados, en cuyas obras provinciales ha invertido la cantidad de 554 pesetas».

El 28 de abril de 1890[21], en un escrito firmado por el gobernador civil don Ricardo García, la Comisión Provincial da cuenta a la RABASF de los escritos dirigidos al ministro de Fomento y al de la Gobernación, en el que informan que la Diputación no quiere incluir en su presupuesto para 1890-1891 las cantidades necesarias para el funcionamiento de la Comisión: 1.000 pesetas para gastos ordinarios y 300 pesetas para la instalación del archivo y secretaría. Constata también el escrito, que la Comisión Provincial se constituyó en diciembre de 1889.

El 30 de mayo de 1890[22] la RABASF solicita a la Comisión Provincial que insista ante la Diputación la reclamación de las cantidades para atender el presupuesto.

El 1 de julio de 1890[23] la Comisión Provincial informa a la RABASF que la Diputación Provincial no atiende las peticiones realizadas para atender las necesidades presupuestarias.

9.1. COMISIÓN PROVINCIAL DE LA EXPOSICIÓN HISTÓRICO-AMERICANA DE MADRID PARA LA CELEBRACIÓN DEL CUARTO CENTENARIO DEL DESCUBRIMIENTO DE AMÉRICA

El *BOP* de Ciudad Real publicó el 4 de mayo de 1891 una circular del Gobierno Civil dirigida a los alcaldes en la que se daba cuenta de la creación de la Comisión Provincial encargada de la búsqueda y selección de piezas precolombinas y contemporáneas al descubrimiento de América.

El presidente de la Comisión Provincial era el gobernador civil, don Agustín Pidal, y el secretario, don Maximiano de Regil, que ejercían los mismos cargos en la Comisión Provincial de Monumentos.

El Archivo Histórico Provincial conserva 22 contestaciones de alcaldes de la provincia de Ciudad Real. Todas ellas manifestaron que en sus pueblos no existían piezas útiles para la exposición.

Finalmente, la Exposición Histórico-Americana y la Exposición Histórico-Europea se refundieron posteriormente en la Exposición Histórico-Natural y Etnográfica. Estas exposiciones fueron las actividades principales que se organizaron para conmemorar el IV Centenario del Descubrimiento de América y la figura de Cristóbal Colón. Tuvieron su sede en el Palacio de la Biblioteca y Museos Nacionales entre el 30 de octubre de 1892 y el 30 de junio de 1893.

Una comunicación de 9 de mayo de 1891 de don Fidel Fita de la RAH, dirigida a don Ceferino Saúco Díez, le manifiesta que no ha recibido una moneda y que tampoco podrá incluir en el boletín la noticia sobre la inscripción del puente de Alarcos hasta que venga un buen calco o se precise el año de su construcción. Le solicita también calcos de las inscripciones de Valdepeñas de las que está enterado el señor Merchán y «así mismo de las árabes de Mestanza, inéditas que usted se sirvió indicarme»[24].

En julio de 1891 los miembros de la Comisión eran los siguientes:

Presidente: gobernador civil, don Agustín Salido.
Secretario: don Maximiano de Regil.
RAH: don Ceferino Saúco Díez, don Francisco Sánchez Cantalejo y don Luis Delgado Merchán.
RABASF: don Eduardo O'Kelly, ingeniero jefe de Caminos, don Santiago Salto y Solera y don Jerónimo Luna.

Según el *Anuario de la Real Academia de la Historia*, a principios de 1892 los miembros de la Comisión eran los siguientes: don Fernando de Hermosa de Santiago, don. Inocente Hervás, don Federico Galiano y Ortega, don Luis Delgado Merchán, don Manuel Blázquez, don Ceferino Saúco y Díez y don Maximiano de Regil.

La Comisión Provincial de Monumentos Históricos y Artísticos de Ciudad Real puso en conocimiento de la RAH que se trataba de enajenar y derribar la gloriosa Puerta de Toledo[25].

El 21 de abril de 1893[26] la Comisión Provincial, en un escrito firmado por el gobernador civil don Federico Serrano, da cuenta a la RABASF de la aprobación por la Diputación Provincial, en la sesión extraordinaria del 13 de abril de 1893, de un proyecto redactado por el arquitecto provincial para el arreglo del convento de la Asunción de Almagro, instando al Ministerio de Fomento a su aprobación y subasta para la pronta ejecución de las obras.

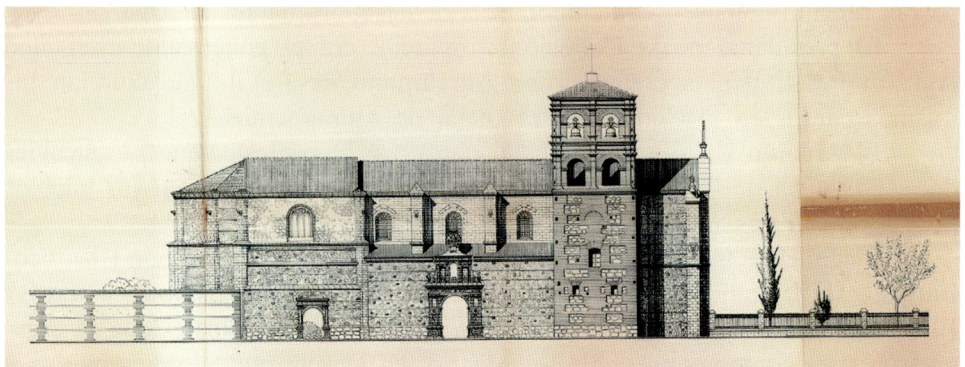

Alzado del proyecto redactado por Sebastián Rebollar para el convento de la Asunción. Fuente: Archivo General de la Diputación Provincial de Ciudad Real.

El 22 de abril de 1893[27] la Comisión Provincial solicitó al Ayuntamiento de Ciudad Real la cesión de una pililla con una columna de piedra que hay en un rincón de una de las capillas de la ermita de Alarcos y los restos de un crucifijo de piedra. El Ayuntamiento de Ciudad Real contesta el 29 de abril que:

> «no estando perfectamente definidos los derechos de la comisión sobre el Santuario de Alarcos, comunica que deben dirigirse al obispado».

La Diputación Provincial de Ciudad Real destinó 300 pesetas en el presupuesto del ejercicio 1893-1894 para gastos y material de la Comisión Provincial de Monumentos[28].

El 9 de diciembre de 1893[29] el secretario de la Comisión Provincial, don Ángel Maseda, solicita a la RABASF los números atrasados de los boletines de la Academia para la formación de su archivo y biblioteca.

El gobernador presidente remitió a la RABASF el 16 de julio de 1894 el listado de individuos que componen la Comisión Provincial:

De la RAH:

Vicepresidente: don Federico Galiano y Ortega.

don Luis Delgado Merchán y don Ceferino Saúco Díez

Secretario: don Maximiano de Regil y Alonso.

De la RABASF:

Don Jerónimo Luna y don Eustaquio Salto y Solera.

Individuos natos no correspondientes:

Inspector de antigüedades: no existe.

Arquitecto provincial: don Sebastián Rebollar.

Jefe de la Sección de Fomento: no existe.

Jefe de la Biblioteca Provincial: don Maximiano de Regil, como catedrático-bibliotecario del Instituto.

Jefe del Archivo Histórico Provincial: no existe.

Vocales representantes de las Academias de Bellas Artes: no existe.

El 4 de mayo de 1894 el conserje del convento de Calatrava, don Regino Cerro, remitió al presidente de la Comisión Provincial de Monumentos un escrito informándole del hundimiento de una parte del tejado del corredor del patio principal. En 1897 era conserje del convento nombrado por el Ayuntamiento, don Felipe Romeral López. El 30 de junio de 1897 se realizó un acta-inventario sobre el estado del edificio.

José María Barreda publicó el 19 de mayo de 2019, en el diario *La Tribuna* de Ciudad Real, un artículo titulado: «Anatomía de una instantánea», en el que analiza una fotografía fechada en Ciudad Real el 12 de abril de 1896, en la que posan nueve personas sentadas informalmente alrededor de una mesa en la redacción de *La Tribuna*.

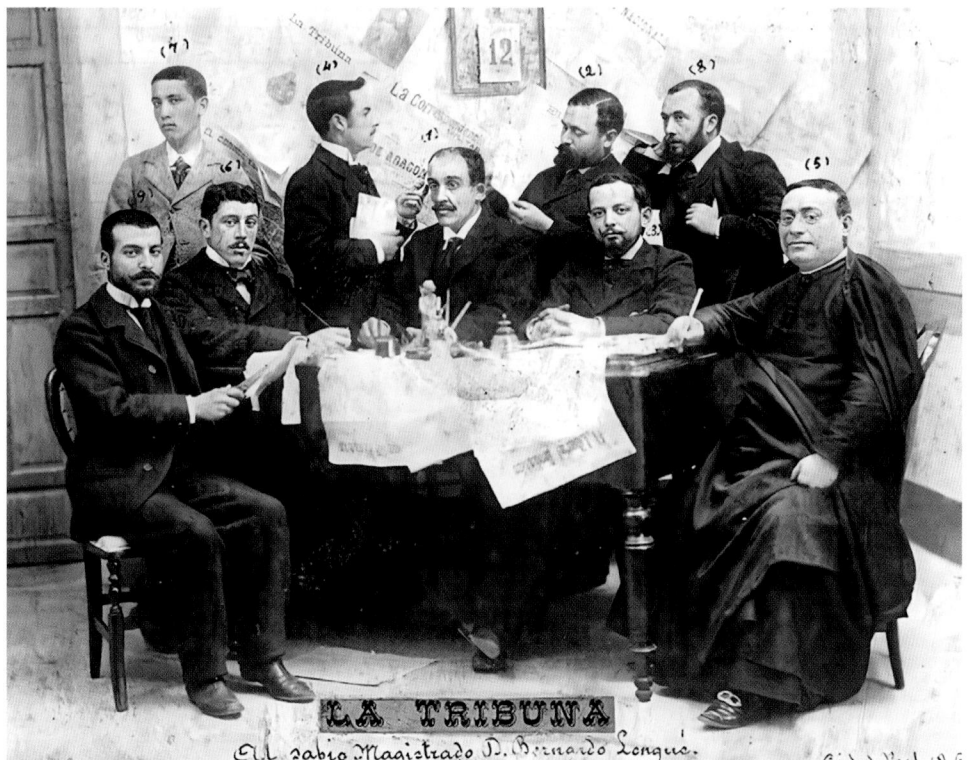

Fotografía fechada en Ciudad Real el 12 de abril de 1896. Fuente: José María Barreda.

Siguiendo el orden de numeración de la propia foto, los hombres que posaban eran: Leopoldo Acosta, Joaquín Aguilera, José Balcázar y Sabariegos, Rafael López de Haro, José María Aliaga, Luis Barreda, Gabriel Balcázar, Emilio Bernabéu y Juan Enríquez de Salamanca. Como veremos más adelante, tres de ellos tendrán un protagonismo relevante en la Comisión Provincial de Monumentos.

El 31 de mayo de 1897[30] don Ángel Maseda y Madrid deja su cargo de secretario por traslado a Zaragoza.

En julio de 1897 los componentes de la Comisión Provincial eran[31]:

Gobernador-presidente: Juan Francisco Yáñez.
De la RAH:
Secretario: Maximiano de Regil.
Federico Galiano y Ortega, Luis Delgado Merchán y Ceferino Saúco Díez.
De la RABASF:
Jerónimo de Luna y Eustaquio Salto y Solera.
No correspondientes:
Sebastián Rebollar, arquitecto provincial.
Inspector de Antigüedades: no existe.
Jefe Sección de Fomento: no existe.
Jefe Archivo Histórico Provincial: no existe.

En 1898 Rafael Ramírez de Arellano hizo una visita a Alarcos en compañía del secretario de la Comisión Provincial de Monumentos, Ángel Maseda, que fue recogida en el *Boletín de la Sociedad Española de Excursiones* y la reseña Emilio Martín Aguirre en su blog.

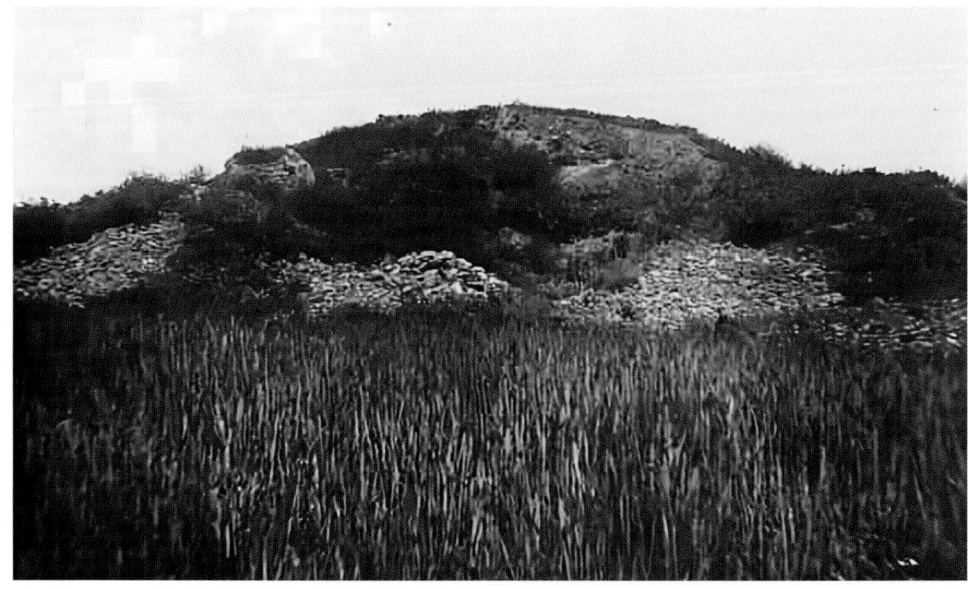

Motilla de Torralba de Calatrava. Fuente: *Catálogo Monumental*, de Bernardo Portuondo.

En enero de 1899[32] los componentes de la Comisión Provincial eran:

Vicepresidente: Inocente Hervás..
Secretario: Antonio Blázquez.
RAH:
Federico Galiano, Luis Delgado Merchán y Maximiano de Regil.
RABASF:
Jerónimo Luna y Eustaquio Salto.
No correspondientes: Sebastián Rebollar, Manuel Tolsada y Eugenio Suárez.

En 1899, en una sesión que celebró la Comisión Provincial de Monumentos, don Inocente Hervás y Buendía leyó la memoria de sus trabajos en la Motilla de Torralba.

9.2. CREACIÓN DEL MINISTERIO DE INSTRUCCIÓN PÚBLICA Y BELLAS ARTES EN 1900

En abril de 1900 se suprime el Ministerio de Fomento dando origen a dos nuevos departamentos, el Ministerio de Instrucción Pública y Bellas Artes y el Ministerio de Agricultura, Industria, Comercio y Obras Públicas, que volvería a denominarse Ministerio de Fomento a partir de 1905.

La creación del Ministerio de Instrucción Pública y Bellas Artes supuso, como veremos a continuación, un impulso a las disposiciones sobre patrimonio cultural.

El Real Decreto de 1 de junio de 1900[33] ordenó la catalogación completa y ordenada de las riquezas históricas o artísticas de la nación. Es el origen del *Catálogo Monumental de España* que, en el caso de la provincia de Ciudad Real, se encargó su elaboración a Bernardo Portuondo y Loret de Mola en 1913.

El Decreto establecía que la primera provincia en comenzar los trabajos sería Ávila. Entre los objetivos para su redacción apuntaba que debían servir de:

«…guía provechosa á los que se dedican al estudio de la Historia del Arte nacional, y de inventario seguro que garantice la conservación de riquezas inestimables expuestas á desaparecer a impulsos de la codicia de los propios ó de los manejos empleados para adquirirlas por los extraños».

La Real Orden de 19 de agosto de 1901[34] para:

«evitar los peligros de los trasportes, arrastres é instalaciones nuevas y provisionales [prohibió la salida] de los Museos de Bellas Artes y de Antigüedades, como asimismo de las Bibliotecas, centros de enseñanza y dependencias públicas, las obras y objetos que en ellos se custodian, cuyo conjunto constituye el tesoro artístico de la Nación de los Museos, Bibliotecas, etc., las obras y objetos que en ellos se custodien. 2.º Dichos Centros sólo podrán concurrir á las Exposiciones con reproducciones ó copias de sus obras ú objetos».

El Real Decretp de 7 de septiembre de 1901 dispuso que la entrada en todos los museos de la nación sea pública, gratuita y sin papeleta todos los días del año[35].

El Real Decreto de 18 de octubre de 1901 aprobó el reglamento para el régimen y servicio de las bibliotecas públicas del Estado regidas por el Cuerpo Facultativo de Archiveros, Bibliotecarios y Arqueólogos[36].

La Real Orden de 10 de septiembre dispuso que por la Junta Facultativa de Archivos, Bibliotecas y Museos se proceda a la redacción y propuesta de un reglamento para cada una de las tres secciones del Cuerpo[37].

El Real Decreto de 25 de octubre de 1901, relativo a la organización de las comisiones de Monumentos Históricos y Artísticos, pretendía mejorar sus funciones ejecutivas, educativas y divulgativas. Para ello entre otras medidas incorporó nuevos vocales[38]:

> «Artículo 1º: En representación de las provincias y de los Ayuntamientos de capitales de provincia, formarán parte, respectivamente, de las Comisiones de Monumentos históricos y artísticos, con el carácter de Vocales natos, los Presidentes de las Diputaciones y los Alcaldes de las capitales mencionadas. Del mismo modo y al propio efecto se considerarán también como Vocales natos de dichas Comisiones los Rectores de las Universidades, los Directores de los Institutos generales y técnicos y los Jefes de los Museos arqueológicos provinciales regidos por el Cuerpo facultativo de Archiveros, Bibliotecarios y Arqueólogos».

El Real Decreto de 22 de noviembre de 1901 aprobó el Reglamento para el Régimen y Gobierno de los Archivos del Estado, servicio encomendado al Cuerpo Facultativo de Archiveros, Bibliotecarios y Arqueólogos[39].

El Real Decreto de 29 de noviembre de 1901 aprobó el Reglamento para el Régimen de los Museos Arqueológicos del Estado servidos por el Cuerpo Facultativo de Archiveros, Bibliotecarios y Arqueólogos[40] .

El Real Decreto de 14 de febrero de 1902[41] impulsó los trabajos de redacción del *Catálogo Monumenta*l, iniciados en 1901, y estableció detalladamente el procedimiento para su elaboración.

> «Dos fines principales se persiguen con la formación del Catálogo monumental de España: uno el que se refiere a difundir por medio de la publicidad los tesoros de arte dispersos por todo el haz de la Nación, como medio de difundir el gueto artístico; el otro es impedir que estos mismos tesoros vayan paulatinamente desapareciendo de entre nosotros».

El 5 de febrero de 1903 falleció don Eustaquio Salto y Solera, y le sustituye en la Comisión don Florián Calvo y Rodríguez.

A comienzos del siglo XX se hallaron, entre losas de piedra, en la ladera del cerro de San Sebastián en Puertollano, una sepultura y espada junto a dos pequeños puñales, uno de ellos también con remaches de plata, lo que hace pensar, junto a la descripción del hallazgo, que constituían el ajuar de un enterramiento en cista. Las tres piezas fueron donadas por el autor del hallazgo al Museo Arqueológico Nacional y formaron parte de la exposición «España, encrucijada de civilizaciones».

El 28 de agosto de 1904 falleció Casimiro Piñera y Naredo.

La Comisión Mixta Organizadora de las Provinciales de Monumentos propuso el 11 de abril de 1904 para completar la Comisión Provincial de Monumentos de la provincia de Ciudad Real a don Antonio Folache, correspondiente a la RAH, autor de obras estimables y a don Florián Calvo Rodríguez, correspondiente a la RABASF, arquitecto municipal de Ciudad Real.

Según apunta Francisco Pérez Fernández, en un artículo de sus efemérides manchegas correspondiente al 18 de febrero de 1905, la muerte de don Casimiro Piñera en agosto de 1904, en pleno desarrollo de las obras en la Catedral de Ciudad Real, proyectadas por Sebastián Rebollar y la ausencia de obispo, hasta la llegada en septiembre de 1905 de don Remigio Gandásegui, explican los cruces de acusaciones y la polémica que se desató por las críticas que hizo en la prensa don Inocente Hervás, entre octubre de 1904 y febrero de 1905, a su ejecución y resultado.

Diego Peris, en el número 46 de los *Cuadernos de Estudios Manchegos* de diciembre de 2021, ofrece todos los detalles de las obras realizadas en el chapitel de la torre, muros, suelos, cubiertas y capillas de la Catedral y de las críticas cruzadas entre Rebollar y Hervás, dos componentes de la Comisión Provincial de Monumentos.

En 1905 la Comisión Provincial de Monumentos se reunía en la planta baja de la Diputación. Sus miembros según la *Guía consultor* eran los siguientes[42]:

Presidente: gobernador civil.

Vicepresidente: Inocente Hervás y Buendía (RAH).

Vocales RAH:

Antonio Folache, Luis Delgado Merchán, Juan Marina, Maximiano de Regil y Ceferino Saúco.

Vocales RABASF:

Florián Calvo, Sebastián Rebollar, Gerónimo Luna, Manuel Tolsada y Mariano Gallego Castro.

El Real Decreto de 21 de enero de 1905 aprobó el reglamento orgánico del Cuerpo de Ingenieros de Minas. En su articulado contempló el destino de los objetos de arte hallados en las excavaciones[43]:

> «Art. 58. La documentación oficial, los planos de minas del Estado y de comarcas mineras y otros trabajos de igual índole, así como las colecciones de minerales, rocas, fósiles, objetos de arte hallados en las excavaciones, instrumentos, herramientas, etc., son de propiedad del Estado, y como tales han de constar en el archivo y en las entregas que se efectúen por inventario».

La Real Orden de 30 de marzo de 1905 dispuso que los encargados de la formación del inventario de los monumentos históricos perciban las dos terceras partes del sueldo que les esté asignado, abonándoles la otra tercera a la terminación y entrega de su trabajo[44].

El Real Decreto de 31 de marzo de 1905 creó la Comisaría General de Bellas Artes y Monumentos «con el objeto de procurar la debida conservación y adecuada exposición de las riquezas artísticas de España»[45].

La Real Orden de 7 de abril de 1905 aclaró que la Comisaría General de Bellas Artes y Monumentos formaba parte integrante del Ministerio de Instrucción Pública[46].

La RO de 25 de mayo de 1905 dispuso las atribuciones de la Comisaría General de Bellas Artes y Monumentos[47].

El Real Decreto de 6 de junio de 1905 organizó el servicio de construcciones civiles que comprendía todo lo relativo a la construcción, reparación y conservación de los edificios de nueva planta dependientes del Ministerio de Instrucción Pública y a la restauración de los monumentos arquitectónicos nacionales[48].

La Comisaría General de Bellas Artes y Monumentos, creada el 31 de marzo de 1905, fue suprimida por el Real Decreto de 6 de octubre del mismo año. Sus atribuciones pasaron a la Subsecretaría del Ministerio de Instrucción Pública[49].

La Real Orden de 14 de mayo de 1907 autorizó la concurrencia a certámenes extranjeros de los objetos artísticos, arqueológicos, iconográficos y otros que se custodian en los museos, bibliotecas y demás establecimientos oficiales[50].

«La RO de 19 de Agosto de 1901 prohíbe que salgan de los Museos de Bellas Artes y de Antigüedades, como asimismo de las Bibliotecas, Centros de enseñanza y dependencias públicas las obras y objetos que en ellos se custodian, de los cuales únicamente podrán facilitarse copias ó facsímiles... no obstante... en circunstancias excepcionales y cuando la importancia del caso lo requiera, á juicio del Gobierno, puede autorizarse la concurrencia á certámenes extranjeros de los objetos artísticos, arqueológicos, iconográficos y otros que se custodian en Museos, Bibliotecas y demás establecimientos oficiales; habiendo siempre de tomarse todo género de precauciones, que se señalarán en cada caso, á fin de evitar deterioros y extravíos en aquéllos».

En febrero de 1908 el gobernador civil de la provincia y presidente de la Comisión Provincial de Monumentos se dirigió al Ayuntamiento de Ciudad Real[51]:

«Interesando la reparación, aislamiento y conservación de la Puerta de Toledo, y que se conteste si prosigue la busca del expediente, y que solo se podrán ejecutar obras de conservación en dicho monumento histórico por la circunstancia de ser las charcas situadas al norte del mismo de propiedad particular, sin que por esto se entendida oposición a los acuerdos de la junta provincial de Monumentos Histórico de esta capital».

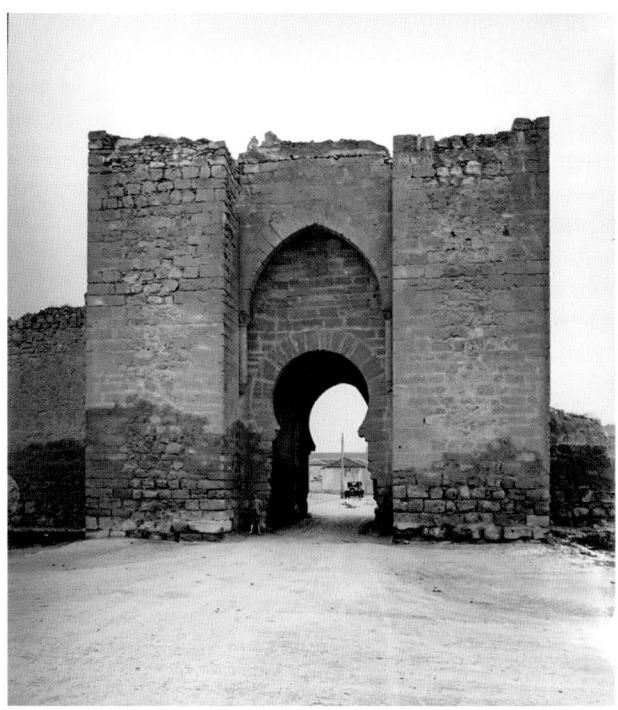

Puerta de Toledo de Ciudad Real entre 1920 y 1936. Fuente: Fondo del Instituto de Arte Diego Velázquez, Archivo Fotográfico Lladó, signatura (Archivos), ATN/LL/0014/o785.

El 21 de junio de 1908 se reunió la Comisión Provincial de Monumentos en el Palacio Episcopal[52]. En esta época la sede de la Comisión era la Casa de la Torrecilla, edificio de esquina de las calles Dorada y Ballesteros de Ciudad Real. La reunión en el Palacio Episcopal estaba motivada por la toma de posesión como vocal de la Comisión del obispo-prior, don Remigio Gandásegui Gorrochátegui, que acababa de ser nombrado académico correspondiente de la RABASF.

El 23 de octubre de 1908 Eusebio Vasco fue nombrado académico correspondiente de la RAH y con fecha 31 de octubre de 1908 remite una carta a don Fidel Fita en la que agradece su nombramiento y envía información sobre un modio que ha adquirido y que procede de Daimiel o de un pueblo cercano a Villanueva de los Infantes. Adjunta dibujo.[53].

El Real Decreto de 19 de noviembre de 1908 anuló la gratuidad de la entrada en todos los museos y monumentos dependientes del Ministerio de Instrucción Pública[54].

«Los efectos producidos por el RD de 6 de Septiembre de 1901… No han hecho aumentar de manera notable el número de sus habituales visitantes, mientras que abusos inevitables en tales casos han demostrado la necesidad de mantener algunas reglas para el régimen de visitas a Museos y Monumentos.

Art, 2.º El Ministro de Instrucción pública y Bellas Artes fijará, en los casos en que lo considere conveniente, la cuota á que se refiere el artículo precedente, teniendo en cuenta la importancia y condiciones del Museo, Monumento ó establecimiento respectivo, y reglamentará este servicio en forma adecuada».

Excursión epigráfica de Fidel Fita por Villar del Rey, Alhambra, Venta de los Santos, Cartagena, Logroño y Orense.

«Alhambra.

Registra Hübner cuatro lápidas romanas (3229- 3231), procedentes de esta villa nobilisíma, sita al oriente de la provincia de Ciudad Real, entre Villanueva de los Infantes, su capital de partido, y la famosa Argamasilla de Alba, a, la que más que las ruinas todavía no exploradas, de la ciudad romana Murum., han hecho célebre las aventuras de D. Quijote y de su fiel escudero. Sobre la cima de un cerro de color rojo, del que ha tomado su nombre arábigo, perdiendo el de Laminium 6 Lámini, descuella Alhambra, dominando por todos lados una fertilísima vega, que surca el río Azuel, tributario del Guadiana».

El 21 de noviembre de 1908 Eusebio Vasco remite otra carta a don Fidel Fita aportando más información sobre el modio hallado en un desmonte de la carretera que va de Valdepeñas (dos leguas) a Torrenueva[55].

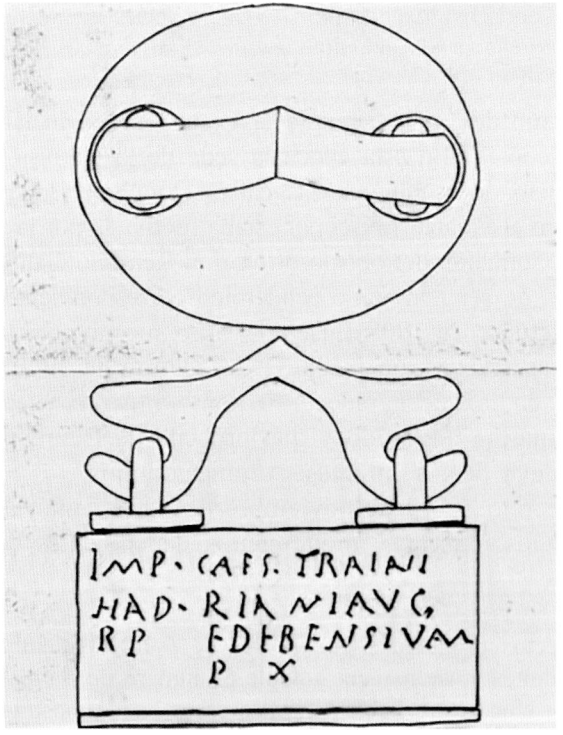

Dibujo del modio de Torrenueva.

En mayo de 1909 los componentes de la Comisión Provincial eran[56].

Gobernador civil y presidente: Juan Fernández Vicente.

Vicepresidente: Jerónimo Luna (RABASF).

Secretario: Antonio Folache Orozco (RAH), archivero provincial.

Manuel Tolsada y Gómez (RABASF), bibliotecario provincial.

Ceferino Saúco Díez (RAH), farmacéutico.

Maximiano de Regil y Alonso (RAH), catedrático del Instituto.

Florián Calvo y Rodríguez (RABASF), arquitecto municipal

Remigio Gandasegui (RABASF), obispo prior.

Telmo Sánchez y Octavio de Toledo, arquitecto provincial.

Rafael Ramírez de Arellano (RAH y RABASF), secretario del Gobierno Civil.

En abril de 1910 el Ayuntamiento de Ciudad Real dejó pendiente de resolución la petición de la Comisión Provincial de Monumentos para colocar en el Museo Provincial dos pinturas del santuario de Nuestra Señora de Alarcos[57].

El *Boletín de la Real Academia de la Historia*, tomo 56, año 1910, recogía un informe de don Fidel Fita dando cuenta del hallazgo de una lápida romana en Almadén:

> «A esta villa de la provincia de Ciudad Real, famosa por sus minas de azogue, se reduce la ciudad que Cicerón, Estrabón, Plinio y Ptolomeo denominaron Sisapo. Todos los códices del Itinerario de Antonino, sin excepción, la llaman Sisaloney y hasta hoy se ha creído que está mal escrito en vez de Sisapone; mas no se repara en que, tres kilómetros al oriente de Almadén, se encuentra la villa de Chillón con su nombre directamente formado de Sis(a)lon{e).
>
> Ninguna lápida había venido á mostrar que Almadén fué población romana, ele lo cual se lamentó Hübner (i); pero una se ha visto ya, augurio de otras que es de esperar se descubran.
>
> De ella me ha dado noticia y enviado copia su propietario D. Eugenio J. Hidalgo, por medio de D. Mario Méndez, Diputado á Cortes por Cazalla de la Sierra. La carta del Sr. Hidalgo, á la que me refiero, está fechada en Almadén, á 27 de Mayo de este año. Dice así:
>
> 'He realizado bastantes trabajos, observando que en todas las cercanías de Almadén y de Chillón, se encuentran, en los altozanos y sitios más saneados, cimientos y señales de haber existido edificaciones que, si no constituían una gran agrupación, dado el sinnúmero que aparece de ellas, pudieron constituir una gran población, aunque diseminada, infinitamente mayor que la que existe en la actualidad. El pueblo de Chillón, en particular, debió ser vastísimo y constar de más de treinta mil habitantes, pues todos los huertos y cercados tienen señales de haber sido antes viviendas, conociéndose hasta la alineación de calles, algunas de las cuales sirven hoy de callejones y están empedradas todavía, habiéndose derrumbado edificios con los que han hecho cercados, y roturado y dedicado á siembra todo lo más del terreno'.
>
> 'El día 12 de Febrero e 1909, en mi posesión del término de Almadén, al lado Norte del pueblo y á la distancia de unos mil quinientos metros del pueblo, junto al camino que divide los términos municipales de dicho Almadén

y Chillón, halló Pablo Hidalgo y Sánchez, excavando el terreno de sembradío, una sepultura romana, ancha uno y larga dos metros, de cemento durísimo, rellena de cascote, de teja y ladrillo, y agujereada en el fondo, y encima de ella la preciosa lápida que guardo en mi poder.

Es una piedra tosca, rectangular, muy desigual en sus caras.

Tiene de altura 1,85 metros por 35 centímetros de ancho y 25 de grueso, aproximadamente, pulida en su parte inferior para ser así mejor hincada en el suelo. En la superior se lee:

FABIA • FA
BVLLA • M
F«AN'
XXV • H
S ' E ' T - T ' LsiT'.

Hasta aquí el Sr. Hidalgo. La interpretación del letrero es facilísima:

Fabia Fabidla Miar ti) fiiliá) an{noruní) XX'V, k(ic) s(¡¿a) e(s¿). Tiibi) tierra) l{evis) sit, Fabia Fábula, hija de Marco, aquí yace. Séate la tierra ligera.

En su copia el Sr. Hidalgo escribe FABVLA.

Madrid, 30 de Mayo de 1910.

FIDEL FITA».

El Real Decreto de 8 de julio de 1910 creó una Inspección General Administrativa de Monumentos Artísticos e Históricos. Entre otras, se le encomendaron funciones de relación con las comisiones provinciales y el fomento de la participación de las diputaciones y ayuntamientos en la protección y conservación de monumentos[58].

La Real Orden de 20 de marzo de 1911 dispuso que, por la Comisión Mixta Organizadora de las Provinciales de Monumentos, se proceda a la publicación en forma abreviada de los catálogos por ella aprobados, empezando por el de la provincia de Salamanca. En esas fechas se encontraban redactados 17 catálogos[59].

9.3. LEY DE EXCAVACIONES DE 1911

El Real Decreto de 2 de junio de 1911 autorizó al ministro de Instrucción Pública y Bellas Artes a la presentación en las Cortes de un proyecto de ley estableciendo las reglas a que han de someterse las excavaciones artísticas y científicas y la conservación de las ruinas y antigüedades[60].

La ley fue aprobada el 7 de julio de 1911, aportando novedades importantes como la definición legal de excavaciones y antigüedades, se comprometía en la elaboración de un inventario de ruinas monumentales y antigüedades, reservó al Estado el derecho de hacer excavaciones en terrenos particulares, la propiedad de los bienes descubiertos casualmente, las autorizaciones para realizar excavaciones y contemplaba indemnizaciones y premios a los descubridores de los hallazgos[61].

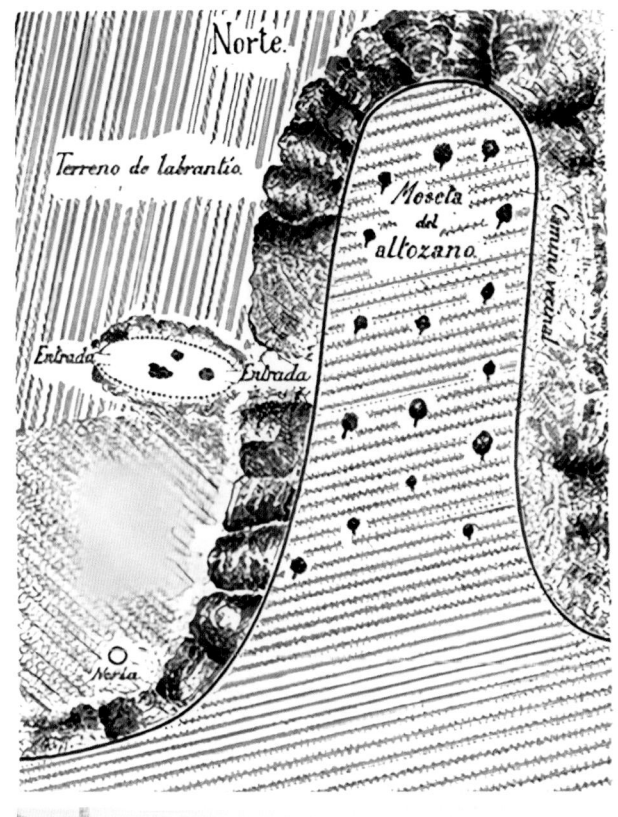

Izquierda, dibujo y fotos de los hallazgos en Cózar. Abajo, obras en la capilla de San José de Santa Cruz de Mudela en 1912. Fuente: *Imágenes para el recuerdo*, recopilación de Juan Pedro Morales, Ayuntamiento de Santa Cruz de Mudela. Fotografía facilitada por la familia de Mariano Parrilla, administrador de doña María del Rosario Laguna.

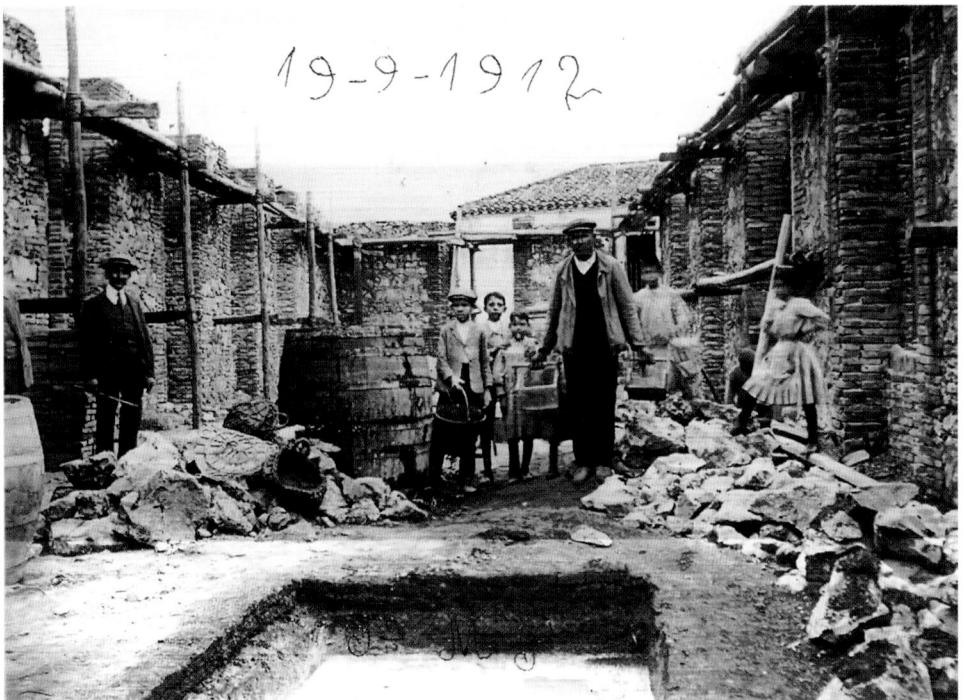

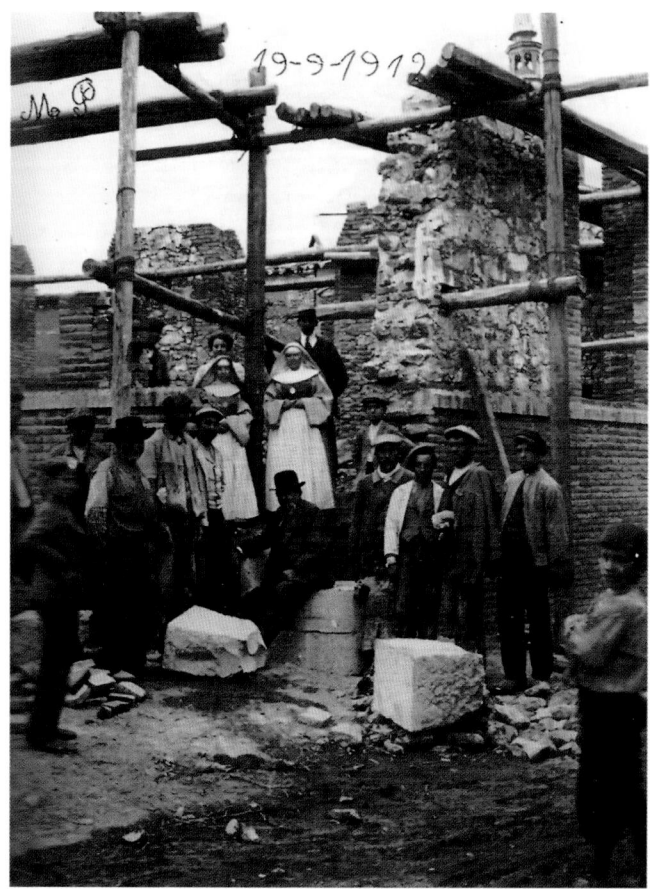

Obras en el convento de las Concepcionistas Misioneras de la Enseñanza de Santa Cruz de Mudela en 1912. Fuente: *Imágenes para el recuerdo*, recopilación de Juan Pedro Morales, Ayuntamiento de Santa Cruz de Mudela. Fotografía facilitada por la familia de Mariano Parrilla, administrador de doña María del Rosario Laguna.

La Real Orden de 31 de agosto de 1911 solicitaba a las diputaciones provinciales que incluyeran en sus presupuestos partidas suficientes para que las comisiones de monumentos pudieran realizar su misión[62].

El Real Decreto de 10 de septiembre de 1911 creó una comisión compuesta de pintores, críticos de arte y otras personas competentes, encargada de formar un catálogo escogido de las obras maestras de pintura española que convenga reproducir con destino a los museos provinciales y municipales y a los centros de enseñanza[63].

El 1 de marzo de 1912 se aprobó el Reglamento provisional para la aplicación de la Ley de 7 de julio de 1911 que, entre otras disposiciones, precisó el concepto de excavación, las autorizaciones, la ejecución del inventario y de las normas y limitó hasta el reinado de Carlos I la cronología para la calificación de antigüedades[64].

La Real Orden de 19 abril de 1912 dictó reglas para los nombramientos de conservadores de monumentos nacionales, determinando que no podría ser nombrado más de uno para cada monumento, debiendo justificar su residencia en la localidad en que se encuentre enclavado el edificio[65].

Dos reales decretos de 22 de julio de 1912 crearon y nombraron una comisión para redactar una compilación de las disposiciones para regular los diferentes servicios de Instrucción Pública y Bellas Artes[66].

El 6 de mayo de 1912 Antonio Lenguas Lázaro, maestro de Primera Enseñanza, remite a la Real Academia de la Historia el informe sobre el hallazgo, en las proximidades de Cózar, de un monumento protohistórico y otros objetos arqueológicos, entre ellos, un exvoto ibérico del que se remitió fotografía[67].

9.4. *CATÁLOGO MONUMENTAL ARTÍSTICO-HISTÓRICO DE LA PROVINCIA DE CIUDAD REAL*

Entre las atribuciones que la Real Orden de 13 de junio de 1844 encargaba a las comisiones provinciales de Monumentos figuraba la de:

> «Formar catálogos, descripciones y dibujos de los monumentos y antigüedades que no sean susceptibles de traslación, ó que deban quedar donde existen, y también de las preciosidades artísticas que por hallarse en edificios que convenga enagenar, ó que no puedan conservarse, merezcan ser trasmitidas en esta forma á la posteridad».

El *Catálogo Monumental de España*, elaborado entre 1900 y 1961, nació con el ambicioso propósito de inventariar todos los bienes histórico-artísticos del país. Pese a que no llegó a completarse, constituye la empresa colectiva más importante realizada en la España contemporánea para estimular el conocimiento de su patrimonio cultural.

La Comisión Mixta Organizadora de las Provinciales de Monumentos, en la sesión del 29 de abril de 1913, acordó la adjudicación a don Bernardo Portuondo y Loret de Mola, la formación del *Catálogo Monumental Histórico-Artístico de la provincia de Ciudad Real*, asignándole la cantidad de 800 pesetas durante doce meses, con la obligación de acompañar los planos, dibujos, fotografías y demás elementos gráficos necesarios y así lo comunicó al Ministerio de Instrucción Pública y Bellas Artes[68].

El 16 de marzo de 1913[69] el secretario de la Comisión Provincial, don Emilio Bernabéu Novalbos, propone a la Comisión Mixta de las Reales Academias de la Historia y de San Fernando, el nombramiento como vocal de don Luis Barreda y Ferrer de la Vega, jefe provincial de Fomento. Esta propuesta fue aceptada el 7 de abril de 1913 y el 8 de abril se lo comunica al interesado, al gobernador civil y al presidente de la Comisión.

El 30 de abril de 1913 el subsecretario del Ministerio dirige un escrito al presidente de la Comisión Mixta Organizadora de las Provinciales de Monumentos, aceptando la adjudicación con condiciones de la formación del *Catálogo* provincial por don Bernardo Portuondo.

El 3 de mayo de 1913 Bernardo Portuondo comunica al presidente de La Comisión Mixta Organizadora de las Provinciales de Monumentos que con fecha 1 de mayo ha comenzado los trabajos de formación del *Catálogo* provincial.

El Real Decreto de 24 de julio de 1913 dispuso que en todas las capitales de provincia donde no exista un museo provincial de Bellas Artes, se proceda a su creación e instalación con el nombre de Museo Provincial de Bellas Artes, y los existentes se consideren asimismo reorganizados. Su fomento y administración estará a cargo de una Junta de Patronato[70].

El Real Decreto de 18 de octubre de 1913 aprobó el Reglamento para la aplicación del Real Decreto de 24 de julio último reorganizando los museos provinciales y municipales de Bellas Artes[71].

El 24 de septiembre de 1913[72] el presidente de la Comisión Provincial y gobernador, don Miguel Jordán[73], y el secretario, don Emilio Bernabéu Novalbos, reconocían en un escrito dirigido a los presidentes de las reales academias de la Historia y de Bellas Artes de San Fernando la falta de actividad de la Comisión Provincial y que «hacía mucho tiempo que no se celebraban las sesiones preceptivas por el Reglamento estando abandonados los grandes intereses confiados a esta Institución». Para revertir la situación hicieron la siguiente propuesta:

Miembros correspondientes de la Real Academia de la Historia:

Don Rafael Acedo Rico y Jarava, conde de la Cañada, uno de los primeros hacendados de la capital y la provincia y amante de la conservación de monumentos.

Don Juan Manuel Treviño y Aranguren, marqués de Casa Treviño Gotor, licenciado en Derecho y entusiasta bibliófilo y coleccionista de libros.

Don Álvaro Muñoz y Jarava, rico propietario y poseedor de un importante archivo, muy consultado por los historiadores manchegos.

Don José María Rueda Giménez, exdiputado provincial, estudioso del Vicariato de Villanueva de los Infantes.

Miembros correspondientes a la Real Academia de Bellas Artes de San Fernando:

Don Emiliano Morales Rivera, doctor en Teología, profesor del Seminario Conciliar Diocesano, párroco de San Pedro, director del *Boletín Eclesiástico* y experto en Pintura y Erquitectura.

Don Eduardo Martín Ortega, catedrático de la Escuela de Artes y Oficios.

Don Feliciano Martín Cañamero, catedrático del Instituto General y Técnico.

Don Miguel Pérez Molina, fundador y director de la Academia de Primera Enseñanza y Carreras Especiales y alcalde de Ciudad Real.

El 11 de diciembre de 1913[74] el conde de Cedillo, presidente de la Comisión Mixta Organizadora de las Provinciales de Monumentos, dirige una carta a don Maximiano de Regil, solicitándole información discreta sobre el funcionamiento y los miembros de la Comisión Provincial de Ciudad Real.

El 17 de diciembre de 1913 don Maximiano de Regil le responde en los siguientes términos:

> «Esta comisión de monumentos carece de vida o concierto oficial, porque ni autoridades ni corporaciones han entendido nunca que tienen una esfera de acción en la cual debe ser oída y consultada; y de aquí que se la tenga como un cero a la izquierda.
>
> En segundo lugar, en esta sociedad no hay ambiente ni para la ciencia ni para el arte, ni para la moral, dominando un absoluto sancho panzismo que se ríe de todo lo que no sea un lucro inmediato.
>
> En esta atmósfera corrosiva tiene que moverse todo aquel que quiera hacer algo por los ideales de la vida, por estas razones han fracasado en Ciudad Real y seguirán fracasando las comisiones de monumentos y otras similares.
>
> Además, constantes reorganizaciones se han dado mano de muchos elementos que han sido otras tantas rémoras y perturbaciones.
>
> He sido testigo de muchas pequeñas miserias de esas que dan al traste con los mejores propósitos y las más nobles aspiraciones.
>
> Por último, mi opinión, sin valor y sin importancia, es que esto se deje marchar por el camino que lleva, estimulando la vida de la Comisión por medio de comunicaciones que, unidas al tiempo, realicen los excelentes propósitos que a V. animan el presente».

El 3 de abril de 1914[75], en un escrito del vicepresidente de Comisión Provincial, don Inocente Hervás, dirigido al secretario general de la Real Academia de Bellas Artes de San Fernando, comunica que:

> «Al encargarme por segunda vez de la vicepresidencia de la Comisión de Monumentos y ver en el mayor abandono sus asuntos, he creído ser de necesidad urgente su renovación».

Para ello solicita la suscripción al *Boletín*, el envío de los anuarios y el nombramiento de don Luis Barreda y Ferrer de la Vega.

El 5 de abril de 1914 Eusebio Vasco remitió una carta a don Fidel Fita enviando la descripción y esbozos de tres inscripciones que le dejó un anticuario sin conocer su procedencia[76].

El 29 de septiembre de 1914, Eusebio Vasco remitió una carta a D. Fidel Fita enviando información y fotografías de un cuadro de Benito Crespi que se halla en Valdepeñas[77].

9.5. DECLARACIÓN DE LA PUERTA DE TOLEDO DE CIUDAD REAL COMO MONUMENTO NACIONAL

El 11 de noviembre de 1914 la RABASF emite informe favorable para la declaración de la Puerta de Toledo de Ciudad Real como Monumento Nacional.

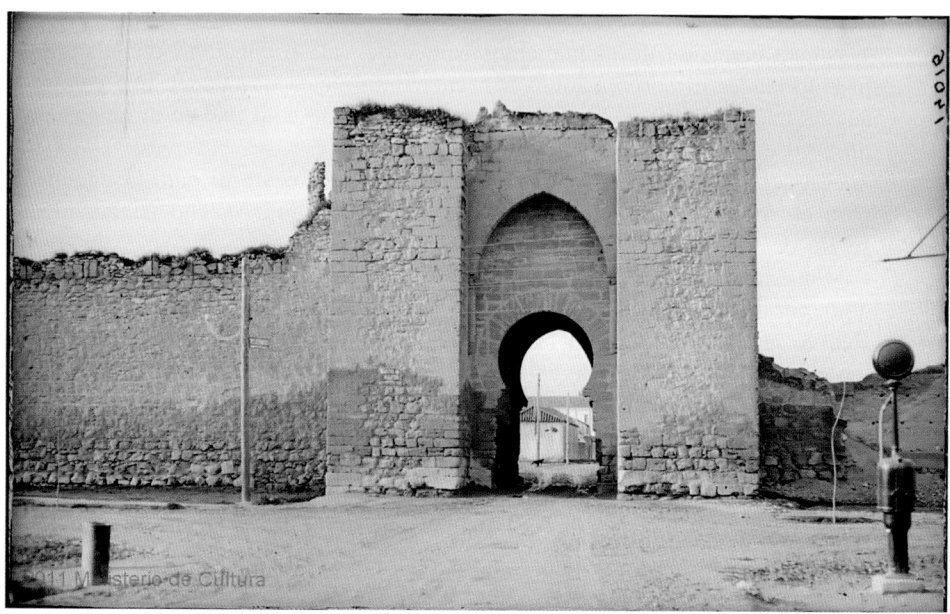

Puerta de Toledo de Ciudad Real entre 1927-1936. Fuente: Fototeca IPCE, Antonio Passaporte, LOTY-07216.

El 2 de enero de 1915 Antonio Blázquez Delgado de Aguilera firma un informe favorable[78] para la declaración de la Puerta de Toledo de Ciudad Real como Monumento Nacional que es ratificado por la RAH el 20 de enero de 1915.

Tras las solicitudes e informes realizados, la Real Orden de 4 de febrero de 1915 declaró Monumento Nacional la Puerta de Toledo de Ciudad Real[79].

«Vista la instancia elevada á este Ministerio con fecha 13 de Julio de 1914, solicitando que sea declarada Monumento nacional la Puerta de Toledo, de Ciudad Real, y habiendo informado en sentido favorable á esta petición las Reales Academias de Bellas Artes de San Fernando y de la Historia,

S. M. el R e y (q. D. g.) ha tenido á bien disponer que sea declarada Monumento nacional, quedando bajo la inmediata custodia ó inspección de la Comisión Provincial de Monumentos de la capital expresada.

Es asimismo o voluntad de S. M. que se inserten en la Gaceta de Madrid los informes de las Reales Academias á que se hace referencia».

El director general de Bellas Artes, don Pedro Poggio y Álvarez, remitió un escrito el 4 de febrero de 1915 dirigido al presidente de la Comisión Mixta Organizadora de la Provincial de Monumentos[80], comunicando que:

«Vista la instancia elevada a este ministerio con fecha 13 de julio de 1914, solicitando que sea declarada Monumento Nacional la Puerta de Toledo de Ciudad Real, y habiendo informado en sentido favorable a esta petición las Reales Academias de Bellas Artes de San Fernando y de la Historia, S.M. el Rey ha tenido a bien disponer que sea declarada Monumento Nacional, quedando bajo la inmediata custodia e inspección de la Comisión Provincial de Monumentos».

El periódico *El Labriego* se hizo eco de la declaración el 21 de febrero de 1915:

«Nuestro estimado amigo D. Emilio Bernabéu, Profesor del Instituto, Abogado y Secretario de la Comisión Provincial de Monumentos Históricos y Artísticos, como Académico correspondiente de la Historia que es, nos remite para su publicación la RO siguiente.... Como habrán visto nuestros lectores, esa hermosa Puerta de Toledo, admiración de propios y extraños, ha sido declarada Monumento Nacional, singular honor que mucho honra a nuestro pueblo. Sabemos que muy pronto se hará la restauración por los Arquitectos de Ciudad Real, de tan preciado monumento».

El 27 de marzo de 1915 *El Labriego* publicaba otra nota en la que Emilio Bernabéu detallaba los proyectos que tiene la Comisión Provincial de Monumentos respecto de la famosísima Puerta de Toledo.

«Una vez que ha sido declarada Monumento Nacional esta artística puerta, veamos las ventajas conseguidas, aparte del honor alcanzado, que no es pequeño para Ciudad Real. Como en los presupuestos del Estado figura una coosignación de 700.000 pesetas para arreglo y conservación de los monumentos nacionales, se impone que por parte de nuestros diputados, senadores y autoridades, se recabe algo de esa cantidad y con ello, previo el proyecto de los arquitectos municipal y provincial, ambos vocales de la Comisión Histórica de la provincia. se lleve a cabo lo antes posible la restauración de la Puerta de Toledo. Es preciso, que la Puerta sea reedificada en la parte de almenado y arcos, central y laterales. Para esto, se deben utilizar las piedras de las torres que hay todavía en las murallas pues de esta manera no se conocerá, ni por el labrado ni por el color que han sido colocadas después de las que ahora constituyen su fábrica.

La poterna que da acceso a la escalera que conduce al adarve, es necesario dejarla libre quitándole las piedras y adobes que la obstruyen y de este modo poder subir á él cuando se quiera.

Claro es que se le pondrá una puerta de chapa de hierro, con buena cerradura, con una llave, que tendrá la Comisión Provincial de Monumentos, encargada según RD, de la custodia de dicha joya artística.

Además, siendo deseo de todos, aislar la Puerta de Toledo de las charcas y de todo peligro que pueda deteriorar más aún de lo que están, sus cimientos, es imprescindible, que se cierre al tránsito y se establezca éste abriendo ambos portillos á ambos lados de las torres de dicha Puerta».

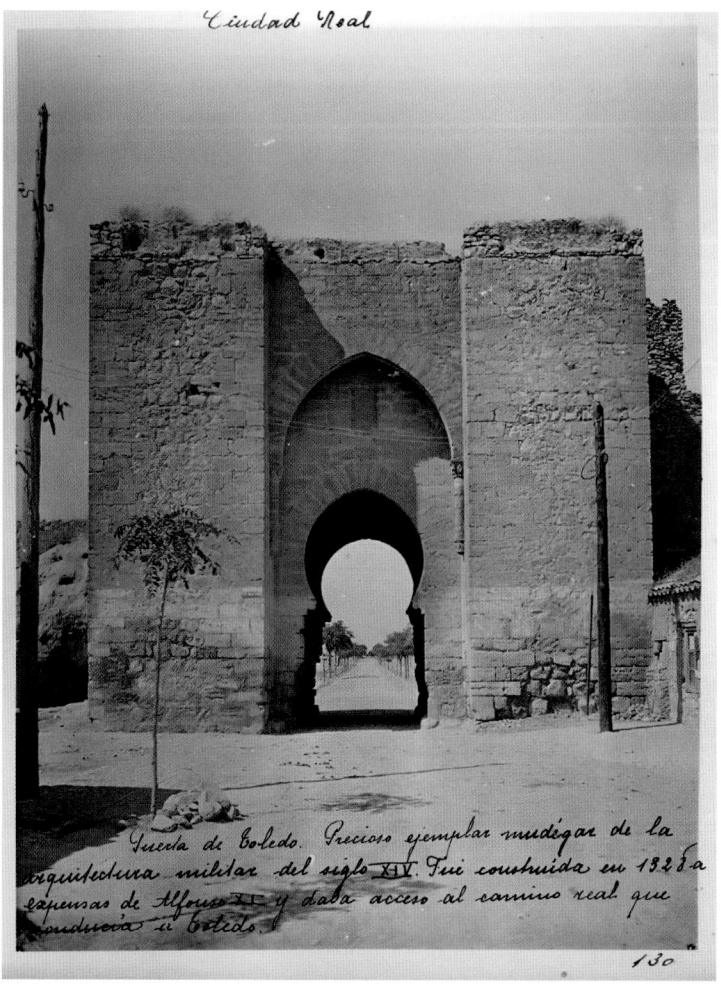

Puerta de Toledo de Ciudad Real en 1926. Fotografía de Charles Alberty Loty. Fuente: Colección Carlos Vázquez, Museo de Ciudad Real.

La Real Orden de 7 de enero de 1915 dictó disposiciones para llevar a cabo la formación de la estadística de edificios y monumentos nacionales correspondientes al Ministerio de Instrucción Pública y Bellas Artes.

La Ley de 4 de marzo de 1915, relativa a los monumentos nacionales arquitectónicos artísticos, aporta novedades importantes en la protección y conservación de los bienes de mérito cualquiera que sea su estilo, exige la apertura de expediente para su declaración, determina su inclusión en un catálogo, dificulta los derribos, abre la puerta a su adquisición por instituciones públicas, impide su exportación y finalmente incentiva económicamente su mantenimiento co la aportación de una subvención de hasta el 25 por 100 del presupuesto aprobado para la obra, previos informes favorables, la exención del pago de impuesto y la rebaja de los costes de transporte de los materiales de obra[81].

El 8 de junio de 1915[82] la Real Academia de Bellas Artes de San Fernando nombra como su representante en la Comisión Provincial de Ciudad Real a don Miguel Pérez Molina y la Real Academia de la Historia a don Aureliano Alberto García Serrano.

El 31 de diciembre de 1915 don Manuel Tolsada Gómez, bibliotecario provincial, redacta una memoria en la que detalla los antecedentes, vicisitudes, contenido de la biblioteca, 8.458 volúmenes, suscripciones, donaciones, lectores y los bibliotecarios anteriores: don Ramón García Aguado, encargado de realizar un catálogo de libros procedentes de los conventos desamortizados en 1860, don Espantaleón Carrillo, don Gervasio López de Medrano, don Genaro López, don Manuel Parrilla, don Maximiano García Herraiz y don Maximiano de Regil, todos ellos catedráticos del Instituto Provincial. Reseña también otras tres bibliotecas existentes en Ciudad Real, la del Seminario Conciliar con 8.561 volúmenes, la de la Sociedad Casino de Ciudad Real con 3.309 volúmenes y la de Academia General de Enseñanza con 3.500 volúmenes.

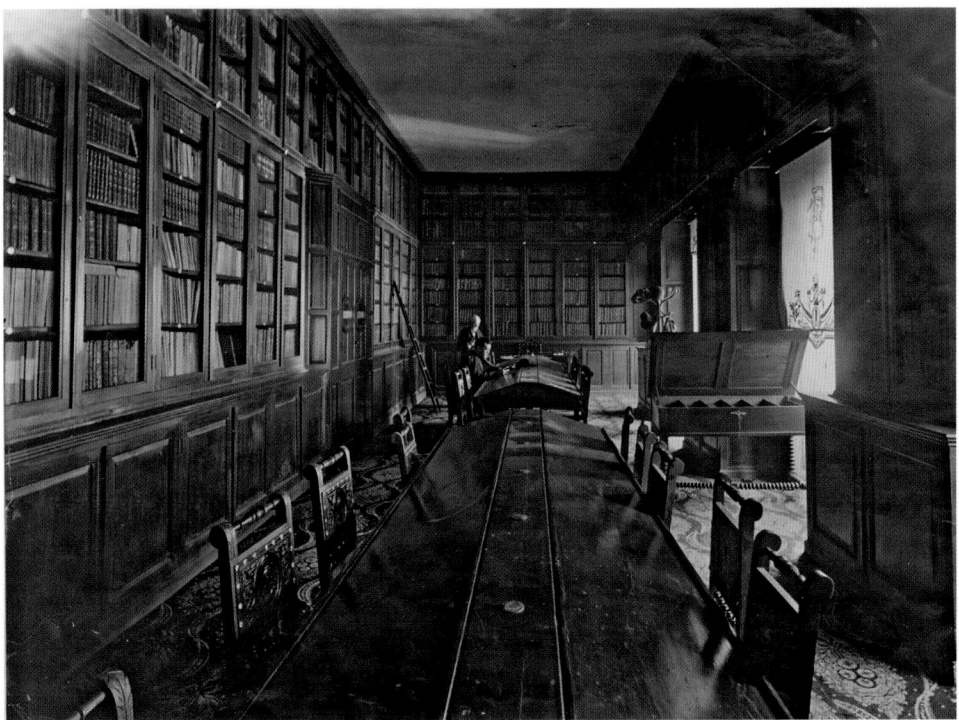

Biblioteca Provincial en 1915. Fuente: AGA, 31-04750.

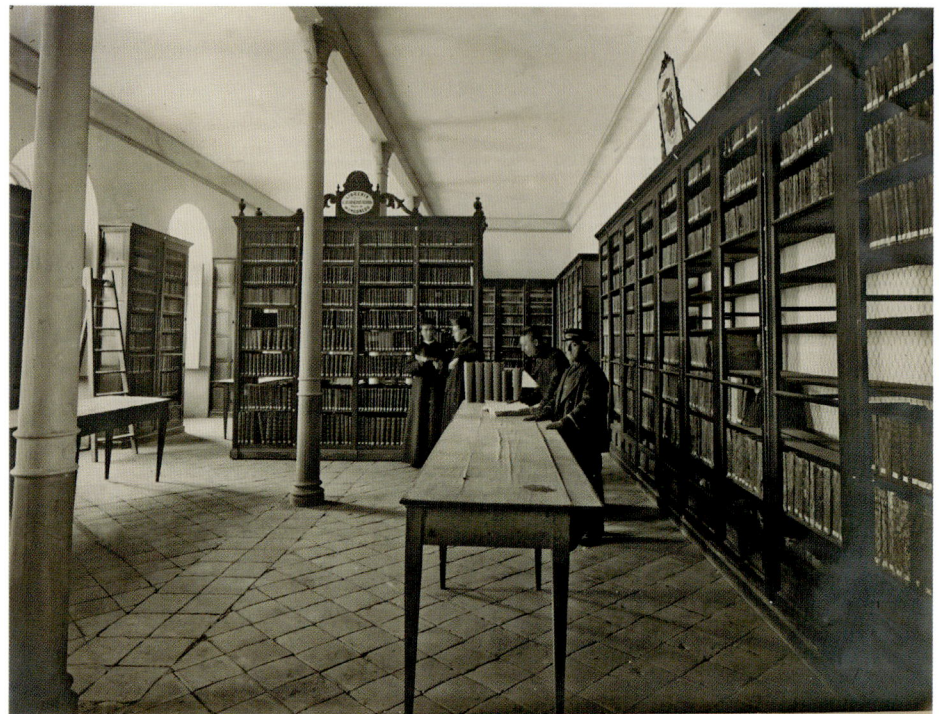

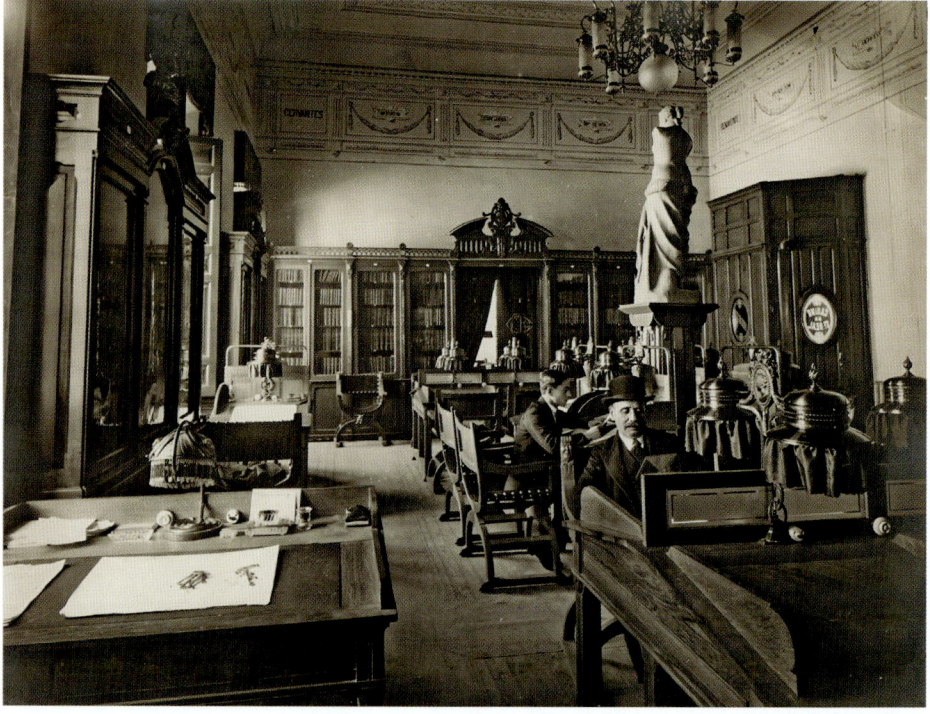

Arriba, biblioteca del Seminario Conciliar en 1915. Fuente: AGA, 31-04750. Abajo, biblioteca del Casino de Ciudad Real en 1915. Fuente: AGA, 31-04750.

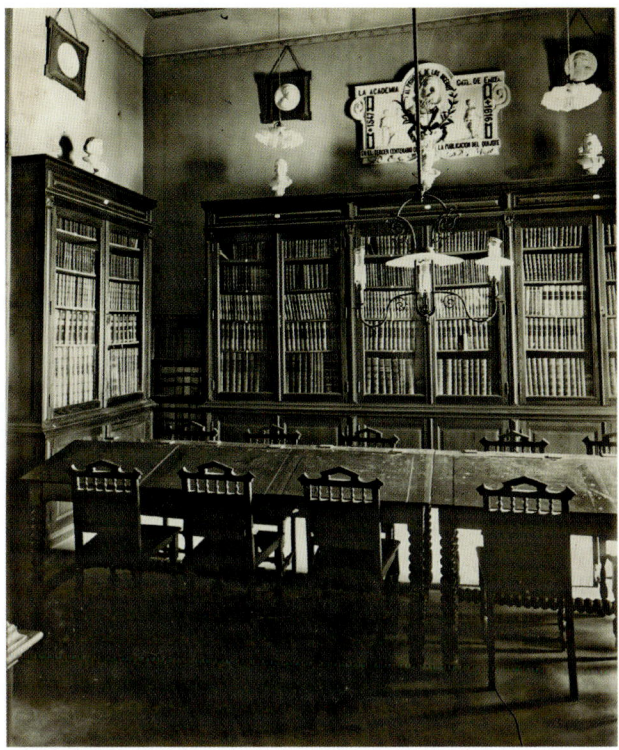

Biblioteca de la Academia General de Enseñanza en 1915. Fuente: AGA, 31-04750.

La Real Orden de 16 de febrero de 1916, en relación con la redacción de los Catálogos provinciales de Monumentos, fijó los plazos en que deben entregar los funcionarios encargados de dicho servicio y forma en que percibirán los haberes que por ellos se le asigne[83].

La Real Orden de 22 de mayo de 1916 dispuso que las autoridades o corporaciones que en lo sucesivo soliciten que algún edificio sea declarado Monumento Nacional, acompañen a las instancias fotografías o dibujos precisos para poder apreciar sus condiciones artísticas[84].

Don Fidel Fita redactó un informe el 3 de febrero de 1917 sobre antigüedades romanas de Alarcos[85].

> «Las murallas ciclópicas y la estela funeral del antiguo castillo de Alarcos, que expuso fotografiadas y estudió en nuestro BOLETÍN (i) D. Antonio Blázquez, me han movido á redactar este breve Informe, con el principal objeto de que la Comisión Provincial de Monumentos de Ciudad Real allegue nuevos datos acerca de tan importante ramo arqueológico»[86].

En octubre de 1917 Antonio Reneses Gallego halló un hacha de piedra en la viña llamada El Quintanar, del término de Daimiel, que fue donada a la RAH.

9.6. APROBACIÓN Y CONTENIDO DEL *CATÁLOGO MONUMENTAL DE LA PROVINCIA DE CIUDAD REAL*, ELABORADO POR BERNARDO PORTUONDO

Pilar Molina Chamizo realiza, en la introducción de la edición facsímil de la Biblioteca de Autores Manchegos de 2007, un análisis exhaustivo del proceso de adjudicación y redacción del catálogo[87], aprobado finalmente en la sesión de la Comisión Mixta Organizadora de las Provinciales de Monumentos del 13 de marzo de 1917 en la que se constató «la escasez de documentos gráficos y no mucha extensión del texto»[88].

En la sesión del 1 de mayo de 1917 se leyó un extenso informe sobre el contenido del catálogo, acordando nuevamente su aprobación y con fecha 19 de mayo así fue comunicado al Ministerio de Instrucción Pública y Bellas Artes[89].

El *Catálogo* contiene numerosas referencias a la Comisión Provincial de Monumentos y a la colaboración que le prestaron sus componentes:

IGLESIA DE SAN AGUSTÍN DE ALMAGRO

«El retablo del altar mayor de la época, también de mérito artístico fue objeto de litigios en cuanto a su propiedad, salvándose merced al extenso informe de D. Venancio Tello, emitido a petición de la Comisión Provincial de Monumentos, que a su vez había recibido la orden de la Central en 1845; ese informe se conservaba no hace mucho en la Secretaría de la referida Comisión (Galiano)»[90].

CONVENTO DE LA ASUNCIÓN CALATRAVA DE ALMAGRO[91]

«Da idea, aunque con alguna inexactitud de detalle, de las bellezas de este monumento (algunas ya no existentes), el informe del arquitecto don Cirilo Vara y Soria (que inserta Galiano), dado en 1852 para servir de base a las gestiones de la Comisión Provincial de Monumentos a fin de obtener su restauración».

ALDEA DE CIRUELA DE CIUDAD REAL

«En Ciruela sepulturas y unos vasos de barro bastante bien tallados, una de los cuales se llevó a la Comisión de Monumentos en 1909, a los cuales se atribuyó antigüedad remota, muy anterior a la Era Cristiana. Hoy no se conservan. En La Puebla se hallaron monedas y sepulturas»[92].

PUERTA DE TOLEDO DE CIUDAD REAL

«La Puerta de Toledo (láminas 24 y 26) hoy existente se halla maravillosamente descrita en el informe que, por encargo de la Comisión Provincial de Monumentos, redactó don Casimiro Piñera, Prelado de la diócesis; lo inserta íntegro en su copioso y notable Diccionario Geográfico, histórico, biográfico y bibliográfico de la provincia don Inocente Hervás y Buendía[93].

Por iniciativa del entendido anticuario don Emilio Bernabéu, miembro de la Comisión Provincial de Monumentos se ha reparado muy recientemente este portillo y la escalerita que por el mismo sube al adarve, cerrándola con una puertecilla de hierro, que aunque desdiga un tanto, era precisa precaución para evitar abusos en perjuicio del monumento»[94].

TORRE DE LA CATEDRAL DE CIUDAD REAL

«En el orden arqueológico, según los principios que hemos expuesto anteriormente, creemos que debió ante todo, conservarse, restaurarse o reproducirse fielmente la antigua construcción, tal como era; tanto más cuanto que a esa regla general se unía en este caso el estilo de la torre dentro del Renacimiento; basta comparar la figura adjunta con la antigua que se conserva en la Comisión Provincial de Monumentos, teniendo además en cuenta el barroquismo polícromo de las escamas de la cupulilla y el proseísmo desairado de sus barandillas y linterna de hierro, para apreciar el lamentable error cometido[95].

Para terminar la capital haremos una ligera indicación de algunos de los interesantes efectos reunidos en la Secretaría de la Comisión Provincial de Monumentos gracias a los inteligentes cuidados, que, luchando con grandes dificultades, han puesto en ello los miembros de la digna Comisión, y muy especialmente don Emilio Bernabéu, que con gran entusiasmo trabaja por desarrollar estos estudios y conservar la riqueza artística de la provincia. En diversas vitrinas y armarios reúnense, con algún desorden todavía, por estarse ahora catalogando, entre otros, los siguientes efectos:

Un considerable monetario que contiene buenos ejemplares Ibéricos, Romanos y de Castilla y también cuarenta y nueve monedas arábigas. Parte de las monedas están encerradas en un cofrecito de hierro con una abrazadera central. Es interesante aunque de tan sencilla y lisa factura que resulta difícil, aun cuando se aprecia su notoria antigüedad, precisar su fecha; parece por esa misma sencillez y aún cierta tosquedad desde luego ajeno al más refinado Renacimiento; debe ser de la época más fría y severa de Felipe II ya que ningún carácter presenta del estilo plateresco ni ojival y menos aún mudéjar, y no tiene tampoco carácter suficientemente antiguo para pertenecer a las formas primitivas y más simples del romano y románico que corresponden a la época anterior a la invasión árabe, antigüedad que no revela su factura. Su cierre de llave pero de un sistema original está en consonancia con la antigüedad relativa que le atribuimos.

Dos lámparas halladas en el Puerto del Muradal.

Una orcita árabe encontrada en Alarcos.

Una cabeza de bestia tallada en piedra, cabeza descubierta por don Antonio Blázquez, en las ruinas de Alarcos, de la cual se perciben, aunque algo desvanecidos, un ojo, las orejas y la figura general.

Dos orzas de barro sencillas, de veinte centímetros de altura halladas en Campo de Criptana.

Dos urnas cinerarias, con los restos de la incineración, procedentes de Villajos.

Un hacha de bronce encontrada en Torralba (de ella se habla en el artículo correspondiente).

Ocho hachas de piedra de variados tamaños y formas (una cónica), encontradas en diversos lugares de la provincia.

Dos pequeñas orzas y buen número de fósiles, de diverso origen.

Se guardan también en el Archivo algunos documentos, citados ya en su lugar correspondiente, e interesantes fotografías de obras artísticas de la provincia, destacándose por ser ya el recuerdo único que queda de ello las que muestran las torres de la Catedral del Prado y del Convento antiguo de la Asunción en Almagro con sus antiguas cubiertas, las cuales permiten. establecer las necesarias comparaciones con las actuales en la crítica de estas»[96].

MOTILLA DE TORRALBA

«…Deshechas y enterradas las momias y rotas y destruidas las ollas, han podido salvarse los demás objetos que conserva la Comisión de Monumentos de la provincia»[97].

«La Comisión de Monumentos ha descubierto al E. del Santuario de Nuestra Señora de la Encarnación, de Calatrava, un alfar, del que muy bien pudieran provenir los restos de la Motilla, lo cual confirma el aserto de ilustres arqueólogos de que estos objetos no eran de fabricación etrusca, sino que se construían en el centro de la península»[98].

El Real Decreto de 25 de agosto de 1917 dispuso que la Junta Superior de Excavaciones y Antigüedades intervenga también en lo sucesivo en los expedientes que se incoen sobre conservación de monumentos históricos y artísticos, elevando a doce el número de vocales que han de constituir la referida Junta[99].

El 18 de abril de 1918[100] la Real Academia de la Historia comunica a la Comisión Provincial el fallecimiento de don Maximiano de Regil, su representante por el cuerpo literario.

El 4 de mayo y el 10 de agosto de 1918[101] la Comisión Mixta comunica a la Comisión Provincial que don Maximiano de Regil será sustituido en sus funciones por don Eloy Fernández Alcázar.

9.7. REGLAMENTO DE LAS COMISIONES PROVINCIALES DE MONUMENTOS HISTÓRICOS Y ARTÍSTICOS DE 1918

El 11 de agosto de 1918 se aprobó un nuevo reglamento de las comisiones provinciales de Monumentos Históricos y Artísticos para adaptarse a la normativa aprobada desde 1865 y a las reales academias de la Historia y de Bellas Artes de San Fernando a las que representaban en cada provincia.

«Estas Comisiones estarán compuestas por todos los individuos correspondientes de dichas dos Reales Academias que residan en la provincia respectiva. Art. 2.° Serán además individuos natos de cada Comisión:
El Presidente de la Diputación Provincial.
II. El Alcalde de la capital.
III. El Rector de la Universidad, y donde no los hubiera, el Director del Instituto general y técnico.

IV. El Prelado de la Diócesis correspondiente á la capital ó la persona en quien delegue.

V. Los Directores de las Academias de Bellas Artes que, con carácter oficial, existan en las capitales de provincia, y dos individuos más de su seno, designados por las mismas, cuyos nombramientos serán confirmados por las respectivas Academias de la Historia y Bellas Artes de San Fernando.

VI. El Arquitecto provincial, el municipal de la localidad y él diocesano correspondiente.

VII. Los Jefes de los Museos dependientes del Estado ó de la Provincia».

El reglamento definía con mucho detalle las funciones, organización y medios, contemplaba la creación de subcomisiones locales y establecía las obligaciones de los ayuntamientos, diputaciones y gobiernos civiles.

La Real Orden de 1 de enero de 1919 estableció reglas para regularizar el servicio del personal afecto a la conservación y vigilancia de los monumentos nacionales[102]. Al mes siguiente por Real Orden de 5 de febrero fue rectificada[103].

En la sesión de la Comisión Mixta Organizadora de las Provinciales de Monumentos del 18 de febrero de 1919 se constata que la Comisión Provincial de Monumentos de la provincia de Ciudad Real, entre otras, ha quedado constituida con arreglo al nuevo reglamento[104].

La Real Orden de 23 de julio de 1919 relacionó los documentos necesarios para la aprobación de los catálogos provinciales, cuartillas, fotografías, etc. y su entrega a la comisión mixta[105].

El Real Decreto de 10 de octubre de 1919 creó el cargo de delegado regio provincial de Bellas Artes[106], para impulsar el conocimiento y la catalogación de los bienes:

> «la vigilancia constante y el cultivo del ambiente, la obra de amor que resulte de emprender la cruzada espiritual que logre implantar, intensificar, al menos, en el alma española el amor a las artes. [Para ello se buscaba la] colaboración de un puñado de hombres de buena voluntad, de espíritus cultivados no sólo por el estudio y la contemplación de la belleza, sino por él imperio de ese mismo amor que han de despertar en el alma de las multitudes».

Por el certificado de la reunión, celebrada por la Comisión Provincial de Monumentos Históricos y Artísticos de Ciudad Real del 20 de enero de 1919, conocemos su composición en esas fechas[107]:

Presidente: don Manuel Tolsada y Gómez, correspondiente de las reales academias de la Historia y Bellas Artes de San Fernando.

Vicepresidente: don Luis Barrda y Ferrer de la Vega, correspobidiente de la RABASF.

Conservador: don Florián Calvo y Rodríguez, correspondiente de la RABASF.

Secretario: don Emiliano Morales y Ruiz de Rivera, correspondiente de la RAH.

Vocales: don Emilio Bernabéu y Novalbos, don Eloy Fernández y Alcázar, don Miguel Federico Fernández y Alcázar y don Eusebio Vasco (Valdepeñas), correspondientes de la Real Academia de la Historia; don Miguel Pérez Molina y don Justo Sánchez Escribano, correspondientes de la Real Academia de Bellas Artes de San Fernando.

La Real Orden de 31 de julio de 1920 estableció un plazo de treinta días, para que los presidentes de las comisiones provinciales de Monumentos cumplan lo determinado por la Real Orden de 5 de febrero de 1919 sobre el nombramiento de conservador en personas idóneas y de garantías que se encargue de la custodia de los monumentos de cada provincia[108].

La Real Orden de 20 de agosto de 1920 dictó medidas relativas a la organización del servicio, «conservación de obras de arte» y al nombramiento de restauradores, conservadores y formadores adscritos a dicho servicio[109].

Rafael Ramírez de Arellano escribió un artículo sobre el artesonado de la iglesia de Santiago de Ciudad Real en el número especial de *El Pueblo Manchego* de agosto de 1920:

> «El techo artesonado hermosísimo se puede descubrir con veinte duros según dije ya en la revista Vida Manchega. Su reaparición sería celebrada por todos los amantes del arte y la iglesia ganaría mucho con esa obra. Y yo pregunto: ¿No hay en Ciudad Real una persona amante del arte y de la iglesia que tenga el altruismo necesario para dar 20 duros? ¿El Sr. Obispo Prior podría costear esta obra? ¿Los vecinos de la parroquia, los feligreses, peseta á peseta y real á real, no podrían costearlo? Tome la iniciativa cualquier persona autorizada como el Delegado Regio de Bellas Artes ó alguna Corporación oficial como la Comisión Provincial de monumentos y ya verán cómo se reúne el dinero y la obra se hace».

Por Real Orden de 4 de marzo de 1921 se establecieron nuevas medidas sobre los conservadores de monumentos nacionales para adaptar su número y funciones a las disponibilidades presupuestarias[110].

La Real Orden Circular de 14 de julio de 1921 exigió a las diputaciones provinciales que consignaran desde el próximo presupuesto, como mínimo, la cantidad de 500 pesetas anuales para que la Comisión de Monumentos Históricos y Artísticos pudiera atender a los gastos de la misma[111].

El Real Decreto de 24 de febrero de 192, dictó normas para la revisión del *Catálogo Monumental de España*[112].

El Real Decreto de 3 de marzo de 1922, ante la necesidad de construir y habilitar locales para la Enseñanza Primaria, dispuso reglas para las construcciones en edificios destinados a la enseñanza y los monumentos nacionales[113]:

> «3. Monumentos nacionales.
> Se formará y publicará por el Ministerio de Instrucción Pública, un inventario o relación de los monumentos declarado nacionales, uniendo en cada caso los informes técnicos que han servido de base a su designación. Los monumentos serán clasificados previo su examen en tres grupos:

1 Catedrales.

2 Monumentos que pueden ser utilizados con fines docentes.

3 Monumentos que no pueden ser utilizados con fines docentes.

En los dos primeros grupos podrán realizarse las obras de conservación y reparación necesarias para su sostenimiento y útil aplicación.

En el último, sólo las de consolidación, indispensables para conservar la parte que haya sido declarada monumento nacional, o para mantenerlos en el estado de conservación que tengan al presente».

Según la certificación del secretario don Emiliano Morales y Ruiz de Rivera, en la sesión de la Comisión Provincial del 5 de mayo de 1922, reunida en el despacho del gobernador civil, asistieron: el gobernador civil, el alcalde, el director del Instituto, Luis Barreda, Balcázar, Pérez Molina, Fernández, Calvo, Sánchez-Escribano y Morales[114]. Entre los asuntos tratados, se lamentó la muerte de don Manuel Tolsada y, al haber transcurrido tres años desde la última designación, se eligió nueva Comisión, compuesta de la siguiente forma:

Presidente: don Luis Barreda y Ferrer de la Vega (RABASF).

Vicepresidente: don José Balcázar y Sabariegos (RAH), delegado en la Junta de Espectáculos.

Convervador: don. Florián Calvo y Rodríguez (RABASF).

Secretario: don Emiliano Morales y Ruiz de Rivera (RAH), delegado en la Junta Diocesana de Construcción y Reparación de Templos.

El director del Instituto comunicó que debía disponer del aula que hasta ahora venía ocupando la Comisión y la sala de Arqueología. El gobernador civil ofreció una dependencia de la Diputación. Acordaron también proponer a la RABASF, como correspondientes, a los pintores Ángel Andrade y Blázquez y Pedro Barragán y Montemayor.

El 17 de junio de 1922[115] la Comisión Mixta Organizadora propone a don Pedro Barragán y Montemayor para sustituir por fallecimiento a don Manuel Tolsada Gómez, y el 20 de junio se le comunica al interesado.

En la relación de conserjes para monumentos nacionales nombrados por RO de 24 de agosto de 1922, figuraba Tomás Sánchez para la provincia de Ciudad Real[116].

Por Real Orden de 13 de octubre de 1922 fueron confirmados en propiedad, en los cargos para los que fueron nombrados interinos, los visitadores y conserjes de Monumentos Nacionales[117].

Para impedir la salida al extranjero de la riqueza artística española, se aprobaron durante 1922 tres reales órdenes que, como veremos más adelante, no consiguieron plenamente los objetivos planteados. El Real Decreto de 16 de febrero de 1922 habilitó aduanas para la exportación de objetos artísticos y creó un procedimiento a través de las comisiones de valoración[118]. La Real Orden de 29 de agosto de 1922 consideró como objetos artísticos, a los efectos de la prohibición de exportación, todos aquellos, tanto de la propiedad del Estado como de corporaciones o particulares, que, por su antigüedad, mérito artístico o especiales condiciones, deban ser conservados en el país[119]. Estas dos disposiciones se complementaron con la Real Orden de 8 de noviembre de 1922 que precisó con mayor detalle el procedimiento[120].

El 16 de noviembre de 1922[121] la Real Academia felicita a don Narciso Esténaga, académico correspondiente, por su nombramiento como obispo electo de Ciudad Real.

El Real Decreto de 9 de enero de 1923, relativo a la enajenación válida de las obras artísticas, históricas o arqueológicas en posesión, que no son propiedad de iglesias, catedrales, colegiatas, parroquias, filiales, monasterios, ermitas y demás edificios de carácter religioso, determinó la necesidad de autorización previa por el Estado para su venta y fomentó la creación de museos diocesanos para la mejor conservación y custodia de las riquezas artísticas, históricas o arqueológicas de cada diócesis[122].

9.8. DICTADURA DE PRIMO DE RIVERA

Como hemos ido comprobando, la preocupación de los gobiernos liberales y conservadores durante el reinado de Alfonso XIII se tradujo en la aprobación de normativa de protección de los bienes culturales y en la puesta en marcha de iniciativas para su conocimiento, investigación, inventario y divulgación. Esta dinámica no se rompió con el golpe militar de Miguel Primo de Rivera en septiembre de 1923.

El Real Decreto de 6 de marzo de 1924 aprobó el Reglamento para las Exposiciones Nacionales de Bellas Artes[123].

El Estatuto Municipal de 8 de marzo de 1924 contemplaba en los artículos 150, 220, 221 y 375 competencias municipales en materia de monumentos[124].

A propuesta de la Junta Superior de Excavaciones y Antigüedades y en base a la Ley de 4 de marzo de 1915 de Monumentos, por Real Orden de 25 de abril de 1924, se declararon Monumentos arquitectónico-artísticos, 29 cuevas y abrigos con pinturas o grabados rupestres, entre las que se encontraban Peña Escrita y La Batanera en Fuencaliente[125].

La Real Orden de 1 de julio de 1924 suprimió la figura de visitadores de Monumentos Nacionales[126].

Para dar la mayor divulgación posible a las declaraciones de monumentos nacionales realizadas, se dispuso por Real Orden de 16 de agosto de 1924, que en el exterior de todos los edificios declarados monumentos nacionales o arquitectónico-artísticos y en la parte más visibles de los mismos, se colocara una lápida, placa o cartel en la que se hiciera constar dicha declaración[127].

El Real Decreto de 24 de noviembre de 1924 estableció las condiciones, funciones y salarios de los conserjes y guardas de Monumentos Nacionales y Arquitectónicos[128].

El Estatuto Provincial de 1925 contempló competencias de la diputaciones provinciales en la conservación de los monumentos en los artículos 107, 108, 109 y 193[129].

En julio de 1925 el Ayuntamiento de Ciudad Real tuvo que paralizar unas obras que podían poner en peligro la Puerta de Toledo. Intervinieron el alcalde, don Gonzalo Muñoz Ruiz, y los miembros de la Comisión Provincial de Monumentos, Luis Barreda, Emilio Bernabéu, Morales, Balcázar, Arias y Telmo Sánchez.

El Decreto-Ley de 9 de agosto de 1926 del Tesoro Artístico Arqueológico Nacional reconocía la falta de eficacia de las leyes anteriores y por eso plantea:

«la intervención directa y eficaz del Estado, si es que pretendemos fijar de una vez y para siempre la riqueza monumental de España al suelo de la Nación.
Dos partes comprende el Decreto ley.
En la primera tienen cabida los preceptos relativos a la conservación custodia de la riqueza arquitectónica, arqueológica, histórica y artística de España, y clasificación y declaración de monumentos, ciudades y lugares pintorescos.
Refiérese la segunda a las normas a que habrá de sujetarse la exportación y comercio de antigüedades, aun, de aquellas en poder de particulares, normas que, sin mermar su sagrada condición privada, las hacen compatibles con los derechos del Estado para el fiel cumplimiento de uno de sus más elevados cometidos».

En la definición del concepto del tesoro artístico nacional no aparecen límites temporales y se introduce el valor «cultural» de los bienes:

«Concepto del Tesoro artístico nacional.
Artículo l.º Constituye el Tesoro artístico arqueológico nacional el conjunto de bienes muebles e inmuebles dignos de ser conservados para la Nación por razones de Arte y cultura. Estos bienes quedan bajo la tutela y protección del Estado con sujeción a los preceptos de este Decreto-ley, a partir de su publicación en la Gaceta de Madrid».

El decreto otorga funciones y responsabilidades muy relevantes a los gobernadores, presidentes de las diputaciones, alcaldes, comisiones provinciales de Monumentos y reales academias de la Historia y de Bellas Artes. Entre otras, la remisión en el plazo de tres meses de una:

«lista detallada de los castillos, murallas, monasterios, ermitas, puentes, arcos, etc., y de sus ruinas, de cuya existencia en sus respectivas demarcaciones tuvieren noticia, expresando su situación y actual estado de dominio, el nombre de sus poseedores, su abandono si lo tienen conocido y las edificaciones en ellos hechas o adosadas».

Mediante Real Orden Circular de 24 de agosto de 1926 se recordó a los gobernadores civiles el cumplimiento del Decreto-Ley de 9 de agosto[130].

9.9. RUTA DE DON QUIJOTE DE CARLOS VÁZQUEZ Y LOTY,1926

El viaje no solo plasmó los aspectos etnográficos, costumbristas y tradicionales, las imágenes captadas por Loty ofrecen también un carácter documental de primer orden para conocer el patrimonio cultural de La Mancha de 1926. Así lo destacó Carlos Chaparro Contreras, comisario de la exposición «Don Quijote ante la cámara», en el Museo de Ciudad Real-Convento de la Merced en el año 2016, con motivo del cuarto centenario de la publicación de la segunda parte del *Quijote*. La ruta de Don Quijote seguida por el pintor Carlos Vázquez y el fotógrafo Charles Alberty, conocido comercialmente como Loty, en el verano de 1926, se organizó para buscar localizaciones en las que ambientar algunas escenas de las aventuras de Don Quijote por La Mancha, para sintetizarlas en varios dioramas que se expondrían en la Muestra de Arte Español de la Exposición Internacional de Barcelona de 1929.

Mediante circular de 28 de octubre de 1926, dirigida a los gobernadores, alcaldes y presidentes de las comisiones de Monumentos de todas las provincias, se les instó a velar por el cumplimiento exacto del Decreto-Ley de 9 de agosto, especialmente en lo referido a obras que puedan afectar a los bienes protegidos y al comercio de antigüedades[131].

En aplicación del artículo 37 del Decreto-Ley de 9 de agosto de 1926, mediante Real Decreto de 19 de noviembre de 1926, se dispuso que el Patronato para la Protección, Conservación y Acrecentamiento del Tesoro Artístico Nacional se ejerza por una Junta Central de Patronato en pleno y un Comité ejecutivo permanente, compuestos por los señores que relaciona[132].

La Real Orden de 8 de enero de 1927 pretendía estimular la actividad de los contratistas de las obras que se ejecuten para la construcción de edificios destinados a escuelas nacionales de Primera Enseñanza, a otros servicios de la Instrucción Pública y a la conservación, restauración o reparación de los monumentos artísticos e históricos[133].

Por Real Orden de 15 de julio de 1927 se reguló el procedimiento para la declaración de sitios de interés nacional y de monumentos naturales de interés nacional[134].

El 18 de abril de 1927, en la inauguración del monumento a Cervantes en su plaza, intervino don Luis Barreda en nombre de la Real Academia Española de la Lengua y de la Comisión Provincial de Monumentos.

El Pueblo Manchego se hacía eco en la edición del 14 de mayo de 1928 de una visita al rey Alfonso XIII:

> «Esta semana serán recibidos por S. M. el Rey, el Excmo. e Ilustrísimo Sr. Obispo Prior y el párroco de Calzada de Calatrava D. José Moreno, los cuales harán entrega al soberano de una memoria muy interesante referente a la reconstrucción de Calatrava la Nueva».

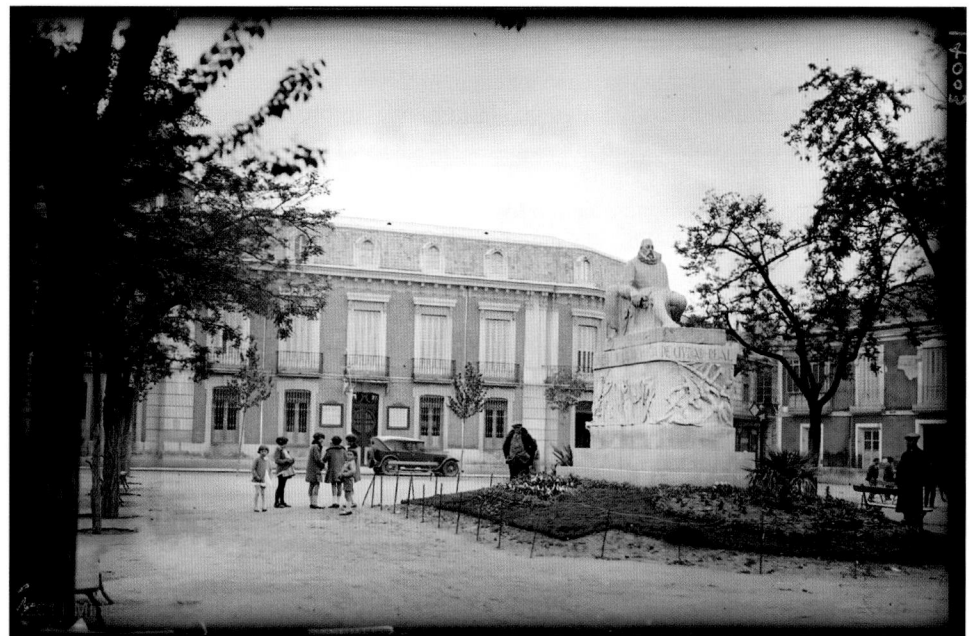

Plaza de Cervantes de Ciudad Real entre 1927 y 1936. Fuente: IPCE, Antonio Passaporte, LOTY-07203.

El Real Decreto de 25 de junio de 1928 aprobó el reglamento, con la composición y las atribuciones de la Junta Central del Patronato para la Protección, Conservación y Acrecentamiento del Tesoro Artístico Nacional contemplada en el Decreto-Ley de 9 de agosto de 1926 y en la Orden de 19 de noviembre del mismo año[135].

En la sesión ordinaria de la RABASF del 5 de noviembre de 1928 se trató la comunicación realizada por el obispo prior de las Órdenes Militares y académico, don Narciso Esténaga, en la que:

> «refiere detalles de las dependencias del Castillo de Calatrava, advirtiendo la imposibilidad de restaurar, por su actual estado de ruina la parte militar, que constituye una de las más notables fortalezas de su tiempo, pero que es posible la restauración de la iglesia, ejemplo cisterciense de la época de trasmisión del románico al gótico, reponiendo un óvalo hoy complemento caído, obra perfectamente posible. El Sr. Obispo Prior, pretende que se sea entregado todo el castillo proponiéndose devolver al culto la iglesia poniendo en ella una virgen nueva, pues la antigua la posee un pueblo del Campo de Calatrava que se niega a su devolución».

La Academia acordó adherirse a su estimable labor.

La Real Orden de 26 de marzo de 1929, relativa a las misiones encomendadas a las comisiones provinciales de Monumentos Históricos y Artísticos[136], deja patente la escasa función ejecutiva que poseían:

«La misión encomendada a las citadas Comisiones provinciales de Monumentos, así como a las Autoridades todas, es pura y meramente de vigilancia e información, y en ningún caso pueden ni están facultadas para por sí mismas tomar resolución ejecutiva alguna, sin la previa aprobación de este Departamento ministerial, el cual la otorgará según aconsejen las circunstancias y asesorado de las Reales Academias de Bellas Artes de San Fernando, de la Historia, Juntas superior de Excavaciones, facultativa de construcciones civiles y Comisión mixta organizadora de aquéllas, en cuanto así lo estime conveniente».

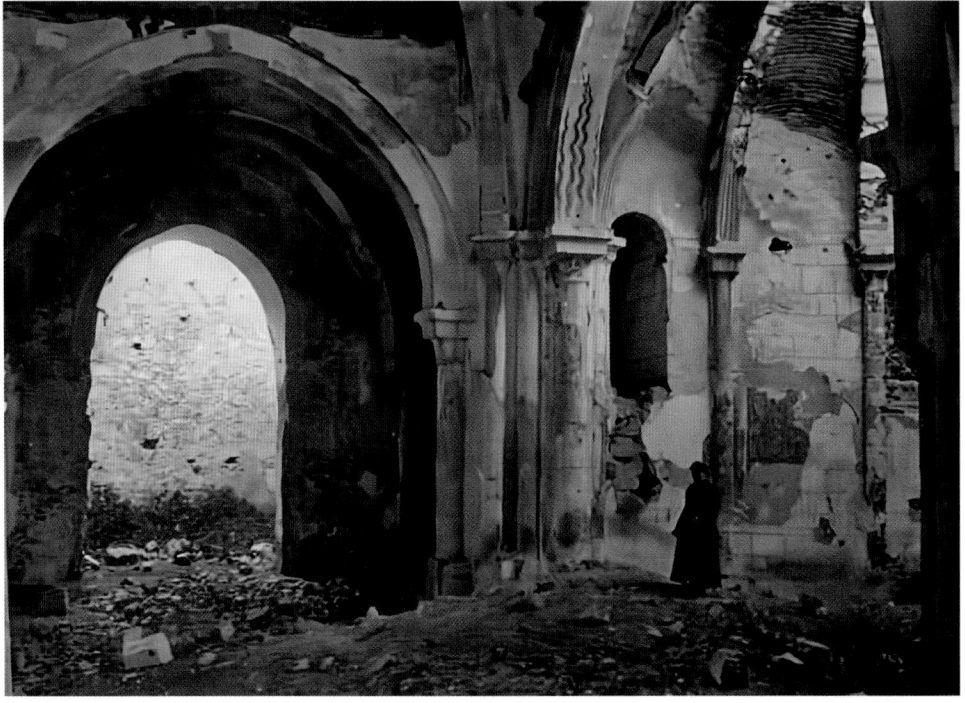

Iglesia de Calatrava la Nueva. Fuente: *Catálogo Monumental*, de Bernardo Portuondo.

Para mejorar la ejecución de las obras en los monumentos declarados patrimonio del Tesoro Artístico-Nacional, el Real Decreto de 26 de julio de 1929 dispuso que[137]:

«Artículo 1° Los proyectos y ejecución de las obras en los monumentos que sean declarados patrimonio del Tesoro Artístico Nacional estarán a cargo de seis Arquitectos con honorarios fijos. Su nombramiento y separación, así como la suspensión. de las obras que realicen se harán de RO, a propuesta del Comité ejecutivo permanente de la Junta de Patronato para la defensa de la riqueza monumental, histórica y artística de España.

Artículo 2.° Para el mejor ordenamiento y plan de las obras se considerará dividida España en las siguientes zonas:

5ª Badajoz, Cádiz, Ciudad Real, Córdoba, Huelva, Sevilla y Canarias».

El 1 de octubre de 1929 se remitió una carta circular de a los reverendos prelados sobre reorganización de los archivos eclesiásticos[138].

Por Real Orden de 25 de octubre de 1929 se dictaron reglas relativas a los recursos económicos que la Junta de Patronato del Tesoro Artístico Nacional debe poseer para el cumplimiento de sus fines[139].

Dos disposiciones del 2 de noviembre de 1929 dictaron reglas e instrucciones para acrecentar, unificar y organizar los servicios referentes a la conservación de la riqueza monumental y artística. Una Real Orden[140] exigía a los arquitectos de zona nombrados para el cuidado de los monumentos, visitas e informes en un plazo de tres meses y una Real Orden Circular volvía a recordar a los gobernadores, presidentes de las diputaciones y alcaldes sus funciones y responsabilidades[141].

Como medida de protección para las obras artísticas, históricas o arqueológicas, el Real Decreto de 28 de junio de 1930 impuso la puja o subasta para su enajenación válida[142]:

«..como forma solemne de inexcusable cumplimiento para la enajenación de los objetos integrantes de aquel tesoro, la puja sobre un valor fijado por peritos entre los concurrentes, que pueden ser todos los españoles, cuya invitación asegura una real y efectiva publicidad».

10
SEGUNDA REPÚBLICA ESPAÑOLA

Llega de nuevo la República en 1931 en una época marcada por el auge del fascismo, la crisis económica, las heridas sin cerrar de la Primera Guerra Mundial y los intentos por exportar la Revolución Rusa. En España hay que sumar los graves y tradicionales problemas de la sociedad española: ausencia de clase media, caciquismo, incultura, analfabetismo y concentración de la riqueza y de la tierra en pocas manos.

La división y los enfrentamientos entre los que aspiraban con impaciencia a ver los frutos de las reformas republicanas y los que se veían amenazados por ellas, propietarios, Iglesia y Ejército, desembocaron en multitud de incidentes, disturbios y levantamientos que provocaron la Guerra Civil.

La proclamación de la II República supuso un gran impulso al patrimonio artístico, histórico, etnográfico y documental en España. El nombramiento del crítico e historiador del Arte Ricardo de Orueta Duarte como director general de Bellas Artes el 23 de abril de 1931 hizo posible la aprobación de gran número de medidas legislativas para su protección, estudio, catalogación y divulgación.

Para el desarrollo de este periodo hemos tomado como referencia, entre otros, los trabajos de Lara Nebreda Martín, *La protección del patrimonio histórico-artístico durante la Segunda República: Análisis de documentación legal;* el de Javier García Fernández, *La regulación y la gestión del Patrimonio Histórico-Artístico durante la Segunda República (1931-1939);* el de Juan Francisco Prado Sánchez-Cambronero, *Conflictividad social y patrimonio en la provincia de Ciudad Real durante la II República (1931-1939),* que analiza cronológicamente y con gran detalle todo lo acontecido en la provincia de Ciudad Real; y el de Francisco Alía Miranda, *La Guerra Civil en Ciudad Real (1936-1939). Conflicto y revolución en una provincia de la retaguardia republicana.* Por ello, nos hemos centrado en los objetivos y aplicación práctica de las disposiciones adoptadas por la República en el patrimonio cultural, las funciones de la Comisión Provincial de Monumentos, los perfiles y trabajos de sus miembros y en la figura del delegado provincial de Bellas Artes.

En 1931 era delegado regio de Bellas Artes don Gonzalo Muñoz, director de la Escuela Normal de Maestras[1].

El Decreto de 22 de mayo de 1931, que dictaba medidas urgentes y eficaces, fue la primera disposición de la Segunda República para la defensa del patrimonio artístico español. Intentaba remediar la falta de cumplimiento de las normativas aprobadas con anterioridad que impedían la venta de objetos artísticos. Su aplicación afectaba a entidades, personas jurídicas, eclesiásticas y civiles y encomendó funciones muy relevantes a los gobernadores civiles[2].

«Artículo 1.º Las entidades y personas jurídicas, así eclesiásticas como civiles, no podrán enajenar inmuebles ni objetos artísticos, arqueológicos o históricos de una antigüedad que, entre los peritos en la materia, se considere mayor de cien años, cualesquiera que sean su especie y su valor, sin previo permiso del Ministerio de que dependa mediante escritura pública.

Dicho Ministerio, antes de resolver, pedirá informe a la Dirección general de Bellas Artes.

Artículo 2.º Toda entidad o persona jurídica o eclesiástica o civil que quiera enajenar un inmueble o un objeto artístico, arqueológico o histórico, lo pondrá en conocimiento del Gobernador civil de la provincia. Acompañarán a la comunicación dos o más fotografías del inmueble u objeto, su descripción minuciosa, con las dimensiones, peso, si el objeto fuese de metal precioso; noticias de su origen e historia; títulos de posesión e indicación precisa de donde se encuentre el mueble u objeto; además del precio en que está convenida la enajenación.

Artículo 3.º El Gobernador, al recibir la comunicación a que se refiere el artículo 2.º, dará urgente conocimiento de ella al Delegado de Bellas Artes y a la Comisión de Monumentos, requiriendo informes precisos que se publicarán en el Boletín Oficial y en la Prensa local y provincial. Obtenidos los informes y los esclarecimientos que juzguen oportunos, remitirá el expediente al Ministerio que corresponda».

El 28 de mayo se publicó un Decreto dictando reglas relativas a evitar la pérdida o deterioro de obras artísticas[3].

«Artículo 1.º Cuando la Dirección general de Bellas Artes tenga conocimiento de que alguna obra artística se halla en peligro de perderse o deteriorarse por falta de la debida custodia, podrá disponer el traslado de la misma al Museo provincial, y si éste no se hallase debidamente organizado, a uno de los Museos Nacionales.

Artículo 2.º Si el peligro para las obras de arte fuese inminente, el Gobernador civil de la provincia, sin previa consulta, podrá incautarse de ella, dando un recibo provisional y trasladarlas a lugar seguro, comunicándolo por telégrafo a la Dirección de Bellas Artes para que ésta dicte las oportunas disposiciones, a fin de dar cumplimiento al artículo anterior.

Artículo 3.º La Autoridad encargada de efectuar la incautación temporal será el Gobernador civil de la provincia o el Director de Seguridad en la de Madrid, los cuales podrán delegarla, procurando, siempre que la urgencia del caso no lo impida, que intervenga en la misma el Delegado de Bellas Artes, como especializado en la materia. A cargo de éste estará la descripción de los objetos en el acta y las medidas precautorias, para que no sufran deterioro en el traslade las obras de que se trate».

Con fecha 29 de mayo se aprobó un nuevo Decreto disponiendo sea enteramente libre y gratuita para todos los catedráticos, profesores, maestros nacionales y doctores colegiados, la entrada en todos los monumentos nacionales, museos y centros artísticos e históricos dependientes del Ministerio de Instrucción Pública y Bellas Artes[4]. Contemplaba además que:

«Los Maestros y Maestras nacionales llevarán a sus alumnos, cuya entrada será igualmente libre y gratuita, a los Museos y Monumentos, con toda la frecuencia que les sea posible».

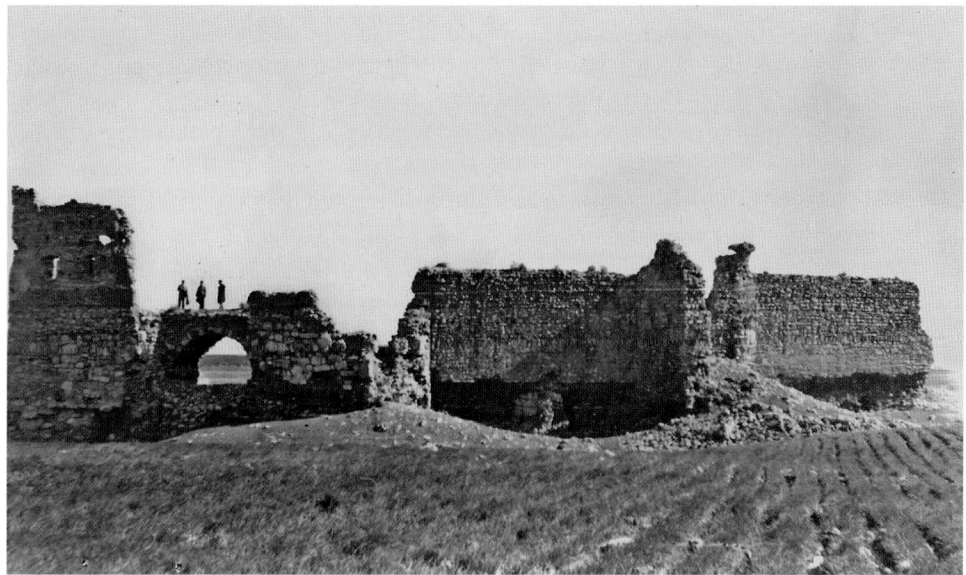

Calatrava la Vieja en ruinas 1951. Fuente: Ayuntamiento de Carrión de Calatrava, Fundación FISAC.

En aplicación del Decreto-Ley de 9 de agosto de 1926, el 4 de junio la *Gaceta* publicó el Decreto de 3 de junio de 1931, declarando monumentos Históricos-Artísticos pertenecientes al Tesoro Artístico Nacional más de 700 bienes de 47 provincias[5].

De la provincia de Ciudad Real los siguientes: Catedral de Ciudad Real, Palacio del Viso del Marqués, convento de Calatrava la Nueva, convento de la Asunción de Calatrava en Almagro y castillo de Calatrava la Vieja.

Para evitar «la pérdida para España de tesoros no recuperables», el Decreto de 3 de julio[6] declaró temporalmente prohibida la exportación de objetos artísticos, arqueológicos o históricos, y que las enajenaciones de dichos objetos entre particulares fuesen libres, pero comunicando los cambios de posesión al gobernador civil y por este a la Dirección General de Bellas Artes. Este Decreto fue modificado dos veces. La primera por otro Decreto del 7 de julio[7] ante las dudas sobre su aplicación y la imposibilidad de venta en el extranjero de las obras de los artistas del momento.

«Artículo 1° El artículo 1° del Decreto de 3 del corriente se entenderá redactado en la siguiente forma: Queda temporalmente prohibida la exportación de objetos artísticos, arqueológicos o históricos anteriores a 1830.

Artículo 2° De las enajenaciones hechas dentro de España, cuyo precio inferior a 50.000 pesetas, no será necesario dar cuenta al Gobernador civil».

Y la segunda por un nuevo Decreto del 11 de julio[8] para no:

«atentar a los intereses legítimos de la industria y el trabajo…. la prohibición de exportar objetos artísticos, arqueológicos o históricos a que se refiere el artículo 1.° del Decreto de 3 de Julio de este año se entenderá que es sólo para aquellos cuyo precio de venta sea superior a 50.000 pesetas».

El Patronato del Museo Arqueológico Nacional se creó por un Decreto de 10 de julio[9] para mejorar:

«la colaboración social y labor divulgadora que logre hacer comprensibles a los no profesionales las muchas riquezas que encierra, para que la enseñanza despierte el interés por su acrecentamiento y mueva la generosidad con donaciones al igual de lo que ocurre en los Centros análogos».

El Decreto de 13 de julio[10] encomendó a las secciones de Arte y Arqueología del Centro de Estudios Históricos la formación del *Fichero de Arte Antiguo* que comprenda el inventario de las obras de arte que existen en el territorio nacional anteriores al año 1850 con el fin de facilitar a la Dirección General de Bellas Artes:

«informaciones técnicas, precisas y rápidas acerca del estado de un monumento, la importancia de un objeto en peligro de venta, las vicisitudes de determinada obra de arte, el estudio o recuerdo de un conjunto circunstancial…».

Además, el artículo 4 disponía que:

«Las Secciones de Arte y Arqueología del Centro de Estudios Históricos procederán a formar un fichero especial de las obras de arte de importancia destruidas o exportadas desde 1875 hasta el día. Cada ficha constará de la fotografía del Monumento u objeto y de cuantos datos sobre el vendedor, intermediarios, precio o precios sucesivos alcanzados, circunstancias de la destrucción o de la enajenación, etc., además del resumen histórico y de la clasificación. Este fichero se publicará por artes, por regiones, a expensas del Ministerio de Instrucción Pública y Bellas Artes, y la publicación estará a cargo de las Secciones de Arte y Arqueología del Centro de Estudios Históricos».

El Decreto de 11 de agosto de 1931 modificó el artículo 2.º del capítulo 1º del Reglamento de las Comisiones Provinciales de Monumentos Históricos y Atísticos para incluir a los delegados de Bellas Artes como vocales natos de dichas comisiones[11].

El 1 de septiembre[12] se nombró por Decreto a don Ramón del Valle Inclán conservador General del Tesoro Artístico Nacional, para que «informe del estado de los monumentos, de su vigilancia y de la conveniencia y modos de su divulgación».

Francisco Morayta Martínez fue nombrado en 1931 delegado de Bellas Artes en Ciudad Real[13].

En un escrito, firmado por el propio Francisco Morayta en la edición de *El Pueblo Manchego* del 4 de noviembre de 1931, explica los motivos de su nombramiento, su relación política y personal con el director general de Bellas Artes, don Ricardo Orueta, y contesta a la polémica suscitada.

La Constitución de la Segunda República de 9 de diciembre de 1931 es la primera que incluye referencias a la cultura y al patrimonio cultural. El capítulo II del título III está dedicado a la familia, economía y cultura, y contiene las siguientes referencias a la riqueza artística e histórica y a la cultura en tres artículos:

> «Artículo 45. Toda riqueza artística e histórica del país, sea quien fuere su dueño, constituye tesoro cultural de la Nación y estará bajo la salvaguardia del Estado, que podrá prohibir su exportación y enajenación y decretar las expropiaciones legales que estimare oportunas para su defensa. El Estado organizará un registro de la riqueza artística e histórica, asegurará su celosa custodia y atenderá a su perfecta conservación.
>
> El Estado protegerá también los lugares notables por su belleza natural o por su reconocido valor artístico o histórico.
>
> Artículo 48. El servicio de la cultura es atribución esencial del Estado, y lo prestará mediante instituciones educativas enlazadas por el sistema de la escuela unificada.
>
> Artículo 50. El Estado atenderá a la expansión cultural de España estableciendo delegaciones y centros de estudio y enseñanza en el Extranjero y preferentemente en los países hispanoamericanos».

La *Gaceta* del 12 de diciembre de 1931 publicó la Ley relativa a la enajenación de inmuebles, objetos artísticos, arqueológicos e históricos de una antigüedad que, entre los peritos en la materia, se considere mayor de cien años.

Esta nueva normativa, apoyándose en la Constitución, ampliaba las disposiciones del Decreto de 22 de mayo de 1931[14].

> «Artículo 1. Los particulares, las entidades y personas jurídicas, así eclesiásticas como civiles, no podrán enajenar inmuebles ni objetos artísticos, arqueológicos o históricos de una antigüedad que, entre los peritos en la materia, se

considere mayor de cien años, cualesquiera que sean su especie y su valor, sin previo permiso del Ministerio de que dependan y mediante escritura pública.

Artículo 19. Mientras la riqueza rústica de España esté sin catalogar, queda terminantemente prohibida la exportación de objetos artísticos, arqueológicos e históricos».

Como veremos, la Ley de 1931 llegaba tarde para poner freno a la gran cantidad de expolios y ventas que se venían produciendo en toda la geografía nacional. El caso más llamativo de la provincia de Ciudad Real es el del artesonado de la Antigua Universidad Renacentista de Almagro, vendido unos años antes por los propietarios del edificio al matrimonio Byne, Arthur y Midred, que lo compraron para William Randolph Hearts. En la actualidad, se encuentra en una casa propiedad de Mauricio Fernández Garza en Nuevo León, Méjico, después de comprarlo en 1979 y de buscar referencias sobre él, en un anuncio publicado en el diario *Lanza* el 26 de junio de 1986.

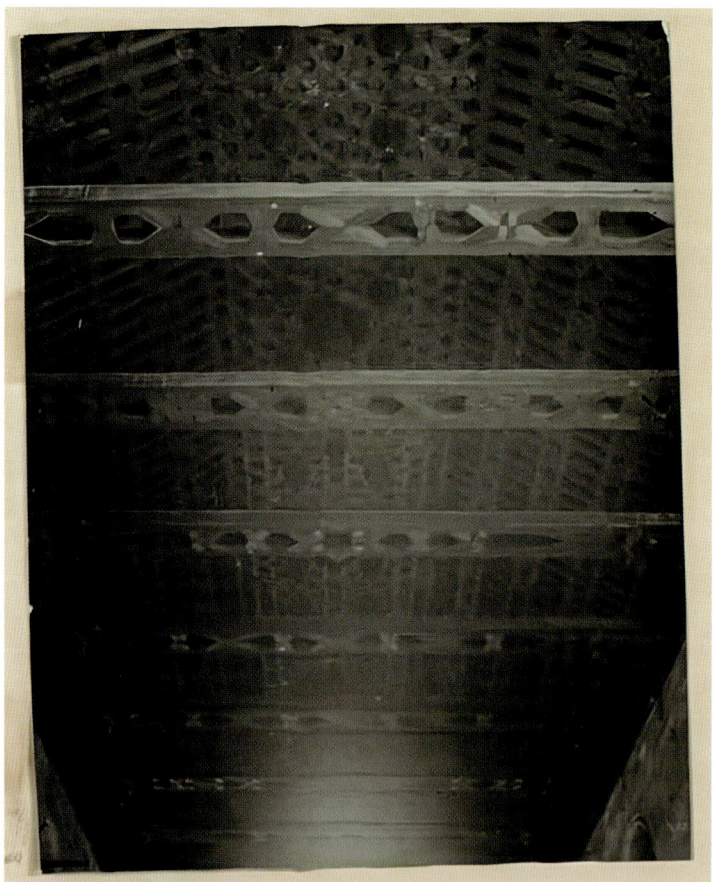

Artesonado de la Antigua Universidad Renacentista de Almagro.
Fuente: *Catálogo Monumental*, de Bernardo Portuondo.

Anuncio en el diario *Lanza* del 26 de junio de 1986.

El Decreto de 27 de mayo de 1931 dictó reglas para evitar la pérdida o deterioro de obras artísticas y estableció un procedimiento para depositar en los museos provinciales o en algún museo nacional las obras artísticas que estuvieran en peligro[15].

El Decreto de 23 de enero de 1932 declaró disuelta en el territorio español la Compañía de Jesús y dispuso que los religiosos y novicios de dicha Compañía cesasen en la vida común dentro del territorio nacional en el término de diez días. Sobre los bienes y edificios de la compañía el decreto estableció[16]:

«Artículo 5° Los bienes de la Compañía pasan a ser propiedad del Estado, el cual los destinará a fines benéficos y docentes.

Artículo 9° Las iglesias de la Compañía, sus oratorios y objetos afectos al culto, con exclusión de todo otro edificio o parte del mismo no destinado estrictamente a aquél, se cederán en uso, previo inventario, a los Ordinarios de las diócesis en que radiquen, a condición de no emplear en el servicio de los citados templos a individuos de la disuelta Compañía. El uso que se transfiere a la jurisdicción eclesiástica ordinaria nunca podrá ser invocado como título de prescripción».

Una circular de la Dirección General de Bellas Artes del 1 de febrero de 1932, dirigida a los gobernadores civiles y a los alcaldes, prohibía terminantemente la colocación de soportes para los cables de la luz eléctrica y teléfonos en los monumentos históricos-artísticos y exigía la desaparición de los ya colocados[17].

«Son reiteradas las quejas de artistas y amantes de las artes, recibidas en esta Dirección general, con motivo de que en los muros de los monumentos nacionales se clavan soportes para sostener los cables de la luz eléctrica y teléfonos, los cuales afean extraordinariamente los edificios y a veces, por su abundancia, dificultan la contemplación; y estimando muy fundadas dichas quejas,

Esta Dirección general ha acordado dirigirse a V. E., para que a su vez lo haga saber a los señores Alcaldes, que en lo sucesivo queda prohibida terminantemente la colocación de tales soportes en los monumentos histórico-artísticos, y asimismo para que interese de dichas autoridades que procuren conseguir la desaparición de los ya colocados».

La Ley de 22 de marzo de 1932, relativa a la administración de los bienes que formaban el patrimonio de la Corona, pasó a denominarlos Patrimonio de la República, destinándolos a fines científicos, artísticos, sanitarios, docentes, sociales y de turismo[18].

«Artículo 3.º Todos los bienes del que fue patrimonio de la Corona, que no estén comprendidos en las excepciones que anteceden, y los que en lo sucesivo pudieran resultar de la pertenencia de aquél o fuesen incorporados al mismo, formarán un todo, bajo la denominación de Patrimonio de la República.

Artículo 4° Los bienes que constituyen el Patrimonio de la República se destinarán principalmente a fines de carácter científico, artístico, sanitario, docente, social y de turismo, en relación con la especial naturaleza de cada uno de ellos, y sin perjuicio del rendimiento económico que puedan proporcionar».

La Circular de 12 de abril de 1932 recordaba a los señores arquitectos conservadores de Monumentos Nacionales y arquitectos directores de Construcciones Civiles que, cuando se trate de ampliar las obras proyectadas, se dé inmediato conocimiento al Ministerio de Instrucción Pública y Bellas Artes, formulando el oportuno proyecto y presupuesto[19].

El objetivo del Decreto de 19 de mayo de 1932, relativo al Cuerpo Facultativo de Archiveros, Bibliotecarios y Arqueólogos[20], era el de:

«ensanchar la misión del referido Cuerpo asignándole, tanto en el campo de la investigación histórica como en el de la acción social para la difusión de la cultura, una participación más intensa que la que hasta ahora ha venido teniendo. A este fin, en los artículos que comprende esta disposición se atiende, juntamente a la simplificación y facilidad de los servicios en relación con el público, a la especialización técnica de los Archiveros, Bibliotecarios y Arqueólogos y al fomento de la publicación de inventarios, índices, catálogos y estudios de investigación».

Teniendo en cuenta que el Gobierno de la República triplicó el número de monumentos arquitectónicos artísticos, se tuvo que aprobar la Orden [21]de 18 de agosto de 1932:

«declarando que en tanto no se regule nuevamente la organización de los servicios de conservación de Monumentos, los actuales Arquitectos de Zona

podrán realizar los viajes que exija la dirección de las obras que tienen encomendadas».

La Ley de 27 de agosto de 1932 dispuso que el Consejo de Instrucción
Pública se transforme en Consejo Nacional de Cultura, con las siguientes
atribuciones en materia de cultura[22]:

«d) Sobre creación, supresión o transformación de Establecimientos de
enseñanza e Instituciones de cultura, Archivos, Bibliotecas, etc.
e) Sobre cuanto afecta al Tesoro Artístico e Histórico, ya como fomento,
ora como conservación».

El Pueblo Manchego en la edición del 17 de marzo de 1933 titulaba
así una columna:

«La magnífica colección de coleópteros del Cura de los bichos, propiedad
de la Diputación. Es una de las mejores del mundo. [Sin embargo, continuaba
lamentándose:] Sigue sin resolverse la instalación del Museo.
Visitamos esta mañana al presidente de la Diputación señor Morayta, al que
encontramos muy disgustado por la lentitud con que se lleva el asunto de la
cesión del edificio de los Jesuitas, para la instalación en él del Museo Provincial».

El 17 de mayo de 1933 el delegado provincial de Bellas Artes, don
Francisco Morayta Martínez, en un artículo de *El Pueblo Manchego,* titulado
«Imposible restaurar el artesonado de la iglesia de Santiago», manifestó que, en
contra de la opinión del alcalde, los técnicos le han dicho que está completamente destrozado y por tanto habría que rehacerlo. Para conocer el estado y las
necesidades de los monumentos artísticos e históricos de Ciudad Real, contactó
con los miembros de la Comisión Provincial de Monumentos: don Narciso Estenaga, don Emilio Bernabéu, don Emiliano Morales y don Francisco Tolsada,
y según sus indicaciones dirigió los esfuerzos hacia la iglesia de Almodóvar
del Campo y su artesonado y la iglesia de San Pedro de Ciudad Real[23].

10.1. LEY 1933 DEL PATRIMONIO ARTÍSTICO NACIONAL

La Ley de 13 de mayo de 1933 relativa al Patrimonio Artístico Nacional[24],
que mantuvo su vigencia más de 50 años, ha sido valorada, analizada y estudiada
en numerosos trabajos y artículos. Reseñaremos únicamente el artículo 1º para
destacar su objeto principal y el artículo 12 que supuso la sustitución de las comisiones provinciales de Monumentos por las juntas locales del Tesoro Artístico.

«Artículo 1º. Están sujetos a esta Ley, que cumplimenta lo dispuesto por el
artículo 45 de la Constitución y el artículo 18 de la Ley de 10 de diciembre

de 1931, cuantos inmuebles y objetos muebles de interés artístico, arqueológico, paleontológico o histórico haya en España de antigüedad no menor de un siglo, también aquellos que sin esta antigüedad tengan un valor artístico o histórico indiscutible, exceptuando, naturalmente las obras de autores contemporáneos; los inmuebles y muebles así definidos constituyen el Patrimonio histórico-artístico nacional.

Artículo 12. Las Juntas locales del Tesoro Artístico, a medida que se creen, sustituirán a las Comisiones provinciales de Monumentos, haciéndose cargo de, sus archivos. colecciones, etcétera. Subsistirán provisionalmente las Comisiones provinciales de Monumentos en, las provincias donde no se, creen Juntas locales del Tesoro Artístico, con la única modificación de que será Vocal nato de ellas el Delegado provincial de Bellas Artes».

Mediante Decreto de 1 de junio de 1933, se autorizó al Patronato Administrador de los Bienes Incautados a la Compañía de Jesús para destinar los bienes muebles, objetos y utensilios de valor inferior a 5.000 pesetas, sin necesidad de acuerdo del Consejo de Ministros[25].

El Decreto de 2 de junio de 1933 dictó normas sobre el pago de tributos correspondientes a las fincas incautadas a la Compañía de Jesús[26].

Por Decreto de 5 de junio de 1933 dispuso que, en tanto no se constituya la Junta Superior del Tesoro Artístico, sigan funcionando la Junta de Excavaciones y el Comité Ejecutivo de la Junta de Patronato para protección y acrecentamiento del Tesoro Artístico Nacional y sobre la exportación de obras de arte, se aplicarán las normas y tarifas anteriores, cumpliéndose la Orden Ministerial de 11 de julio de 1931, que marca como límite un valor de 50.000 pesetas para objetos exportables[27].

El Pueblo Manchego publicó el 6 de diciembre de 1933 una reseña del banquete-homenaje al delegado de Bellas Artes, Francisco Morayta Martínez, al tener que dejar este cargo por ser elegido diputado a Cortes. Los asistentes le solicitaron atención preferente al arte regional, solicitando de los poderes públicos que el prometido Museo Provincial sea en breve una realidad. El homenajeado aceptó este compromiso y el del fomento del turismo en La Mancha.

En 1934 Manuel González Simancas, militar, escritor y arqueólogo, en la edición de la memoria de las «Excavaciones en Ocaña» de 1932, de la Junta Superior del Tesoro Artístico, sobre la ubicación de Alces apunta que:

«Podemos nosotros añadir otro muy importante referente a Alcázar de San Juan, cual es el de haber visto en las afueras de la ciudad, junto al ruinoso castillo, un mosaico romano de grandes dimensiones».

Por tres decretos del 13 de marzo de 1934 se crearon el Patronato encargado de la construcción y protección de los jardines de España, el Museo Nacional del Coche[28] y un nuevo reglamento de las Exposiciones Nacionales de Bellas Artes[29].

El arqueólogo y religioso marianista, Fidel Fuidio Rodríguez, discípulo de Hugo Obermaier y autor de la tesis *Carpetania romana* (1932), realizó una importante labor investigadora y divulgativa. Visitó diversos puntos de la provincia: Oreto, Calatrava, Salvatierra, Alarcos o Valdarachas, y descubrió el yacimiento paleontológico de Las Higueruelas (Alcolea de Calatrava). Destinado en el colegio Nuestra Señora del Prado, con la Federación de Estudiantes Católicos organizaba excursiones culturales, como la abril de 1934 que recogió el periódico *El Pueblo Manchego* con el titular: «Arte e Historia, tal ofrece en sugestivo índice de maravillosos monumentos, la que fue capital del Campo de Calatrava»[30]; las de mayo de 1934: «Una excursión a Oreto, Bajo cuyas ruinas duermen civilizaciones que hablan de un pasado luminoso de la Mancha»[31], «Frente al Castillo, en nuestra excursión a Calzada, parece que su ingente figura achicó el ánimo de todos. Ante Salvatierra, un saludo a las ruinas venerables»; la de mayo de 1935: «Descubrimiento de un magnífico yacimiento paleolítico En Valdarachas, a orillas del río Jabalón. Por el Sr. Fuidio y los alumnos del Colegio de Nuestra Señora del Prado. En dos exploraciones han encontrado 165 piedras talladas»[32].

El Pueblo Manchego, en una reseña del 27 de junio de 1934, da cuenta de la estancia del alcalde de Ciudad Real, señor Maestro, en Madrid con el delegado de Bellas Artes, señor Alcázar. Visitaron al director general de Bellas Artes para que se interesara de la Junta Nacional de Monumentos la concesión de una subvención para aislar la Puerta de Toledo. El director general prometió asistir, en las próximas ferias, a la inauguración del Museo Provincial[33].

El Pueblo Manchego se hizo eco el 6 de julio de 1934 de una información publicada por la revista gráfica *Esto*, con ocasión de una intervención en el parlamento de los diputados por Ciudad Real, Ruiz Valdepeñas, Montes y de Mateo en defensa del castillo de Calatrava. Titulaba la reseña: «El Sacro Convento de Calatrava, preciado monumento nacional, es hoy refugio de ganado. Urge que el Estado ayude a salvar esta joya artística».

«El ilustre Doctor en Derecho y diputado a Cortes don Luis Montes y López de la Torre, que en el Parlamento hizo oír su voz en defensa del histórico y glorioso castillo, que está a punto de desaparecer por el lamentable abandono, y que obtuvo del ministro la promesa de atender a su conservación»[34].

10.2. MUSEO PROVINCIAL DE BELLAS ARTES

En agosto de 1934 se inauguró finalmente el Museo Provincial de Bellas Artes en el colegio de los Jesuitas.

El Pueblo Manchego[35], en un artículo del 28 de agosto de 1934, titulaba:

«Nuestro museo provincial recientemente inaugurado sigue siendo visitadísimo. Notabilísimas copias a más de originales magníficos de Vázquez y otros pintores provinciales. Cuatro salas dedicadas al maestro Andrade. También la colección de insectos del 'Cura de los bichos'».

Sobre las obras de acondicionamiento y su instalación, que corrieron a cargo de don Jerónimo Luna, el redactor echa en falta la poca representación del folclore manchego, apunta a las carencias del edificio, lo inadecuado de la iluminación, la escasez de recursos económicos, hace un recorrido por el contenido de las salas y sobre todo constata y se lamenta de su provisionalidad y apunta:

«Abogamos decididamente por un proyecto de cuya existencia sabemos referente a Palacio de Bellas Artes, donde tendría cabida, museo, archivo, dependencias de turismo, etc.».

El Tesoro de Cabeza del Buey (Torre de Juan Abad) fue hallado el 4 de diciembre de 1934 por el campesino Benito Martínez Santos mientras araba. Se trata de un conjunto de 480 denarios romanos aparecidos junto con varios adornos de plata. Fueron enviados al Museo Arqueológico Nacional, donde se encuentran, por mediación del director de la Biblioteca de Ciudad Real, Francisco Tolsada, el gobernador civil de Ciudad Real y el alcalde de Torre de Juan Abad[36].

La Junta Superior del Tesoro Artístico Nacional, en sesión celebrada el día 28 de enero de 1935, formuló propuesta de gastos para la conservación de la riqueza artística y monumental de España, figurando la cantidad de 10.000 pesetas para obras de limpieza y desescombro del Sacro Convento de Calatrava, a nombre del arquitecto conservador de Monumentos de la quinta zona, don José Rodríguez Cano[37].

La Dirección General de Bellas Artes había solicitado en marzo de 1932 a la RABASF, informe sobre la petición realizada por el delegado provincial de Bellas Artes de Ciudad Real, Francisco Morayta, para la consideración como Monumento Nacional de la iglesia de Almodóvar del Campo. El 27 de junio de 1935 la RA-BASF examinó el informe realizado por el académico señor Sánchez Catón y lo estimó favorablemente, dada la importancia y la belleza de su carpintería morisca[38].

La Orden de 11 de marzo de 1935 prohibió el envío de obras de arte de los museos nacionales a exposiciones o certámenes[39].

En junio de 1935 el delegado provincial de Bellas Artes, don Manuel Alcázar Hernández, informa en *El Pueblo Manchego* que el director de las minas de Almadén ha enviado ejemplares de cinabrio para la sala que se está creando en el Museo Provincial[40].

En julio de 1935 visitó el castillo de Calatrava el escritor Federico García Sanchiz en compañía, entre otras muchas personas de los pueblos vecinos, del obispo don Narciso Estenaga y los miembros de la Comisión Provincial de Monumentos: Emilio Bernabéu, Francisco Tolsada y José Balcázar Sabariegos[41].

La Junta Superior del Tesoro Artístico Nacional, en sesión celebrada el día 27 de septiembre de 1935, formuló propuesta de gastos para la conservación de la riqueza artística y monumental de España, figurando la cantidad de 10.000 pesetas para continuar las obras de descombro y adaptar una vivienda para el guarda del Sacro Convento de Calatrava, a nombre del arquitecto conservador de Monumentos de la quinta zona, don José Rodríguez Cano[42].

En octubre de 1935 don Emiliano Morales Rivera solicitó a la RABASF la declaración como Monumento Nacional de la iglesia parroquial de San Pedro de Ciudad Real. Acompañaba la petición un manuscrito de don Miguel Pérez

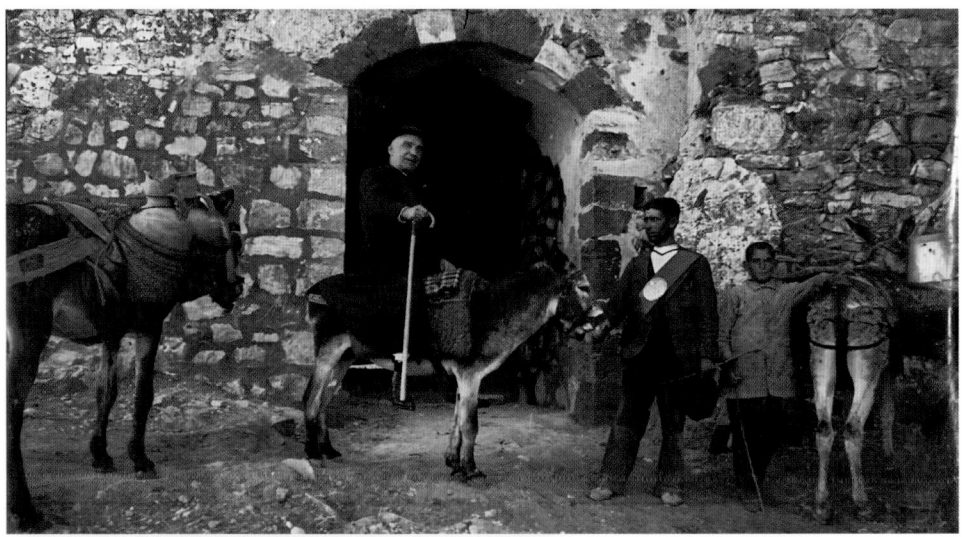

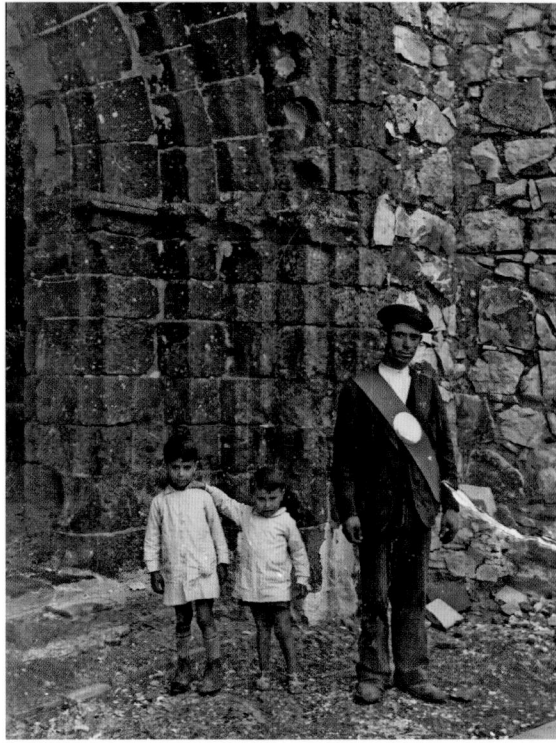

Calatrava la Nueva en 1934. Arriba, guarda y párroco. Abajo: guarda y niños. Fuente: Archivo del Museo de Ciudad Real.

Molina, antiguo profesor del secretario de la Academia, don José Francés y Sánchez-Heredero[43].

En marzo de 1936 se produjo la dimisión voluntaria como delegado provincial de Bellas Artes de don Manuel Alcázar Hernández. *El Pueblo Manchego* se hizo eco de su meritoria labor y de los reconocimientos obtenidos[44].

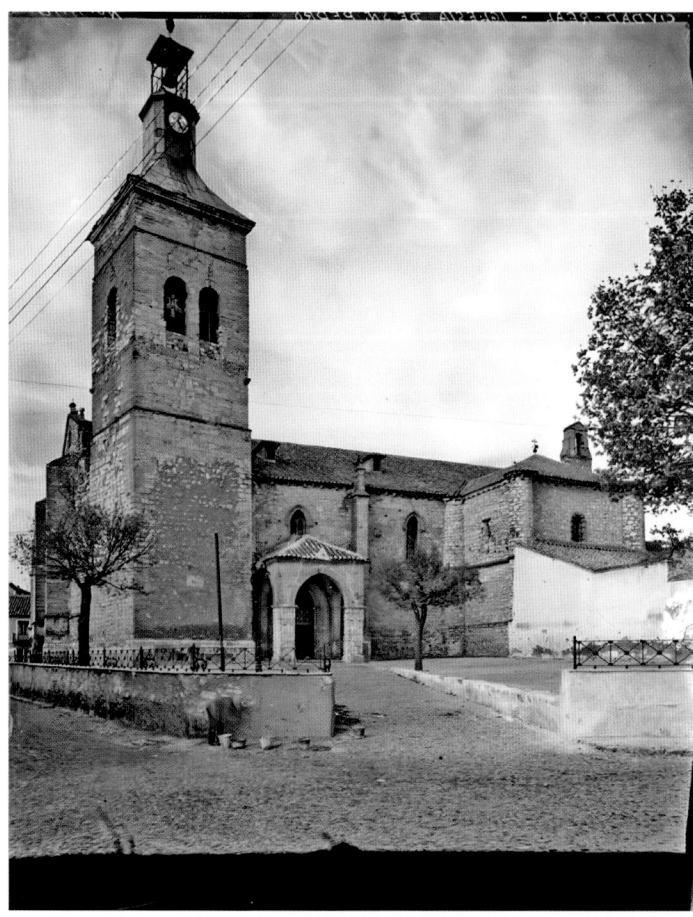

Iglesia de San Pedro de Ciudad Real entre 1927 y 1936. Fuente: Instituto de Arte Diego Velázquez, Archivo Fotográfico, Archivo Lladó.

La Junta Superior del Tesoro Artístico Nacional, en sesión celebrada el día 7 de febrero de 1936, formuló propuesta de gastos para la conservación de la riqueza artística y monumental de España y consignaba la cantidad de 10.000 pesetas para continuar las obras de consolidación en el Sacro Convento de Calatrava a nombre del arquitecto conservador de Monumentos de la quinta zona, don José Rodríguez Cano[45].

Por Decreto del 16 de abril de 1936 se aprobó el Reglamento para la aplicación de la Ley del Tesoro Artístico Nacional[46].

El proyecto de Ley de 7 de mayo de 1936 destinaba 6.816.270 pesetas para la ejecución de un plan de obras, excavaciones y adquisiciones de edificios y terrenos con destino a monumentos del Tesoro Artístico Nacional, de las que 200.000 pesetas eran para el Sacro Convento de Calatrava[47]. La Ley se aprobó el 5 de junio de 1936 manteniéndose la misma cantidad para Calatrava la Nueva[48].

La Orden de 5 de junio de 1936 señaló nuevas zonas del territorio nacional adscritas a los arquitectos conservadores de Monumentos. La provincia de Ciudad Real quedó en la zona cuarta junto a Madrid, Toledo, Cuenca, Guadalajara, Teruel, Castellón y Baleares[49].

10.3. GUERRA CIVIL

La sublevación militar iniciada en Melilla la tarde del 17 de julio de 1936 se extendió a la península el 18 de julio con el objetivo de conseguir el derrocamiento de la República y la consecución rápida del poder. Como sabemos, el fracaso de estas intenciones convirtió el golpe de estado en guerra civil. La provincia de Ciudad Real quedó en la retaguardia republicana, lo que condicionó todo lo sucedido en los tres años de contienda.

El vacío de poder generado explica parcialmente lo acontecido en los primeros días, represión, anticlericalismo, incautaciones y destrucciones del patrimonio histórico y artístico ligado a la religión.

El Archivo de la Guerra conserva la documentación producida por las dos instituciones creadas durante la Guerra Civil para proteger el Patrimonio Histórico Español: la Junta Delegada de Incautación de Madrid en el bando republicano, y el Servicio de Recuperación Artística en el bando nacional.

La Junta Delegada de Incautación de Madrid se creó el 23 de julio de 1936 dentro de la Junta Central del Tesoro Artístico del Ministerio de Instrucción Pública del Gobierno republicano. Su objetivo era proteger el patrimonio histórico de la capital mediante su traslado a depósitos seguros. Su actividad se desarrolló en las provincias de Madrid, Guadalajara, Toledo, Ciudad Real, Cuenca y Jaén entre 1936 y 1939. Su fondo documental está compuesto por las actas de incautación de bienes, informes de técnicos de la Junta, ficheros y libros-registro de control de las incautaciones y documentación administrativa varia.

El Servicio de Recuperación Artística se creó en el bando nacional en enero de 1937 con el objeto de recuperar y proteger las obras de arte que se encontraban en el frente. Finalizada la guerra, su función consistió en organizar la devolución de los bienes incautados por las juntas republicanas, la Caja General de Reparaciones, los sindicatos, los partidos políticos, las asociaciones culturales, el ejército y las milicias republicanas. El Servicio desapareció oficialmente en 1942, si bien hubo devoluciones puntuales hasta bien entrada la siguiente década. El fondo está integrado principalmente por informes sobre el estado de los bienes hallados por los agentes en distintas provincias españolas a medida que avanzaba el frente, partes de visitas realizadas a diferentes edificios de Madrid, y sobre todo por actas y expedientes de devolución de obras a sus propietarios. La gran mayoría de la documentación corresponde a Madrid y zona central de España.

El Tesoro de los Aljibillos (Castellar de Santiago) lo encontraron en el invierno de 1937 el niño de once años Alfredo Castellanos Tera y su padre. Según el relato de Alfredo, el tesoro se componía de dos coronas o diademas, ocho pulseras, un brazalete y unas 1.400 monedas. El tesoro fue repartido y requisado.

El *Boletín Oficial de la Provincia de Ciudad Real* del 19 de febrero de 1937 publicó una circular de la Dirección General de Bellas Artes que intentaba frenar las incautaciones de obras y monumentos sin la autorización de la Junta Delegada de Incautación, Protección y Salvamento del Tesoro Artístico y el 28 de abril una nueva circular en la que daba a conocer la creación de la Junta Central del Tesoro Artístico encargada de la incautación y protección de obras muebles o inmuebles de interés artístico, histórico o bibliográfico.

El diario marxista *Avance*, en el número 90 del 12 de junio de 1937, daba cuenta de la primera reunión de constitución de la Junta Provincial presidida por don Juan Blanco e integrada por don Francisco Michavila, comisario director del Instituto, don Francisco Maeso, expresidente de la Diputación Provincial, don Arturo Gómez Lobo, decano del Colegio de Abogados y don Manuel Mendía, profesor de Dibujo de la Escuela de Artes y Oficios. La *Gaceta de la República* del 12 de junio y el *Boletín Oficial de la Provincia de Ciudad Real* del 18 de junio publicaron la composición y funciones de la Junta Provincial.

El 15 de junio el diario marxista informaba «a todos los amantes del arte español»:

> «que no puede dejarse a la ignorancia en posesión de la más noble y elevada ejecutoria de nuestra significación cultural. Es de necesidad absoluta que pronto tengamos en sitios seguros todos los testimonios de nuestro pasado glorioso. Quien desee poner a disposición de la Junta cualquier objeto que el azar haya llevado a sus manos, puede entregarlo en el Palacio Provincial o Conserjería de Cultura o manifestarlo por escrito con esa misma dirección, indicando los pormenores precisos para que pueda ordenarse su inmediata recogida».

El bando nacional aprobó disposiciones en defensa de patrimonio cultural antes de finalizar la Guerra Civil:

Decreto de 22 de abril de 1938 creando el Servicio de Defensa del Patrimonio Artístico Nacional[50].

Circular de 2 de julio de 1938 disponiendo quede constituido el Servicio de Defensa del Patrimonio Artístico Nacional con una Comisaría Central y comisarías de Zona. Segunda Zona Central: provincias de Toledo, Cuenca, Ciudad Real, Badajoz y Cáceres. Comisario: don Luis de Villanueva[51].

Orden de 9 de agosto de 1938 disponiendo normas para el funcionamiento de las comisarias de Zona del Servicio de Defensa del Patrimonio Artístico Nacional[52].

Orden de 12 de agosto de 1938 dictando normas reglamentarias relativas a los agentes de Recuperación de Vanguardia que han de actuar bajo la dirección de las comisarias de Zona del Servicio de Defensa del Patrimonio Artístico Nacional[53].

Orden de 9 de marzo de 1939 creando la Comisaría General de Excavaciones Arqueológicas[54].

11
POSGUERRA

11.1. DAÑOS EN EL PATRIMONIO RELIGIOSO Y EXPEDIENTES DE DEVOLUCIÓN

Los daños al patrimonio cultural y religioso de la provincia han sido estudiados y publicados por Francisco Alía Miranda y Juan Francisco Prado entre otros, por tanto, no procede reiterar en su reseña. Nos referiremos a las disposiciones y medidas para conocer lo sucedido.

Por Decreto de 26 de abril de 1940 se conceden amplias facultades al fiscal del Tribunal Supremo para que proceda a instruir la Causa General, con el objeto de averiguar los hechos delictivos cometidos en todo el territorio nacional durante la «dominación roja».

Los daños al patrimonio cultural durante la Segunda República y la Guerra Civil se agruparon en la pieza separada 11: «Tesoro artístico y cultura roja» de la Causa General, que contiene documentación sobre los daños sufridos por el tesoro artístico, la situación de la enseñanza y sus profesores.

El *BOP* del 12 de mayo de 1939 publicaba una circular del gobernador civil en la que daba un plazo de 8 días para que los presidentes de las cmisiones gestoras municipales remitieran al Juzgado de la Causa General de Ciudad Real, sito en la calle de la Victoria, 1 de Madrid, un informe de los daños ocasionados al Tesoro Artístico Nacional y a toda la riqueza artística durante la dominación roja.

El bibliotecario provincial realizó el 3 de febrero de 1940 un informe sobre las vicisitudes sufridas por la riqueza documental, artística y bibliográfica de la provincia de Ciudad Real[1].

«Revolución de octubre de 1934
No experimentó la menor pérdida.
Guerra de 1936 al momento actual
Archivo Histórico Provincial o de protocolos. Instalado en dos salas de la audiencia donde, además de toda la documentación afectada por los problemas del edificio, tiene su sede la Junta de Recuperación Artística y la Comisión de Monumentos de la provincia. Recomienda el informe el traslado a otras dependencias con mejores condiciones.
Archivo Provincial de Hacienda. No ha sufrido nada en la época roja.
Archivos del Registro de la Propiedad, Notarial y Judiciales. Han seguido su vida normal en la época roja sin haber experimentado ninguna pérdida.

Archivo Municipal. En el periodo marxista fue destinado a depósito de armas y muebles. Se salvó todo gracias a los cuidados del secretario y del archivero, encontrándose entre sus tesoros la Carta Puebla de la fundación de la ciudad.

Archivo de la Catedral y Diocesano. Según comunicación del archivero Sr. Gómez, durante la guerra, han sufrido extravío, documentos de la catedral que se han recuperado parcialmente. En cuento al archivo diocesano, ha desaparecido totalmente.

Archivos parroquiales. El archivo de Santiago ha sido totalmente destruido. La parroquia de San Pedro ha perdido, entre otras, la imagen de la Virgen de la Guía. El archivo de la parroquia de la Merced se salvó casi en su totalidad.

Biblioteca Provincial. Instalada en la Diputación Provincial, ocupa la parte lateral izquierda de la planta baja.

Biblioteca de D. Maximiano de Regil. Se dispersó al morir hace 30 años.

Biblioteca del Marqués de Treviño. Los fondos los recogió la Junta de Recuperación Artística y ha sido devuelto.

Biblioteca del Instituto. Funcionó normalmente durante toda la época roja.

Biblioteca del Seminario. Siguió funcionando y se le añadió literatura roja.

Biblioteca del Casino. La más importante de la ciudad. Se ha recuperado la tercera parte.

Biblioteca circulante del Parque de Gasset. Fue destrozada.

Museo provincial. Al liberarse la ciudad los Jesuitas reclamaron el edificio. Corre peligro la maravillosa colección de coleópteros».

Mediante providencia, el fiscal instructor se dirigió el 22 de enero de 1941 al presidente de la Diputación solicitándole informe sobre la suerte del Museo Provincial y sus obras, al director del Instituto de Segunda Enseñanza y Escuela Normal de Magisterio para que informase de las actividades culturales y artísticas y planes educativos desarrollados, al director de la Biblioteca sobre los atentados contra las obras artísticas, al coronel de la plaza sobre las actividades culturales del Ejército Rojo de Extremadura y ordenó la publicación en el *BOP* de un edicto para que todos los alcaldes de los ayuntamientos remitieran a la fiscalía una relación de las obras de arte expoliadas, posible recuperación, paradero y personas responsables. El edicto se publicó el 7 de febrero de 1941 en el *BOP*.

De las respuestas recibidas los ayuntamientos contestaron:

Que no contaban con riqueza artística de mérito: Alamillo, Almuradiel, Almodóvar del Campo, Cabezarados, Cabezarrubias del Puerto, Poblete, Terrinches, Castellar de Santiago, Solana del Pino, Luciana, Horcajo de los Montes, Villar del Pozo, Guadalmez, Argamasilla de Calatrava, Carrizosa, Bolaños de Calatrava, Puebla de Don Rodrigo, Albaladejo, Argamasilla de Alba.

Que no hubo daños: Tomelloso, Torralba de Calatrava, Puebla del Príncipe, Navas de Estena, Fontanarejo, Fernán Caballero, Los Cortijos, Las Labores.

El resto de ayuntamientos informaron con más o menos detalle de los daños ocasionados en sus pueblos.

Los miembros de la Junta de Recuperación del Tesoro Artístico fueron: presidente, Emiliano Morales Rivera, Emilio Bernabéu Novalbos, Manuel

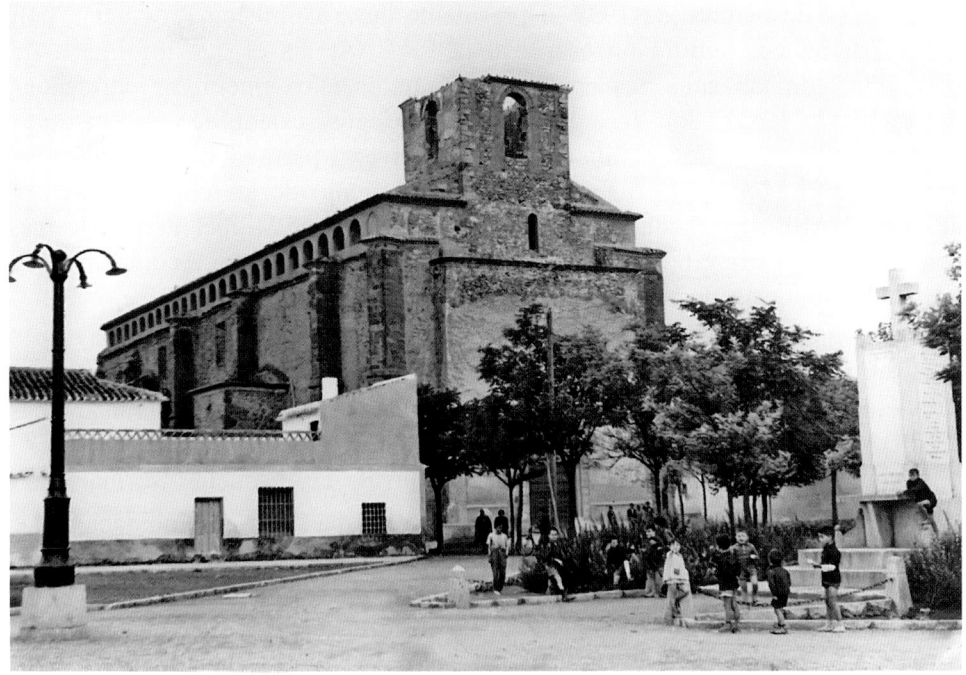

Iglesia de Santiago el Mayor de Membrilla, sin parte de la torre. Fuente: Ayuntamiento de Membrilla, *Legados de la Tierra*, JCCM.

Mendía y Juan Murgueta. Como vemos, todos eran integrantes de la Comisión Provincial de Monumentos en algún momento.

Manuel Alcázar Hernández en su declaración manifestó que era delegado provincial de Bellas Artes y organizador del Museo Provincial de Pinturas y que no tenía conocimiento de expolios en dicho museo instalado en la Diputación Provincial.

11.2. MINISTERIO DE EDUCACIÓN NACIONAL

Días después de la finalización de la guerra, la Orden de 3 de abril de 1939 dictó normas para la ordenación y recuento del Tesoro Arqueológico Nacional.

La Orden del 31 de mayo de 1939 del Ministerio de Educación Nacional estableció las normas para la devolución a entidades y particulares de los elementos y conjuntos rescatados por el Servicio Militar de Recuperación del Patrimonio Artístico Nacional.

Para la coordinación general de los museos oficiales españoles, por Orden de 22 de agosto de 1939, se creó el Consejo Nacional de Museos compuesto por las personas que forman parte de sus patronatos.

El 24 de octubre de 1939 el presidente de la Comisión Provincial, don Emilio Bernabéu, remitió un escrito a la RABASF en el que informaba de su estado, con tan solo tres componentes, todos ellos miembros correspondientes de la RAH: don José Balcázar Sabariegos, catedrático del Instituto General y Técnico; don Emiliano Morales Rivera, párroco de San Pedro, y don Emiliano Morales Bernabéu, y del fallecimiento de los correspondientes de la RABASF: don Federico Fernández Alcázar, don Miguel Pérez Molina, don Eusebio Vasco y don Luis Barreda y Ferrer de la Vega. Acompañaba la siguiente propuesta de nombramiento:

Juan Murgueta y Erasus, canónigo magistral de la Catedral.

Jesús Cánovas Pesini, delegado de la Comisaría de Bellas Artes.

Nicolás José Ruiz Morcuende, archivero del Ayuntamiento de Ciudad Real y profesor del Instituto.

Manuel Mendía Santos, profesor de Dibujo de las Escuelas Normales.

La Orden de 11 de enero de 1940 fijó normas para la liquidación del Servicio de Recuperación Artística, reintegrándolo al de Defensa del Patrimonio Artístico Nacional[2].

La Orden de 8 de marzo de 1940 dividió el territorio nacional en siete zonas a los efectos del Servicio del Tesoro Artístico, designó arquitectos-conservadores de monumentos y anuló todos los carnets, oficios, volantes, etc., de agentes de Recuperación de Obras de Arte. La Quinta Zona, cuya capital estaba en Madrid, contaba con las provincias de Madrid, Toledo, Guadalajara, Cuenca, Albacete, Ciudad Real y Cáceres.

El Decreto de 9 de marzo de 1940 reorganizó el servicio del *Catálogo Monumental de España* para impulsar su publicación, pendiente desde que se iniciara su redacción a principios del siglo XX[3].

Mediante Orden de 24 de abril de 1940, se produjeron ceses, confirmaciones y nombramientos de comisarios de zona del Servicio de Defensa del Patrimonio Artístico Nacional, y designación de arquitectos conservadores y arquitectos ayudantes de Monumentos Nacionales. Se confirmó a José María Rodríguez Cano para Ciudad Real[4].

La Orden de 26 de agosto de 1940 determinó las dotaciones para el Servicio de Defensa del Patrimonio Artístico Nacional (sueldos del comisario y subcomisario generales, comisarios de zona, arquitectos conservadores de Monumentos, arquitectos ayudantes y gastos de Comisaría)[5].

El Decreto de 17 de octubre de 1940 creó la Comisaría General de Excavaciones[6].

La Orden de 21 de abril de 1941 dictó normas para encauzar y ordenar las excavaciones arqueológicas[7].

La Orden de 30 de abril de 1941 autorizó a la Dirección General de Bellas Artes para nombrar comisarios provinciales o locales de Excavaciones y determinó sus funciones[8].

La Orden de 17 de mayo de 1941 estableció las normas para la exportación y venta de obras de arte.

La Orden de 31 de julio de 1941 constituyó un Patronato para la Protección de los Jardines Artísticos de España.

La Circular de 22 de agosto de 1941 dispuso que los presidentes de las comisiones provinciales de Monumentos y habilitados de guardas y conserjes de los mismos remitan relaciones de ese personal subalterno en activo a fin de cubrir vacantes[9].

La Orden de 16 de julio de 1942 declaró el acceso gratuito a los museos arqueológicos y monumentos dependientes de este Ministerio a los comisarios provinciales, insulares y locales de Excavaciones[10].

Desde 1942 el *Boletín Oficial del Estado* publicaba la asignación anual del crédito de los presupuestos del Estado para la vigilancia de monumentos.

La Orden de 9 de mayo de 1944 distribuyó el crédito de 18.000 pesetas para el abono de los gastos de material de las comisiones provinciales de Monumentos entre las que figuraba la de Ciudad Real[11]. Esta misma cantidad se consignaba y publicaba cada año.

El *Boletín Oficial de la Provincia de Ciudad Real* del 28 de julio de 1944 publicó un telegrama remitido al Gobierno Civil por el comisario general de Excavaciones Arqueológicas con el siguiente texto[12]:

«En evitación incumplimiento Ley Excavaciones por entidades o particulares reitero V. E. prohibición absoluta practicar excavaciones arqueológicas provincia. Toda excavación será autorizada cada caso expresamente, comunicándose V. E. de oficio y telegráficamente para continuar anualmente toda excavación proceder reiteración permiso comunicarlo V. E. de oficio y telegráficamente, encarezco V. E. reiterar agentes su autoridad puntual cumplimiento Ley excavaciones evitando nuevos prejuicios Patrimonio Arqueológico Nacional».

En junio de 1945 se ejecutaron obras de emergencia en el Palacio de Santa Cruz de Viso del Marqués, según proyecto redactado por el arquitecto don José Manuel González Valcárcel.

La Ley de 17 de julio de 1945, de Bases de Régimen Local, incluía las siguientes referencias al patrimonio cultural[13]:

«Competencias municipales:
j) Fomento del turismo; protección y defensa del paisaje; Museos, Monumentos artísticos e históricos; playas y balnearios.
Bienes municipales:
Los bienes inmuebles patrimoniales y los bienes muebles de valor artístico, histórico o de considerable entidad económica, constarán en inventario valorado, que se rectificará anualmente y será comprobado siempre que se renueve el Ayuntamiento.
Competencias provinciales:

m) Conservación de monumentos y lugares artísticos o históricos y desarrollo del turismo en la provincia.

Bienes, obras y servicios provinciales:

Los bienes inmuebles patrimoniales y los bienes muebles de valor artístico, histórico o de importancia económica, deberán constar en inventario valorado, que actualizará anualmente y será comprobado siempre que se renueve la Diputación».

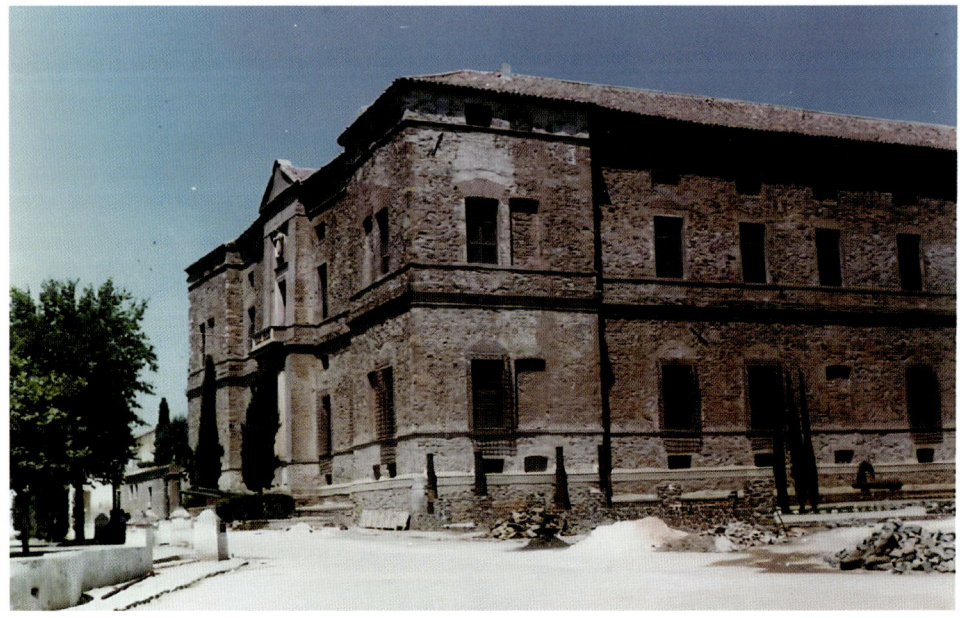

Palacio de Viso del Marqués. Fuente: Catálogo de la Junta de Comunidades de Castilla-La Mancha.

En 1947 don José María Martínez Val fue nombrado comisario provincial de Excavaciones Arqueológicas de la provincia de Ciudad Real.

11.3. INSTITUTO DE ESTUDIOS MANCHEGOS

El Instituto de Estudios Manchegos se constituyó en 1947 con el objetivo de promover la investigación y el estudio de cualquier materia referida fundamentalmente a la provincia de Ciudad Real. Es una institución vinculada al Consejo Superior de Investigaciones Científicas (CSIC) a través de la Confederación Española de Centros de Estudios Locales (CECEL). Desde 1947 publica la serie *Cuadernos de Estudios Manchegos*, que contiene artículos para dar cumplimiento a sus objetivos sobre temática diversa, organiza actividades, jornadas y congresos.

En los primeros números de los *Cuadernos de Estudios Manchegos*, don Antonio Aguirre Andrés, ingeniero jefe de Obras Públicas, realizó un análisis del estado de los hallazgos, trabajos y posibilidades arqueológicas de la provincia de Ciudad Real.

En el primer número, editado en 1947, en un artículo titulado «La provincia de Ciudad Real y sus posibilidades arqueológicas en relación con las edades prehistóricas y las primeras civilizaciones históricas», lamentaba la ausencia de investigación arqueológica en la provincia y la inexistencia de museo provincial y recordaba los trabajos, referencias o hallazgos puntuales realizados por Hugo Obermaier, H. Breuil, Eduardo Hernández Pacheco, Juan Cabré o Ramón Mélida.

En el número dos, de 1948, hacía un repaso por los hallazgos arqueológicos recientes en la provincia de Ciudad Real, apuntaba la labor inmediata a realizar y concluía:

> «Queda además, como labor importantísima a realizar, la investigación de los materiales arqueológicos que existen en poder de los particulares. Una vez que los Organismos oficiales se decidan a la construcción del Museo Provincial, tan indispensable se deberá gestionar de los actuales propietarios la entrega a título de donación simplemente de depósito, de todos los objetos de importancia arqueológica que posean, con lo que, no solo se conseguirá una loable divulgación científica, sino que se asegurará también la buena conservación de los materiales y se contribuirá a enriquecer nuestro patrimonio artístico nacional».

En el número tres, de 1949, sobre las investigaciones arqueológicas, ilustraba sobre el estado, peligros y conservación de los materiales.

CUADERNOS DE ESTUDIOS MANCHEGOS, 1947, núm. 1

«Los trabajos de colonización en la provincia de Ciudad Real», José Villalobos Fernández.

«La provincia de Ciudad Real y sus posibilidades arqueológicas en relación con las edades prehistóricas y las primeras civilizaciones históricas», Antonio Aguirre Andrés.

«El retablo de la capilla del Santísimo Sacramento de la parroquia de San Pedro», Isabel Pérez Valera.

REVISTA ALBORES

La revista cervantina y manchega *Albores*, tal como la define Josefina Tafalla Brotons, publicada en Tomelloso entre 1946 y 1949, realizó una importante labor divulgadora del patrimonio cultural de la provincia de Ciudad Real. Reseñamos a continuación algunos artículos publicados.

En el número 15, de enero de 1948, Julián Alonso Rodríguez hace un repaso de las casas, calles y plazas del barrio de Santiago de Ciudad Real: la plazuela de las monjas «Terreras», la de Agustín Salido y la de Santiago.

El número 19, de mayo de 1948 contenía el artículo titulado: «El Ingeniero Sr. Aguirre y las excavaciones arqueológicas en La Mancha», hacía un repaso de su labor realizada al frente de la sección de Arqueología del Instituto de Estudios Manchegos antes de su traslado a Bilbao[14]:

«La provincia de Ciudad Real ha sido señalada, desde hace muchos años, como un extenso campo de yacimientos arqueológicos sin explotar.

Situándose dentro de ella numerosas ciudades y poblados romanos de importancia y estando atravesada por varias vías y calzadas, es lógico que se hayan emplazado en esta región restos de antiguas ciudades y necrópolis, cuya presencia fué puesta de manifiesto en diferentes excavaciones circunstanciales, con la extracción de objetos y restos de edificaciones de indiscutible autenticidad y notorio valor en el campo de la arqueología.

Al fundarse en Ciudad Real el Instituto de Estudios Manchegos se dedicó preferente atención a estos problemas, creándose desde un principio en el seno de este organismo una Sección de Arqueología, al frente de la cual fue nombrado, en calidad de Jefe, el Ingeniero don Antonio Aguirre Andrés, que a la sazón desempeñaba, asimismo, la Jefatura de Obras Públicas de la Provincia».

El número 20, de junio de 1948, detallaba los materiales arqueológicos encontrados en la provincia de Ciudad Real:

«Al iniciar sus trabajos el Instituto de Estudios Manchegos, que tan acertadamente ha organizado su director, don José María Martínez Val, se creó una sección de Arqueología y se empezaron modestísimas excavaciones que afortunadamente han dado aceptables resultados.

Parte de los materiales hallados han sido expuestos en dos pequeños trabajos publicados en los cuadernos que edita dicho Instituto (el cuaderno número 2 está en prensa actualmente) y en la Revista de Obras Públicas, que publica la Escuela de Ingenieros de Caminos.

De algunos de ellos y de otros, actualmente inéditos, vamos a ocuparnos brevemente en las siguientes líneas.

HACHAS NEOLÍTICAS EN ALDEA DEL REY

En diversos terrenos de los alrededores de Aldea del Rey, en las cercanías del río Jabalón, han sido encontrados tres ejemplares de hachas neolíticas...

CERÁMICA NEOLÍTICA

A unos 10 kilómetros al sur de Ciudad Real, junto al río Jabalón y la carretera de Ciudad Real a Puertollano, se encontraron huesos humanos y numerosos trozos de cerámica neolítica.

EX-VOTOS DE LOS SANTUARIOS IBÉRICOS DE SIERRA MORENA

Los ejemplares que se reproducen en las fotografías fueron encontrados en terrenos correspondientes al límite entre las provincias de Ciudad Real y de Jaén. Sin duda proceden, o de los santuarios ibéricos de los Altos del Sotillo, o del Collado de los Jardines, o bien de algún otro, no identificado todavía, perteneciente a la provincia de Ciudad Real.

CERÁMICA ROMANA Y MATERIAL DIVERSO

Restos de cerámica romana han sido encontrados recientemente en diversos lugares de la provincia de Ciudad Real.

En la margen izquierda del kilómetro 10 de la carretera de Argamasilla de Alba a Ossa de Montiel, a muy pocos kilómetros de Tomelloso, se delimitó el terreno perteneciente a una necrópolis romana, recogiéndose algunos trozos de cerámica, de distintas calidades, que nos han permitido reconstruir, total o parcialmente, algunas piezas.

Asimismo, en la margen derecha del kilómetro 21 de la carretera de Ciudad Real a Calzada de Calatrava, el pasado año descubrimos un poblado romano, y muy cerca de los muros de cimentación de las casas encontramos trozos de cerámica que nos sirvieron para la reconstrucción de unas cincuenta vasijas.

En el cerro de los Obispos, junto a la ermita de Nuestra Señora de Zuqueca, se encontraron algunos trozos de cerámica romana, todavía no reconstruida, y un molino de piedra basáltica que se hallaba depositado junto al citado santuario. Se compone de dos piezas: la solera, muy prominente, está provista de la mortaja cuadrada para el eje, y la volandera tiene dos muescas junto al borde superior, para enmangar. Sus dimensiones respectivas son 0,72 metros por 0,40, y 0,60 metros por 0,35 metros. Actualmente está depositado en el Museo Arqueológico Nacional.

Junto al citado cerro está emplazado un pequeño puente romano que en el pasado año sufrió algunas averías de importancia, con motivo de las inundaciones, y que ha sido reparado por la Jefatura de Obras Públicas de Ciudad Real».

Cuadernos de Estudios Manchegos, 1948, núm. 2

«La Encomienda y la Capellanía. Dos instituciones fundamentales en la vida agraria manchega de los siglos XV, XVI y XVII», Francisco Adrados Fernández.

«Hallazgos arqueológicos, realizados recientemente en la provincia de Ciudad Real», Antonio Aguirre Andrés.

El Decreto de 22 de abril de 1949 sobre protección de los castillos españoles, constató su mal estado y, para conservarlos, los puso bajo la tutela del Estado, responsabilizando a los ayuntamientos de los daños que pudieran sobrevenirles, encomienda su vigilancia a los arquitectos conservadores de monumentos y encarga a la Dirección General de Bellas Artes su inventario documental y gráfico.

Julián Alonso Rodríguez, en un artículo del diario *Lanza* del 12 de septiembre de 1949, se quejaba de la situación lamentable de la ermita de Alarcos y de la inactividad de la Comisión Provincial de Monumentos:

«De seguir así, pronto, para nuestra vergüenza, sonará la hora señalada para fundir una ruina más a tantas del cerro y a tantas de la ciudad, y con ignominia, justa, nos crucificarán los tiempos venideros.

Levántate y anda, Comisión de Monumentos que muerta y no dormida pareces estar».

Cuadernos de Estudios Manchegos, 1949, núm. 3

«Investigaciones arqueológicas. Cómo se encuentran, cómo se pierden y cómo pueden conservarse los materiales arqueológicos», Antonio Aguirre Andrés.

En 1950, Deogracias Estavillo Villaumbrosa, publicó en las *Actas y Memorias de la Sociedad Española de Antropología, Etnografía y Prehistoria*, del Museo Antropológico Nacional, el trabajo titulado «Yacimientos arqueológicos de Campo de Criptana», con el resultado de sus hallazgos en La Mancha antes de la Guerra Civil, «guiado tan sólo por el afán de suministrar materiales a los constructores de nuestra Prehistoria peninsular, ubica y describe 'estaciones prehistóricas'», como las de Pozos de Villalgordo, Guarrepiso, El Real, La Atalaya y Montón de Trigo, en Campo de Criptana, y cerros de San Antón y Martín Juan, en Alcázar de San Juan».

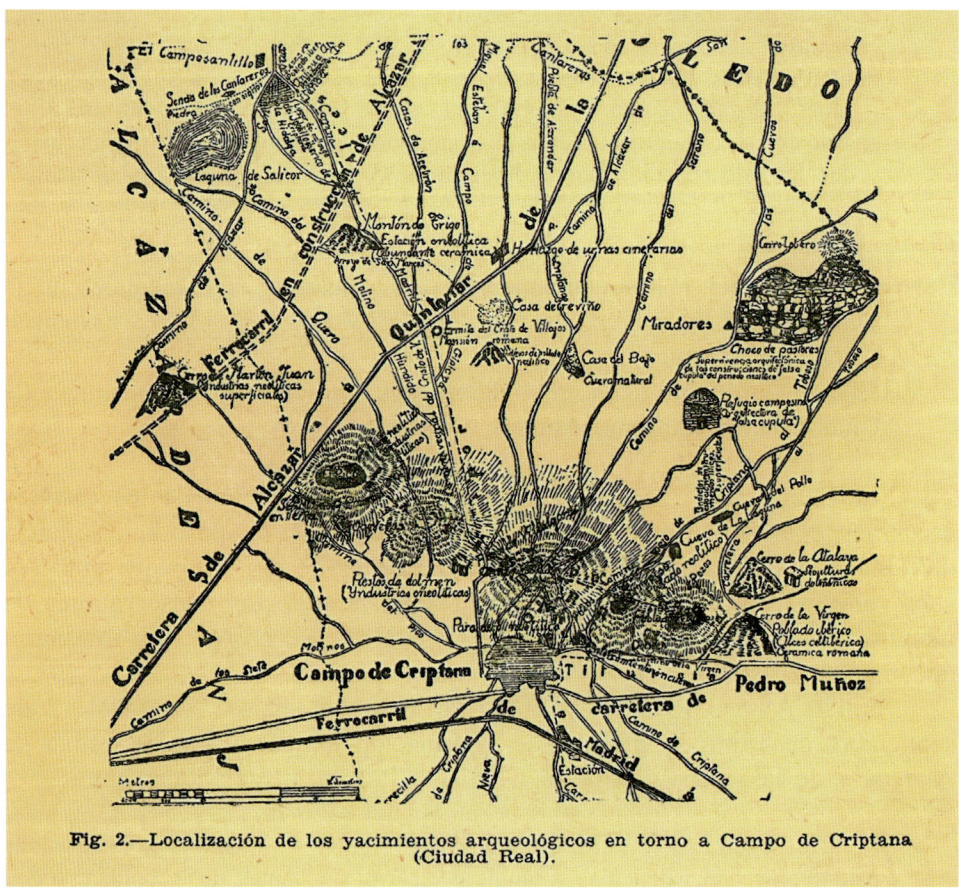

Fig. 2.—Localización de los yacimientos arqueológicos en torno a Campo de Criptana (Ciudad Real).

Localización de yacimientos de Campo de Criptana según Deogracias Estavillo. Fuente: Biblioteca Pública del Estado en Ciudad Real.

Deogracias Estavillo Villaumbrosa fue un arqueólogo, nacido en Dordoniz (Treviño, Burgos) en 1893 y fallecido en 1974. Cursó sus estudios en diversos colegios de España y Bélgica. Magisterio a los 18 años. Su carrera docente le lleva por diferentes pueblos y geografías, desde Mozuelo de Sedano (Burgos) a Quintanilla Bon, también en Burgos. De allí pasa a Comillas (Santander) y posteriormente a Fredegal de la Sierra (Badajoz) y, finalmente, a Campo de Criptana donde hizo importantes descubrimientos arqueológicos. En los años de 1950 fue maestro en el grupo escolar Menéndez y Pelayo de Madrid, situado junto a la estación de Atocha, centro en el que se jubiló a principios de la década de los 60, probablemente en 1963.

En 1954 leyó una importante comunicación en el IV Congreso Internacional de Ciencias Prehistóricas y Protohistóricas. Es autor de varios estudios arqueológicos como «La primera cerámica excisa de las provincias vascas» (*Cuadernos de Historia Primitiva*, II, 1. Madrid, 1947), *El neolítico de facies Capiñiense de Araico-Treviño* (Madrid, 1954), «Las industrias líticas de Araico» (*Zephirus*, VI, Salamanca, 1955). Fue también un estudioso de la arqueología alavesa y en 1975 se publicó en Estudios de Arqueología Alavesa un *Homenaje a Deogracias Estavillo Villaumbrosa*[15].

Entre enero y mayo de 1950 José María Martínez Val comunica a la Real Academia de la Historia hallazgos arqueológicos en Almadenejos en la Sierra del Manzaire, consistentes en hachas neolíticas, restos de construcciones y monedas[16].

«Entre todos tenemos que salvar los molinos», así titulaba el diario *Lanza* un artículo del 23 de noviembre de 1950 con motivo de la exposición

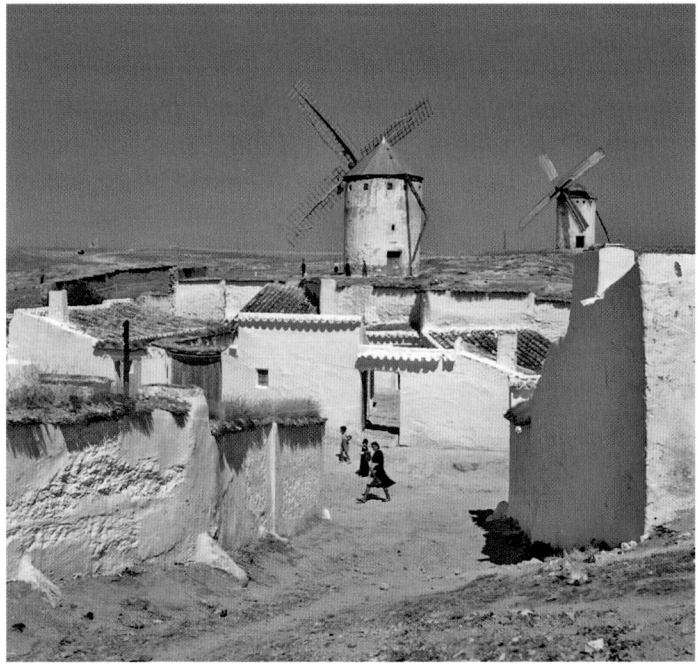

Sierra de los Molinos y barrio del Albaicín de Campo de Criptana en 1952. Fuente: Nicolás Muller, ES 28079 ARCM, Archivo Regional de la Comunidad de Madrid.

de pinturas de Gregorio Prieto que se había inaugurado en el Museo Nacional de Arte Moderno de Madrid el 8 de noviembre. Proponía Gregorio Prieto la creación de una asociación de amigos de los molinos y otras iniciativas para salvarlos del abandono y acabar con la vergüenza de tenerlos en un estado tan lamentable. Gregorio Prieto abrió las puertas a la concienciación y la necesidad de la protección, conservación y recuperación de estas construcciones, símbolo de La Mancha.

El Decreto de 16 de diciembre de 1950 aprobó el texto articulado de la Ley de Régimen Local de 17 de julio de 1945 y confirmó las referencias al patrimonio cultural[17]:

> «Competencias municipales: Fomento del turismo; protección y defensa del paisaje; Museos, Monumentos artísticos e históricos; playas y balnearios.
> Competencias provinciales: Conservación de monumentos y lugares artísticos o históricos y desarrollo del turismo en la provincia».

El 2 de enero de 1951 fue elegido académico correspondiente de la RABASF en la provincia de Ciudad Real el músico, folclorista y director de la Banda de Música de Tomelloso, don Pedro Echevarría Bravo[18].

El 9 de marzo de 1951 el gobernador civil, don Jacobo Roldán, se dirigió al director general de Bellas Artes solicitando instrucciones para constituir adecuadamente la Comisión Provincial de Monumentos[19].

CUADERNOS DE ESTUDIOS MANCHEGOS, 1951, núm. 4

«Caridad y beneficencia en el antiguo Ciudad Real. (Primitivos hospitales, asilos y casas de misericordia)», Prudencio Herrero Vior.

REDESCUBRIMIENTO DEL CORRAL DE COMEDIAS DE ALMAGRO.

En 1952, tras unas intensas lluvias, el derrumbe de unas yeserías que cubrían el primer piso del conocido como Mesón del Toro, «el de las comedias», dejaron a la vista elementos arquitectónicos que fueron advertidos por el gobernador civil, don José María del Moral, de visita en Almagro. Tras unas primeras intervenciones, la compra por el Ayuntamiento en noviembre de 1952 y la visita del ministro de Educación, don Joaquín Ruiz Jiménez, en 1953, se empezaron a desarrollar los trabajos para su recuperación y restauración[20].

El 22 de agosto de 1952 se aprobó un proyecto de obras en el Sacro Convento de Calatrava la Nueva, por importe de 45.673,17 pesetas, formulado por don José Manuel González Valcárcel, para consolidar dos bóvedas de la nave lateral y restaurar unos ventanales de ladrillo y piedra que iluminaban la nave central y que estaba cegados y ocultos[21].

En 1952 Pellicer y Schüle publicaron los resultados de sus trabajos en la motilla de Pedro Alonso de Alcázar de San Juan.

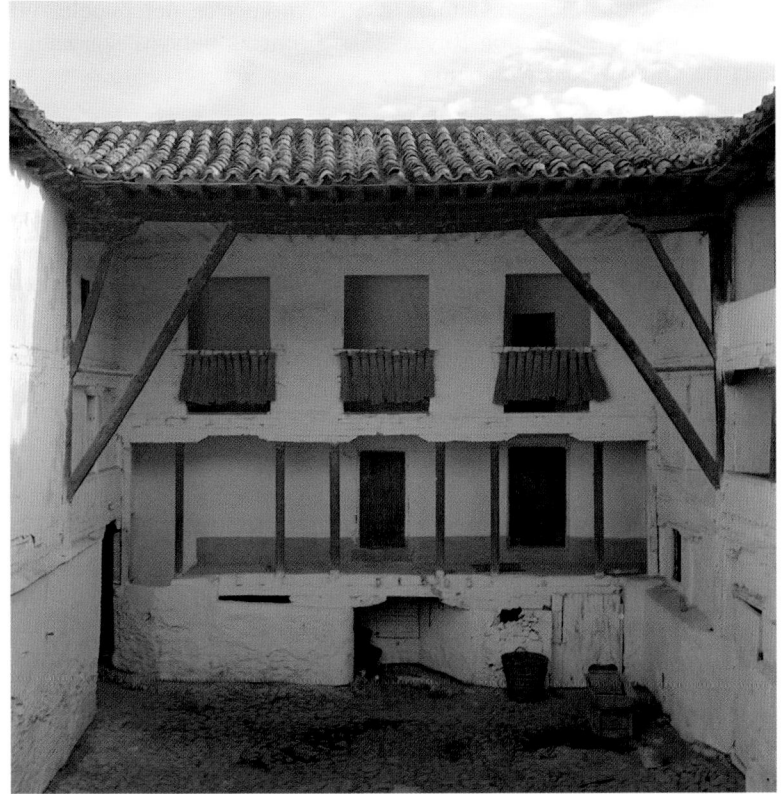

Corral de Comedias de Almagro en 1952. Fuente: Nicolás Muller,
ES 28079, ARCM, Archivo Regional de la Comunidad de Madrid.

CUADERNOS DE ESTUDIOS MANCHEGOS, 1952, núm. 5

«Forasteros en la provincia de Ciudad Real», Enrique Mapelli.

Entre diciembre de 1952 y febrero de 1954 se produjeron hallazgos arqueológicos en Alcázar de San Juan, Torre de Juan Abad, La Bienvenida y Alhambra.

Los de Alcázar de San Juan y Torre de Juan Abad los reseña Carlos María San Martín en un artículo del número 6 de 1953 de los *Cuadernos de Estudios Manchegos*.

> «En la primera de las dos citadas poblaciones, al realizar unos trabajos en el subsuelo, aparecieron unos mosaicos que, por el dibujo, la materia de que estaban hechos y por su disposición indujeron a pensar que podían pertenecer a algún edificio de remotos tiempos.
>
> En los primeros días de febrero del presente año, desde Torre de Juan Abad. informaban al Gobernador civil que también allí se habían descubierto ruinas, al parecer de la época romana...

Los restos aparecieron a unos cuatro kilómetros del pueblo, en el sitio denominado "Huerta de don Reyes". Las primeras noticias nos hablan de una planta de edificio casi rectangular».

El sábado 17 de enero de 1953 visitaron las excavaciones de Alcázar de San Juan el gobernador civil, don José María del Moral; el presidente de la Diputación, don José Antonio García-Noblejas, y el conservador del Museo Arqueológico Nacional, don Gratininano Nieto[22].

Las excavaciones del «Palacio romano de Alcázar de San Juan» fueron adjudicadas al profesor de la Universidad de Valencia don Julián San Valero Aparisi y se desarrollaron en 1953 y 1954.

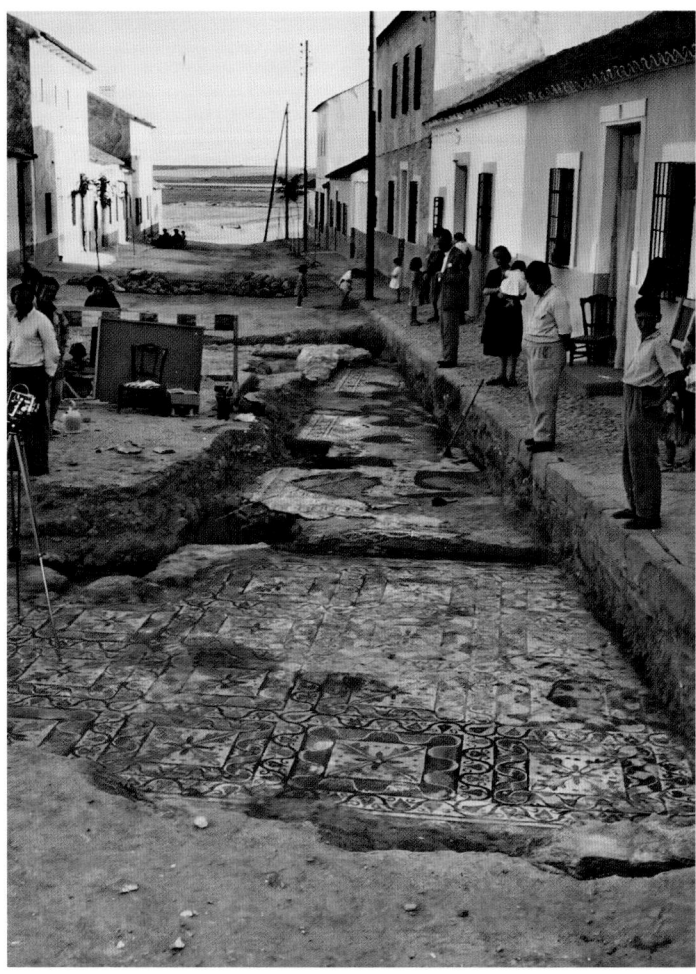

Excavaciones de los mosaicos del barrio de Santa María de Alcázar de San Juan en 1953. Fuente: Patronato Municipal de Cultura de Alcázar de San Juan.

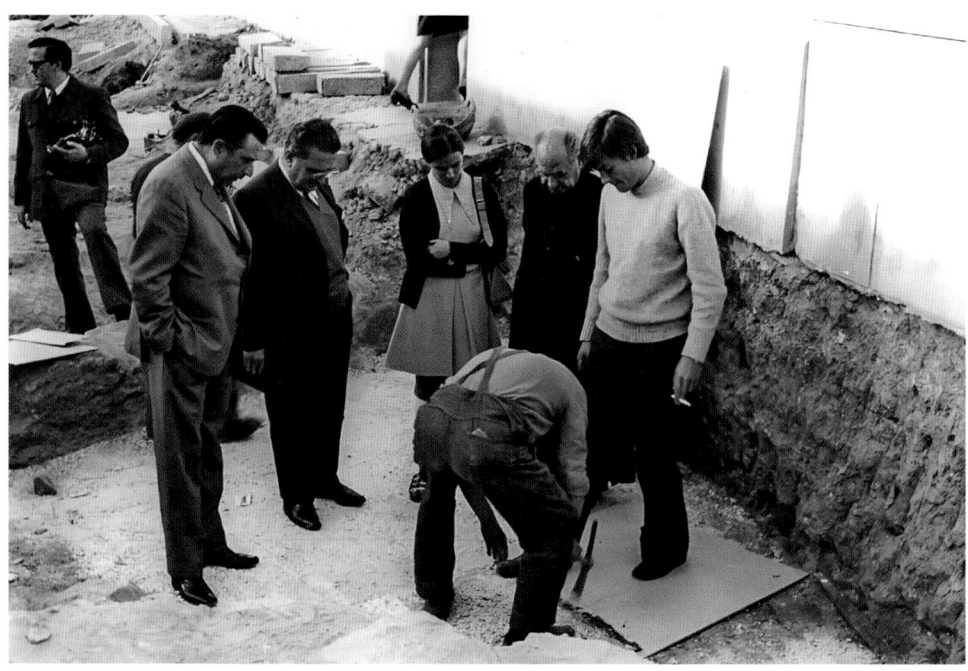

Mosaicos de Alcázar de San Juan. Fuente: María Soledad Salve.

El 24 de febrero de 1953 el diario *Lanza* informaba de los hallazgos arqueológicos en La Bienvenida:

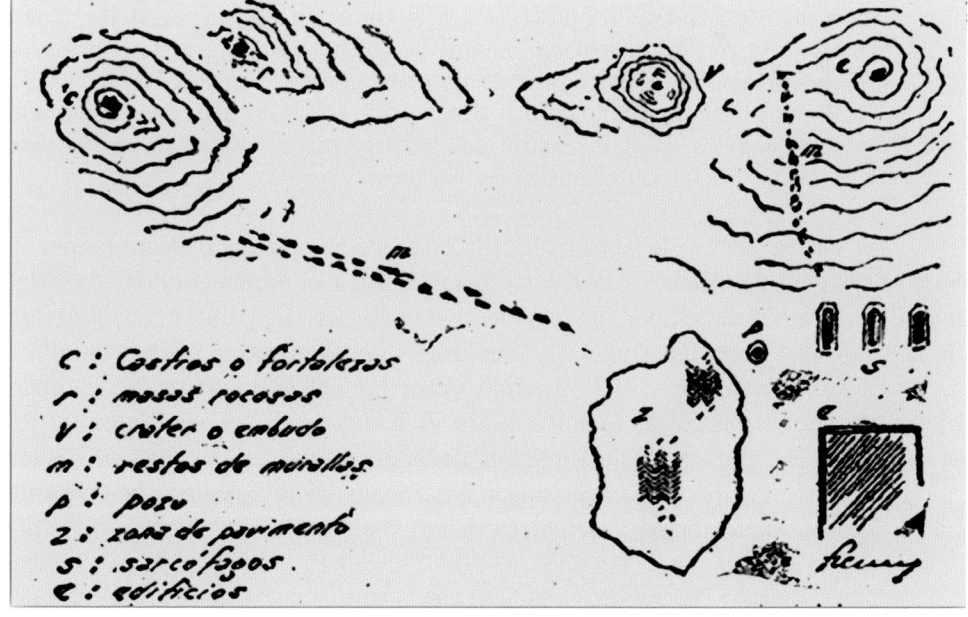

Dibujo de los hallazgos de La Bienvenida. Fuente: *Lanza*, 3 de marzo de 1953.

«Vestigios de una antigua ciudad romana que han sido encontrados en término de su parroquia en el Valle de Alcudia, junto a la iglesia de Nuestra Señora de las Candelas… En la parte noroeste de la ermita de La Bienvenida, se aprecian sarcófagos, de los cuales se han extraído restos humanos, monedas y otros objetos».

El 3 de marzo detallaba los hallazgos y la visita realizada el 28 de febrero por autoridades y técnicos acompañados por Andrés Arteche, encargado de continuar con las excavaciones.

El Decreto de 12 de junio de 1953 dictó disposiciones para la formalización del Inventario del Tesoro Artístico Nacional, bases para su formalización, bienes incluidos y obligaciones de organismos e instituciones como las comisiones provinciales de Monumentos[23].

El Decreto-Ley de 12 de junio de 1953 determinó que las funciones atribuidas por la Ley de 13 de mayo de 1933 a la Junta Superior del Tesoro Artístico y a las comisiones, señaladas en el artículo octavo de la misma, serán ejercidas por los actuales organismos del Ministerio de Educación Nacional, denominados Comisarla General del Servicio de Defensa del Patrimonio Artístico Nacional, Patronato de Jardines Artísticos y Parajes Pintorescos, Comisión Valoradora de Exportaciones Artísticas y Comisaría General de Excavaciones Arqueológicas[24].

El Decreto de 12 de junio de 1953 estableció una nueva regulación para el comercio y explotación de obras de arte y de carácter histórico[25].

«Artículo primero. Las antigüedades y objetos de arte podrán libremente ser objeto de venta, donación o permuta dentro del territorio nacional, pero cuando su precio sea superior a cincuenta mil pesetas, deberán los vendedores o cedentes dar cuenta de la operación proyectada a la Dirección General de Bellas Artes, por escrito y con una antelación mínima de quince días, para su inscripción en el Registro especial de transmisiones de obras de arte y efectos consiguientes.
Se entenderán por antigüedades y objetos de arte a los fines de este Decreto los comprendidos en el inventario del Tesoro Artístico o que deban incluirse en el mismo según las disposiciones jurídicas vigentes».

La Orden de 28 de agosto de 1953 aprobó un proyecto de obras en el Sacro Convento de Calatrava la Nueva formulado por el arquitecto don José Manuel González Valcárcel, por importe de 40.923,36 pesetas, para la consolidación de dos bóvedas de la nave lateral y tres trozos de plementería en la central[26].

El Concordato de 1953, firmado entre España y la Santa Sede, estableció un nuevo marco de relación entre el Estado y la Iglesia Católica. En el artículo XXI contempló la creación de comisiones para el control de las obras de conservación o excavación en los bienes de la Iglesia y la venta de bienes de mérito histórico y artístico[27].

«1. En cada Diócesis se constituirá una Comisión que, bajo la presidencia del Ordinario, vigilará la conservación, la reparación y las eventuales reformas de los Templos, Capillas y edificios eclesiásticos declarados monumentos nacionales, históricos o artísticos, así como de las antigüedades y obras de arte que sean propiedad de la Iglesia o le estén confiadas en usufructo o en depósito y que hayan sido declaradas de relevante mérito o de importancia histórica nacional.

2. Estas Comisiones serán nombradas por el Ministerio de Educación Nacional y estarían compuestas, en una mitad, por miembros elegidos por el Obispo y aprobados por el Gobierno y, en la otra, por miembros designados por el Gobierno con la aprobación del Obispo.

3. Dichas Comisiones tendrán también competencia en las excavaciones que interesen a la arqueología sagrada, y cuidarán con el Ordinario para que la reconstrucción y reparación de los edificios eclesiásticos arriba citados se ajusten a las normas técnicas y artísticas de la legislación general, a las prescripciones de la Liturgia y a las exigencias del Arte Sagrado.

Vigilarán, igualmente, el cumplimiento de las condiciones establecidas por las leyes, tanto civiles como canónicas, sobre enajenación y exportación de objetos de mérito histórico o de relevante valor artístico que sean propiedad de la Iglesia o que ésta tuviera en usufructo o en depósito.

4. La Santa Sede consiente, en que, caso de venta de tales objetos por subasta pública, a tenor de las normas del Derecho Canónico, se dé opción de compra, en paridad de condiciones, al Estado.

5. Las Autoridades eclesiásticas darán, facilidades para el estudio de los documentos custodiados en los archivos eclesiásticos públicos exclusivamente dependientes de aquéllas. Por su parte, el Estado prestará la ayuda técnica y económica conveniente para la instalación, catalogación y conservación de dichos archivos».

CUADERNOS DE ESTUDIOS MANCHEGOS, 1953, núm. 6

«Los Hidalgos de San Benito», Ildefonso Romero García.

«Las Relaciones de Felipe II. Una fuente para el conocimiento de algunos pueblos hoy en la provincia de Ciudad Real en el siglo XVI», Fernando Jiménez de Gregorio.

«Los hallazgos arqueológicos en Alcázar de San Juan y Torre de Juan Abad», Carlos María San Martín.

«La Diócesis Cluniense y su episcopologio. Bosquejo histórico y biográfico del Obispado Priorato de las cuatro Órdenes Militares», José Jiménez Manzanares.

El *Noticiario Arqueológico Hispánico* de 1956 recogió una reseña del diario *ABC* del 28 de febrero de 1954 en el que daba cuenta del siguiente hallazgo:

«ALHAMBRA (Ciudad Real). Un campesino ha encontrado varias monedas romanas de cobre y plata mientras trabajaba en una finca situada entre Alhambra y La Solana. Las monedas pertenecen al siglo II, registrándose hallazgos similares en la localidad. ABC, 28-II-1954».

Como consecuencia de la destrucción masiva del patrimonio cultural durante la Segunda Guerra Mundial, a propuesta de la UNESCO, se firmó en La Haya el 14 de mayo de 1954 el Convenio para la Protección de Bienes Culturales en caso de conflicto armado. El protocolo fue firmado también por España en 1954 y ratificado después en noviembre de 1960[28].

El Convenio Cultural Europeo, promovido por el Consejo de Europa, se firmó en París el 19 de diciembre de 1954 con el objetivo de adoptar las medidas convenientes para salvaguardar la aportación de cada Estado al patrimonio cultural común de Europa y fomentar su desarrollo. España depositó su instrumento de adhesión el día 4 de julio de 1957[29].

La Ley de 16 de diciembre de 1954, de Expropiación Forzosa, dedicó el capítulo III a la expropiación de bienes de valor artístico, histórico y arqueológico, artículos 76 al 84[30].

En noviembre de 1954 deja de pertenecer a la Comisión Provincial don Pedro Echevarría Bravo por su traslado a La Coruña, según comunica el presidente de la Diputación Provincial don José Poveda de la RABASF[31].

El Corral de Comedias de Almagro fue declarado monumento histórico artístico por Decreto de 4 de marzo de 1955, por ser el único ejemplo que quedaba de este tipo de construcciones, tan famoso de los siglos XVI y XVII:

«Está totalmente completo, hasta el punto de coincidir con las descripciones conocidas de los más notables «Corrales» madrileños, y edificado en su totalidad para la representación de piezas teatrales. Por adaptarse su programa al Reglamento e instrucciones dictados para espectáculos hacia mil quinientos

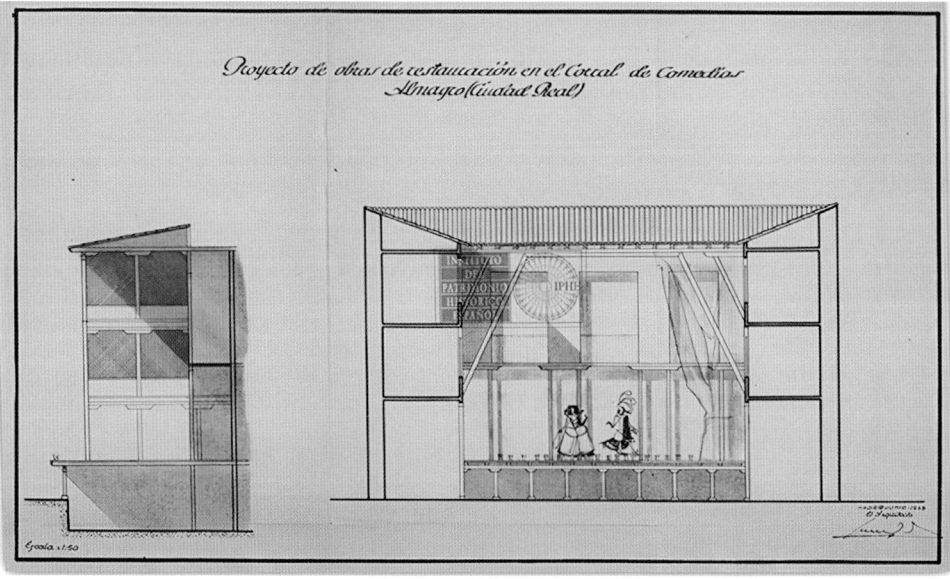

Alzado del Corral de Comedias de Almagro. Fuente: IPCE, 1953.

ochenta y cuatro, hace pensar que se edificó inmediatamente después. Un estudio del inmueble permitió comprobar la existencia de todos los elementos fundamentales del 'Corral', lográndose con ello un perfecto conocimiento de esta clase de locales en la época de su máximo esplendor»[32].

En mayo de 1955 Cecilio Muñoz Fillol fue nombrado comisario local de Excavaciones Arqueológicas de Valdepeñas, a propuesta del comisario general de Excavaciones Arqueológicas, don Julio Martínez Santa-Olalla. Jorge del Reguero González analiza, en un artículo publicado en la *Revista de Estudios del Campo de Montiel*, los trabajos de Cecilio Muñoz Fillol en Valdepeñas y alrededores[33]. En febrero de 1953 formó parte del equipo que documentó los restos arqueológicos de Los Torrejones, en Torre de Juan Abad, Santa Cruz de los Cáñamos, Venta de Cárdenas y los primeros testimonios del yacimiento del Cerro de las Cabezas de Valdepeñas.

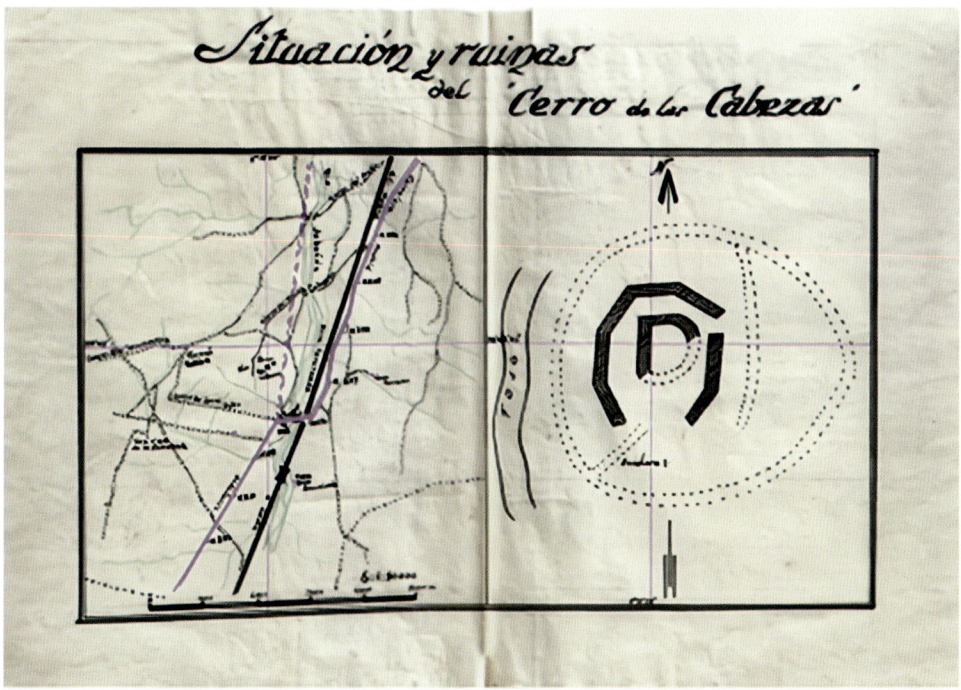

Plano de ubicación del oppidum del Cerro de las Cabezas, 1955. Fuente: Archivo Cecilio Muñoz Fillol, núm. Inv., Ep 38 Cj 24.

En 1956 Muñoz Fillol realizó un informe arqueológico sobre el descubrimiento de la necrópolis del Arroyo de la Poza en Alhambra, cuya primera excavación se acometió en el año 1956 por Margarita Peñalosa y José María Martínez Val, reseñadas en el número12 de los *Cuadernos de Estudios Manchegos*.

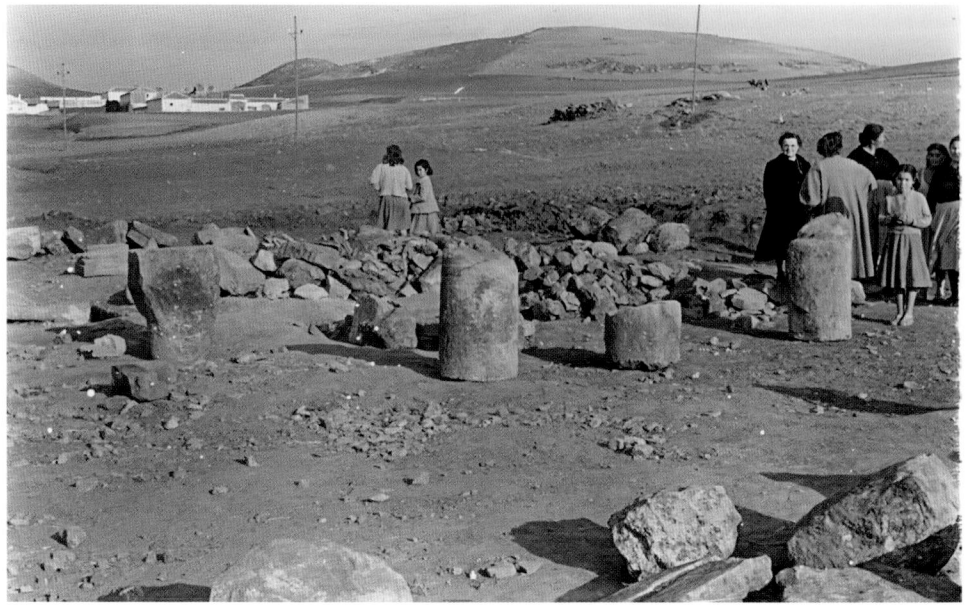

Excavaciones en la necrópolis del Arroyo de la Poza de Alhambra, 1956. Fuente: Centro de Estudios de Castilla-La Mancha.

El Decreto de 27 de mayo de 1955 de aprobación del Reglamento de Bienes de las Entidades Locales estableció en los artículos 4 y 102, lo siguiente[34]:

«Art 4°1. Son bienes de servicio público los destinados directamente al ejercicio de funciones cuya titularidad corresponda al Municipio o a la Provincia, como los siguientes:
b) museos, monumentos artísticos e históricos, campos de deportes, piscinas, teatros cines y frontones.
Art. 102. A las enajenaciones o gravámenes que se refieran a monumentos, edificios u objetos de índole artística o histórica, habrá de preceder, además de la autorización del Ministerio de la Gobernación, informe del Ministerio de Educación Nacional».

El Decreto de 24 de junio de 1955 aprobó el texto articulado y refundido de las Leyes de Bases de Régimen Local, de 17 de julio de 1945 y de 3 de diciembre de 1953. El artículo 445. 4 contemplaba[35]:

«Si los daños fueren irreparables, el Ayuntamiento será Indemnizado. La indemnización se fijará en una suma igual al valor de las cosas destruidas o al importe de la depreciación de las dañadas, recargadas en un diez por ciento. En particular, serán considerados a este efecto como irreparables, los daños que se produzcan en monumentos de interés artístico o histórico, y los que consistan en la destrucción de árboles de más de veinte años».

El Decreto de 2 de diciembre de 1955 reorganizó el Servicio Nacional de Excavaciones Arqueológicas, estableciendo delegaciones arqueológicas de zona por cada distrito universitario[36].

La Ley de 22 de diciembre de 1955, sobre conservación del Patrimonio Histórico-Artístico, dictó nuevas medidas para impedir usos incompatibles con sus características, de los inmuebles de valor artístico o histórico[37].

«Hallazgo en Alcolea de Calatrava», así titulaba Emilio Bernabéu una crónica en el diario *Lanza* del 6 de octubre de 1955, donde daba cuenta de la visita que le hizo don Casimiro Plaza para entregarle huesos de gran tamaño que habían encontrado en su finca. Los puso a disposición de Martínez Val[38].

El 12 de marzo de 1956 la RABASF eligió a Manuel López Villaseñor como académico correspondiente en la provincia de Ciudad Real[39].

La Ley de 12 de mayo de 1956 sobre régimen del suelo y ordenación urbana contenía las siguientes referencias al patrimonio histórico-artístico[40]:

«Artículo octavo. Los Planes provinciales comprenderán:
e) Normas urbanísticas para la defensa de las comunicaciones, de la naturaleza, del paisaje, del medio rural y del patrimonio artístico de las poblaciones, así como para la edificación en todos los terrenos respecto de los cuales no hubiere planeamiento aprobado.

Planes especiales
Artículo catorce.1. La conservación y valoración del Patrimonio histórico y artístico de la Nación y bellezas naturales en cuanto objeto de planeamiento especial, abarcará, entre otros, estos aspectos:
a) Elementos naturales y urbanos cuyo conjunto contribuye a caracterizar el panorama;
b) Plazas, calles y edificios de interés.
e) Jardines de carácter histórico artístico o botánico.
Realce de construcciones significativas.
e) Composición y detalle de los edificios situados en emplazamientos que deban ser objeto de medidas especiales de protección.
f) Uso y destino de edificaciones antiguas y modernas.

Artículo veinte. La protección a que esta Sección se. refiere, cuando se trate de conservar o mejorar monumentos, jardines, parques naturales o paisajes, requerirá la inclusión de los mismos en catálogos aprobados por la Comisión central o provincial de urbanismo, de oficio o a propuesta de otros órganos o particulares.

Articulo cincuenta y cuatro. En el caso de que los propietarios de inmuebles no realizaren las obras de adaptación requeridas por Planes, normas o proyectos de carácter histórico o artístico, podrá expropiarse total o parcialmente el edificio o sólo su fachada».

CUADERNOS DE ESTUDIOS MANCHEGOS, 1955, núm. 7

«Un guerrillero manchego de la independencia: Manuel Adame (El Locho)», Fernando Jiménez de Gregorio.

«El folklore manchego en sus relaciones con el folklore nacional», Ismael del Pan.

El 12 de mayo de 1956 se aprobaron obras de conservación en la iglesia del Sacro Convento de Calatrava la Nueva por importe de 70.392,78 pesetas, según proyecto del arquitecto don José Manuel González Valcárcel, que propone realizar obras de conservación y consolidación de los arcos y las dovelas blancas y rojas, reparar o sustituir las losas del presbiterio y efectuar el picado de lienzos[41].

El *Noticiario Arqueológico Hispánico* de 1962 recogió en el apartado del Inventario Nacional de Sitios Arqueológicos, la siguiente reseña de la provincia de Ciudad Real fechada en noviembre de 1956:

> «ALHAMBRA (Ciudad Real). Continúan los hallazgos arqueológicos en esta ciudad. Aparte de las tumbas descubiertas en un paraje próximo a la carretera general de Badajoz a Valencia, ha sido encontrada otra, de una sola piedra de granito, cuyas dimensiones son dos metros de largo por 75 centímetros de ancho en la parte de la cabeza y unos 70 en la inferior, con una profundidad de 60 centímetros también. Este sarcófago se hallaba tapado con una losa de una sola pieza. En el interior apareció un esqueleto completo, que se desmoronó al contacto del aire. Otra tumba más, de parecidas características en cuanto a sus dimensiones, pero construida de ladrillo, sólo tenía dentro una calavera.
>
> Estos descubrimientos han hecho suponer que exista alguna necrópolis milenaria.
>
> Alhambra es uno de los pueblos más antiguos de la región y alcanzó gran importancia en otras épocas. Ya, 19-11-56».

El Decreto de 26 de abril de 1957 por el que se aprueba el Reglamento de la Ley de Expropiación Forzosa[42], contiene referencias al patrimonio histórico-artístico en el capítulo III. De la expropiación de bienes de valor artístico, histórico y arqueológico, artículos del 92 al 100.

En enero de 1957 el presidente de la Comisión Provincial de Monumentos, don Emilio Bernabéu, dio posesión del cargo de conservador del castillo y Sacro Convento de Calatrava la Nueva a don León Caballero de León[43].

El diario *Lanza* del 17 de abril de 1957 publicó una reseña sobre las subvenciones de la Dirección General de Bellas Artes para el castillo de Calatrava la Nueva (100.000 pesetas) y Catedral de Ciudad Real (50.000 pesetas).

El 17 de julio de 1957 se aprobaron obras en la iglesia del Sacro Convento de Calatrava la Nueva por importe de 99.056,20 pesetas, según proyecto formulado por el arquitecto don José Manuel González-Valcarcel, para conservación y consolidación de los arcos, picado de lienzos y sustitución de losas del presbiterio

El Decreto de 22 de julio de 1958 creó la categoría de monumentos provinciales y locales para aquellos bienes declarados que no alcancen la categoría de nacional y encargó su vigilancia, custodia, protección y conservación a las diputaciones y ayuntamientos[44].

CUADERNOS DE ESTUDIOS MANCHEGOS, 1958, núm. 8

La exposición de artistas manchegos. Margarita Peñalosa Esteban-Infantes.

Cuadernos de Estudios Manchegos, 1958, núm. 9.

«La Orden Calatrava Cisterciense», Julián Domínguez.

«Calatrava en la Diócesis-Priorato», José Jiménez Manzanares.

«Una página desconocida de la colonización calatraveña», José María Martínez Val.

«Calatrava y las Órdenes Militares portuguesas», Mauro Cocherín.

«Campana de restauración y construcción de molinos de viento», Carlos María San Martín.

Proyecto de Museo Provincial de Ciudad Real

Miguel Fisac redactó en enero de 1959, por encargo de la Diputación Provincial, un proyecto para la construcción de un museo provincial de Bellas Artes en un solar contiguo a la Casa de Cultura que se estaba edificando en ese momento. Según detalla en la memoria, el objeto del museo era la presentación y archivo de objetos de obras de arte y arqueología encontrados en la provincia.

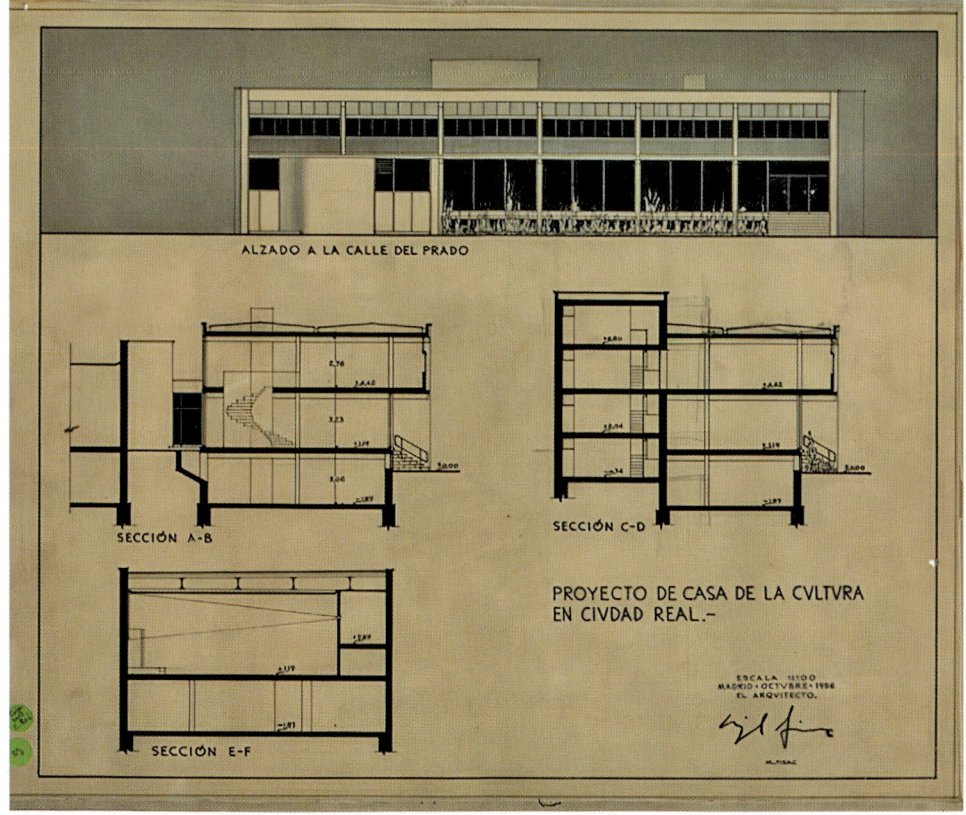

Proyecto de la Casa de Cultura de Ciudad Real de Miguel Fisac. Fuente: Fundación Miguel Fisac.

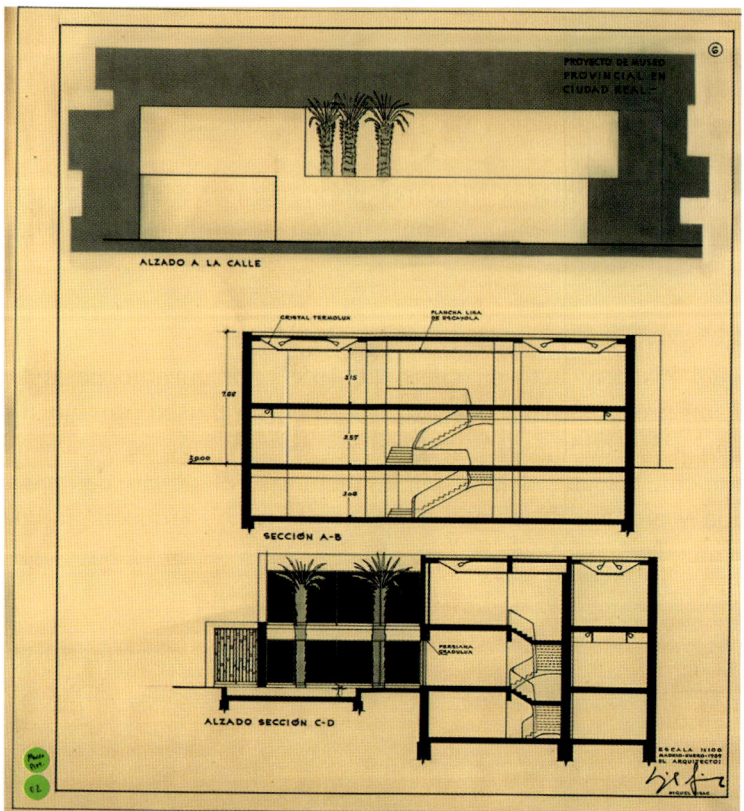

Proyecto de Museo Provincial de Ciudad Real de Miguel Fisac.
Fuente: Fundación Miguel Fisac.

El Decreto 1641/1959, de 23 de septiembre de 1959, determinó las bases y tipos de gravamen para el pago de tasas en las autorizaciones de exportación de los objetos de valor e interés arqueológico, histórico o artístico y la de imitaciones o copias[45].

Sobre las actividades de la Comisión en esa época, escribía Antón de Villarreal en 1970[46]:

«Desaparecieron o se trasladaron los Gandásegui, Delgado Merchán, Blázquez, Hervás, Ramírez de Arellano y otros que fueron alma y vida de aquella Comisión de Monumentos que tan eficazmente trabajó por la conservación y mantenimiento de Calatrava y de las murallas y Puerta de Toledo y de las iglesias ciudadrealeñas. Pero como las entidades e instituciones son lo que valgan quienes las componen y representan, vino luego la decadencia, el desinterés, la atonía, la muerte en vida de aquella inefable Comisión de Monumentos, que ni conservaba, ni se reunía, ni daba señales de actividad. Por entonces —¡ay de nuestra época estudiantil!— fue cuando la conocimos nosotros y hasta visitamos su local y vimos un par de vitrinas y hasta leímos alguno de los libros de su menguada biblioteca».

En diciembre de 1959 la Dirección General de Bellas Artes remitió a la RABASF la solicitud y documentación presentada por el Ayuntamiento de Villanueva de los Infantes para la declaración de la Plaza Mayor como Monumento Histórico Artístico[47].

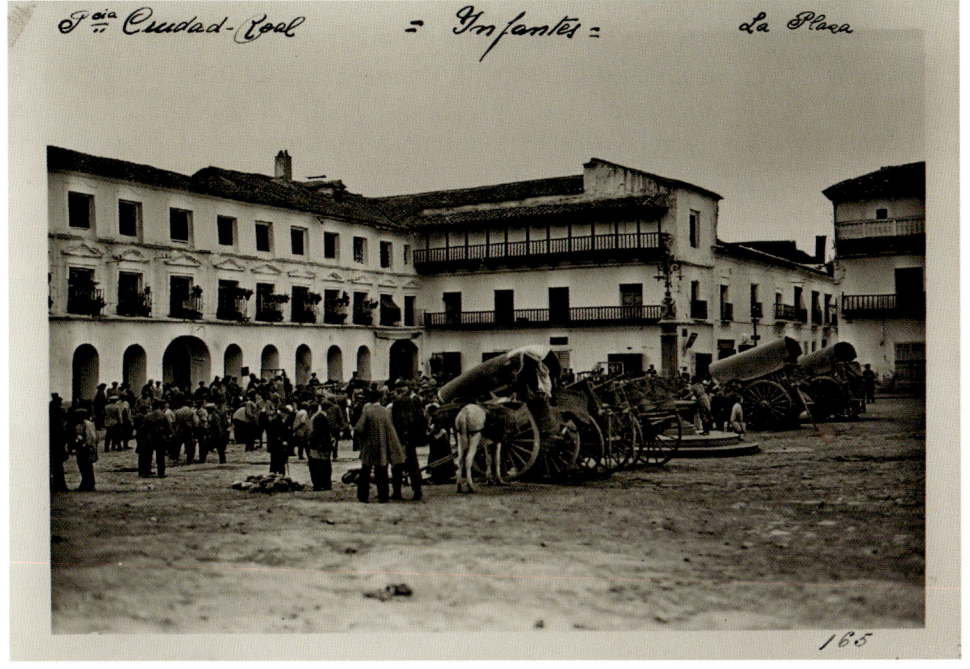

Plaza Mayor de Villanueva de los Infantes, 1926. Fuente: Charles Alberty "Loty", Colección Carlos Vázquez, Archivo del Museo de Ciudad Real.

El Decreto 287/1960, de 18 de febrero, elevó a diez las zonas del Servicio de Defensa del Patrimonio Artístico Nacional, quedando la provincia de Ciudad Real en la Zona Quinta: Cáceres, Badajoz, Ciudad Real y Albacete[48].

En la sesión celebrada por la Real Academia de Bellas Artes de San Fernando el 4 de abril de 1960 se aprobó el dictamen de la Comisión Central de Monumentos relativo a la solicitud de declaración de Monumento Histórico-Artístico a favor de la Plaza Mayor de la ciudad de Villanueva de los Infantes, siendo ponente don César Cort. La memoria fue elaborada por el técnico municipal de Villanueva de los Infantes don Vicente López Carricajo y acompañaba un plano del conjunto de la Plaza Mayor y documentación gráfica[49].

El Decreto 1116/1960, de 2 de junio, declaró inexportables todos los bienes muebles integrantes del Tesoro Histórico Artístico Nacional y el Decreto 1117/1960, de 2 de junio, determinó la composición y funcionamiento de la Junta de Calificación, Valoración y Exportación de Obras de Importancia Histórica o Artística[50].

La Resolución de 14 de julio de 1960 de la Dirección General de Bellas Artes dictó normas provisionales para la custodia y conservación de los hallazgos arqueológicos en el museo arqueológico más próximo o en el museo provincial, si lo hubiere. Contemplaba también la posibilidad, a criterio de la Dirección General de Bellas Artes, de dejarlo a los ayuntamientos del término municipal correspondiente[51].

El número 10 de los *Cuadernos de Estudios Manchegos* de 1960 contiene, entre otros, un artículo de Cecilio Muñoz Fillol, titulado «El Cerro de las Cabezas y su significación en la epopeya medieval castellana», y otro de Edistio Silvestre Sancho Gómez-Manzanares y Tomás García de la Santa Casanueva, «Un poblado romano en La Bienvenida».

En el artículo titulado «Inscripciones romanas de la provincia de Ciudad Real» de Enrique Gozalbes Cravioto, publicado en el número 28 de 2004 de los *Cuadernos de Estudios Manchegos*, hace referencia a un epígrafe honorario al emperador Trajano aparecido en 1960 en Almedina.

Cuadernos de Estudios Manchegos, 1960, núm. 10

«El Cerro de las Cabezas y su significación en la epopeya medieval castellana», Cecilio Muñoz Fillol.

«Un poblado romano en La Bienvenida (Real Valle de Alcudia-Almodóvar del Campo)», Edistio-Silvestre Sancho y Gómez-Manzanares y Tomás García de la Santa Casanueva.

«La Mancha, solar de Órdenes Militares», Francis Gutton.

11.4. PRESIDENCIA DE JOSÉ MARÍA MARTÍNEZ VAL

La primera reunión de la Comisión que hemos encontrado, presidida por don José María Martínez Val, fue en noviembre de 1960 en su sede del Instituto de Enseñanza Media[52]. Asistieron: Ramón José Maldonado Cocat (RAH), Margarita Peñalosa Esteban Infantes (RAH), teniente alcalde del Ayuntamiento de Ciudad Real, Antonio Ballester Fernández y el arquitecto provincial Zacarías Malumbres. Acordaron elaborar una lista de monumentos nacionales de la provincia y enviar una solicitud a los alcaldes, párrocos y cuantas personas quieran informar sobre monumentos de interés histórico artístico que merezcan atención o precisen reparación.

Con motivo de la inauguración de la Casa de Cultura de Ciudad Real, se organizó un ciclo de conferencias en mayo-junio de 1961: «La Mancha en las crónicas latinas de la Reconquista», por Luis Sánchez Belda; «El Campo de Calatrava y sus fuentes documentales», por Aurea Javierre y Mur, y «La batalla de Alarcos y la Orden de Calatrava», por José María Martínez Val.

El 31 de agosto de 1961 la directora de la Casa de Cultura de Ciudad Real, Isabel Pérez Valera, comunica a la Dirección General de Bellas Artes que se encuentran depositadas en su centro una serie de monedas que remitió el alcalde de Almuradiel[53].

El Decreto 1938/1961 de 22 de septiembre creó el Servicio Nacional de Información Artística, Arqueológica y Etnológica, para dar respuesta al interés que han despertado en los últimos tiempos estas manifestaciones culturales[54].

El Decreto 2415/1961, de 16 de noviembre, creó el Instituto Central de Restauración y Conservación de Obras y Objetos de Arte, Arqueología y Etnología[55].

El 13 de noviembre de 1961 la RABASF eligió a José Antonio García-Noblejas como académico correspondiente en la provincia de Ciudad Real[56].

Cuadernos de Estudios Manchegos, 1961, núm. 11

«Noticias sobre restos prehistóricos en Cabezarados». Manuel Corchado Soriano.

La revista de estudios regionales *La Mancha*, dirigida por Francisco García Pavón, en los números 1 y 2 de 1961, incluyó, entre otros, los siguientes artículos: «Descripción del Sacro Convento y Castillo de Calatrava la Nueva, Cabeza y Casa mayor de esta Orden y Caballería y de sus rentas y casas», por Fernando de Cotta y Márquez de Prado; en el número 3, la «Descripción de un edificio ciclópeo conocido por La Sala de los Moros, en término de Argamasilla de Calatrava», de Manuel Corchado y Soriano; y en el número 4, «La Encomienda de Montiel m 1478», por María Teresa de la Peña, y «Comentario a la Real Pragmática del Señor Rey Don Fernando VI, que ordenó aplicar a las minas de Almadén los reos que por delitos infames fuesen condenados a la pena de galeras», por Miguel de la Barreda y Henríquez de Luna.

El 1 de enero de 1962 se produjo el derrumbe del arco del Torreón del Alcázar de Ciudad Real como consecuencia de su mal estado y de las lluvias. El presidente de la Comisión Provincial, don José María Martínez Val, manifestó al diario *Lanza* su pesar por no haber conseguido de la Dirección General de Bellas Artes y del Ayuntamiento de Ciudad Real su restauración[57].

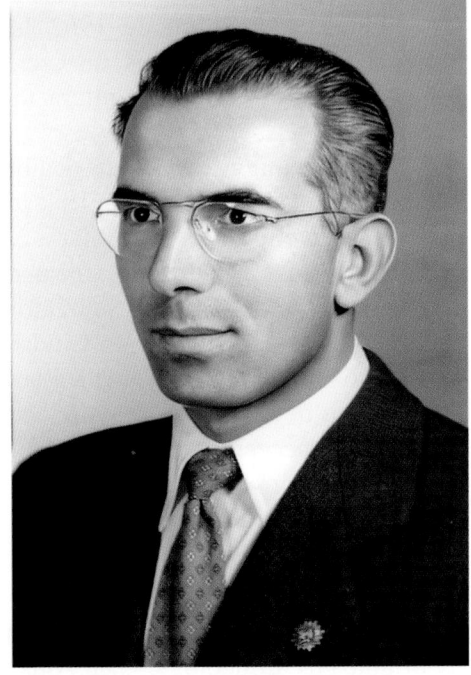

José María Martínez Val, en 1952. Fotografía de Eduardo Matos.

El 8 de enero de 1962 Isabel Pérez Valera remite al Museo Arqueológico Nacional, para su catalogación y valoración, 136 monedas de plata de distintas épocas, depositadas en la Casa de Cultura por la Alcaldía de Almuradiel. Fueron halladas por el vecino de esa villa don Amador Muñoz Real en su casa de la calle del Doctor Patricio Fernández cuando realizaba una zanja para la red de distribución de agua, y el 13 de enero firman el acta de entrega.

Por Orden Ministerial de 5 de febrero de 1962 se creó la Sección de Arqueología de la Casa de Cultura de Ciudad Real y, a propuesta de la Dirección General de Bellas Artes, se encargó la organización y puesta en marcha a doña Isabel Pérez Valera.

El Decreto 474/1962 declaró algunos museos como monumentos histórico-artísticos[58].

El Decreto 785/1962, de 26 de abril, creó el Patronato Nacional de los Castillos de España para agrupar los esfuerzos de todos en pro de los restos gloriosos de nuestra arquitectura militar antigua[59].

El 4 de junio de 1962 Isabel Pérez Valera solicitó información al Ayuntamiento de Alhambra sobre la ubicación y propiedad de los terrenos donde aparecieron sepulcros, columnas y ánforas que resultaron ser de don Ramón Álamo Navarro.

El 20 de octubre de 1962 Isabel Pérez Valera solicitó al Juzgado de Almagro información sobre la procedencia de una cerámica.

El 22 de octubre de 1962 Isabel Pérez Valera remitió al comisario provincial de Excavaciones un escrito en el que comunicaba que se había depositado en la Casa de Cultura un capitel procedente de Villanueva de la Fuente.

En la reunión del 24 de octubre de 1962 de la Comisión asistió el gobernador civil, don José Pérez Bustamante, como presidente honorario, siendo presidente efectivo don José María Martínez Val. Se eligió como secretario a don Ramón José Maldonado Cocat por su reciente elección como académico correspondiente de la RAH. Se trataron entre otros asuntos, la situación ruinosa de la Casa de la Torrecilla de Ciudad Real, obras de restauración a cargo del Ministerio de la Vivienda en la Plaza Mayor de Almagro, proyectos para la restauración de las plazas mayores de Villanueva de los Infantes y San Carlos del Valle, la necesidad de incoar expediente para declarar Monumento la iglesia de San Pedro de Ciudad Real, y se acordó dirigirse a los ayuntamientos para que velen por sus monumentos y obras de interés histórico y artístico.

CUADERNOS DE ESTUDIOS MANCHEGOS, 1962, núm. 12

«La Batalla de Alarcos», José María Martínez Val.

«Hallazgos arqueológicos en Alhambra», Margarita Peñalosa Pérez-Infantes y José María Martínez Val.

El Decreto 571/1963, de 14 de marzo, protegió los escudos, emblemas, piedras heráldicas, rollos de justicia, cruces de término y piezas similares de interés histórico-artístico, dado que, por no formar parte integrante de edificios que hayan obtenido la declaración de monumento nacional, no gozan del especial amparo que tales monumentos se benefician[60].

El Decreto 974/1963, de 9 de mayo, modificó el artículo 24 del de 16 de abril de 1936, elevando hasta las 100.000 pesetas la cantidad a destinar en obras en los monumentos histórico-artísticos sin formación de proyecto, aportando una memoria elaborada por los arquitectos de zona o ayudantes, acompañada de documentos gráficos[61].

El Decreto 1864/1963, de 11 de julio, modificó el de 22 de julio de 1958, que creó la categoría de Monumentos Provinciales y Locales, abriendo la posibilidad de aportación por el Estado del 50% de las obras de restauración y conservación que se realicen en ellos[62].

El *Noticiario Arqueológico Hispánico* de 1964 recogió en el apartado del Inventario Nacional de Sitios Arqueológicos las siguientes reseñas de la provincia de Ciudad Real:

«Piezas neolíticas en Las Huertas del Suceral (Anchuras de los Montes, Ciudad Real).
DUDOSOS:
ALMAGRO (Ciudad Real). Hallazgo de una necrópolis pre-romana conteniendo restos humanos.
ALMURADIEL (Ciudad Real). Hallazgo de 136 monedas de distintas épocas
MALAGÓN (Ciudad Real). Hallazgo de 13 monedas, al parecer aleación de cobre con níquel».

Según recogen Maluquer Montes y Trinidad Nájera, en 1964 se hallaron varias piezas arqueológicas en el cerro del Castillo de Almodóvar del Campo.

El 30 de junio de 1964 se nombra a don José María Martínez Val académico de la RABASF. Ya lo era de la RAH y presidente de la Comisión Provincial[63].

La Orden de 20 de noviembre de 1964 aprobó las instrucciones formuladas por la Dirección General de Bellas Artes para la aprobación de los proyectos de obras en las poblaciones declaradas Conjunto Histórico-Artístico[64].

El Decreto 3963/1964, de 3 de diciembre, sobre estructuración del Servicio Nacional de Información Artística, Arqueológica y Etnológica, creó un Servicio Central, servicios regionales y servicios provinciales vinculados a las delegaciones de Bellas Artes[65].

En octubre de 1964 la Comisión Provincial de Monumentos remitió a la Dirección General de Bellas Artes solicitud y ponencia redactada por don José Antonio García-Noblejas para la declaración como Monumento Nacional de la iglesia parroquial de San Pedro de Ciudad Real[66].

El *Noticiario Arqueológico Hispánico* de 1965 recogió en el apartado del Inventario Nacional de Sitios Arqueológicos, las siguientes reseñas de la provincia de Ciudad Real:

«MALAGÓN (Ciudad Real). Hallazgo de tres hachas de bronce en el paraje Casas del Tío Gordillo. Dirección General de Bellas Artes.
DUDOSO:
ARGAMASILLA DE CALATRAVA (Ciudad Real). Diversos motivos de cerámica prerromana han sido hallados en este término municipal. También han sido descubiertos otros vestigios de la misma época en el término de Pozuelo de Calatrava. Ya, 21 de febrero de 1963».

En la reunión de la Comisión del 14 de febrero de 1966, en el Instituto de Segunda Enseñanza, asistieron: José María Martínez Val; Ramón José Maldonado Cocat (RAH); Margarita Peñalosa Esteban Infantes (RAH); Isabel Pérez Valera (RAH); el alcalde de Ciudad Real, señor Rodríguez Velasco; el provicario de la diócesis, monseñor Gómez Rico; el diputado provincial, señor Ramírez Morales; el arquitecto de la Diputación, señor García del Castillo, y el vicedirector del Instituto, señor Calatayud Gil. Se acordó iniciar las gestiones preparatorias para declarar monumentos artísticos nacionales, los conjuntos que forman las plazas de Almagro, Villanueva de los Infantes y San Carlos del Valle, se analizaron las excavaciones en la finca La Colonia de Almagro, e Isabel Pérez Valera dio cuenta de las adquisiciones hechas para albergar los hallazgos arqueológicos de la provincia en la Casa de Cultura.

El 11 de junio de 1966 Isabel Pérez Valera remite a doña Consuelo Sánchez Pastor, de la Inspección de Museos, un escrito en el que reseña que la Sección de Arqueología de la Casa de Cultura no funciona con regularidad ni está organizada como museo porque los objetos son pocos y no dispone de personal suficiente para atenderla[67]. Acompaña una relación de fondos de material arqueológico, vaso y piezas de cerámica, jarrillo de vidrio, placas, hebillas y aretes de bronce, fragmentos de piedra con inscripciones, basas, fustes, capiteles, hachas, urnas funerarias y restos humanos de diversas procedencias y cronologías.

En agosto de 1966 algunos miembros de la Comisión visitaron Pedro Muñoz para determinar la importancia de los hallazgos arqueológicos de una posible ciudad ibérica[68]. Fue la primera intervención sin ningún tipo de rigor en el cerro de las Nieves de la mano del párroco local.

El Decreto 917/1967, de 20 de abril, por el que se dictaron normas sobre publicidad exterior, prohibió la fijación de carteles, colocación de soportes ni actividad publicitaria sobre los edificios calificados como monumentos histórico-artísticos[69].

El Convenio Europeo para la Protección del Patrimonio Arqueológico se firmó en Londres el 6 de mayo de 1969. España depositó su Instrumento de Adhesión con fecha 28 de febrero de 1975 y entró en vigor el día 1 de junio de 1975[70].

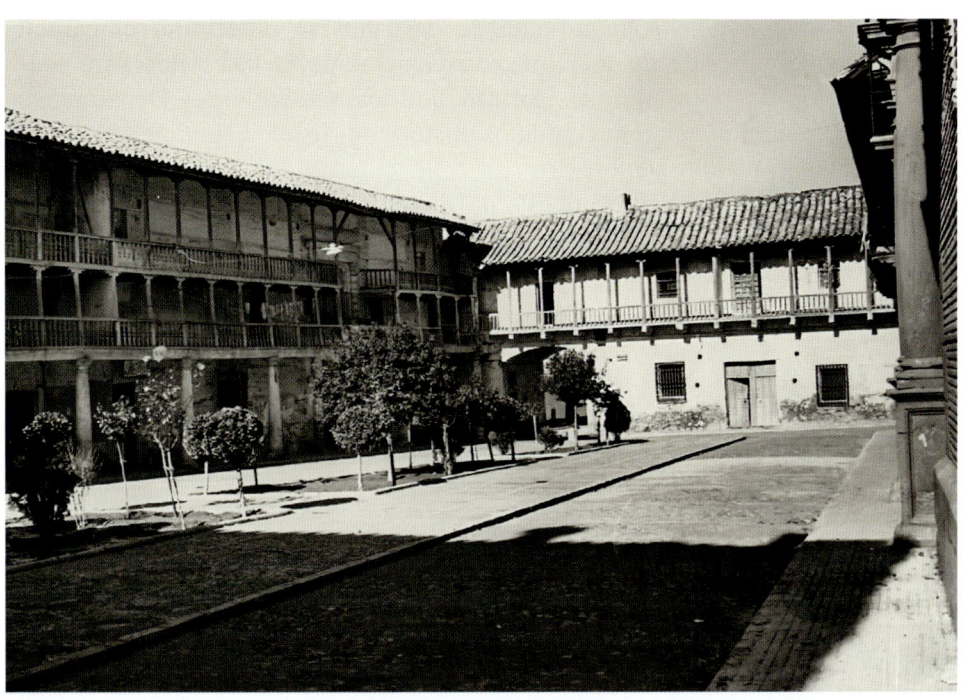

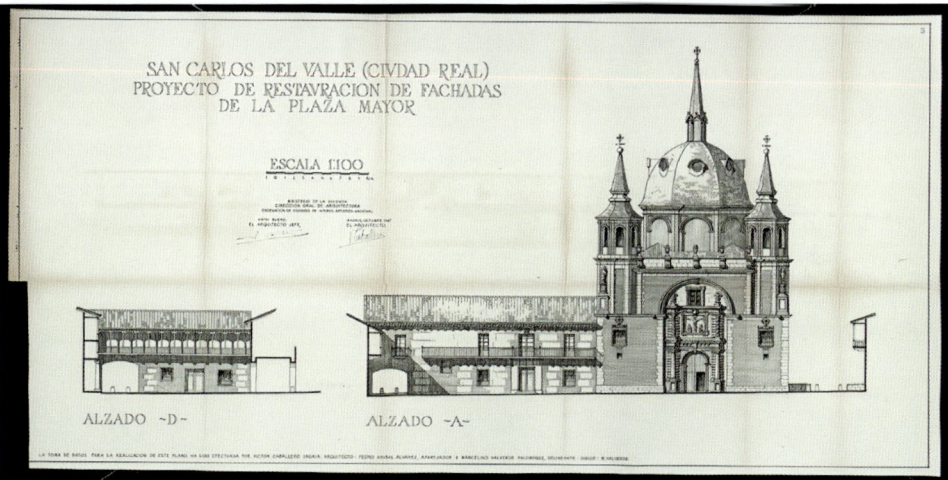

Arriba, fotografía del proyecto de restauración de la Plaza Mayor de San Carlos del Valle. Fuente: AGA 51-11994-122. Abajo, alzado del proyecto de restauración de la Plaza Mayor de San Carlos del Valle. Fuente: AGA 51-11994-116.

A principios de 1969, al realizarse obras de saneamiento de los muros del ábside sur de la iglesia de Nuestra Señora de las Angustias de Arenas de San Juan, apareció parte de un mural pictórico oculto bajo yeserías barrocas[71].

La Orden de 13 de mayo de 1969 reorganizó la Comisaría General del Patrimonio Artístico Nacional[72].

Por Orden de 17 de noviembre de 1969 se determinó el carácter preceptivo del informe de la Dirección General de Bellas Artes para todos los proyectos de obras que se realicen por los servicios del Departamento en ciudades monumentales, conjuntos histórico-artísticos, jardines artísticos, monumentos y parajes pintorescos[73].

El Decreto 3429/1969, de 19 de diciembre, dispuso que el comisario general de Excavaciones Arqueológicas forme parte de todos los ptronatos de cuevas o yacimientos prehistóricos o arqueológicos[74].

12
PRESIDENCIA DE JOSÉ ANTONIO GARCÍA-NOBLEJAS

Con la presidencia de don José Antonio García-Noblejas y con don Ramón José Maldonado Cocat en la Secretaría, se inicia la época final de la Comisión Provincial de Monumentos, la más estable y productiva. Se celebraron reuniones con regularidad y en diversos puntos de la provincia y se consiguió la financiación necesaria para cumplir con los objetivos que tenía marcados, la protección, conservación, restauración, divulgación y trasmisión de los bienes del patrimonio cultural de la provincia de Ciudad Real.

Se constituyó de nuevo la Comisión el 30 de abril de 1969 en sesión celebrada en la Casa de Cultura de Ciudad Real, dado que, por el nombramiento como gobernador civil de Lérida del anterior presidente, don José María Martínez Val, dejaron de celebrarse sesiones.

Nuevos componentes:

Presidente: José Antonio García-Noblejas.
Secretario: Ramón José Maldonado Cocat.
Conservadora: Isabel Pérez Valera.
Presidente de la Diputación: José María Aparicio Arce.
Alcalde de la capital: Luis Martínez.
Director del Instituto: Carlos López Bustos.
Arquitecto municipal: Ildefonso Prieto.
Arquitecto provincial: Jesús García del Castillo.
Vocales: Jerónimo López-Salazar Martínez, Manuel Corchado Soriano y Carlos Calatayud Gil.

Entre los asuntos tratados se acordó iniciar expediente para declarar monumento el santuario de Alarcos, se felicitó a los ayuntamientos de Almagro y Villanueva de los Infantes por haber incorporado a sus ordenanzas el cuidado y conservación de sus obras de arte, portadas, rejas, escudos, etc., tanto de propiedad municipal como particular, se acordó adherirse al expediente iniciado hace dos años por el secretario de la Comisión y la RAH, Ramón José Maldonado Cocat, para declarar Conjunto Histórico-Artístico la Plaza Mayor de Almagro, ya terminada su restauración por el Ministerio de la Vivienda, y se vio una solicitud del señor obispo para declarar Monumento la iglesia de Chillón.

Reunión del 28 de mayo de 1969 en el salón de juntas del Gobierno Civil

Nombramiento como miembro de la Comisión del señor delegado de Información y Turismo, don Julián Nevado Carpintero. Se marcaron los objetivos principales e inmediatos de la Comisión: inventario de monumentos, restos y vestigios artísticos, visitas a los monumentos declarados y a los sepulcros de hijos ilustres, solicitar a la Diputación que encuentre un uso para el castillo de Bolaños de su propiedad, creación de la Subcomisión de Monumentos de Villanueva de los Infantes, presidida por don Miguel Fernández de Sevilla (alcalde) y don Vicente López Carricajo (aparejador), visita a una motilla en el término municipal de Alcázar de San Juan. Interés por adquirir los terrenos donde se ubican las pinturas rupestres de Peña Escrita y el castillo de Calatrava la Vieja.

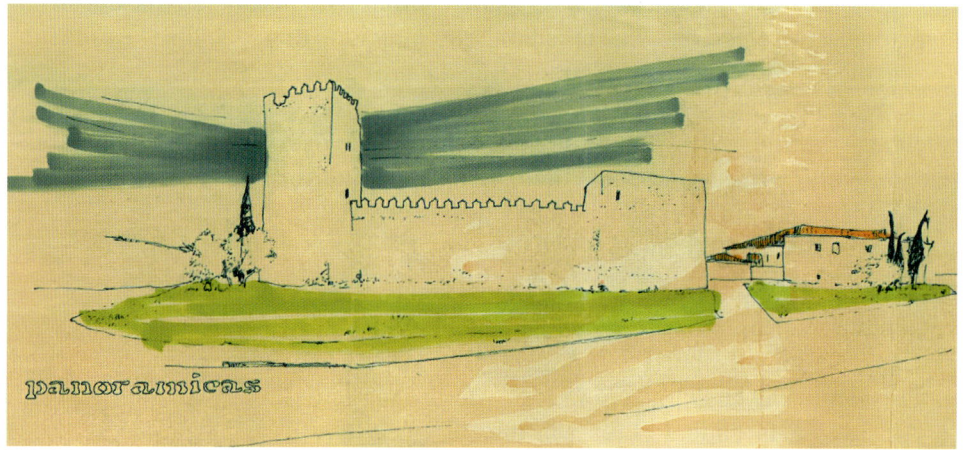

Proyecto de acondicionamiento de los alrededores del castillo de Bolaños de Calatrava, 1982. Fuente: Ramón Montoya Taguas, Archivo del Servicio de Cultura.

En la sesión celebrada por la Real Academia de Bellas Artes de San Fernando[1] el día 30 de junio de 1969 fueron leídos y aprobados dos dictámenes de la Comisión Central de Monumentos, siendo ponente D. José Antonio García-Noblejas, académico correspondiente de esa corporación, relativos a la declaración de Conjunto Histórico-Artístico a favor de la ciudad de Almagro y la cueva-prisión de Medrano en Argamasilla de Alba[2].

Reunión del 25 de junio de 1969 en el salón de juntas del Gobierno Civil

Se encarga a Jerónimo López-Salazar que compruebe la denuncia recibida, según la cual se pretende la demolición de la antigua Real Cárcel de Forzados de Almadén. Quedó constituida la Subcomisión de Alcázar de San Juan: presidente, don Manuel Rubio Herguido y secretaria doña Pepita Reyes.

REUNIÓN DEL 24 DE SEPTIEMBRE DE 1969 EN EL SALÓN DE JUNTAS DEL GOBIERNO CIVIL.

Se constata la demolición de la Real Cárcel de Forzados e iglesia de San Miguel de Almadén por el Ministerio de Educación y Ciencia para la construcción de la Escuela de Ingenieros de Minas[3].

REUNIÓN DEL 5 DE NOVIEMBRE DE 1969 EN EL SANTUARIO DE LA VIRGEN DE LA ENCARNACIÓN DE CARRIÓN DE CALATRAVA

Asiste don León Caballero de León, conservador del Sacro Convento y castillo de Calatrava la Nueva. Se incorpora a la Subcomisión de Alcázar de San Juan doña María Soledad Salve y Díaz-Miguel, profesora del Instituto de esa ciudad. Posible yacimiento paleocristiano de Los Torrejones entre Almedina y Santa Cruz de los Cáñamos. Propuesta del secretario para crear la Subcomisión de Almagro, proponiendo como presidente a don Domingo Martínez Cerro y como secretario a don Federico Peñuelas Muñoz.

Entre 1969 y 1970 se realizaron excavaciones en la Motilla de los Romeros de Alcázar de San Juan por parte de Catalina Enseñat y Martín Almagro Gorbea.

REUNIÓN DEL 26 DE NOVIEMBRE DE 1969 EN CALATRAVA LA NUEVA

Presidente: José Antonio García-Noblejas. Secretario: Ramón J. Maldonado. León Caballero de León, Jerónimo López-Salazar Martínez, Isabel Pérez Valera, José Jimeno Coronado y Carlos Calatayud Gil.

Subcomisión de Almagro: presidente, Martínez Cerro, y secretario, Piñuela Muñoz.

Subcomisión de Alcázar: Josefa Reyes, María Soledad Salve.

Subcomisión de Villanueva de los Infantes: Fernández de Sevilla, López Carricajo.

Estatutos de los patronatos de los castillos de Calatrava la Nueva y Calatrava la Vieja. Muestras de cerámica procedentes de un yacimiento en Villanueva de la Fuente. Restauración del arco del Torreón del Alcázar de Ciudad Real.

REUNIÓN DEL 28 DE ENERO DE 1970 EN EL SALÓN DE ACTOS DEL GOBIERNO CIVIL

Informe de Josefa Reyes y María Soledad Salve de la visita al yacimiento de Villanueva de la Fuente donde han recogido cerámica, monedas, fíbulas, fragmentos de lanzas, etc., que serán depositadas en la Casa de Cultura. Pila bautismal encontrada en el corral de una casa en Egido de Calatrava de Almagro entregada al Ayuntamiento de Almagro.

REUNIÓN DEL 23 DE FEBRERO DE 1970 EN LA BIBLIOTECA MUNICIPAL DE ALMAGRO

Incorporación a la Comisión de don Eloy Sancho Calatrava, dado que ha sido nombrado alcalde de Ciudad Real. Comprobación del hallazgo de una sala,

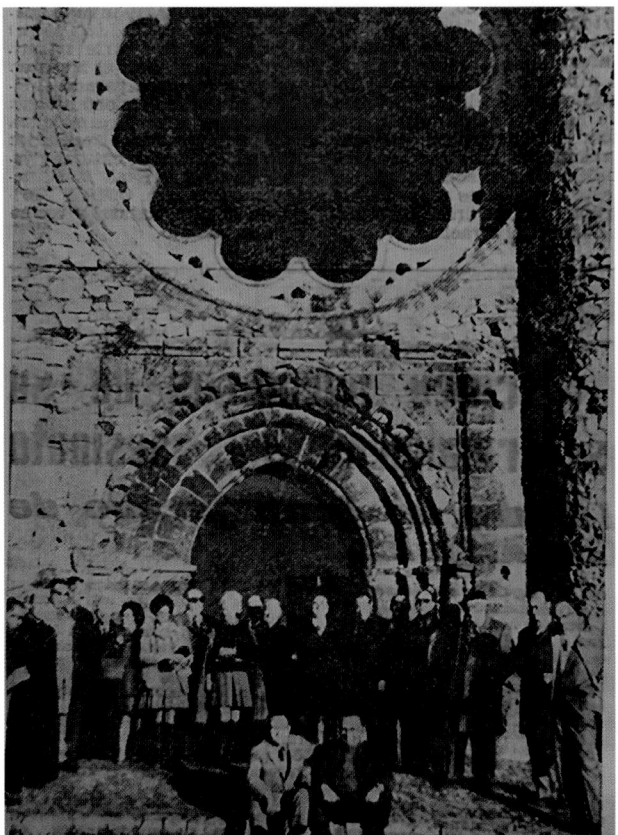

Reunión de la Comisión el 26 de noviembre de 1969 en Calatrava la Nueva. Fuente: *Lanza*, 10 de diciembre de 1969, Archivo de la BPE de Ciudad Real.

patio y pila del hospital fundado por la familia Caballería en la calle Feria de Almagro, en el actual comercio de telas de la viuda de don Nicanor Fernández, todo ello del siglo XVII. Venta Nueva del siglo XVI en Villamanrique. Se propone colocar la pila bautismal en la plaza de Fray Fernando de Almagro.

La Orden de 14 de marzo de 1970 dictó normas para la colaboración de los servicios de la Dirección General de Bellas Artes con las Instituciones privadas o autoridades eclesiásticas en la conservación de monumentos nacionales y Museos no estatales[4].

REUNIÓN DEL 2 DE ABRIL DE 1970 EN LAS ANTIGUAS CABALLERIZAS DE LA ORDEN DE SANTIAGO DE VILLANUEVA DE LOS INFANTES

Don Pascual Antonio Beño entrega a la Comisión los materiales arqueológicos descubiertos por los grupos de rescate de Argamasilla de Alba. Confección de un mapa provincial de yacimientos arqueológicos.

Reunión del 29 de abril de 1970 en la ermita de Alarcos con motivo de las obras de restauración promovidas por el Ayuntamiento de Ciudad Real.

Hallazgos de tumbas en Villarrubia de los Ojos. Aportaciones de la Diputación de 15.000 pesetas para Calatrava la Nueva y de 200.000 pesetas para trabajos de la Comisión.

El diario *Lanza* se hacía eco el 25 de abril de 1970 del hallazgo de la necrópolis árabe de Villarrubia de los Ojos:

> «Al proceder a la pavimentación de la calle de Serafín Romeu, comúnmente llamada del lavadero, ha sido descubierto un enterramiento que por todas las características parece se trata de la época árabe, con una antigüedad aproximada de unos 700 a 800 años. Las tumbas, alineadas en una sola fila, se encuentran a un metro de profundidad, con las paredes formadas por tejas y todos los esqueletos con la misma posición mirando invariablemente hacia Oriente.
>
> Aunque parece ser que no tiene importancia arqueológica, sí es de gran interés la histórica, ya que Villarrubia posee abundantes vestigios romanos como el nombre (Villa Rubeum), antiguos poblados (Bella Vista, Xetar, Lote), dudamos si puentes (La puente, el Conde, la puente Vieja), tumbas y pequeños restos de calzadas. En cambio, no se conocía nada de la época árabe, el descubrimiento de hoy aclara que esta población continuó con vida durante la dominación musulmana.
>
> Se ha descubierto enteramente y con gran cuidado una sola tumba, dejando todo el esqueleto, muy bien conservado, al exterior; es de un hombre de gran talla, echado sobre el lado derecho. No existen objetos ornamentales de ninguna clase».

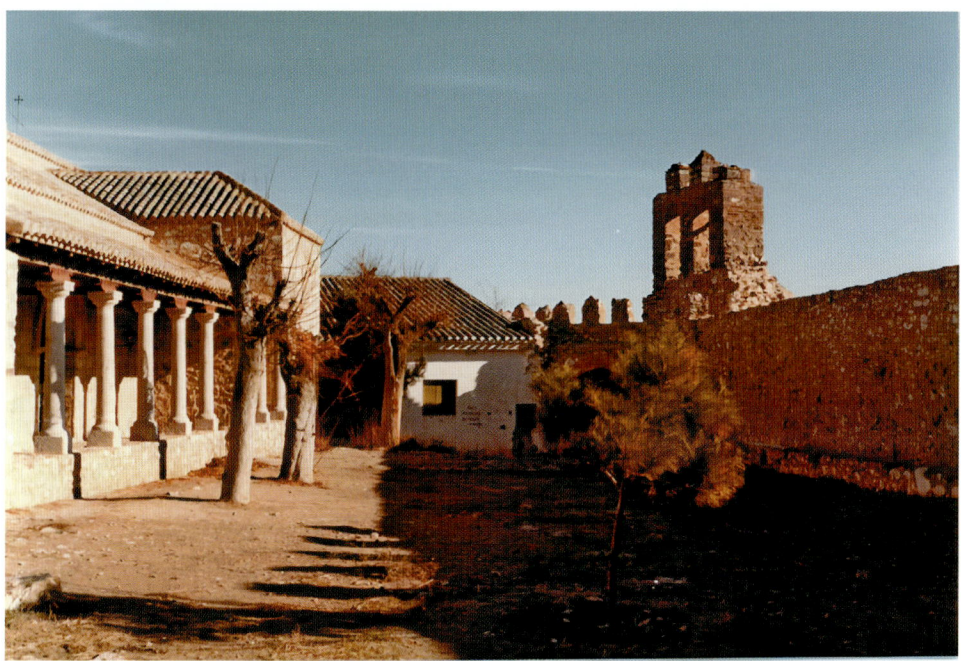

Exteriores de la ermita de Alarcos en 1975. Fuente: Archivo del Servicio de Cultura.

REUNIÓN DEL 17 DE JUNIO DE 1970 EN LA CUEVA DE MEDRANO DE ARGAMASILLA DE ALBA

Felicitaciones por la adquisición por parte del Ayuntamiento de Argamasilla de Alba de la cueva y del solar y acuerdo para iniciar trámites para declararla Monumento Nacional. Nombrado tesorero de la Comisión don Jerónimo López-Salazar. Gestiones para evitar la demolición de la Casa del Bachiller Sansón Carrasco.

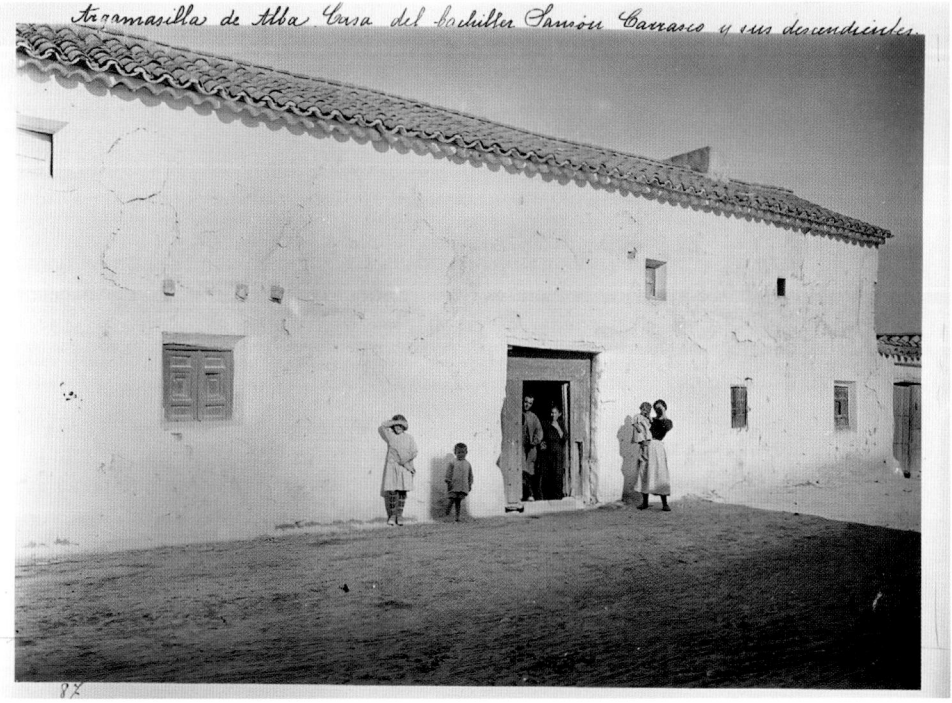

Casa del Bachiller Sansón Carrasco, Argamasilla de Alba, 1926. Fuente: Charles Alberty "Loty", Colección Carlos Vázquez, Archivo del Museo de Ciudad Real.

REUNIÓN DEL 15 DE JULIO DE 1970 EN EL PALACIO DE LA DIPUTACIÓN PROVINCIAL

Disgusto por las excavaciones realizadas en la provincia por el señor Martín Almagro sin conocimiento de la Comisión. El señor Corchado Soriano propone que el rollo jurisdiccional de Cabezarados, que se encuentra desmontado. sea unido y montado de nuevo. Felicitaciones de la RAH a la Comisión Provincial por sus trabajos.

El Decreto 3194/1970, de 22 de octubre[5], creó comisiones del Patrimonio Histórico-Artístico en todas las poblaciones declaradas monumentos y conjuntos histórico-artísticos, asumiendo las competencias asignadas a la Dirección General de Bellas Artes. Los objetivos perseguidos eran dar mayor fluidez en la tramitación de los expedientes de proyectos de obras, dado su aumento vertiginoso al ritmo del desarrollo socioeconómico del país y combinar los derechos de la propiedad privada y la conservación del ambiente característico de estos conjuntos. Es el origen de la Comisión del Conjunto Histórico de Almagro. Su constitución y funcionamiento lo veremos más adelante,

REUNIÓN DEL 28 DE OCTUBRE DE 1970 EN EL TORREÓN DE ALCÁZAR DE SAN JUAN

Don Manuel Reyero Gijón entra a formar parte de la Comisión creándose la Subcomisión de Almodóvar del Campo. Ejemplares del mapa arqueológico provincial elaborado por Manuel Corchado. Visita a la iglesia de Santa María, museo Fray Cobo y excavaciones de los mosaicos.

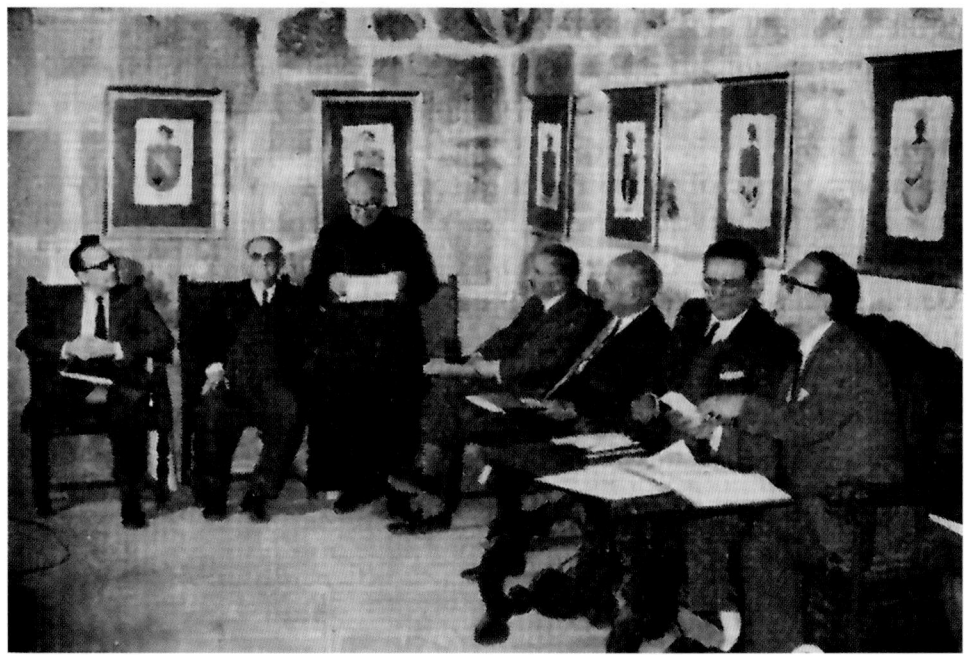

Reunión de la Comisión. Fuente: *Boletín Municipal de Alcázar de San Juan*, diciembre de 1970.

REUNIÓN DEL 25 DE NOVIEMBRE DE 1970 EN EL SALÓN DE SESIONES DEL AYUNTA-MIENTO DE ALMODÓVAR DEL CAMPO CON VISITA A VARIAS DEPENDENCIAS MUNICIPALES

Miembros: García-Noblejas, Maldonado, Caballero de León, Calatayud Gil, López-Salazar, Nevado Carpintero, Prieto García-Ochoa, José Jimeno Coronado, Isabel Pérez Valera, Eloy Sancho y Fernando de Juan.

Subcomisión de Alcázar: señora Reyes y señorita Salve.

Subcomisión de Almagro: señor Piñuela y señor Martínez Cerro.

Subcomisión de Almodóvar del Campo. Reyero Gijón y Corchado Soriano.

Bienvenida a don Fernando de Juan y Díaz de Lope Díaz, nuevo presidente de la Diputación. Gestiones por la creación del Museo Provincial.

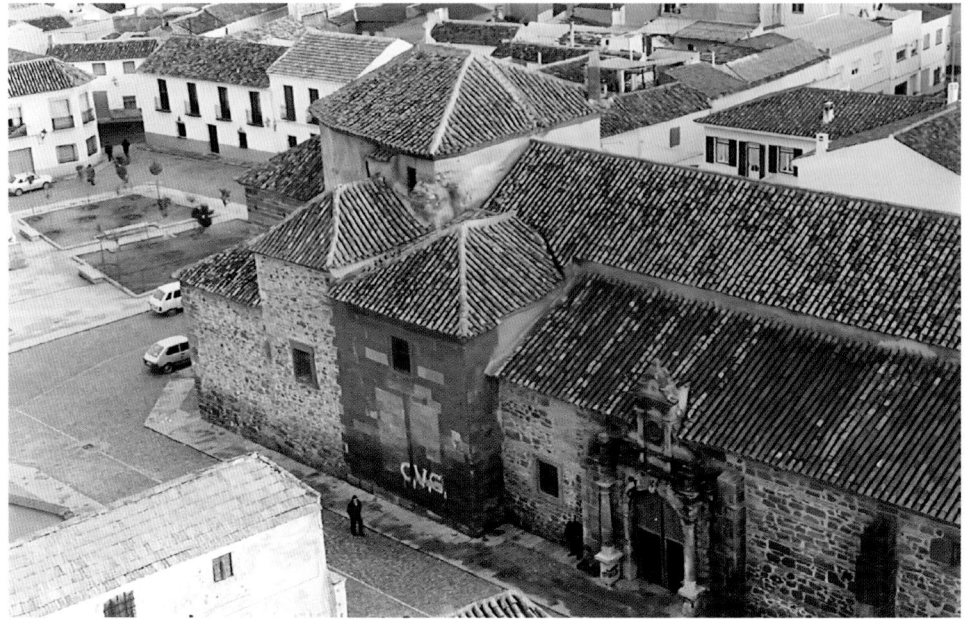

Iglesia de Santa María de Alcázar de San Juan. Fuente: Catálogo BIC de la Junta de Comunidades de Castilla-La Mancha.

Bombo de Tomelloso o de Torres. Edición de postales de castillos e imágenes históricas de la provincia a cargo de la Comisión.

En la Motilla de los Palacios de Almagro se realizaron excavaciones por algunos profesores del Instituto de Enseñanza Media Ruiz de la Hermosa de Daimiel.

En 1970 durante la realización de labores agrícolas en la finca La Esperanza, situada en el paraje de Calabazas de Daimiel, apareció una pieza de mármol esculpido que se encuentra en el Museo de Ciudad Real.

CUADERNOS DE ESTUDIOS MANCHEGOS, 1970, núm. 1

«Localización del Castillo de Dueñas», Manuel Corchado y Soriano.

«El Castillo de Peñarroya, bastión de la Orden de San Juan de Jerusalén», Ángel Dotor Municio.

«Lista de profesos de la Orden de Calatrava desde 1535 a 1595. Transcripción de las relaciones inéditas y nota preliminar», Fernando de Cotta y Márquez de Prado.

«Estancia de los Reyes Católicos en Valdepeñas», Amalia Prieto.

Los precedentes de las intervenciones en la Motilla del Azuer se remontan a inicios de la década de 1970, cuando profesores y alumnos del instituto de la localidad José Ruiz de la Hermosa llevaron a cabo una serie de prácticas de campo sobre su superficie.

El 14 de enero de 1971 el diario *Lanza* publicó la noticia del hallazgo en Alcubillas de una necrópolis árabe:

> «Esta mañana, apenas llegué a la escuela me estaban esperando los vecinos de esta localidad don Antonio Gallego Arcos (comerciante) y don Alfonso Serrano Pliego (pescadero), para mostrarme su interesante hallazgo. Se trata de un trozo de «rótula», un pedazo de «tibia» y un resto de «mandíbula» con dos dientes perfectamente conservados. Como se están abriendo las zanjas para colocar las tuberías de las aguas potables, estos señores observaron que la excavación ofrecía un aspecto particular como si se tratara de unas fosas de enterramientos humanos y movidos de la curiosidad, ahondaron un poco y hallaron los «restos» ya dichos. El hecho se ha producido en la calle de Infantes, en las proximidades de la Plaza del Caudillo. Muy cerca de la calle del hallazgo está enclavada LaTercia y dentro de la calle citada una «manga» donde residieron los moros durante su larga permanencia en esta localidad, de neto origen árabe, como la mayor parte de los pueblos cuyos nombres empiezan por «al»: Alcubillas, Albaladejo, Alhambra, Almedina. En todos «ellos» no falta la «tercia» y muy cerca el cementerio, con fosas excavadas en las «rocas», que las preferían para enterrar a sus muertos. Por esta razón sus tumbas aún hechas en tierra, eran superficiales, y el hecho de haberse descubierto estos restos a un metro aproximadamente del suelo nos confirma, con mucha certeza, su origen. De todos modos, con esta fecha los envío a nuestras autoridades en la materia, para su estudio y dictamen».

Reunión del 20 de enero de 1971 en el salón de sesiones de la Diputación. Malestar por la restauración del altar mayor de la iglesia de Madre de Dios, sin tener en cuenta el proyecto y las recomendaciones de la Comisión.

Reunión del 17 de febrero de 1971 en el salón de sesiones del Ayuntamiento de Ciudad Real

Asistieron los señores García-Noblejas, Maldonado, López-Salazar, Caballero de León, Calatayud Gil, López Carricajo, Nevado, Prieto y Jimeno. Restauración de la ermita de Alarcos. V Centenario del poeta Jorge Manrique de Lara. Restauración de la puerta de hierro de Calatrava la Nueva por cuenta de la Comisión. Inicio de trámites para la declaración de Monumento Histórico-Artístico la plaza e iglesia de San Carlos del Valle, recién restaurada por el Ministerio de la Vivienda. El señor Nevado dio cuenta de las ayudas económicas del Ministerio de Información y Turismo. Se acordó por unanimidad el nombramiento de don José González Lara, hasta ahora alcalde de Campo de Criptana e impulsor de la restauración de los molinos, como miembro numerario de la Comisión.

La Orden de 26 de febrero de 1971 creo una Comisión Nacional para la conservación del Arte Rupestre.

Reunión del 29 de marzo de 1971 en el salón de sesiones del Ayuntamiento de Campo de Criptana

Toma de posesión de don José González Lara. Encargo de la redacción del informe para declarar Monumento Nacional los molinos situados en el

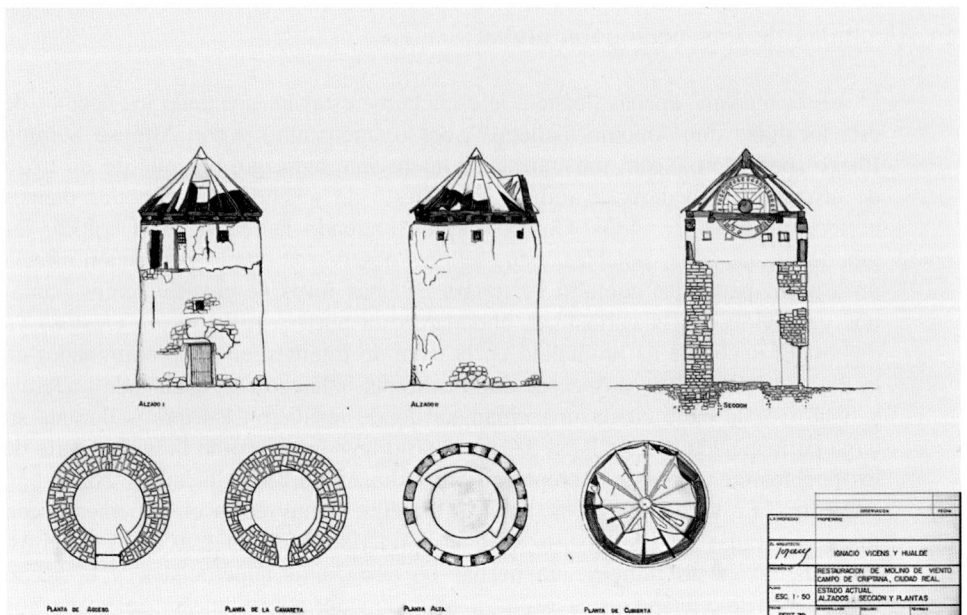

Sección de un molino de viento de Campo de Criptana. Proyecto de restauración, 1979. Fuente: IPCE, PLM ARCH 6311/3 y Servicio de Cultura, Exp. 75.0005.

cerro de la Paz. Patrimonio Nacional invertirá 1.500.000 pesetas en el castillo de Calatrava la Nueva. Apoyo de la Comisión a la celebración del IV Centenario de la batalla de Lepanto.

El Decreto 798/1971, de 3 de abril, dispuso que en las obras y en los monumentos y conjuntos histórico-artísticos se empleen en lo posible materiales y técnicas tradicionales[6].

REUNIÓN DEL 28 DE ABRIL DE 1971 EN EL SANTUARIO DE LA VIRGEN DE LAS NIEVES DE ALMAGRO

Acuerdo para poner una placa en el santuario por el IV Centenario de la batalla de Lepanto. Entra a formar parte de la Comisión don Eduardo Rodríguez Espinosa, director del Instituto de Calzada de Calatrava, adscrito a la Subcomisión de Almagro, que informa de hallazgos en Villamayor de Calatrava. Don Ramón Crespo López informa de hallazgos en Villarrubia de los Ojos. Situación de la Venta de Borondo.

REUNIÓN DEL 28 DE MAYO DE 1971 EN EL SANTUARIO DE LA VIRGEN DE LA SIERRA DE VILLARRUBIA DE LOS OJOS

Ante la escasa asistencia se decidió celebrar otra reunión en Villarrubia más adelante.

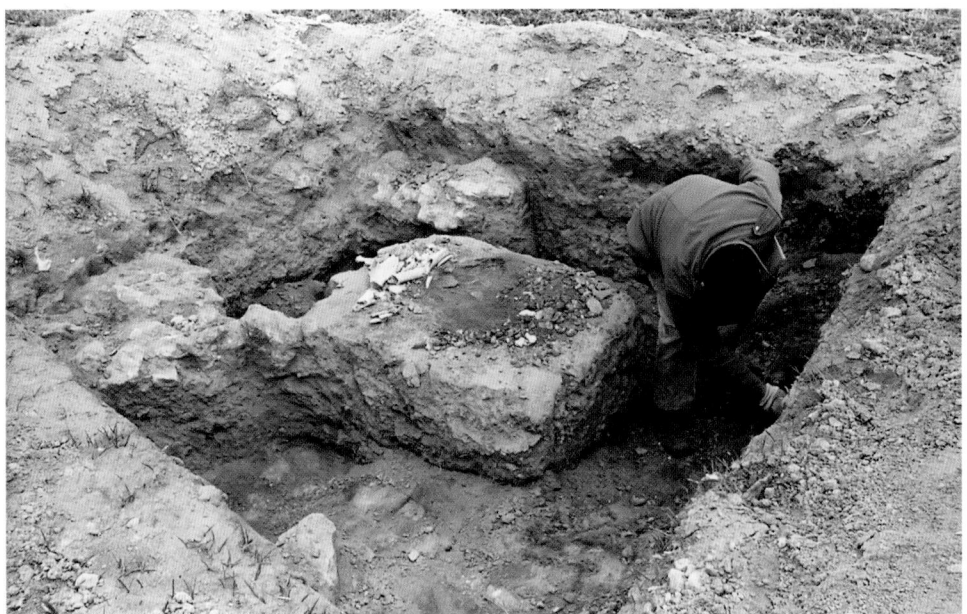

Hallazgo en el yacimiento de Casas Alta Villarrubia.. Fuenter: Archivo dedl Museo de Ciudad Real.

REUNIÓN DEL 28 DE OCTUBRE DE 1971 EN VILLARRUBIA DE LOS OJOS, PARA PODER EXAMINAR LOS YACIMIENTOS ARQUEOLÓGICOS

Informe del vecino de dicha localidad don Ramón Crespo López que recibió y dirigió la visita.

Asistieron sus miembros numerarios, García-Noblejas, Maldonado, Pérez Valera, López-Salazar, González Lara, Nevado, Caballero de León, Corchado Soriano, Martínez Cerro, Rodríguez Espinosa, Prieto, Fernández de Sevilla y López Carricajo. Se acordó unirse a los actos por el IV Centenario de la batalla de Lepanto, levantando una lápida en el santuario de la Virgen de las Nieves de Almagro. Será visitada y situada definitivamente la llamada Venta de Borondo, donde Cervantes hizo armar caballero a don Quijote. Fue presentado también el primer *Catálogo Monumental* inédito de Portuondo sobre nuestra provincia. Situación de los molinos de Campo de Criptana, Casa Prioral de Almagro y castillo de Montiel.

Eduardo Tello realizó prospecciones en el yacimiento de la Edad del Bronce de La Fuensanta de Ciudad Real.

En octubre de 1971 un grupo de estudiantes de Misión Rescate localizó un posible megalito en Los Terreros de Almadén, según comunicaron a la Comisión de Monumentos y recoge Trinidad Nájera en su tesis.

Agustín Gil, licenciado por la Universidad de Granada, excavó en el poblado de El Castellón de Almadén y localizó varios enterramientos y abundante cerámica.

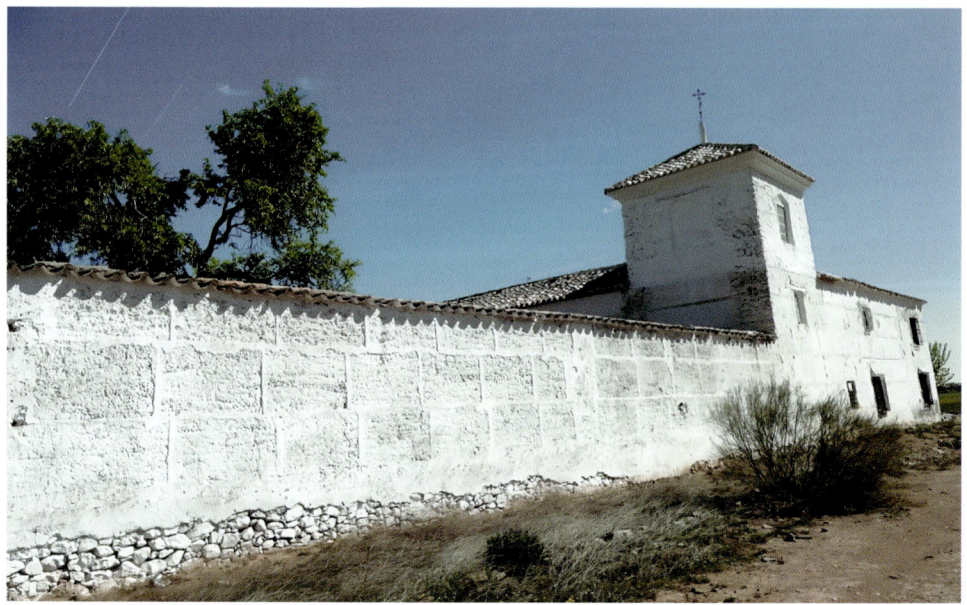

Venta de Borondo, 19 abril de 2019. Fotografía del autor.

Cuadernos de Estudios Manchegos, 1971, núm. 2

«Bernardo de Balbuena en sus obras», Cecilio Muñoz Fillol.

«Caminos recorridos por Santa Teresa de Jesús y San Juan de la Cruz en La Mancha», Manuel Corchado y Soriano.

«Datos para la historia Terciaria y Cuaternaria del Campo de Calatrava», Emiliano Aguirre Enríquez.

«La Venta Nueva del término de Villamanrique», Ildefonso Prieto García-Ochoa, Vicente López Carricajo y Manuel Corchado Soriano.

Reunión del 5 de marzo de 1972 en la Diputación

Agradecimiento a esta institución por la cesión de local para la Comisión y el Instituto de Estudios Manchegos, y por la aportación anual de 200.000 pesetas. Postales con las vírgenes de la provincia. Placa santuario en el santuario de la Virgen de las Nieves de Almagro por el IV Centenario de la batalla de Lepanto.

Orden de 16 de marzo de 1972 por la que se confía al Servicio de Monumentos la supervisión de los proyectos de obras del Programa de Restauración del Patrimonio Artístico y del Programa de Investigación del Tesoro Arqueológico[7].

Reunión del 15 abril de 1972 en La Solana

Asistieron, en representación de la Dirección General de Bellas Artes, don Carlos Parrondo, jefe de servicio, y don Santiago Camacho;: el arquitecto; el presidente de la Diputación, don Fernando de Juan, y el alcalde de la capital, don Eloy Sancho. Visita a la iglesia de San Sebastián y la plaza y tambíen a San Carlos del Valle. Entra a formar parte de la Comisión la catedrática del Instituto de Ciudad Real doña Hortensia Serrano. Baja por traslado de don Julián Nevado Carpintero. Manifestaciones en contra del proyecto del arquitecto señor Higueras para el nuevo edificio del Ayuntamiento de Ciudad Real.

REUNIÓN DEL 15 DE MAYO DE 1972 EN ALARCOS

Se comprueban las obras que se están realizando en la ermita y estudio del informe y solicitud para su declaración como monumento histórico nacional.

Asisten: José Antonio García-Noblejas, Ramón José Maldonado, Eloy Sancho García, Jerónimo López-Salazar, Miguel Fernández de Sevilla, Vicente López Carricajo, José González Lara, Eduardo Rodríguez Espinosa, José Jimeno Coronado, Hortensia Simarro (Instituto), Manuel Corchado. Don Ramón Valentín Gamazo entregó a la Comisión el material heredado de su padre sobre los castillos de la provincia, y don Luis Cavanillas Ávila un informe sobre Almadén y Chillón.

El Decreto 1545/1972, de 15 de junio, elevó la cantidad máxima para obras urgentes en monumentos histórico-artísticos sin formación de proyecto[8].

El Decreto 1970/1972, de 6 de julio, creó el Instituto de Restauración de Monumentos y Conjuntos Histórico-Artísticos[9].

El Decreto 2104/1972, de 13 de julio, declaró Conjunto Histórico-Artístico la ciudad de Almagro por su conjunción poco frecuente de valores históricos y artísticos[10].

REUNIÓN DEL 28 DE SEPTIEMBRE DE 1972 EN LA DIPUTACIÓN

Descubrimiento de pinturas murales en la iglesia de Arroba de los Montes. Intervención del presidente poniendo de manifiesto la precaria situación de la Arqueología en nuestra provincia por varias razones.

REUNIÓN DEL 21 DE OCTUBRE DE 1972 EN ALHAMBRA

Proyecto de creación de zona verde en el pórtico de la iglesia donde se colocarán restos romanos. Repaso a los hallazgos en La Moraleja y Fuenllana. Visita a Ruidera.

Decreto 3147/1972, de 26 de octubre, por el que se declara Monumento Histórico-Artístico Nacional la cueva prisión de Medrano en Argamasilla de Alba[11].

Ley de 31 de octubre de 1972 de defensa del tesoro documental y bibliográfico.

REUNIÓN DEL 25 DE NOVIEMBRE DE 1972 EN VALDEPEÑAS

Restauración de la iglesia de la Asunción y creación de la Subcomisión de Valdepeñas.

Visita a San Carlos del Valle y descubrimiento de la placa por la restauración de su plaza.

Según el escrito de la Comisión Provincial de 24 de noviembre de 1972, dirigido a la RABASF, los componentes en esa fecha eran los siguientes:

Presidente: José Antonio García-Noblejas y García-Noblejas.

Secretario: Ramón José Maldonado Cocat.

Conservadora: Isabel Pérez Valera.

Miembros natos:

Presidente de la Diputación: Fernando de Juan y Díaz de Lope Díaz.

Alcalde de Ciudad Real: Eloy Sancho García.

Representante del Obispado: José Jimeno Coronado.

Representante del Instituto de Enseñanza Media: Alfonso Ruiz Abascal.

Arquitecto municipal: Ildefonso Prieto García-Ochoa.

Arquitecto provincial: Jesús García del Castillo.

Miembros elegidos: Carlos Calatayud Gil, Manuel Corchado Soriano, Jerónimo López-Salazar, León Caballero de León, José González Lara.

Subcomisión de Villanueva de los Infantes: Miguel Fernández de Sevilla y Vicente López Carricajo.

Subcomisión de Alcázar de San Juan: Manuel Rubio Herguido, Pepita Reyes y María Soledad Salve Díaz Miguel.

Subcomisión de Almagro: Domingo Martínez Cerro, Federico Piñuela Muñoz y Eduardo Rodríguez Espinosa.

Subcomisión de Almodóvar del Campo: Manuel Reyero Gijón.

CUADERNOS DE ESTUDIOS MANCHEGOS, octubre de 1972, núm. 3

«Ciudad Real en el proceso histórico del siglo XIX», Manuel Espadas Burgos.

«Desamortización frustrada en el siglo XVIII», Manuel Corchado y Soriano.

«Villanueva de los Infantes en las Relaciones de Felipe II», Francisco Javier Campos de Sevilla.

REUNIÓN DEL 31 DE ENERO DE 1973 EN LA DIPUTACIÓN

Pinturas murales en la iglesia de Arenas de San Juan.

REUNIÓN DEL 24 DE FEBRERO DE 1973 EN LA DIPUTACIÓN

Toma de posesión como presidente de la Subcomisión de Valdepeñas de don Cecilio Muñoz Fillol. Creación de un patronato para la protección de los molinos de Campo de Criptana. Hallazgos arqueológicos en Calzada de Calatrava.

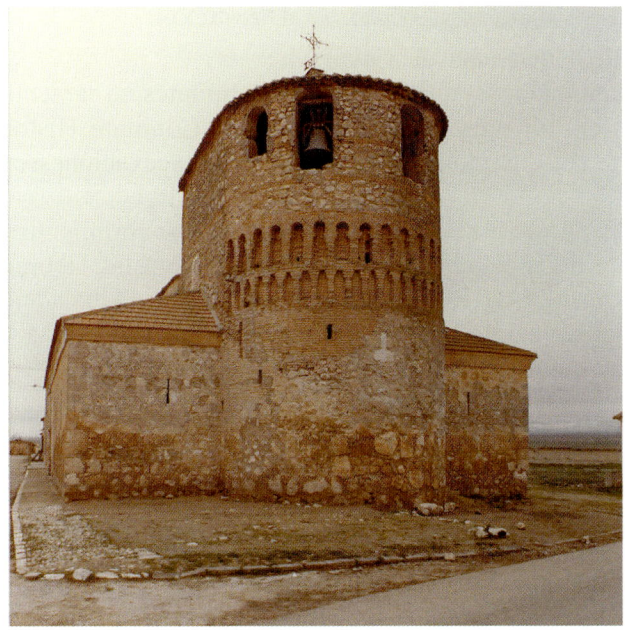

Iglesia de Arenas de San Juan. Fuente: Archivo del Museo dc Ciudad Real.

REUNIÓN DEL 18 DE ABRIL DE 1973 EN TOMELLOSO.

Asistencia del pintor Antonio López Torres. Visita al Museo del Carro en construcción, a la Posada de los Portales, la iglesia y otras dependencias locales.

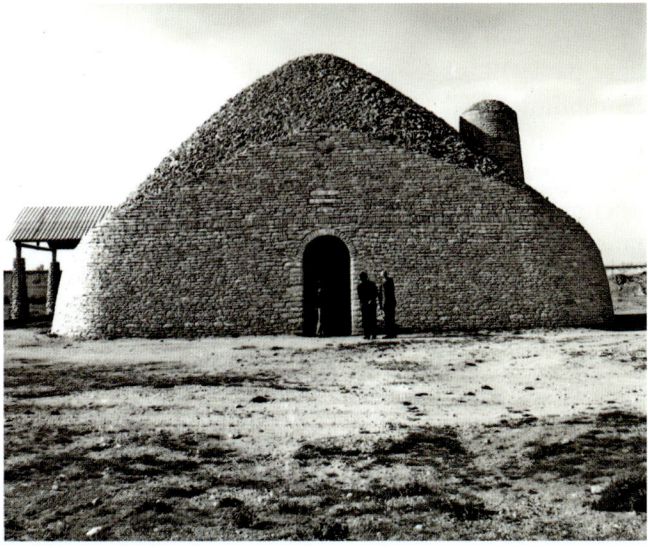

Bombo del Museo del Carro de Tomelloso. Fuente: Archivo de Ramón Maldonado, cedido por Luis Maldonado.

Reunión del 5 de julio de 1973 en la Diputación

Virgen de Valenzuela de Calatrava.

La Subcomisión de Villanueva de los Infantes se lamenta que el Ayuntamiento no inicia trabajos para declaración de Conjunto Histórico. Gestiones con la Universidad Autónoma de Madrid para excavaciones en Oreto.

El 23 de agosto de 1973 se produjo el descubrimiento de la villa romana de Puente de la Olmilla de Albaladejo durante las labores de roturación de la finca de Justo Leal Rodríguez. Los vecinos de Albaladejo Daniel Lillo, Nemesio Campos, Jacinto Macías e Ignacio Macías dieron a conocer el hallazgo. Las excavaciones sistemáticas comenzaron en 1974 dirigidas por doña María Rosa Puig Ochoa y don Ramón Montana Maluquer del Departamento de Arqueología de la Universidad de Barcelona.

Reunión del 14 de octubre de 1973 en Alhambra

Inauguración de la colocación frente a la iglesia de las esculturas romanas procedentes de diversas excavaciones.

Referencias a las pinturas rupestres de la Rendija de Herencia y a una villa romana en Albaladejo. Necesidad de incoar expediente para la declaración del conjunto histórico de Villanueva de los Infantes. Baja de don Eloy Sancho como alcalde de Ciudad Real.

Reunión del 15 de diciembre de 1973 en la Diputación

Informe de la visita a la Comisaría General de Excavaciones Arqueológicas sobre Oreto y otros yacimientos de la provincia. Actos en conmemoración por el aniversario de la muerte de Pedro I de Castilla en Montiel.

En octubre de 1973, el Ayuntamiento de Almagro solicitó a la Comisión Provincial el cumplimiento de lo contemplado en el Decreto de 22 de octubre de 1970, reuniones mensuales y remisión trimestral de relación de asuntos tratados, apoyándose en un escrito de la Dirección General de Bellas Artes

La Dirección General de Bellas Artes envió una circular en noviembre de 1973, recomendando la difusión a través de medios de comunicación locales y provinciales de los asuntos tratados en la Comisión Provincial.

El 17 de diciembre de 1973 la RABASF eligió a Ramón José Maldonado Cocat como académico correspondiente en la provincia de Ciudad Real[12].

En 1973 ingresó en el Museo Arqueológico Nacional una gran hacha plana de forma trapezoidal, delgada y con los lados ligeramente engrosados procedente de la Cañada de las Cañas, de Pozuelo de Calatrava. El tope, convexo, está adelgazado y el filo es muy curvo y abierto. Presenta una pátina de color verde oscuro. Ingresó en el Museo como parte de la adquisición a sus herederos por el Estado de la colección reunida por el catedrático don Julio Martínez Santa-Olalla[13].

En 1973 Trinidad Nájera y Cayetano Hilario realizaron prospecciones en el poblado de la Edad del Bronce Huerta del Agua de Argamasilla de Alba y en los yacimientos de Despeñaperros y Barrancas del Cura. Pepita Reyes y Pascual Antonio Beño, con un grupo de escolares de Misión Rescate del colegio José García del Moral, realizaron excavaciones y localizaron estructuras y materiales.

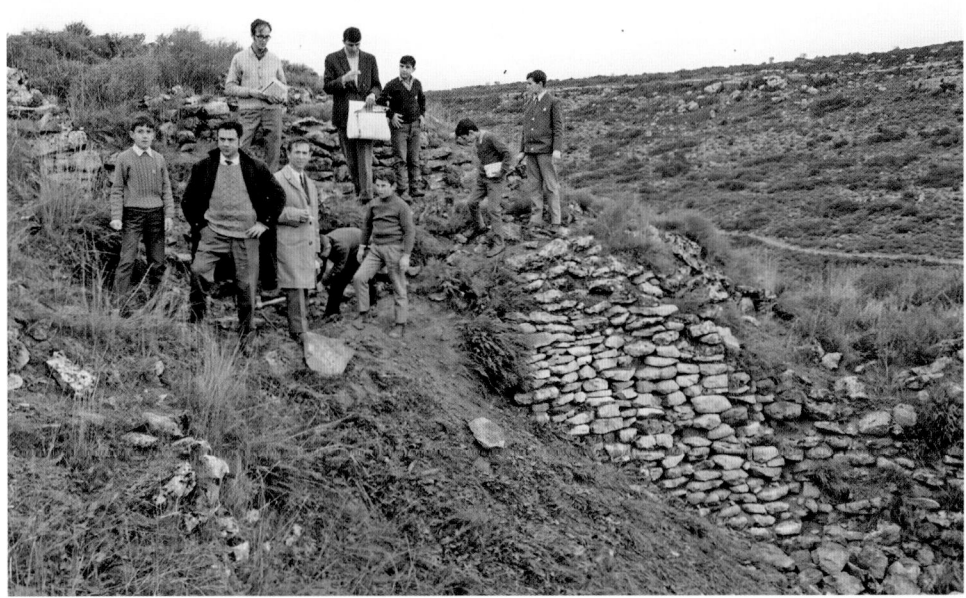

Grupo de Misión Rescate en el poblado de Despeñaperros. Fuente: Andrés Ocaña Carretón, *Carta arqueológica de Argamasilla de Alba*.

Tal como apuntan Macarena Fernández y Carmen García Bueno[14], el yacimiento de La Dehesa de Fuencaliente fue descubierto en 1973, cuando un niño encontró una inscripción sobre piedra que entregó a su maestro, don Juan Díaz García. Como la piedra estaba incompleta, don Juan decidió visitar el lugar acompañado de su amigo don Alejandro Alonso para buscar el otro fragmento y, aunque no lo hallaron, comprobaron que en la zona había escorias, fragmentos de tubos de cerámica, restos de hornos y muros. Además, localizaron dos pozos de minas y parte de un antiguo camino empedrado. La pieza fue depositada en 1983 en el Museo de Ciudad Real y publicada por G. Alföldy.

CUADERNOS DE ESTUDIOS MANCHEGOS, noviembre de 1973, núm. 4

«Estudio crítico sobre el origen y nombre de Manzanares en Campo de Calatrava», José Antonio García-Noblejas y García-Noblejas

«Heráldica municipal de la provincia de Ciudad Real», Ramón José Maldonado y Cocat.

«Los castellones de Picón», Luis del Hierro y del Real.

«Avance al estudio del Paleolítico del Campo de Calatrava», Manuel Santonja Gómez y Efraín Redondo Sancho.

«Hallazgos arqueológicos en el paraje conocido por Santa María de Argamasilla de Alba», Pascual Antonio Beño.

«Sobre Rodrigo Pacheco, vecino de Argamasilla», Manuel Corchado Soriano.

«Ciudad Real y su Sociedad Económica de Amigos del País», Manuel Espadas Burgos.

En enero de 1974 Trinidad Nájera, Cayetano Hilario y Pascual Antonio Beño intentaron localizar, sin éxito, la Motilla de la Membrilleja de Argamasilla de Alba, que había sido excavada quince años antes por el grupo de Misión Rescate.

REUNIÓN DEL 9 DE MARZO DE 1974 EN VILLAHERMOSA

Visita a su iglesia de los miembros de la Comisión, José Antonio García-Noblejas, Ramón Maldonado, Carlos Calatayud Gil, Manuel Corchado Soriano, Vicente López Carricajo, Miguel Fernández de Sevilla, Jerónimo López-Salazar, Ildefonso Prieto, Bernalte, Caballero de León, Martínez Cerro, Eduardo Rodríguez Espinosa, Cecilio Muñoz Fillol.

Tomó posesión don Justo Arévalo García-Galán, profesor del Instituto de Calzada de Calatrava, que publicó en el número 5 de los *Cuadernos de Estudios Manchegos* del IEM. Los miembros de la Subcomisión de Villanueva de los Infantes informan de la entrega en la Dirección General de Bellas Artes del expediente para la declaración de Conjunto Histórico de Villanueva de los Infantes.

El 30 de marzo de 1974 la Comisión Central de Monumentos[15] recibió la documentación remitida para la declaración del Conjunto Histórico-Artístico de Villanueva de los Infantes. El 6 de abril se analizó la ponencia redactada por don José Antonio García-Noblejas, que fue aprobada favorablemente, y remitió el acuerdo a la Dirección General de Bellas Artes.

REUNIÓN DEL 4 DE JULIO DE 1974 EN BOLAÑOS DE CALATRAVA

Visitas al santuario de la Virgen del Monte, Venta de Borondo y al castillo de Bolaños. Referencias a excavaciones en la comarca a cargo de doña Trinidad Nájera en las motillas de la vega del Azuer. Preocupación por el estado del Palacio de Fúcares de Almagro.

En el verano de 1974 se descubrió un yacimiento paleolítico en Porzuna, después fue intensamente prospectado por un grupo local, recogiéndose un gran número de piezas.

La Universidad de Granada inició en 1974 la primera campaña de excavación en la Motilla del Azuer, dirigida por Fernando Molina y Trinidad Nájera. Se realizaron varios sondeos estratigráficos en dirección sentido radial este-oeste, con objeto de documentar la forma edilicia y la secuencia estratigráfica de la construcción.

REUNIÓN DEL 26 DE OCTUBRE DE 1974 EN LA DIPUTACIÓN

Agradecimiento a la Diputación Provincial por su constante ayuda de todo género para llevar a feliz término los fines de la Comisión. Informe sobre la Casa del Marqués de Navasequilla de Membrilla. Se propone que forme parte de la Comisión como numerario don Eloy Sancho García.

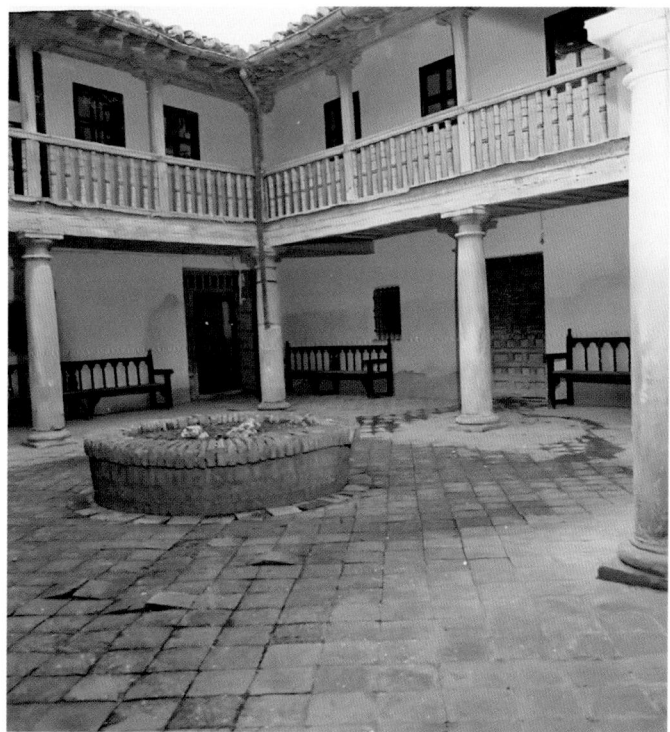

Patio interior de la Casa del Marqués de Navasequilla.
Fuente: Archivo del Museo de Ciudad Real.

REUNIÓN DEL 23 DE NOVIEMBRE DE 1974 EN EL CASTILLO DE CALATRAVA LA NUEVA

Asistencia de don Marciano Cuesta Polo, delegado del Ministerio de Educación y Ciencia, el alcalde de Aldea del Rey, don Jerónimo Alcaide Alañón, don Luis González Racionero, alcalde de Calzada de Calatrava, Ramón José Maldonado y Cocat, León Caballero de León, Domingo Martínez Cerro, Manuel Corchado Soriano, José Jimeno Coronado, Ildefonso Prieto, Jerónimo López-Salazar, Eduardo Rodríguez Espinosa, José González Lara, Justo Arévalo y María Paz Zorita Rubio.

REUNIÓN DE DICIEMBRE DE 1974 EN ALMAGRO

Imposición de medallas a García-Noblejas, Maldonado y Corchado. Visitas al Parador de Turismo y otros puntos de Almagro. Nombramiento de don Eloy Sancho García como miembro de la Comisión. Asiste don Rafael García Serrano, director del Museo Provincial.

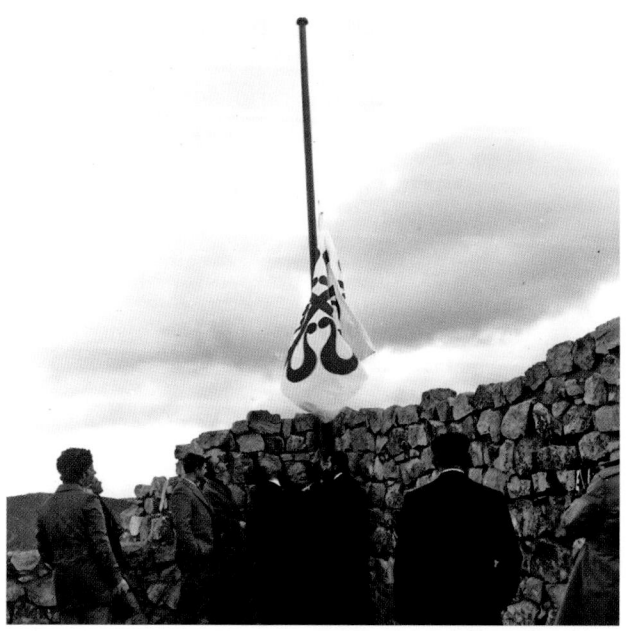

Izado de bandera en Calatrava la Nueva, 23 noviembre de 1974. Fuente: Archivo de Ramón Maldonado, cedido por Luis Maldonado.

El Decreto 3708/1974, de 20 de diciembre, declaró Conjunto Histórico-Artístico la ciudad de Villanueva de los Infantes por su extraordinaria riqueza artística y monumental[16].

CUADERNOS DE ESTUDIOS MANCHEGOS, 1974, núm. 5

«Villanueva de los Infantes y su arte», Ángela Madrid Medina.

«Testamento del Mariscal Don Diego de Almagro», Juan Antonio Martin de Almagro.

«La Mancha según el Censo del Conde de Aranda (1768-1769)», Jerónimo López-Salazar Pérez.

«Traslado y supresión del Sacro Convento de Calatrava», Manuel Corchado y Soriano.

«Informe presentado a la Comisión Provincial de Monumentos de Ciudad Real sobre algunos útiles arqueológicos hallados en la provincia», Justo Arévalo García-Galán.

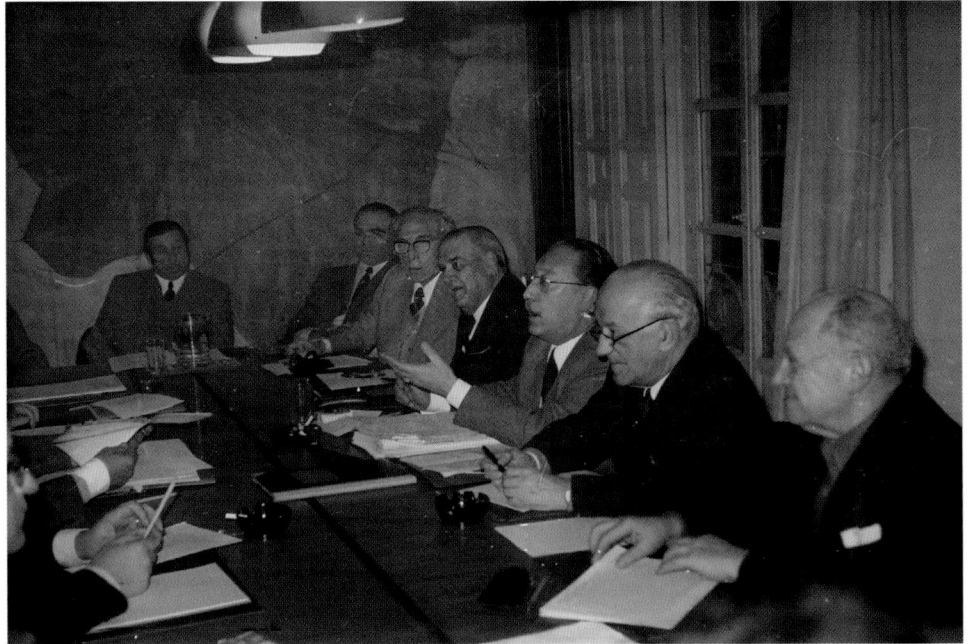

Reunión en Almagro de la Comisión, diciembre de 1974. Fuente: Archivo de Ramón Maldonado, cedido por Luis Maldonado.

Durante el mes de febrero de 1975, y mientras se realizaban labores agrícolas en la finca denominada Camino del Medio, apareció la escultura conocida como «El Toro de Alcubillas». Sus descubridores, Basilio Fernández Mejía y Vicente Álvarez Arco, la donaron al Museo de Ciudad Real, donde se encuentra expuesta[17].

REUNIÓN DEL 1 DE FEBRERO DE 1975 EN VILLANUEVA DE LOS INFANTES

Se realiza dicha reunión por la reciente declaración como Conjunto Histórico.

REUNIÓN DEL 10 DE MARZO DE 1975 EN LA DIPUTACIÓN

Se acordó dirigir un escrito a la Diputación planteando las prioridades de financiación de intervenciones en monumentos de la provincia.

REUNIÓN DEL 26 DE ABRIL DE 1975 EN LA ERMITA DE LA ENCARNACIÓN DE CARRIÓN DE CALATRAVA

Se visitan las obras en Calatrava la Vieja con la dirección técnica de Santiago Camacho y Carlos Parrondo.

Don José Lorenzo Sánchez Meseguer informa de las próximas excavaciones en Oreto.

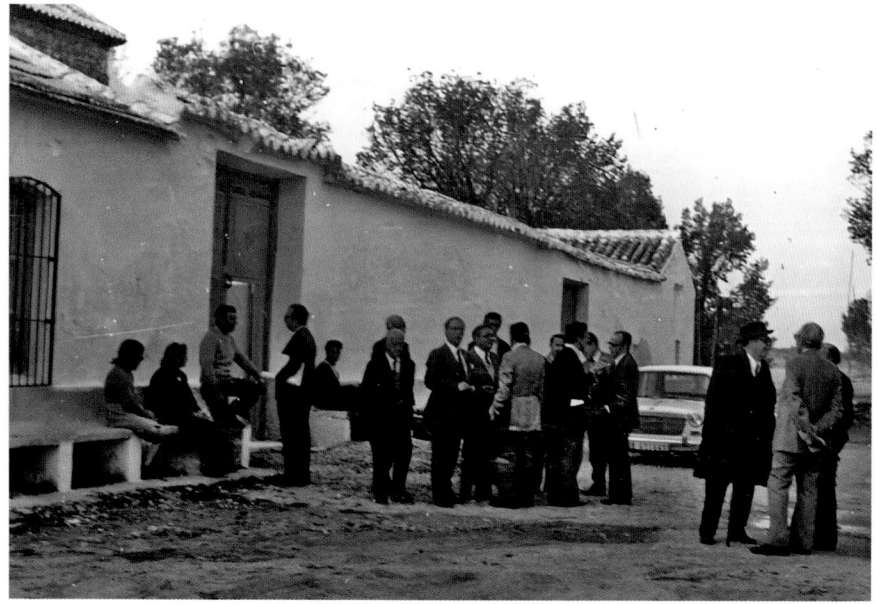

Ermita de la Virgen de la Encarnación. Fuente: Archivo de Ramón Maldonado, cedido por Luis Maldonado.

Se propone el nombramiento de don Gerardo Serrano Parra, que fue alcalde de Argamasilla de Alba, como miembro de la Comisión.

REUNIÓN DEL 13 DE JULIO DE 1975 EN LA DIPUTACIÓN

Se hizo un repaso de las labores de la Comisión desde su reorganización en abril de 1969. Cuarenta actas que reflejan la tarea desempeñada. Agradecimiento a las aportaciones de la Diputación, primero con don José María Aparicio Arce y después con don Fernando de Juan, pasando de las 200.000 a las 500.000 pesetas anuales.

REUNIÓN DEL 19 JULIO DE 1975 EN LA ERMITA DE LAS VIRTUDES DE SANTA CRUZ DE MUDELA

Acuerdo de iniciar expediente de declaración de Monumento del santuario de las Virtudes de Santa Cruz de Mudela. Arreglos del camino de Calatrava la Nueva y obras en Calatrava la Vieja, Fúcares de Almagro, castillo de Bolaños y Palacio de Clavería de Aldea del Rey. Traslado por la tarde a Oreto.

REUNIÓN DEL 11 DE OCTUBRE DE 1975 EN LA DIPUTACIÓN

Informe del secretario de la Comisión desde su reorganización en 1969.

En noviembre de 1975 visitaron varios miembros de la Comisión la iglesia de Santiago de Ciudad Real para ver el artesonado mudéjar oculto por el techo existente. El fotógrafo Luis Morales realizó un reportaje para la Comisión.

REUNIÓN DEL 13 DE DICIEMBRE DE 1975 EN TORRENUEVA

Visita a Castellar de Santiago. La Comisión aportó 5.000 pesetas a las parroquias de Torrenueva y Castellar de Santiago. Se vio el reportaje fotográfico del artesonado de la iglesia de Santiago de Ciudad Real y se acordó remitir el informe realizado y algunas fotografías a la RABASF y solicitudes para su restauración al gobernador civil, al presidente de la Diputación, al obispo, al alcalde de Ciudad Real y a la Dirección General del Patrimonio Histórico Artístico. Sentimiento de los miembros de la Comisión por la muerte de Franco.

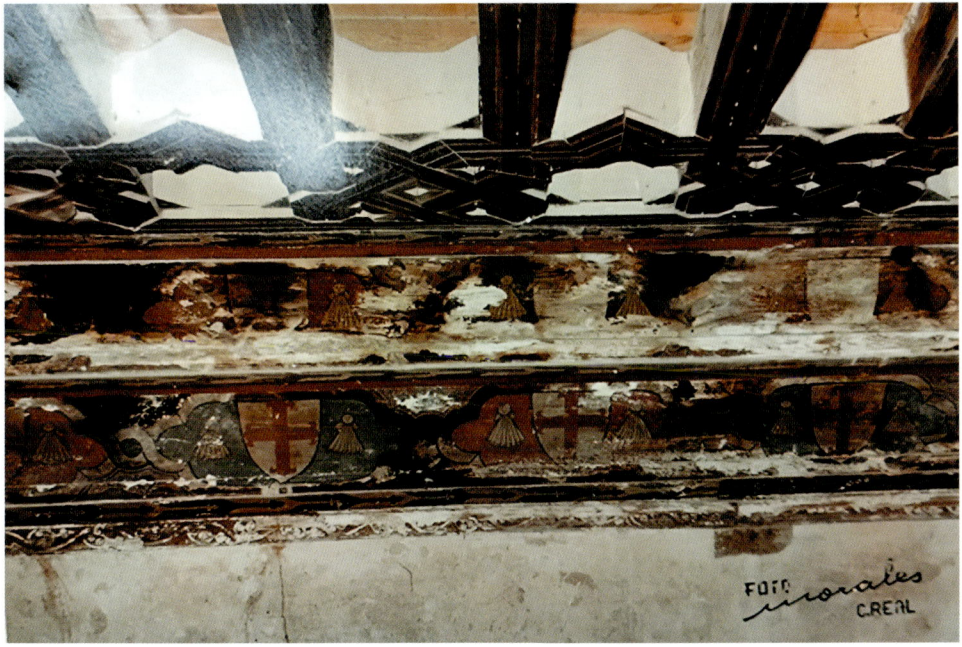

Detalle del artesonado de la iglesia de Santiago en noviembre de 1975.

de armas del castillo de Bolaños al haberse localizado materiales romanos, capiteles, tambores de columna y un ara[18].

También en 1975 se halló en Porzuna otro epígrafe dedicado a Júpiter[19]. Se encuentra en el Museo de Ciudad Real.

REUNIÓN DEL 31 DE ENERO DE 1976 EN LA DIPUTACIÓN

Extraordinaria y urgente para tratar el arreglo del camino de Calatrava la Nueva. Acuerdo de dirigir un escrito al presidente de la Diputación sobre los criterios de la Comisión para el arreglo.

En enero de 1976 asistió el secretario de la Comisión, Ramón J. Maldonado, a la firma de la escritura de compra de la Posada de los Portales por el Ayuntamiento de Tomelloso.

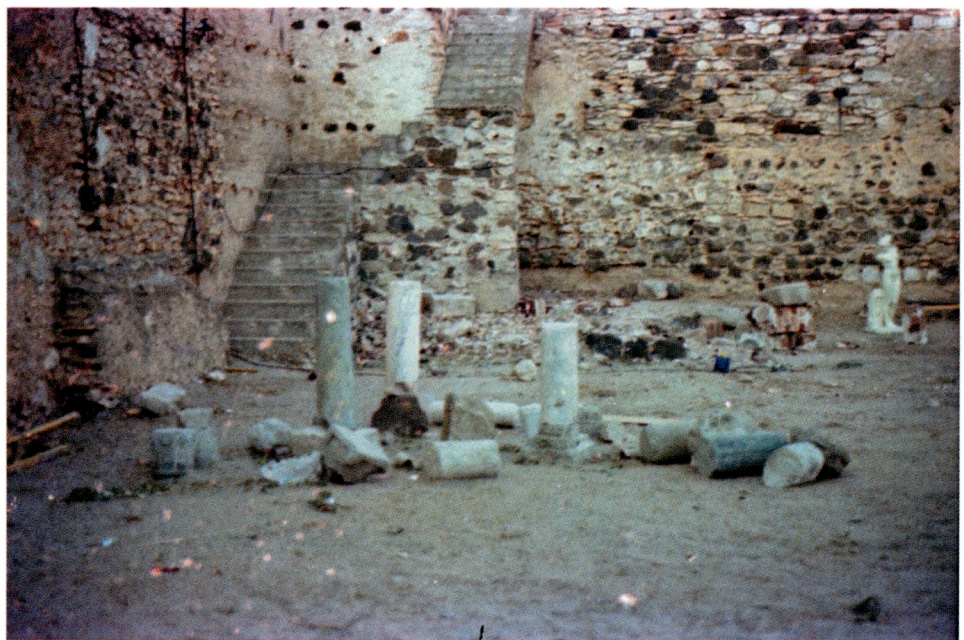

Material localizado en el castillo de Bolaños. Fuente: Museo de Ciudad Real.

REUNIÓN DEL 14 DE FEBRERO DE 1976 EN VALDEPEÑAS

Entraron a formar parte de la Subcomisión de Valdepeñas, Cecilio Muñoz Fillol, Vicenta Ruiz Poveda, María del Carmen Cintas y Luis Carlos Garrido. Visita a la iglesia parroquial. Gestiones con Gregorio Prieto para construir un museo en un solar de su propiedad y sobre la restauración del molino que lleva su nombre.

REUNIÓN DEL 5 DE MARZO DE 1976 EN LA DIPUTACIÓN

La Diputación consignó 10 millones de pesetas al plan de restauración de edificios históricos de la provincia, según propuesta de la Comisión a la Dirección General de Arquitectura que aporta otros 20 millones de pesetas.

REUNIÓN DEL 4 DE JUNIO DE 1976 DE LA DIPUTACIÓN

Asistencia de don Juan de Contreras y López de Ayala, marqués de Lozoya, director de la RABASF. Se trataron asuntos relacionados con las excavaciones en Oreto y Albaladejo y del Museo Provincial que se está construyendo.

REUNIÓN DEL 28 DE JUNIO DE 1976 EN LA DIPUTACIÓN

Acuerdo sobre inversiones en obras: Calatrava la Nueva, artesonado de Santiago, parroquias de Valdepeñas y Villahermosa y restauraciones y limpieza de portadas armeras y fachadas de Villanueva de los Infantes.

En el verano de 1976 miembros de la Comisión visitaron la segunda campaña de excavaciones en Oreto y la Posada de los Portales de Tomelloso. También solicitaron al gobernador civil la restauración del Monumento a la Victoria de Valdepeñas.

En 1976 se realizó la campaña de ampliación de la zona de excavación en la Motilla del Azuer. Se realizaron varios sondeos estratigráficos en dirección norte-sur, cuyo objetivo era ampliar la zona de estudio y la localización de áreas del poblado exterior.

REUNIÓN DE SEPTIEMBRE DE 1976 EN LA DIPUTACIÓN

Pesar por la muerte de doña Isabel Pérez Valera y solicitud al Ministerio de Educación y Ciencia para que lleve su nombre la Casa de Cultura de Ciudad Real. Virgen de los Mártires de Carrión de Calatrava y capilla de Don Rodrigo Pacheco de la parroquia de Argamasilla de Alba.

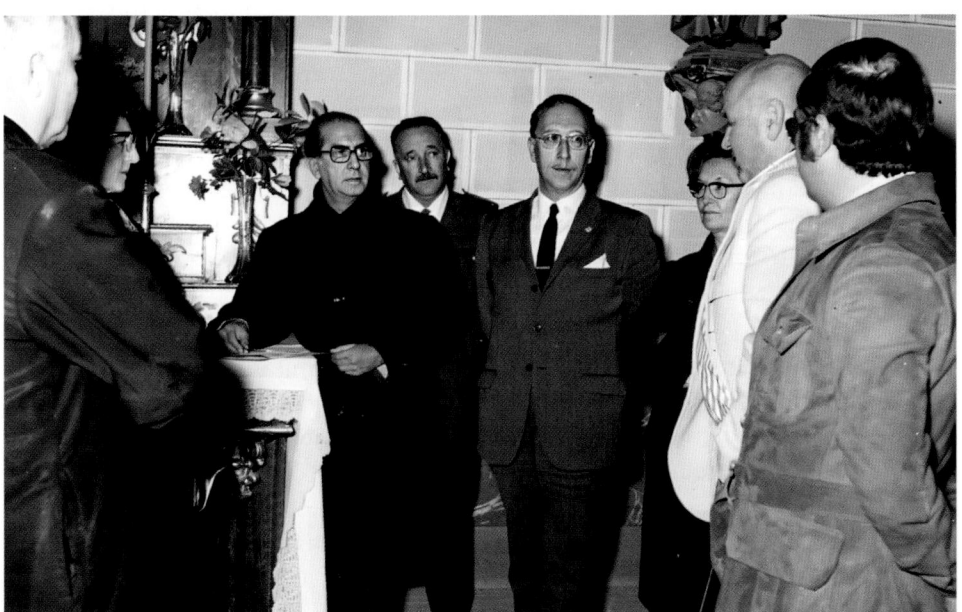

Traslado al Museo del Prado, para la restauración, del cuadro de Don Rodrigo Pacheco. Fuente: Archivo de Ramón Maldonado, cedido por Luis Maldonado.

El 22 de octubre de 1976 ingresaron en el Museo Provincial de Ciudad Real monedas y dos piezas metálicas en plata, torques y brazalete, procedentes de un hallazgo casual, en un lugar indeterminado de la finca Las Navas, del término municipal de Almadenejos[20].

En 1976 se localizaron en las proximidades del río Jabalón, en el término municipal de Aldea del Rey, dos estelas decoradas que fueron depositadas en fincas particulares.

En 1976 Carmen Fernández Conde de Puerto Lápice informó a Trinidad Nájera de la ubicación de varios yacimientos en Arenas de San Juan, Alto de Benito, La Vega, de Herencia, Cerro de la Sevillana, Cueva de la Fuente, Horca de los Moros, de Puerto Lápice, Cuesta de los Civieles, El Coloradizo de Sierra Arando y de Villarrubia de los Ojos, Manciporras. De todos ellos disponía de materiales en su colección particular.

CUADERNOS DE ESTUDIOS MANCHEGOS, diciembre de 1976, núm. 6

«Presencia de la provincia de Ciudad Real en el descubrimiento de América. Apuntes para su historia», Juan Antonio Martín de Almagro y Martín Gil.

«Nuevas localidades con industrias líticas en la provincia de Ciudad Real», Manuel Santoja Gómez y Ángeles Querol.

«Arbitrismo y reforma durante la Ilustración en La Mancha. (La Real Casa de la Caridad de Ciudad Real)», Leandro Higueruela del Pino.

«Estudio sobre el origen, formación, propagación e influencia del folclore manchego, con los demás aires españoles que se miden a tres partes», Jerónimo Lozano García-Pozuelo.

REUNIÓN DEL 22 DE ENERO DE 1977 EN LA DIPUTACIÓN

Mobiliario para la cámara del aljibe de Calatrava la Nueva, casa de Hernán Pérez del Pulgar y obras en la ermita de la Virgen de Oreto y Zuqueca.

REUNIÓN DEL 16 DE ABRIL DE 1977 EN EL SANTUARIO DE ORETO Y ZUQUECA POR LAS OBRAS DE RESTAURACIÓN

Se eligió al arquitecto Ramón Valentín Gamazo como miembro de la Ccomisión. Ayudas económicas para restauración: ermita de la Virgen de Oreto y Zuqueca, 50.000 pesetas; planos de los castillos, 5.000 pesetas; Virgen de las Nieves de Almagro, 30.000 pesetas, y portadas de Villanueva de los Infantes, 70.000 pesetas.

Según recoge Trinidad Nájera, en la primavera de 1977 el doctor Hermanfrid Schubart visitó la Motilla del Espino de Membrilla y recogió varios fragmentos de cerámica y una muestra de carbón que envió para su análisis por el método del carbono 14, datando el yacimiento en el momento del Bronce Pleno.

En mayo de 1977 miembros de la Comisión visitaron en Argamasilla de Alba la restauración de la capilla de los Pacheco en la iglesia parroquial.

REUNIÓN DEL 2 DE JULIO DE 1977 EN EL AYUNTAMIENTO DE CHILLÓN

Toma de posesión de Ramón Valentín Gamazo. Visitas a la iglesia, castillo y casa en la calle Rosario Márquez de Prado. Informe técnico de disconformidad de don Vicente López Carricajo y don Miguel Fernández de Sevilla sobre la sustitución de la estructura portante de la cubierta de madera por una metálica, de la iglesia de Villanueva de los Infantes.

REUNIÓN DEL 17 DE SEPTIEMBRE DE 1977 EN LA DIPUTACIÓN

Informe del Museo del Prado sobre cuadros en el convento de las Dominicas de Almagro, iglesia de San Agustín y ermita de la Virgen de las Nieves.

REUNIÓN DEL 19 DE NOVIEMBRE DE 1977 EN ALMODÓVAR DEL CAMPO

Entró a formar parte de la Comisión como numerario don Eduardo Tello Iruzozqui.

En 1977 Luis Monteagudo García publicó su obra dedicada a las hachas de cobre y bronce en la Península Ibérica, donde recoge noticias de hallazgos y ubicaciones de algunas piezas procedentes de la provincia de Ciudad Real.

CUADERNOS DE ESTUDIOS MANCHEGOS, diciembre de 1977, núm. 7

«Clunia y Oreto», Gerardo Pérez de Madrid.
«Aportación al estudio del Cantón Manchego», Juan Bautista Vilar.
«Vida Manchega», José Narváez Fernández.
«La Mesta», Mauro García Gaínza-Mendizábal.

REUNIÓN DEL 6 DE MAYO DE 1978 EN ORETO

Se inauguran las obras de restauración financiadas por la Comisión y por el pueblo de Granátula de Calatrava.

Repaso de obras en iglesia de Almodóvar, iglesia de Valdepeñas, santuario de Alarcos, Plaza Mayor de La Solana y Calatrava lLa Nueva.

REUNIÓN DEL 24 DE JULIO DE 1978 EN CALATRAVA LA NUEVA

Inauguración de la Cámara Maestral con mobiliario financiado por la Comisión. Luis de Ardanaz y Gonzalo sustituye a Domingo Martínez Cerro en la Comisión por su traslado. Festival de Teatro en Almagro. Desencalado y restauración de portadas en Villanueva de los Infantes con financiación de la Comisión. Visita al cerro de la Encantada y a Oreto.

En julio de 1978 Vicente Martín, por encargo de la Comisión, elaboró y pintó los escudos de armas para estancias de Calatrava la Nueva. Uno del maestre Girón y otro del maestre Padilla.

REUNIÓN DEL 21 DE OCTUBRE DE 1978 EN TOMELLOSO

Tomó posesión don Francisco Pérez Fernández como miembro de la RAH. Asistió el pintor Antonio López Torres, dado que se pretende la construcción de un museo que llevará su nombre.

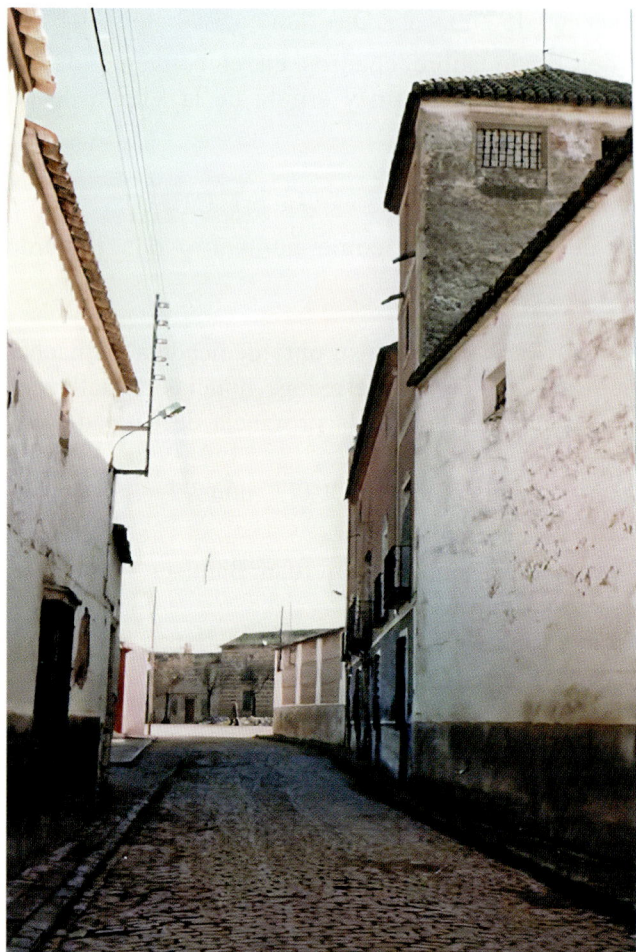

Izquierda, Palacio de To-
rremejía de Granátula de
Calatrava. Fuente: Catálogo BIC de la Junta de Co-
munidades de Castilla-La
Mancha. Abajo, placa en
la ermita de Oreto. Fuente:
Museo de Ciudad Real.

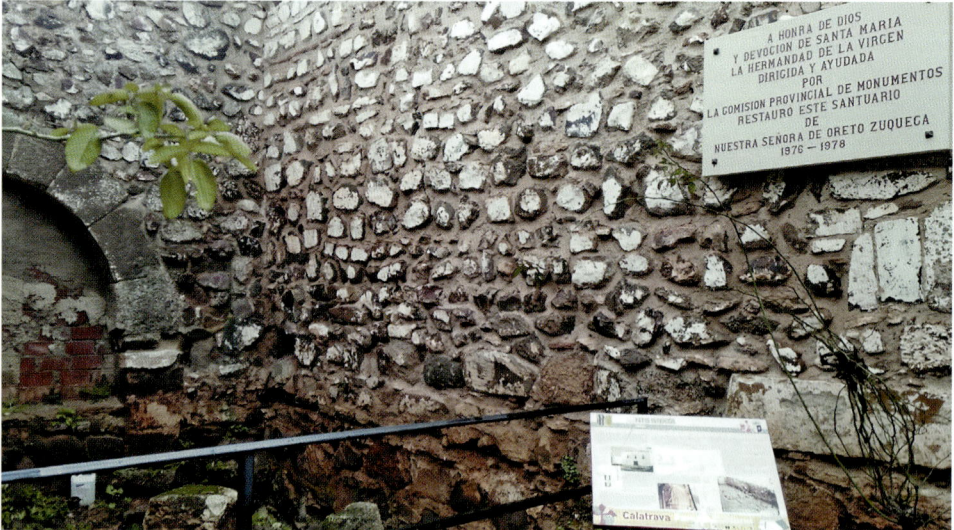

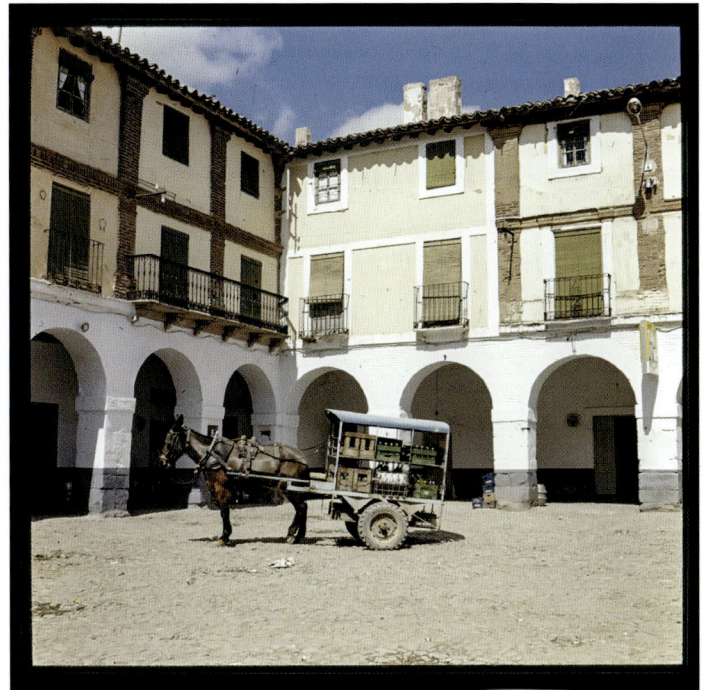

Plaza Mayor de La Solana en 1970, Fuente: Fototeca del IPCE.

REUNIÓN DEL 15 DE DICIEMBRE DE 1978 EN LA DIPUTACIÓN

Fallecimiento de don Luis de Ardanaz, alcalde de Almagro. Ayuda de 100.000 pesetas para la restauración de la portada de la casa de la calle Rosario Márquez de Chillón.

En 1978 se localizó un yacimiento paleolítico cerca del río Jabalón en la carretera de Ciudad Real a Aldea del Rey[21] y en el Complejo Industrial de Puertollano una necrópolis de los siglos IV/V d.C[22].

La Constitución de 1978 contiene referencias a la cultura y el patrimonio cultural desde el preámbulo y el título preliminar. Responden a la configuración de un Estado social y democrático de derecho, con competencias descentralizadas, que la considera un derecho al que hay garantizar su acceso. La protección, conservación y enriquecimiento del patrimonio cultural es un deber de los poderes públicos cualquiera que sea su régimen jurídico y su titularidad.

CUADERNOS DE ESTUDIOS MANCHEGOS, diciembre de 1978, núm. 8

«El Campo de Montiel en la Edad Moderna», Ángela Madrid y Medina.

«El Manchego (1886-1888). La prensa carlista a través de un periódico regional», José Narváez Fernández.

«El obispado priorato de las Órdenes Militares», José Jimeno Coronado

«De cómo Felipe II vuelve a conceder jurisdicción civil y criminal a los pueblos de las Órdenes Militares que el mismo se las había quitado», Antonio Romero Velasco

«La ermita de San Juan de Almagro», Enrique Herrera Maldonado.

Tabla 4

ARTICULADO DE LA CONSTITUCIÓN DE 1978 DEDICADO A LA CULTURA O AL PATRIMONIO CULTURAL

CONSTITUCIÓN DE 1978	ARTICULADO
CULTURA	Preámbulo y Título Preliminar
Promoción y desarrollo	44.1 y 50
Competencia de las comunidades autónomas	148.1.17
Fomento	148.1.17
Deber del Estado	149.2
PATRIMONIO HISTÓRICO, CULTURAL Y ARTÍSTICO	46
Modalidades lingüísticas de España	3.3
Competencia de las comunidades autónomas	148.1.16
Competencia del Estado	149.1.28

La Orden de 13 de junio de 1979 reorganizó el Consejo Asesor de Monumentos y Conjuntos Histórico-Artísticos[23].

La Orden de 26 de junio de 1979 reguló la composición y funcionamiento de la Junta Superior de Excavaciones y Explotaciones Arqueológicas[24].

La Orden de 26 de julio de 1979 modificó la del 26 de febrero de 1971, que creaba la Comisión Nacional para la Conservación del Arte Rupestre[25].

12.1. INVENTARIO DEL PATRIMONIO ARQUITECTÓNICO (1979-1982)

La iniciativa coordinada por el Centro de Información Artística, Arqueológica y Etnológica del Ministerio de Cultura tenía como objetivo la obtención de información sobre los edificios y conjuntos arquitectónicos de relevancia de España.

Se recopilaron fichas por provincias y municipios, más de 75.000, que contenían la identificación, descripción, valoración, estado de conservación, bibliografía y fotografías de los bienes patrimoniales.

En 1982, cuando se encontraban muy avanzados los trabajos de formalización de los inventarios, según Orden de 7 de septiembre de 1982[26], se nombró una comisión encargada de:

«Revisar los Inventarios Artísticos o Arquitectónicos que se vayan terminando; seleccionar los que, a su juicio deban ser objeto de publicación inmediata así como los que convenga reimprimir debidamente revisados; proponer a la Dirección

General de Bellas Artes, Archivos y Bibliotecas el encargo a personalidades de autoridad científica de los catálogos que resten por hacer, fijando el plazo para su entrega; proponer la persona o personas que deban encargarse de la revisión de los catálogos existentes cuya nueva publicación se estime conveniente así como proponer a la Dirección General la adopción de medidas conducentes a una mayor celeridad en la realización de los Inventarios y a la mejora de su nivel de calidad».

La información obtenida fue relevante pero desigual y quedó superada por el surgimiento de nuevas técnicas de recogida y procesamiento de datos y por la aprobación de la Ley 16/85 del Patrimonio Histórico Español.

Una vez revisados, se entregó una copia a cada Delegación Provincial. El inventario de la provincia de Ciudad Real contiene 1.128 fichas distribuidas de la siguiente forma:

El equipo redactor de la provincia de Ciudad Real fue el siguiente:

Delegado: Enrique Alarcón Sánchez-Manjavacas.

Betty Brusilonsky, Juan Manuel Alarcón García, Antonio Laorden Agra, Francisco Jarava Melgarejo.

Seguidor: Rafael García Serrano.

Asesores: Rafael García Serrano, José González Lara, José Antonio Sánchez-Manjavacas, Enrique Herrera y Manuel Corchado Soriano.

Colaboradores de campo: Santiago Camacho, María Luisa Barrera Cogollos, Adiolinda Montero Pleite, Carmen Martín Garrido, María José Martín Mendizábal, Rafael Fontes Muñoz, Víctor Josué Alarcón, José Martín Morales y Vicente López Zarria.

En la memoria de redacción del inventario, el equipo destacó la dificultad para desplazarse por caminos a veces intransitables y con edificios cerrados o abandonados y constataron la realización de intervenciones poco afortunadas, demoliciones recientes de edificios de interés y el mal estado de la gran cantidad de molinos de agua existentes en la provincia.

REUNIÓN DEL 19 DE MAYO DE 1979 EN EL PALACIO DE VISO DEL MARQUÉS

Reciente fallecimiento de Cecilio Muñoz Fillol y Jerónimo López-Salazar Martínez.

Informe de Enrique Herrera para la declaración de la iglesia de Santiago. Informe para la declaración de Conjunto Histórico de la placeta, pradillo e iglesia de Viso del Marqués. Se acordó también remitir un escrito a los alcaldes y autoridades de la provincia recabando colaboración para la conservación de los monumentos y elementos de interés para el arte y la historia de la provincia de Ciudad Real.

En mayo de 1979 el presidente de la Comisión, don José Antonio García-Noblejas, asistió a la inauguración de la sucursal de la Caja Rural de Membrilla instalada en la Casa del Marqués de Navasequilla, edificio que había sido restaurado.

Tabla 5
FICHAS DEL INVENTARIO DEL PATRIMONIO ARQUITECTÓNICO DE LA PROVINCIA DE CIUDAD REAL DE 1979

LOCALIDAD	FICHAS	LOCALIDAD	FICHAS
13001 Abenójar	3	13904 Llanos del Caudillo	0
13002 Agudo	8	13051 Luciana	0
13003 Alamillo	1	13052 Malagón	16
13004 Albaladejo	2	13053 Manzanares	37
13005 Alcázar de San Juan	25	13054 Membrilla	28
13006 Alcoba	0	13055 Mestanza	6
13007 Alcolea de Calatrava	3	13056 Miguelturra	3
13008 Alcubillas	2	13057 Montiel	7
13009 Aldea del Rey	16	13058 Moral de Calatrava	16
13010 Alhambra	20	13059 Navalpino	1
13011 Almadén	25	13060 Navas de Estena	0
13012 Almadenejos	6	13061 Pedro Muñoz	11
13013 Almagro	139	13062 Picón	4
13014 Almedina	6	13063 Piedrabuena	7
13015 Almodóvar del Campo	45	13064 Poblete	1
13016 Almuradiel	6	13065 Porzuna	2
13017 Anchuras	0	13066 Pozuelo de Calatrava	7
13903 Arenales de San Gregorio	0	13067 Los Pozuelos de Calatrava	4
13018 Arenas de San Juan	4	13068 Puebla de Don Rodrigo	2
13019 Argamasilla de Alba	10	13069 Puebla del Príncipe	4
13020 Argamasilla de Calatrava	12	13070 Puerto Lápice	8
13021 Arroba de los Montes	1	13071 Puertollano	36
13022 Ballesteros de Calatrava	1	13072 Retuerta del Bullaque	3
13023 Bolaños de Calatrava	13	13901 El Robledo	0
13024 Brazatortas	1	13902 Ruidera	0
13025 Cabezarados	1	13073 Saceruela	4
13026 Cabezarrubias del Puerto	1	13074 San Carlos del Valle	9
13027 Calzada de Calatrava	20	13075 San Lorenzo de Calatrava	2
13028 Campo de Criptana	21	13076 Santa Cruz de los Cáñamos	1
13029 Cañada de Calatrava	1	13077 Santa Cruz de Mudela	17
13030 Caracuel de Calatrava	4	13078 Socuéllamos	8
13031 Carrión de Calatrava	9	13080 Solana del Pino	8
13032 Carrizosa	7	13079 La Solana	39
13033 Castellar de Santiago	3	13081 Terrinches	7
13038 Chillón	21	13082 Tomelloso	5
13034 Ciudad Real	50	13083 Torralba de Calatrava	6
13035 Corral de Calatrava	14	13084 Torre de Juan Abad	19
13036 Los Cortijos	0	13085 Torrenueva	9
13037 Cózar	5	13086 Valdemanco del Esteras	2
13039 Daimiel	20	13087 Valdepeñas	26
13040 Fernán Caballero	7	13088 Valenzuela de Calatrava	4
13041 Fontanarejo	2	13089 Villahermosa	6
13042 Fuencaliente	6	13090 Villamanrique	15
13043 Fuenllana	6	13091 Villamayor de Calatrava	3
13044 Fuente el Fresno	6	13092 Villanueva de la Fuente	0

LOCALIDAD	FICHAS	LOCALIDAD	FICHAS
13045 Granátula de Calatrava	12	13093 Villanueva de los Infantes	116
13046 Guadalmez	2	13094 Villanueva de San Carlos	6
13047 Herencia	12	13095 Villar del Pozo	0
13048 Hinojosas de Calatrava	6	13096 Villarrubia de los Ojos	15
13049 Horcajo de los Montes	0	13097 Villarta de San Juan	5
13050 Labores, Las	0	13098 Viso del Marqués	8

REUNIÓN DEL 30 DE JUNIO DE 1979 EN CALATRAVA LA NUEVA

Se realizó con motivo del X aniversario de la reorganización de la Comisión.

Asistieron el presidente de la RABASF, don Federico Moreno Torroba; por la RAH, el marqués de Siete Iglesias; el gobernador civil, Bello Bañón, y el presidente de la Diputación, don Eloy Sancho García, miembro de la Comisión. Tras finalizar la reunión visiaron el santuario de la Virgen de las Nieves de Almagro donde se estaban restaurando las pinturas de su camarín. León Caballero fue nombrado conservador de Calatrava la Nueva por Orden Ministerial de 23 de noviembre de 1956, cargo que fue suprimido en 1961. Discursos del presidente y del secretario. Informe del secretario de la Comisión por el X aniversario de la reorganización de la Comisión según Reglamento de 1918. Primera reunión: 30 de abril de 1969, segunda reunión: 28 de mayo de 1969. Desde entonces sesenta reuniones plenarias. Repaso a la quinta campaña de investigación en Granátula de Calatrava, Oreto, cerro Domínguez y cerro de la Encantada por la UAM con los profesores don Gratiniano Nieto y don José Lorenzo Sánchez Meseguer.

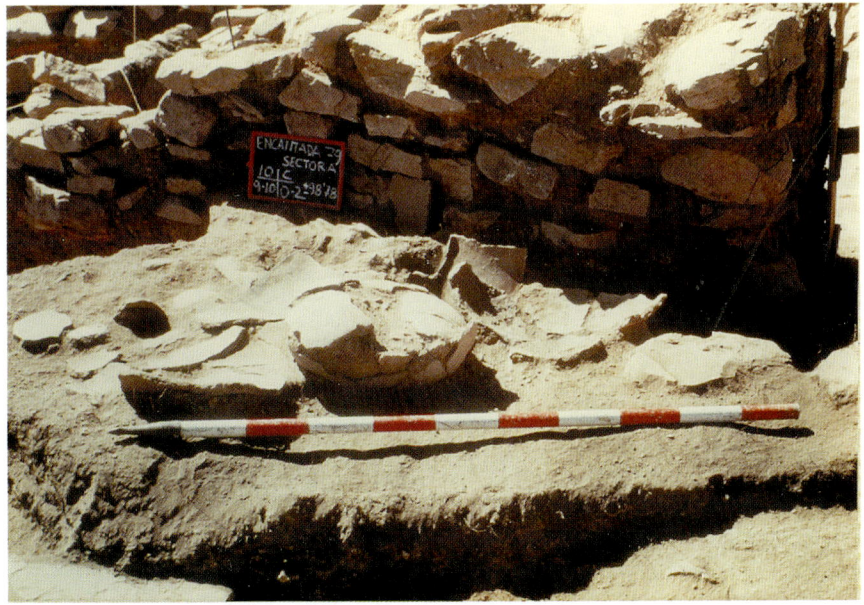

Excavación en La Encantada 1979. Fuente: Archivo del Museo de Ciudad Real.

En 1979 se realizó una campaña de apertura de grandes cortes en la Motilla del Azuer para documentar las estructuras anteriormente descubiertas y delimitar los espacios interiores del yacimiento.

REUNIÓN DEL 15 DE DICIEMBRE DE 1979 EN LA DIPUTACIÓN

Se trataron asuntos relacionados con la Casa de Hernán Pérez del Pulgar, Parador Nacional de Almagro, Puente de la Reina de Manzanares, casa en Chillón en la calle Rosario Márquez de Prado.

Inversiones del Ministerio de Cultura en 1979: Palacio de los Fúcares, 4.634.255 pesetas, y convento de la Asunción de Almagro, 4.637.888 pesetas. Arquitecto: Santiago Camacho Valencia.

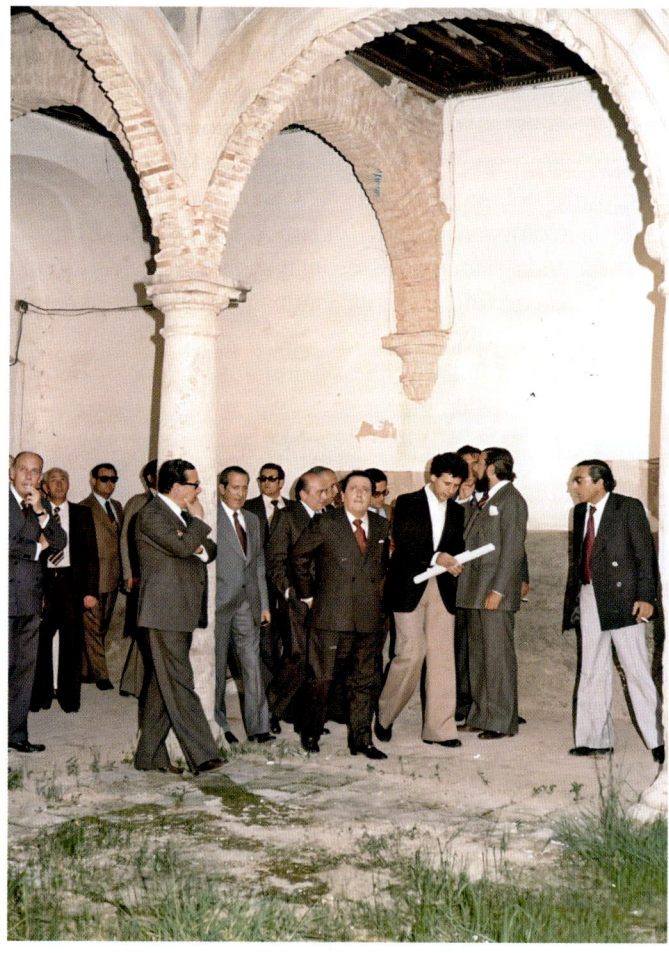

El ministro de Cultura, Pío Cabanillas, en el Palacio de los Fúcares de Almagro en abril de 1978, durante la visita que hizo a Ciudad Real, Valdepeñas y Almagro. Fuente: Archivo del Servicio de Cultura.

CUADERNOS DE ESTUDIOS MANCHEGOS, 1979, núm. 9

«El Campo de Montiel en la Edad Moderna», Ángela Madrid y Medina.

«El Manchego (1886-1888). La prensa carlista a través de un periódico regional», José Narváez Fernández.

«Geografía del alojamiento en La Mancha en el siglo XVIII», Francisco Rojas Gil.

«San Carlos del Valle de Santa Elena y su emancipación de Membrilla», Antonio Romero Velasco.

En 1980 el Ayuntamiento de Cabezarados y la Comisión intercambiaron diversos escritos para la recuperación de su rollo jurisdiccional. Entre las iniciativas, una curiosa campaña del Ayuntamiento para que los vecinos entregaran piezas que pudieran tener en sus casas.

REUNIÓN DEL 8 DE MARZO DE 1980 EN LA DIPUTACIÓN

Demoliciones no autorizadas en Almodóvar del Campo. Patrocinio y asistencia a los actos organizados en Montiel por el aniversario de la muerte de Pedro I el Cruel.

REUNIÓN DEL 28 DE JUNIO DE 1980 EN CALATRAVA LA NUEVA

Entra a formar parte de la Comisión doña Ángela Madrid Medina en sustitución de Cecilio Muñoz Fillol. Pesar por el fallecimiento de Manuel Corchado Soriano. Asistencia de Miguel Fisac, arquitecto encargado de las obras en Calatrava la Nueva.

REUNIÓN DEL 26 DE JULIO DE 1980 EN VILLANUEVA DE LOS INFANTES

Alfonso Caballero Klink dio cuenta de las excavaciones realizadas en el castillo de Bolaños y la Comisión concede 100.000 pesetas. para excavaciones en La Bienvenida. Informe de Sánchez Meseguer sobre las excavaciones en La Encantada.

REUNIÓN DEL 20 DE SEPTIEMBRE DE 1980 EN EL MONASTERIO DE MADRES AGUSTINAS DE VALDEPEÑAS

Ayuda de 125.000 pesetas de la Comisión para las obras de restauración del monasterio. Próximo inicio de las obras del molino de Gregorio Prieto y visita a las obras de la parroquia de Valdepeñas.

REUNIÓN DEL 27 DE DICIEMBRE DE 1980 EN TORRE DE JUAN ABAD

Casa y documentos de Quevedo. Ermita de la Virgen de la Vega. Iglesia. Problemas con las obras en Villanueva de los Infantes. Pesar por el fallecimiento el 31 de octubre de 1980 de don Carlos Calatayud Gil, abogado, catedrático y miembro de la Comisión. Solicitud para ubicar, en la llamada

«Casa de las Cabezas» de la calle Paloma de Ciudad Real, un museo folclórico o de historia natural. Intención de demolición de la iglesia del Cristo de la Misericordia de Valdepeñas.

La necrópolis del Escorialejo en Fuencaliente fue descubierta en 1980 mientras se realizaban labores de explanado con maquinaria pesada para la apertura de una pista forestal que conectara el valle de Navalmanzano con Peña Escrita, quedando al descubierto varios enterramientos. Tras la comunicación del hallazgo a las autoridades competentes, Alfonso Caballero llevó a cabo una excavación arqueológica.

En el mes de abril del año 1980 José González Ortiz descubrió la conocida como «Estela de Alamillo», gracias a las informaciones de un grupo de excursionistas por el río Alcudia y cerca de Alamillo (Ciudad Real). Fue depositada en el año 1981 en el Museo Provincial de Ciudad Real.

A partir de 1980 el Ministerio de Cultura impulsó la elaboración de inventarios arqueológicos.

CUADERNOS DE ESTUDIOS MANCHEGOS, 1980, núm. 10

«El Campo de Montiel en la Edad Moderna», Ángela Madrid y Medina.
«La casa de Treviño en Ciudad Real», Ramón José Maldonado y Cocat.
«Estudio de la Prehistoria en Aldea del Rey y sus alrededores», Luis Alañón FIox.

REUNIÓN DEL 28 DE FEBRERO DE 1981 EN TOMELLOSO

Visitas al castillo de Peñarroya y a la Posada de los Portales. Avance de informe sobre el yacimiento del Cerro de las Cabezas en Valdepeñas. Casa de las Cabezas o de Medrano en la calle Paloma de Ciudad Real, la Comisión propone se destine a museo de costumbres, artes populares e historia natural. Miguel Fisac informa de las obras en Calatrava la Nueva por importe de 30.000.000 de pesetas.

REUNIÓN DEL 22 DE MAYO DE 1981 EN ALARCOS

Invitados: Lorenzo Selas; Sánchez León, delegado de Cultura; Sánchez Carrazón, delegado de Turismo, y Bernalte, arquitecto restaurador de Alarcos. Se acuerda colocar una placa en la ermita. Se propone que entre a formar parte de la Comisión Enrique Herrera Maldonado.

Mayo de 1981. Programa de restauraciones de monumentos financiadas por la Dirección General de Bellas Artes, Archivos y Bibliotecas:

Iglesia de Arenas de San Juan, 9 millones.
Alhóndiga de Villanueva de los Infantes, 13 millones.
Calatrava la Nueva, 30 millones.
Palacio Maestral de Almagro, 2 millones.

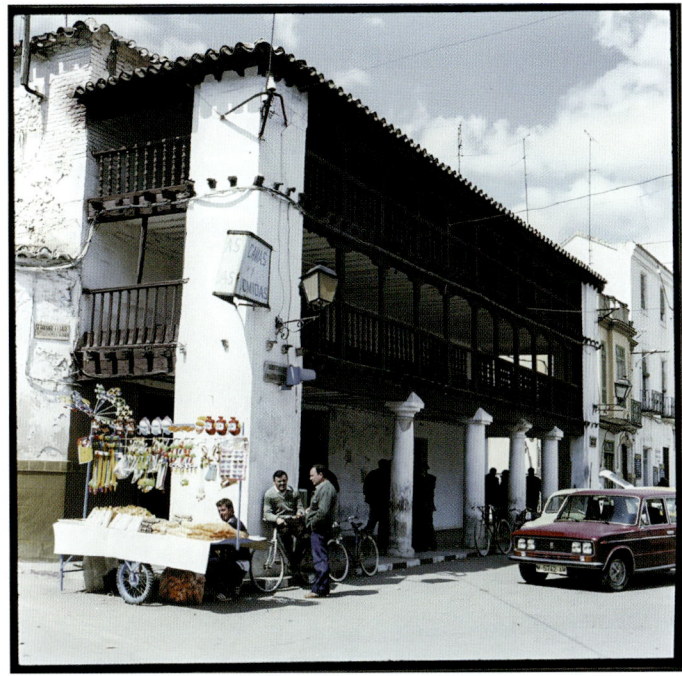

Posada de los Portales de Tomelloso en 1970. Fuente: Fototeca del IPCE.

Santo Domingo de Villanueva de los Infantes, 17,2 millones.

Motilla del Azuer, 4 millones.

Plaza de toros de Almadén, 5 millones.

En 1981 integraban la Comisión:

Académicos:

Presidente: José Antonio García-Noblejas y García-Noblejas (RAH y RABASF).

Secretario: Ramón J. Maldonado y Cocat (RAH y RABASF).

Francisco Pérez Fernández (RAH).

Miembros natos:

Presidente de la Diputación: Eloy Sancho García.

Alcalde de Ciudad Real: Lorenzo Selas Céspedes.

Canónigo del Obispado: José Jimeno Coronado.

Arquitecto municipal: Ildefonso Prieto y García Ochoa.

Director del Museo de Ciudad Real: Rafael García Serrano.

Miembros elegidos:

León Caballero de León, conservador del castillo de Calatrava la Nueva.

José González Lara, archivero de la Diputación.

Eloy Sancho García, Gerardo Serrano Parra, Ramón Valentín Gamazo, Eduardo Tello Iruzozqui, Eduardo Rodríguez Espinosa.

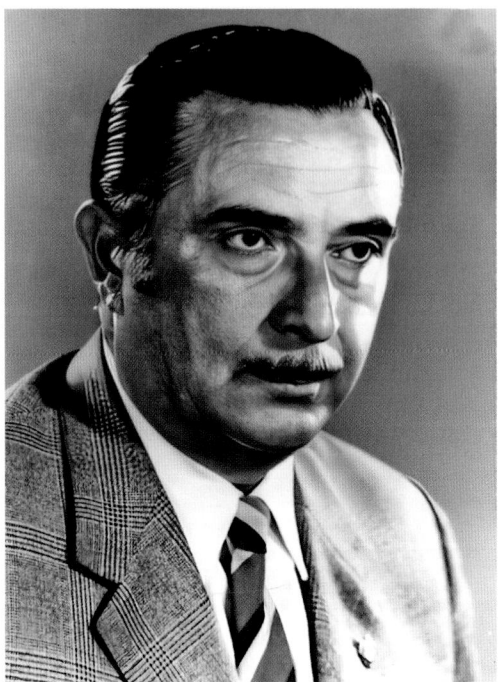

Eloy Sancho García. Fuente: Galería de alcaldes del Ayuntamiento de Ciudad Real.

Subcomisión de Almagro: Enrique Herrera Maldonado.

Subcomisión de Villanueva de los Infantes: Miguel Fernández de Sevilla y Vicente López Carricajo.

Subcomisión de Valdepeñas: Ángela Madrid Medina.

En mayo de 1981 la Dirección General de Bellas Artes, Archivos y Bibliotecas remite una circular dirigida a los ayuntamientos y comisiones provinciales sobre los principios básicos para la defensa y conservación del Patrimonio Cultural. Recomendaba la publicación en los boletines oficiales de la provincia, en el de Ciudad Real se publicó el 8 de junio de 1981.

REUNIÓN DEL 20 DE JUNIO DE 1981 EN EL SANTUARIO DE LA VIRGEN DE LAS NIEVES DE ALMAGRO

REUNIÓN DEL 29 DE JULIO DE 1981 EN LA SOLANA

Visitas a la iglesia parroquial, convento de los Trinitarios, casa del Conde de Casa Valiente.

REUNIÓN DEL 24 DE OCTUBRE DE 1981 EN PIEDRABUENA

Malestar de la Comisión por las obras en el Palacio Episcopal aprobadas por la Comisión Provincial de Patrimonio. Discrepancias entre las dos comisiones.

Ara funeraria hallada en la vega del Jabalón en 1981 en el yacimiento conocido como la Vega del Piojo en el término municipal de Pozuelo de Calatrava[27].

En el verano de 1981, Trinidad Nájera realizó prospecciones en la finca donde aparecieron, después de la Guerra Civil, tres hachas de gran tamaño de las doce localizadas en un escondrijo en la Cañada de las Cañas de Pozuelo de Calatrava. Los dibujos los recoge Inocente Blanco de la Rubia en su publicación sobre las prospecciones en la vega del Jabalón.

Inocente Blanco realizó en 1981 una prospección en el yacimiento de la Edad del Bronce del Castillejo del Acebuchal (Pozuelo de Calatrava).

En el Pedazo de Santa Cruz, Granátula de Calatrava, se localizó en los años 70 una ocultación con ocho ejemplares de hachas.

En 1981 la campaña en la Motilla del Azuer se centró en el estudio y replanteamiento de los trabajos, con el levantamiento de testigos que aportaban información estratigráfica.

Cuadernos de Estudios Manchegos, 1981, núm. 11

«El Campo de Montiel en la Edad Moderna», Ángela Madrid y Medina.
«La Audiencia y Chancillería de Ciudad Real (1494-1505)», Santos Manuel Coronas González.
«El yacimiento de La Bienvenida, Almodóvar del Campo», Alfonso Caballero Klink y Carmen Fernández Ochoa.

Almud, Revista de Estudios de Castilla La Mancha, 1981, núm. 4

«Transformación arquitectónica de un espacio público: el caso de la Plaza Mayor de Ciudad Real», Alejandro Moyano y José Rivero
«Pobreza y Beneficencia en Ciudad Real a fines del Reinado de los Reyes Católicos: Las limosnas de la Hermandad Vieja en 1501», Luis Rafael Villegas

Reunión del 23 de enero de 1982 en el Ayuntamiento de Cabezarados

Tuvo lugar con motivo de la inauguración de la restauración de su rollo. Pesar por el fallecimiento de Francisco Pérez Fernández. Próxima inauguración del Museo Provincial.

El Real Decreto 1179/1982, de 5 de marzo, declaró de utilidad pública, a efectos de expropiación forzosa, la realización de excavaciones en el yacimiento arqueológico de la Motilla del Azuer en Daimiel[28]. En el verano se iniciaron los trabajos en el patio oriental. En esta campaña se realizó una documentación completa de las áreas ya excavadas.

El 15 de marzo de 1982 abrió sus puertas al público el Museo Provincial de Ciudad Real.

REUNIÓN DEL 3 DE ABRIL DE 1982 EN LA BIBLIOTECA DEL NUEVO MUSEO DE CIUDAD REAL INAUGURADO EN MARZO

Adelanto de la Comisión de 300.000 pesetas de premio por el hallazgo del anillo de oro de Alcubillas.

REUNIÓN DEL 12 DE JULIO DE 1982 EN EL AYUNTAMIENTO DE MALAGÓN

Tuvo lugar por los actos de celebración del IV Centenario de la muerte de Santa Teresa de Jesús.

Visitas a la ermita del Cristo del Espíritu Santo, convento de las Carmelitas Descalzas, iglesia parroquial y estudio de Gloria Merino. Cuadro del Ecce Hommo.

REUNIÓN DEL 11 DE DICIEMBRE DE 1982 EN FUENLLANA.

Visitas a la iglesia-castillo, convento y casa de don Edmundo Rodríguez Huéscar, que tiene en su poder material arqueológico que entrega al museo en depósito.

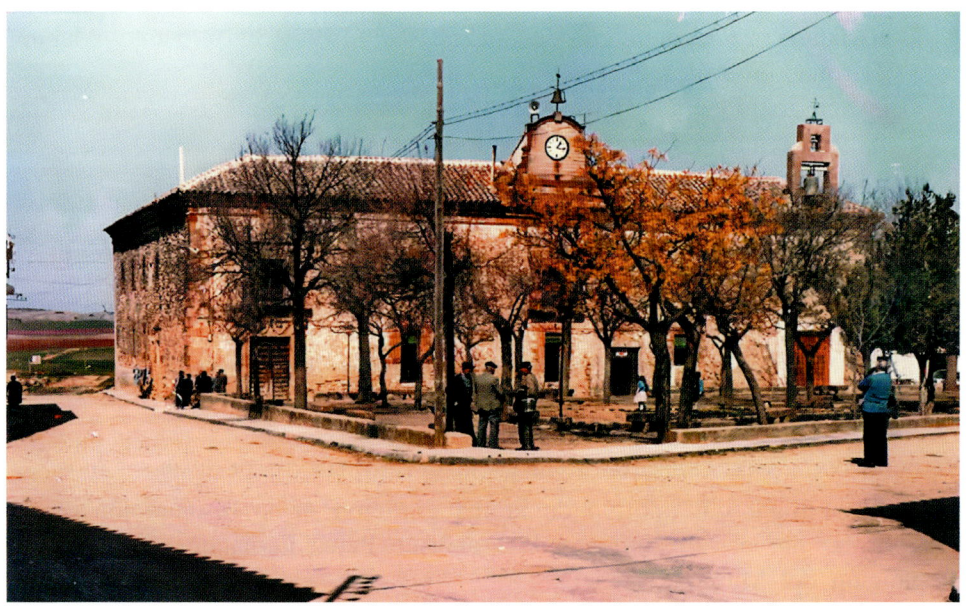

Antiguo convento de los Agustinos de Fuenllana. Fuente: Catálogo BIC de la Junta de Comunidades de Castilla-La Mancha.

El Seminario de Historia del Instituto Miguel de Cervantes de Alcázar de San Juan realizó un inventario arqueológico de la comarca.

El *BOE* número 298 de 13 de diciembre de 1982 publicaba la declaración de la iglesia del Santo Cristo de la Misericordia de Valdepeñas como Monumento Histórico-Artístico de Interés Local, según Orden de 8 de octubre de 1982. Esta declaración se debe a la iniciativa de la Comisión Provincial de Monumentos que, en la reunión plenaria celebrada el 27 de diciembre de 1980, al conocer la posibilidad de su demolición, acordó su oposición y la redacción de los informes necesarios para la declaración de Monumento.

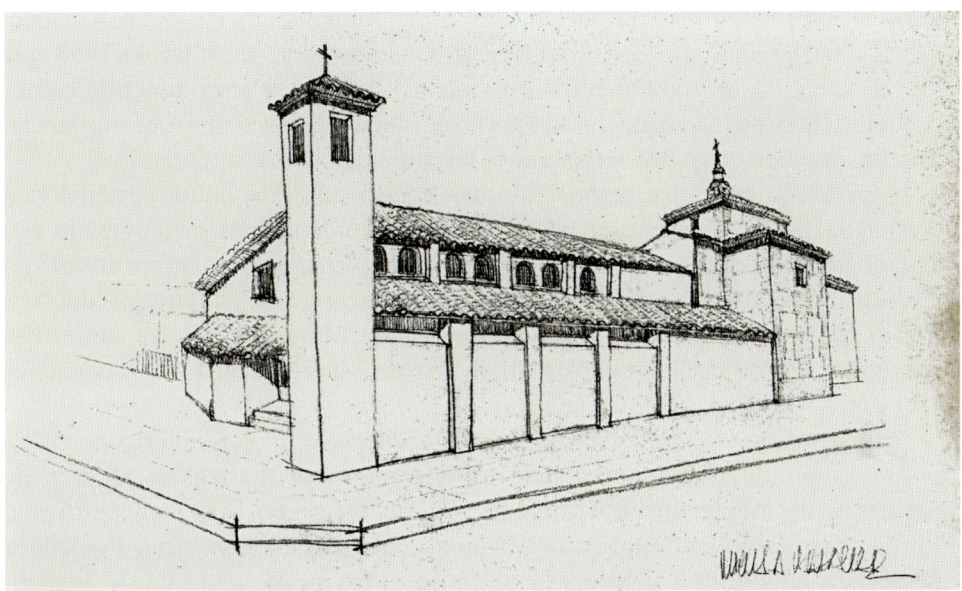

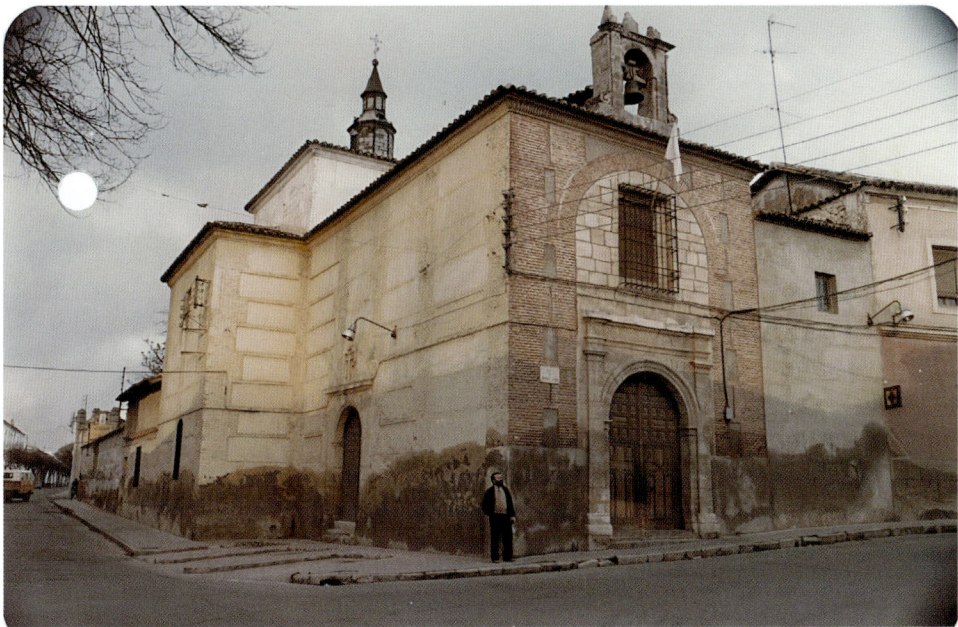

Arriba, dibujo de la iglesia del Cristo de Valdepeñas. Fuente: Archivo del Servicio de Cultura, Exp. 81.0024. Abajo, fotografía de la iglesia del Cristo de Valdepeñas. Fuente: Archivo del Servicio de Cultura, Exp. 81.0024.

El 23 de febrero de 1981 el secretario de la Comisión Provincial de Monumentos presentó al delegado provincial del Ministerio de Cultura propuesta y reportaje fotográfico para la declaración como Monumento Histórico-Artístico. Ese mismo día la Comisión Provincial de Patrimonio Histórico remitió a la Dirección General de Bellas Artes, Archivos y Museos propuesta y documentación para iniciar el expediente para la declaración como Monumento Histórico-Artístico.

La declaración se realizó en base al Decreto de 22 de julio de 1958 que creó la categoría de monumentos provinciales y locales para aquellos bienes declarados que no alcancen la categoría de nacional y encargó su vigilancia, custodia, protección y conservación a las diputaciones y ayuntamientos.

En 1982, para dar respuesta a las necesidades de culto y atención a vecinos, la parroquia encarga un proyecto de construcción de complejo parroquial que se redacta por don Miguel Ángel Verdaguer en julio de 1982.

La Dirección General de Bellas Artes, Archivos y Bibliotecas del Ministerio de Cultura autorizó a don Carlos Ayala Martínez, del Departamento de Arqueología de la Universidad Autónoma de Madrid, realizar excavaciones en el año 1982 en Calatrava la Nueva[29].

El poblado de Valderrepisa en Fuencaliente fue descubierto en 1982 por un grupo de trabajadores del ICONA mientras realizaban labores de limpieza y desmonte en el Arroyo del Puerto. Mariano Pérez encontró una lucerna (candil) de cerámica y se puso en contacto con Macarena Fernández que realizó un informe y lo envió al Museo Provincial.

CUADERNOS DE ESTUDIOS MANCHEGOS, 1982, núm. 12

«El desaparecido Porta-Paz», Jorge Sánchez Lillo.

«Elementos socioeconómicos de Argamasilla de Alba en los siglos XVI y XVII», Ángela Madrid Medina

«Miscelaneas membrillenses», Antonio Romero Velasco.

«Contribución a la historia de la prensa de la provincia de Ciudad Real», José María Barreda Fontes e Isidro Sánchez Sánchez.

«Campo de Criptana en los años centrales del siglo XIX», Francisco Escribano Sánchez-Alarcón.

«El Paleolítico de Ruidera (alto Guadiana)», Salvador Jiménez Ramírez, Antonio Chaparro Sabina y Juan José Alcolea Jiménez.

CUADERNOS DE ESTUDIOS MANCHEGOS, 1982, núm. 13

«También tuvo Ciudad Real su Corral de Comedia», Gerardo Pérez de Madrid y Céspedes.

«Don Juan Bautista de Erro y Azpiroz, erudito, político y presidente de la Junta de Gobierno durante la Guerra de la Independencia», José Antonio García-Noblejas.

«Arquitectura popular manchega», Ramón José Maldonado Cocat.

«Moros y cristianos en Montiel a finales del siglo XV, su número y sus atributos», Pedro Andrés Porras Arboledas.

«Arqueología del Bajo Jabalón. Mapa arqueológico de la zona de Aldea del Rey», Luis Alañón Flox.

«¿Demasiadas fiestas religiosas?. Una mirada retrospectiva a nuestra religiosidad popular», José Jimeno Coronado

En 1983 la Dirección General de Bellas Artes y Archivos del Ministerio de Cultura aprobó un pliego de condiciones para la confección del inventario arqueológico de diversas provincias. El Museo de Ciudad Real conserva las fichas de los yacimientos arqueológicos inventariados.

En 1983 fue publicado el *Catálogo de Bibliografía Arqueológica de la Provincia de Ciudad Real*, elaborado por don Alfonso Caballero Klink, don Rafael García Serrano y don Antonio Ciudad Serrano.

REUNIÓN DEL 12 DE MARZO DE 1983 EN EL SANTUARIO DEL SANTO CRISTO DE VILLAJOS DE CAMPO DE CRIPTANA

Toma de posesión de nuevos colaboradores: Gloria Merino y Edmundo Rodríguez Huéscar.

REUNIÓN DEL 4 DE JUNIO DE 1983 EN LA ERMITA DE LA ENCARNACIÓN DE CARRIÓN DE CALATRAVA

Entra a formar parte de la Comisión Joaquín García Donaire, al ser nombrado académico de número de la RABASF. Se informa que se han abonado 650.000 pesetas por el anillo de Alcubillas. Asiste como director del museo Alfonso Caballero Klink.

Restauraciones de cuadros: Cristo del Espíritu Santo, San Agustín de Fuenllana, Virgen de la Caridad de Argamasilla de Alba y nacimiento de la Virgen de las Nieves de Almagro.

REUNIÓN DEL 17 DE SEPTIEMBRE DE 1983 EN LA PARROQUIA DE MALAGÓN

Tuvo lugar por la entrega del cuadro restaurado del Cristo del Espíritu Santo.

En la Loma de la Mina, la Dehesa de Fuencaliente, aparecieron sepulturas en 1983, cuando unos trabajadores procedían al desmonte y aplanamiento de la zona con el fin de abrir un camino que facilitara el acceso para la instalación de los postes de un tendido eléctrico, pero la noticia del hallazgo no transcendió y no sería hasta años más tarde cuando se supo de su existencia.

REUNIÓN DEL 22 DE OCTUBRE DE 1983 EN LAS ESCUELAS DE FUENTE EL FRESNO

Visita a la iglesia parroquial por su estado y por la declaración de monumento. Se dio cuenta de la restauración de la imagen de la Virgen de las Nieves de Montiel.

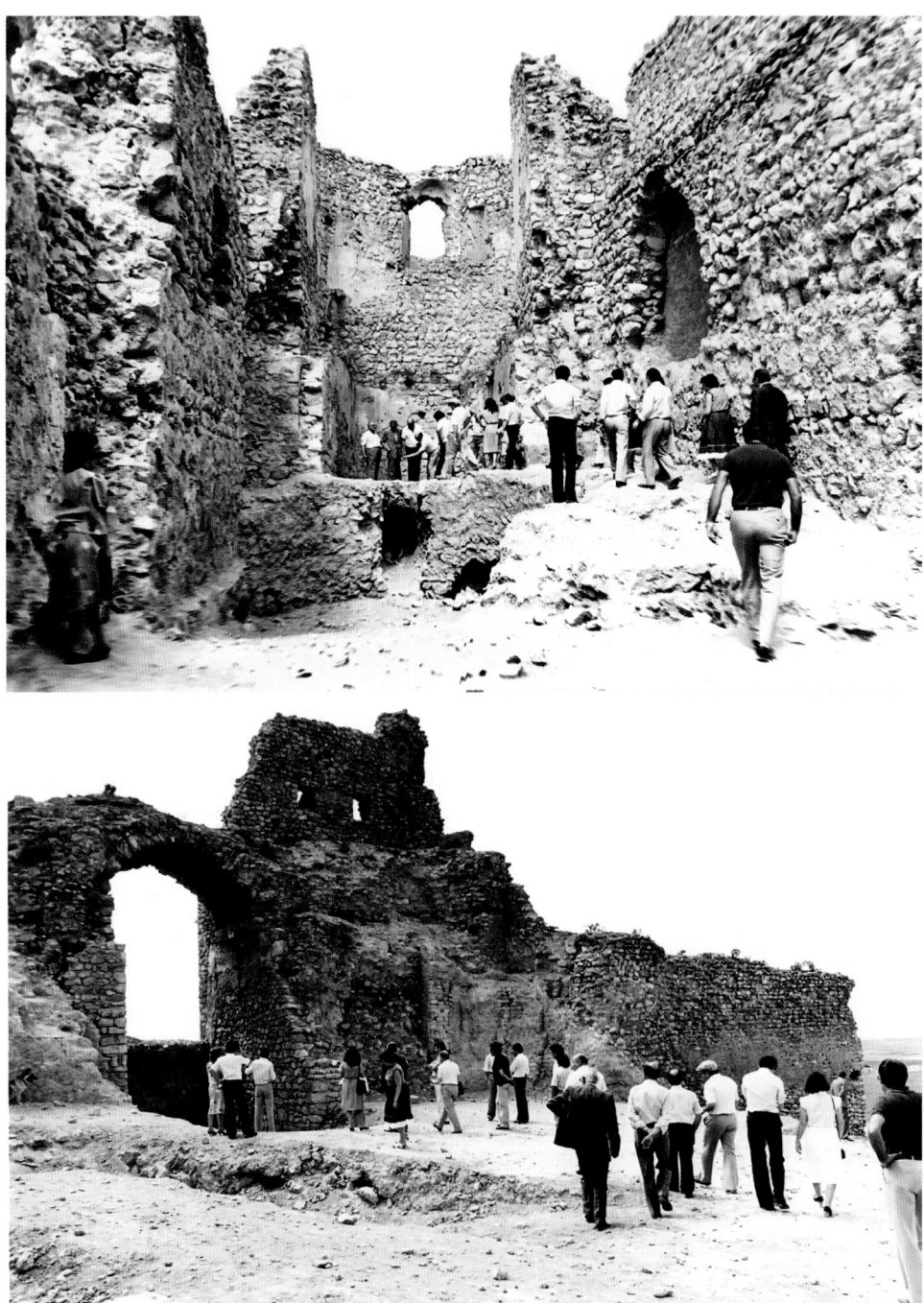

Visita de la Comisión de Monumentos a Calatrava la Vieja, junio de 1983. Fuente: Jorge Sánchez Lillo y Fundación Miguel Fisac, respectivamente.

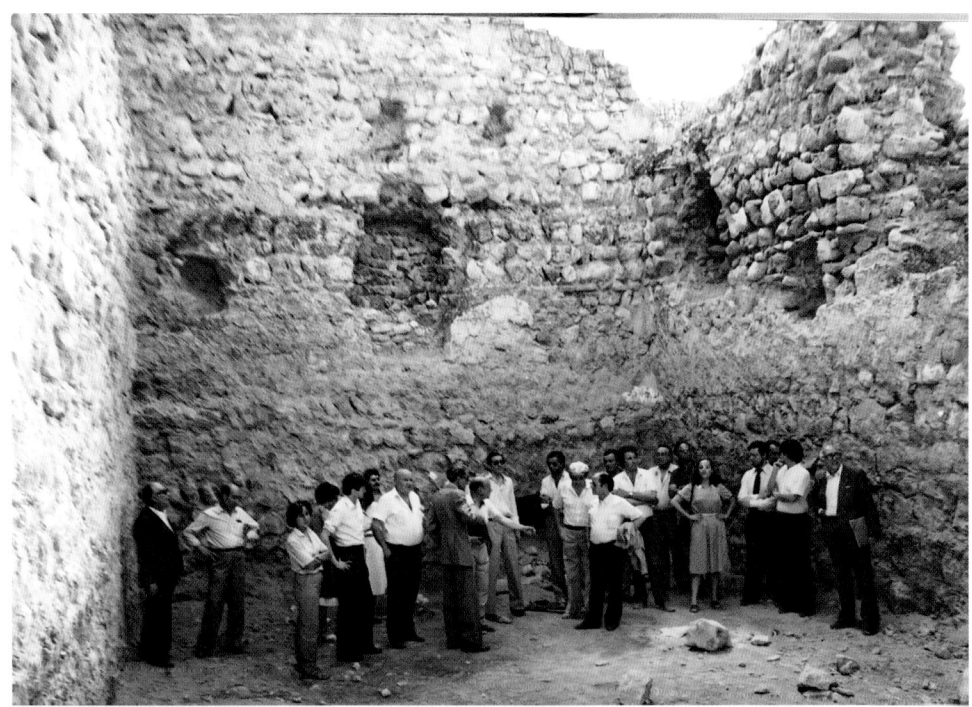

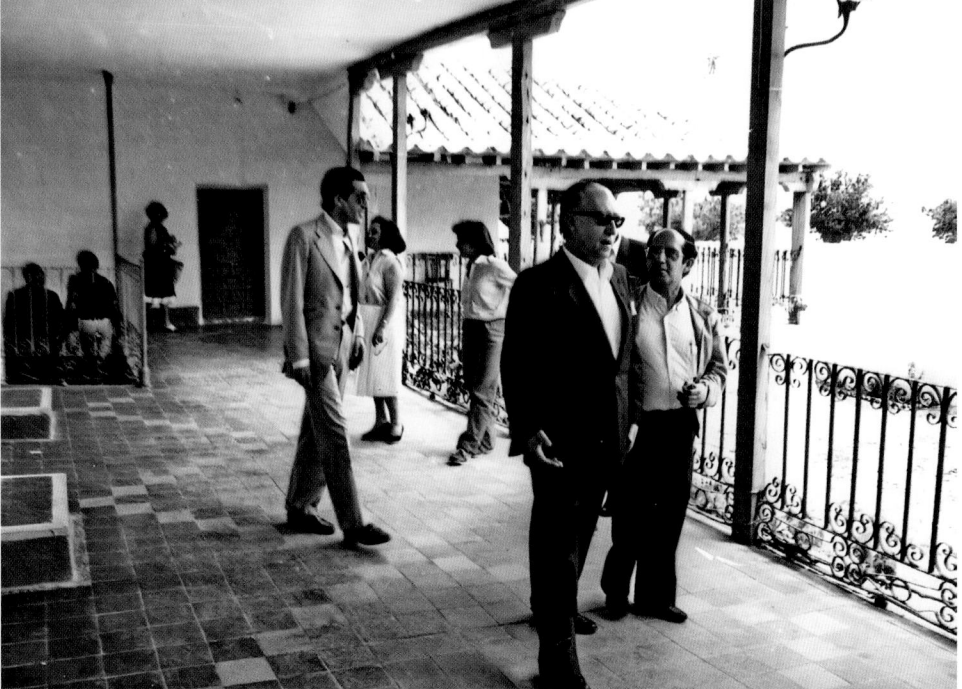

Visita de la Comisión de Monumentos a Calatrava la Vieja, junio de 1983. Fuente: Archivo de Ramón Maldonado, cedido por Luis Maldonado.

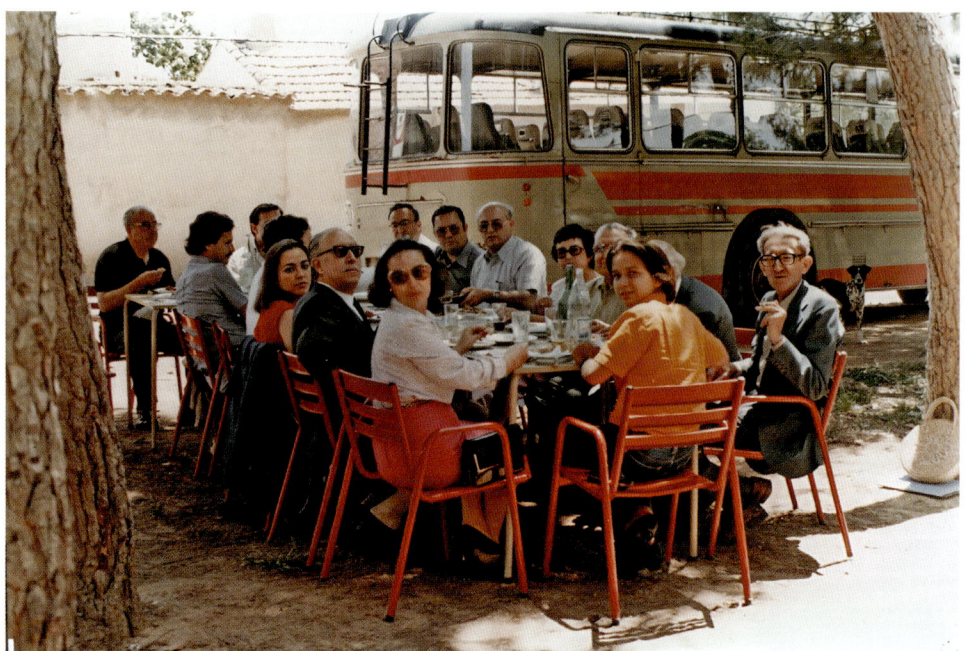

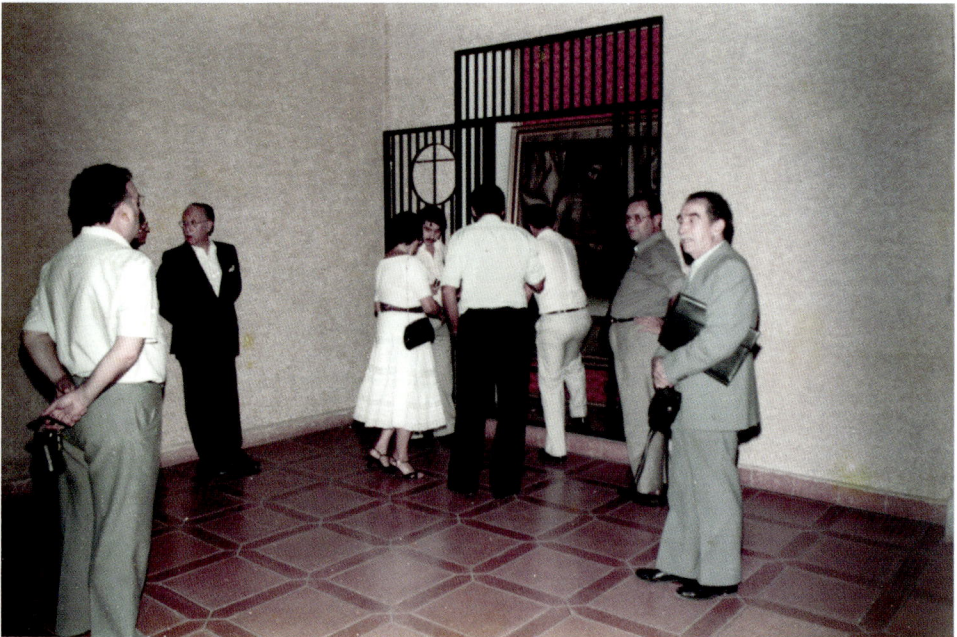

Miembros de la Comisión en Malagón, 17 de septiembre de 1983. Arriba, comida. Abajo, entrega del cuadro restaurado del Cristo del Espíritu Santo. Fuente: Archivo de Ramón Maldonado, cedido por Luis Maldonado.

REUNIÓN DEL 3 DE DICIEMBRE DE 1983 EN EL AYUNTAMIENTO DE VALDEPEÑAS

Se visitaron la iglesia parroquial y la ermita de la Veracruz. Ayudas de la Diputación de un millón de pesetas para restauraciones en la provincia.

CUADERNOS DE ESTUDIOS MANCHEGOS, 1983, núm. 14

«Hallazgos hispano-visigodos en Villamayor de Calatrava», Eduardo Rodríguez Espinosa.

«El folklore en el Campo de Montiel y Calatrava», Pedro Echevarría Bravo.

«Lagunas de Ruidera», Salvador Jiménez Ramírez y Antonio Chaparro Sabina.

«Balneario Hervideros de Fuensanta», Juan Antonio Casero Nieto y Felipe Martínez Pérez.

«Museo Archivo-Histórico Municipal Elisa Cendrero», José González Ortiz.

«Juan de Villaseca y el retablo de la Catedral de Ciudad Real», Ángela Madrid y Medina.

«Las manifestaciones folclóricas del día del Corpus en Puertollano durante los siglos XVII y XVIII», Agustín Fernández Calvo.

«La bandera regional y nuevas armas municipales de la provincia de Ciudad Real», Ramón José Maldonado.

A partir de los trabajos de Eslavillo Villaumbrosa, en los años iniciales de la década del 80, un grupo de profesores y alumnos del Seminario de Geografía e Historia del Instituto de Bachillerato Miguel de Cervantes Saavedra de Alcázar de San Juan, dirigidos por Ángel Vaquero (1984), completó la labor de campo y continuó la recogida de materiales arqueológicos.

En 1984 comenzaron diversas excavaciones en la provincia. Alarcos, Calatrava la Vieja, Motilla de Santa María del Retamar de Argamasilla de Alba, en el marco de un proyecto de investigación sobre la Edad del Bronce en la Meseta bajo la dirección de don Gratiniano Nieto Gallo. Entre octubre y diciembre de 1984 se desarrolló la primera campaña de excavación en el Ccerro de las Nieves de Pedro Muñoz, bajo la dirección de don Martín Almagro Gorbea, don Gonzalo Ruiz Zapatero y V. M. Fernández Martínez, a las que siguieron otras posteriormente.

REUNIÓN DEL 19 DE MAYO DE 1984 EN ALMAGRO

Visitas por la localidad.

REUNIÓN DEL 23 DE JUNIO DE 1984 EN LA TORRE DEL HOMENAJE DEL CASTILLO DE PILAS BONAS DE MANZANARES

Visita a Membrilla para ver la ermita de la Virgen del Espino.

La campaña de 1984 en la Motilla del Azuer amplió la zona de estudio en el patio oriental y se intervino en los pasillos interiores y ampliación del eje norte-sur para el estudio de las dimensiones del poblado.

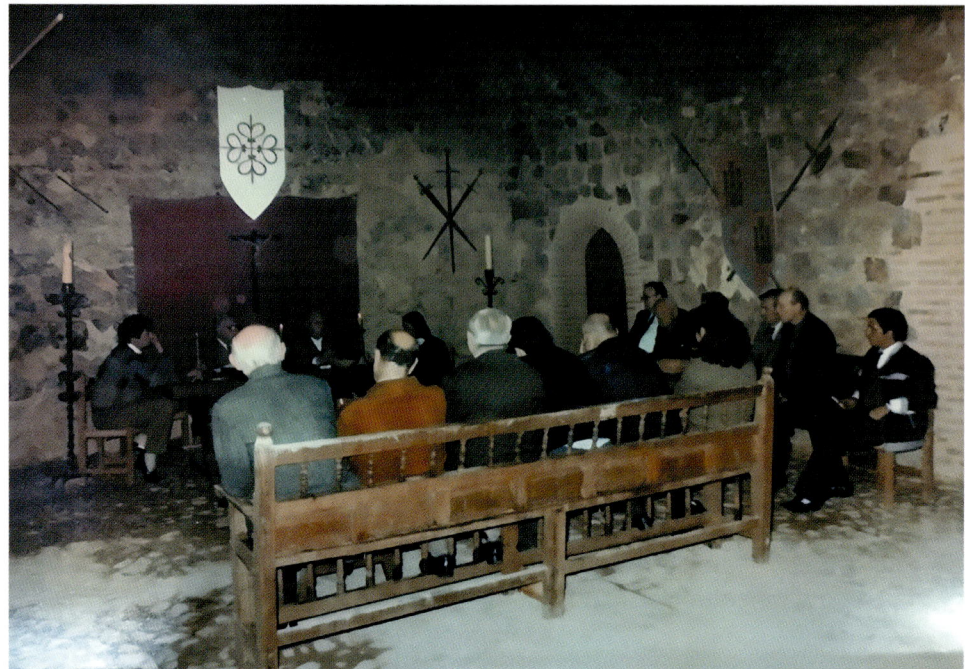

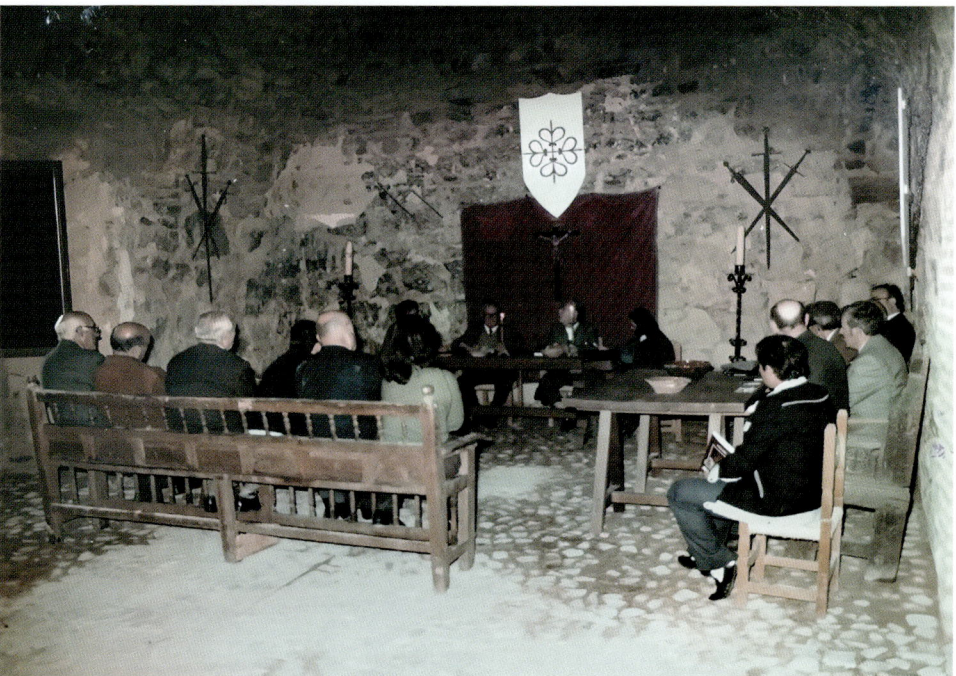

Reunión de la Comisión en Calatrava la Nueva, 3 de noviembre de 1984. Fuente: Archivo RABASF y Archivo Fundación Miguel Fisac (respectivamente).

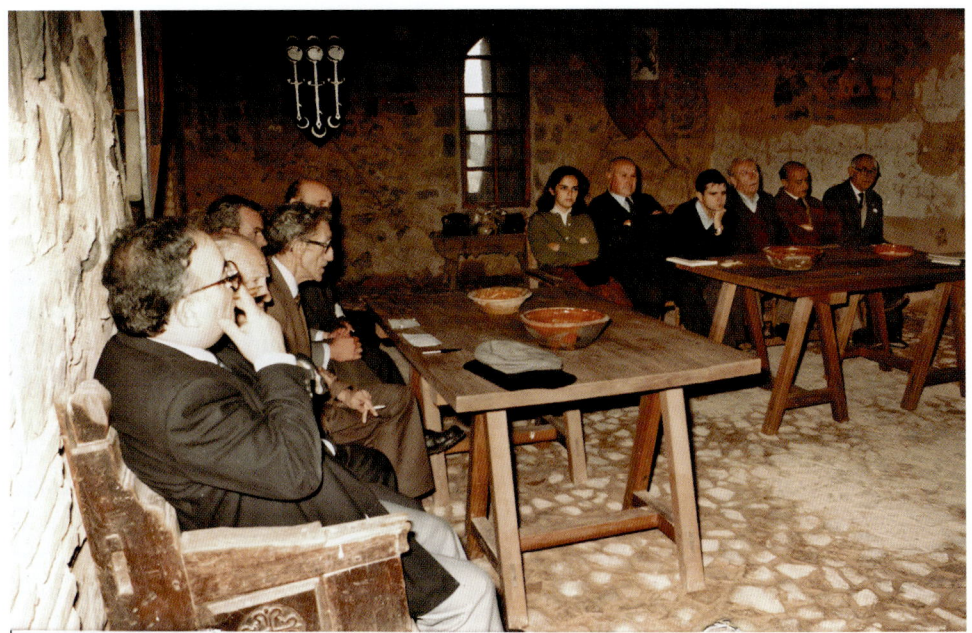

Reunión de la Comisión en Calatrava la Nueva, 3 de noviembre de 1984. Fuente: Archivo Ramón Maldonado, cedido por Luis Maldonado..

Del 25 de junio al 14 de julio de 1984 el Centro Asociado de la UNED de Valdepeñas organizó el curso «Historia de una provincia de Castilla-La Mancha: Ciudad Real».

REUNIÓN DEL 3 DE NOVIEMBRE DE 1984 EN CALATRAVA LA NUEVA

Asistieron Alfonso Martín-Grande, encargado por la Diputación de las Universidades Populares, y Miguel Fisac, arquitecto responsable de las obras desarrolladas en Calatrava la Nueva, entre otras, instalación eléctrica y agua potable. También se habló del mobiliario de la Cámara del Maestre. Las Higueruelas.

CUADERNOS DE ESTUDIOS MANCHEGOS, diciembre de 1984, núm. 15

«Prospecciones en el Campo de Montiel II. El cerro de los conejos (Villanueva de los Infantes). Nuevo yacimiento Calcolítico-Bronce», Juan José Espadas Pavón.

«Un privilegio rodado del Maestre de Calatrava», Blas Casado Quintanilla.

«Santísimo Cristo de la Luz y Nuestra Señora de las Cruces», Aurelio Gómez-Rico y Martin de Almagro.

BIBLIOTECA DE AUTORES MANCHEGOS (BAM), COLECCIÓN GENERAL, 1984

Lorenzo Luzuriaga y la escuela pública en España (1889-1936), Herminio Barreiro.

En 1985 la Junta de Comunidades de Castilla-La Mancha adquirió los terrenos de la Motilla del Azuer que se corresponden con parte de las parcelas 14, 15, 16, 17 y 18 del polígono 18 del término municipal de Daimiel y una superficie de 142.402 m².

Reunión el 30 de marzo de 1985 en la biblioteca del Museo

Visita al Palacio Episcopal, Museo Diocesano y Museo Provincial.

Epígrafe romano de Corral de Calatrava. Con motivo de la remoción de tierra, efectuada durante las tareas de labranza, las vertederas de un arado sacaron a la luz una piedra plana de arenisca que presentaba, en una de sus caras, una inscripción con caracteres latinos. El lugar donde apareció el hallazgo, es conocido como Los Villares y pertenece al término municipal de Corral de Calatrava[30].

En la primavera de 1985 el arrendatario de la finca de Las Sacedillas de Fuencaliente, descubrió dos tumbas mientras realizaba labores de roturado con tractor. Producido el hallazgo, su descubridor vació las tumbas, llevándose su contenido al cortijo y no comunicó el descubrimiento hasta unos días más tarde[31]. Fue entonces cuando desde el Museo Provincial de Ciudad Real se propuso la realización de una excavación de urgencia a cargo de Macarena Fernández, dándose a conocer poco despuéslos resultados.

Reunión del 11 de mayo de 1985 en la Casa de Cultura de Valdepeñas

En 1984 y 1985 la Diputación no consignó ninguna cantidad a la Comisión.

La Comisión participó activamente durante varios años en las jornadas sobre el aniversario de la muerte de Pedro I el Cruel.

Reunión del 19 de octubre de 1985 en la ermita de la Encarnación de Carrión de Calatrava

Se entregaron las medallas a José Jimeno y Ángela Madrid.

Reunión del 21 de diciembre de 1985 en Villahermosa

Preocupación por los expolios de yacimientos. Órganos históricos de la provincia.

Cuadernos de Estudios Manchegos, diciembre de 1985, núm. 16

«Arquitectura popular manchega», Miguel Fisac Serna.

«El poblamiento rural y la actividad agraria en el Campo de Calatrava a mediados del XVIII», Eduardo Rodríguez Espinosa.

«Creación del Obispado-Priorato de las Órdenes Militares», José Jimeno Coronado.

«Fuentes minero-medicinales y balnearios en la provincia de Ciudad Real», Juan Antonio Casero Nieto y Felipe Martínez Pérez.

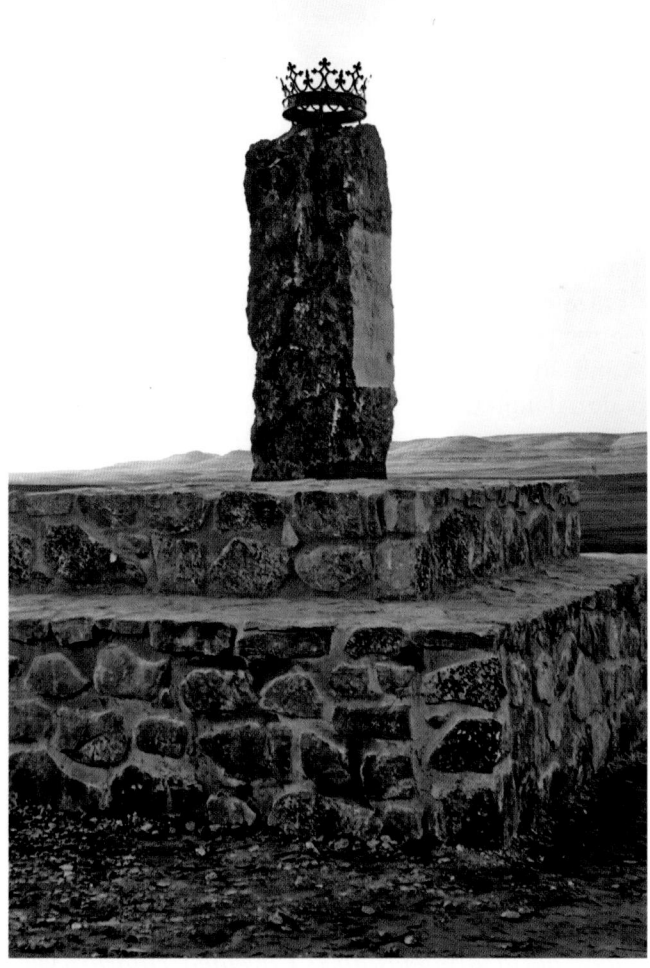

Hito instalado por la Comisión en Montiel. Fuente: Archivo de Ramón Maldonado, cedido por Luis Maldonado.

«Repoblación manchega Bajo Medieval: la Carta Puebla de Villamanrique», Ángela Madrid y Medina.

«El Castillo de Alhambra», Amador Ruibal.

«Pequeñas aportaciones al estudio de la plaza de La Solana», Pilar Flores Guerrero.

«Los objetos de plata regalados por Don Juan José de Austria a iglesias del antiguo priorato de San Juan en Ciudad Real». José Luis Barrio Moya.

El Museo de Ciudad Real publicó la revista *Oretum* para dar a conocer las investigaciones que se estaban desarrollando en la provincia. Se editaron tres números entre 1985 y 1987.

Oretum, 1985, núm. 1

«Los hendedores de Porzuna (Ciudad Real). Colección E. Oliver», Juan Serrano Ciudad.

«Industrias líticas talladas del Eneolítico y Bronce en la provincia de Ciudad Real», E. Vallespí, A. Ciudad, R. García Serrano y A. Caballero.

«El altar de cuernos de La Encantada y sus paralelos orientales», José Sánchez Meseguer, Ana Fernández Vega, Catalina Galán Saulnier y Carmen Poyato Holgado.

«Estudio arqueológico del Campo de Montiel», José Javier Pérez Avilés.

«Torques y brazalete de la finca 'Las Navas' del Almadenejos», María José Patiño Gómez y María del Castillo González Garrido.

«Una nueva muestra de escultura Ibérica en la provincia de Ciudad Real. 'El Toro de Alcubillas'», Pilar Mena Muñoz y Adda Ruiz Prieto.

«Materiales ibéricos de la Motilla de los Palacios», Macarena Fernández Rodríguez y Rosario Fonseca Ferrandis.

«Nuevo 'Osculatorio' procedente de Fernán Caballero», Carmen Fernández Ochoa y Alfonso Caballero Klink.

«Fiestas populares. La Semana Santa de Aldea del Rey», Cándido Barba Ruedas.

BAM, Colección general, 1985

Baldomero Espartero, un candidato al trono de España, Manuel Espadas Burgos.

Notas etnológicas de la comarca de Almadén, Varios autores.

Ponencias de la 5ª Semana de Historia de Puertollano, Varios autores.

El Espacio Geográfico. La Provincia de Ciudad Real, I, Varios autores.

El Arte y la Cultura. La Provincia de Ciudad Real, II, Varios autores.

La Historia. La Provincia de Ciudad Real, III. Varios autores.

Los Académicos de la Argamasilla a Cayetano Hilario, Varios autores.

La cerámica popular extinguida de Puertollano, José González Ortiz.

Mazantini, un hombre para el folklore manchego, Francisco Mena Cantero.

En enero de 1986 Gloria Merino y Vicente López Carricajo son nombrados académicos correspondientes de la RABASF.

Reunión del 15 de junio de 1986 en el salón de plenos del Ayuntamiento de Malagón

Tuvo lugar el acto de imposición de medallas a Gloria Merino y Vicente López Carricajo.

Reunión del 15 de noviembre de 1986 en la iglesia de Santiago de Ciudad Real

Se realizó aquí por las obras de restauración. Repaso a las excavaciones arqueológicas de la provincia.

ORETUM, 1986, núm. 2

«Los bifaces del yacimiento de Porzuna», María Isabel Cabrera Gómez.

«Estudio mineralógico y geoquímico de sedimentos y cerámicas arqueológicas de algunos yacimientos de La Mancha», Josefa Capel Martínez.

«Análisis de la fauna de vertebrados recuperada en las sepulturas del poblado del Bronce del Cerro de la Encantada (Granátula de Calatrava)», Arturo Morales Muñiz.

«Informe sobre materiales del Bronce Pleno del yacimiento arqueológico de 'Jaraba', Carrizosa», Antonio Marqués Talavera.

«El poblado Calcolítico 'El Castellón' de Villanueva de los Infantes. Informe de la II campaña», Juan José Espadas Pavón, Carmen Poyato Holgado y Alfonso Caballero Klink.

«Mobiliario metálico del yacimiento ibero-romano de La Bienvenida», Joaquín Aurrecoechea, Carmen Fernández Ochoa y Alfonso Caballero Klink.

Noticiario arqueológico:

«Hallazgo de dos tumbas medievales en 'Las Sacedillas' de Fuencaliente», Francisco Javier López Fernández y Macarena Fernández Rodríguez.

«Epígrafe romano de Corral de Calatrava», Carmen Fernández Ochoa, Cira Morano y Antonio de Juan García.

«Ara funeraria hallada en el Valle del Jabalón», Santiago Prado Toledano.

«Tres nuevos botones tardoromanos en el Museo», Ángel Fuentes Domínguez

Etnología:

«La fiesta de las ánimas en Albaladejo. Estudio sobre danzas de palos en Ciudad Real», José Luis González Alpide, Cristina Madroñero de la Cal, Juana Pérez Palazón y Marta Sierra Delage.

BAM, COLECCIÓN GENERAL, 1986

La Instrucción Pública en Ciudad Real (1850-1931), Varios autores.

Anecdotario manchego, Ubaldo G. Visier López.

1ª Jornadas de Educación Lorenzo Luzuriaga y la política educativa de su tiempo, Varios autores.

Castillejo, educador, Luis Palacios Bañuelos.

El encaje de bolillos. Estudio etnográfico, Cándido Barba Ruedas.

Ponencias de la 6ª Semana de Historia de Puertollano, Varios autores.

Geografía Física, Humana y Económica de Castilla-La Mancha, Elena González Cárdenas y Félix Pillet.

Cultura y Religiosidad Popular en el Siglo XVIII, María del Prado Ramírez.

El Carlismo en Ciudad Real, 1833-1876, Manuela Asensio Rubio.

Ponencias de la 1ª Semana de Historia de Almagro, Varios autores.

El adelantado Diego de Almagro, Antonio Blázquez. Separata facsímil de 1898.

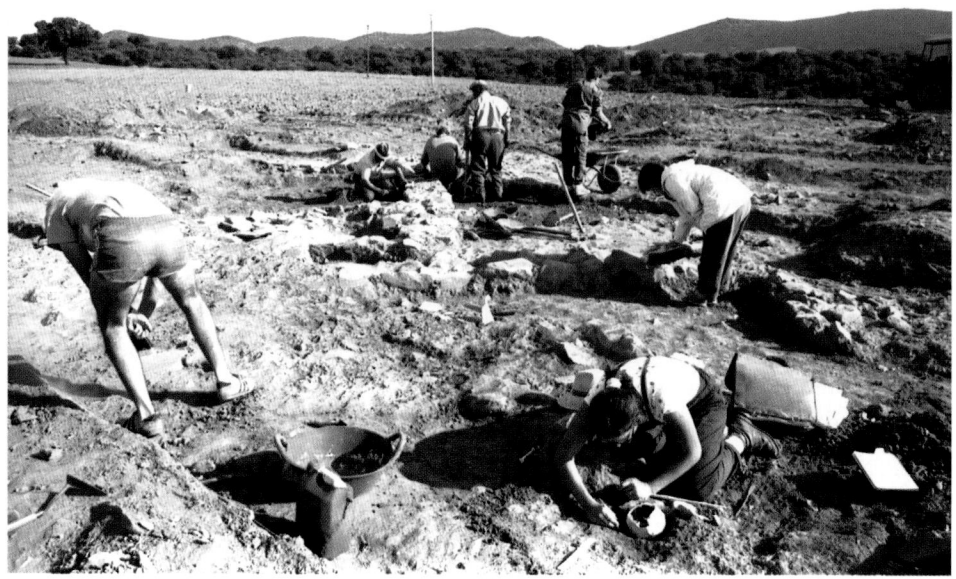

Excavación de urgencia en el yacimiento El Llano de Viso del Marqués en 1987.
Fuente: Archivo del Museo de Ciudad Real.

CUADERNOS DE ESTUDIOS MANCHEGOS, julio de 1987, núm. 17

«Los itinerarios y la red de comunicaciones romanas en la provincia de Ciudad Real», Gregorio Carrasco.

«El movimiento carlista (1821-1840): entre el liberalismo y la reacción», Manuela Asensio Rubio.

«El Turrillo (Carrión de Calatrava): un tipo de explotación agraria en régimen semicomunal», Eduardo Rodríguez Espinosa.

«Regreso a La Mancha del pintor Fernando Yáñez de la Almedina», Pedro Miguel Ibáñez Martínez

«Un retablo de Juan Correa de Vivar en la iglesia parroquial de Calzada de Calatrava», Isabel Mateo Gómez.

«Documentos para la historia de la medicina en Torrenueva (siglos XVI-XVII)», María Isabel Perea Campos.

«Relaciones Geográfico-Histórico-Estadísticas de los pueblos de España mandadas hacer por el Rey Felipe II. Torralba de Calatrava», Soledad López Fernández.

«Juan Correa de Vivar, autor del retablo mayor del monasterio de Santo Domingo de Almagro», Enrique Herrera Maldonado.

ORETUM, 1987, núm. 3

«El Paleolítico del río Tirteafuera», Antonio Ciudad Serrano, Juan Serrano Ciudad y Julio Barba Sánchez.

«Memoria preliminar de las excavaciones del yacimiento calcolítico 'El Castellón' de Villanueva de los Infantes», Juan José Espadas Pavón, Carmen Poyato Holgado y Alfonso Caballero Klink.

«La Motilla de Santa María del Retamar (Argamasilla de Alba)», Rosario Colmenarejo Hernández, Catalina Galán Saulnier, José Martínez Peñarroya y José Sánchez Meseguer.

«La Motilla de Los Romero (Alcázar de San Juan)», Tomás García Pérez.

«El yacimiento protohistórico del Cerro de las Cabezas (Valdepeñas)», Julián Vélez Rivas y José Javier Pérez Avilés.

«Materiales arqueológicos del Bronce, ibéricos y romanos de Almedina. Resultados de unas prospecciones», Carmen-Juana Pérez

«Consideraciones en torno a la cerámica Ática de fines del siglo V en Extremadura», Paloma Cabrera Bonet.

«Algunos materiales romanos utilizados en la construcción de las concamerationes», Rubí Sanz Gamo.

Noticiario arqueológico:

«Notas sobre industrias líticas eneolíticas en yacimientos de Ciudad Real». Enrique Vallespí Pérez, Antonio Ciudad Serrano, Rafael García Serrano y Alfonso Caballero Klink.

«Dos gemas talladas de La Bienvenida», Mar Zarzalejos Prieto, Paloma García Díaz.

«Ánforas romanas en la provincia de Ciudad Real», María del Mar Zarzalejos Prieto y María Inmaculada Seldas Fernández.

«Lucernas romanas de La Bienvenida. Carmen Fernández Ochoa, Inmaculada Seldas Fernández y Alfonso Caballero Klink.

«Sobre un hallazgo de denarios en Almadenejos», Alberto Canto García.

Etnología:

«El exvoto en Daimiel: aportación teórico-práctica al estudio del exvoto», Andrés J. Moreno.

BAM, Colección general. 1987

Conflicto social, marginación y mentalidades en La Mancha en el siglo XVIII, Juan Díaz Pintado.

José María de la Fuente. El cura de los bichos, Socorro Caballero Klink.

Prensa, Radio y Cine en Ciudad Real durante la II República, María Jesús Moreno Beteta.

Segundas Jornadas de Educación. José Castillejo y la política europeísta para la reforma educativa española, Varios autores.

Reunión de noviembre de 1988 en Viso del Marqués

Se inauguró una placa en recuerdo del paso del cadáver de Isabel la Católica camino de Granada. Se constata que la Diputación no aporta fondos a la Comisión desde 1983.

Reunión de diciembre de 1988 en el museo de la Casa Larios en Las Labores

Cuadernos de Estudios Manchegos, septiembre de 1988, núm. 18

«Propiedad y paisaje agrario en el Campo de Calatrava a fines de la Edad Media. Datos para su historia», Luis Rafael Villegas Diaz.

«Apuntes para el estudio de la iglesia parroquial de San Andrés de Villanueva de los Infantes», Pilar Flores Guerrero.

«La heráldica municipal de Ciudad Real en las Relaciones Topográficas», Isidoro Villalobos Racionero.

«Las órdenes militares castellanas en la época moderna: una aproximación cartográfic», Clemente López González, Elena Postigo Castellanos y José Ignacio Ruiz Rodríguez.

«La relación monarquía-ciudad en el mecanismo sucesorio. Proclamación y honras fúnebres de Felipe V en Ciudad Real, 1700-1746», Jesús Marina Barba.

«Castillo de Bolaños», Amador Ruibal.

«Jorge Manrique, Comendador de Montizón. Ángela Madrid y Medina.

«Pósitos en la villa de Torralba de Calatrava (siglos XVI-XIX)», Isabel Mansilla Pérez.

«V Centenario del Descubrimiento de América (1492-1992). Ciudad Real, una ciudad mexicana del estado de Chiapas», Jorge Sánchez Lillo.

BAM, Colección general, 1988

Lorenzo Luzuriaga. Aportación periodística, 1917-1921, Adalberto Ferrández y Ángel Pío González.

Elecciones en la II República, Ciudad Real (1931-1936), José Antonio Sancho Calatrava.

El Archivo Histórico Provincial de Ciudad Real se trasladó en 1989 a su actual sede de la calle Echegaray. Había comenzado su andadura en el año 1934 instalándose en las dependencias de la Audiencia Provincial y, ya en 1961, compartiría ubicación con la Biblioteca Pública en la Casa de la Cultura de Ciudad Real. En 1985 se iniciaron las obras por el Ministerio de Cultura de un nuevo edificio, en la calle Echegaray, para ubicar allí el Archivo Histórico Provincial de Ciudad Real.

Cuadernos de Estudios Manchegos, 1989, núm. 19

«Intitulatio y Directio en la documentación de Calatrava», Blas Casado Quintanilla.

«La guerrilla antifranquista en la provincia de Ciudad Real», Francisco Alía Miranda.

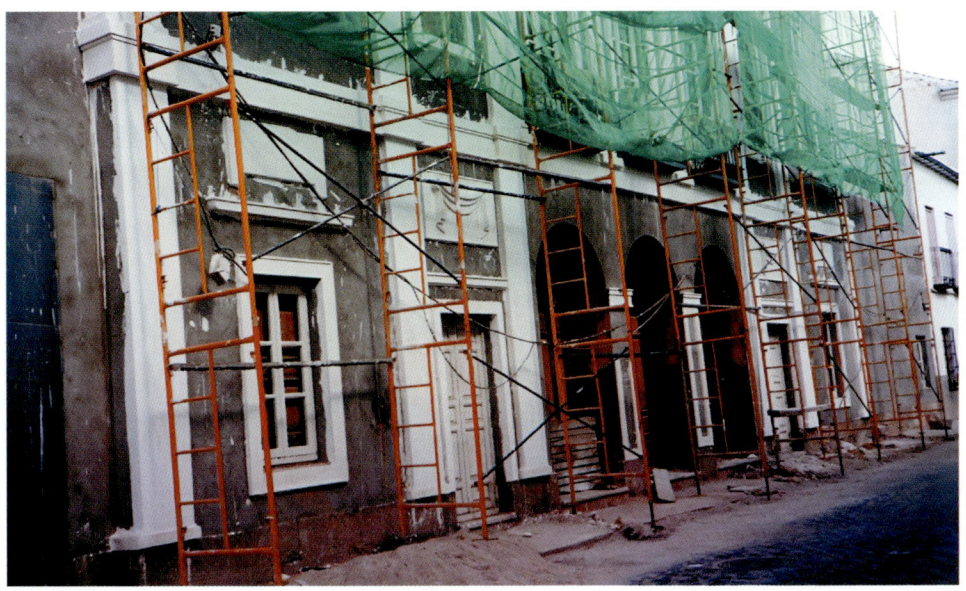

Teatro Municipal de Almagro en obras, 1988. Fuente: Fundación Fisac.

«La incidencia de la reforma municipal carolina en una población manchega: la segregación jurídica y administrativa de Puerto Lápice», Juan Manuel Carretero Zamora y Isabel Cerro Merino, David Chacón Fernandez y Francisco Javier Morales Hervás.

«Universidad de Almagro: enfrentamientos por la forma de proveer las cátedras», María de la Soledad Fernández García.

«El impacto de la explotación minera de San Quintín en un núcleo rural del Campo de Calatrava. Eduardo Rodríguez Espinosa.

«Relaciones de los Pueblos de España Ordenadas por Felipe II. Villamayor del Campo de Calatrava. El Viso del Puerto Muladar», Isidoro Villalobos Racionero.

BAM, Colección general, 1989

Ángel Andrade (1866-1932), Carmen López-Salazar Pérez.

7ª, 8ª y 9ª Semanas de Historia de Puertollano, Varios autores.

Milagros y exvotos de un pueblo manchego, Andrés Jesús Moreno.

Heráldica oficial de la provincia de Ciudad Real, Eduardo Panizo Gómez.

Aspectos y figuras del Humanismo en Ciudad Real, Luis de Cañigral Cortés.

Don José Antonio García-Noblejas falleció en Madrid el 23 de diciembre de 1989.

Don Ramón José Maldonado Cocat falleció en Pamplona el 26 de febrero de 1990. Fue delegado provincial de Vivienda.

CUADERNOS DE ESTUDIOS MANCHEGOS, 1990, núm. 20

«La Oretania romana: aportación a su conocimiento», Gregorio Carrasco Serrano.

«Castillo de Salvatierra», Amador Ruibal Rodríguez.

«Una forma de marginación: los niños expósitos de Manzanares en la Edad Moderna», Juan Díaz-Pintado Pardilla.

«Don Juan José de Austria y sus donaciones a iglesias manchegas. Nuevas aportaciones», José Luis Bario Moya.

«Aportaciones documentales a la iglesia de Nuestra Señora de la Asunción de Valdepeñas», Ángela Madrid y Medina.

13
COMISIÓN DEL CONJUNTO HISTÓRICO-ARTÍSTICO DE LA CIUDAD DE ALMAGRO

Creada en base a los decretos 3194/1970 y 2104/1972 de declaración del Conjunto Histórico de Almagro. La sesin de constitución tuvo lugar el 23 de enero de 1973 en el despacho del delegado provincial de Educación y Ciencia.

Presidente: don Marciano Cuesta Polo, delegado provincial del Ministerio de Educación y Ciencia.

Vicepresidente: don Francisco Bernalte Bernardo, arquitecto y consejero provincial de Bellas Artes.

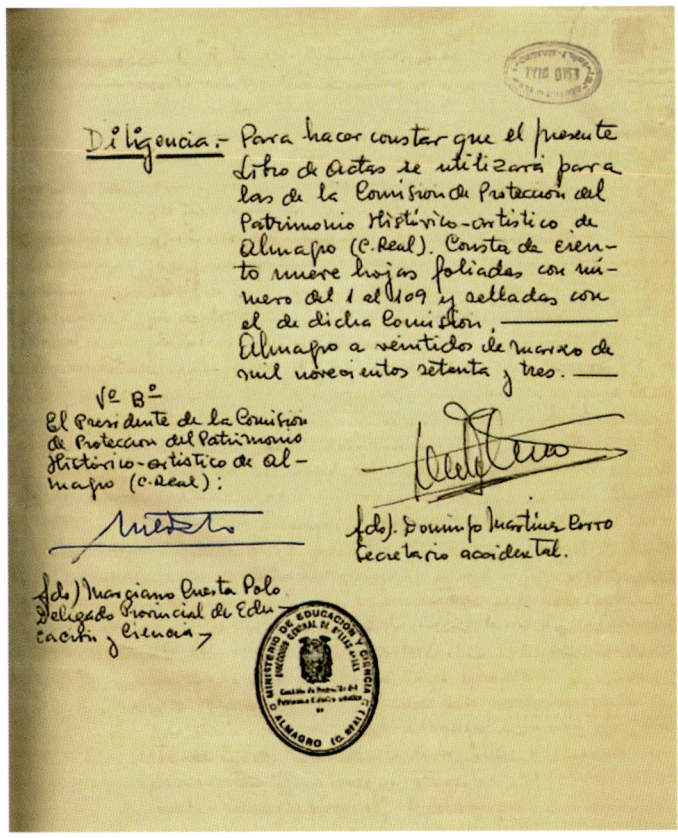

Libro de actas de la Comisión del Conjunto Histórico-Artístico de la Ciudad de Almagro.

Vocales:

Don. José María Romero Cárdenas, arquitecto de la Unidad Técnica de la Delegación Provincial de Educación y Ciencia, designado por el Ministerio de la Vivienda.

Don Luis de Ordanaz Gonzalo, alcalde del Ayuntamiento de Almagro.

Representantes de las corporaciones culturales o de los centros docentes:

Don Ramón José Maldonado Cocat, académico correspondiente de la Historia y vecino de Almagro.

Don Domingo Martínez Cerro, presidente de la Subcomisión de Monumentos de Almagro, director del colegio nacional Primo de Rivera de Almagro.

Don Pedro Carmona Martín, sacerdote de Almagro

Representantes de los servicios técnicos de la Dirección General de Bellas Artes:

Don Santiago Camacho Valencia, arquitecto de la Dirección General de Bellas Artes.

Secretario: don Domingo Martínez Cerro.

Las sesiones de la Comisión comenzaban dando cuenta de las comunicaciones recibidas, se estudiaban los expedientes de obras con el acuerdo correspondiente y finalizaban con los ruegos y preguntas.

A continuación, iremos reseñando los asuntos más relevantes de las sesiones celebradas.

La primera reunión efectiva tuvo lugar el 22 de marzo de 1973 en el salón de actos del Ayuntamiento de Almagro para la lectura de la orden de nombramientos de la Comisión.

En la segunda reunión, del 7 de abril de 1973, se realizó una visita previa de los monumentos, plazas, calles y patios de la ciudad para conocer la realidad de Almagro y la situación de los edificios cuyos expedientes se verían después. Se acordó fijar como sede de la Comisión el Palacio de Fúcares y, hasta tanto no se instale en él la Casa de Cultura, las reuniones se celebrarán en el Ayuntamiento de Almagro los primeros miércoles no festivos de cada mes a las 5 de la tarde. Además de resolver diez expedientes, se acordó solicitar al Ministerio los proyectos realizados para la rehabilitación del Corral de Comedias, la portada de la ermita de San Blas y la portada de la Casa del Prior. También se constató el mal estado de la techumbre de la iglesia de San Agustín.

En la sesión del 4 de julio de 1973, entre otros asuntos, se debatió el nombre del nuevo Parador de Almagro: «Diego de Almagro» o «Del Maestre de Calatrava»

El 3 de abril de 1974 se constata el mal estado del claustro del convento de los Dominicos y de un contrafuerte de la iglesia del convento.

La del 8 de mayo de 1974 fue una sesión informativa general a la corporación del Ayuntamiento de Almagro.

El 6 de noviembre de 1974 se trató la carta de tres estudiantes universitarios, López Jiménez, Herrera Maldonado y Del Río Muñoz, ofreciéndose para realizar actuaciones de restauración en monumentos de Almagro. La Comisión les recomendó el artesonado de la ermita de San Juan.

El 5 de marzo de 1975 se acordó solicitar al Ministerio la extensión de las funciones de la Comisión al haberse declarado Conjunto Histórico Villanueva de los Infantes. Obras de restauración-consolidación de Calatrava la Vieja. Excavaciones arqueológicas en la Motilla de los Palacios de Almagro realizadas por doña Trinidad Nájera Colino. El 18 de marzo de 1975 se incluye una diligencia para hacer constar la Resolución del director general del Patrimonio Artístico y Cultural de 17 de febrero de 1975, ampliando las funciones de la Comisión a toda la provincia.

El 18 de marzo de 1975 la sesión tuvo lugar en Villanueva de los Infantes.

En compañía del alcalde, aparejador y secretario, recorrieron la ciudad y sus monumentos.

Acordaron dirigirse a los alcaldes de poblaciones con algún monumento nacional, al director del Museo Provincial y al presidente de la Comisión Provincial de Monumentos, informándoles la constitución de la Comisión.

SESIÓN DEL 9 DE ABRIL DE 1975

Excavaciones en el castillo de Bolaños.

Incoación de expediente para la declaración Monumento Histórico Nacional de tres molinos de Campo de Criptana.

SESIÓN DEL 7 DE MAYO DE 1975

Solicitud del Ayuntamiento de Ciudad Real para incoación de declaración de Monumento del santuario de Nuestra Señora de Alarcos.

SESIÓN DEL 11 DE JUNIO DE 1975

Iglesia de Torrenueva, mal estado de la portada e iglesia de Arenas de San Juan.

SESIÓN DEL 15 DE OCTUBRE DE 1975

Vocal delegado de la Diputación Provincial: don Francisco Muñoz Patiño, alcalde de Villanueva de los Infantes y diputado provincial.

SESIÓN DEL 5 DE NOVIEMBRE DE 1975

Obras en el camino de acceso al Sacro Convento de Calatrava la Nueva sufragadas por la Diputación.

SESIÓN DEL 7 DE ENERO DE 1976

Reunión en el santuario de Nuestra Señora de las Nieves de Almagro.

SESIÓN DEL 5 DE ABRIL DE 1976

Escrito del alcalde de Granátula de Calatrava y presidente de la Hermandad de Nuestra Señora de Oreto y Zuqueca de solicitud de declaración del santuario como Monumento Histórico-Artístico Nacional.

13.1. COMISIÓN DEL PATRIMONIO HISTÓRICO-ARTÍSTICO DE LA PROVINCIA DE CIUDAD REAL

SESIÓN DEL 5 DE MAYO DE 1976

Cambio de nombre de la Comisión a «Comisión del Patrimonio Histórico-Artístico de la provincia de Ciudad Real», según comunicación de la Dirección General de Patrimonio Artístico y Cultural y según Decreto 2161/1975, de 24 de julio, por el que se modifica el Decreto 3194/1970, de 22 de octubre, sobre comisiones de Protección del Patrimonio Histórico-Artístico. Se acuerda solicitar al Ministerio el aumento de retribuciones del guarda-conserje de Calatrava la Nueva.

SESIÓN DEL 7 DE JUNIO DE 1976

Se da cuenta del escrito de don Francisco Muñoz Patiño de su renuncia como vocal y del escrito del presidente de la Diputación en el que se nombra como sustituto a don Millán Aguilar Mazarro, alcalde de Puertollano y diputado provincial. Permaneció como representante de la Diputación en la Comisión hasta el 15 de junio de 1979.

SESIÓN DEL 1 DE DICIEMBRE DE 1976

Reunión en la sala de juntas del Colegio Oficial de Arquitectos de Madrid, Delegación de Ciudad Real con asistencia de su presidente, don Eduardo Gascón Recas, y algunos colegiados. Capilla de Santo Domingo, cubo y restos de muralla de Alcázar de San Juan.

SESIÓN DEL 11 DE MAYO DE 1977

Reunión en Villanueva de los Infantes. Se visita la Casa de los Estudios. Fachada de la iglesia de Nuestra Señora de la Asunción de Valdepeñas. Se dio cuenta de la solicitud del Ayuntamiento de Villanueva de los Infantes al Ministerio para la anulación de la declaración de Conjunto Histórico-Artístico. Fue rechazada según Resolución del director general del Patrimonio Histórico y Cultural.

SESIÓN DEL 4 DE NOVIEMBRE DE 1977

Asiste a la reunión el gobernador civil, don Eduardo Ameijide y Montenegro. Acordaron dirigirse al Ayuntamiento de Malagón solicitando informe sobre obras y demoliciones que se están realizando en los terrenos donde estaba ubicado el «castillo árabe de Malagón».

SESIÓN DEL 6 DE DICIEMBRE DE 1977

Se informó de la reciente declaración como Monumento Histórico-Artístico de la iglesia de Nuestra Señora de la Asunción de Valdepeñas y constataron, tras el examen de la documentación remitida por el Ayuntamiento de Malagón, la demolición y desmonte de los terrenos donde se asentaba el castillo de la localidad.

SESIÓN DEL 1 DE FEBRERO DE 1978

Iglesia de San Bartolomé de Almagro. Transferencia de funciones y documentación. La presidencia de la Comisión pasará al delegado de Cultura o de Información y Turismo.

SESIÓN DEL 10 DE MARZO DE 1978

Don Luis Torres Royo asume la presidencia de la Comisión al ser nombrado delegado provincial de Cultura y ser transferidas a dicho Ministerio las funciones que antes eran competencia de Educación y Ciencia.

SESIÓN DEL 9 DE MAYO DE 1978

Plaza Mayor de La Solana y casa de los Condes de Casa Valiente. Convento de Carmelitas Descalzas de Daimiel.

SESIÓN DEL 9 DE JULIO DE 1978

Casa de los Gijones de Villa-rrubia de los Ojos.

Cese de Francisco Bernalte Bernardo el 10 de agosto de 1978 como consejero provincial de Bellas Artes.

El 17 de julio de 1978 la Diputación nombró a don Juan García Toribio como su representante en sustitución de don Fernando Peña Prado.

SESIÓN DEL 23 DE NOVIEMBRE DE 1978

Actúa como secretario don Liciano Castañeda García. Asiste como representante de Bellas Artes don Juan Antonio Ochoa Majano.

Nombramiento de Rafael García Serrano el 22 de septiembre de 1978 en representación de las corporaciones culturales como director del Museo de Ciudad Real.

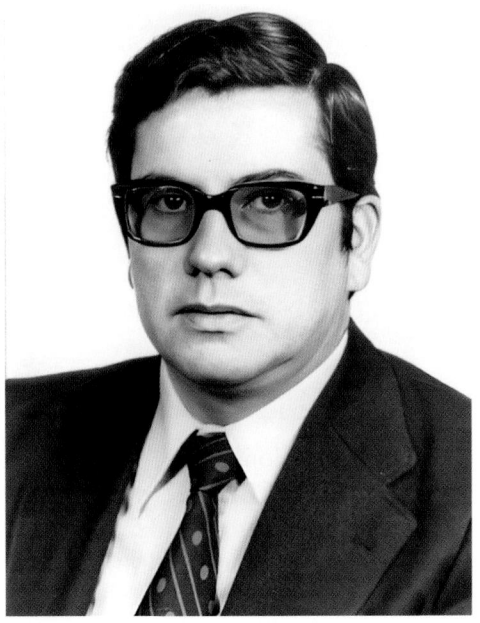

Francisco Bernalte Bernardo, 1973-1976. Fuente: Galería de alcaldes del Ayuntamiento de Ciudad Real.

Nombramiento el 31 de octubre de 1978 de don Juan Antonio Ochoa Majano como consejero provincial de Bellas Artes. Nació en Madrid el 24 de agosto de 1949. Cursó estudios en la Escuela Técnica Superior de Arquitectura de Madrid en 1973 en la especialidad de Urbanismo. Cesó el 6 de marzo de 1980. Falleció en accidente de automóvil el 6 de noviembre de 1980.

El 31 de octubre de 1978 fue nombrado don Federico Pérez Castilla, director de la Escuela de Artes Aplicadas y Oficios Artísticos, como representante de los centros docentes en sustitución de don Domingo Martínez Cerro, por traslado a Barcelona.

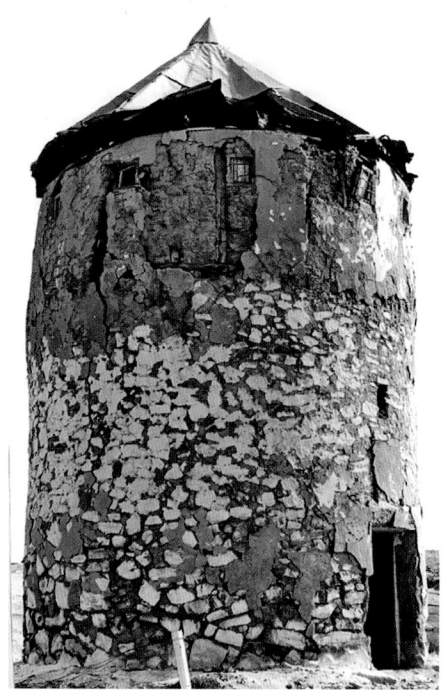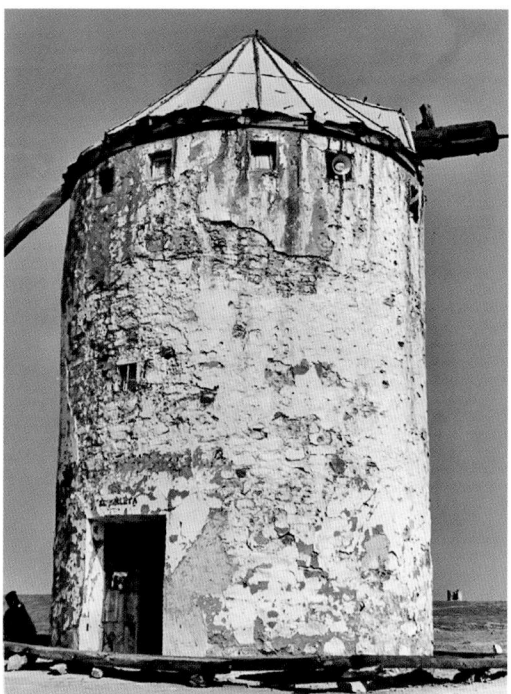

Molino Infanto (izquierda) y molino Burleta (derecha) de Campo de Criptana en 1978. Fuente: Servicio de Cultura.

SESIÓN DEL 24 DE ENERO DE 1979

Presidente: don Luis Torres Royo.

Consejero de Bellas Artes: señor Ochoa Majano.

Vocales: Romero Cárdenas, Maldonado Cocat, Callejas Martín, Santiago Camacho Valencia, Muñoz Patiño y Pérez Castilla.

Secretario: don. Licinio Castañeda García.

Informes sobre el palacio de los condes de Casa Valiente de La Solana, preocupación por el impacto visual sobre el conjunto histórico de los depósitos metálicos instalados sin licencia en Villanueva de los Infantes.

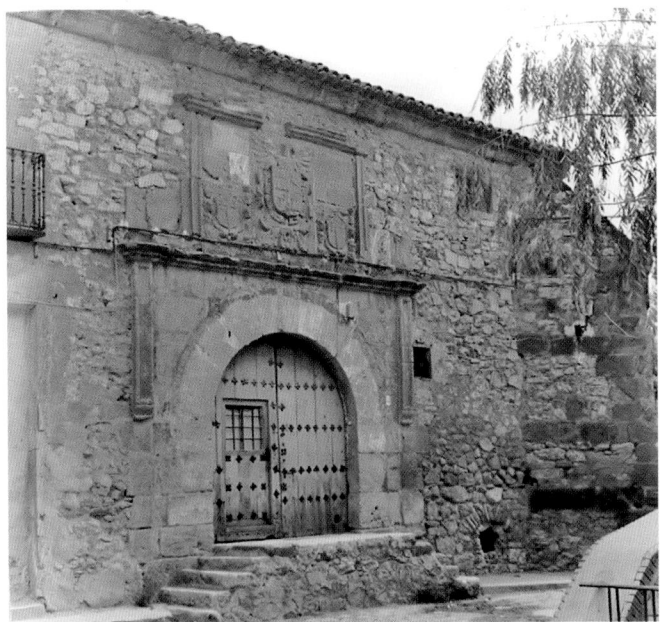

Pósito de Campo de Criptana en 1978. Fuente: Servicio de Cultura.

SESIÓN DEL 28 DE FEBRERO DE 1979

Reunión celebrada en La Solana. Plaza de San Carlos del Valle. Proyectos de conservación en la provincia:

Iglesia de Arenas de San Juan.

Cueva de la Batanera.

Casa de los Estudios de Villanueva de los Infantes.

Convento de la Asunción de Almagro.

Palacio de los Fúcares de Almagro.

Convento de Santo Domingo de Villanueva de los Infantes.

Puerta de Toledo.

Iglesia de San Pedro.

SESIÓN DEL 25 DE ABRIL DE 1979

Bienvenida a los nuevos alcaldes de Almagro, don Julio José Cerro Merino, y Villanueva de los Infantes, don Miguel Montalbán Simarro. La representación del Ayuntamiento de Villanueva de los Infantes en la Comisión correrá a cargo de don Vicente López Carricajo.

Iglesia parroquial de Viso del Marqués. Castillo. Iglesia de Santiago de Ciudad Real.

Con motivo de la constitución de los nuevos ayuntamientos, tras las elecciones celebradas el 3 de abril, se produjeron los siguientes cambios:

Altas:

Vicente López Carricajo (Ayuntamiento de Infantes).

Julio José Cerro Merino (Ayuntamiento de Almagro).

Fernando Peña Prado (Diputación Provincial).

Bajas:

Francisco Muñoz Patiño (Ayuntamiento de Infantes).

Manuel Callejas Martín (Ayuntamiento de Almagro).

Millán Aguilar (Diputación Provincial).

SESIÓN DEL 20 DE SEPTIEMBRE DE 1979

Nuevo presidente: Manuel Sánchez León.

Desde el 22 de octubre de 1979 fue designada doña María Ángeles Hernández Rubio Muñoyerro (inspectora de zona de la Dirección General del Patrimonio Histórico-Artístico, Archivos y Museos). Permaneció como vocal hasta diciembre de 1980.

SESIÓN DEL 23 DE NOVIEMBRE DE 1979

Asiste como vocal el arquitecto don Miguel Fisac Serna. Nuevo secretario: Francisco Lozano Pavón.

En 1979 formaban la Comisión:

Presidente: Manuel Sánchez León, delegado provincial de Cultura.

Vicepresidente: José Luis Soro López, consejero provincial de Bellas Artes.

Vocales:

Julio José Cerro Merino, representante del Ayuntamiento de Almagro.

Fernando Peña Prado, representante de la Diputación Provincial.

José María Romero Cárdenas, arquitecto designado por el Ministerio de Obras Públicas y Urbanismo.

Ramón José Maldonado Cocat, representante de corporaciones culturales.

Federico Pérez Castilla, representante de centros docentes.

Miguel Fisac Serna, representante de los servicios técnicos de la Dirección General de Bellas Artes.

Vicente López Carricajo, consejero local de Villanueva de los Infantes.

Francisco Lozano Pavón, secretario de la Delegación Provincial de Cultura.

Nota de 1980 de la Dirección General del Patrimonio Artístico, Archivos y Museos sobre la intervención de los delegados provinciales del Ministerio de Cultura en la tramitación de obras de restauración del patrimonio artístico.

SESIÓN DEL 22 DE ENERO DE 1980

La Diputación solicita relación de portadas, fachada y monumentos cuya conservación se considera de interés.

Tabla 6
Aportaciones de la Dirección General del Patrimonio Artístico, Archivos y Museos del Ministerio de Cultura para obras de restauración y conservación de monumentos de la provincia de Ciudad Real durante 1980

Monumento	Arquitecto	Importe (ptas)	Obra
Iglesia de Arenas de San Juan y Hospital de Santiago de Villanueva de los Infantes	Santiago Camacho	100.000	
Alhóndiga de Villanueva de los Infantes	Santiago Camacho	100.000	
Calatrava la Nueva de Aldea del Rey	Miguel Fisac	30.000.000	Enlucido de la sala del Gran Maestre, impermeabilización de la torre del homenaje y reparación del camino de acceso
Palacio del Gran Maestre de Almagro	Miguel Fisac	2.000.000	Reparación parte trasera medianera con el mercado municipal
Iglesia de Madre de Dios de Almagro	Miguel Fisac	1.000.000	Techumbre
Iglesia de Santiago de Villanueva de los Infantes	Santiago Camacho	15.000.0000	Restauración total
Convento de Santo Domingo de Villanueva de los Infantes	Santiago Camacho	1.000.000	Sustitución de la cubierta
Iglesia de San Andrés de Villanueva de los Infantes	Santiago Camacho	4.046.676	
Torre de Santo Domingo de Almagro	Miguel Fisac	9.200.000	
Iglesia de San Bartolomé de Almagro	Miguel Fisac	5.262.587	
Molino de viento Infanto de Campo de Criptana	Ignacio Vicens	4.739.872	Restauración

SESIÓN DEL 8 DE FEBRERO DE 1980

El señor Peña Prado es el representante de la Diputación. La Comisión acuerda solicitar información a los ayuntamientos de Membrilla y Manzanares, dado que se están demoliendo edificios con interés arquitectónico.

SESIÓN DEL 11 DE MARZO DE 1980

Diversas incoaciones para la declaración de monumentos. Palacio Episcopal. Casa de Hernán Pérez del Pulgar de Ciudad Real.

SESIÓN DEL 25 DE ABRIL DE 1980

Escrito de Adolfo Marsillach sobre el convento de Santo Domingo de Villanueva de los Infantes.

SESIÓN DEL 30 DE MAYO DE 1980

Planes de inversiones de restauración de monumentos de la provincia.

SESIÓN DEL 28 DE OCTUBRE DE 1980

Nuevo consejero de Bellas Artes, don José Luis Loro López. El alcalde de Almagro dimite como vocal por la discrepancia de criterios en las denegaciones de obras de su localidad con otros vocales de la Comisión. Se acuerda solicitarle la reconsideración de la dimisión.

SESIÓN DEL 27 DE NOVIEMBRE DE 1980

Rollo Jurisdiccional de Cabezarados.

SESIÓN DEL 11 DE DICIEMBRE DE 1980

Circular del Ministerio de Cultura sobre funcionamiento de las comisiones.

SESIÓN DEL 12 DE FEBRERO DE 1981

Incorporación como inspectora de zona de María Ángeles Hernández Rubio.

SESIÓN DEL 12 DE MARZO DE 1981

Descubrimientos en el Cerro de las Cabezas. Posada de los Portales de Tomelloso

SESIÓN DEL 9 DE ABRIL DE 1981

Conjunto Histórico de Moral de Calatrava. Solicitud al Ayuntamiento de Almagro de nombramiento de representante.

SESIÓN DEL 14 DE MAYO DE 1981

Renuncia del señor Peña Prado por dejar de ser diputado provincial. Escrito del Ayuntamiento de Moral de Calatrava sobre el desacuerdo de la corporación con la declaración de Conjunto Histórico-Artístico.

SESIÓN DEL 11 DE JUNIO DE 1981

Incorporación de don Enrique Herrera Maldonado como vocal.

SESIÓN DEL 29 DE JULIO DE 1981

Por la Diputación Provincial asiste don Juan García Toribio y representantes del Ayuntamiento de Moral de Calatrava para acordar la delimitación de la zona de Conjunto Histórico-Artístico.

SESIÓN DEL 10 DE SEPTIEMBRE DE 1981

Asiste el director del Museo, señor García Serrano. Carta de don Manuel Fraga Iribarne dirigida al Gobierno y publicada en el diario *Lanza* sobre los motivos para la declaración de Conjunto Histórico-Artístico de Moral de Calatrava.

SESIÓN DEL 8 DE NOVIEMBRE DE 1981

Representante del Colegio de Arquitectos, señor Gascón Mecas.

SESIÓN DEL 15 DE ABRIL DE 1982

Venta de Borondo. Cueva de Medrano. Diversas publicaciones en el *BOE* con la incoación de expedientes de declaración: iglesia de Porzuna, iglesia de Santa Cruz de Mudela, santuario de Nuestra Señora de las Cruces, etc. La Comisión da las gracias al presidente don Manuel Sánchez León que tiene que dejar su cargo por traslado al Ministerio de Cultura.

La Ley Orgánica 9/1982, de 10 de agosto, del Estatuto de Autonomía de Castilla-La Mancha, en el artículo 31 relaciona las competencias exclusivas de la Junta de Comunidades de Castilla-La Mancha, entre las que figuran los museos, bibliotecas, conservatorios y hemerotecas de interés para la región que no sean de titularidad estatal, el patrimonio monumental, histórico, artístico y arqueológico y otros centros culturales de interés para la región y el fomento de la cultura y de la investigación.

SESIÓN DEL 9 DE SEPTIEMBRE DE 1982

Declaración del Conjunto Histórico-Artístico de Moral de Calatrava.

SESIÓN DEL 11 DE NOVIEMBRE DE 1982

Asiste a las comisiones doña Josefa Delmas Rodríguez, alcaldesa de Almagro.

SESIÓN DEL 9 DE DICIEMBRE DE 1982

Se hace constar que el Ayuntamiento de Almagro no cumple con los acuerdos vinculantes de la Comisión.

En 1983 se aprobaron los reales decretos para hacer efectivo el traspaso de competencias a la comunidad autónoma de Castilla-La Mancha.

Real Decreto 1064/1983, de 13 de abril, por el que se aprueban las normas de traspaso de servicios del Estado a la comunidad autónoma de Castilla-La Mancha y funcionamiento de la Comisión Mixta prevista en la disposición transitoria quinta de su Estatuto de Autonomía[1].

Real Decreto 3296/1983, de 5 de octubre, sobre traspaso de funciones y servicios del Estado a la comunidad autónoma de Castilla-La Mancha en materia de cultura[2].

SESIÓN DEL 10 DE FEBRERO DE 1983

Gestiones para la declaración de utilidad pública y adquisición de los terrenos del Cerro de la Encantada en Granátula de Calatrava. Relación de monumentos que pueden ser declarados.

SESIÓN DEL 10 DE MARZO DE 1983

Se acuerda dirigirse al Gobierno Civil para denunciar la falta de cola-boración del Ayuntamiento de Almagro. La alcaldesa, presente en la reunión, muestra su disconformidad con el acuerdo.

SESIÓN DEL 14 DE ABRIL DE 1983

Asistieron a la reunión el obispo, el deán y el arquitecto diocesano ante los problemas de estabilidad de la torre de la Catedral.

SESIÓN DEL 9 DE JUNIO DE 1983

Presidenta: señora Naharro Pueyo. Premio de 650.000 pesetas por el hallazgo de un anillo de oro de Alcubillas.

SESIÓN DEL 7 DE JULIO DE 1983

Representante de la Diputación: don Eugenio Moya Nieto-Aliseda. Deja la Comisión don Rafael García Serrano, nombrado director general de Bellas Artes de la Junta de Comunidades de Castilla-La Mancha.

SESIÓN DEL 27 DE OCTUBRE DE 1983

Conjunto urbano de Alhambra.

La Consejería de Educación y Cultura de la Junta de Comunidades de Castilla-La Mancha celebró en Cuenca, entre el 25 y 27 de marzo de 1983, las I Jornadas de Estudio sobre Folklore en Castilla-La Mancha que, a partir de 1984, se convirtieron en Jornadas de Etnología y se celebraron de forma rotatoria en las cinco provincias.

Sesión del 9 de febrero de 1984

Se despide de la Comisión doña Úrsula Naharro Pueyo que deja su cargo y presenta al nuevo presidente, el delegado de Cultura de la Junta de Comunidades de Castilla-La Mancha don José Tomás Cano de Mateo, en virtud de las transferencias de competencias.

Sesión del 5 de julio de 1984

Expolio en el Cerro de las Cabezas.

Sesión del 4 de octubre de 1984

Reunión en Villanueva de los Infantes. Obras sin autorización en Alhambra. Torre del Reloj de Villarta de San Juan.

Sesión del 7 de diciembre de 1984

Conjunto Histórico de Alhambra.

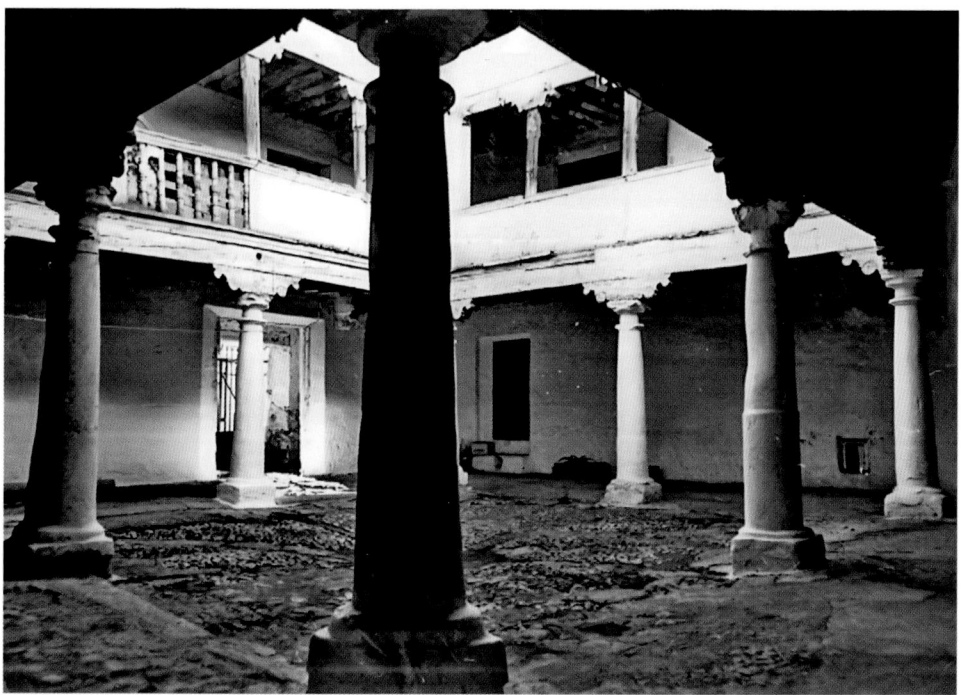

Casa de los Manrique. Fuente: Catálogo BIC de la Junta de Comunidades de Castilla-La Mancha.

SESIÓN DEL 10 DE ENERO DE 1985

Composición de la Comisión:

Presidente: José Tomás Cano de Mateo.

Consejero de Bellas Artes: señor Loro López.

Vocales: Herrera Maldonado, Maldonado Cocat, Bibiano Ramírez Aldavero (alcalde de Almagro), Ruiz Valdepeñas, López Carricajo, Moya Aliseda, Alfonso Caballero. No asisten Fisac Serna, Pérez Castilla y Hernández Rubio.

Secretario: Francisco Lozano Pavón.

SESIÓN DEL 7 DE FEBRERO DE 1985

Proyección de vídeo con las visitas realizadas por el delegado provincial y el director del Museo a Pozuelo, Alhambra, Albaladejo, Villamanrique y Almuradiel, donde se aprecia la situación de inmuebles y yacimientos arqueológicos.

SESIÓN EXTRAORDINARIA DEL 11 DE FEBRERO DE 1985

Monográfica sobre el edificio de la Cámara de Comercio en la calle Lanza de Ciudad Real.

SESIÓN DEL 14 DE MARZO DE 1985

Instancia de don Manuel López-Villalta Bellón, ofertando a la Junta de Comunidades de Castilla-La Mancha, el castillo de Pilas Bonas de Manzanares por 20 millones de pesetas.

SESIÓN DEL 11 DE ABRIL DE 1985

Diego Peris sustituye a Ramón Ruiz Valdepeñas como representante del Colegio de Arquitectos. Palacio de la Diputación. Cueva de la Mora de Villanueva de los Infantes.

SESIÓN DEL 2 DE MAYO DE 1985

Cerro de las Cabezas.

La aprobación de la Ley 16/1985, de 25 de junio, del Patrimonio Histórico Español, pretendía acabar con la dispersión normativa desde la Ley de 1933, la adaptación a la nueva realidad socioeconómica, a los convenios internacionales suscritos por España y a la distribución de competencias entre el Estado y las comunidades autónomas[3]. El 10 enero de 1986 se aprobó el Real Decreto 111/1986, de desarrollo parcial de la Ley 16/1985, de 25 de junio, del Patrimonio Histórico Español[4].

SESIÓN DEL 12 DE NOVIEMBRE DE 1985

Dimisiones de Miguel Fisac Serna, representante de los servicios técnicos de la Dirección General del Ministerio de Cultura, y de Ramón Maldonado Cocat, representante de las corporaciones culturales. Alcubillas posible Conjunto Histórico.

Tabla 7

CONVENIO INEM-JUNTA DE COMUNIDADES PARA EXCAVACIONES EN EL AÑO 1985.

Inversión: 75.428.158 pesetas. Aportación de la Junta: 10.400.000 pesetas. Personas contratadas: 323.

YACIMIENTO O MONUMENTO	INSTITUCIÓN	DIRECCIÓN ARQUEOLÓGICA	APORTACIÓN JCCM (PTAS)
Villa romana de Albaladejo (5ª campaña)	Museo Provincial	Alfonso Caballero Klink	2.107.752
Las Higueruelas de Alcolea de Calatrava	CSIC	Ana Victoria Mazo	2.123.673
Calatrava la Nueva de Aldea del Rey	Museo Provincial	Alfonso Caballero Klink	2.824.112
La Bienvenida	UAM	Carmen Fernández Ochoa	7.213.351
Santa María del Retamar	UAM	Catalina Galán	3.239.351
Calatrava la Vieja	MAN	Juan Zozaya	5.269.285
Alarcos	Museo Provincial	Alfonso Caballero Klink	30.925.502
Motilla del Azuer	Universidad de Granada	Trinidad Nájera	5.485.285
Motilla de las Cañas	Universidad de Granada	Fernando Molina	5.744.485
Cerro de la Encantada	UAM	José Sánchez Meseguer	5.269.285
Cerro de las Nieves	Universidad Complutense	Martín Almagro	3.083.831
Cerro de las Cabezas	Museo Provincial	Alfonso Caballero Klink	2.142.312

Fuente: Acta de la Comisión Paritaria del 7 de octubre de 1985.

SESIÓN EXTRAORDINARIA DEL 11 DE DICIEMBRE DE 1985

Monográfica para el estudio del Plan Parcial del Casco Urbano de Ciudad Real.

INTERVENCIONES DESTACADAS DEL AÑO 1985

Iglesia parroquial de Alamillo, iglesia de Santa Quiteria de Alcázar de San Juan, Iglesia parroquial de San Pedro Apóstol de Pedro Muñoz y baños termales en Navalpino.

En diciembre de 1985 tuvieron lugar en Ciudad Real las sesiones del I Congreso de Historia de Castilla-La Mancha con 21 ponencias y 398 comunicaciones y el I Congreso Joven de Historia de Castilla-La Mancha.

SESIÓN DEL 9 DE ENERO DE 1986

Anteproyecto de Decreto de creación de las comisiones provinciales de Patrimonio de Castilla-La Mancha.

SESIÓN DEL 6 DE FEBRERO DE 1986

Iglesia de San Esteban de Mestanza. Tapiz de la Semana Santa de Villahermosa.

SESIÓN DEL 8 DE MAYO DE 1986

Pósito de Moral de Calatrava.

SESIÓN DEL 5 DE JUNIO DE 1986

Solicitud de la Universidad Popular de Almadén de redacción de una carta arqueológica comarcal. Cerro de las Cabezas, solicitud al MOPU de desvío de la autovía para no afectar al yacimiento. Cese del señor Cano de Mateo como delegado provincial de Cultura de Ciudad Real y, por tanto, como presidente de la Comisión, al ser nombrado secretario general técnico de la Consejería de Educación, Cultura y Deportes.

SESIÓN DEL 3 DE JULIO DE 1986

Componentes de la Comisión:

Presidente: Hilario Caballero Moya.
Consejero de Bellas Artes: Loro López.
Vocales: Ramírez Aldavero, Mercedes Pérez del Moral, Eugenio Moyo Aliseda, Alfonso Caballero, Peris Sánchez, Herrera Maldonado, Pérez Castilla, López Carricajo.
Secretario: Lozano Pavón.

Se constata, reunión tras reunión que se realizan obras en inmuebles de interés histórico-artístico sin autorización ni controles. Se reciben solicitudes de ayuda para obras necesarias, sobre todo en iglesias y ermitas.

SESIÓN DEL 29 DE JULIO DE 1986

Escrito del MOPU de compromiso de respetar y no afectar el yacimiento del Cerro de las Cabezas.

Sesión del 4 de diciembre de 1986

Escrito de Hispania Nostra. Cerro de las Cabezas.

13.2. COMISIÓN MIXTA IGLESIA CATÓLICA-JUNTA DE COMUNIDADES DE CASTILLA-LA MANCHA

En 1986 se firmó el acuerdo entre la Junta de Comunidades de Castilla-La Mancha y la Iglesia Católica de la región, que supuso la creación de una Comisión Mixta entre las dos instituciones para coordinar las actuaciones sobre el patrimonio cultural de titularidad eclesiástica. El acuerdo fue publicado en el *Diario Oficial de Castilla-La Mancha* (*DOCM*) número 19, de 13 de mayo de 1986.

La primera reunión del plenario de la Comisión Mixta Iglesia-Junta tuvo lugar en la Delegación Provincial de Cultura de Ciudad Real el 16 de junio de 1986.

La propuesta de diciembre de 1986 incluía intervenciones en la provincia de Ciudad Real: en la iglesia de Santiago de Ciudad Real, la iglesia parroquial de Argamasilla de Alba, la parroquia de San Sebastián de Porzuna, la de Nuestra Señora de los Olmos de Torre de Juan Abad, la parroquia de Torrenueva, el convento de la Asunción de Almagro, la iglesia de Santa María de Alcázar de San Juan y la iglesia de Tirteafuera.

En 1987 se financiaron obras en la iglesia de Santiago de Ciudad Real, la iglesia parroquial de Argamasilla de Alba y la parroquia de Santa Quiteria de Fuente el Fresno.

Entre 1988 y 1991 se intervino en los siguientes bienes de la Iglesia: Santa María de Alcázar, convento de la Asunción de Almagro, parroquia de Argamasilla de Alba, Santiago de Ciudad Real, Asunción de Puertollano, parroquia de Torre de Juan Abad, La Merced de Ciudad Real, parroquia de Pozuelo de Calatrava, Trinidad de Villanueva de los Infantes, parroquia de Fuente el Fresno, camarín de la Virgen del Prado de la Catedral de Ciudad Real, Santa Catalina de Tirteafuera y parroquia de Torrenueva.

Entre 1994 y 1995. en Santa María de Alcázar de San Juan, Arroba de los Montes, Santiago y Concepcionistas de Ciudad Real, Chillón, San Vicente de Cózar, Asunción de Manzanares, Santiago de Membrilla, San Carlos del Valle, Santa Cruz de Mudela, Villahermosa y Villamanrique.

Entre 1996 y 2000, en las iglesias parroquiales de Agudo, Alcolea, Terrinches, Villamanrique, Retuerta del Bullaque, Granátula de Calatrava, Tirteafuera, Almodóvar del Campo, Horcajo de los Montes, La Solana, Fontanarejo, Almedina, Santiago de Ciudad Real, Torre de Juan Abad, Argamasilla de Alba, Arenas de San Juan, Socuéllamos y Valdepeñas y en el santuario de Las Virtudes de Santa Cruz de Mudela, iglesia del Santo Cristo de Miguelturra, convento de las Concepcionistas de Ciudad Real, ermita de la Soledad de Puertollano, ermita del Santo Cristo de Torrenueva y el convento de la Asunción Calatrava de Almagro.

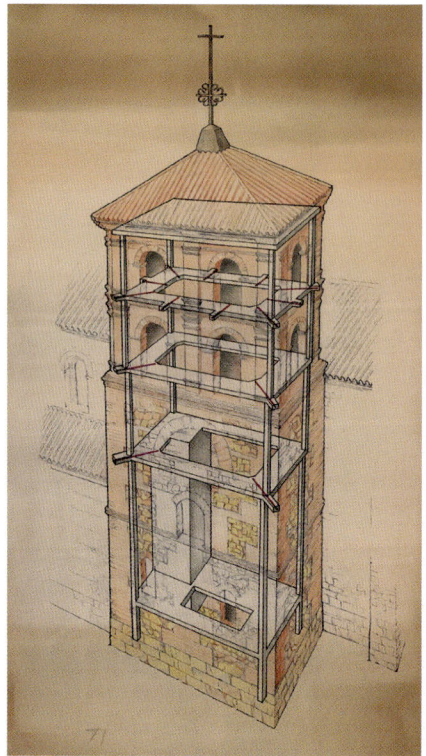
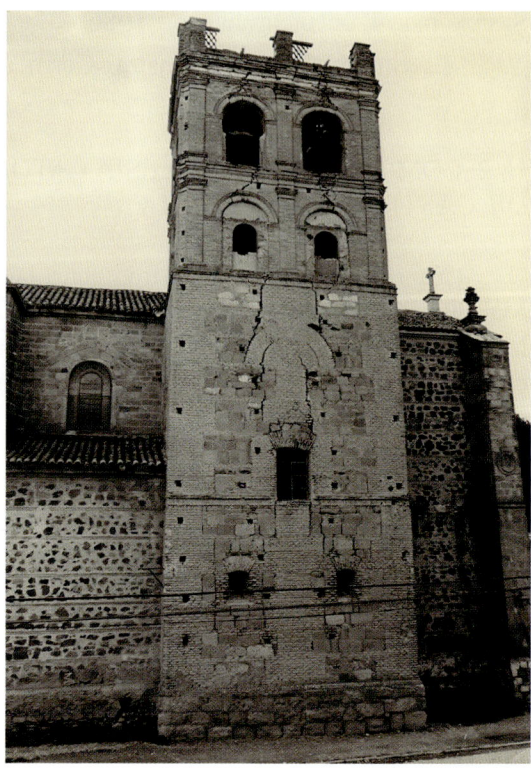

Dibujo y fotografía de la torre de la iglesia del convento de la Asunción de Almagro. Fuente: Fundación Fisac.

Entre 2001 y 2007, en las iglesias parroquiales de Santa Cruz de Mudela, Manzanares, Pedro Muñoz, Villanueva de los Infantes, Villahermosa, Piedrabuena, Moral de Calatrava, Cózar, Torre de Juan Abad, Alhambra y Madre de Dios de Almagro y en el Santo Cristo de Valdepeñas, Obispado de Ciudad Real, Santa Quiteria y Trinitarios de Alcázar de San Juan.

SESIÓN EXTRAORDINARIA 18 DE MARZO DE 1987

Monográfica sobre la Iglesia de Santiago de Ciudad Real

SESIÓN DEL 2 DE ABRIL DE 1987

Unión Fenosa y Telefónica incumplen las recomendaciones y normativa de cableado y colocación de cajas en conjuntos históricos.

SESIÓN DEL 7 DE MAYO DE 1987

Información de las excavaciones, prospecciones arqueológicas, trabajos etnográficos, excavaciones paleontológicas, proyectos de la Comisión Mixta Iglesia-Junta.

Tabla 8

INVERSIÓN DE LA JUNTA DE COMUNIDADES DE CASTILLA-LA MANCHA
CON CARGO A LA COMISIÓN MIXTA IGLESIA-JUNTA DESDE 2008 A 2022

AÑO	BIEN	PROYECTO	IMPORTE (EUROS)
2008	Convento y hospedería de las Carmelitas Descalzas de Ciudad Real	Intervención	589.884,95
	Convento de la Asunción Calatrava Almagro	Intervención	422.555,82
	Iglesia parroquial de Nuestra Señora de la Asunción de Almuradiel	Intervención	180.008,49
	Iglesia parroquial de San Bartolomé de Alhambra	Intervención	91.442,96
	Convento de Carmelitas de Campo de Criptana	Intervención	424.415,43
	Capilla de Jesús Nazareno de la iglesia parroquial de San Pedro	Intervención	181.108,48
	Artesonado de la iglesia de Santiago	Restauración	259.995,54
2009	Iglesia parroquial de Ntra. Sra. de la Visitación de Argamasilla de Cva.	Restauración	258.808,44
	Iglesia del convento de Trinitarios de Alcázar de San Juan	Intervención	166.010,82
2010	Iglesia parroquial de Ntra. Sra. de la Asunción en Miguelturra	Rehabilitación	26.701,57
	Iglesia parroquial de San Pedro Apóstol en Pedro Muñoz	Rehabilitación de la cubierta	263.973,34
	Iglesia parroquial de Herencia	Rehabilitación	280.276,42
2013	Iglesiaparroquial de Pedro Muñoz	Obras de urgencia	63.301,10
	Iglesia parroquial de San Pedro en Ciudad Real	Rehabilitación (2ª fase)	139.818,22
2014-2015	Iglesia parroquial del Cristo del Valle en San Carlos del Valle	Restauración	139.966,55
2014	Iglesia parroquial de San Vicente Mártir en Cózar	Reparación de la cubierta	108.024,39
2017	Iglesia parroquial de Ntra. Sra. de los Olmos en Torre de Juan Abad	Rehabilitación de la cubierta	230.022,10

Tabla 8 (continuación)

INVERSIÓN DE LA JUNTA DE COMUNIDADES DE CASTILLA-LA MANCHA CON CARGO A LA COMISIÓN MIXTA IGLESIA-JUNTA DESDE 2008 A 2022

AÑO	BIEN	PROYECTO	IMPORTE (EUROS)
2021	Iglesia parroquial de Santa Catalina en La Solana	Refuerzo en la cubierta y tratamiento de grietas en paramentos exteriores	265.216,24
2022	Iglesia parroquial de Ntra. Sra. de los Olmos en Torre de Juan Abad	Restauración de los retablos laterales	59.290

Tabla 9

TRABAJOS ARQUEOLÓGICOS O PALEONTOLÓGICOS REALIZADOS DURANTE 1987

YACIMIENTO	LOCALIDAD	TIPO
Calatrava la Vieja	Carrión de Calatrava	Excav. arqueológicas
Cerro de las Nieves	Pedro Muñoz	Excav. arqueológicas
Lagunas de Pedro Muñoz	Pedro Muñoz	Prosp. arqueológicas
La Bienvenida	Almodóvar del Campo	Excav. arqueológicas
Cerro de las Cabezas	Valdepeñas	Excav. arqueológicas
Puente romano	Villarta de San Juan	Excav. arqueológicas
Término municipal de Villarrubia de los Ojos	Villarrubia de los Ojos	Prosp. para la redacción de la carta arqueológica
Puente de la Olmilla	Albaladejo	Excav. arqueológicas
Calatrava la Nueva	Aldea del Rey	Excav. arqueológicas
Alarcos	Ciudad Real	Excav. arqueológicas
El Castellón	Villanueva de los Infantes	Excav. arqueológicas
Área meridional de los Montes de Toledo	Varios términos municipaes	Prosp. arqueológicas
Varios yacimientos	Alcázar de San Juan y y Campo ded Criptana	Prosp. arqueológicas
La Encantada	Granátula de Calatrava	Excav. arqueológicas
Motilla del Azuer	Daimiel	Excav. arqueológicas
Motilla de las Cañas	Daimiel	Excav. arqueológicas
Las Higueruelas y Piedrabuena	Alcolea de Calatrava	Excav. paleontológicas

Sesión del 21 de julio de 1987

Don José Luis Loro López comunica su cese al tener que trasladarse por razones profesionales a Cataluña.

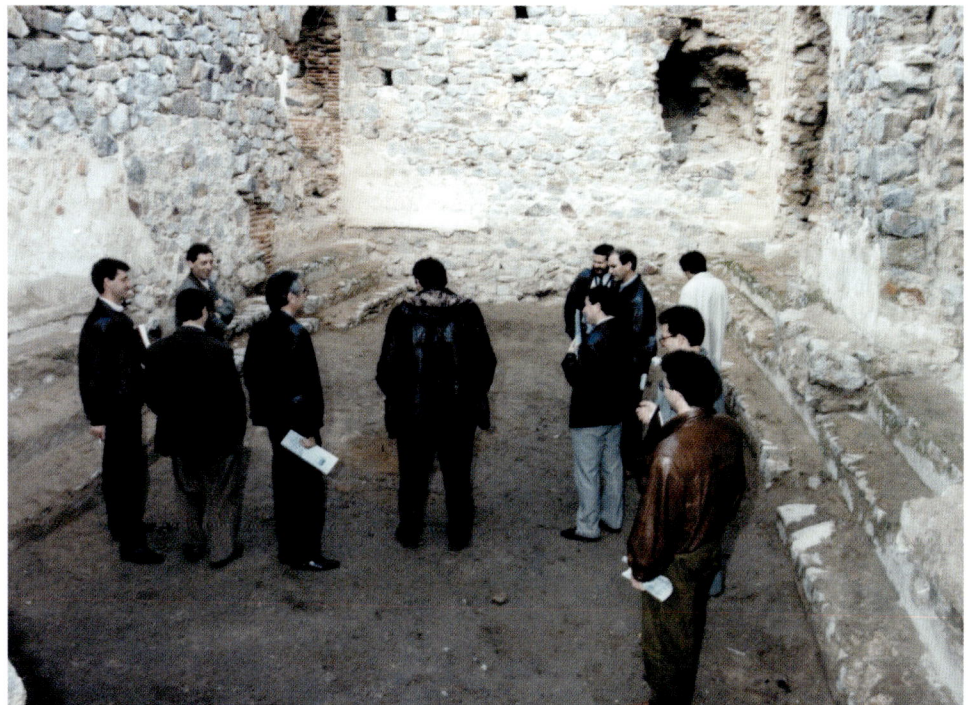

Visita a la Sala Capitular de Calatrava la Nueva . Fuente: Archivo del Servicio de Cultura.

Sesión del 7 de agosto de 1987

Incorporación de José María Arcos Funes en representación de la Diputación.

Sesión del 1 de octubre de 1987

Se constatan las dificultades en el funcionamiento de la Comisión por la falta de asistencia de los vocales y la ausencia de arquitecto que informe los proyectos, pudiendo causar prejuicio a los propietarios y bienes.

Sesión del 5 de noviembre de 1987

Hallazgo en el paraje denominado Jamila de Villanueva de los Infantes.

El Decreto 146/1987, de 24 de noviembre de 1987, del Consejo de Gobierno, reguló la composición y funcionamiento de las comisiones provinciales del Patrimonio Histórico-Artístico de Castilla-La Mancha.

SESIÓN DEL 1 DE DICIEMBRE DE 1987

    Reunión celebrada en Almagro

SESIÓN DEL 11 DE ENERO DE 1988

    Asiste el director general de Cultura para informar del Decreto 146/1987 de constitución de la Comisión Provincial del Patrimonio Histórico-Artístico de Castilla-La Mancha en Ciudad Real.

    Presidente: Hilario Caballero Moya.

    Vocales: Alfonso Caballero, Rivero Serrano, señora Pérez del Moral, García de Jaime, Clementina Díez de Baldeón, Francisco Asensio Rubio, Enrique Morales Castellanos y López Condés

    Secretario: Lozano Pavón.

    La Orden de 15/01/1988 de la Consejería de Educación y Cultura estableció el sistema de nombramiento de los miembros de las comisiones provinciales del Patrimonio Histórico-Artístico de Castilla-La Mancha.

    La Orden de 19 de febrero de 1988, de la Consejería de Educación y Cultura, reguló las investigaciones arqueológicas y paleontológicas de Castilla-La Mancha.

SESIÓN DEL 7 DE ABRIL DE 1988

    Incorporación como ponente de la Comisión del arquitecto don Javier Navarro Gallego.

SESIÓN DEL 1 DE JUNIO DE 1988

    La Comisión constata que no se vienen cumpliendo en Villanueva de los Infantes los acuerdos de este organismo y de lo contemplado en la Ley de Patrimonio Histórico Español.

    Se reciben denuncias constantes sobre obras en edificios relevantes sin informe favorable de la Comisión o sin licencia municipal. Se acuerda solicitar a la Consejería de Política Territorial la subrogación de las competencias para la concesión de licencias de obras del Ayuntamiento a la Comisión Provincial de Urbanismo.

SESIÓN DEL 6 DE OCTUBRE DE 1988

    El Ayuntamiento de Villanueva de los Infantes remite un avance de Plan Especial de Protección del Conjunto Histórico.

INTERVENCIONES DESTACADAS EN 1988

    Restauración de diversas portadas mudéjares por la Escuela-Taller de Almagro.

    Fábrica de pólvora, casa de la Guardia Civil, Palacio del Infante y puentes de Ruidera.

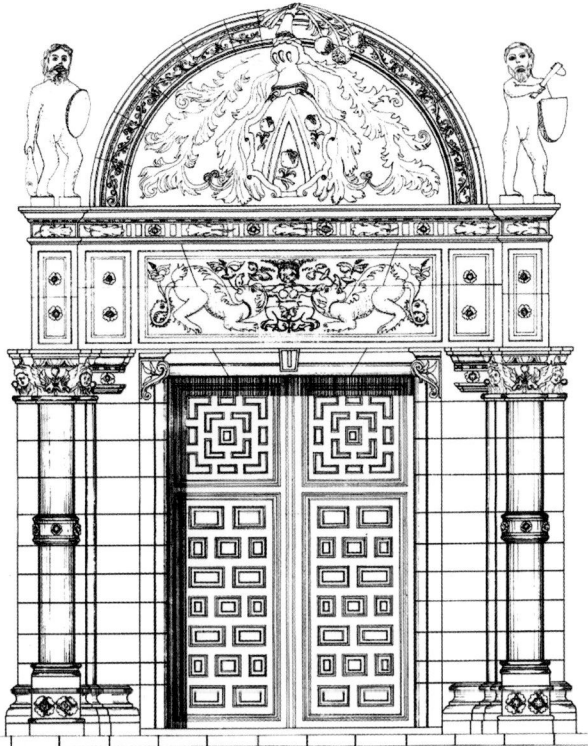

Portada de la Casa de los Xedler en la calle de
Nuestra Señora de las Nieves de Almagro. Fuente:
Servicio de Cultura, Exp. 88.0002.

En 1988 el Servicio de Publicaciones de Castilla-La Mancha publicó
las actas del I Congreso de Historia de Castilla-La Mancha.

La Orden de 20 de febrero de 1989 de la Consejería de Educación y
Cultura actualizó la regulación de las investigaciones arqueológicas y paleontológicas de Castilla-La Mancha.

La Ley 1/1989, de 4 de mayo, de Bibliotecas de Castilla-La Mancha,
favoreció el derecho de los ciudadanos al acceso y disfrute de los servicios
bibliotecarios y articulo el sistema bibliotecario en Castilla-La Mancha[5].

*CATÁLOGO MONUMENTAL DEL PATRIMONIO ARQUITECTÓNICO Y CATÁLOGO DE ARQUITECTURA
INDUSTRIAL DE CASTILLA-LA MANCHA EN LA PROVINCIA DE CIUDAD REAL.*

Por iniciativa de la Consejería de Cultura, a través de la Dirección
General con competencias sobre patrimonio cultural, se realizaron los trabajos entre los años 1989 y 2002. Los expedientes conservados en el Archivo
Histórico Regional contienen información relevante de los bienes con su
denominación, localización, uso, descripción, situación jurídica, fotografías
impresas, negativos y planos con los levantamientos arquitectónicos.

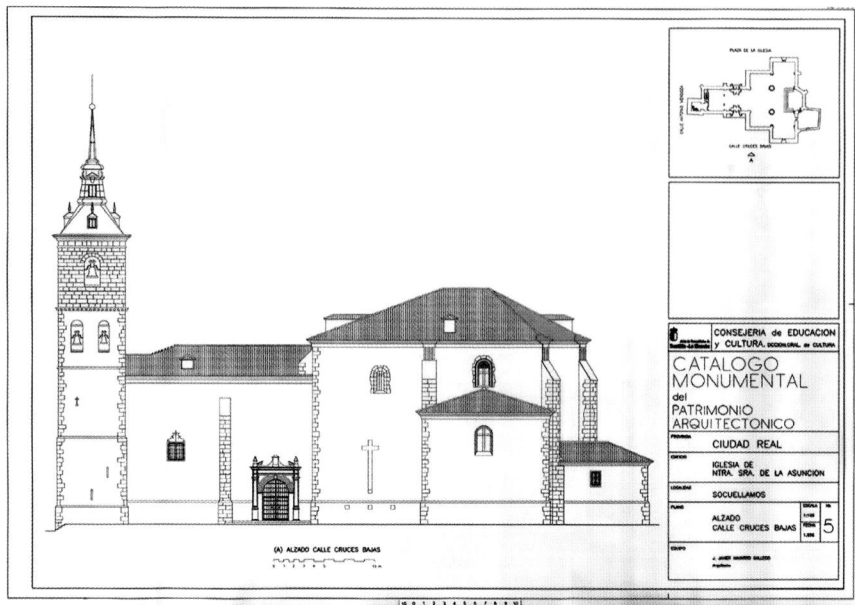

Alzado de la iglesia de Nuestra Señora de la Asunción de Socuéllamos.
Fuente: Javier Navarro Gallego, *Catálogo Monumental*.

Los arquitectos redactores encontraron dificultades para localizar a los responsables de la custodia de los bienes y la información necesaria para su documentación.

SESIÓN DEL 9 DE FEBRERO DE 1989

Inicio de trámites de expropiación forzosa de terrenos de Las Higueruelas en Alcolea de Calatrava.

SESIÓN DEL 2 DE MARZO DE 1989

Solicitud del director del Museo para excavación de urgencia en la necrópolis medieval de Alhambra.

SESIÓN DEL 4 DE MAYO DE 1989

Extracción de turba en el paraje y yacimiento arqueológico Toriles-Casas Altas de Villarrubia de los Ojos. Intervención del alcalde de Almagro quejándose de la composición de la Comisión, con excesivo número de arquitectos, falta de objetividad y lentitud en la tramitación de los expedientes. Dimisión de don Francisco Asensio Rubio. Llamamientos al orden del señor presidente.

SESIÓN DEL 1 DE JUNIO DE 1989

Asiste el director general de Cultura que informa de varios asuntos: ayudas a investigaciones etnológicas y excavaciones arqueológicas. Escuelastaller. Catálogo de Bienes de Interés Cultural y Bienes Muebles. Proyecto de Ley de Patrimonio de Castilla-La Mancha. Dejan la Comisión Javier Navarro Gallero y Francisco Javier García de Jaime.

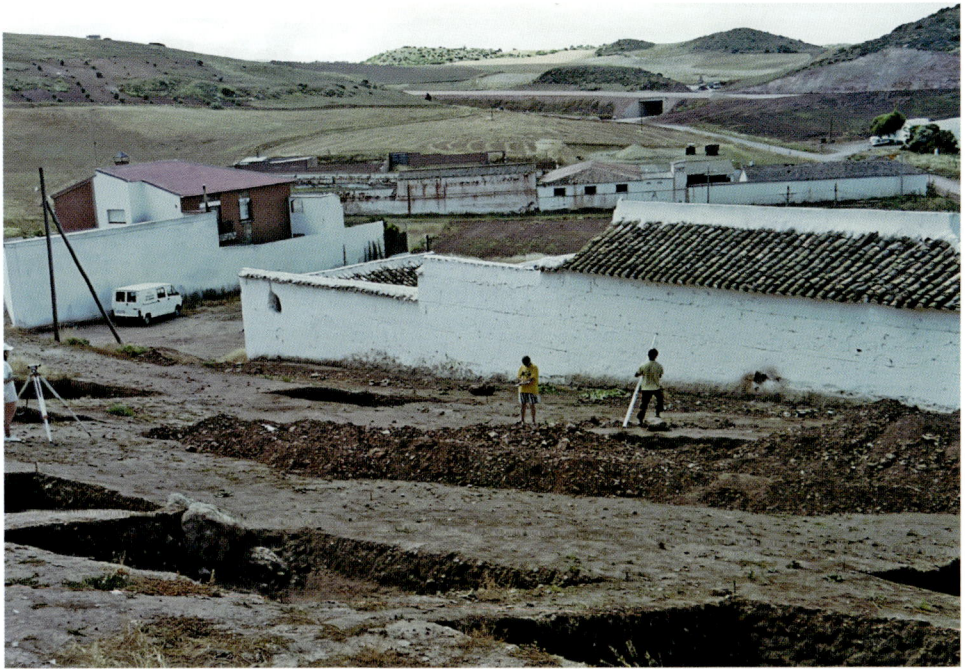

Excavaciones en la necrópolis del camino del Matadero de Alhambra en 1996. Fuente: Macarena Fernández.

SESIÓN DEL 2 DE NOVIEMBRE DE 1989

Nueva ponente: doña Enma García Sánchez. Preocupación por los efectos que sobre el yacimiento de Oreto y Zuqueca tendrá la construcción de un embalse en el río Jabalón.

SESIÓN DEL 11 DE DICIEMBRE DE 1989

Cueva de los Muñecos de Abenójar. Preocupación por los expolios en los yacimientos de la provincia. El Gobierno Civil comunica que la Guardia Civil aumentará la vigilancia sobre el patrimonio cultural.

SESIÓN DEL 5 DE ABRIL DE 1990

Preocupación por la afección al yacimiento minero-romano de Valderrepisa en Fuencaliente por las obras de la carretera nacional.

Informes para la declaración como Bien de Interés Cultural de varios monumentos y yacimientos arqueológicos de la provincia.

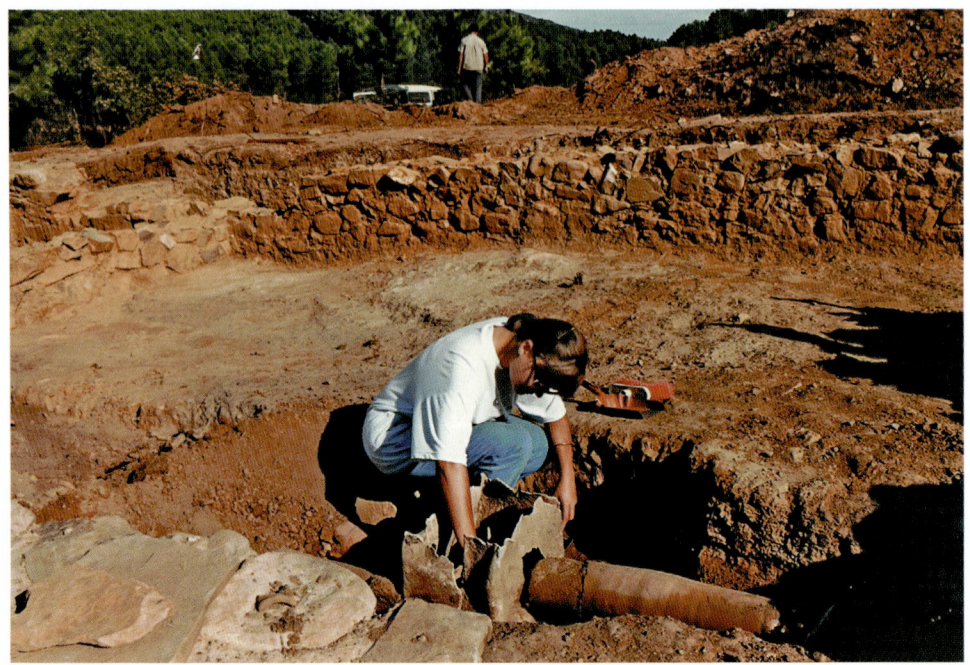

Excavación en Valderrepisa en 1990. Fuete: Macarena Fernández.

LEY 4/1990, DE 30 DE MAYO, DEL PATRIMONIO HISTÓRICO DE CASTILLA-LA MANCHA

Aprobada en aplicación de las competencias que establece la Constitución y el Estatuto de Autonomía de Castilla-La Mancha para la Junta de Comunidades en lo concerniente al patrimonio monumental, histórico, artístico y arqueológico y para los centros culturales de interés para la región.

SESIÓN DEL 7 DE JUNIO DE 1990

Reuniones en la biblioteca del Museo Provincial. Se incorpora a la Comisión don Manuel Marín Rodríguez en representación del Colegio de Arquitectos. A propuesta del director general se nombra a Francisco Asensio Rubio, Francisco Javier García de Jaime y Clementina Díez de Baldeón. Cesa el señor Morales Castellanos.

SESIÓN DEL 6 DE SEPTIEMBRE DE 1990

Ponente: don Arturo Álvarez Labarga. Hallazgo de vasija con monedas en un solar de la calle Ancha, 58 de Calzada de Calatrava.

BAM, COLECCIÓN GENERAL, 1990

Música y tradiciones populares, Antonio Vallejo Cisneros.
Los Mayos, un estudio etnográfico en la provincia de Ciudad Real, Julián Plaza Sánchez.

Historia y evolución de la Prensa manchega (18131939), Isidro Sánchez Sánchez.

Sesión del 4 de abril de 1991

La Comisión acuerda la no procedencia de la declaración de Conjunto Histórico de Alhambra en los términos en los que se inició en 1984, dado que el deterioro sufrido ha afectado a la realidad del conjunto y considera que debe procederse a la declaración de Zona Arqueológica.

Sesión extraordinaria del 14 de mayo de 1991

Estudio de las normas urbanísticas de Villahermosa y Fuenllana.

Sesión del 6 de junio de 1991.

Se despide el presidente, don Hilario Caballero Moya, al haber sido nombrado director provincial del Ministerio de Educación y Ciencia.

Sesión extraordinaria 10 de junio de 1991

Monográfica sobre los entornos de protección de los Bienes de Interés Cultural de Ciudad Real capital.

Sesión del 5 de septiembre de 1991

Nuevo presidente: don Francisco Javier Naharro Arteche. Ponente: don Jaime Muñoz Franco.

Sesión del 7 de noviembre de 1991

Acta extraordinaria de 29 de noviembre de 1991, monográfica del Plan General de Ordenación Urbana de Alcázar de San Juan.

Intervenciones destacadas del año 1991

Castillete minero del pozo de Santa María, pozo Elorza y pozo Norte de Puertollano.
Iglesia parroquial de Terrinches.
Escuela-Taller La Moraleja en Villanueva de los Infantes en la Casa de Don Manolito.

En 1991 fue depositada en el Museo de Ciudad Real un ánfora de salazón procedente de un hallazgo fortuito en la finca denominada Los Llanos, donde también han aparecido varios epígrafes romanos.

Cuadernos de Estudios Manchegos, 1991, núm. 21

«Fiscalidad y presión fiscal en La Mancha durante el reinado de Carlos I (1519-1554): el servicio ordinario y extraordinario», Juan M. Carretero Zamora

«Unas ordenanzas sobre Alcázar de San Juan a comienzos del siglo XIV», Juan Miguel Mendoza Garrido y Luisa Navarro de La Torre.

«Lo sagrado y lo profano en las fiestas de Castilla la Nueva, según las Relaciones Topográficas de Felipe II», Francisco Javier Campos y Fernández de Sevilla.

«Epidemias de paludismo en La Mancha del siglo XVIII», Juan Díaz-Pintado Pardilla.

«El reparto de la tierra de Alcázar de San Juan a mediados del siglo XVIII», Laura Santolaya Heredero.

«La nueva población de San Carlos del Valle: Ilustración y urbanismo en la España del siglo XVIII», José Miguel Muñoz Jiménez.

«Villarrubia de los Ojos en la inundación de Consuegra de 1891. Comportamiento ejemplar de este pueblo manchego», Isidoro Villalobos Racionero.

«Sobre la orden de caballería de Calatrava, su filiación a la casa de Santa María de Morimundo, de la orden del Císter, con unas definiciones y normas para uso de los freiles de este monasterio», Blas Casado Quintanilla

«El Palacio de Valdeparaíso en Almagro según el inventario de 1756», José Luis Barrio Moya.

BAM, Colección general, 1991

Agricultura y Ganadería en Ciudad Real. Siglos XIX y XX, Luis E. Esteban Barahona.

Herencia y la Orden de San Juan (Siglos XIIIXX), Varios autores.

República y Guerra Civil en Manzanares (19311939). Tomo I, Antonio Bermúdez.

La provincia de Ciudad Real (I): Geografía, Varios autores.

La firma de un convenio de colaboración entre la Consejería de Educación y Cultura de la Junta de Comunidades de Castilla-La Mancha y la Universidad de Castilla-La Mancha en 1992 supuso el inicio de los trabajos de redacción de las cartas arqueológicas en las provincias de Ciudad Real y Cuenca.

El Decreto 165/1992, de 1 de diciembre de 1992, del Consejo de Gobierno, reguló la composición y funcionamiento de las comisiones provinciales del Patrimonio Histórico-Artístico de Castilla-La Mancha.

BAM, Colección general, 1992

La provincia de Ciudad Real (II): Historia, Varios autores.

La provincia de Ciudad Real (III): Arte y Cultura, Varios autores.

República y Guerra Civil en Manzanares (19311939). Tomo II, Antonio Bermúdez.

El Carnaval en La Mancha. Miguelturra y la provincia de Ciudad Real, Julián Plaza Sánchez y U.P. de Miguelturra.

La ciudad contra el campo. (Sociedad rural y cambio social), Varios autores.
Tomelloso en la frontera del miedo (Historia de un pueblo rural: 19311951),
   Dionisio Cañas.

INTERVENCIONES DESTACADAS DEL AÑO 1992

Castillo de Retamar y antigua Academia de Ingenieros de Minas de Almadén.
Plaza de Santa María de Alcázar de San Juan. Para la construcción de una
   plaza empedrada que unificase los cuatro principales monumentos del
   centro histórico (Santa María, Torreón, Cubillo y Capilla de Palacio),
   a cargo de Macarena Fernández Rodríguez, Carmen García Bueno y
   Francisco Javier López Fernández.
En la excavación de la cimentación de los nuevos edificios próximos al
   Torreón del Alcázar de Ciudad Real aparecieron varias galerías medievales.

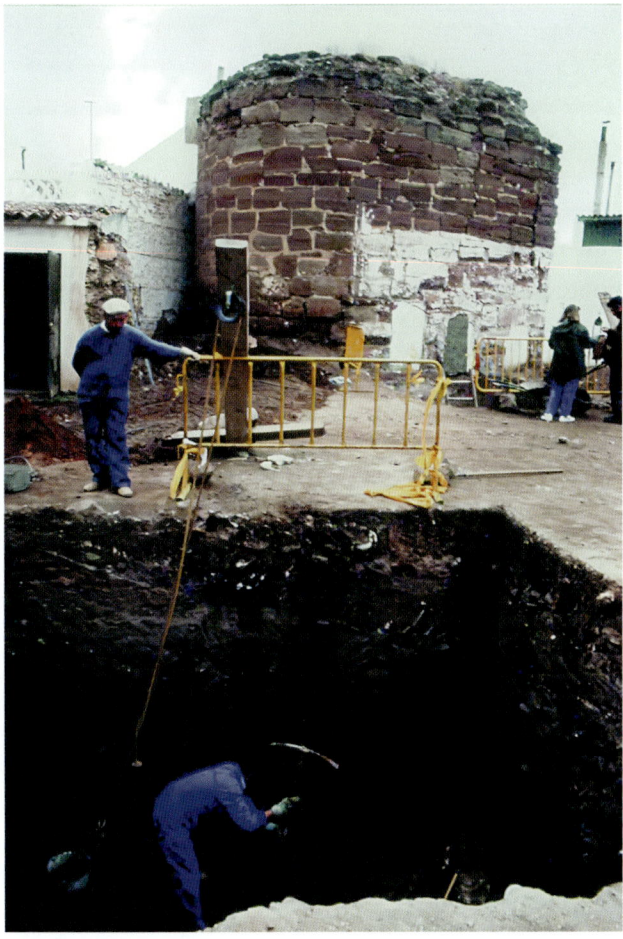

Plaza de Santa María de Alcázar de San Juan, 1992.
Fuente: Macarena Fernández.

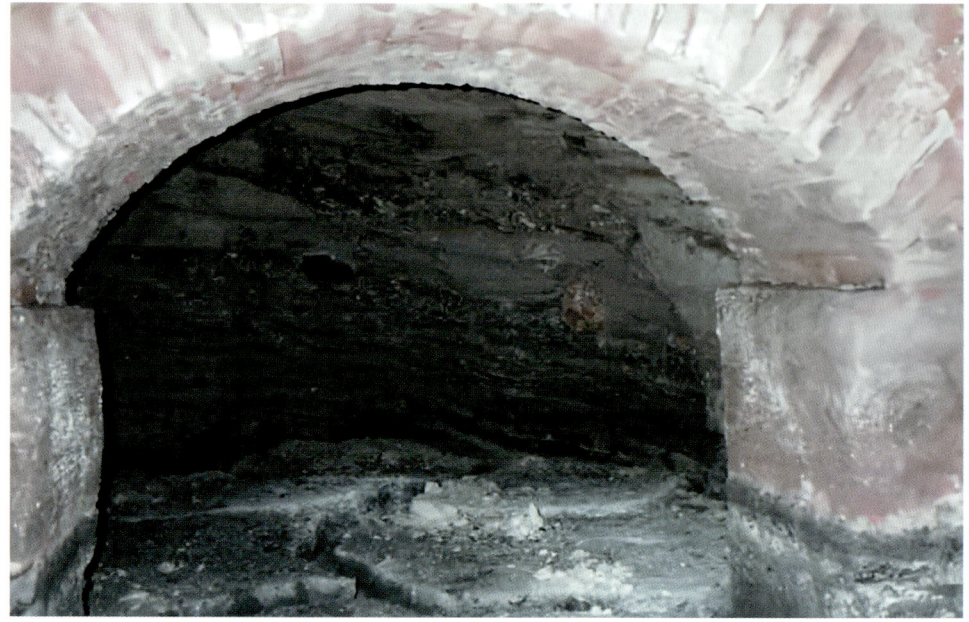

Galerías próximas al Torreón del Alcázar de Ciudad Real. Fuente: Servicio de Cultura, Exp. 92.0013.

SESIÓN DEL 10 DE FEBRERO DE 1993

El presidente agradece el trabajo de los miembros de la Comisión que dejarán de serlo con la aprobación del nuevo decreto.

SESIÓN DEL 5 DE MARZO DE 1993

Presidente: Javier Naharro Arteche.

Ponente: Jaime Muñoz Franco.

Vocales: Félix Pillet Capdepón, Diego Gallego Fernández-Pacheco, Ramón Ruiz-Valdepeñas Herrero, Alfonso Caballero Klink y Mercedes Pérez del Moral representante de Política Territorial.

Secretario: Francisco Lozano Pavón.

INTERVENCIONES DESTACADAS DEL AÑO 1993

Yacimientos arqueológicos Sierra del Pico y Cabeza de Pelos, relacionados con la construcción de la variante de la carretera N-420 a su paso por Campo de Criptana.

Arco en viviendas de la calle Lirio de Ciudad Real.

En 1993 se localiza un yacimiento de fondos de cabaña en el paraje de Las Saladillas. La excavación fue encargada a la Universidad de Castilla-La Mancha, haciéndose cargo de su dirección la profesora de Prehistoria Rosario García Huerta en dos campañas: septiembre de 1993 y septiembre de 1994.

Como resultado, la identificación de 25 fondos de cabaña correspondientes a un poblado estacional dedicado a la explotación de sal, datado en la Edad del Bronce, correspondiente con la denominada Cultura de las Motillas o Bronce de La Mancha (García Huerta y Morales Hervás, 2004: 234-236; 265-270)[6].

BAM, COLECCIÓN GENERAL, 1993

Modernización e inmovilismo en La Mancha de Ciudad Real (19311936), Josefa Otero Ochaíta.

Historia de Almagro. 3ª, 4ª, 5ª y 6ª Semanas de Estudio. Varios autores.

Organización política y económica de la Orden de Santiago en el siglo XVII. (Los hombres, la economía y las instituciones en el Campo de Montiel), José Ignacio Ruiz Rodríguez.

La esperanza republicana. Reforma agraria y conflicto campesino en la provincia de Ciudad Real (19311939), María Paz Ladrón de Guevara.

SESIÓN DEL 3 DE NOVIEMBRE DE 1994

Escrito de la Asociación Tertulia XV de Manzanares solicitando la protección del casino y fábrica de harinas de Manzanares.

INTERVENCIONES DESTACADAS DEL AÑO 1994

Plaza de España de Alcázar de San Juan.

Iglesia parroquial de la Santísima Trinidad de Alcázar de San Juan y ermita del Santísimo Cristo Salvador del Mundo de Calzada de Calatrava,

Antiguo casino y fábrica de harinas de Manzanares.

Pósito de Campo de Criptana.

Restauración del chapitel de la iglesia parroquial de Valdepeñas.

Restauración del entorno del puente medieval de Villarta de San Juan.

Rehabilitación de la Casa Don Diego de La Solana.

Trabajos en el castillo y alcazaba de Alarcos.

Restauración de la iglesia parroquial de San Juan Bautista de Chillón.

Restauración de la torre de la iglesia parroquial de Nuestra Señora de la Asunción de Manzanares.

Rehabilitación de la cubierta y muros de la iglesia parroquial de San Vicente Mártir de Cózar.

Intervenciones en las iglesias de Santa Cruz de Mudela y San Pedro de Ciudad Real.

ARTÍCULOS DE LAS JORNADAS DE ARQUEOLOGÍA DE CIUDAD REAL EN LA UNIVERSIDAD AUTÓNOMA DE MADRID, 1994

«Carta Arqueológica de la provincia de Ciudad Real. Avances de resultados de la Primera Fase», R. García Huerta, R. Izquierdo Benito y J. Onrubia Pintado.

«El Cerro de El Castellón (Villanueva de los Infantes, Ciudad Real): La Cabecera del Jabalón durante el III Milenio», C. Poyato y J.J. Espadas.

«El Cerro de La Encantada y el Bronce Pleno en La Mancha», J. Sánchez Meseguer.

«Santa María del Retamar. 1984-1994», C. Galán Saulnier y J. Sánchez Meseguer.

«El poblado Ibérico del Cerro de las Nieves. (Pedro Muñoz). Excavaciones 1984-1991», V. M. Fernández Martínez, E. Hornero del Castillo y J. A. Pérez Muga.

«El yacimiento protohistórico del Cerro de Las Cabezas. (Valdepeñas, Ciudad Real)», J. J. Pérez Avilés y J. Vélez Rivas.

«El yacimiento ibero-medieval de Alarcos», A. de Juan García, M. Fernández Rodríguez y A. Caballero Klink.

«Excavaciones en La Bienvenida (Ciudad Real). Hacia una definición preliminar del horizonte histórico-arqueológico de la Sisapo antigua», M. Zarzalejos Prieto, C. Fernández Ochoa y G. Esteban Borrajo.

«El poblado romano de Valderrepisa», M. Fernández Rodríguez y C. García Bueno.

«Calatrava la Vieja. Diez años de investigación arqueológica», M Retuerce Velasco.

BAM, Colección general, 1994

La Guerra Civil en retaguardia. Ciudad Real (1936-1939), Francisco Alía Miranda.

Iglesias parroquiales del Campo de Montiel (1243-1515), Pilar Molina Chamizo.

San Juan Bautista de la Concepción, escritor, Pío Medrano Herrero.

Ciudades y paisajes de La Mancha vistos por viajeros románticos. Ciudad Real y Toledo, Nicolás Campos Plaza y Juan Herrero Cecilia.

Arquitectura religiosa en la provincia de Ciudad Real (Guía fotográfica), Joaquín García-Cuevas y Emilio Nieto.

Sesión del 12 de enero de 1995

Se da cuenta de la sentencia del Tribunal Superior de Castilla-La Mancha manteniendo la vigencia del Decreto 165/1992 que regula la composición de las comisiones provinciales de Patrimonio Histórico.

Sesión del 9 de marzo de 1995

Nueva composición de la Comisión en base a la Orden de 23 de febrero de 1995[7.]

Presidente: Javier Naharro Arteche.

Ponente: Jaime Muñoz Franco.

Vocales: Félix Pillet Capdepón, Diego Gallego Fernández-Pacheco, representante del Colegio de Arquitectos, Alicia Díez de Baldeón Rivera, Alfonso Caballero Klink y Mercedes Pérez del Moral, representante de Política Territorial.

Secretario: Francisco Lozano Pavón.

La Escuela-Taller de Membrilla informa de la aparición de restos arqueológicos en la motilla del Espino. La Comisión acuerda dirigirse a la Dirección General de Cultura solicitando el envío de copia de las autorizaciones de excavaciones arqueológicas en la provincia.

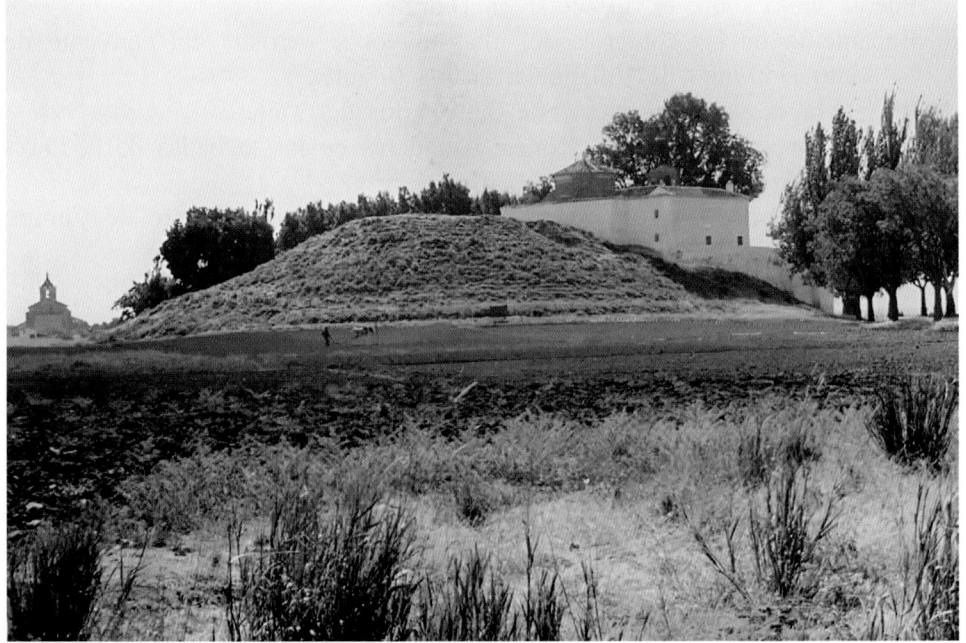

Motillla y ermita del Espino de Membrilla. Fuente: Archivo del Ayuntamiento de Membrilla.

La Ley Orgánica 10/1995, de 23 de noviembre, del Código Penal, contempla en el capítulo II los delitos sobre el Patrimonio Histórico, artículos 321 al 324.

SESIÓN DEL 14 DE DICIEMBRE DE 1995

Presidente de la Comisión: Antonio Sánchez Cencerrado, al ser nombrado delegado provincial.

INTERVENCIONES DESTACADAS DEL AÑO 1995

Iglesias parroquiales de San Antonio Abad de Agudo, San Felipe de Bolaños de Calatrava, Nuestra Señora de la Asunción de Arroba de los Montes,

Santiago el Mayor de Membrilla, San Andrés de Villanueva de los Infantes, San Bartolomé de Alhambra, La Asunción de Santa Cruz de Mudela, Madre de Dios de Almagro, santuario de la Virgen de las Nieves de Almagro, iglesia de monjas Clarisas, La Merced de Ciudad Real, San Pedro de Daimiel, San Vicente Mártir de Cózar, Santa Quiteria de Fuente el Fresno.

Normas urbanísticas municipales

Construcción del Museo Nacional del Teatro en los Palacios Maestrales de Almagro.

Castillo del Retamar en Almodóvar del Campo.

Puente viejo sobre el río Azuer en Daimiel.

Reparación de las cubiertas del altar mayor y sacristía del convento de Santo Domingo de Villanueva de los Infantes.

Plaza Mayor y Ayuntamiento de San Carlos del Valle.

Reparación de ventanas, balcones y maderas de las fachadas de la Plaza Mayor de Almagro.

Rehabilitación de los molinos de viento Infanto y Sardinero de Campo de Criptana.

BAM, Colección general, 1995

Bandoleros, José Aranda Aznar.

Revolución Democrática y Administración Provincial. La Diputación de Ciudad Real, 1868-1874, Rafael Villena Espinosa.

La población en Puertollano en el siglo XIX, Gertrudis Navarro y María Gracia Serrano.

El Centro de Estudios de Castilla-La Mancha (CECLM) se puso en funcionamiento en el año 1996 y desde entonces cumple una importante labor de recuperación, recopilación, investigación y divulgación de gran cantidad de información de Castilla-La Mancha gracias al trabajo de sus impulsores, Esther Almarcha Núñez-Herrador, Isidro Sánchez Sánchez, Rafael Villena Espinosa, Óscar Fernández Olalde y los coordinadores de área. Cada año colaboran en su actividad los becarios seleccionados. Sus instalaciones están en el campus universitario de Ciudad Real, pero, gracias a las nuevas tecnologías, se ha convertido en una referente regional y nacional abierto a todos los investigadores e instituciones.

El Patronato Municipal de Cultura de Alcázar de San Juan empezó en 1996 a editar y publicar trabajos de investigación y divulgación relacionados con Alcázar de San Juan en la colección Teselas que se encuentran accesibles en pdf descargables en su web.

Sesión del 7 de marzo de 1996

Durante estos años se analizan e informan los proyectos de normas de planeamiento urbanístico municipal.

SESIÓN DEL 1 DE ABRIL DE 1996

Asistencia a la Comisión de la directora general de Cultura, doña María Ángeles Díez Vieco.

SESIÓN DEL 5 DE SEPTIEMBRE DE 1996

Agradecimiento a Francisco Lozano Pavón por su labor como secretario de la Comisión.

SESIÓN DEL 3 DE OCTUBRE DE 1996

Nuevo secretario de la Comisión: Ángel Gallego Oliva.

INTERVENCIONES DESTACADAS DEL AÑO 1996

Casa de la Encomienda de Agudo.
Puente de Alameda de Cervera.
Casa de la Inquisición de Argamasilla de Calatrava.
Convento de la Encarnación de las Madres Dominicas de Almagro.
Ermita de Nuestra Señora de la Encarnación de Carrión de Calatrava.
Molino de agua Rezuelo en la vega del río Azuer de Membrilla.
Oleoducto Cartagena-Puertollano.
Yacimiento Casas Altas de Villarrubia de los Ojos.
Solicitudes de declaración de BIC para yacimientos de Alhambra.
Iglesias de Herencia, Horcajo de los Montes, Retuerta del Bullaque, Santiago el Mayor de Torrenueva, monjas Clarisas de Villanueva de los Infantes, Virgen del Valle de Valdemanco del Esteras, Santa Ana de Castellar de Santiago, San Andrés y Santísima Trinidad de Villanueva de los Infantes, Santa María la Mayor de Daimiel, Nuestra Señora de los Olmos de Torre de Juan Abad, Santiago de Ciudad Real, convento de Santo Domingo de Villanueva de los Infantes y Purísima Concepción de Almuradiel.
Convento de los Agustinos de Fuenllana.
Catedral de Nuestra Señora del Prado de Ciudad Real.
Capilla del castillo de Peñarroya de Argamasilla de Alba.
Convento de las Carmelitas de Ciudad Real.
Convento de las Madres Dominicas de Almagro.
Santuario de Oreto y Zuqueca de Granátula de Calatrava.

NORMAS URBANÍSTICAS MUNICIPALES.

Trabajos arqueológicos en Villanueva de la Fuente: ciudad de Mentesa, talar de la Vega, cerro Castellar, cerro Ortega.

CUADERNOS DE ESTUDIOS MANCHEGOS, 1996, núm. 22

«Estudio sobre la Protohistoria de Valdepeñas y su comarca», José Javier Pérez Avilés y Julián Vélez Rivas.

«Valdepeñas en el contexto de la Orden de Calatrava (Edad Media)», Luis Rafael Villegas Díaz.

«Sobre Diego de Merlo y otras cosas. Notas para un avance de estudio», Ángela Madrid y Medina.

«El problema converso en Valdepeñas a fines del siglo XV», María del Pilar Menchero Márquez.

«Algunas noticias sobre los Bazán y sus armas en el escudo de Valdepeñas», Jaime de Salazar.

«La Escuela de Trabajo de Valdepeñas. (1929-1936)», Francisco Asensio Rubio.

«Arte, poder y religión. La capilla de Nuestro Padre Jesús Rescatado en el convento de Trinitarios de Valdepeñas», Enrique Herrera Maldonado.

«Un enclave neoherreriano en La Mancha. Villanueva de Franco», Esther Almarcha Núñez-Herrador.

«Arte y sociedad de Torrenueva en los siglos XVI y XVII», Julián de Campos Carrero.

BAM, Colección general, 1996

Diccionario de Arte del siglo XX en la provincia de Ciudad Real. Artistas. Entorno. Escuelas y tendencias, Gianna Prodan.

Desamortización y cambio social en La Mancha, 1836-1854, Ángel R. del Valle Calzado.

Sesión del 6 de febrero de 1997

Despedida de Antonio Sánchez Cencerrado al cesar como delegado provincial de Educación y Cultura.

Sesión del 6 de marzo de 1997

Nuevo presidente de la Comisión: José Fuentes Pastrana.

Sesión del 8 de mayo de 1997

Se da cuenta de la renovación de los vocales de la Comisión en base a la Orden de 31 de marzo de 1997[8].

Presidente: José Fuentes Pastrana.

Ponente: Jaime Muñoz Franco.

Vocales: Félix Pillet Capdepón, Diego Gallego Fernández-Pacheco, representante del Colegio de Arquitectos, Alicia Díez de Baldeón Rivera, Alfonso Caballero Klink y Mercedes Pérez del Moral, representante de Política Territorial.

Secretario: Ángel Gallego Oliva.

Sesión del 2 de octubre de 1997

Carta arqueológica de Almuradiel. Acuerdo favorable a la propuesta de ayudas para las obras en inmuebles vinculados al patrimonio artístico.

Intervenciones destacadas del año 1997

Puente del Molino Carrillo de Malagón.

Torreón de Carrión de Calatrava.

Iglesias de San Carlos del Valle, San Juan Bautista de Argamasilla de Alba, San Pedro de Ciudad Real, Santiago el Mayor de Torrenueva, Santa Quiteria de Alcázar de San Juan, San Andrés de Villanueva de los Infantes, Madre de Dios de Almagro, Santa Catalina de La Solana y Santa María la Mayor de Daimiel.

Ermitas de San Antón de Villanueva de los Infantes, Purísima Concepción de Torralba de Calatrava, San Pedro de Almagro, Cristo de la Clemencia de Valenzuela de Calatrava, Nuestra Señora de la Vega de Torre de Juan Abad, Virgen de Peñarroya de Argamasilla de Alba, Santísimo Cristo de Bolaños de Calatrava y Santísimo Cristo del Consuelo de Torralba de Calatrava.

Santuario de Nuestra Señora de la Antigua de Villanueva de los Infantes.

Convento de San José de Malagón.

Casa de la calle Conde la Cañada de Ciudad Real.

Torre de la iglesia del antiguo convento y universidad de Nuestra Señora del Rosario de Almagro.

Molino de agua Rezuelo de Membrilla.

Colegio San José de Ciudad Real.

Intervenciones destacadas del año 1998

Iglesias de Santa María la Mayor de Daimiel, San Pedro de Ciudad Real, San Andrés de Villanueva de los Infantes, Madre de Dios de Almagro, Dominicas de Almagro, Villahermosa, Cristo de la Misericordia de Miguelturra, Retuerta del Bullaque, San Pedro de Daimiel, Nuestra Señora de la Asunción de Alcolea de Calatrava, La Solana, Terrinches, Porzuna y Torralba de Calatrava.

Palacio de Melgarejo de Villanueva de los Infantes,

Museo Nacional del Teatro de Almagro.

Santuario de Nuestra Señora de la Antigua de Villanueva de los Infantes.

Parador Nacional de Almagro.

Puerta de Almadén de Almadenejos.

Edificio del Banco de España de Ciudad Real.

Declaración de ruina de la Casa Rueda de Villanueva de los Infantes.

Torreón de Carrión de Calatrava.

Yacimientos de Oreto, Cerro de las Cabezas,

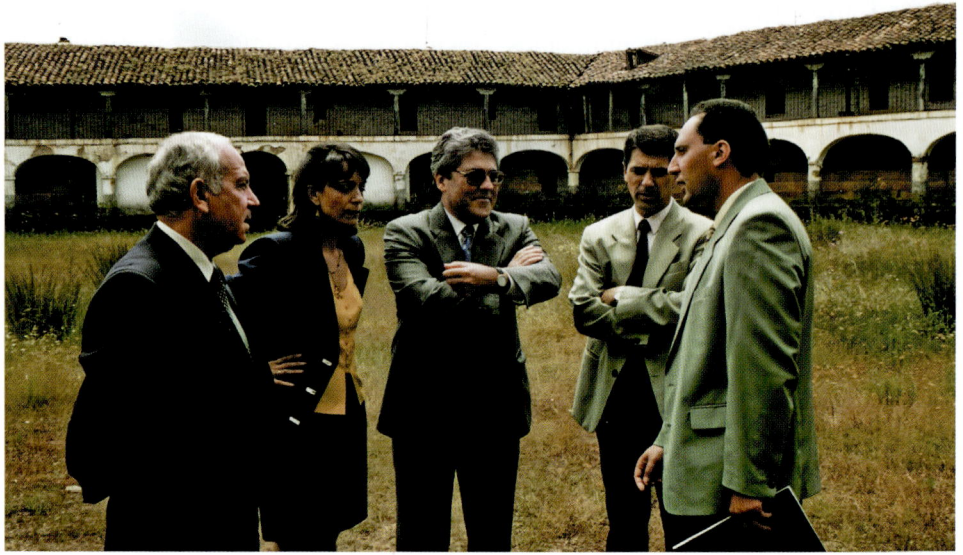

Visita del consejero de Educación y Cultura, Justo Zambrana, a la plaza de toros de Almadén en 1997. Fuente: Sobrino Comunicación.

Ermita de la Magdalena de Almagro.

Convento de la Inmaculada Concepción de Ciudad Real.

Plaza de toros de Almadén.

En varias sesiones de 1998 se analizaron las cartas arqueológicas de Villanueva de la Fuente, Aldea del Rey y Alcubillas.

Cueva Maturras de Argamasilla de Alba. Conjunto de tres pequeños abrigos localizados en el margen derecho del Alto Guadiana.

Trabajos de prospección arqueológica en el valle del río Ojailén realizados por Raúl Menasalbas y Gregorio Ríos.

BAM, COLECCIÓN GENERAL, 1998

Fotografía en Ciudad Real. Eduardo Matos (1904-1995), José González Ortiz y José López de la Franca.

El Valle de Alcudia. Naturaleza y patrimonio cultural, Varios autores.

El sentido de la mirada. Las artes plásticas en Ciudad Real, 1939-1962, José Rivero Serrano.

SESIÓN DEL 14 DE ENERO DE 1999

Se da cuenta de la sustitución de los vocales de la Comisión en base a la Orden de 24 de noviembre de 1998[9].

Presidente: José Fuentes Pastrana.

Ponente: Jaime Muñoz Franco.

Vocales: Antonio de Juan García, José Carlos Menasalvas Serrano, representante del Colegio de Arquitectos, Alicia Díez de Baldeón Rivera, Carmen Cañizares Ruiz y Antonio Mateo Sánchez, representante de Política Territorial.
Secretario: Ángel Gallego Oliva.

Almud Ediciones nació en 1998 como prolongación de la actividad de la revista *Añil, Cuadernos de Castilla-La Mancha*. En un primer momento publicaron, a través de Biblioteca Añil, una serie de títulos relacionados con la Historia, la Geografía, la Economía, la Antropología, la Literatura o la Cultura de Castilla-La Mancha. Después, continuaron con esta labor con la colección de ensayos y la colección de Biografías de Castilla-La Mancha, en colaboración con el Centro de Estudios de Castilla-La Mancha de la UCLM.

En 1999 nació el programa «Los Legados de la Tierra» de la Junta de Comunidades de Castilla-La Mancha para la recuperación y difusión del patrimonio fotográfico popular conservado por los ciudadanos de la región. Para su fomento, se concedían ayudas públicas a las entidades locales para la realización de exposiciones fotográficas (810 en total) y la publicación de catálogos con las imágenes aportadas. A su vez las administraciones locales proporcionaban copias de lo recopilado a la Junta de Comunidades que formó una colección con estas imágenes. Desde el primer momento el programa fue un éxito de participación ciudadana. Con el tiempo, estas fotografías, especialmente desde la inclusión de 9.000 de ellas en el recurso digital del Archivo de la Imagen de Castilla-La Mancha, se han convertido en una fuente histórica y social que revela los cambios experimentados por nuestra sociedad en los últimos 125 años: la geografía íntima de nuestros pueblos y ciudades, la familia, las relaciones sociales, el trabajo, el tiempo de ocio, etc.

El Ateneo de Almagro se constituyó en septiembre de 1999. Es una asociación cultural sin ánimo de lucro dedicada a la conservación, defensa y divulgación de la cultura como bien inmaterial en todos sus ámbitos.

La *Revista de Estudios de Puertollano y Comarca. Campo de Calatrava* se editó por el Ayuntamiento de Puertollano, a través de su Museo Municipal, entre 1999 y 2007, con la intención de vertebrar iniciativas privadas y divulgar los estudios científicos sobre la comarca y sus gentes.

Sesión del 4 de febrero de 1999

Se da cuenta de la autorización para la prospección arqueológica de los terrenos a ocupar por el Aeropuerto de Ciudad Real.

Confirmados los vocales de la Comisión en base a la Orden de 26 de febrero de 1999[10].

Sesión del 12 de marzo de 1999

Patio de Comedias de Torralba de Calatrava.

SESIÓN DEL 10 DE JUNIO DE 1999

Javier Navarro Gallego sustituye a José Carlos Menasalvas como representante del Colegio de Arquitectos.

En varias sesiones de 1999 se analizaron las cartas arqueológicas de Viso del Marqués, Torralba de Calatrava, La Solana, Ballesteros de Calatrava y Retuerta del Bullaque.

SESIÓN DEL 13 DE DICIEMBRE DE 1999

Reunión en el Palacio de los Maestres de Calatrava de Almagro para visita y aprobación del proyecto del Ministerio de Cultura de rehabilitación del edificio para albergar el Museo Nacional del Teatro.

INTERVENCIONES DESTACADAS DEL AÑO 1999

Torreón del Gran Prior de Alcázar de San Juan.

Iglesias de Herencia, San Francisco de Almagro, San Vicente Mártir de Cózar, Santa Quiteria de Fuenllana, Madre de Dios de Almagro, Villahermosa, Calzada de Calatrava, Santa Ana de Granátula de Calatrava, Santa Catalina de La Solana y Nuestra Señora de la Asunción de Viso del Marqués.

Puente medieval de Villarta de San Juan.

Ejecución del hotel Alfonso X de Ciudad Real.

Ermita de Nuestra Señora de Luciana de Terrinches.

Plaza de toros de Almadén.

Museo Nacional del Teatro de Almagro.

Reparación de la cubierta del antiguo colegio de los Jesuitas de Almagro.

Hallazgo de monedas de oro en Cabeza del Palo procedentes de una demolición de vivienda en la calle Toledo.

Concesión de ayuda de 1.000.000 pesetas para actuaciones de protección y consolidación en Oreto y Zuqueca. Programación de arqueología 1999.

Autorización de prospección y redacción de carta arqueológica en los términos municipales de Fernán Caballero, Poblete, Picón, Ciudad Real, Alcolea de Calatrava, Los Cortijos, Fuente el Fresno, Malagón y Villarrubia de los Ojos.

Intervenciones de urgencia en el yacimiento Los Toriles-Casas Altas, a cargo de Dionisio Urbina y Catalina Urquijo, como consecuencia de los continuos saqueos y expolios.

Actividades arqueológicas ilícitas en el yacimiento «Las Motillas».

Actividades arqueológicas ilícitas en yacimiento «Caserío de Siles»

Trabajos arqueológicos red de gasificación Castilla-La Mancha.

BAM, COLECCIÓN GENERAL, 1999

El Arte del Renacimiento en la provincia de Ciudad Real, Eduardo Blázquez Mateos.

Según apuntan Juan Manuel Abascal, Carmen García Bueno y Macarena Fernández, en la Dehesa de Fuencaliente, y junto al campo de fútbol, apareció un segundo epígrafe, también funerario, junto a algunos otros bloques sin inscripción hoy perdidos. El hallazgo fue descubierto en el año 2000 por Máximo Díaz Valbuena, arrendatario de la parcela contigua al yacimiento, mientras realizaba tareas agrícolas, según testimonio directo del mismo. Junto a ella había otra piedra enorme, anepígrafa[11]. Aún se conserva en la entrada de la casa del guarda, junto al lugar del descubrimiento, otro epígrafe.

INTERVENCIONES DESTACADAS DEL AÑO 2000

Trabajos arqueológicos por la construcción del Aeropuerto de Ciudad Real.
Proyecto de investigación de la Edad del Bronce en la necrópolis tumular de la Solana de Belvís.
Restauración del Puente Viejo de Villarta de San Juan.
Iglesia parroquial Madre de Dios de Almagro.
Reparación de maderas y columnas de la Plaza Mayor de Almagro.
Iglesia parroquial de Fuente el Fresno.
Plaza de toros y antiguo Hospital de Mineros de Almadén.
Iglesia parroquial de Torralba de Calatrava.
Restauración del chapitel de la iglesia de Santa Catalina de La Solana.
Iglesias de Santa María y Santa Quiteria de Alcázar de San Juan, Carrión de Calatrava.
Iglesia del convento de la Inmaculada Concepción de Ciudad Real.
Restauración de la Puerta de Carlos IV de Almadén.
Castillo de Pilas Bonas de Manzanares.
Castillo de Bolaños de Calatrava
Ermitas de Oreto y Zuqueca de Granátula de Calatrava, Cristo de Torralba de Calatrava.
Columnas de la Plaza Mayor de Almagro.

A partir del año 2000 se llevaron a cabo labores de documentación en el área de poblado exterior de la Motilla del Azuer y la consolidación y restauración de zonas afectadas para la puesta en valor de la arquitectura monumental del complejo.

SESIÓN DEL 13 DE ENERO DE 2000

Nuevo presidente de la Comisión: Ángel López Jiménez, al ser nombrado delegado provincial de Cultura.

SESIÓN DEL 27 DE JULIO DE 2000

Carta arqueológica de Villanueva de San Carlos y Terrinches.

SESIÓN DEL 9 DE NOVIEMBRE DE 2000

Reunión en la sala de juntas de la Escuela-Taller de Alarcos. Conjuntos históricos y urbanos de Alhambra, Moral de Calatrava y Viso del Marqués.

En las obras de acondicionamiento de la finca Camino de Santiago de Puertollano en el año 2000 aparecieron nueve espadas. La posterior excavación permitió completar la recuperación del conjunto del depósito formado por diez espadas, cuatro puñales, un regatón y tres fragmentos de empuñaduras de espadas[12].

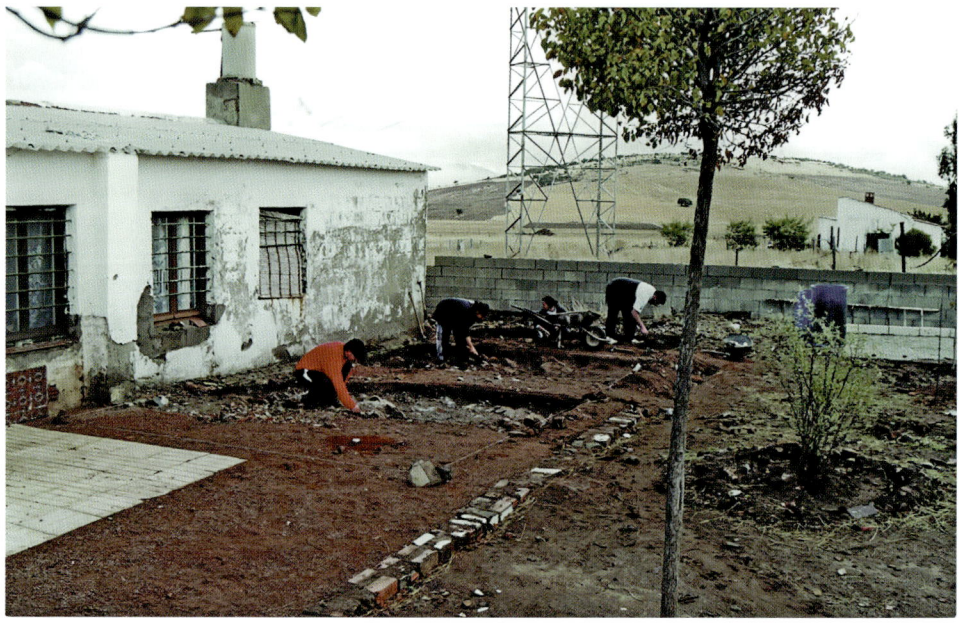

Excavación en el Camino de Santiago de Puertollano. Fuente: Macarena Fernández.

CUADERNOS DE ESTUDIOS MANCHEGOS, 2000, núm. 23-24

«Registro arqueológico de Alhambra», Luis Benítez de Lugo Enrich.

«Conversos y comercio en el Campo de Calatrava en la Edad Media. Siglos XV-XVI», Juan Toledano Galera.

«Ordenanzas para la protección y salvaguarda de las viñas de Valdepeñas en el siglo XVI. Hitos históricos y económicos», Felipe Ciudad Río-Pérez.

«Carrizosa en el siglo XIX. Demografía de un pueblo del Campo de Montiel», José Jimeno Coronado.

«Los hervideros de Fuensanta, historia de sus orígenes y desarrollo en el siglo XIX», José Luis Barrera Morate.

«La Solana durante la Dictadura de Primo de Rivera y el fin de la monarquía (1923-1931)», Carlos Fernández-Pacheco Sánchez-Gil.

«La Solana durante la Segunda República (1931-1936)», Concepción Moya García.

«Intervenciones arquitectónicas en el Sacro Convento de Calatrava la Nueva durante la segunda mitad del siglo XVIII», Juan Zapata Alarcón.

«El dictamen de la Academia en un espacio medieval: la torre de la catedral de Ciudad Real», María Esther Almarcha Núñez-Herrador y Enrique Herrera Maldonado.

BAM, Colección general, 2000

Mudéjares y moriscos en el Campo de Calatrava. Reductos de convivencia, tiempos de intolerancia (Siglos XV-XVII), Miguel F. Gómez Vozmediano.

Los barreros. Alfarería en la provincia de Ciudad Real, Jesús María Lizcano Tejado.

Crisis económica y conflictividad social. La Segunda República y la Guerra Civil en Tomelloso (1930-1940), Francisco Javier Navarro.

La Ley 4/2001, de 10 de mayo, de Parques Arqueológicos de Castilla-La Mancha se aprobó con el objetivo de favorecer la protección, mejora y transmisión a las generaciones futuras de aquellos elementos señeros del patrimonio arqueológico de la región que cuenten con unas condiciones medioambientales adecuadas para su disfrute.

Intervenciones destacadas del año 2001

Ermita de Nuestra Señora de Luciana. El Calvario de Terrinches.

Castillos de Albaladejo y Peñarroya.

Pinturas de la ermita de La Labradora de Herencia.

Iglesias de Almedina, Cristo de Miguelturra, Santiago el Mayor de Membrilla, Porzuna, Santa Quiteria de Alcázar de San Juan, Torralba de Calatrava, Monjas Clarisas de Villanueva de los Infantes, Carmen de Almodóvar del Campo, Almedina, Argamasilla de Alba y San Carlos del Valle.

Consolidación de murallas del castillo de Peñarroya.

Ermitas de la Virgen del Monte de Bolaños de Calatrava, Labradora de Herencia y Virgen de la Sierra de Moral de Calatrava.

Rehabilitación del Palacio de Medrano de Ciudad Real.

Excavaciones sistemáticas en Motilla del Azuer, Alarcos, Calatrava la Nueva, Calatrava la Vieja, Oreto y cerro de las Cabezas.

Durante la ejecución de la autovía A-41 se localizó la villa tardorromana de La Moyana, situada sobre una suave loma orientada al sudeste, en las proximidades del arroyo de Valdelobos en el término municipal de Caracuel. Es una villa de tipo peristilo de planta cuadrada con patio central, uno al norte y otro al sur. Tenía habitaciones en torno al patio, abriendo sus puertas a la galería columnada del mismo.

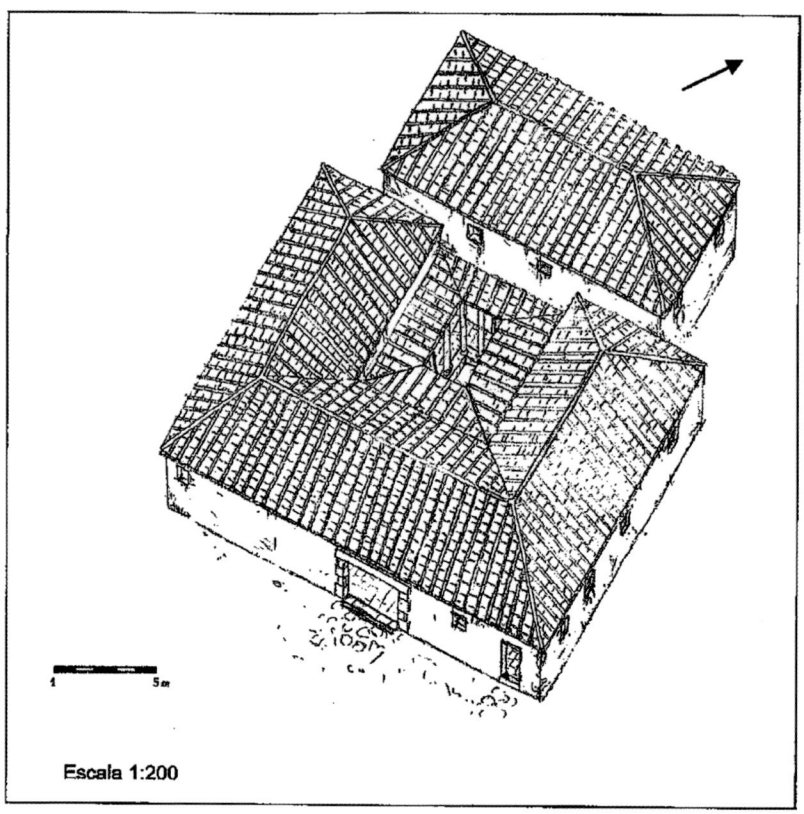

Reconstrucción de la villa de La Moyana. Fuente: Ángel Aranda y Petra Martín, Servicio de Cultura, Exp. 01.0491.

El Ayuntamiento de Almagro creó en el año 2001 un Servicio Municipal de Patrimonio y contrató para ello a Luis Benítez de Lugo de la empresa Antrophos y después a Isidro Hidalgo hasta 2004. Lo mismo hizo después el Ayuntamiento de Alhambra en 2007.

Sesión del 8 de marzo de 2001

Nuevo presidente de la Comisión: José Fuentes Pastrana, al haber sido integradas las competencias de Cultura en la Consejería de Educación.

Sesión del 5 de abril de 2001

Interés del Ayuntamiento de Villanueva de los Infantes por la redacción de un Plan Especial de Protección del Conjunto Histórico.

Sesión del 5 de julio de 2001

Incorporación de trabajos arqueológicos, estudios previos y control de las obras, en las intervenciones en los inmuebles de Almagro y otras localidades.

SESIÓN DEL 4 DE DICIEMBRE DE 2001

Noticia recibida telefónicamente, por el señor Víctor García, de la existencia de dos «castros celtas» en el término de Arroba de los Montes, concretamente en la Sierra de Hontanar.

BAM, COLECCIÓN GENERAL, 2001

Alcázar de San Juan: ferrocarril y desarrollo,1850-1936, José Ángel Gallego.
Don Juan Manuel Treviño Aranguren (1879-1936). Los sindicatos católico-agrarios, Ascensión Barragán Morales.
El proceso de urbanización de la ciudad de Puertollano, María del Carmen Cañizares.
La Segunda Enseñanza en La Mancha. El Instituto de Ciudad Real (1837-1967)»,. Ángel Jara Barreiro.

La Ley 19/2002, de 24 de octubre, de Archivos Públicos de Castilla-La Mancha ordenó la organización y funcionamiento de los archivos públicos en la comunidad autónoma de Castilla-La Mancha, así como el derecho de acceso de los ciudadanos a los mismos.

INVENTARIO DE BIENES MUEBLES ECLESIÁSTICOS DE LA IGLESIA CATÓLICA

En virtud del convenio firmado entre la Junta de Comunidades de Castilla-La Mancha y la Iglesia Católica, entre 2002 y 2009 se realizaron los inventarios en una gran cantidad de iglesias, conventos y ermitas de la provincia de Ciudad Real a cargo de profesionales coordinados desde el Centro de Restauración y Conservación de Castilla-La Mancha.

Se elaboraron fichas de inventario de las piezas, teniendo en cuenta para su elección, criterios como la singularidad, antigüedad, calidad, estado de conservación, materiales, valor artístico, valores devocionales y sentimentales, peligro de robo o extravío.

INTERVENCIONES DESTACADAS DEL AÑO 2002

Trabajos arqueológicos en el castillo de Peñarroya y su entorno.
Trabajos en la ermita de Nuestra Señora de la Encarnación de Carrión de Calatrava.
Reino de Don Quijote de Ciudad Real.
Trabajos arqueológicos en las pinturas rupestres de Peña Escrita, La Batanera, El Escorialejo, Morrón del Pino, La Jabelgada, Cueva de las Sierpes, La Serrezuela, Cueva de la Estación, Castellones de Río Frío, Puerto Calero, Las Láminas, Venta de la Inés, Sierra de la Cerrata, Cerro Canitos, Gargante del Muerto, Collado del Águila, Peñón Amarillo.
Intervención en el Corral de Comedias de Almagro.

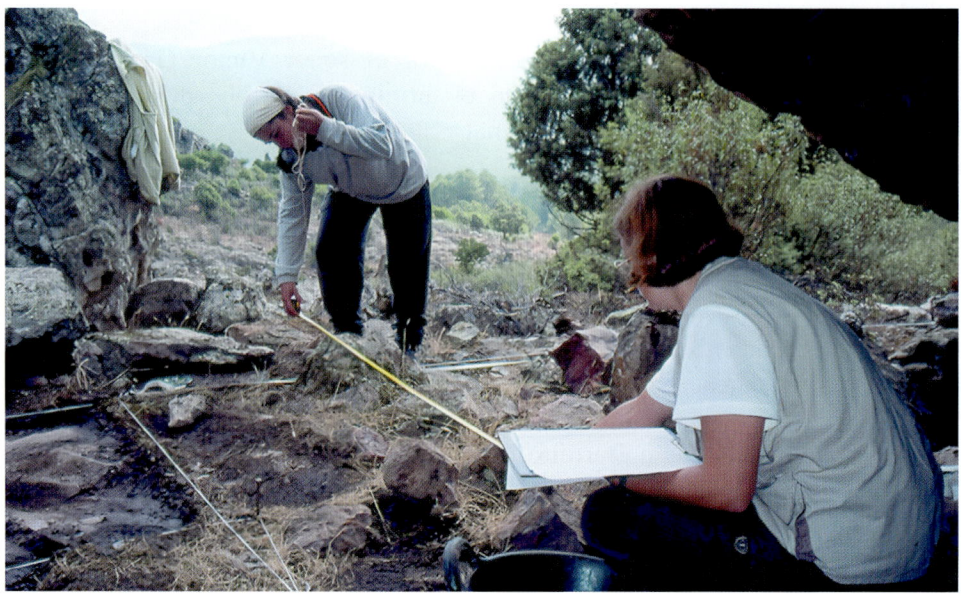

Cueva de las Sierpes, Fuencaliente. Fuente: Macarena Fernández.

Trabajos en la fortaleza de Calatrava la Nueva, centro de interpretación de Alarcos,

Iglesias de Fontanarejo, Piedrabuena, Carrión de Calatrava, Argamasilla de Alba, Santiago de Ciudad Real, San Felipe y Santiago de Bolaños de Calatrava, Almuradiel, Valdepeñas, La Merced de Ciudad Real, Arenas de San Juan, Piedrabuena, Socuéllamos y Granátula de Calatrava.

Antigua universidad de Nuestra Señora del Rosario de Almagro.

Santuario de las Virtudes de Santa Cruz de Mudela.

Convento de San José de La Solana.

Castillo de Pilas Bonas de Manzanares.

Restauración de las pinturas murales de la ermita de San Sebastián de La Solana.

Corral de Comedias de Almagro.

Reforma del acerado y accesos al Palacio de la Diputación.

Rehabilitación de los baños termales de El Peral de Valdepeñas.

Como consecuencia de la ejecución de la tubería de abastecimiento a la llanura manchega (Exp. 02.0537, Servicio de Cultura), se localizaron varios yacimientos: Villajos Norte (término municipal de Campo de Criptana), necrópolis de los inicios de la Edad del Hierro (Dionisio Urbina y Jorge Morín de Pablos). Villajos Sur (término municipal de de Campo de Criptana), yacimiento hispano-musulmán de aprovechamiento agropecuario. Arroyo de Valdespino (término municipal de de Herencia), yacimiento con ocupación ibérica y andalusí. Pozo Sevilla (término municipal de Alcázar de San Juan), asentamiento de época romana.

SESIÓN DEL 8 DE ENERO DE 2002

Doña Josefa Morales Bernal, profesora y adscrita al Departamento de Geografía y Ordenación del Territorio de la Universidad de Castilla la Mancha; sustituirá a doña Carmen Cañizares Ruiz, también profesora y vocal de esta Comisión Provincial, hasta terminar su mandato.

A partir de 2002 se reciben solicitudes de informes sobre los planes de Ordenación Municipal de varios municipios, instalación de parques eólicos, las resoluciones de la Dirección General sobre petición de informes de Estudio de Evaluación de Impacto Ambiental de obras e infraestructuras y las autorizaciones de intervención arqueológica que afectan a la provincia.

SESIÓN DEL 23 DE JULIO DE 2002

Entra a formar parte de la Comisión Cándido Barba Ruedas como nuevo técnico de Patrimonio Histórico Artístico, ante el traslado de Jaime Muñoz Franco.

SESIÓN DEL 10 DE SEPTIEMBRE DE 2002

Incorporación a la Comisión de nuevos asistentes, arquitecto de la Delegación Provincial, representantes de los ayuntamientos que tienen expedientes, alcaldes, concejales y técnicos municipales y de don José Jimeno Coronado, como representante del Obispado.

BAM, COLECCIÓN GENERAL, 2002

Mayos de la provincia de Ciudad Real, Pedro Jiménez Albalate.
Costumbres y cocina manchega, Carmen de Gregorio.
Ideologías y ritos populares de nacimiento, noviazgo, matrimonio y muerte en Ciudad Real (siglos XIX y XX), Julián López García.

Con el Decreto 95bis/2003, de 17 de junio, se declaró el Parque Arqueológico de Alarcos, localizado en Poblete y Ciudad Real. Fue modificado por el Decreto 96/2012, de 12 de julio y por la Resolución de 22 de noviembre de 2023, de la Viceconsejería de Cultura y Deportes, por la que se inicia expediente para la modificación de la delimitación del Parque Arqueológico de Alarcos, en Poblete y Ciudad Real (*DOCM*, núm. 228, 28 de noviembre de 2023).

En octubre de 2003 el Ayuntamiento de Torralba de Calatrava, en colaboración con la Junta de Comunidades de Castilla-La Mancha y la Diputación de Ciudad Real, comenzó a celebrar las I Jornadas Monográficas sobre Torralba de Calatrava y su entorno, coordinadas por Manuel Romero y Francisco Alía.

Fruto de iniciativas anteriores, en el año 2003 se constituye oficialmente la Asociación Alhambra Tierra Roja con el objetivo de promover la protección, recuperación y puesta en valor del patrimonio histórico y arqueológico de Alhambra. Durante estos años se han encargado de la puesta en marcha de los museos arqueológico y etnográfico, el fomento de la investigación local, el seminario de arqueología, las jornadas ibero romanas o la puesta en valor del rico entorno natural[13].

Seminarios de arqueología de la Asociación Alhambra Tierra Roja

2003: La romanización de la provincia de Ciudad Real y Alhambra. La ciudad romana de Laminium.

2005: El Paleolítico en la provincia de Ciudad Real. Estudios del Alto Guadiana.

2007: La Edad del Bronce Manchego.

2010: Los visigodos, una huella inalterable.

2013: La Edad Media en Ciudad Real: de la islamización a la conquista cristiana.

2017: La Oretania en época ibérica.

2021: La gestión del patrimonio arqueológico.

Componentes de la Comisión Provincial de Patrimonio Histórico en el año 2003:

Presidente: Ángel López Jiménez.

Vocales: Cándido Barba Ruedas, Josefa Morales Bernal, Alicia Díez de Baldeón García, Javier Navarro Gallego, Antonio Mateo Sánchez y Antonio de Juan García.

Secretario: Ángel Gallego Oliva.

Sesión del 11 de febrero de 2003

Establecimiento de régimen de visita pública a las pinturas rupestres localizadas en la cueva Venta de la Inés, en Almodóvar del Campo.

Sesión del 4 de marzo 2003

Informe preceptivo favorable en relación con el expediente de declaración del Parque Arqueológico de Alarcos-Calatrava.

Sesión del 9 de septiembre de 2003

Ángel López Jiménez, nuevo delegado provincial de la Consejería de Cultura y presidente de la Comisión de Patrimonio Histórico de Ciudad Real.

Desde esa fecha se impulsaron las redacciones de las cartas arqueológicas municipales con ayuda económica de los grupos de acción local y se empezaron a tramitar las autorizaciones de intervenciones arqueológicas en cada provincia.

Intervenciones destacadas del año 2003

Campañas arqueológicas en el castillo de Doña Berenguela, Calatrava la Nueva, Calatrava la Vieja, Castillejo de Bonete y Oreto.

Restauración de iglesia parroquial de Santa Quiteria en Alcázar de San Juan.

Rehabilitación de la ermita de Santa María la Mayor en Santa Cruz de Mudela.

Trabajos arqueológicos por la construcción del Aeropuerto de Ciudad Real.

Trabajos arqueológicos por la construcción de la autovía de los Viñedos y A42.

Restauración de las dependencias del castillo de Pilas Bonas de Manzanares.

Demolición de la Torre del Reloj de Membrilla.

Rehabilitación de la Plaza Mayor de La Solana y su entorno.

Rehabilitación de la iglesia parroquial de Picón.

Rehabilitación de la iglesia parroquial de Argamasilla de Calatrava.

Casa de la Inquisición de Argamasilla de Calatrava.

Corral de Comedias de Almagro.

Rehabilitación de cubiertas del santuario de Nuestra Señora de las Cruces.

CUADERNOS DE ESTUDIOS MANCHEGOS, 2003, núm. 25-26

La transición del Bronce Final a la primera Edad del Hierro en el Cerro de la Cabezas», Germán Esteban Borrajo, Patricia Hevia Gómez, José Javier Pérez Avilés y Julián Vélez Rivas.

«Tratamientos realizados en el santuario sur del Cerro de las Cabezas», Miguel Carmona Astillero.

«Intervención arqueológica en el yacimiento de San Miguel de Valdepeñas», José Javier Pérez Avilés, Julián Vélez Rivas, Lorenzo Galindo San José, Vicente M. Sánchez Sánchez-Moreno y Aranzazu Urbina Álvarez.

«Estudio numismático de la colección de monedas antiguas del Museo Municipal de Valdepeñas», Domingo Fernandez Maroto.

«Catálogo provisional de dignidades de la Orden de Calatrava (Edad Media)», Manuel Ciudad Ruiz.

«Origen y consolidación de la Diputación Provincial de Ciudad Real (I)», María Soledad Campos.

«Endogamia y pobreza en la Diócesis de Ciudad Real», José Jimeno Coronado

CUADERNOS DE ESTUDIOS MANCHEGOS, 2003, núm. 27

«Las Órdenes Militares y el viñedo en Castilla-La Mancha», Ángel Ramón del Valle Calzado.

«La vid y el vino en Castilla la Nueva según las Relaciones Topográficas de Felipe II», Francisco Javier Campos y Fernández de Sevilla.

«El viñedo y la comercialización del vino de Valdepeñas a finales del siglo XVIII», Juan Diaz-Pintado.

BAM, COLECCIÓN GENERAL, 2003

Minerales de Ciudad Real, Luis Gómez Pérez.

Los jesuitas en Ciudad Real, 1903-1986, Carlos López Pego.

Antología del folklore manchego, Luis Prado Fernández y Antonio Luengo Ruiz.

Linajes y blasones del Campo de Montiel, Carlos Parrilla Alcaide y Miguel Parrilla Nieto.

El jardín abandonado. Las artes plásticas en Ciudad Real, 1962-2000, José Rivero Serrano.

Colectividades agrarias en la provincia de Ciudad Real, Iván Jesús Trujillo Díez.

Conventos de la provincia de Ciudad Real. Devoción y clero regular, José Javier Barranquero.

Ediciones C&G promueve la investigación y divulgación histórica a través de sus publicaciones y de la convocatoria, desde el año 2003, del Concurso Oretania de Investigación Histórica, para reconocer el trabajo de los investigadores sobre la provincia de Ciudad Real y sus pueblos.

Componentes de la Comisión Provincial de Patrimonio Histórico en el año 2004.

Presidente: Ángel López Jiménez.

Vocales: Cándido Barba Ruedas, Josefa Morales Bernal, Alicia Díez de Baldeón García, Javier Navarro Gallego, Antonio Mateo Sánchez y Antonio de Juan García.

Secretario: Ángel Gallego Oliva.

Intervenciones destacadas del año 2004

Obras en la iglesia parroquial Madre de Dios de Almagro.

Sustitución de pavimento en la iglesia de Nuestra Señora de la Asunción de Manzanares.

Intervención en la ermita de Nuestra Señora de la Paz de Manzanares

Rehabilitación del exterior de la iglesia de Nuestra Señora de Gracia de Puertollano.

Mantenimiento y consolidación de los molinos de Campo de Criptana.

Consolidación y mejoras de la torre de la iglesia parroquial de Argamasilla de Alba.

Adaptación del convento de la Merced de Ciudad Real a museo.

Obras en la capilla de la iglesia de San Pedro de Ciudad Real.

Obras interiores en la ermita de la Trinidad de Gargantiel.

Consolidación y mejora de la torre de la iglesia parroquial de Argamasilla de Alba.

Trabajos en el muro y patio de la ermita de la Virgen del Castillo de Chillón.

Restauración en la torre y fachada oeste de la iglesia parroquial de Torralba de Calatrava.

Restauración de la ermita de los Remedios de Almedina.

Restauración de muros y aleros de la iglesia de San Felipe y Santiago de Bolaños de Calatrava.

Tratamiento de humedades y sustitución de solado del convento de Carmelitas de Ciudad Real.

Rehabilitación y acondicionamiento de la antigua Universidad de Almagro.

Restauración del puente de Villarta de San Juan.

Restauración de la cubierta del camarín de la Virgen del Prado de Ciudad Real.

Restauración y consolidación de fachada de la ermita de la Virgen de las Nieves de Almagro.

Rehabilitación de la Casa de Baños de Puertollano para oficina de turismo.

Restauración y adaptación del Torreón de Carrión de Calatrava para usos culturales.

Pavimentación de la iglesia del santuario de la Virgen del Monte de Bolaños de Calatrava.

Apertura de puertas ciegas en la iglesia del Cristo de la Misericordia de Miguelturra.

Restauración de la iglesia de Picón.

Obras en la ermita de la Magdalena de Almagro.

Campaña arqueológica en Castillejo de Bonete, Calatrava la Nueva, Calatrava la Vieja, Alarcos, Oreto, Cerro de las Cabezas, Motilla del Azuer.

Restauración del puente sobre el río Azuer en San Carlos del Valle.

En el proceso de vaciado de un solar de la avenida del Ferrocarril de Ciudad Real, aparecieron dos galerías de mampostería de piedra caliza irregular trabada con mortero de cal y bóveda de cañón realizada con ladrillo macizo. Entre las dos galerías había también una atarjea de desagüe. Por la ubicación y funcionalidad, el hallazgo se asoció al complejo ferroviario construido en Ciudad Real para la llegada del tren en el siglo XIX.

CUADERNOS DE ESTUDIOS MANCHEGOS, 2004, núm. 28

«Inscripciones romanas de la provincia de Ciudad Real», Enrique Gozalbes Cravioto.

«El discurrir cotidiano o la convivencia frustrada: los moriscos granadinos en el Campo de Montiel», Francisco Javier Moreno Díaz del Campo.

«Un señorío de la Orden de Santiago en la Edad Media: el Campo de Montiel», Ángela Madrid y Medina.

«Historia de los hospitales de La Solana (1507-1889)», Carlos Fernandez-Pacheco Sánchez-Gil y Concepción Moya García.

BAM, COLECCIÓN GENERAL, 2004

Arquitectura popular manchega. Las Tablas de Daimiel y su entorno, Óscar Jerez García.

La Falange manchega (1939-1945). Política y sociedad en Ciudad Real durante la etapa «azul» del primer franquismo, Damián-A. González Madrid.

Desde 2004 Argamasilla de Calatrava organiza las Jornadas de Historia Local Biblioteca Oretana, organizadas por Ediciones C&G, patrocinadas por el Ayuntamiento de la localidad en colaboración con la Junta de Comunidades, la Diputación Provincial, la Universidad de Castilla-La Mancha y las firmas comerciales Angama Artes Gráficas, Cemax Informática y Alfar Arias. Las Jornadas están coordinadas por el escritor y crítico de arte José González Ortiz.

Componentes de la Comisión Provincial de Patrimonio Histórico en el año 2005.

Presidente: Ángel López Jiménez.

Vocales: Javier Navarro Gallego, Antonio Mateo Sánchez, Cándido Barba Ruedas, Antonio de Juan García, Morales Bernal.

Ponente: Juana Rico Martínez.

Secretaría: Ángel Gallego Oliva.

En el otoño del año 2005 comenzaron las I Jornadas de Historia de Valdepeñas organizadas por la Concejalía de Cultura en colaboración con el Centro de Estudios de Castilla-La Mancha. Las conferencias de los ciclos se editan a través de la biblioteca de autores locales.

El 30 de septiembre de 2005 se celebró en Calatrava la Nueva «La Noche del Turismo» organizada por la Dirección General de Turismo y Artesanía.

Intervenciones destacadas del año 2005

Puesta en valor del castillo de Bolaños de Calatrava.

Rehabilitación de los hornos de Bustamante de Almadén.

Intervención en iglesia parroquial de Almuradiel.

Acondicionamiento de la iglesia parroquial de Nuestra Señora de la Asunción de Socuéllamos.

Reformas en la ermita de San Blas de Manzanares.

Rehabilitación del Patio de Comedias de Torralba de Calatrava.

Consolidación y restauración del castillo-fortaleza de Terrinches.

Rehabilitación de la Casa del Arco de Villanueva de los Infantes.

Pavimentación e iluminación del santuario de Nuestra Señora de la Antigua de Villanueva de los Infantes.

Rehabilitación de fachadas del Palacio de la Diputación Provincial.

Eliminación de humedades en la iglesia parroquial de Arenas de San Juan.

Limpieza de paramentos exteriores en el santuario de Nuestra Señora de las Virtudes.

Trabajos en Calatrava la Nueva, Calatrava la Vieja, Alarcos, Jamila, Castillejo del Bonete,

Excavación en la necrópolis visigoda del santuario de la Virgen de la Sierra de Villarrubia de los Ojos.

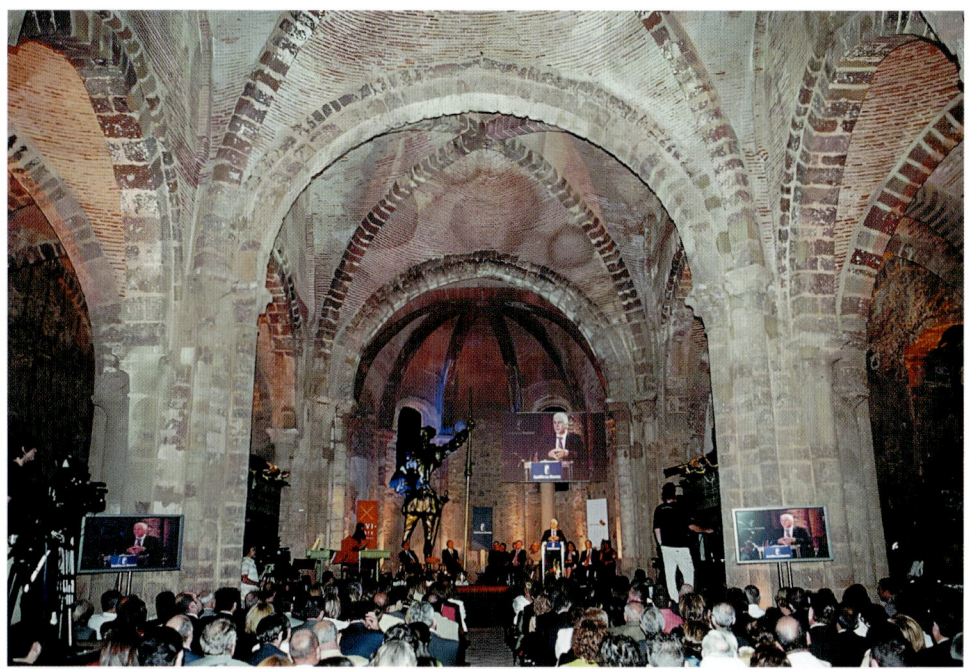

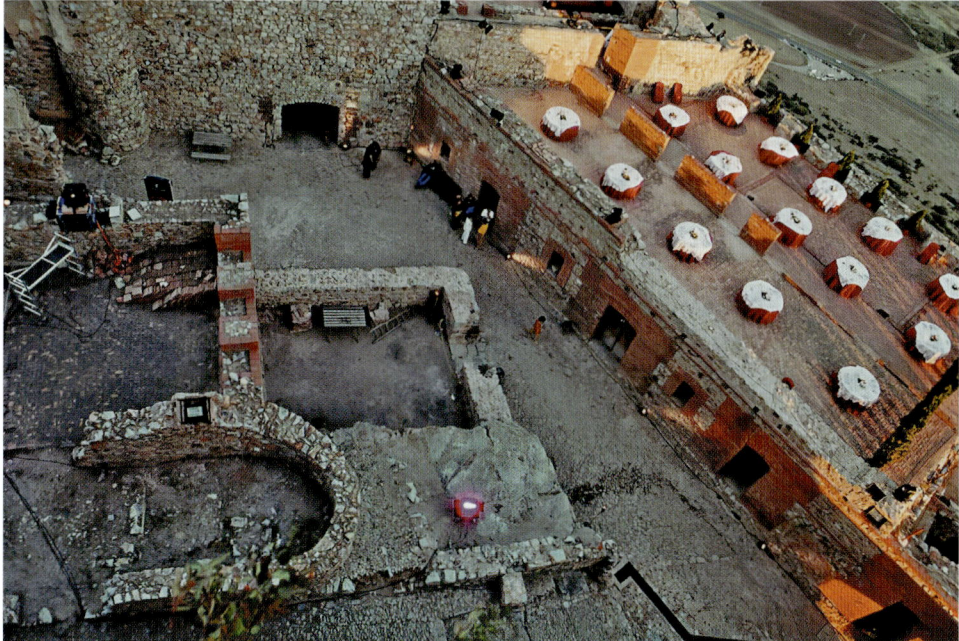

Imágenes de "La Noche del Turismo" en Calatrava la Nueva, 30 de septiembre de 2005. Fuente: Servicio de Cultura, Exp. 82.0001.

Cuadernos de Estudios Manchegos, 2005, núm. 29

«Villanueva de los Infantes en tiempos de Miguel de Cervantes», Ángela Madrid y Medina.

«Villarrubia de los Ojos en tiempo de Cervantes (1547-1616). Y una nota sobre dicha villa en la primera parte del Quijote», Isidoro Villalobos Racionero.

«Visiones de El Quijote en el arte español», Wifredo Rincón García.

BAM, Colección general, 2005

Ciudad Real y su regimiento. La rebelión artillera de 1929 contra Primo de Rivera; Juan José Oña Fernández.

La Mancha, de Cervantes al siglo XXI. Una perspectiva etnológica, Julián Plaza Sánchez.

Musicalerías. Ciudad Real: Música y sociedad, 1915-1965, Vicente Castellanos.

Juegos tradicionales de la comarca de Almadén. Añoranzas y recuerdos, Ana Isabel Gallego-Preciados.

Componentes de la Comisión Provincial de Patrimonio Histórico en el año 2006.

Presidente: Ángel López Jiménez.

Vocales: Javier Navarro Gallego, Antonio Mateo Sánchez, Cándido Barba Ruedas, Antonio de Juan García.

Ponente: Juana Rico Martínez.

Secretaría: Ángel Gallego Oliva.

En septiembre de 2006 se celebró en la Facultad de Letras del Campus de Ciudad Real el Congreso Internacional «La Guerra Civil en Castilla-La Mancha 70 años después», coordinado por Francisco Alía y Ángel Ramón del Valle, al que se presentaron 64 comunicaciones.

Intervenciones destacadas del año 2006

Rehabilitación de las fachadas de la iglesia parroquial de Tomelloso.

Reforma y rehabilitación de la iglesia parroquial de Alhambra.

Rehabilitación del Pósito de la Tercia de Argamasilla de Alba.

Trabajos arqueológicos en el castillo de Doña Berenguela de Bolaños de Calatrava.

Consolidación de cubierta de la iglesia y muros de la fortaleza en el Sacro Convento-Castillo de Calatrava la Nueva de Aldea del Rey.

Reposición del chapitel de la torre de la iglesia parroquial de Nuestra Señora de la Asunción de Santa Cruz de Mudela.

Acondicionamiento del convento-universidad de Nuestra Señora del Rosario de Almagro.

Una tercera pieza epigráfica apareció en septiembre de 2006 en la Dehesa de Fuencaliente. Su descubridor fue un joven de la localidad, Samuel Pérez Poyatos, según el cual la inscripción se encontraba a unos 200 metros de la anterior. Está depositada en el Museo Provincial de Ciudad Real[14].

CUADERNOS DE ESTUDIOS MANCHEGOS, 2006, núm. 30

«La prospección como método de investigación arqueológica. avance de resultados en San Carlos del Valle», Domingo Fernández Maroto.

«Bienes inmuebles de la Orden de Calatrava en la villa de la Calzada (siglo XV)», Manuel Ciudad Ruiz.

BAM, COLECCIÓN GENERAL, 2006

Ilustración y Literatura en Ciudad Real, Ángel Romera Valero.

De la fortaleza al templo. Arquitectura religiosa de la Orden de Santiago en la provincia de Ciudad Real (siglos XV-XVIII). Tomo I, Pilar Molina Chamizo.

De la fortaleza al templo. Arquitectura religiosa de la Orden de Santiago en la provincia de Ciudad Real (siglos XV-XVIII). Tomo II, Pilar Molina Chamizo.

En el año 2007 Orisos, la Asociación para la Investigación y el Desarrollo Cultural, publicó su primera revista y en 2013 el número 2.

Componentes de la Comisión Provincial de Patrimonio Histórico en el año 2007:

Presidente: Ángel López Jiménez.

Vocales: Javier Navarro Gallego, Antonio Mateo Sánchez, Cándido Barba Ruedas, Antonio de Juan García.

Ponente: Juana Rico Martínez.

Secretaría: Ángel Gallego Oliva.

INTERVENCIONES DESTACADAS DEL AÑO 2007

Rehabilitación de la Casa del Hidalgo de Alcázar de San Juan.

Rehabilitación de la iglesia de la Santísima Trinidad de Alcázar de San Juan.

Rehabilitación de la ermita de Nuestra Señora de la Soledad de Miguelturra.

Localización de un pozo de nieve en las obras del colegio Carlos Vázquez de Ciudad Real.

Restauración del pozo de nieve del Cristo de Villajos de Campo de Criptana.

Rehabilitación de la fábrica de harinas de Pedro Muñoz.

CUADERNOS DE ESTUDIOS MANCHEGOS, 2007, núm. 31

«Etnología y viticultura: bombos y chozos», Domingo Fernández Maroto, Palmira Peláez Fernández y Carlos Antonio Luna Perea.

«Valdepeñas y Villanueva de los Infantes: la vid y el vino en 1884», Carlos Chaparro Contreras.

BAM, Colección general, 2007

Diccionario del habla de la provincia de Ciudad Real, Pedro J. del Real Francia y Juan Manuel Sánchez Miguel.

Plata y plateros en Ciudad Real, 1500-1625, Juan Crespo Cárdenas.

Historia geológica de la provincia de Ciudad Real, Juan F. Carricondo Sánchez.

Los campos de aviación de la provincia de Ciudad Real en la Guerra Civil española (1936-1939), Bruno Barragán Fernández y Carlos Sánchez Martín.

La Enseñanza Primaria en la II República y la Guerra Civil: Ciudad Real, 1931-1939, Francisco Asensio Rubio.

El Centro de Estudios del Campo de Montiel nació en el año 2007 con el objetivo de construir un espacio de reunión, creación y difusión de la actividad cultural y científica realizada en relación con el Campo de Montiel. Organiza congresos y seminarios y publica la *Revista de Estudios del Campo de Montiel* (*RECM*) para fomentar los estudios de investigadores veteranos y noveles realizados desde o en relación a la comarca geográfica e histórica del Campo de Montiel en materia de Sociología, Economía, Geografía y Geología, Biología y Ecología, Historia, Arte y Arqueología, Literatura, Musicología, Etnografía y Folklore, etc.

Componentes de la Comisión Provincial de Patrimonio Histórico en el año 2008.

Presidente: Ángel López Jiménez.

Vocales: Javier Navarro Gallego, Antonio Mateo Sánchez, Cándido Barba Ruedas, Antonio de Juan García.

Ponente: Juana Rico Martínez.

Secretaría: Ángel Gallego Oliva.

Intervenciones destacadas del año 2008

Rehabilitación del Teatro Municipal de Almagro.

Rehabilitación de la Casa de la Capellanía de Miguelturra.

Restauración del Cubillo de Alcázar de San Juan.

Reparación de la techumbre de la iglesia del convento de Carmelitas de Campo de Criptana.

Cerramiento de las pinturas rupestres en la Virgen del Castillo de Chillón.

Rehabilitación de la iglesia parroquial de Nuestra Señora de la Visitación de Argamasilla de Calatrava.

Conservación y consolidación de estructuras en el yacimiento Mentesa Oretana/Los Toriles de Villanueva de la Fuente.

Acondicionamiento del poblado-fundición romano de Valderrepisa en Fuencaliente.

Restauración de togados y aras romanas de Alhambra.

Consolidación y puesta en valor de la necrópolis rupestre de Las Eras de Alhambra.

Cuadernos de Estudios Manchegos, 2008, núm. 32.

«Cofradías y vida cofradiera en Villarrubia de los Ojos durante la Edad Moderna», Isidoro Villalobos Racionero.

«Construcción y funcionamiento del ayuntamiento de una localidad santiaguista a comienzos del siglo siglo XVI», Carlos Fernández-Pacheco Sánchez-Gil y Concepción Moya García.

«Obras, incendio y sepulturas en la parroquia de Nuestra Señora de la Asunción de Valdepeñas. Discordias en relación con el camposanto (1567-1800)», Juan Díaz-Pintado Pardilla.

«La Casa de la Encomienda de La Solana», Jesús Romero de Ávila González Albo.

«La propiedad inmobiliaria del Convento de Calatrava en Ciudad Real a finales de la Edad Media», Manuel Ciudad Ruiz.

«Almagro, ciudad carolina», Enrique Herrera Maldonado.

«Virgen de las Nieves de Montiel», María Dolores Carrasco Álamo.

«Aproximación a la cartografía informática del territorio de la Orden de San Juan en la provincia de Ciudad Real», María de los Ángeles Rodríguez Domenech.

BAM, Colección general, 2008

Indumentaria tradicional manchega, Luis Prado Fernández y Antonio Luengo Ruiz.

Ganaderías de lidia en la provincia de Ciudad Real, Julio César Sánchez.

La Historia del Cine en sus programas de mano, Colección Simón Torres. Introducción de Francisco Badía.

Linajes y blasones de la provincia de Ciudad Real, Carlos Parrilla Alcaide y Miguel Parrilla Nieto.

La Fundación José María de Jaime nació en el año 2008 por la voluntad de su fundador don José María de Jaime Rodríguez, que dejó sus bienes presentes y futuros para servir a su ciudad natal, Villanueva de los Infantes, y cumplir los fines, entre los que estaban el de dar a conocer los valores históricos artísticos y literarios de Villanueva de los Infantes.

Entre 2008 y 2011 el Ayuntamiento de Membrilla convocó un premio de investigación histórica para rescatar del olvido y trasmitir el conocimiento sobre el patrimonio material e inmaterial de la localidad. Los trabajos se

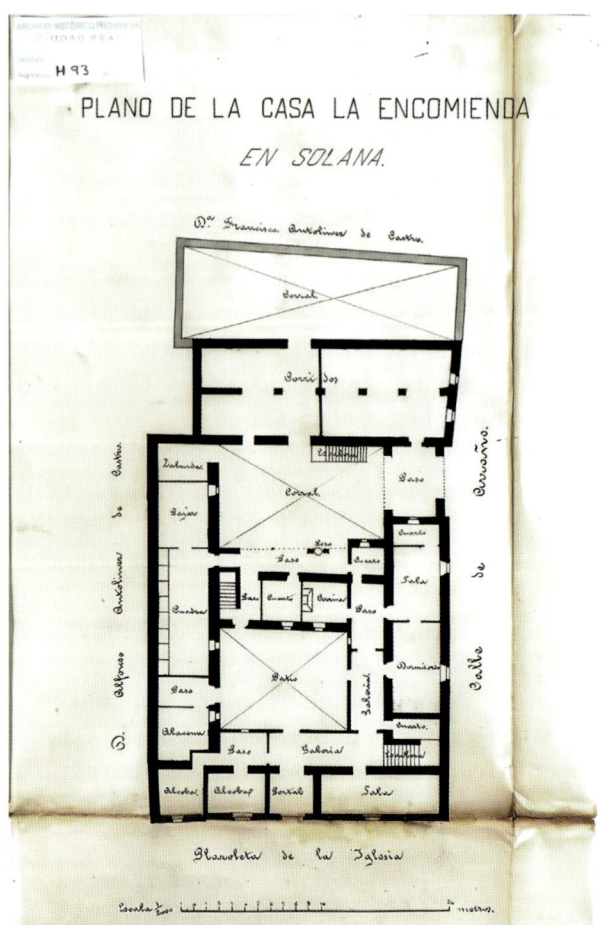

Plano de la Casa de la Encomienda de La Solana. Fuente: Archivo Histórico Provincial de Ciudad Real, H 93.

publicaron por el Ayuntamiento completando la colección «Marmaria» del fomento del estudio sobre el patrimonio histórico-cultural.

Componentes de la Comisión Provincial de Patrimonio Histórico en el año 2009.

Presidenta: Carmen Teresa Olmedo Pedroche.

Vocales: Javier Navarro Gallego, Antonio Mateo Sánchez, Cándido Barba Ruedas, Antonio de Juan García.

Ponente: Juana Rico Martínez.

Secretaría: Inés Alba Fernández, Román Pozuelo Serrano.

INTERVENCIONES DESTACADAS DEL AÑO 2009.

Consolidación estructural y restauración parcial del pósito-torreón de Carrión de Calatrava.

Reforma del mercado municipal de Villanueva de los Infantes para museo.

Restauración del camarín de la Virgen del Prado de Ciudad Real.

Rehabilitación de la Puerta de Toledo y entorno.

Reforma de la cubierta de colegio San José de Ciudad Real.

Tratamiento de humedades en los muros de la ermita del Cristo de la Columna de Bolaños de Calatrava.

Rehabilitación de la plaza de toros de Almagro.

Rehabilitación de la Casa de la Inquisición de Argamasilla de Calatrava.

Rehabilitación de fachada y arreglo de la cubierta del campanario de la torre y elementos constructivos perimetrales de la iglesia parroquial de Corral de Calatrava.

Reforma de fachadas de la iglesia parroquial de Nuestra Señora de la Asunción de Villarrubia de los Ojos.

Ampliación del Museo del Quijote de Ciudad Real.

Consolidación de las termas romanas de La Ontavia de Terrinches.

Rehabilitación del Molino del Brezoso del Parque Nacional de Cabañeros en Alcoba de los Montes.

Excavación y limpieza de restos arqueológicos en el colegio Virgen de Fátima de Alhambra.

Rehabilitación de las bodegas Los Llanos de Valdepeñas.

Reparación de la cubierta de la iglesia parroquial de Herencia.

Rehabilitación del castillo de Miraflores de Piedrabuena.

En el año 2009 aparecieron en la Dehesa de Castilseras, del término municipal de Almadén, dos estelas, fruto de un descubrimiento casual de don José Rodríguez Puerto, quien las donó al Museo Histórico Minero Francisco Pablo Holgado, de la Escuela Universitaria Politécnica de Almadén, donde están expuestas actualmente.

Juan Manuel Abascal localizó en marzo de 2009 un epígrafe en el cementerio de Puebla de Don Rodrigo. Es un altar de granito rosado de una sola pieza que estuvo siempre dentro de la iglesia.

Durante la ejecución de las obras de pavimentación y acerados en el entorno de la iglesia de San Bartolomé de Alhambra, apareció un aljibe que fue excavado y musealizado.

Desde el año 2009 el Ayuntamiento de Alcázar de San Juan celebra en agosto «La Noche de Patrimonio en Alcázar de San Juan», un modelo de difusión y dinamización de la ciudad alrededor del patrimonio inspirados en iniciativas como las Noche de los Museos o las Noches en Blanco.

CUADERNOS DE ESTUDIOS MANCHEGOS, 2009, núm. 33

«La filoxera en la provincia de Ciudad Real: formas de actuación frente a la plaga (1905-1932)», Carlos Fernández-Pacheco Sánchez-Gil y Concepción Moya García

«Crisis filoxérica y exportaciones: realidad o mito», Daniel Marín Arroyo
«Aproximación a las instalaciones bodegueras de Valdepeñas a mediados del siglo XVIII: un estudio del catastro del Marqués de la Ensenada», Eva María Jesús Morales.

CUADERNOS DE ESTUDIOS MANCHEGOS, 2009, núm. 34
«De aldea a locus amoenus: el despoblamiento del lugar montieleño de Torres», Carlos Javier Rubio Martínez
«La ermita medieval de Nuestra Señora de Luciana de Terrinches. Una intervención científica multidisciplinar y un modelo de puesta en valor del patrimonio», Honorio Javier Álvarez García y Luis Benítez de Lugo Enrich.
«Organización de la escribanía de la Orden de Calatrava (siglos XII-XIII)», Blas Casado Quintanilla
«Un comendador santiaguista en el siglo XV: Mosén Diego de Villegas», Carlos Fernández-Pacheco Sánchez-Gil y Concepción Moya García.
«Mujeres con poder en la Edad Media: las Órdenes Militares», Palmira Peláez Fernández.
«Los Tercios de Flandes, sus hombres Cinco castellano-manchegos testigos de aquellas guerras», Juan del Hierro Gil
«Las Órdenes Militares y la Guerra de la Independencia: un estudio del archivo parroquial de la iglesia de Nuestra Señora de la Asunción de Valdepeñas: 1808-1813», Eva María Jesús Morales.
«Una villa de la Orden de Santiago en tiempos de la restauración», Dolores Carrasco Álamo.
«El origen del Colegio de Practicantes de Ciudad Real», Raúl Expósito González.
«Epigrafía heráldica en la iglesia de Nuestra Señora de la Asunción de Valdepeñas», Francisco José Cerceda Cañizares y Delia García Mateo.
«Panorama de la agricultura en Villanueva de los Infantes a fines del siglo XVIII», Francisco Javier Campos y Fernández de Sevilla.

BAM, COLECCIÓN GENERAL, 2009
El Instituto Fray Andrés. 75 años de Enseñanza Secundaria en Puertollano, Antonio Merino Madrid.
La Guerra de la Independencia en el Priorato de San Juan (1808-1814), Felipe Molina Carrión.
La cultura de las plantas en La Mancha. Flora en el entorno de las Tablas de Daimiel, Vicente Consuegra Coello.
Emelina, la belleza que alumbró a la República. Orígenes de los concursos de misses en España, 1929-1932, Enrique Sánchez Lubián.

El Centro de Estudios Calatravos se constituyó en el año 2009 como entidad sin ánimo de lucro, integrado por diversas personas, de carácter público y privado, interesadas y referentes en el mundo de la Cultura de la comarca. con el objetivo de promover la animación y la promoción del sector cultural, como uno de los elementos fundamentales para la estrategia del desarrollo del Campo de Calatrava.

El Centro de Estudios Calatravos tiene como principal finalidad el estudio, la investigación y la publicación y divulgación de temas científicos, culturales, económicos, sociales y humanos, centrándose en el fomento, conservación, difusión y promoción del patrimonio natural, histórico, etnográfico y artístico de los pueblos que integran esta parte de la comarca del Campo de Calatrava y sus gentes.

Componentes de la Comisión Provincial de Patrimonio Cultural en el año 2010.

Presidenta: Carmen Teresa Olmedo Pedroche.

Vocales: Javier Navarro Gallego, Antonio Mateo Sánchez, Cándido Barba Ruedas, Antonio de Juan García.

Ponente: Juana Rico Martínez.

Secretaría: Inés Alba Fernández, Román Pozuelo Serrano.

Intervenciones destacadas del año 2010

Intervención de urgencia en el Palacio de Clavería de Aldea del Rey.

Reparación de cubiertas de la iglesia del Santísimo Cristo de Valdepeñas.

Consolidación de la iglesia parroquial de Miguelturra.

Restauración de la iglesia de San Pedro de Ciudad Real.

Restauración de la Casa del Bachiller Sansón Carrasco de Argamasilla de Alba.

Localización de material arqueológico en el yacimiento Valdarachas I de Ciudad Real.

Rehabilitación de molinos de Campo de Criptana.

Excavaciones en Alarcos, Sisapo-La Bienvenida, Calatrava la Vieja, Motilla del Azuer, Cerro de las Cabezas y Oreto.

Cuadernos de Estudios Manchegos, 2010, núm. 35

«Dos ejemplos de ermitas populares en el Campo de Montiel: Nuestra Señora de Luciana (Terrinches) y San Antón (La Solana)», Concepción Moya García

«La fundación de los hospitales en las poblaciones santiaguistas del Común de La Mancha en Ciudad Real», Carlos Fernández-Pacheco Sánchez-Gil.

«Los molinos harineros del río Azuer», Tomás Torres González, Diego Lucendo Diaz, Luis Alejandro García García y Manuel Melero Serrano.

«Entre la heroicidad y la historia: una revisión de la hazaña del Seis de Junio y su proyección en la prensa escrita en Valdepeñas (1890-1933)», Francisco Javier Sánchez-Verdejo Pérez

«Clérigos ordenados en el Obispado de Ciudad Real», José Jimeno Coronado.

«Las Ordenanzas de Mestanza de: una aportación al proyecto de ordenamiento jurídico local», Carlos José Riquelme Jiménez y Clara Almagro-Vidal.

«Inventario modelo del archivo parroquial de Villahermosa», José Jimeno Coronado.

BAM, Colección general, 2010

El Campo de Montiel de don Quijote y Sancho. Aventura literaria y gastronómica, María Ángeles Jiménez.

La modernización demográfica de la provincia de Ciudad Real en el siglo XX, Mariano J. García-Consuegra.

Pintura mural religiosa en la provincia de Ciudad Real (De la Edad Media al siglo XIX), José Javier Barranquero.

Fotografías, Rueda Villaverde.

La Ley 3/2011, de 24 de febrero, de la Lectura y de las Bibliotecas de Castilla-La Mancha estableció la planificación y coordinación de las administraciones públicas y el resto de los agentes sociales públicos o privados, así como de todas las industrias culturales de Castilla-La Mancha, en el fomento e impulso de programas y medidas de fomento del hábito lector entre los ciudadanos. Pretende, además, establecer las estructuras fundamentales para la organización, planificación y coordinación del Sistema de Bibliotecas de Castilla-La Mancha, así como del funcionamiento de la Red de Bibliotecas Públicas de Castilla-La Mancha, garantizando el derecho de la ciudadanía a la lectura y a la información pública en todo el territorio de Castilla-La Mancha.

Componentes de la Comisión Provincial de Patrimonio Cultural en el año 2011.

Presidente: Pedro Torres Torres.

Vocales: Javier Navarro Gallego, Antonio Mateo Sánchez, Cándido Barba Ruedas, Antonio de Juan García.

Ponente: Juana Rico Martínez.

Secretaría: Román Pozuelo Serrano.

Intervenciones destacadas del año 2011

Rehabilitación de la cubierta de la iglesia de Santiago el Mayor de Torrenueva.

Reparación de la cubierta del Museo Nacional del Teatro de Almagro.

Reparación de la cubierta de la ermita de San Roque de Daimiel.

Rehabilitación del antiguo Casino La Confianza de Valdepeñas para su adaptación a Centro Cultural.

Rehabilitación y adecuación del Museo Elisa Cendrero de Ciudad Real.

Demolición del molino harinero de agua El Palomar de Valdepeñas.

Consolidación del edificio columnado de Jamila y Puente de Triviño de Villanueva de los Infantes.

Prospección con sondeos en el yacimiento arqueológico de Albalá de Poblete relacionados con el poblamiento achelense en el Campo de Calatrava. Trabajos arqueológicos en Alarcos y en el Castillejo del Bonete de Terrinches. Reformas en el Museo Municipal de Alcázar de San Juan.

En octubre de 2011 se localizó una estela funeraria tallada en cuarcita de origen local[15] durante los trabajos de reparación de una pasarela sobre el caz de un molino de agua en el término municipal de Agudo. En el año 2019 fue depositada para su exposición en una dependencia municipal donde se encuentra en la actualidad.

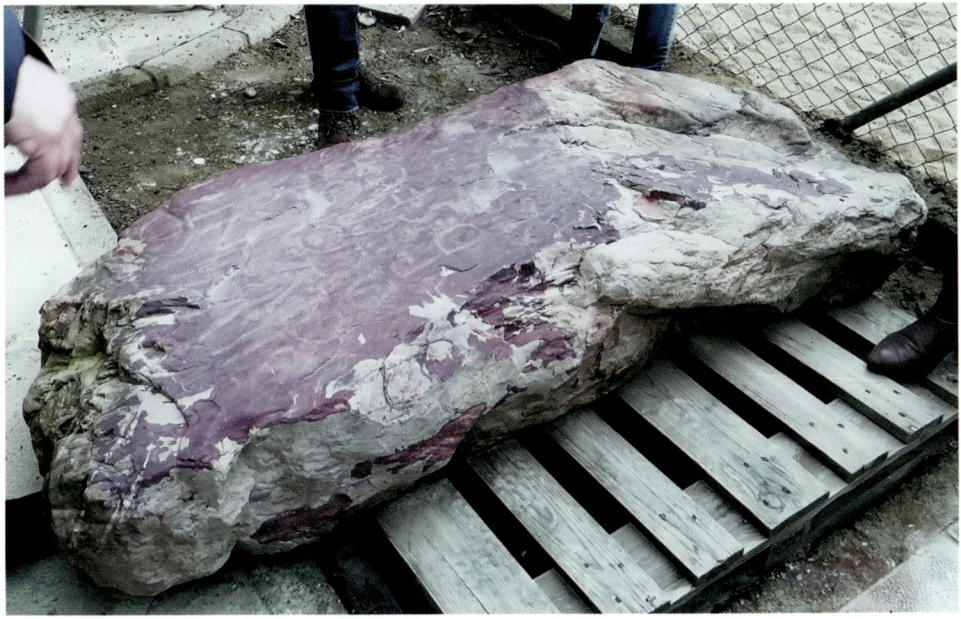

Estela de Agudo. Fuente: Archivo del Servicio de Cultura, Exp. 11.1524.

CUADERNOS DE ESTUDIOS MANCHEGOS, 2011, núm. 36

«El Legado Sacro de Salomón Buitrago», Vicente Castellanos Gómez.

«Doble vertiente de las relaciones Quevedo-Torre de Juan Abad», José María Lozano Cabezuelo.

«Aproximación a la evolución de la tecnología minera a lo largo del siglo XIX», Luis Mansilla Plaza.

«Estelas decoradas, poblamiento, rutas y comercio en la provincia de Ciudad Real en Época Preibérica», Francisco Javier Morales Hervás.

«Reflexiones sobre religiosidad medieval: el concepto de caridad en la espiritualidad laica, del amor a Dios al amor a los pobres, del mundo rural al humanismo», Raquel Torres Jiménez.

BAM, Colección general, 2011

Transición democrática y cambio político en Ciudad Real (1967-1982), José A. Castellanos López.

Cien años de Escuela de Artes. Ciudad Real, 1911-2011, Carmen López-Salazar y Javier Herrero.

Mineros en La Mancha. El movimiento obrero en Puertollano, 1880-1936, Carlos Fernández-Pacheco.

El Decreto 96/2012, de 12 de juio de 2012, modificó el Decreto 95 bis/2003, de 17 de junio, de declaración del Parque Arqueológico de Alarcos, localizado en Poblete y Ciudad Real, encargando su gestión al Centro del Patrimonio Cultural de Castilla-La Mancha. También derogó los artículos 6 y 7 relativos a la Junta Asesora del Parque[16].

Componentes de la Comisión Provincial de Patrimonio Cultural en el año 2012.

Presidente: Miguel Morales Molina.

Vocales: Javier Navarro Gallego, Antonio Mateo Sánchez, Antonio de Juan García, María Ángeles Rodríguez Domenech y Miguel Cortés Arrese.

Ponente: Juana Rico Martínez.

Secretaría: Cándido Barba Ruedas.

Intervenciones destacadas del año 2012

Restauración de la cubierta de la iglesia de Madre de Dios de Almagro.

Reparación de las cubiertas de la plaza de toros de Almadén.

Rehabilitación de tapia perimetral en la Venta de la Inés de Almodóvar del Campo.

Restauración e integración paisajística de la ermita de la Virgen del Espino de Membrilla.

Trabajos arqueológicos en la Motilla del Azuer de Daimiel.

Elaboración del Catálogo de casas-cueva en el barrio del Albaicín de Campo de Criptana.

Restauración en el Hospitalico Santo Tomás de Villanueva de los Infantes.

Casa del Gallego de Tomelloso.

Cuadernos de Estudios Manchegos, 2012, núm. 37

«La Guerra Civil en Bolaños, 1936-19391», Manuel Moreno Chacón.

«Ciudad Real. Núcleo urbano medieval», Antonio Tomas Anaya Fernández.

«Interpretación geoarqueológica del yacimiento paleolítico de la Laguna Blanca, Argamasilla de Calatrava», Mario López Recio, Serafín Escalante García, Arturo Ruiz Taboada, Santiago Rodríguez Untoria y Beatriz Martín Eguiguren.

«Retablo cerámico de San Juan de Ávila del obispado de Ciudad Real obra de Manuel Vigil-Escalera y Díaz Díaz (1927)», Ana María Fernández Rivero.

BAM, Colección general, 2012

Fotografías, Miguel Ángel Blanco.

La Danza. Antiguo auto de Navidad de Pozuelo de Calatrava, Antonio Vallejo Cisneros y Luis Álvarez Gutiérrez.

Patrimonio monumental y minero de Almadén, Rafael Sumozas García-Pardo.

Diccionario de toponimia de los pueblos de Ciudad Real, Álvar Sánchez López.

El ferrocarril en La Mancha. El «trenillo» de Valdepeñas a Puertollano, 1890-1963, Miguel Antonio Maldonado.

El 20 y 21 de julio de 2012 se celebraron en Villanueva de los Infantes las jornadas: «La provincia de La Mancha y la Constitución de 1812», organizadas por Carlos Chaparro Contreras e Isidro Sánchez Sánchez. Las ponencias y comunicaciones presentadas las ha editado la Universidad de Castilla-La Mancha en su colección Almud.

En el año 2012 empezaron a celebrarse en Campo de Criptana las Jornadas de Historia Local. En 2013 convocaron dos ediciones, una sobre la Edad Moderna en febrero y en noviembre otra sobre «Campo de Criptana y las órdenes militares en La Mancha»,' organizadas por el Ayuntamiento y el profesor de Historia del Derecho en la Universidad Complutense de Madrid, Pedro Andrés Porras.

En octubre de 2012 se celebraron las I Jornadas Histórico-Turístico Medievales de Manzanares, organizadas por el Ayuntamiento con la colaboración de asociaciones locales. En el primer fin de semana de octubre de cada año, en el entorno de su castillo de Pilas Bonas y su casco histórico, tienen lugar numerosos actos festivos y conferencias.

La Ley 4/2013, de 16 de mayo, de Patrimonio Cultural de Castilla-La Mancha, se adaptó a la normativa aprobada desde la entrada en vigor de la Ley anterior de 1990, actualizó el concepto de Patrimonio Cultural, creó categorías de protección propias para la inclusión de los bienes con mayor valor cultural, contempló el catálogo para su inclusión, reguló el inventario para el resto de bienes y el procedimiento de autorización y tipos de intervenciones, posibilitando las actuaciones preventivas para conciliar los intereses culturales con los urbanísticos y medioambientales[17].

La plataforma Campo de Montiel-Origen del Quijote organizó en septiembre de 2013 la I Ruta de Patios abiertos en Villanueva de los Infantes, en colaboración con el y los propietarios de los inmuebles que abrieron sus puertas para mostrar a los visitantes los tesoros artísticos que encierran en su interior.

Componentes de la Comisión Provincial de Patrimonio Histórico en el año 2013.

Presidente: Miguel Morales Molina.

Vocales: Javier Navarro Gallego, Antonio Mateo Sánchez, Jesús Molero García, Mª Ángeles Rodríguez Domenech y Enrique Herrera Maldonado.

Ponente: Juana Rico Martínez.

Secretaría: José Luis Ruiz Rodríguez.

INTERVENCIONES DESTACADAS DEL AÑO 2013

Restauración de la iglesia del Santísimo Cristo del Valle.

Intervención en la iglesia de San Andrés de Villanueva de los Infantes.

Rehabilitación de la cubierta de la ermita de la Veracruz de Manzanares.

Rehabilitación de la cubierta de la iglesia de Nuestra Señora de la Asunción de Manzanares.

Rehabilitación de la Casa Malpica de Manzanares para museo.

Obras en el Real Hospital de Mineros de San Rafael de Almadén.

Restauración y consolidación del ángulo sur del castillo de Pilas Bonas de Manzanares.

Intervención en el castillo de la Estrella de Montiel.

Reforma de la cubierta de la iglesia parroquial de San Sebastián de Porzuna.

Restauración del Molino Grande de Manzanares.

Documentación y excavación con sondeos en el dolmen Cocinilla del Cura de Fuente el Fresno.

Intervención arqueológica en el paraje Bocapucheros de Almagro.

Intervención arqueológica en Piédrola, Alcázar de San Juan.

Restauración de la cubierta y fachadas de la iglesia parroquial de Carrión de Calatrava.

Intervención arqueológica en Calatrava la Vieja.

Consolidación estructural de la Casa-Academia de Minas de Almadén.

Consolidación de la villa romana y necrópolis altomedieval de La Ontavía de Terrinches.

CUADERNOS DE ESTUDIOS MANCHEGOS, 2013, núm. 38

«Élites de poder en Daimiel durante el siglo XVI: el estado de Hijosdalgo en una villa del Campo de Calatrava», Daniel Carrillo de Albornoz Alonso

«Primeras manifestaciones del cultor mariano conservadas en la provincia de Ciudad Real», María Cristina López López.

BAM, COLECCIÓN GENERAL, 2013

Ciudad Real, historial taurino, Manuel Hervás Casado.

Epidemias y salud. Ciudad Real: del cólera de 1833 a la gripe de 1918, Enrique Jiménez Villalta.

Cirilo Vara y Soria (1820-1885). Primer arquitecto provincial, Concepción Moya García.

Componentes de la Comisión Provincial de Patrimonio Histórico en el año 2014:

Presidente: Miguel Morales Molina

Vocales: Javier Navarro Gallego, Antonio Mateo Sánchez, Jesús Molero García, María Ángeles Rodríguez Domenech y Enrique Herrera Maldonado.Ponente: Juana Rico Martínez. Secretaría: José Luis Ruiz Rodríguez.

El 17 de enero de 2014 se notificó, por la dirección arqueológica encargada del control de las obras de despliegue de la red de gas natural en Argamasilla de Calatrava, el hallazgo de una piedra solera de molino en el subsuelo de la Plaza del Palacio. Fue extraída y depositada en dependencias municipales[18].

El Decreto 24/2014, de 3 de abril de 2014, estableció la regulación de las comisiones provinciales del Patrimonio Cultural de Castilla-La Mancha, por aplicación de la Ley 4/2013, de 16 de mayo, asignándole funciones consultivas en aquellas materias que le sean solicitadas por la Consejería competente en materia de Patrimonio Cultural de la Junta de Comunidades de Castilla-La Mancha y todas aquellas que se establecen en la citada ley.

Ley 2/2014 de Museos de Castilla-La Mancha (*DOCM*. Núm. 100, 28 de mayo de 2014) dedica el artículo 25 a los materiales arqueológicos y/o paleontológicos.

INTERVENCIONES DESTACADAS DEL AÑO 2014

Reparación del chapitel de la torre de la Catedral de Santa María del Prado de Ciudad Real.

Rehabilitación de la Casa Josito de Manzanares.

Consolidación de la nave uno de la fábrica de hoces La Langosta de La Solana.

Restauración de la Casa de los Estudios de Villanueva de los Infantes.

Restauración de la cubierta de la iglesia de San Vicente Mártir de Cózar.

Rehabilitación de la ermita de San Antón de Herencia.

Reparación de cubiertas y arreglo de grietas en la fachada de la iglesia de Nuestra Señora de la Asunción de Calzada de Calatrava.

Reparación de cubierta. vigas y cerchas en la iglesia parroquial de Nuestra Señora de la Asunción de Alcolea de Calatrava.

Restauración en el retablo de la ermita del Cristo del Espíritu Santo de Malagón.

Intervención general de la iglesia parroquial de San Bartolomé de Almagro.

Obras de acondicionamiento en el interior de la iglesia de los Trinitarios de Valdepeñas.

En junio de 2014 se celebraron en Herencia las I Jornadas de Historia con motivo de la celebración del 775 aniversario de la concesión de la Carta Puebla al municipio. Fueron organizadas por el Ayuntamiento de Herencia a través del Centro de Estudios Herencianos, el Centro de Estudios de Castilla-La Mancha de la Universidad de Castilla-La Mancha y el Departamento de Historia del IES Hermógenes Rodríguez de Herencia.

Tabla 10

SUBVENCIONES PARA LA REALIZACIÓN DE PROYECTOS DE INVESTIGACIÓN DEL PATRIMONIO ARQUEOLÓGICO Y PALEONTOLÓGICO DE CASTILLA-LA MANCHA, 2014

PROYECTO	TÉRMINO MUNICIPAL	ENTIDAD SOLICITANTE	AYUDA CONCEDIDA (EUROS)	INVESTIGADOR PRINCIPAL
Investigaciones arqueológicas en la necrópolis de Alarcos y en el sector III del yacimiento de Alarcos	Ciudad Real y Poblete	UCLM	9.200	Antonio de Juan García
Investigación arqueológica en Pilar de la Legua y Arroyo de la Pila. Sondeos prospectivos y estratigráficos	Almadén	Ayuntamiento de Almadén	10.700	Germán Esteban Borrajo
Sondeos arqueológicos en Piédrola: la romanización de La Mancha centro	Alcázar de San Juan	Ayuntamiento de Alcázar de San Juan	4.000	Víctor López-Menchero Bendicho
Sondeos en el patio exterior 1 del Palacio de la Clavería	Aldea del Rey	Ayuntamiento de Aldea del Rey	3.000	José Lorenzo Sánchez Meseguer
Excavación en el área suroeste de la Domus de las Columnas Rojas de Sisapo-La Bienvenida	Almodóvar del Campo	Fundación General de la UNED	25.000	Mar Zarzalejos Prieto
Proyecto de investigación arqueológica del foso norte del castillo de Doña Berenguela. Bolaños de Calatrava	Bolaños de Calatrava	UCLM	3.000	Ángel Aranda Palacios

Tabla 10 (continuación)
SUBVENCIONES PARA LA REALIZACIÓN DE PROYECTOS DE INVESTIGACIÓN DEL
PATRIMONIO ARQUEOLÓGICO Y PALEONTOLÓGICO DE CASTILLA-LA MANCHA, 2014

PROYECTO	TÉRMINO MUNICIPAL	ENTIDAD SOLICITANTE	AYUDA CONCEDIDA (EUROS)	INVESTIGADOR PRINCIPAL
Excavación arqueológica en el yacimiento de Alarcos	Ciudad Real y Poblete	UCLM	4.900	María del Rosario García Huerta
Calatrava la Vieja 2014	Carrión de Calatrava	UCM	6.000	Manuel Retuerce Velasco
Excavación arqueológica en el sector I del castillo de la Estrella	Montiel	UCLM	7.000	Jesús Molero García
Estudio de materiales arqueológicos de los castillos de San Polo y La Estrella	Montiel	Ayuntamiento de Montiel	2.400	David Gallego Valle
Estudio arqueológico preliminar del entorno de Las Virtudes	Santa Cruz de Mudela	Ayuntamiento de Santa Cruz de Mudela	3.900	Miguel Ángel Hervás Herrera
La cámara paradolménica prehistórica del Castillejo del Bonete y el balneum romano de La Ontavía (Terrinches, Ciudad Real). Conservación, interpretación y estudio del horizonte megalítico asociado al Bronce de La Mancha y del fenómeno villae vinculado a la Vía Augusta	Terrinches	Ayuntamiento de Terrinches	11.000	Luis Benítez de Lugo Enrich

Tabla 10 (continuación)

SUBVENCIONES PARA LA REALIZACIÓN DE PROYECTOS DE INVESTIGACIÓN DEL PATRIMONIO ARQUEOLÓGICO Y PALEONTOLÓGICO DE CASTILLA-LA MANCHA, 2014

PROYECTO	TÉRMINO MUNICIPAL	ENTIDAD SOLICITANTE	AYUDA CONCEDIDA (EUROS)	INVESTIGADOR PRINCIPAL
Estudio integral y puesta en valor de un edificio de la muralla sur en la ciudad ibérica: Análisis arqueológico del continente y del contenido. Cerro de las Cabezas	Valdepeñas	Ayuntamiento de Valdepeñas	14.900	Julián Vélez Rivas
Proyecto arqueológico del entorno Jamila: Análisis transversal del poblamiento (pre)histórico en el Alto Valle del río Jabalón	Villanueva de los Infantes	Ayuntamiento de Villanueva de los Infantes	4.000	Pedro Reyes Moya Maleno
Prospección, localización, documentación arqueológica y fotogramétrica de yacimientos con arte rupestre postpaleolítico en el término municipal de Viso del Marqués	Viso del Marqués	Ayuntamiento de Viso del Marqués	2.080	Alfonso Caballero Klink

CUADERNOS DE ESTUDIOS MANCHEGOS, 2014, núm. 39

«Aportaciones al estudio Paleolítico de la cabecera del Guadiana: el Cigüela a su paso por Arenas de San Juan», Luis Manuel Sánchez González y Carmen Moreno Moreno.

«Documentos del siglo XVI en el Archivo Municipal de Daimiel: edición, transcripción y notas», Daniel Carrillo de Albornoz Alonso.

«La movilización campesina frente al proceso desamortizador: Villanueva de San Carlos (1769-1908)», Ángel Ramón del Valle Calzado.

«De convento de dominicos a nosocomio y frenocomio de guerra: el hospital subalterno de Almagro (1937-1939)», Olga Villasante.

«Proteger para conservar. Conservar para difundir. La gestión del arte rupestre en Castilla-La Mancha», Francisco Javier Morales Hervás, María Perlines Benito y Patricia Hevia Gómez.

«Retablos cerámicos del Obispado de Ciudad Real», Ana María Fernández Rivero.

BAM, Colección general, 2014

El Instituto Nacional de Colonización en Ciudad Real. Análisis y documentos, José Rivero y Diego Peris.

Vida y Cultura en el Campo de Calatrava (I), Ana María Castillo Pinero.

La memoria en plata. Una historia social de la fotografía en el Campo de Montiel (1863-1940), Carlos Chaparro Contreras.

En abril de 2015 se celebró en Ciudad Real el I Congreso Nacional «Ciudad Real y su provincia», organizado por el Instituto de Estudios Manchegos. Se presentaron 108 comunicaciones y se desarrolló en tres sedes simultáneas: Antiguo Casino, Museo Municipal López Villaseñor y Museo de la Merced.

Desde el curso 2015-2016 Bolaños de Calatrava celebra cada año sus Jornadas de Historia Local organizadas por el Archivo Municipal con la colaboración de la Universidad Popular.

En 2015 el Ayuntamiento de Tomelloso comenzó a organizar las Jornadas Patrimoniales y Culturales de Tomelloso.

La Ley 10/2015, de 26 de mayo, para la salvaguardia del Patrimonio Cultural Inmaterial

El concepto de patrimonio cultural inmaterial, entre otras cuestiones, establece los principios generales de las actuaciones de salvaguardia y define el concepto de patrimonio cultural inmaterial en el artículo 2:

«Tendrán la consideración de bienes del patrimonio cultural inmaterial los usos, representaciones, expresiones, conocimientos y técnicas que las comunidades, los grupos y en algunos casos los individuos, reconozcan como parte integrante de su patrimonio cultural, y en particular:

a) Tradiciones y expresiones orales, incluidas las modalidades y particularidades lingüísticas como vehículo del patrimonio cultural inmaterial; así como la toponimia tradicional como instrumento para la concreción de la denominación geográfica de los territorios;

b) artes del espectáculo;

c) usos sociales, rituales y actos festivos;

d) conocimientos y usos relacionados con la naturaleza y el universo;

e) técnicas artesanales tradicionales;

f) gastronomía, elaboraciones culinarias y alimentación;

g) aprovechamientos específicos de los paisajes naturales;

h) formas de socialización colectiva y organizaciones;

i) manifestaciones sonoras, música y danza tradicional».

INTERVENCIONES DESTACADAS DEL AÑO 2015

Rehabilitación de la iglesia de Nuestra Señora de la Consolación de Ballesteros de Calatrava.

Arreglo de la fachada de la iglesia de Nuestra Señora de la Consolación de Alcoba de los Montes.

Restauración de la cubierta y portadas de la iglesia del Carmen de Ciudad Real.

Consolidación estructural de la iglesia de Santa Catalina de La Solana.

Reparación de la torre de la iglesia parroquial de Santa Ana de Granátula de Calatrava.

Arreglo de la cubierta de la iglesia parroquial Santa María la Mayor de Alcázar de San Juan.

Peatonalización del entorno de la Puerta de Toledo de Ciudad Real.

La Asociación Cultural Portus Planus surgió a finales de 2015. Entre sus principales objetivos se encuentra la investigación y divulgación del patrimonio cultural, artístico y natural de Puertollano y su comarca y también, del patrimonio inmaterial (fiestas, tradiciones, costumbres y gastronomía) de la localidad minera. Desde que comenzara su andadura, Portus Planus ha llevado a cabo numerosas actividades para todos los públicos, entre las que destacamos las jornadas de historia, exposiciones de mapas y fotografías, talleres gastronómicos, ponencias, rutas culturales, rutas senderistas, viajes culturales, entre otras muchas.

La Asociación Cultural Almágora nació en Almagro en el año 2015 con el objetivo de promover la divulgación, puesta en valor, conocimiento y conservación del patrimonio histórico-artístico de la localidad.

En el año 2015 Gregorio Carrasco localizó, empotrada en uno de los muros de la fachada de la ermita del Cristo del Espíritu de Malagón, una inscripción de carácter votivo dedicada a Marte[19].

CUADERNOS DE ESTUDIOS MANCHEGOS, 2015, núm. 40

«La dama del cuadro exvoto de Rodrigo Pacheco», Pilar Serrano de Menchén.

«Don Pedro Echevarría de la Mancha», Vicente Castellanos Gómez

BAM, COLECCIÓN GENERAL, 2015

Los diputados por Ciudad Real en la Segunda República, Jerónimo Mansilla Escudero.

Los aviones del pueblo: el aeroplano «Ciudad Real», Mariano J. García-Consuegra.

El vino de cepa en cepa. De la viña a la copa, Antonio Salinas.

Valle de Alcudia, Vicente Romano y Fernando F. Sanz.

Tabla 11
Subvenciones para la realización de proyectos de investigación del patrimonio arqueológico y paleontológico de Castilla-La Mancha, 2015

Proyecto	Término municipal	Entidad solicitante	Ayuda concedida (euros)	Investigador principal
Estudio arqueológico de las cerámicas del foso este y Torre Prieta del castillo de Bolaños	Bolaños de Caltrava	Ayuntamiento de Bolaños de Calatrava	3.183,75	Ángel Aranda Palacios
Excavación arqueológica en el yacimiento de Alarcos	Ciudad Real	UCLM	7.220	Antonio de Juan García
Estudio e investigación arqueológica de la necrópolis ibérica y deloppidum de Alarcos	Ciudad Real	UCLM	6.195,89	María del Rosario García Huerta
Excavación de un tramo del foso del sistema defensivo del Cerro de las Cabezas. Aplicación de sistemas	Valdepeñas	Ayuntamiento de Valdepeñas	10.207	Julián Vélez Rivas
Excavación arqueológica en el sector I del castillo de la Estrella	Montiel	UCLM	6.265	Jesús Molero García
Excavación Calatrava 2015	Carrión de Calatrava	UCLM	5.646,40	Manuel Retuerce Velasco
Investigación arqueológica en el yacimiento de Pilar de la Legua. Excavación en área	Almadén	Ayuntamiento de Almadén	13.118,52	Germán Esteban Borrajo
Estudio de la Cultura de las Motillas	Terrinches	Ayuntamiento de Terrinches	18.639,49	Luis Benítez de Lugo Enrich

Tabla 11 (continuación)

SUBVENCIONES PARA LA REALIZACIÓN DE PROYECTOS DE INVESTIGACIÓN DEL PATRIMONIO ARQUEOLÓGICO Y PALEONTOLÓGICO DE CASTILLA-LA MANCHA, 2015

PROYECTO	TÉRMINO MUNICIPAL	ENTIDAD SOLICITANTE	AYUDA CONCEDIDA (EUROS)	INVESTIGADOR PRINCIPAL
Investigaciones arqueológicas en 1 Antigua Sisapo-La Bienvenida.Campaña 2015	Almodóvar del Campo	Fundación de la Universidad Nacional de Educación a Distancia	20.017,23	Mar Zarzalejos Prieto
Proyecto de investigación arqueológica de Jamila	Villanueva de los Infantes	Ayuntamiento de Villanueva de los Infantes	3.244,98	Pedro Reyes Moya Maleno

En abril de 2016 se celebró en Ciudad Real el II Congreso Nacional «Ciudad Real y su provincia», organizado por el Instituto de Estudios Manchegos. Se presentaron 35 comunicaciones y cuatro ponencias especializadas, que se dividieron en dos sesiones oficiales distribuidas en las sedes situadas en el edificio del Antiguo Casino y en la Facultad de Letras de la Universidad de Castilla-La Mancha. La primera de ellas, la «Sesión General», dedicada a las investigaciones originales referidas a la provincia de Ciudad Real sin ningún límite cronológico ni temático. La segunda sesión, «Sesión Especializada», dedicada a la conflictividad social en la época contemporánea.

13.3. COMISIÓN PROVINCIAL DE PATRIMONIO CULTURAL

La Resolución de 18 de enero de 2016, de la Viceconsejería de Cultura, publicó la composición de la Comisión Provincial del Patrimonio Cultural de la provincia de Ciudad Real:

Presidente: Francisco José Navarro Haro.

Vocales: José Luis Ruiz Rodríguez, Antonio Mateo Sánchez, Pedro Torres Torres, José Javier Navarro Gallego, Miguel Cortés Arrese y María de los Ángeles Rodríguez Domenech

Secretario: Juan Ignacio Utrilla Aragón.

Después formaron parte como vocales: Daniel Reina Ureña, Teodoro Rincón Huertas, José Antonio González Baos y Enrique Jiménez Villalta.

REUNIÓN DE LA COMISIÓN PROVINCIAL DE PATRIMONIO CULTURAL DEL 4 DE JULIO DE 2016

Se constituyó de nuevo la Comisión Provincial de Patrimonio Cultural, según el Decreto 24/2014, de tres de abril (*DOCM*, núm. 68, 8 de abril de 2014), se dio cuenta de la declaración de Bien de Interés Cultural del Archivo Histórico de Minas de Almadén y Arrayanes, con la categoría de Colección y se aprobaron los informes relativos al inicio del expediente para declarar Bien de Interés Cultural la fiesta del Corpus Christi en el municipio de Porzuna (Ciudad Real), con categoría de Bien Inmaterial, el inicio del expediente para declarar Bien de Interés Patrimonial los molinos de viento ubicados en el Ccerro de San Antón del término municipal de Alcázar de San Juan con la categoría de Construcción de Interés Patrimonial, el informe relativo al inicio del expediente para declarar Bien de Interés Patrimonial la Casa del Hidalgo de Alcázar de San Juan con la categoría de Construcción de Interés Patrimonial, el informe relativo al inicio del expediente para declarar Elemento de Interés Patrimonial la azulejería de la Antigua Fonda de la Estación de Ferrocarril en el municipio de Alcázar de San Juan (Ciudad Real) y el informe relativo a la solicitud realizada por el Ayuntamiento de La Solana sobre la antigua fábrica de hoces La Langosta.

La Orden de 13 de julio de 2016, de la Consejería de Educación, Cultura y Deportes, estableció las bases reguladoras para la financiación de proyectos de investigación del Patrimonio Arqueológico y Paleontológico de Castilla-La Mancha[20].

INTERVENCIONES DESTACADAS DEL AÑO 2016

Restauración de la iglesia de Nuestra Señora de la Asunción de Villahermosa.

Adecuación de las estructuras termales de la Casa del cura Rabadán en El Peral de Valdepeñas.

Reforma interior y exterior de la iglesia vieja de San Juan Bautista de Pozuelo de Calatrava.

Intervención en las cuadras de la Casa de La Paca de Pedro Muñoz.

Intervención arqueológica en el cerro Bilanero de Alhambra.

Consolidación de las pinturas murales del camarín, en el Santuario de Nuestra Señora de las Virtudes de Santa Cruz de Mudela.

Adaptación del Palacio del Marqués de Melgarejo de Villanueva de los Infantes para actividad hostelera.

Restauración de pinturas murales y retablo de la ermita de San Cosme y San Damián de Bolaños de Calatrava.

Reparación y sustitución de cornisas de la torre de la iglesia de Nuestra Señora de la Asunción de Puertollano.

Arreglo de cubiertas de la ermita del Cristo de la Luz y convento de Padres Pasionistas de Daimiel.

Intervenciones en el castillo de Peñarroya de Argamasilla de Alba.

Obras de conservación de la ermita del Santísimo Cristo de la Misericordia de Herencia.

Rehabilitación de la cubierta (torre sur) de la iglesia parroquial de Nuestra Señora de Consolación.

Hallazgo de mosaico y otras estructuras en el yacimiento de Los Villares de Alhambra.

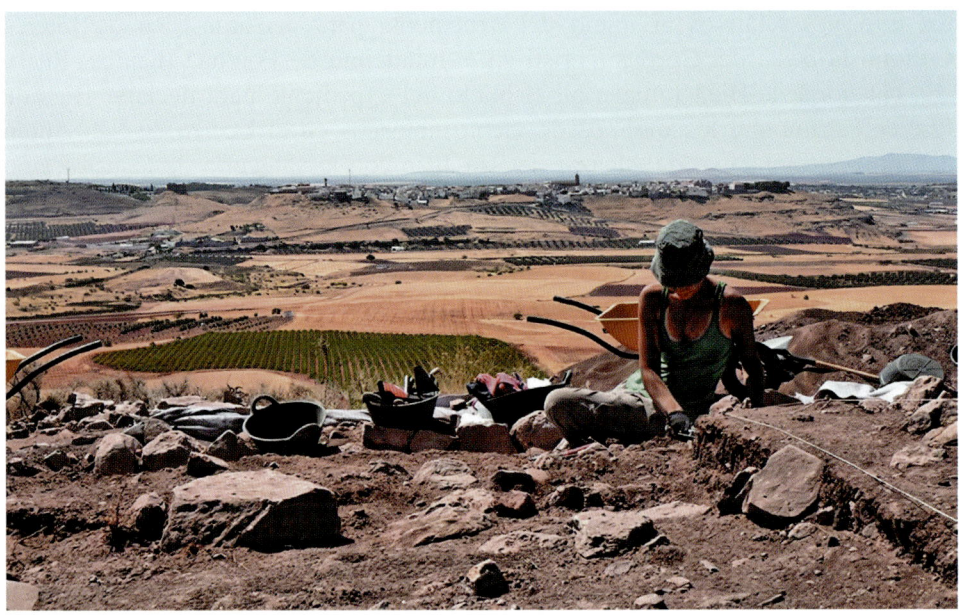

Excavaciones en el cerro Bilanero de Alhambra. Fuente: Alfonso Monsalve.

CUADERNOS DE ESTUDIOS MANCHEGOS, 2016, num. 41

«Fósiles de los primeros animales en Ciudad Real», Julián Simón López-Villalta..

«El aeródromo de Daimiel, cuna de la aviación manchega», Mariano José García-Consuegra García-Consuegra.

«Gustave Vergneau, la voz de las Brigadas Internacionales en Ciudad Real. Los voluntarios interbrigadistas y Ciudad Real», Iván Fernández-Bermejo Gómez.

«La sanidad en Valdepeñas bajo distintos regímenes políticos: Monarquía, Dictadura y República (1874-1936)», Concepción Moya García y Carlos Fernández-Pacheco Sánchez-Gil.

«El equilibrio católico: trayectoria teológica de Rafael Pérez Piñero», Fernando García-Cano Lizcano.

«Retablos cerámicos del Obispado de Ciudad Real (III). «la Inmaculada Concepción», obra de Enrique Orce Mármol (1925)», Ana María Fernández Rivero.

«Historiografía y fortuna crítica del pintor manchego Gregorio Prieto (1897-1992)», Javier García-Luengo Manchado.

Tabla 12

SUBVENCIONES PARA LA REALIZACIÓN DE PROYECTOS DE INVESTIGACIÓN DEL
PATRIMONIO ARQUEOLÓGICO Y PALEONTOLÓGICO DE CASTILLA-LA MANCHA, 2016

PROYECTO	TÉRMINO MUNICIPAL	ENTIDAD SOLICITANTE	AYUDA CONCEDIDA (EUROS)	INVESTIGADOR PRINCIPAL
Investigación arqueológica en el castillo de Calatrava la Nueva	Aldea del Rey	Ayuntamiento de Aldea del Rey	5.767,20	Ana Segovia Fernández
Investigaciones arqueológicas en la Antigua Sisapo-La Bienvenida. Campaña 2016	La Bienvenida-Almodóvar del Campo	Fundación General de la UNED	14.653,38	Mar Zarzalejos Prieto
Arquitectura y prospecciones geofísicas para el conocimiento del oppidum oretano del Cerro de las Cabezas	Valdepeñas	Univerrsidad Autónoma dc Madrid	8.600,94	Juan Blánquez Pérez
Estudio de túmulos prehistóricos en la Cultura de las Motillas: Castillejo del Bonete	Terrinches	Ayuntamiento de Terrinches	16.515,12	Luis Benítez de Lugo Enrich
Investigación arqueológica en el yacimiento de Pilar de la Legua: excavación en área, fase 2	Almadén	Ayuntamiento de Almadén	10.155,37	Germán Esteban Borrajo
Estudio de contextualización ceramológica, mineralógica y fotogramétrica de la villa romana de Puente de la Olmilla (Albaladejo, Ciudad Real)	Ciudad Real y Albaladejo	Ayuntamiento de Albajadejo	2.468,39	Luis Benítez de Lugo Enrich

Tabla 12 (continuación)

SUBVENCIONES PARA LA REALIZACIÓN DE PROYECTOS DE INVESTIGACIÓN DEL PATRIMONIO ARQUEOLÓGICO Y PALEONTOLÓGICO DE CASTILLA-LA MANCHA, 2016

PROYECTO	TÉRMINO MUNICIPAL	ENTIDAD SOLICITANTE	AYUDA CONCEDIDA (EUROS)	INVESTIGADOR PRINCIPAL
Realización de un sondeo estratigráfico en el área urbana del oppidum. Estudio arqueológico-estratigráfico del área urbana y muralla norte. Realización de dataciones por termoluminiscencia; estudio y clasificación de material metálico del yacimiento arqueológico del Cerro de las Cabezas	Valdepeñas	Ayuntamiento de Valdepeñas	8.850	Julián Vélez Rivas
Excavación arqueológica en el barrio islámico (sector 1, área 2) del conjunto arqueológico del castillo de la Estrella	Montiel	UCLM	12.424,63	Jesús Molero García
Estudio e investigación arqueológica de la necrópolis ibérica y del oppidum de Alarcos, sector III (Ciudad Real-Poblete)	Poblete y Ciudad Real	UCLM	6.121,60	María del Rosario García Huerta
Investigaciones geoarqueológicas y topográficas en el yacimiento de la Motilla del Azuer	Daimiel	Ayuntamiento de Daimiel	3.2794,93	Miguel Torres Mas

Tabla 12 (continuación)

SUBVENCIONES PARA LA REALIZACIÓN DE PROYECTOS DE INVESTIGACIÓN DEL
PATRIMONIO ARQUEOLÓGICO Y PALEONTOLÓGICO DE CASTILLA-LA MANCHA, 2016

PROYECTO	TÉRMINO MUNICIPAL	ENTIDAD SOLICITANTE	AYUDA CONCEDIDA (EUROS)	INVESTIGADOR PRINCIPAL
Excavación arqueológica en el castillo de Santa María, Argamasilla de Alba (Ciudad Real). Campaña 2016	Argamasilla de Alba	Ayuntamiento de Argamasilla de Alba	2.795,01	Antonio Gómez Laguna
Excavación arqueológica en el yacimiento de Alarcos (Ciudad Real-Poblete)	Poblete y Ciudad Real	UCLM	8.168,45	Antonio de Juan García
Estudio y caracterización de materiales arqueológicos en Calatrava la Vieja (Carrión de Calatrava, Ciudad Real), 2016	Carrión de Calatrava	Universidad Complutense ded Madrid	8.850	Manuel Retuerce Velasco

«El sentido del carpe diem del soneto XXIII de Garcilaso de la Vega», Antonio de la Rosa Ignacio.

«La justicia y la misericordia en el Quijote», Francisco Javier Sanzol Díez.

«Una nueva versión de los versos preliminares del Quijote», Jerónimo Anaya Flores.

BAM, COLECCIÓN GENERAL, 2016

Paseos de arqueología romana por la provincia de Ciudad Real, Jesús López-Maestre Ruiz.

Los inicios del Renacimiento en la provincia de Ciudad Real. Testigos arquitectónicos, María Cristina López.

50 personajes de Ciudad Real para la Historia, Bruno Barragán Fernández.

Minas de San Quintín (1884-1934). Notas sobre la aldea, sus médicos y sus mineros, Jorge Juan Trujillo Valderas.

Ciudad Real en la pluma de cinco cronistas, Emilio Bernabéu, Julián Alonso, Francisco Pérez, Antonio Ballester y Cecilio López, Juan Manuel Segura (recop.).

En febrero de 2017 Manuel Encinas Nieto, un agricultor de Corral de Calatrava, localizó mientras araba en una parcela del paraje, conocido como Los Villares, una piedra que contenía inscripciones y elementos decorativos. Comunicó el hallazgo al Ayuntamiento de Corral de Calatrava y al Servicio de Cultura de la Delegación Provincial. Fue trasladada al Museo de Ciudad Real y se ha integrado en la exposición permanente y ha formado parte de exposiciones temporales. Se trata de un altar funerario de piedra caliza de 79 x 48 x 29 centímetros, datada en el siglo II. Uno de los mejores epígrafes del Museo de Ciudad Real. En la parte frontal muestra una corona de 27 centímetros de diámetro que alberga una sencilla invocación para proteger al difunto en el más allá. La altura de las letras es de 5 cetímetros y muestra interrupciones triangulares. En el texto se lee: D(is) M(anibus) s(acrum), «Consagrado a los dioses Manes». En el costado izquierdo del altar está esculpida una pátera y en el derecho una jarra.

En el año 2017 la editorial Serendipia empezó la colección «Ciudad Real Ensayo» con el propósito de abordar la divulgación de estudios e investigaciones sobre Ciudad Real en formato de ensayo.

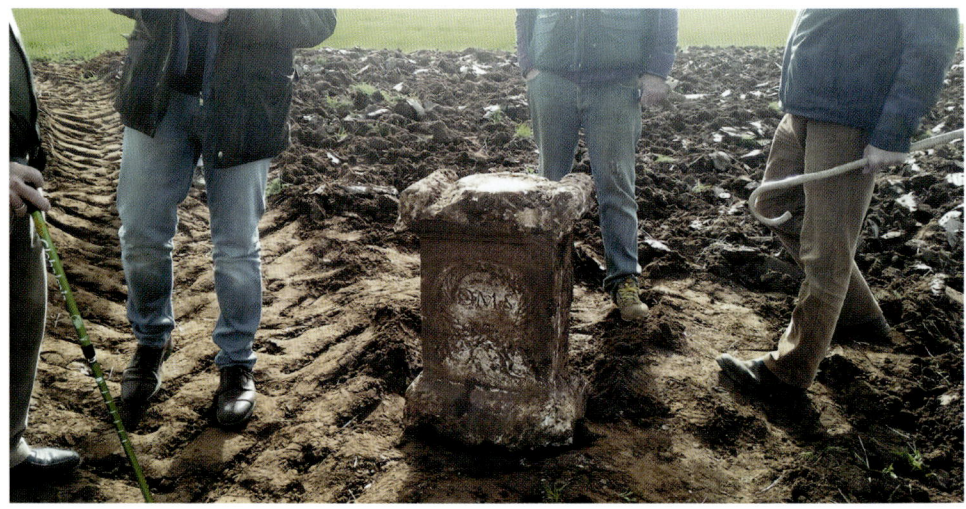

Altar funerario de Corral de Calatrava. Fuente: Servicio de Cultura.

REUNIÓN DE LA COMISIÓN PROVINCIAL DE PATRIMONIO CULTURAL DEL 29 DE MARZO DE 2017

Se dieron cuenta de los informes sobre las intervenciones necesarias y urgentes para corregir el estado de abandono, falta de mantenimiento y deterioro que presenta el castillo de Alhambra, la declaración de Bien de Interés Patrimonial del Cerco de Buitrones en el municipio de Almadenejos, la aprobación definitiva del Plan Especial de Protección del Conjunto Histórico Minero de Almadén, el informe de patologías que presenta el convento de la Asunción Calatrava de Almagro, se desestimó el proyecto de remodelación del campanario de la iglesia parroquial de San Juan Bautista de Pozuelo de Calatrava y el estudio denominado «Plan especial de protección y enriquecimiento cultural de Villanueva de los Infantes», consistente en la colocación de 16 placas de arenisca y un monumento en el Conjunto Histórico de Villanueva de los Infantes, presentado por el Centro Internacional «Lugar de la Mancha» de estudios sobre el Quijote y remitido por el Ayuntamiento de la localidad.

Del 25 al 27 de octubre de 2017 se celebró en Daimiel el «LEGATUM 2.0, I Congreso Internacional de Musealización y Puesta en Valor del Patrimonio Cultural», organizado por el Laboratorio de Arqueología, Patrimonio y Tecnologías Emergentes de la Universidad de Castilla-La Mancha en colaboración con el Ayuntamiento de Daimiel, con el objetivo de ofrecer a la comunidad científica nacional e internacional el foro idóneo para la presentación de las últimas investigaciones y desarrollos en el campo de la valorización del patrimonio cultural.

REUNIÓN DE LA COMISIÓN PROVINCIAL DE PATRIMONIO CULTURAL DEL 22 DE SEPTIEMBRE DE 2017

Se dio cuenta de la declaración definitiva como Bien de Interés Cultural de la fiesta del Corpus Christi en el municipio de Porzuna (Ciudad Real), con categoría de Bien Inmaterial, la declaración de Bien de Interés Patrimonial del yacimiento de La Ontavía en el municipio de Terrinches (Ciudad Real), con la categoría de Yacimiento Arqueológico de Interés Patrimonial y se aprobaron los informes relativos al proyecto de demolición del conjunto de edificaciones rurales localizado en Las Tiñosas, parcela 813, polígono 1 de Solana del Pino y a la redefinición de huecos en el proyecto de rehabilitación de la iglesia del Santo Cristo de la Misericordia de Valdepeñas.

INTERVENCIONES DESTACADAS DEL AÑO 2017

Obras de rehabilitación y adaptación de la cueva y fresquera del Museo Municipal de Valdepeñas.

Restauración y rehabilitación de la iglesia parroquial de Nuestra Señora de los Olmos de Torre de Juan Abad.

Adaptación de la Torre Larios de Manzanares.

Hallazgo de la villa romana de La Torrecilla en el término municipal de Ciudad Real durante la construcción de una planta solar fotovoltaica. Fue excavada y documentada.

Restauración de la ermita de Nuestra Señora de la Concepción de Campo de Criptana.

Reparación de humedades en la iglesia parroquial de Santa Quiteria de Fuente el Fresno.

Rehabilitación y adecuación del Museo Elisa Cendrero de Ciudad Real.

Sustitución de la cubierta de la iglesia de Nuestra Señora de la Asunción de Campo de Criptana.

Consolidación y rehabilitación de los molinos del cerro de San Blas de Valdepeñas.

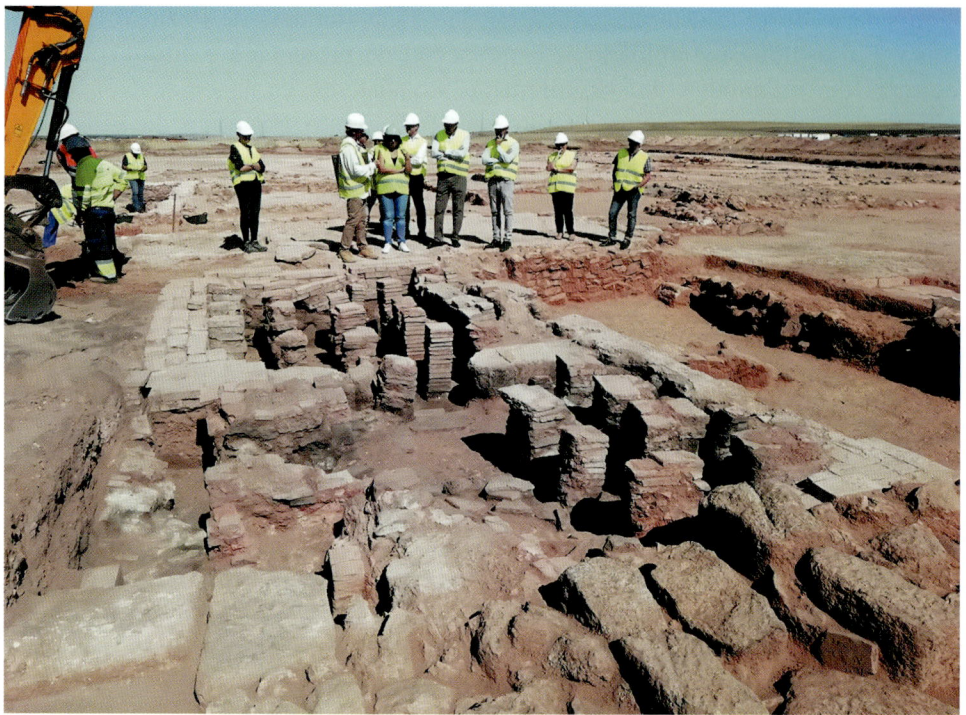

Villa romana de La Torrecilla, octubre de 2019. Fuente: Servicio de Cultura.

Cuadernos de Estudios Manchegos, 2017, núm. 42

«75 años de arquitectura contemporánea en Ciudad Real», Diego Peris Sánchez.

«Fundación de la parroquia de Argamasilla de Alba. (Normas capituladas)», Pilar Serrano de Menchén.

«El palacio de los Villarreal en Almagro», Arcadio Calvo Gómez.

«La 'Causa General' en Ballesteros de Calatrava», María Isabel Rodríguez Iglesias.

«Toponimia y emblemática: el nombre y el escudo de Herencia (Ciudad Real)», Pilar Fernández-Cañadas Greenwood.

BAM, Colección general, 2017

El Campo de Montiel en la Edad Media. Un señorío de órdenes militares, Carlos Javier Rubio Martínez.

La Guerra Civil en Ciudad Real (1936-1939). Conflicto y revolución en una provincia de la retaguardia republicana, Francisco Alía Miranda.

Manuel Herrera Piña. Fotografías: Ciudad Real en los años 50 y 60, textos de Luis Palacios Bañuelos y Manuel López Camarena.

Luisa Alberca, reina de los seriales en la radio de los 50, Enrique Sánchez Lubián.

Tabla 13

SUBVENCIONES PARA LA REALIZACIÓN DE PROYECTOS DE INVESTIGACIÓN DEL PATRIMONIO ARQUEOLÓGICO Y PALEONTOLÓGICO DE CASTILLA-LA MANCHA, 2017

PROYECTO	TÉRMINO MUNICIPAL	ENTIDAD SOLICITANTE	AYUDA CONCEDIDA (EUROS)	INVESTIGADOR PRINCIPAL
Investigaciones arqueológicas en la antigua Sisapo-La Bienvenida 2017 Almodóvar del Campo	Almodóvar del Campo	Fundación General de la UNED	16.138,50	Mar Zarzalejos Prieto
El Yacimiento de El Sotillo en el contexto del Paleolítico de la cuenca del Guadiana	Malagón	Universidad Autónoma de Madrid	16.138,50	Javier Baena Preysler
Investigaciones arqueológicas en la necrópolis ibérica y en el oppidum de Alarcos, sector III	Ciudad Real-Poblete	UCLM	12.802,03	María del Rosario García Huerta
Cronoestratigrafía del yacimiento achelense de Albalá y terrazas fluviales del río Guadiana	Ciudad Real	CENIEH	15.457,40	Alfonso Benito Calvo
Estudio del sistema constructivo y excavación arqueológica en el sector I del conjunto arqueológico de Montiel	Montiel	UCLM	12.546,60	Jesús Molero García
Arqueología de la tierra y arqueología no invasiva para conocimiento urbano y territorial del oppidum del Cerro de las Cabezas	Valdepeñas	Universidad Autónoma de Madrid	10.881	Juan Blánquez Pérez

Tabla 13 (continuación)

SUBVENCIONES PARA LA REALIZACIÓN DE PROYECTOS DE INVESTIGACIÓN DEL PATRIMONIO ARQUEOLÓGICO Y PALEONTOLÓGICO DE CASTILLA-LA MANCHA, 2017

PROYECTO	TÉRMINO MUNICIPAL	ENTIDAD SOLICITANTE	AYUDA CONCEDIDA (EUROS)	INVESTIGADOR PRINCIPAL
Estudio y caracterización de las canteras molineras de Piédrola	Alcázar de San Juan	Ayuntamiento de Alcázar de San Juan	5.937,60	Víctor Manuel López-Menchero Bendicho
Excavación arqueológica en el yacimiento de Alarcos	Ciudad Real-Poblete	UCLM	19.995,68	Antonio de Juan García
Investigación arqueológica en el yacimiento Pilar de la Legua	Almadén	Ayuntamiento de Almadén	13.391,40	Germán Esteban Borrajo
Calatrava la Vieja 2017: Urbanismo y espacios domésticos andalusíes	Carrión de Calatrava	Universidad Complutense de Madrid	-	Manuel Retuerce Velasco
Investigación bioarqueológica del ritual funerario en la cultura de las Motillas	Terrinches	Ayuntamiento de Terrinches	19.470	Luis Benítez de Lugo Enrich
Proyecto arqueológico para el estudio del castillo de Santa María del Guadiana	Argamasilla de Alba	Ayuntamiento de Argamasilla de Alba	4.869,65	David Gallego Valle
Excavación del sector de la estructura de élite de la acrópolis del Cerro de las Cabezas	Valdepeñas	Ayuntamiento de Valdepeñas	10.738,26	Julián Vélez Rivas
Proyecto de investigación histórica/ arqueológica de asentamientos metalúrgicos romanos	Fuencaliente	Ayuntamiento de Fuencaliente	4.228	Macarena Fernández Rodríguez

En abril de 2018, como consecuencia de las lluvias y de la apertura de un canal de desagüe de un arroyo próximo a Villamanrique, quedó al descubierto una alineación de piedras. El hallazgo fue comunicado por Gabriel Pozo Felguera. Realizadas las correspondientes visitas, comprobaciones e informes, las evidencias apuntan a un enterramiento de época tardo antigua/altomedieval[21].

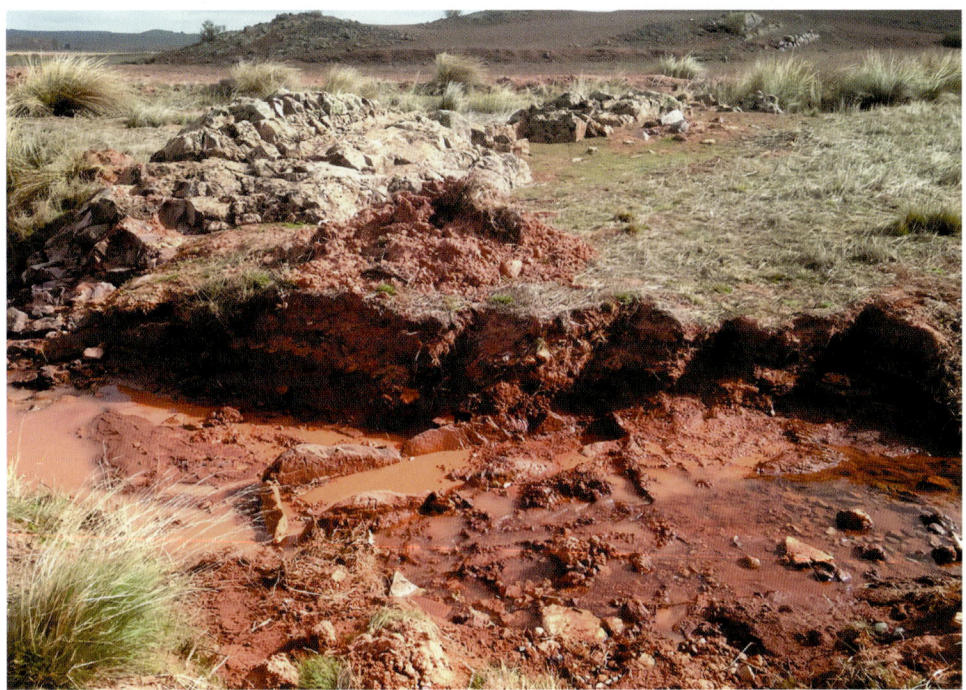

Tumba de Villamanrique.

El 22 de mayo de 2018 agentes del Seprona localizaron materiales arqueológicos en armarios-vitrinas del colegio público Ignacio de Loyola de Calzada de Calatrava[22]. Entre ellos una Inscripción episcopal de Oretum que fue trasladada al Museo de Ciudad Real y ha formado parte de la exposición «Atempora. Ciudad Real, un legado de 350.000 años»[23].

Hallazgo el 9 de julio de 2018 de una estela de guerrero encontrada de forma casual por parte del arrendatario de la finca don Luis Sánchez Calvo, durante las labores de arado en el paraje Valdelamoza[24]. En la actualidad se encuentra en el Museo de Ciudad Real y formó parte de las exposiciones «La caza un desafío en evolución» y «Atempora. Ciudad Real, un legado de 350.000 años»[25].

INTERVENCIONES DESTACADAS DEL AÑO 2018

Restauración de la ermita de la Veracruz de Campo de Criptana.

Conservación y restauración de las pinturas murales de la Casa de la Capellanía de Miguelturra.

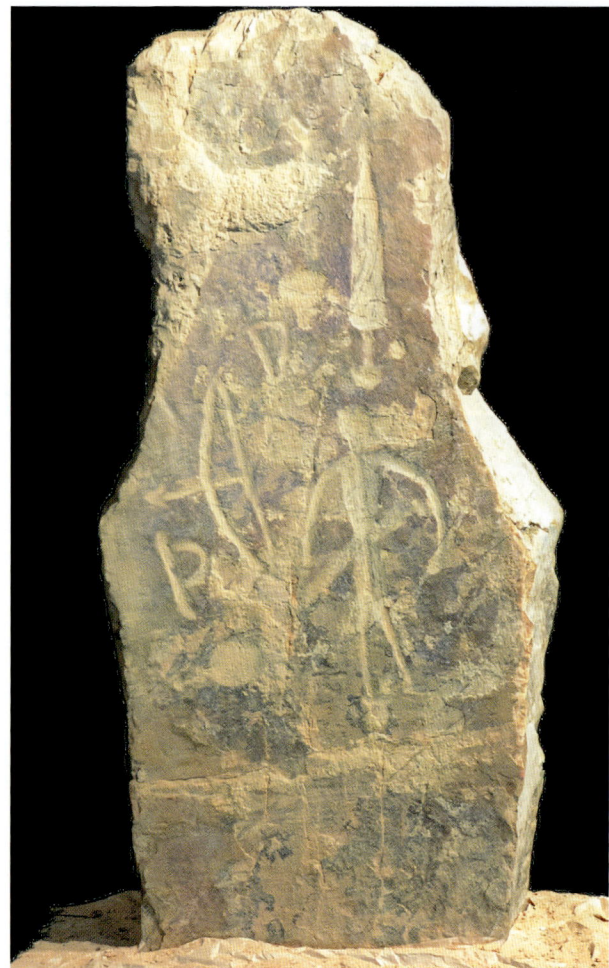

Estela de Chillón.

Obras de acondicionamiento del patio de la Casa de la Inquisición de Argamasilla de Calatrava.

Mantenimiento y reparación de los molinos del cerro de San Antón de Alcázar de San Juan.

Rehabilitación de la capilla de Santiago Apóstol en la Iglesia-castillo de Santa Catalina de Fuenllana.

Reparación de la cubierta principal de la parroquia de San Juan Bautista de Pozuelo de Calatrava.

Restauración de las pinturas murales de la capilla de Nuestro Padre Señor Rescatado de las iglesia de los Trinitarios de Valdepeñas.

Reparación de la fachada de la ermita de San Antón de Miguelturra.

Reparación, reposición y mantenimiento de diversos elementos del monasterio de Nuestra Señora de la Mercedes de Almodóvar del Campo.

Restauración parcial en cubiertas y muros de la Venta de Borondo de Daimiel.

Obras en la fachada principal de la ermita de San Blas de Manzanares.

Conservación y restauración de los restos de pintura mural de la pared norte de la ermita del Santísimo Cristo de la Columna de Bolaños de Calatrava.

Sustitución de la puerta de entrada a la iglesia de Nuestra Señora de la Paz de Daimiel.

Restauración del interior de la iglesia del Santo Cristo de la Misericordia de Valdepeñas.

Intervención en el pavimento, ventilación, peldaños del altar, basas de las columnas, zonas exteriores y cubiertas de la iglesia de Santiago Apóstol de Ciudad Real.

CUADERNOS DE ESTUDIOS MANCHEGOS, 2018, núm. 43

«Del Siglo de Oro al Siglo de las Luces. Episodios de la vida cotidiana en el Campo de Calatrava, fuentes y documentos para su historia», Juan Ramón Romero Fernández-Pacheco.

«La alhóndiga de Villanueva de los Infantes», María Ángeles Jiménez García.

«Malagón. Tierra de señoríos, religiosidad y concordia», Juan Miguel Soler Salcedo.

«Reivindicación de la filosofía desde una razón integradora», Fernando García-Cano Lizcano.

«La seguidilla, la copla que nos une. (Alma, expresión y sentimiento de una cultura)», Rafael Cantero Muñoz.

«Cervantes en la mirada de Ramón y Cajal: una interpretación de la ciencia (y de la sociedad) desde el universo literario», Francisco López-Muñoz.

«Intrahistoria(s) femenina(s) en la música manchega», Antonio Notario Ruiz.

«La fiesta de canonización de san Jacinto en Zaragoza y la participación de Cervantes», Javier Campos y Fernández de Sevilla.

«Arquitectura escolar de Miguel Fisac. De Daimiel a Valdepeñas. De lo orgánico a lo racional», Diego Peris Sánchez.

«El retablo de Nuestra Señora del Prado de Ciudad Real y su diseño arquitectónico: un ejemplo de ida y vuelta entre América y Europa», Manuel Arias Martínez.

BAM, Colección general, 2018

Conflictividad social y patrimonio en la provincia de Ciudad Real durante la II República (1931-1939), Juan F. Prado Sánchez-Cambronero.

Miguel Pérez Molina (1868-1939) y la Academia General de Enseñanza de Ciudad Real, Vicente Palomares García.

Hacer camino en La Mancha. Memorias breves y estampas cotidianas, Juan Carlos Pino Correa.

El Valle del Bullaque. Origen histórico y evolución, Pío Azaña.

Tabla 14

SUBVENCIONES PARA LA REALIZACIÓN DE PROYECTOS DE INVESTIGACIÓN DEL
PATRIMONIO ARQUEOLÓGICO Y PALEONTOLÓGICO DE CASTILLA-LA MANCHA, 2018

PROYECTO	TÉRMINO MUNICIPAL	ENTIDAD SOLICITANTE	AYUDA CONCEDIDA (EUROS)	INVESTIGADOR PRINCIPAL
Investigaciones arqueológicas en la antigua Sisapo-La Bienvenida 2018	Almodóvar del Campo	Fundación General de la UNED	22.686,50	Mar Zarzalejos Prieto
El yacimiento de El Sotillo en el contexto del Paleolítico de la cuenca del Guadiana	Malagón	Universidad Autónoma de Madrid	12.045	Javier Baena Preysler
Investigaciones arqueológicas en la necrópolis ibérica y en el oppidum de Alarcos sector III. Nuevos enfoques para el conocimiento de su socioeconomía	Ciudad Real-Poblete	UCLM	13.803,69	María del Rosario García Huerta
Arqueoestratigrafía y procesos de formación del yacimiento achelense de Albalá y terrazas fluviales del río Guadiana	Ciudad Real	CENIEH	18.078,02	Alfonso Benito Calvo
Arqueología de la batalla de Montiel. Excavación, prospección y estudio poliocértico	Montiel	UCLM	16.566,52	Jesús Molero García
Excavación arqueológica en el yacimiento de Alarcos	Ciudad Real-Poblete	UCLM	10.407,46	Antonio de Juan García

Tabla 14 (continuación)
Subvenciones para la realización de proyectos de investigación del patrimonio arqueológico y paleontológico de Castilla-La Mancha, 2018

Proyecto	Término municipal	Entidad solicitante	Ayuda concedida (euros)	Investigador principal
Investigación historiográfica y arqueología no invasiva para el conocimiento urbano y territorial	Valdepeñas	Universidad Autónoma de Madrid	15.654,09	Juan Blánquez Pérez
Oretum 2018. Aplicación de nuevas tecnologías de documentación, geoprospección y análisis	Granátula de Calatrava	Ayuntamiento de Granátula de Calatrava	5.739,27	Antonio Manuel Poveda Navarro
Calatrava la Vieja 2018. Urbanismo y espacios domésticos: la ocupación del foso entre la medina y el alcázar	Carrión de Calatrava	Universidad Complutense de Madrid	15.165	Manuel Retuerce elasco
Ritual funerario, poblamiento, poder y control del territorio en el Calcolítico y Bronce de La Mancha	Terrinches	Ayuntamiento de Terrinches	18.339,55	Luis Benítez de Lugo Enrich

El 17 de enero de 2019 agentes medioambientales comunican al Servicio de Cultura la localización de cinco tumbas excavadas en roca pizarra, próximas a una zona de dehesa junto al río Robledillo en el término municipal de Solana del Pino que podrían estar incluidas en una necrópolis medieval[26].

En abril de 2019 agentes medioambientales localizaron en el término municipal de Mestanza, cerca del río Robledillo, una rueda de molino, cazoletas y un horno[27].

Intervenciones destacadas del año 2019

Rehabilitación de la cubierta de la ermita del Cristo de la Humildad de Moral de Calatrava.

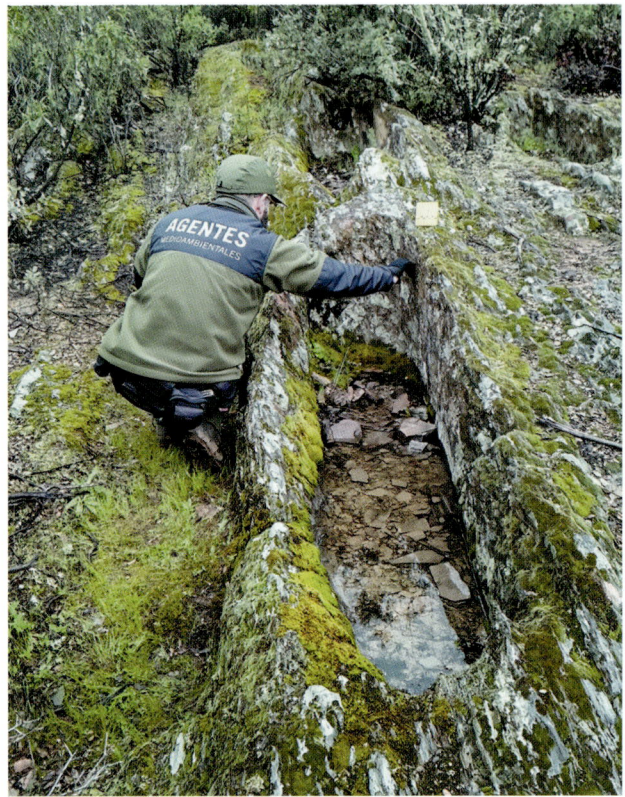

Tumbas de Solana del Pino. Fuente: Agentes medioambientales.

Reparación parcial de la cubierta del santuario de la Santísima Virgen de Criptana.

Rehabilitación de la iglesia de Nuestra Señora de la Asunción de Valdepeñas.

Adecuación del entorno del arco del Torreón del Alcázar de Ciudad Real.

Hallazgo de arco y muros en el edificio de la calle Lirio de Ciudad Real.

Reparación parcial de la cubierta del santuario del Santísimo Cristo de Villajos de Campo de Criptana.

Reforma y rehabilitación del Museo Gregorio Prieto de Valdepeñas.

Reparación de muros y cubiertas del Cconvento de la Asunción de Almagro.

Rehabilitación de los baños de El Peral de Valdepeñas.

Rehabilitación de la iglesia parroquial de Nuestra Señora de la Asunción de Almodóvar del Campo.

Rehabilitación de la ermita de San José de Valdepeñas.

Rehabilitación de la iglesia de Nuestra Señora de la Asunción en Socuéllamos.

Rehabilitación del Archivo Municipal de Almodóvar del Campo, antigua ermita de la Trinidad.

Demolición de un bombo en el término municipal de Manzanares.

Rehabilitación de la iglesia parroquial y de la ermita de la Paz de Corral de Calatrava.

Restauración de la iglesia de San Agustín de Almagro.

Rehabilitación de la cubierta de la capilla de San Marcos en la pedanía de Peralvillo.

Tabla 15

SUBVENCIONES PARA LA REALIZACIÓN DE PROYECTOS DE INVESTIGACIÓN DEL PATRIMONIO ARQUEOLÓGICO Y PALEONTOLÓGICO DE CASTILLA-LA MANCHA, 2019

PROYECTO	TÉRMINO MUNICIPAL	ENTIDAD SOLICITANTE	AYUDA CONCEDIDA (EUROS)	INVESTIGADOR PRINCIPAL
Contexto arqueológico de la villa romana de Puente de la Olmilla	Albaladejo	Ayuntamiento de Albajadejo	8.489,13	Luis Benítez de Lugo Enrich
Estudio y documentación integral de grabados rupestres en el Campo de San Juan	Alcázar de San Juan	UCLM	6.980	Jorge Onrubia Pintado
Sisapo-La Bienvenida	Almodóvar del Campo	Fundación General de la UNED	17.473,83	Mar Zarzalejos Prieto
Cambio climático y social en La Mancha	Argamasilla de Alba	Ayuntamiento de Argamasilla de Alba	14.092,56	Luis Benítez de Lugo Enrich
Calatrava la Vieja. Documentación y planimetría entre el alcázar y la medina	Carrión de Calatrava	Universidad Complutense de Madrid	13.244	Manuel Retuerce Velasco
Arqueoestratigrafía y procesos de formación del yacimiento achelense de Albalá II	Poblete	CENIEH	17.337,03	Alfonso Benito Calvo
Oppium de Alarcos. Sector III	Ciudad Real-Poblete	UCLM	3.664,88	María del Rosario García Huerta

Tabla 15 (continuación)

SUBVENCIONES PARA LA REALIZACIÓN DE PROYECTOS DE INVESTIGACIÓN DEL PATRIMONIO ARQUEOLÓGICO Y PALEONTOLÓGICO DE CASTILLA-LA MANCHA, 2019

PROYECTO	TÉRMINO MUNICIPAL	ENTIDAD SOLICITANTE	AYUDA CONCEDIDA (EUROS)	INVESTIGADOR PRINCIPAL
Excavación arqueológica en el yacimiento de Alarcos	Ciudad Real-Poblete	UCLM	10.122,84	Antonio de Juan García
Investigación geofísica, sedimentológica y aplicación de nuevas tecnologías en la Motilla del Azuer	Daimiel	Ayuntamiento de Daimiel	2.816,76	Miguel Torres Mas
Investigaciones en el patrimonio arqueológico de Oretum	Granátula de Calatrava	Ayuntamiento de Granátula de Calatrava	13.855,88	Antonio Manuel Poveda Navarro
El yacimiento de El Sotillo	Malagón	Universidad Autónoma de Madrid	12.227,15	Manuel Santoja Gómez
Arqueología de la batalla y asedio de Montiel	Montiel	UCLM	17.496,86	Jesús Molero García
Cultura de las Motillas. Castillejo de Bonete	Terrinches	Ayuntamiento de Terrinches	9.615	Luis Benítez de Lugo Enrich
Oppidum oretano del Cerro de las Cabezas	Valdepeñas	Universidad Autónoma de Madrid	17.076,50	Juan José Blánquez Pérez

CUADERNOS DE ESTUDIOS MANCHEGOS, 2019, núm. 44

«Calatrava la Nueva: sede conventual y vanguardia artística», Juan Zapata Alarcón.

«Cuento inédito de Francisco García Pavón y actividades literarias (1940-1956)», Pilar Serrano de Menchén.

«Los relatos pliniescos de Francisco García Pavón: una singularidad literaria entre la parapolicía y el terruño», Francisco Pérez-Fernández y Francisco López-Muñoz.

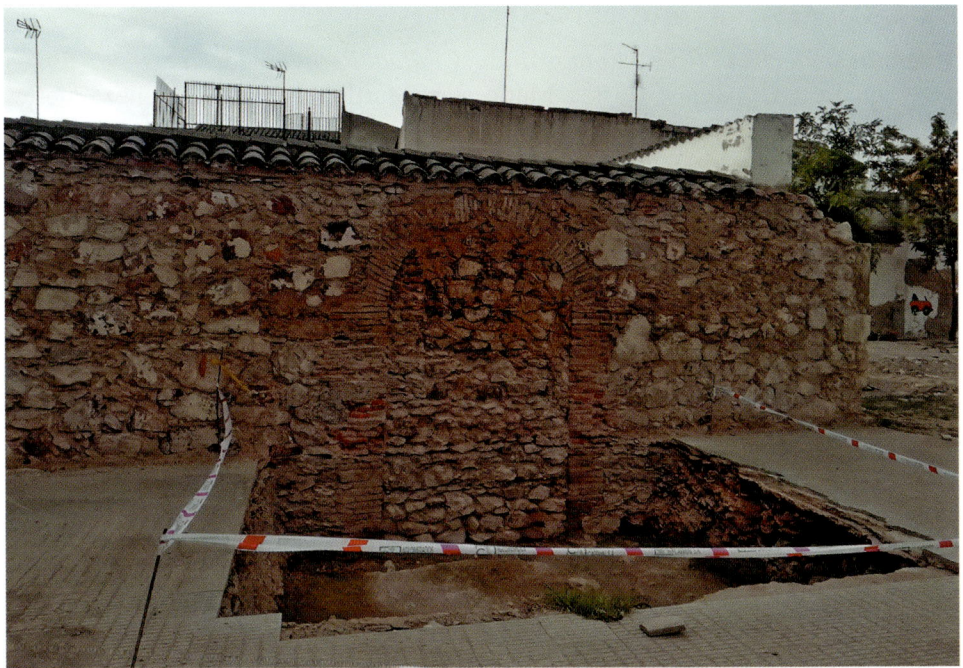

Arco del aparcamiento de la calle Lirio de Ciudad Real. Fuente: Servicio de Cultura, Exp. 19.1433.

«La corona española y santo Tomás de Villanueva en la correspondencia con la Santa Sede durante el siglo XVII», Francisco Javier Campos y Fernández de Sevilla.

«Las vidrieras del obispado de Ciudad Real. Análisis iconográfico del escudo episcopal de D. Narciso de Estenaga», Ana María Fernández Rivero.

«Nostalgia y modernidad: La Mancha en la trayectoria creativa del pintor Gregorio Prieto», Javier García-Luengo Manchado.

«Un paraje en La Mancha: los Baños del Peral (Valdepeñas)», Concepción Moya García y Carlos Fernández-Pacheco Sánchez-Gil.

«Los miradores de forja en Tomelloso: Modernismo y arquitectura del hierro (siglos XIX-XX)», Eduardo Rubio Aliaga.

«La restauración de la Virgen de la Paz de Ballesteros de Calatrava», Eva Moreno Serrano.

«Los armaos de Calzada de Calatrava. Estudio histórico y etnográfico de esta soldadesca romana y judía», Francisco Rodríguez García.

«Echar la bandera. Elemento patrimonial, ritual y festivo en Alcázar de San Juan», José Manuel Fernández Cano.

«Actualización del contexto geológico litosférico flexural del Antepaís Bético Castellano», Pedro Rincón Calero.

«El vino a través de las páginas del Quijote», Joaquín Muñoz Coronel.

«Pero Pérez, el cura de la aldea de don Quijote», Francisco Javier Sanzol Díez.

BAM, COLECCIÓN GENERAL, 2019

> *Manuel Herrera Piña. Fotografías: Ciudad Real en los años 70*, textos de Lorenzo Selas, Carlos María San Martín, Antonio Sánchez Puerto, Joaquín Muñoz y José Luis Loarce.
>
> *«Albores», una revista cervantina y manchega de los años 40*, Josefina Tafalla Brotons.
>
> *Entre la espada y la pared. Los jornaleros del campo de Ciudad Real en la posguerra*, Ángel Hernández Sobrino y Javier Vinagre Moreno.
>
> *La España soñada. Castillejo, un regenerador desde la ILE*, Luis Palacios Bañuelos.

REUNIÓN DE LA COMISIÓN PROVINCIAL DE PATRIMONIO CULTURAL DEL 28 DE ABRIL DE 2020

Se aprobó el informe relativo para la declaración como Bien de Interés Cultural del Santo Voto, en el municipio de Puertollano, con la categoría de Bien Inmaterial.

INTERVENCIONES DESTACADAS DEL AÑO 2020

> Excavaciones en el vertedero meridional de Alhambra.
>
> Localización de la villa romana de El Peral en los términos municipales de Membrilla y Valdepeñas durante la construcción de una glorieta en la carretera CM-3109. La glorieta se trasladó a otra ubicación para no dañar el yacimiento.
>
> Conservación y restauración de fuente escultórica de fundición de la diosa de la Fortuna «la Manola» de Daimiel.
>
> Instalación de ascensor accesible en el BIC Centro Cultural «Posada de los Portales» de Tomelloso.
>
> Rehabilitación del pretil este del puente sobre el río de Agudo.
>
> Rehabilitación de parte de la cubierta/cimborrio de la ermita de Nuestra Señora de la Estrella de Miguelturra.
>
> Rehabilitación del molino de viento «Sansón Carrasco» de Puerto Lápice.
>
> Eliminación de humedades en la ermita del Santísimo Cristo Salvador del Mundo de Calzada de Calatrava.
>
> Rehabilitación del antiguo Banco de España de Ciudad Real para apartamentos turísticos y local comercial.
>
> Reparación de la cubierta en la plaza de toros de Almadén.
>
> Reforma parcial de la iglesia de Santa Ana de Castellar de Santiago.
>
> Torre del reloj de Villarta de San Juan.

CUADERNOS DE ESTUDIOS MANCHEGOS, 2020, núm. 45

> «Memoria y olvido en la tradición oral», José Manuel Fernández Cano.
>
> «La evolución urbana de Ciudad real y su necesaria planificación», Félix Pillet Capdepón.

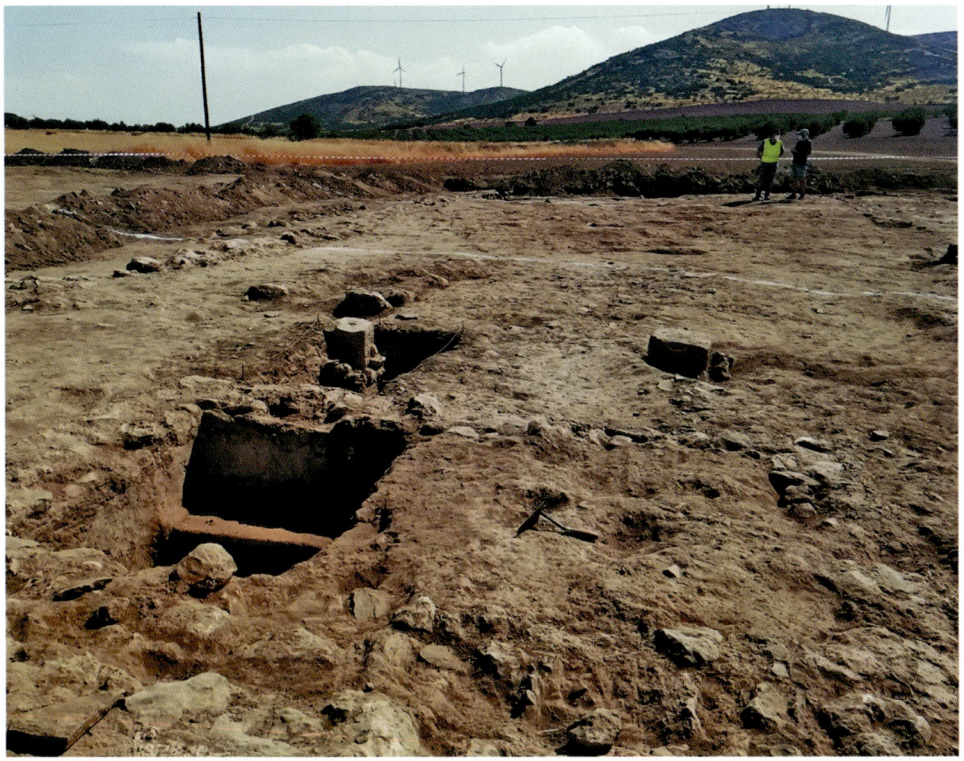

Villa romana de El Peral, 2020. Fotografía del autor.

«Diego Medrano Treviño, de súbdito a ciudadano», José María Barreda
    Fontes.

«Don Quijote y el secreto de las palabras», Francisco Ruiz Gómez.

«Félix Mejía, autor de las obras históricas sobre la revolución liberal espa-
    ñola atribuidas a Carlos Le Bruny y de la novela histórica Jicontencal
    (Filadelfia, 1826)», Ángel Romera Valero.

«La recepción del Concilio Vaticano II en la diócesis de Ciudad Real»,
    Francisco M. Jiménez Gómez.

«El cantoral del rey. Un sorprendente retrato de Enrique IV de Trastámara»,
    Pilar Fernández Vinuesa.

«Almagro en la primera mitad del siglo XVII: edificios públicos y presu-
    puestos municipales», Concepción Moya García.

«Los orígenes del liberalismo en La Mancha. El jurista Ramón Giraldo
    de Arquellada (1767-1849)», Carlos Sánchez Molina.

«Ruidera en los reconocimientos de 1775 y 1780», Bernardo Sevillano Martín.

«Bolaños y el ataque de los carlistas el 3 de febrero de 1837», Carlos
    Fernández- Pacheco Sánchez-Gil.

«Francisco Martínez Ramírez «el Obrero de Tomelloso» (1870-1949): desarrollo
    económico, educación y pensamiento reformista», Santiago Arroyo Serrano.

«Alcaldesas y concejalas por designación en la provincia de Ciudad Real durante la Segunda República: las comisiones gestoras de 1933», María Isabel Rodríguez Iglesias.

«Hormigones con encofrados flexibles de Miguel Fisac», Diego Peris López

El día 7 de marzo de 2020 agentes medioambientales localizaron tres tumbas orientadas de oesta a este en un paraje del término municipal de Solana del Pino, próximo al límite con el término de Fuencaliente[28].

BAM, COLECCIÓN GENERAL, 2020

La Romería de Tomelloso. Tiempo de fiesta en el medio rural, Alejandro de Haro Honrubia.

Entre pucheros y alambiques. Una contribución a la cocina y usos tradicionales en La Mancha del siglo XIX, Carlos Villanueva Fdez.-Bravo.

Pastores de antaño. Costumbres. Su universo sonoro y música, Antonio Vallejo Cisneros y Javier Vallejo Climent.

Máscaras guarronas. Historia del Carnaval daimieleño del siglo XVII a 2020, Jesús Sánchez-Mantero.

El escultor López-Salazar, Carmen López-Salazar Pérez.

Historia del ferrocarril en Ciudad Real. Primera parte (1846-1941), Agustín Jiménez Cano.

Con motivo del VI Centenario de Ciudad Real, desde que en 1420 recibiera el título de «ciudad» de manos del rey Juan II de Castilla, para dar a conocer el origen y evolución de Ciudad Real, el Ayuntamiento organizó un ciclo de conferencias bajo el título «Vía Civitas. Una ciudad en la historia», que congregó a destacados historiadores y catedráticos entre noviembre de 2020 y febrero de 2021, con la coordinación del Instituto de Estudios Manchegos y en abril de 2021 se inauguró la exposición «Ciudad Real VI Centenario. Una ciudad en la Historia» en el Museo López Villaseñor.

La Resolución de 5 de marzo de 2021, de la Viceconsejería de Cultura y Deportes, delegó competencias en los/las delegados/as provinciales de las delegaciones provinciales de la Consejería de Educación, Cultura y Deportes en el ámbito territorial de su provincia[29].

El 14 de mayo de 2021 agentes medioambientales localizaron dos tumbas excavadas en la roca pizarra en plena Sierra Madrona, en la parte occidental de la sierra de La Solana, en las proximidades de la confluencia de los términos municipales de Solana del Pino, Fuencaliente e Hinojosas de Calatrava en el paraje conocido como La Nava[30].

En noviembre de 2021 agentes de la Brigada de Patrimonio Histórico de la Policía Nacional entregaron en el Museo de Ciudad Real una moneda tremis de oro visigoda procedente de hallazgo casual en la finca La Potranca de Saceruela[31].

En octubre de 2021 se celebraron las jornadas históricas «Tempus splendoris», organizadas por la Plataforma Campo de Montiel-Origen del Quijote con la coordinación de Carlos Chaparro Contreras y Miguel Díaz Brazales, con motivo del VI Centenario de la fundación de Villanueva de los Infantes (1421-2021) y la colaboración de la Diputación Provincial de Ciudad Real, la Asociación Luciérnaga, la Fundación José María de Jaime, la Orden Literaria Francisco de Quevedo y la Universidad Libre de Infantes.

Fruto de los ciclos de conferencias sobre la «Historia y Patrimonio histórico y natural de Corral de Calatrava», surgió en 2021 la colección «Cuadernos de Corral de Calatrava» con la que el Ayuntamiento de la localidad pretende promover la investigación y la divulgación de la historia, cultura y patrimonio natural y artístico de la localidad, a partir de monografías de pequeño formato a modo de guías ilustradas. Los cuadernos editados desde entonces son los siguientes:

2021: *Historia de dos parroquias*, de Pilar Molina Chamizo

2022: *Paisaje e industria del territorio: Corral de Calatrava*, de Diego Peris Sánchez

2023: *El mundo rural y la desamortización del siglo XIX*, de Ángel Ramón del Valle Calzado

2023: *Los volcanes de Corral de Calatrava, Geomorfología, Patrimonio y Paisaje*, de Rafael Becerra-Ramírez, Estela Escobar Lahoz, Rafael Ubaldo Gosálvez Rey y Elena González Cárdenas.

Desde el año 2021 se celebran las Jornadas de Patrimonio Cultural Calatravo, Castillos de los Cristianos y Salvatierra, organizadas por el Ayuntamiento de Calzada de Calatrava y la Universidad de Castilla-La Mancha.

INTERVENCIONES DESTACADAS DEL AÑO 2021

Restauración de las fachadas de la iglesia parroquial de la Asunción de Manzanares.

Rehabilitación integral de la Casa Rueda de Villanueva de los Infantes.

Restauración de los azulejos de la fonda de la estación de Alcázar de San Juan.

Restauración y conservación del retablo mayor de la iglesia parroquial de Nuestra Señora de los Olmos de Torre de Juan Abad.

Rehabilitación del molino Culebro, Centro de Interpretación Molino-Museo Sara Montiel de Campo de Criptana.

Rehabilitación del Palacio de Torremejía de Almagro.

Rehabilitación de la Casa del Manifiesto de Manzanares.

Localización del yacimiento arqueológico Fuente del Piojo, cerca del río Jabalón en el término municipal de Corral de Calatrava.

Restauración de pinturas murales en la iglesia de Nuestra Señora de la Asunción de Arroba de los Montes.

Rehabilitación de la fonda de la estación de Alcázar de San Juan para usos culturales.

Adecuación de la plaza de toros de Ciudad Real.

Restauración de la muralla de Almadenejos.

Rehabilitación y adaptación del colegio de La Ferroviaria de Ciudad Real para Centro de Folclore Regional.

Remodelación exterior de las puertas de entrada a la iglesia parroquial de San Juan Bautista de Argamasilla de Alba.

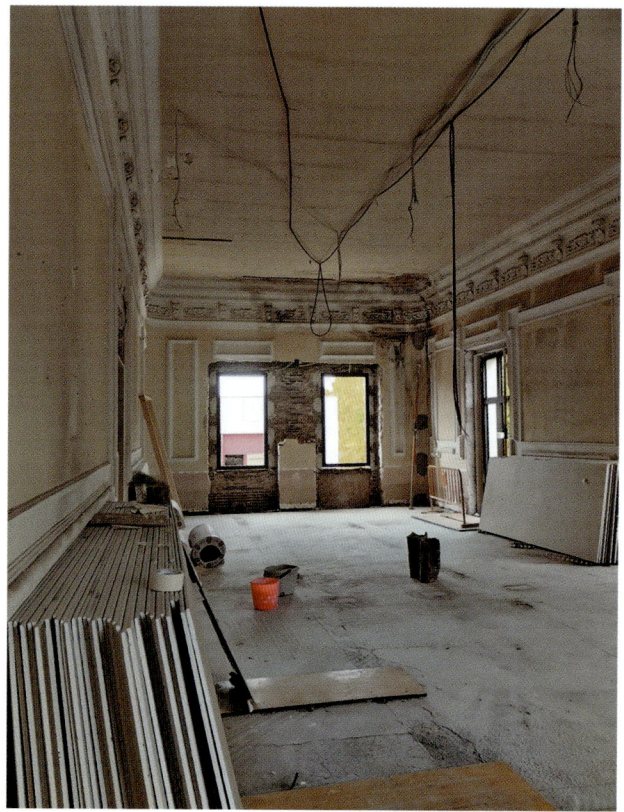

Adaptación del colegio Ferroviario de Ciudad Real a Centro Regional de Folclore. Fotografía del autor.

Cuadernos de Estudios Manchegos, 2021, núm. 46

«Las capillas nobiliarias de la hidalguía: Argamasilla de Alba», Pilar Serrano de Menchén.

«Argamasilla de Alba y Peñarroya a mediados del siglo XVII», Concepción Moya García y Carlos Fernández-Pacheco Sánchez-Gil.

«Nodrizas del Campo de San Juan en la corte borbónica (1709-1782): maternidad y lactancia subrogada», Pilar Fernández-Cañadas Greenwood.

Tabla 16
SUBVENCIONES PARA LA REALIZACIÓN DE PROYECTOS DE INVESTIGACIÓN DEL PATRIMONIO ARQUEOLÓGICO Y PALEONTOLÓGICO DE CASTILLA-LA MANCHA, 2021

PROYECTO	TÉRMINO MUNICIPAL	ENTIDAD SOLICITANTE	AYUDA CONCEDIDA (EUROS)	INVESTIGADOR PRINCIPAL
Excavación arqueológica del yacimiento de Alarcos	Poblete	UCLM	18.625	María del Rosario García Huerta
Arqueología de la batalla y asedio de Montiel (III: excavación, prospección y estudio poliorcético)	Montiel	UCLM	19.087,20	Jesús Molero García
Castillejo de Bonete	Terrinches	Ayuntamiento de Terrinches	20.220	M.ª Ángeles Galindo Pellicena
Arqueoestratigrafía y procesos de formación del yacimiento de Albalá	Poblete	Consorcio CENIEH	17.015,13	Alfonso Benito Calvo
Excavación arqueológica del sector norte de la Motilla del Azuer	Daimiel	Ayuntamiento de Daimiel	2.656,80	Miguel Torres Mas
La bodega de la villa romana de El Peral (Valdepeñas y Membrilla)	Valdepeñas y Membrilla	Ayuntamiento de Valdepeñas	8.523,70	Tomás Torres González
Avances en la caracterización e identificación de estructuras romanas e islámicasen Piédrola	Alcázar de San Juan	Ayuntamiento de Alcázar de San Juan	4.984	Víctor Manuel López-Menchero Bendicho
Prospección digitalización 3D de yacimientos con pinturas rupestres esquemáticas	Malagón	Ayuntamiento de Malagón	12.227,15	Laura María Gómez García

Tabla 16 (continuación)

SUBVENCIONES PARA LA REALIZACIÓN DE PROYECTOS DE INVESTIGACIÓN DEL PATRIMONIO ARQUEOLÓGICO Y PALEONTOLÓGICO DE CASTILLA-LA MANCHA, 2021

PROYECTO	TÉRMINO MUNICIPAL	ENTIDAD SOLICITANTE	AYUDA CONCEDIDA (EUROS)	INVESTIGADOR PRINCIPAL
Calatrava la Vieja 2021. Urbanismo y espacios domésticos: la ocupación del foso entre la medina y el alcázar	Carrión de Calatrava	Universidad Complutense de Madrid	13.572	Manuel Retuerce Velasco
Estudio geológico y paleontológico del monumento natural carbonífero	Puertollano	UCLM	13.578	José Luis Gallardo Millán
La cultura de las motillas: la Motilla del Retamar	Argamasilla de Alba	Ayuntamiento de Argamasilla de Alba	8.982	Luis Benítez de Lugo Enrich

«Alcaldesas y concejalas por designación en la provincia de Ciudad Real durante la Segunda República: las comisiones gestoras de 1933», María Isabel Rodríguez Iglesias.

«La Escuela de Comercio de Ciudad Real: 1935-1975», Francisco Asensio Rubio y Teresa Asensio Rubio.

«Rebollar y Hervás en la catedral de Ciudad Real», Diego Peris Sánchez.

«Las vidrieras de la capilla del Santísimo dedicadas a santo Tomás de Villanueva en la catedral de Ciudad Real. (El hallazgo de sus cartones originales)», Ana María Fernández Rivero.

«Historia de la ermita de los Santos en el término de Villarrubia de los Ojos», Isidoro Villalobos Racionero.

«La trayectoria escénica de Francisco de Rojas Zorrilla en la provincia de Ciudad Real en los siglos XX y XXI», Iván Gómez Caballero.

«Pervivencia del teatro clásico en El rapto de las Sabinas de Francisco García Pavón», José Ignacio Andújar Cantón.

«El inventario de la librería de la Casa del Dulce Nombre de Jesús de la Compañía de Jesús de Daimiel», Antonio Martín Pradas y Adolfo Bardón Martínez.

«Dos antiguos hierros ganaderos de Villarrubia de los Ojos en nuestra fiesta más nacional», Isidoro Villalobos Racionero.

BAM, Colección general, 2021

El misterio del humor manchego, Rosa Peñasco.
La Transición en femenino. Mujer y feminismo en Ciudad Real, 1970-1983,
    Ángel Ramón del Valle Calzado.
Espacios del Barroco en Ciudad Real, Diego Peris.
*Las Escuelas Normales de Maestros y Maestras de Ciudad Real, 1842-
    1936*, Miguel Lacruz Alcocer.

Reunión de la Comisión Provincial de Patrimonio Cultura del 19 de julio de 2022

Se aprobaron los informes relativos a la declaración como Parque Arqueo-lógico del Cerro de las Cabezas, en Valdepeñas (Ciudad Real). Resolución de 10 de diciembre de 2021, (*DOCM*, núm. 242, 20 de diciembre de 2021) y a la declaración como Bien de Interés Cultural del Conjunto de Abrigos Rupestres de La Rendija, en Herencia (Ciudad Real), con la categoría de Zona Arqueológica. Resolución de 19 de enero de 2022, (*DOCM*, núm. 18. 27 de enero de 2022).

En mayo de 2022 comenzaron en Almagro los actos por los 50 años como Conjunto Histórico-Artístico: exposiciones, conciertos, concursos, con-ferencias, visitas turísticas, teatro y homenajes. El ciclo de conferencias y las mesas redondas las coordinó el catedrático de Historia del Arte de la Universidad de Castilla-La Mancha, Enrique Herrera, en colaboración con cl Departamento de Cultura del Ayuntamiento de Almagro y Francisco del Rio de la Sección de Historia del Ateneo.

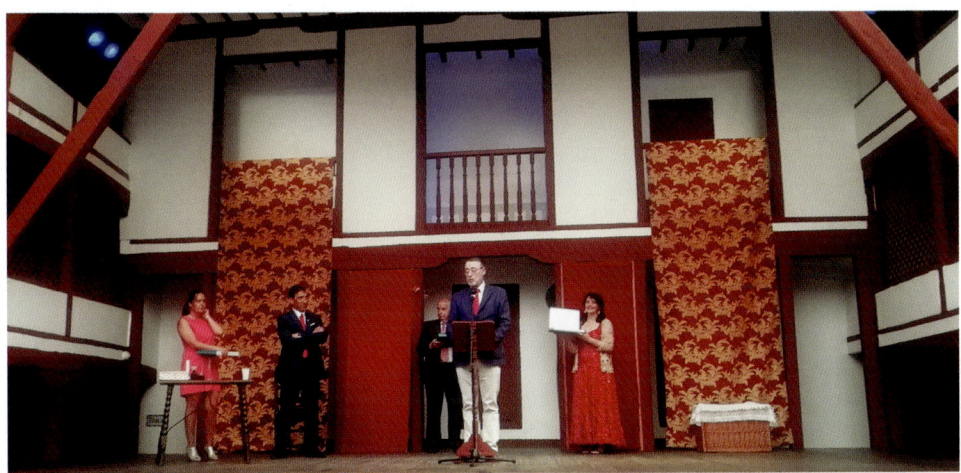

50 aniversario de la declaración de Almagro como Conjunto Histórico-Artístico. Ho-menaje en el Corral de Comedias, 29 de mayo de 2022.

En la iglesia de San Agustín se montó una exposición fotográfica or-ganizada por el Ayuntamiento de Almagro, el fotógrafo Juan Palomino y la asociación Almágora y comisariada por el historiador Isidro Hidalgo.

En agradecimiento a las personas que hicieron posible la declaración, se organizó en el Corral de Comedias un acto de homenaje a don Luís de Ardanaz Gonzalo, alcalde de Almagro durante el periodo 1970-1978, a don José Ramón Maldonado y Cocat, cronista oficial de la localidad encajera, y don Domingo Martínez Cerro, profesor, como impulsores de la declaración.

Estela grabada Almadén III. Localizada en el año 2022 por José Luis Gallardo Millán en el paraje denominado Quinto del Hiero, yacimiento minerometalúrgico con abundantes huellas de explotación romana en la finca de Castilseras.

En el verano de 2022 fue hallado, durante la ejecución de una prospección geofísica en las inmediaciones de Caracuel de Calatrava, un recipiente cerámico con 474 monedas de bronce.

El 7 de agosto de 2022 Josep Francesc Bisbal Chinesta, doctor en Prehistoria por la URV e IPHES-CERCA, encontró de forma casual en el término municipal de Albaladejo una posible icnita en forma de contramolde natural con lo que parece la huella de un reptil, arcosaurio o lepidosaurio[32].

El Decreto 107/2022, de 27 de septiembre, declaró el Parque Arqueológico del Cerro de las Cabezas, en Valdepeñas[33].

INTERVENCIONES DESTACADAS DEL AÑO 2022

Acondicionamiento en las dependencias y en el tejado de la ermita de Santa Ana de Campo de Criptana.

Rehabilitación del Palacete de la Cruz Roja en la Ronda de Ciruela de Ciudad Real.

Restauración de parte de la fachada y cubierta de la sacristía de la ermita de la Virgen de la Paz.

Restauración de pinturas murales en la ermita de Nuestra Señora de la Virgen de la Cabeza de Torrenueva.

Restauración de las pinturas murales de la parroquia de la Inmaculada Concepción de Herencia.

Restauración del ojo occidental del Puente Viejo del Azuer de Daimiel.

Restauración del retablo de San José de la ermita de la Virgen de Peñarroya de Argamasilla de Alba.

Adaptación del Palacio de Clavería de Aldea del Rey a hospedería.

Restauración y reparación de los elementos deteriorados en la plaza de toros y santuario de la Virgen de las Virtudes.

Restauración de un bombo de la carretera de Torralba II en Daimiel.

Consolidación de las ruinas de molinos de viento de Campo de Criptana y cuevas silo asociados.

Reparación y repaso de la cubierta de la iglesia de Santa Quiteria de Alcázar de San Juan.

Restauración de la ermita de Nuestra Señora de la Asunción (La Labradora) de Herencia.

Rehabilitación del hotel convento de Santa Clara de Alcázar de San Juan.

Tabla 17

SUBVENCIONES PARA LA REALIZACIÓN DE PROYECTOS DE INVESTIGACIÓN DEL PATRIMONIO ARQUEOLÓGICO Y PALEONTOLÓGICO DE CASTILLA-LA MANCHA, 2022

PROYECTO	TÉRMINO MUNICIPAL	ENTIDAD SOLICITANTE	AYUDA CONCEDIDA (EUROS)	INVESTIGADOR PRINCIPAL
Proyecto de investigaciones arqueológicas en la antigua Sisapo-La Bienvenida. Actuaciones arqueológicas y aplicaciones técnicas en el edificio orientalizante del área 4	Almodóvar del Campo	UNED	20.914,75	Mar Zarzalejos Prieto
Arqueología de las órdenes militares y de la guerra en la Edad Media: el castillo y la batalla de Montiel	Montiel	UCLM	19.357,50	Jesús Molero García
Excavaciones arqueológicas en el Parque Arqueológico de Alarcos:cementerio almohade y necrópolis ibérica III	Ciudad Real y Poblete	UCLM	21.390	María del Rosario García Huerta
Investigación arqueológica y antropológica en la Motilla del Azuer	Daimiel	Ayuntamiento de Daimiel	4.303	Miguel Torres Mas
Estudio del material humano y animal calcolítico y de la Edad del Bronce de los túmulos del Castillejo de Bonete	Terrinches	Ayuntamiento de Terrinches	18.734,44	M.ª Ángeles Galindo Pellicena
Excavaciones en el sector IV de Alarcos: el santuario ibérico	Ciudad Real	Universidad Complutense de Madrid	6.194,51	Jorge García Cardiel

Tabla 17 (continuación)

SUBVENCIONES PARA LA REALIZACIÓN DE PROYECTOS DE INVESTIGACIÓN DEL PATRIMONIO ARQUEOLÓGICO Y PALEONTOLÓGICO DE CASTILLA-LA MANCHA, 2022

PROYECTO	TÉRMINO MUNICIPAL	ENTIDAD SOLICITANTE	AYUDA CONCEDIDA (EUROS)	INVESTIGADOR PRINCIPAL
Estudio arqueo-arquitectónico del santuario de entrada (norte) en el Cerro de las Cabezas	Valdepeñas	Universidad Autónoma de Madrid	12.763,67	Juan José Blánquez Pérez
Bodega de la villa romana de El Peral en Valdepeñas. Finalización de la excavación arqueológica de espacios productivos vitivinícolas en época romana.	Valdepeñas y Membrilla	Ayuntamiento de Valdepeñas	5.852,13	Tomás Torres González
Aplicaciones técnicas para la identificación de restos viarios correspondientes a la vía 29 del Itinerario de Antonino en el sectoroccidental del Valle de Alcudia	Almodóvar del Campo	UNED	5.653,74	Miriam González Nieto
Bocapucheros: un nuevo tipo de enterramiento tumular en la Cultura de las Motillas	Almagro	Ayuntamiento de Almagro	12.810,88	Alfredo Mederos Martín
Estudio de la cultura material romana de la villa de Puente de la Olmilla	Albaladejo	Ayuntamiento de Albajadejo	4.455	José Luis Fuentes Sánchez
Estudio geológico y paleontológico del monumento natural carbonífero de Puertollano	Puertollano	Ayuntamiento de Puertollano	14.175,80	Rodrigo Soler Gijón

Rehabilitación del entorno de la ermita del Calvario de La Solana.

Obras de conservación y mantenimiento de la cubierta de la CasaPalacio de Juan Jedler, denominada como Palacio de los Fúcares de Almagro.

Rehabilitación del conjunto conventual de las Concepcionistas Franciscanas de Membrilla.

Rehabilitación del cuarto de los Mártires del santuario de Nuestra Señora de la Encarnación de Carrión de Calatrava.

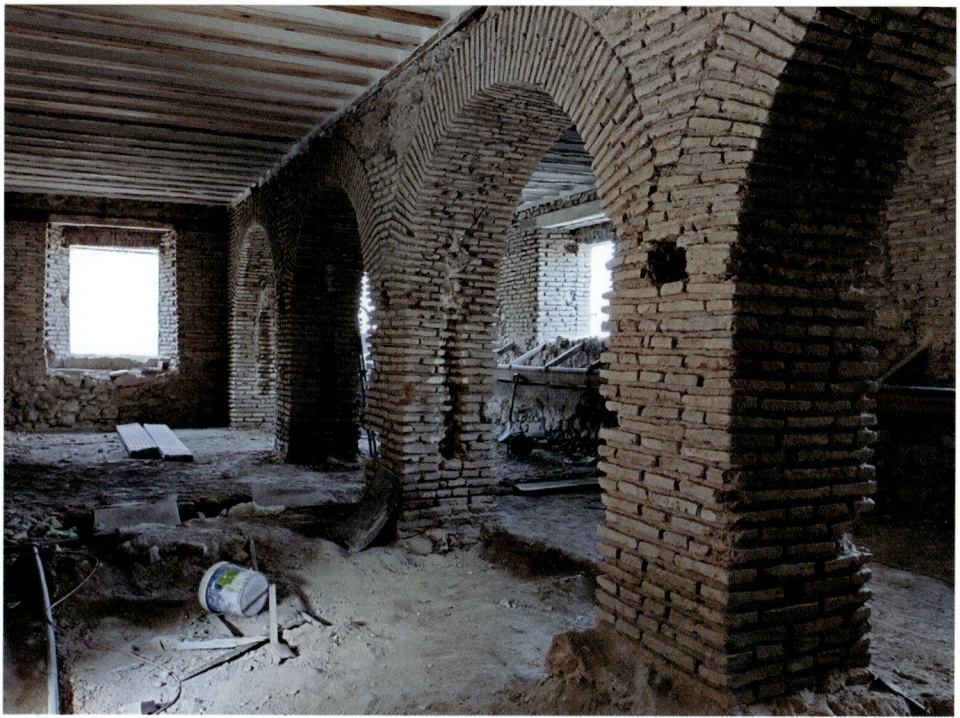

Obras en el interior del Palacio de Clavería de Aldea del Rey. Fotografía del autor.

CUADERNOS DE ESTUDIOS MANCHEGOS, 2022, núm. 47

«La recepción del Concilio Vaticano II en la diócesis de Ciudad Real», Francisco M. Jiménez Gómez.

«Las 'Peñas Sacras' de Ciudad Real·, Martín Almagro-Gorbea, Pedro R. Moya-Maleno y Lorena Marín Muñoz.

«Lugar de honor del Rey Sabio en la historia de la música», Vicente Castellanos Gómez.

«La comunidad de clarisas del convento de la Concepción y Corpus Christi de Villanueva de los Infantes (c. 1508-1509/1575-1833)», Francisco Javier Campos y Fernández de Sevilla.

«Preparativos por la visita del príncipe Don Sebastián de Borbón en 1862: obras en la parroquia de Argamasilla de Alba», Pilar Serrano de Menchén.

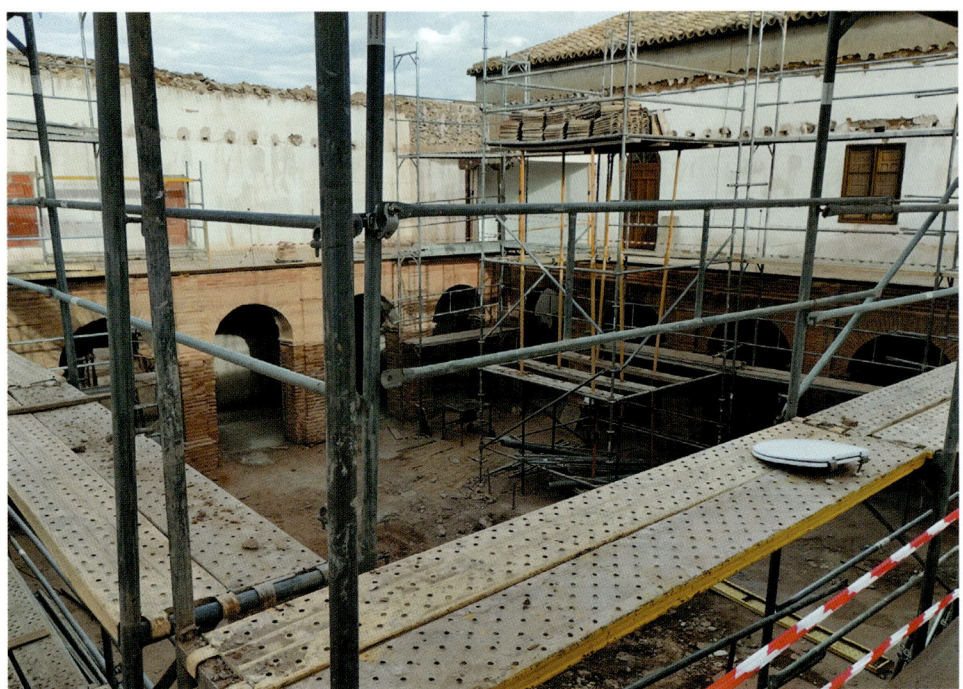

Rehabilitación del claustro del convento de las Concepcionistas Franciscanas de Membrilla. Fotografía del autor.

«Las Lagunas de Ruidera en las Relaciones Geográficas de Tomás López», Bernardo Sevillano Martín.

«El repertorio iconográfico de las pinturas de la Casa del Dulce Nombre de Jesús de la Compañía de Jesús de Daimiel (Ciudad Real)», Antonio Martín Pradas.

«La vida extramuros. El arrabal de san Ildefonso de Almagro en el siglo XVIII», María López Alcaide.

BAM, Colección general, 2022

Manuel Herrera Piña Fotografías: Ciudad Real en los años 80, textos de Laura Espinar y familia de Herrera Piña.

Rollos jurisdiccionales, horcas y picotas en la provincia de Ciudad Real, Miguel A. Maldonado Felipe.

Historia del ferrocarril en Ciudad Real. Segunda parte (1941-1992), Agustín Jiménez Cano.

El 9 de julio de 2023 Josep F. Bisbal Chinesta comunicó el hallazgo casual de dos icnitas, en el término municipal de Terrinches con dos huellas diferentes, una tridáctila y otra pentadáctila, en forma de molde positivo, el relleno sedimentario del negativo original de la huella dejada por el animal[34].

El Decreto 108/2023, de 25 de julio, estableció la estructura orgánica y distribución de competencias de la Consejería de Educación, Cultura y Deportes[35].

Reunión de la Comisión Provincial de Patrimonio Cultural del 24 de noviembre de 2023

Se dio cuenta de las declaración como Bien de Interés Cultural de la Sala de los Moros de Argamasilla de Calatrava, como Zona Arqueológica y de la iglesia de Nuestra Señora de los Olmos de Torre de Juan Abad como Monumento y se informaron favorablemente los informe relativos a la declaración como Bien de Interés Cultural con la categoría de Monumento de la Casa-Academia de Minas de Almadén, la declaración como Bien de Interés Cultural con la categoría de Bien Inmaterial de la Ronda del Mayo Manchego de Pedro Muñoz, la declaración como Bien de Interés Cultural con la categoría de Sitio histórico del Puerto de Calatrava en Aldea del Rey, Calzada de Calatrava y Villanueva de San Carlos y la declaración como Bien de Interés Cultural con la categoría de Monumento de la Fuente Agria del Paseo de San Gregorio, de Puertollano.

Por Resolución de 22 de noviembre de 2023, de la Viceconsejería de Cultura y Deportes, se inició expediente para la modificación de la delimitación del Parque Arqueológico de Alarcos, en Poblete y Ciudad Real[36].

Intervenciones destacadas del año 2023

Restauración de las columnas de piedra de la Plaza Mayor de San Carlos del Valle.

Hallazgo y rehabilitación de una casa-cueva localizada en el barrio del Albaicín de Campo de Criptana.

Rehabilitación de cuevas de quintería de Llanos del Caudillo.

Rehabilitación de la ermita del Cristo de la Misericordia de Herencia.

Reparación de cubierta, fachada y portadas de la ermita de Madre de Dios de Campo de Criptana.

Restauración del grupo minero San Quintín del término municipal de Villamayor de Calatrava.

Restauración de las fachadas de la iglesia parroquial de Nuestra Señora de la Asunción (2ª fase, fachadas norte y este).

Rehabilitación del hotel convento de Santa Clara de Alcázar de San Juan.

Proyecto de investigación «El yacimiento de Ruidera, Los Villares». Poblamiento humano del Pleistoceno Medio 300.000-400.000 años a cargo de Daniel García Martínez, Carlos A. Palancar y Francesc Gascó Lluna.

Proyecto de investigación «Control y explotación del territorio en la Comarca del Valle de Alcudia: de la Prehistoria a Roma. Fase III. Cruz de Mayo de Brazatortas», trabajos a realizar por David Oliver, Isabel Angulo y Alfonso Monsalve.

Intervención en la ermita de Nuestra Señora de la Vega de Torre de Juan Abad.

Restauración del mural cerámico de la fachada principal de la Parroquia de San Francisco de Asís de Pueblonuevo del Bullaque.

Restauración de la portada de la iglesia de Santa Quiteria de Alcázar de San Juan.

Reforma del Centro de Mayores de Almagro, antiguo colegio de los Jesuitas.

Hundimiento de la cubierta de la iglesia de Nuestra Señora de las Candelas de La Bienvenida, Almodóvar del Campo.

Reparaciones de puentes en Ruidera y Villanueva de los Infantes.

Obras y mejoras urbanas de la plaza de Santa María de Alcázar de San Juan.

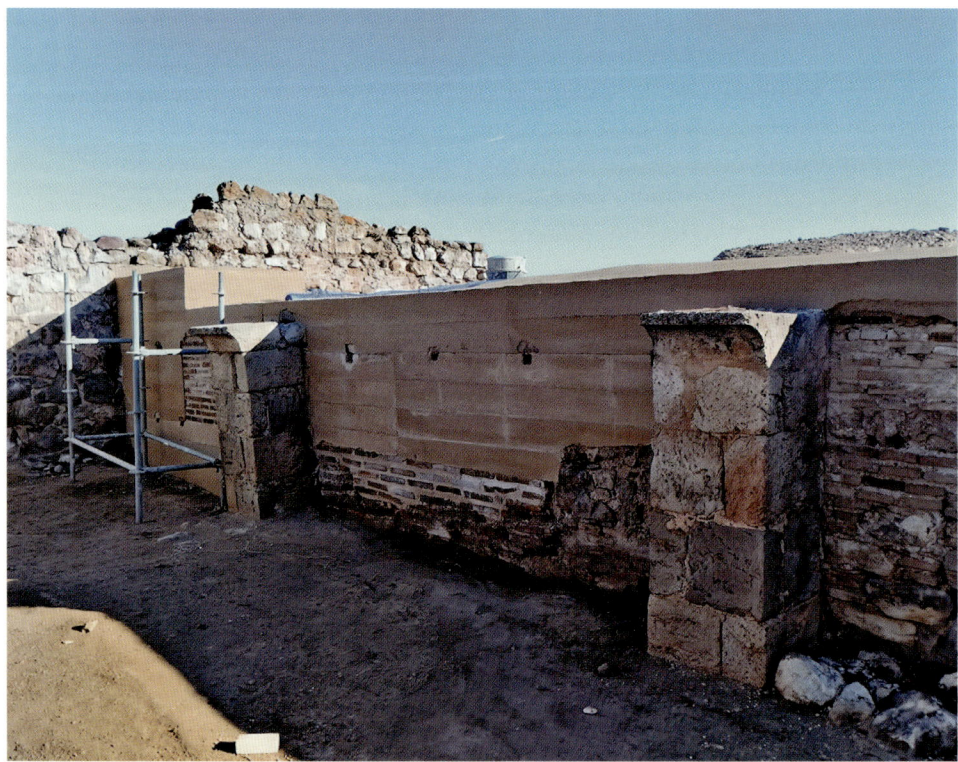

Trabajos en Calatrava la Vieja. Fotografía del autor.

Obras de consolidación de la cubierta de la iglesia templaria, hornos, sala de audiencias y arco de entrada en el yacimiento arqueológico de Calatrava la Vieja en Carrión de Calatrava.

Puesta en valor y adecuación de la necrópolis ibérica del Parque Arqueológico de Alarcos.

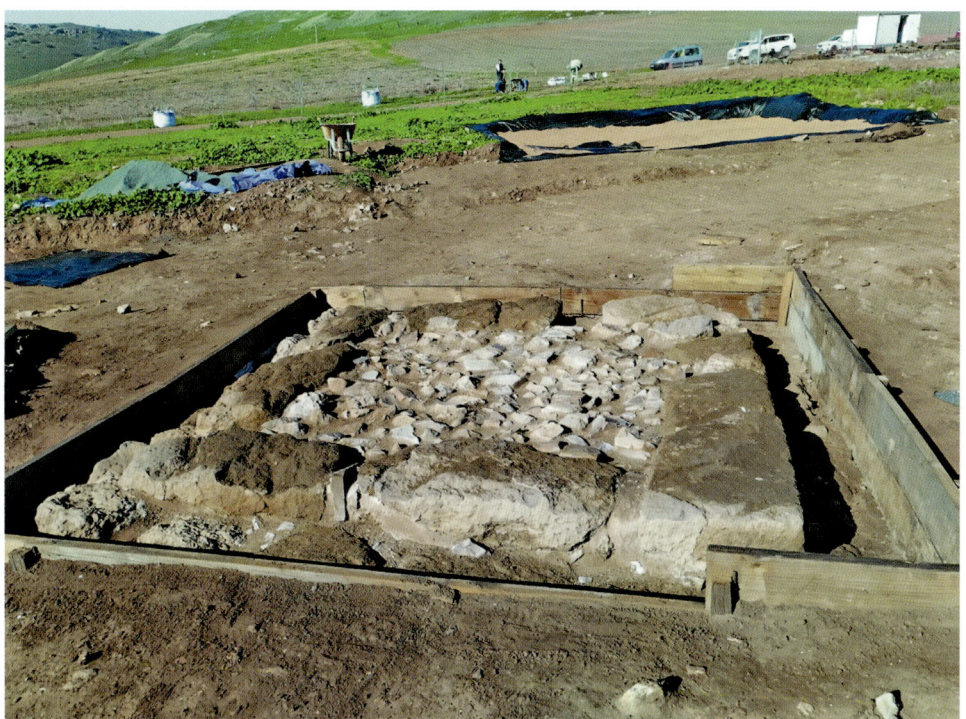

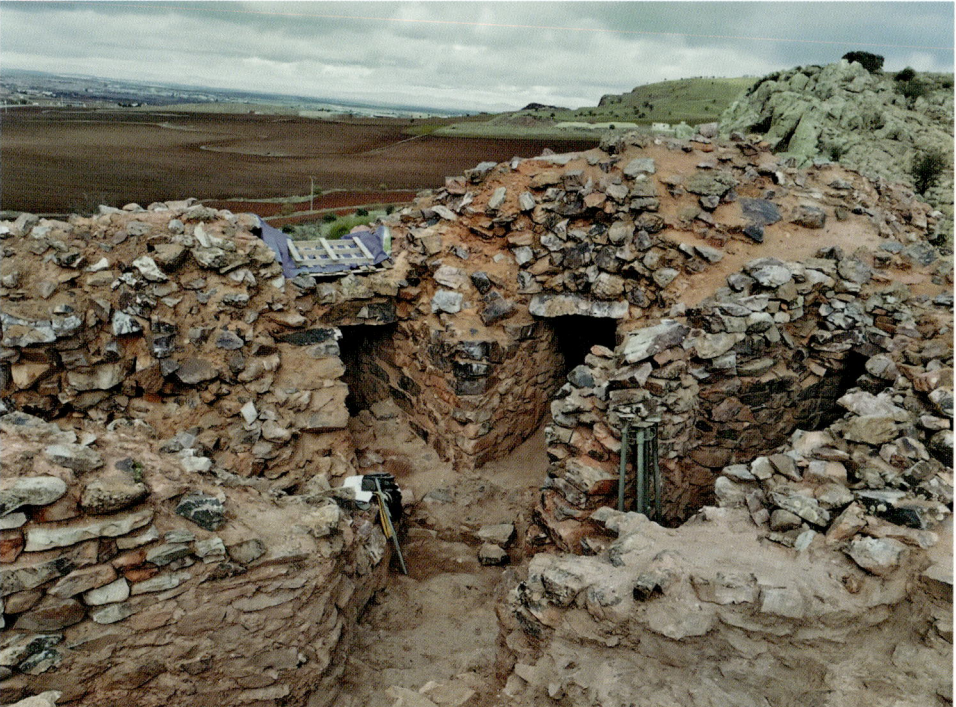

Arriba, trabajos en la necrópolis de Alarcos. Abajo, campaña de trabajos en Boca-pucheros de Almagro, 2023. Fotografías del autor.

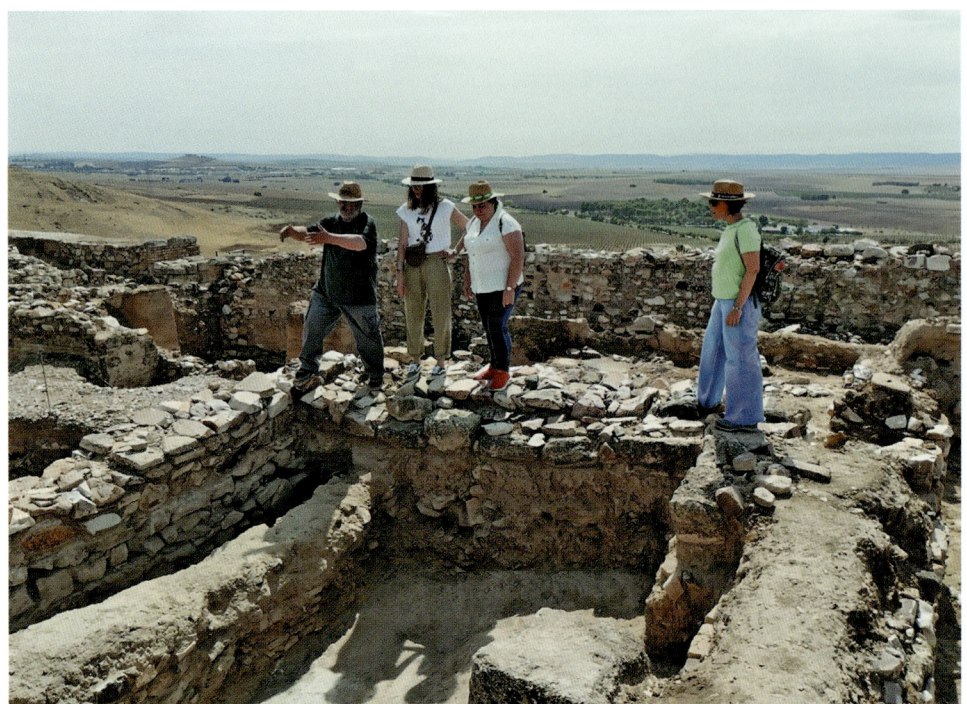

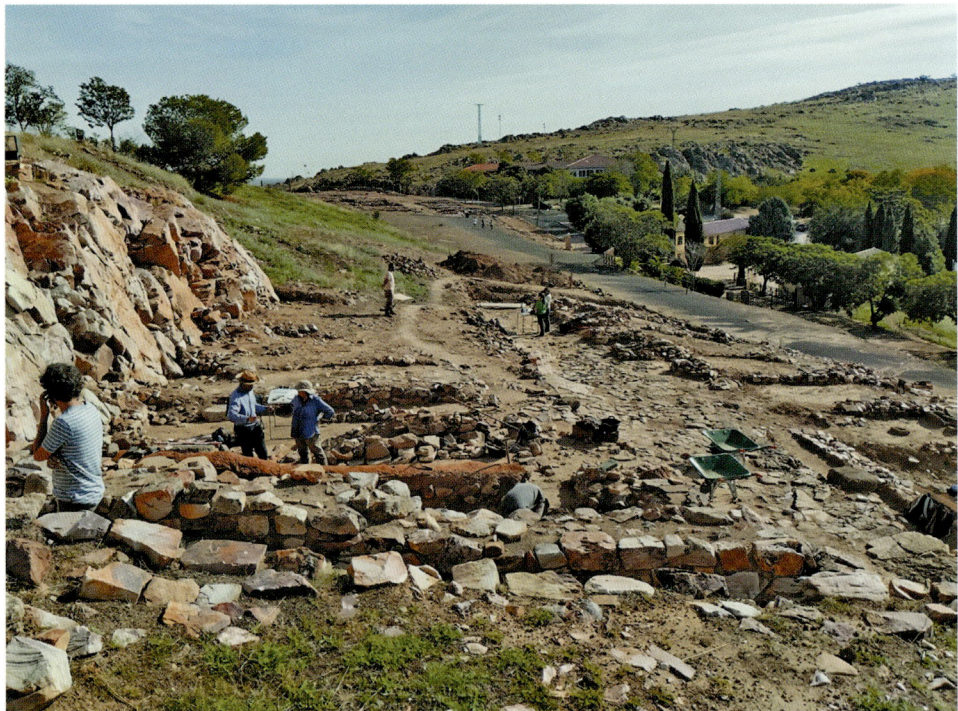

Campaña de trabajos en el castillo (arriba) y en el santuario (abajo) de Alarcos, 2023. Fotografías del autor.

Tabla 18

SUBVENCIONES PARA LA REALIZACIÓN DE PROYECTOS DE INVESTIGACIÓN DEL PATRIMONIO ARQUEOLÓGICO Y PALEONTOLÓGICO DE CASTILLA-LA MANCHA, 2023

PROYECTO	TÉRMINO MUNICIPAL	ENTIDAD SOLICITANTE	AYUDA CONCEDIDA (EUROS)	INVESTIGADOR PRINCIPAL
Excavaciones arqueológicas en el Parque Arqueológico de Alarcos: Poblado de Alarcos y necrópolis ibérica III	Ciudad Real y Poblete	UCLM	18.057,60	M.ª Rosario García, Antonio de Juan, David Rodríguez, Fco. Javier Morales, Diego Lucendo y Pedro Miguel Naranjo
La villa romana de El Peral (Valdepeñas-Ciudad Real): excavación de espacios domésticos y termales en la zona meridional de la pars urbana. Datación de nuevas edificaciones	Valdepeñas y Membrilla	Ayuntamiento de Valdepeñas	8.694,24	Tomás Torres, Julián Vélez y Domingo Fernández
Resultados del estudio paleontológico y paleoantropológico de los niveles calcolíticos y de la Edad del Bronce de los túmulos del Castillejo del Bonete	Terrinches	Ayuntamiento de Terrinches	18.098,24	M.ª Ángeles Galindo, César Lapiana, Josep Bisbal y Luis Benítez de Lugo
Ocupaciones achelenses del Pleistoceno medio final del valle del Guadiana: concentraciones de Albalá y El Raso	Poblete y Ciudad Real	Consorcio Centro Nacional de Investigación sobre la Evolución Humana	16.954,70	Alfonso Benito e Ignacio de la Torre
El túmulo funerario de Bocapucheros: contexto territorial en el Bronce de La Mancha	Almagro	Ayuntamiento de Almagro	17.641,50	Alfredo Mederos, José L. Fuentes, M.ª Carmen Cortés y Luis Benítez de Lugo

Tabla 18 (continuación)

SUBVENCIONES PARA LA REALIZACIÓN DE PROYECTOS DE INVESTIGACIÓN DEL PATRIMONIO ARQUEOLÓGICO Y PALEONTOLÓGICO DE CASTILLA-LA MANCHA, 2023

PROYECTO	TÉRMINO MUNICIPAL	ENTIDAD SOLICITANTE	AYUDA CONCEDIDA (EUROS)	INVESTIGADOR PRINCIPAL
Arqueología de la religión y del conflicto en el Montiel medieval	Montiel	UCLM	18.595,66	Jesús Molero, David Gallego y Javier Mejías
Excavación en el sector oriental de la Motilla del Azuer	Daimiel	Ayuntamiento de Daimiel	5.265	Miguel Torres y David Rodríguez
Proyecto de investigaciones arqueológicas en la antigua Sisapo-La Bienvenida	Almodóvar del Campo	UNED	23.325	Mar Zarzalejo, Carmen Fenández y Germán Esteban
Estudio arqueo-arquitectónico del santuario de entrada (norte) en el Cerro de las Cabezas	Valdepeñas	Universidad Autónoma de Madrid	15.647,85	Juan José Blánquez, Lourdes Roldán y Raquel Cantera
Excavaciones en el sector IV de Alarcos: el santuario ibérico	Ciudad Real	Universidad Complutense de Madrid	9.828,67	Jorge García, Teresa Chapa y Macarena Fernández
Calatrava la Vieja 2023: espacios de poder en la transición entre el periodo almohade y la conquista castellana (siglos XII-XV). La muralla del foso y el aula del alcázar	Carrión de Calatrava	Universidad Complutense de Madrid	11.960	Manuel Retuerce, Miguel Ángel Hervás y María del Cristo González

BAM, COLECCIÓN GENERAL, 2023

El Instituto de Ciudad Real y la Diputación Provincial: una relación fructífera (1843-1910), Jesús López-Maestre Ruiz.

El testamento de Francisco de Quevedo desde su vida y su obra, Agustín Clemente Pliego y José María Lozano Cabezuelo.

CONCLUSIONES
Y AGRADECIMIENTOS

A lo largo del trabajo hemos comprobado la evolución y ampliación del concepto de patrimonio cultural, pasando de monumentos o antigüedades a bienes muebles, inmuebles y manifestaciones inmateriales, con valor histórico, artístico, arqueológico, paleontológico, etnográfico, industrial, científico, técnico, documental o bibliográfico de interés para Castilla-La Mancha.

El gran peligro para su protección y conservación ha sido y es, el propio ser humano y sus dinámicas sociales. Las guerras y revoluciones, los intereses económicos y urbanísticos y la falta de sensibilidad o la apatía lo han destruido, mermado o puesto en peligro con una gran rapidez y facilidad.

Las dinámicas sociales han dado origen a la aprobación y aplicación de disposiciones legislativas y a la creación de organismos, como las comisiones provinciales de Monumentos o de Patrimonio.

Los avances sociales y económicos han tenido una incidencia claramente positiva, también sobre el patrimonio cultural de la provincia de Ciudad Real. La recuperación de las libertades, los ayuntamientos democráticos, la autonomía y la universidad han contribuido a un mejor conocimiento, investigación, protección y divulgación, poniendo en valor su riqueza y aportando contenidos y argumentos para acabar con el estereotipo de tierra de paso sin interés.

Como es lógico, no todo está conseguido. Entre las tareas que toda la sociedad tiene pendientes están mejorar la implicación de los ciudadanos en el conocimiento, la protección, conservación y gestión de su propio patrimonio cultural y así evitar actitudes de rechazo o desconocimiento, aunar voluntades procedentes del ámbito público y privado, aumentar la colaboración entre todas las administraciones públicas, completar la documentación de los bienes, aumentar los recursos que la sociedad destina a su investigación, conocimiento, protección, conservación y difusión, aprovechar la oportunidad que ofrecen las nuevas tecnologías y abordar la problemática del abandono de los bienes de la Iglesia católica.

Finalizamos con un agradecimiento general a todas las personas que han trabajado por la protección, investigación y divulgación del patrimonio cultural de la provincia de Ciudad Real, integrando en algún momento organismos, colectivos, comisiones, empresas, asociaciones o instituciones. Su labor, a veces ingrata, poco conocida y reconocida, merece un enorme respeto y consideración.

En lo referido a este trabajo, el agradecimiento lo hago especialmente a todas las personas que me han aconsejado y facilitado información, documentación e imágenes. Trabajadores y trabajadoras de la Real Academia de Bellas Artes de San Fernando, Real Academia de la Historia, Archivo Histórico Nacional, Archivo General de la Administración, Archivo Histórico Regional, Archivo Diocesano de Toledo, Archivo Histórico Provincial, Museo de Ciudad Real, Biblioteca Pública del Estado en Ciudad Real, Archivo General de la Diputación de Ciudad Real, Servicio de Patrimonio y Arqueología de la Viceconsejería de Cultura, Servicio de Cultura de la Delegación Provincial de Ciudad Real, Fundación Miguel Fisac, Patronato de Cultura de Alcázar de San Juan, ayuntamientos de Almagro, Campo de Criptana, Membrilla, Santa Cruz de Mudela, Torre de Juan Abad y Villanueva de los Infantes. Integrantes de las comisiones: Ángel López, Ángela Madrid, Alfonso Caballero, Antonio de Juan, Arturo Álvarez, Carmen Teresa Olmedo, Diego Peris, Elisa del Valle, Enrique Herrera, Javier Naharro, Francisco Navarro, Javier Navarro, José Fuentes, Jorge Sánchez Lillo, José Jesús Caro, María Soledad Salve, Miguel Morales y Pedro Torres, o sus descendientes, como Luis Maldonado Fernández de Tejada, hijo de Ramón Maldonado y Cocat, que me ha facilitado copia de todas las actas de la Comisión Provincial de Monumentos entre 1969 y 1990 y su archivo fotográfico.

Arquitectos, arqueólogos, restauradores y otros profesionales: Alfonso Monsalve, Ángel Aranda, Beatriz Crespo, Carlos Aparicio, Carlos Chaparro, David Gallego, Enrique Mata, Francisco Gómez, Honorio Álvarez, Isidro Hidalgo, José Lorenzo Sánchez Meseguer, José Luis Fuentes, José Luis Sobrino, Luis Benítez de Lugo, Macarena Fernández, María Teresa González, Miguel Ángel Hervás, Tomás Torres y Yolanda Oliver.

ANEXOS

1. PRESIDENTES/AS DE LA COMISIÓN PROVINCIAL DE PATRIMONIO HISTÓRICO O CULTURAL DE LA PROVINCIA DE CIUDAD REAL

Nombre	Desde
Marciano Cuesta Polo	23 de enero de 1973
Luis Torres Royo	10 de marzo de 1978
Manuel Sánchez León	20 de septiembre de 1979
Úrsula Naharro Pueyo	9 de junio de 1983
José Tomás Cano de Mateo	10 de enero de 1985
Hilario Caballero Moya	3 de julio de 1986
Francisco Javier Naharro Arteche	5 de septiembre de 1991
Antonio Sánchez Cencerrado	14 de diciembre de 1996
José Fuentes Pastrana	6 de marzo de 1997
Ángel López Jiménez	13 de enero de 2000
José Fuentes Pastrana	8 de maro de 2001
Ángel López Jiménez	9 de septiembre de 2003
Carmen Teresa Olmedo Pedroche	Octubre de 2008-mayo de 2010
Valle Fuentes Guzmán	Junio de 2010-noviembre de 2010
Pedro Torres Torres	Diciebre de 2010-julio de 2011
Miguel Morales Molina	Julio de 2011-julio de 2015
Francisco José Navarro Haro	Julio de 2015-julio de 2019
José Jesús Caro Sierra	Julio de 2019

2. NÚMERO DE EXPEDIENTES TRAMITADOS POR AÑO DESDE 1973

AÑO	Nº EXPEDIENTES	AÑO	Nº EXPEDIENTES
1973	33	1998	194
1974	75	1999	130
1975	119	2000	185
1976	91	2001	166
1977	100	2002	239
1978	33	2003	240
1979	34	2004	334
1980	59	2005	299
1981	43	2006	371
1982	44	2007	392
1983	81	2008	304
1984	84	2009	397
1985	70	2010	296
1986	60	2011	466
1987	97	2012	347
1988	72	2013	299
1989	90	2014	321
1990	100	2015	376
1991	90	2016	403
1992	121	2017	407
1993	94	2018	539
1994	135	2019	636
1995	155	2020	680
1996	186	2021	707
1997	241	2022	627
		2023	591

3. LOCALIDADES CON MAYOR NÚMERO DE EXPEDIENTES TRAMITADOS

LOCALIDAD	NÚMERO DE EXPEDIENTES (%)
Almagro	7,97
Villanueva de los Infantes	7,58
Ciudad Real	3,97
Alcázar de San Juan	3,82
Daimiel	3,53
Valdepeñas	3,28
Manzanares	3,10
Alhambra	2,63
Campo de Criptana	2,01

4. CONVOCATORIAS DE AYUDAS SOBRE PATRIMONIO CULTURAL EN CASTILLA-LA MANCHA

CONVOCATORIAS	ANUALIDADES
Subvenciones para financiar investigaciones sobre el Patrimonio Histórico y Etnológico de Castilla-La Mancha	1998-2010
Subvenciones para financiar la realización de obras en inmuebles vinculados al Patrimonio Histórico de Castilla-La Mancha	1998-2010
Ayudas para iniciativas museográficas	1997-2004
Subvenciones para la rehabilitación del patrimonio de Castilla-La Mancha del programa A Plena Luz (Conjuntos históricos) 1999	1992-2010
Ayudas para obras en inmuebles de carácter etnográfico	1999, 2000 y 2008
Obras en castillos	1999
Subvenciones para la realización de proyectos de investigación del patrimonio arqueológico y paleontológico de Castilla-La Mancha	1988-2023

5. OBRAS EN LA PROVINCIA DE CIUDAD REAL A CARGO DE LA COMISARÍA GENERAL DEL SERVICIO DE DEFENSA DEL PATRIMONIO ARTÍSTICO NACIONAL, COMISARÍA GENERAL DEL PATRIMONIO ARTÍSTICO NACIONAL (1968-1974), COMISARÍA NACIONAL DEL PATRIMONIO ARTÍSTICO NACIONAL (1974-1976) O MINISTERIO DE CULTURA

AÑO	MONUMENTO Y PROYECTO	ARQUITECTO
1945	Obras de emergencia en el Palacio de Santa Cruz en el Viso del Marqués	José Manuel González Valcárcel
1952	Obras de emergencia en la Puerta de Toledo de Ciudad Real	José Manuel González Valcárcel
1957	Restauración y conservación de la Iglesia Catedral de Santa María del Prado en Ciudad Real	José Manuel González Valcárcel
1962	Restauración del torreón en el Alcázar de Ciudad Real	José Manuel González Valcárcel
1963-1965	Restauración y conservación en templo y Casa de los Caballeros del Convento-Castillo de Calatrava la Nueva	José Manuel González Valcárcel
1971	Restauración del escenario del Corral de Comedias de Almagro	Víctor Caballero Ungría

Año	Monumento y proyecto	Arquitecto
1971	Restauración de la iglesia de San Agustín del convento de los Padres Agustinos de Almagro	Víctor Caballero Ungría
1971	Restauración de edificios en el Conjunto Monumental de Almagro	Víctor Caballero Ungría
1972	Restauración de la cubierta de la nave central de la iglesia de San Andrés Apóstol de Villanueva de los Infantes	Víctor Caballero Ungría
1972	Restauración de las galerías y pavimentosdel patio del Corral de Comedias de Almagro	Víctor Caballero Ungría
1973	Obras de emergencia en la Plaza Mayor de Almagro	Víctor Caballero Ungría
1975	Restauración de la cubierta de la Catedral de Ciudad Real	Eduardo Gascón Recas
1975	Restauración del castillo de Calatrava la Vieja en Carrión de Calatrava	Santiago Camacho Valencia
1977	Restauración del claustro del convento de la Asunción de Calatrava de Almagro	Santiago Camacho Valencia
1977	Restauración de uno de los edificios de la Plaza Mayor de Villanueva de los Infantes	Amparo Berlinches Acín
1977	Restauración de las Cuevas de La Batanera y Peña Escrita de Fuencaliente	Eduardo Barceló de Torres
1978	Restauración de las fachadas del Palacio de los Fúcares de Almagro	Santiago Camacho Valencia
1979	Restauración del claustro del convento de la Asunción de Calatrava de Almagro	Santiago Camacho Valencia
1979	Restauración del ex convento de Santo Domingo de Villanueva de los Infantes	Santiago Camacho Valencia
1979	Restauración de molino de viento en Campo de Criptana	Ignacio Vicens y Hualde
1979	Restauración de la iglesia de San Pedro Apóstol de Ciudad Real	Juan Antonio Ochoa Majano
1979	Restauración y limpieza de la Puerta de Toledo de Ciudad Real	Juan Antonio Ochoa Majano

Año	Monumento y proyecto	Arquitecto
1979	Restauración de la Casa de los Estudios	Ignacio Gárate Rojas
1980	Restauración de la iglesia de Nuestra Señora de las Angustias de Arenas de San Juan	Santiago Camacho Valencia
1980	Restauración del castillo-convento de Calatrava la Nueva de Aldea del Rey	Miguel Fisac Serna
1980	Restauración de la torre de Santo Domingo del Convento de la Asunción de Calatrava de Almagro	Miguel Fisac Serna
1980	Restauración de la Iglesia de San Bartolomé de Almagro	Miguel Fisac Serna
1980	Restauración del Hospital de Santiago de Villanueva de los Infantes	Santiago Camacho Valencia
1980	Proyecto de restauración del convento de Santo Domingo de Villanueva de los Infantes	Santiago Camacho Valencia
1980	Restauración de la Casa de los Maestres de Almagro	Miguel Fisac Serna
1981	Cerramiento del yacimiento arqueológico de la Motilla del Azuer de Daimiel	Felipe Delgado Laguna
1981	Restauración de la iglesia de San Andrés Apóstol de Villanueva de los Infantes	Santiago Camacho Valencia
1981	Restauración de la plaza de toros de Almadén	Julio Roca Ortega
1981	Restauración de La Alhóndiga de Villanueva de los Infantes	Santiago Camacho Valencia
1981	Restauración del Palacio de los Fúcares de Almagro para sede de la Fundación Cultural de la Mancha	Santiago Camacho Valencia
1981	Restauración de la escalera de acceso al camarín de la Virgen del Prado en la Catedral de Ciudad Real	Eduardo Gascón Recas
1981	Restauración del convento de la Asunción de Calatrava de Almagro	Santiago Camacho Valencia
1981	Consolidación del yacimiento arqueológico de la Motilla del Azuer de Daimiel	Marcelino Martín Montero

Año	Monumento y proyecto	Arquitecto
1982	Restauración de diversas dependencias y de la torre campanario de la Catedral de Ciudad Real	Pedro Casariego y Genaro Alas Rodríguez
1982	Restauración del convento de la Encarnación en Villanueva de los Infantes	Miguel Fisac Serna
1982	Restauración de pavimentos, muros y puerta de poniente del castillo de Calatrava la Vieja de Carrión de Calatrava	Miguel Fisac Serna
1982	Restauración del castillo de Montizón de Villamanrique	Luis Franco León
1982	Restauración de la cubierta del convento de las Dominicas de Villanueva de los Infantes	Miguel Fisac Serna
1982	Restauración de la Casa de los Maestres de Almagro	Miguel Fisac Serna
1982	Restauración de la iglesia de Nuestra Señora de la Asunción de Valdepeñas	Julio Roca Ortega
1982	Restauración de la torre del campanario de la Catedral de Ciudad Real	Pedro Casariego Hernández
1982	Restauración de la ermita-santuario y plaza de toros de Las Virtudes de Santa Cruz de Mudela	Miguel Olmedo Benítez y María Ángeles Muñoyerro
1983	Restauración de la muralla e iglesia del castillo de Calatrava la Vieja de Carrión de Calatrava	Miguel Fisac Serna
1984	Restauración de la portada de la iglesia de Nuestra Señora de la Asunción en Valdepeñas	Julio Roca Ortega
1988	Obras de emergencia en el Palacio de los Maestres de Calatrava para adecuación del Museo de Teatro en Almagro	Horacio Fernández del Castillo
1990	Restauración del torreón de la esquina, escalera, cubierta, fachada y claustro e intervención arqueológica en el Palacio de los Maestres de Calatrava de Almagro	Horacio Fernández del Castillo y Félix Benito Martín

6. BIENES DE INTERÉS CULTURAL DE LA PROVINCIA DE CIUDAD REAL

N.º	Municipio	Denominación	Figura	Categoría	Adscripción cultural	Publicación
1	Ciudad Real	Puerta de Toledo	BIC	Monumento	Edad Media	17 febrero 1915
2	Fuencaliente	Cueva de Peña Escrita	BIC	Monumento	Prehistoria	7 mayo 1924
3	Fuencaliente	Cueva de la Batanera	BIC	Monumento	Prehistoria	7 mayo 1924
4	Aldea del Rey	Castillo de Calatrava la Nueva	BIC	Monumento	Edad Media-Edad Moderna	4 junio 1931
5	Almagro	Convento de la Asunción de Calatrava	BIC	Monumento	Edad Moderna	4 junio 1931
6	Ciudad Real	Catedral	BIC	Monumento	Edad Moderna-Edad Contemporánea	4 junio 1931
7	Carrión de Calatrava	Castillo de Calatrava la Vieja	BIC	Monumento	Edad Media	4 junio 1931
8	Viso del Marqués	Palacio del Marqués de Santa Cruz	BIC	Monumento	Edad Moderna	4 junio 1931
9	Almagro	Corral de Comedias	BIC	Monumento	Edad Moderna	14 marzo de 1955
10	Almagro	Conjunto histórico	BIC	Conjunto Histórico	Prehistoria-Edad Contemporánea	1 agosto 1972
11	Argamasilla de Alba	Cueva prisión de Medrano	BIC	Monumento	Edad Moderna	16 noviembre 1972
12	Ciudad Real	Iglesia de San Pedro	BIC	Monumento	Edad Moderna	30 julio 1974
13	Villanueva de los Infantes	Conjunto histórico	BIC	Conjunto Histórico	Prehistoria-Edad Contemporánea	31 enero 1975
14	Arenas de San Juan	Iglesia de Santa María de las Angustias	BIC	Monumento	Edad Media	29 mayo 1976
15	Valdepeñas	Iglesia de Nuestra Señora de la Asunción	BIC	Monumento	Edad Media-Edad Moderna	12 noviembre 1977
16	Campo de Criptana	Tres molinos de viento: Burleta, Sardinero e Infanto	BIC	Monumento	Edad Moderna	3 febrero 1979
17	Almadén	Plaza de toros	BIC	Monumento	Edad Moderna	18 enero 1980

N°	Municipio	Denominación	Figura	Categoría	Adscripción cultural	Publicación
18	Ciudad Real	Santuario de Nuestra Señora de Alarcos	BIC	Monumento	Edad Media	18 febrero 1981
19	Santa Cruz de Mudela	Ermita y plaza de toros de las Virtudes	BIC	Monumento	Edad Media-Edad Moderna	17 julio 1981
20	Ciudad Real	Iglesia de Santiago Apostol	BIC	Monumento	Edad Media-Edad Moderna	10 mayo 1982
21	Alcázar de San Juan	Monasterio de Santa Clara	BIC	Monumento	Edad Moderna	3 junio 1982
22	Tomelloso	Posada de los Portales	BIC	Monumento	Edad Moderna	3 junio 1982
23	Almuradiel	Iglesia parroquial	BIC	Monumento	Edad Moderna	21 agosto 1982
24	La solana	Ermita de San Sebastián	BIC	Monumento	Edad Media	3 septiembre 1982
25	Moral de Calatrava	Conjunto histórico	BIC	Conjunto Histórico	Prehistoria-Edad Contemporánea	3 septiembre 1982
26	Bolaños de Calatrava	Castillo de Doña Berenguela	BIC	Monumento	Edad Media	21 septiembre 1982
27	Torralba de Calatrava	Santuario de Nuestra Señora de las Cruces	BIC	Monumento	Edad Media-Edad Contemporánea	29 noviembre 1982
28	Valdepeñas	Ermita de la Veracruz	BIC	Monumento	Edad Moderna	13 diciembre de 1982
29	Valdepeñas	Iglesia del Santo Cristo de la Misericordia	BIC	Monumento	Edad Moderna	13 diciembre de 1982
30	Cózar	Iglesia de San Vicente	BIC	Monumento	Edad Media-Edad Moderna	13 abril 1983
31	Villamanrique	Castillo de Montizón	BIC	Monumento	Edad Media	13 abril 1983
32	Villarta de San Juan	Puente del río Cigüela	BIC	Monumento	Época romana-Edad Media	14 febrero 1984
33	Ciudad Real	Archivo Hco. Provincial	BIC	Monumento	Edad Contemporánea	29 junio 1985
34	Ciudad Real	Museo	BIC	Monumento	Edad Contemporánea	29 junio 1985
35	Villanueva de los Infantes	Casa solar de los Bustos	BIC	Monumento	Edad Moderna	6 noviembre 1990
36	Alcázar de San Juan	Torreón del Prior	BIC	Monumento	Edad Media-Edad Moderna	4 diciembre 1990

Nº	Municipio	Denominación	Figura	Categoría	Adscripción cultural	Publicación
37	Argamasilla de Alba	Castillo de Peñarroya	BIC	Monumento	Edad Media	4 eneero 1991
38	Alcázar de San Juan	Iglesia de San Francisco	BIC	Monumento	Edad Moderna	30 eneero 1991
39	Alcázar de San Juan	Antigua posada de Santo Domingo	BIC	Monumento	Edad Moderna	30 octubre 1991
40	Almodóvar del Campo	Iglesia de Santa Catalina	BIC	Monumento	Edad Media-Edad Moderna	30 octubre 1991
41	Chillón	Iglesia de San Juan Bautista	BIC	Monumento	Edad Moderna	30 octubre 1991
42	Fuente el Fresno	Iglesia de Santa Quiteria	BIC	Monumento	Edad Media	30 octubre 1991
43	La Solana	Palacete de los Condes de Casa Valiente	BIC	Monumento	Edad Moderna	30 octubre 1991
44	Manzanares	Iglesia de Nuestra Señora de la Asunción	BIC	Monumento	Edad Media-Edad Moderna	30 octubre 1991
45	Pozuelo de Calatrava	Iglesia de San Juan Bautista	BIC	Monumento	Edad Moderna	30 octubre 1991
46	Villahermosa	Iglesia de Nuestra Señora de la Asunción	BIC	Monumento	Edad Moderna	30 octubre 1991
47	Villamanrique	Iglesia de San Andrés Apóstol	BIC	Monumento	Edad Moderna	30 octubre 1991
48	Alhambra	Castillo	BIC	Monumento	Edad Media	18 diciembre 1991
49	Ciudad Real	Convento de Carmelitas Descalzas	BIC	Monumento	Edad Moderna	18 diciembre 1991
50	Ciudad Real	Convento de la Inmaculada Concepción	BIC	Monumento	Edad Moderna	18 diciembre 1991
51	Ciudad Real	Hotel Alfonso X El Sabio	BIC	Monumento	Edad Contemporánea	18 diciembre 1991
52	Ciudad Real	Mercado Viejo, 6	BIC	Monumento	Edad Contemporánea	18 diciembre 1991
53	Fuenllana	Convento de los Agustinos	BIC	Monumento	Edad Moderna	18 diciembre 1991
54	Aldea del Rey	Palacio de la Clavería	BIC	Monumento	Edad Moderna	4 de marzo 1992
55	Ciudad Real	Calle Lanza s/n esquina Conde de la Cañada	BIC	Monumento	Edad Moderna-Edad Contemporánea	4 marzo 1992

Nº	Municipio	Denominación	Figura	Categoría	Adscripción cultural	Publicación
56	Almagro	Motilla de los Palacios	BIC	Zona Arqueológica	Prehistoria- Edad del Bronce/Época Ibérica	20 mayo 1992
57	Almodóvar del Campo	La Bienvenida	BIC	Zona Arqueológica	Prehistoria- Edad Antigua	20 mayo 1992
58	Ciudad Real	Cerro de Alarcos	BIC	Zona Arqueológica	Edad del Bronce- Edad Media	20 mayo 1992
59	Villanueva de los Infantes	Cueva de la Mora	BIC	Sitio Histórico	Edad Media	20 mayo 1992
60	Carrión de Calatrava	Calatrava la Vieja	BIC	Zona Arqueológica	Edad Media	20 mayo 1992
61	Alcázar de San Juan	Iglesia de Santa María la Mayor	BIC	Monumento	Edad Moderna	8 julio 1992
62	Almadén	Real Hospital de Mineros de San Rafael	BIC	Monumento	Edad Moderna	8 julio 1992
63	Alcázar de San Juan	Iglesia de Santa Quiteria	BIC	Monumento	Edad Moderna	8 julio 1992
64	Almadén	Horno de Bustamante	BIC	Monumento	Edad Moderna- Edad Contemporánea	8 julio 1992
65	Almadenejos	Baritel de San Carlos	BIC	Monumento	Edad Contemporánea	8 julio 1992
66	Calzada de Calatrava	Castillo de Salvatierra	BIC	Monumento	Edad Media	8 julio 1992
67	Carrión de Calatrava	El Torreón	BIC	Monumento	Edad Moderna- Edad Contemporánea	8 julio 1992
68	Almodóvar del Campo	Archivo Municipal	BIC	Monumento	Edad Media- Edad Contemporánea	18 diciembre 1992
69	Almodóvar del Campo	Iglesia de Nuestra Señora de la Asunción	BIC	Monumento	Edad Media- Edad Contemporánea	18 diciembre 1992
70	Daimiel	Iglesia de San Pedro Apóstol	BIC	Monumento	Edad Moderna	18 diciembre 1992
71	Daimiel	Iglesia de Sta. María la Mayor	BIC	Monumento	Edad Media	18 diciembre 1992
72	Granátula de Calatrava	Palacio de Torremejía	BIC	Monumento	Edad Moderna	18 diciembre 1992
73	Porzuna	Iglesia de San Sebastián Mártir	BIC	Monumento	Edad Media- Edad Moderna	31 marzo 1993

Nº	Municipio	Denominación	Figura	Categoría	Adscripción cultural	Publicación
74	Almagro-Bolaños de Calatrava	Santuario de Nuestra Señora de las Nieves	BIC	Monumento	Edad Moderna	2 julio 1993
75	Ciudad Real	Palacio de la Diputación	BIC	Monumento	Edad Contemporánea	2 julio 1993
76	Villanueva de los Infantes	Puente romano	BIC	Monumento	Época romana	2 julio 1993
77	La Solana	Iglesia de Santa Catalina	BIC	Monumento	Edad Media-Edad Moderna	25 agosto 1993
78	Puertollano	Iglesia de Nuestra Señora de la Asunción	BIC	Monumento	Edad Moderna	25 agosto 1993
79	Santa Cruz de Mudela	Iglesia de Nuestra Señora de la Asunción	BIC	Monumento	Edad Moderna	25 agosto 1993
80	Villamanrique	Casa de los Manrique	BIC	Monumento	Edad Media-Edad Moderna	25 agosto 1993
81	Almagro	Iglesia de San Agustín	BIC	Monumento	Edad Moderna	29 octubre 1993
82	Miguelturra	Iglesia del Cristo de la Misericordia	BIC	Monumento	Edad Contemporánea	29 octubre 1993
83	San Carlos del Valle	Iglesia del Cristo del Valle	BIC	Monumento	Edad Moderna	29 octubre 1993
84	San Carlos del Valle	Plaza Mayor	BIC	Monumento	Edad Moderna	29 octubre 1993
85	Villanueva de los Infantes	Casa del Arco	BIC	Monumento	Edad Moderna	29 octubre 1993
86	Ciudad Real	Iglesia de Nuestra Señora de la Merced	BIC	Monumento	Edad Moderna	29 octubre 1993
87	Ciudad Real	Calle Feria, 5	BIC	Monumento	Edad Contemporánea	30 marzo 1994
88	Granátula de Calatrava	Ermita de Ntra. Sra. de Oreto y Zuqueca	BIC	Monumento	Edad Media	27 enero 1995
89	Puertollano	El Castillejo	BIC	Zona Arqueológica	Prehistoria	3 noviembre 1995
90	Ciudad Real	Edificio del Banco de España	BIC	Monumento	Edad Contemporánea	9 febrero 1996
91	Valdepeñas	Cerro de las Cabezas	BIC	Zona Arqueológica	Prehistoria	30 abtril 1998

Nº	Municipio	Denominación	Figura	Categoría	Adscripción cultural	Publicación
92	Campo de Criptana	Sitio histórico de los Molinos	BIC	Sitio Histórico	Edad Moderna-Edad Contemporánea	3 mayo 2002
93	Terrinches	Ermita de Nuestra Señora de Luciana	BIC	Monumento	Edad Media-Edad Moderna	21 junio 2002
94	Terrinches	Iglesia de Santo Domingo de Guzmán	BIC	Monumento	Edad Moderna	21 junio 2002
95	Daimiel	Venta de Borondo	BIC	Monumento	Edad Moderna	14 diciembre 2007
96	Almodóvar del Campo	Venta de la Inés	BIC	Sitio Histórico	Edad Moderna	11 agosto 2009
97	Ciudad Real	Convento de la Merced	BIC	Monumento	Edad Moderna	10 agosto 2010
98	Daimiel	Motilla del Azuer	BIC	Zona Arqueológica	Prehistoria	3 julio 2013
99	Terrinches	Castillejo del Bonete	BIC	Zona Arqueológica	Prehistoria	12 noviembre 2014
100	Montiel	Castillo de la Estrella	BIC	Monumento	Edad Media	25 febrero 2015
101	Viso del Marqués	Poblado de colonización de Villalba de Calatrava	BIC	Conjunto Histórico	Edad Contemporánea	22 de abril de 2015
102	Almadén	Conjunto minero	BIC	Monumento	Edad Antigua-Edad Contemporánea	14 marzo 2016
103	Almadén	Archivo de Minas de Almadén y Arrayanes	BIC	Colección	Edad Moderna-Edad Contemporánea	10 junio 2016
104	Alcázar de San Juan	BIP Casa del Hidalgo	BIP	Construcción de de Interés Patrimonial	Edad Moderna	3 noviembre 2016
105	Alcázar de San Juan	Molinos del cerro de San Antón	BIP	Construcción de Interés Patrimonial	Edad Moderna	3 noviembre 2016
106	Alcázar de San Juan	Azulejería de la Antigua Fonda	EIP	Elemento de Interés Patrimonial	Edad Contemporánea	3 noviembre 2016

Nº	Municipio	Denominación	Figura	Categoría	Adscripción cultural	Publicación
107	Almadenejos	Cerco de Buitrones	BIP	Construcción de Interés Patrimonial	Edad Moderna	3 noviembre 2016
108	Porzuna	Corpus Christi de Porzuna	BIC	Bien Inmaterial	Edad Media-Edad Contemporánea	2 junio 2017
109	Terrinches	La Ontavía	BIP	Yacimiento Arqueológico de Interés Patrimonial	Edad Antigua-Edad Media	7 julio 2017
110	Chillón	Puente de Hierro sobre el río Valdeazogues	BIP	Construcción de Interés Patrimonial	Edad Contemporánea	20 junio 2018
111	Puertollano	Fiesta del Santo Voto	BIC	Bien Inmaterial	Edad Media-Edad Contemporánea	21 mayo 2020
112	Herencia	Conjunto de abrigos rupestres de La Rendija	BIC	Zona Arqueológica	Prehistoria	16 enero 2023
113	Argamasilla de Calatrava	Sala de los Moros	BIC	Zona Arqueológica	Prehistoria	22 febrero 2023
114	Torre de Juan Abad	Iglesia de Torre de Juan Abad	BIC	Monumento	Edad Moderna	6 septiembre 2023
115	Aldea del Rey, Calzada de Calatrava y Villanueva de San Carlos	Puerto de Calatrava	BIC	Sitio Histórico	Varias	27 diciembre 2023
116	Puertollano	Fuente Agria del paseo de San Gregorio	BIC	Monumento	Edad Moderna	22 marzo 2024
117	Pedro Muñoz	Ronda del Mayo Manchego	BIC	Bien Inmaterial		16 abril 2024
118	Almadén	Casa Academia de Minas	BIC	Monumento	Edad Moderna	7 mayo 2024
119	Granátula de Calatrava	Área arqueológica deOreto-Zuqueca	BIC	Zona Arqueológica	Varias	21 noviembre 2023*

* Fecha de publicación del inicio del expediente.

7. BIENES DE INTERÉS CULTURAL DE TODA CASTILLA-LA MANCHA

Nº	Denominación	Figura	Categoría	Adscripción cultural	Publicación
1	Fiesta de los toros	BIC	Bien Inmaterial	Edad Media-Edad Contemporánea	26 noviembre 2011
2	La cetrería	BIC	Bien Inmaterial	Edad Media-Edad Contemporáea	26 febrero 2014
3	Seguidilla manchega	BIC	Bien Inmaterial	Edad Media-Edad Contemporánea	18 noviembre 2015

8. CARTAS, CONVENIOS Y RECOMENDACIONES INTERNACIONALES

Promovidas por instituciones como la UNESCO, el Consejo de Europa, Unión Europea y otros organismos como ICA, Consejo Internacional de Archivos, ICOM, Consejo Internacional de Museos, ICOMOS, Consejo Internacional de Museos y Sitios o IFLA, Federación Internacional de Asociaciones de Bibliotecas e instituciones, para responder a las necesidades de protección del patrimonio cultural. Son suscritas por numerosos países y organismos internacionales, también por España, han tenido un amplio desarrollo durante el siglo pasado, sobre todo al finalizar la Segunda Guerra Mundial, y constituyen grandes referentes que mantienen su vigencia y su vigor a través de revisiones, precisiones y ampliaciones de sus contenidos[1].

Año	Título	Contenido
1931	Carta de Atenas	Conservación de los monumentos artísticos e históricos
1932	Carta del Restauro Roma	Restauración de los monumentos
1954	Convención de La Haya	Protección de bienes culturales en caso de conflicto armado
1956	Recomendación de Nueva Delhi	Principios para excavaciones arqueológicas
1964	Carta de Venecia	Conservación y restauración de monumentos y sitios
1972	Carta del Restauro Roma	Conservación del patrimonio artístico
1972	Convención de la Unesco	Protección del patrimonio mundial, cultural y natural
1975	Carta de Amsterdam	Conservación del patrimonio arquitectónico

Año	Título	Contenido
1975	Declaración de Amsterdam	Conservación del patrimonio arquitectónico
1976	Carta de México	Defensa del patrimonio cultural
1976	Carta de Bruselas	Turismo cultural
1977	Normas de Quito	Conservación y utilización de los monumentos y lugares de interés arqueológicos, histórico y artístico
1979	Recomendación 880 CE	Conservación del patrimonio arquitectónico europeo
1981	Carta de Jardines de Florencia	Jardines históricos
1982	Conferencia de Berlín	Ciudades europeas
1984	Conservación-Restauración de Copenhague	Conservador-restaurador: una definición de la profesión
1985	Convención de Granada	Salvaguardia del patrimonio arquitectónico de Europa
1986	Carta de Noto	Perspectivas para la conservación y la recuperación del centro histórico
1986	Carta de Toledo	Conservación de las ciudades históricas
1986	Resolución sobre Conservación de Obras de Arte	Conservación de obras de arte y objetos de interés cultural e histórico
1987	Carta de Conservación	Conservación y restauración de los objetos de arte y cultura
1987	Carta de Washington	Conservación de ciudades históricas y áreas urbanas históricas
1990	Carta de Lausana	Gestión del patrimonio arqueológico
1992	Carta de Veracruz	Política de actuación en los centros históricos de Iberoamérica
1992	Convenio de La Valetta	Protección del patrimonio arqueológico
1994	Documento de Nara	Diversidad cultural y diversidad de patrimonio. Valores y autenticidad
1995	Convenio de Unidroit	Sobre los bienes culturales robados o exportados ilícitamente
1996	Carta Subacuática de Icomos	Protección y gestión del patrimonio cultural subacuático
1996	Principios para la Grabación de Monumentos	Principles for the recording of monuments, groups of buildings and sites
1997	Documento de Pavía	Perfil europeo del conservador-restaurador
1998	Declaración de Radenci	Protección del patrimonio cultural en emergencias y situaciones de excepción

Año	Título	Contenido
1999	2º Protocolo de La Haya	Protocolo para la protección de bienes culturales en caso de conflicto armado
1999	Carta de Burra	Guía para la conservación de sitios de significación cultural
1999	Carta del Patrimonio Vernáculo	Patrimonio vernáculo construido
1999	Carta del Turismo Cultural	Gestión del turismo en los sitios con patrimonio significativo
1999	Principios para Estructuras de Madera	Principios para la conservación de las estructuras históricas en madera
2000	Carta de Cracovia	Principios para la conservación y restauración del patrimonio construido
2000	Convenio Europeo de Paisaje	Protección, gestión y ordenación paisajística
2000	Protección BBCC en Conflicto Armado	Protección de bienes culturales en caso de conflicto armado
2001	Convención de París sobre Patrimonio Subacuático	Protección del patrimonio cultural subacuático
2002	Carta de Retablos	Estudio y conservación de retablos
2002	Directrices profesionales de ECCO	La profesión de conservación-restauración y su código ético
2003	Carta de Nizhny Tagil	Patrimonio industrial
2003	Convención del Patrimonio Inmaterial de París	Salvaguardia del patrimonio cultural inmaterial
2003	Declaración Destrucción Intencional de París	Destrucción intencional del patrimonio cultural
2003	Principios de Pinturas Murales	Principios para la preservación, conservación y restauración de pinturas murales
2003	Principios para la Restauración de Estructuras	Análisis, conservación y restauración de las estructuras del patrimonio arquitectónico
2005	Carta Ename	Interpretación de lugares pertenecientes al patrimonio cultural
2005	Declaración de Xian	Conservación del entorno de las estructuras, sitios y áreas patrimoniales
2006	Código de Deontología. Icom Museos	Deontología para museos
2007	Reunión de La Habana	Ciencia y tecnología para el patrimonio cultural
2008	Carta de Londres	Visualización computarizada del patrimonio cultural
2008	Carta de Itinerarios Culturales	Itinerarios culturales

Año	Título	Contenido
2008	Carta de Sitios	Interpretación y presentación de sitios de patrimonio cultural
2008	Resolucion de Nueva Delhi	Terminología para definir la conservación del patrimonio cultural tangible
2008	Resolución de Icom. Nueva Delhi	Terminología para definir la conservación del patrimonio cultural tangible
2009	Carta del Bierzo	Conservación patrimonio minero
2010	Declaración de Lima	Gestión de riesgo del patrimonio cultural
2010	Declaración de Lima	Gestión de riesgo del patrimonio cultural
2011	Principios de La Valeta	Salvaguardia y gestión de las poblaciones y áreas urbanas históricas
2011	Documento de Madrid	Patrimonio arquitectónico del siglo XX
2011	Principios de Dublín	Conservation des sites, constructions, aires et paysages du patrimoine industriel
2011	Principios de La Valetta	Salvaguardia y gestión de las poblaciones y áreas urbanas históricas
2011	Publicación del Consejo Internacional de Monumentos y Sitios	Orientaciones relativas a las evaluaciones de impacto sobre el patrimonio para los bienes del patrimonio mundial cultural
2013	Carta de Burra	Sitios de significación cultural
2014	Declaración de Florencia	Patrimonio y paisaje como valores humanos
2017	19º Asamblea General del Icomos	Principios para la conservación del patrimonio construido en madera
2017	Principios de Salalah	Gestión sitios arqueológicos públicos
2017	Documento Icomos-Ifla	Parques históricos urbanos públicos
2017	Principios Icomos-Ifla	Paisajes rurales como patrimonio
2017	Declaración de Delhi	Patrimonio y democracia
2017	Principios de Sevilla	Arqueología virtual
2017	Declaración de Davos	Visión europea de cultura de construcción de alta calidad
2018	Carta de Sevilla	Patrimonio industrial. Los retos del siglo XXI
2023	Carta de Icomos-España	Gestión integrada del arte rupestre prehistórico y sus paisajes

9. JEFES POLÍTICOS DE LA PROVINCIA DE CIUDAD REAL

Inicio de mandato	Nombre
5 de noviembre de 1835	Andrés Rubiano
14 de febrero de 1836	Pedro Alonso
7 de julio de 1836	Juan de Leiva Coronel
26 de agosto de 1836	José Puidullés
20 de mayo de 1837	Juan de la Tejera
20 de septiembre de 1837	Matías Guerra
27 de diciembre de 1837	José Elizondo
1 de marzo de 1839	Agustín de la Llave
5 de junio de 1839	Joaquín Gómez
30 de agosto de 1839	José María Ruiz Pérez
15 de mayo de 1840	José de Garibay
29 de septiembre de 1840	Manuel Monedero
29 de noviembre de 1840	José Pérez de Ribas
8 de marzo de 1841	Nicolás Calvo y Guaiti
16 de septiembre de 1841	Juan Alix
9 de diciembre de 1842	Tomás Bruguera
23 de diciembre de 1843	Ramón González Elipe
18 de mayo de 1844	Dionisio Gaínza
26 de abril de 1847	Félix García
8 de julio de 1848	Pedro de Bardají y Balazant
14 de septiembre de 1848	José de Osorio
13 de enero de 1850	Dionisio Gaínza
31 de diciembre de 1850	Juan Sánchez Pezuela
12 de abril de 1851	Sebastián García Pego
10 de junio de 1853	Joaquín Escario
3 de marzo de 1855	Mariano Castillo
1 de junio de 1855	Francisco de Paula Márquez
3 de septiembre de 1855	Ramón Cuervo
7 de septiembre de 1856	Donato de Tornos
19 de octubre de 1856	José López y Vera
19 de abril de 1857	Cayetano Bonafós
31 de enero de 1858	Bernabé López Bago
16 de julio de 1858	Enrique de Cisneros
19 de junio de 1863	Eulogio Benayas
24 de noviembre de 1863	Juan Pedro Abarrategui
31 de enero de 1865	Agustín Salido Estrada
4 de julio de 1865	Santiago Sánchez de Ramos
17 de julio de 1866	Agustín Salido Estrada

Fuente: *El Palacio Provincial y su época*, p. 185; *Ciudad Real y su prensa, 1811-2021*, pp. 502-503, y elaboración propia a partir del *BOP* y *Gaceta de Madrid*.

10. PRESIDENTES DE LA DIPUTACIÓN PROVINCIAL DE CIUDAD REAL:

INICIO DE MANDATO	NOMBRE
1868	Joaquín Ibarrola
1870	Alberto Aguilera y Velasco
1871	Pedro Fernández Téllez
1875	Santiago Sánchez Ramos
1877	Pedro Fernández Téllez
1883	Blas Álfaraz Osorio
1886	Joaquín Álvarez Navarro
1886	Santiago Sánchez Ramos
1887	Mariano Pinilla Morales
1891	Francisco Rivas Moreno
4 de noviembre de 1892	Andrés Maroto y Romero
7 de abtil de 1893	José Cendrero y Díaz del Castillo
5 de noviembre de 1894	Francisco del Águila y Díaz
5 de abril de 1895	Francisco Morales Cruz
6 de noviembre de 1895	José Cendrero y Díaz del Castillo
4 de noviembre de 1896	Daniel Castillejo y Masas
8 de noviembre de 1898	Francisco Morales Cruz
5 de junio de 1903	Pablo Yegros y López Villalobos
27 de mayo de 1905	Sixto Lozano y Galiano
25 de abril de 1907	Andrés Racionero Rosel
2 de diciembre de 1909	Sacramento Hidalgo y Ruiz
29 de mayo de 1911	Antonio Criado y Carrión Vega
5 de mayo de 1915	Francisco García Catalán
15 de mayo de 1916	José Ortiz y López
2 de agosto de 1921	Antonio Rubio Fernández-Caballero
2 de agosto de 1923	Cirilo del Río Rodríguez
20 de abril de 1924	Luis Barreda y Ferrer de la Vega
1 de abril de 1925	Antonio Rubio Fernández-Caballero
25 de noviembre de 1926	Bernardo Mulleras García
12 de abril de 1930	Eduardo Martín y López Salazar
25 de abril de 1931	Francisco Morayta Serrano
20 de octubre de 1934	Luis Mejía Rubio
2 de enero de 1936	Ramiro Sánchez Izquierdo
17 de marzo de 1936	Francisco Maeso Taravilla
19 de octubre de 1936	Antonio Cano Murillo
25 de junio de 1937	Vicente Ruiz Pizarro
31 de marzo de 1939	Manuel de Aranda de Forcallo
14 de mayo de 1940	Carlos Calatayud Gil
22 de enero de 1943	Evaristo Martín Freire
23 de octubre de 1951	José Gutiérrez Ortega (en funciones)
2 de abril de 1952	José Antonio García-Noblejas y García-Noblejas
17 de agosto de 1954	José Poveda García
17 de agosto de 1956	Emilio Caballero Gallardo (accidental)

Inicio de mandato	Nombre
7 de diciembre de 1956	Daniel Aliseda Vázquez
17 de agosto de 1959	Alfonso Izarra Rodríguez
26 de febrero de 1964	José María Aparicio Arce
31 de octubre de 1970	Fernando de Juan y Díaz de Lope Díaz
25 de abril de 1977	Miguel Sánchez Maroto
26 de abril de 1979	Eloy Sancho García
11 de junio de 1983	Francisco Javier Martín del Burgo Simarro
25 de agosto de 1987	Francisco Ureña Prieto
16 de julio de 1995	Luis Jesús Garrido Garrancho
31 de julio de 1999	Nemesio de Lara Guerrero
27 de junio de 2015	José Manuel Caballero Serrano
1 de junio de 2023	Miguel Ángel Valverde Menchero

Fuente: *El Palacio Provincial y su época*, p. 185; *Ciudad Real y su prensa, 1811-2021*, pp. 502-503, y elaboración propia a partir de *BOP*, Gaceta *de Madrid* y *BOE*.

11. GOBERNADORES CIVILES Y SUBDELEGADOS DEL GOBIERNO EN LA PROVINCIA DE CIUDAD REAL

Inicio de mandato	Nombre
1868	Joaquín Ibarrola
1871	Alberto Aguilera y Velasco
1871	Santiago Ezquerra
1871	Bonifacio Carrasco de Campos
1872	Antonio María de Ron
1872	Francisco Sarmiento
1872	Joaquín Ibarrola
1873	Tomás Pérez González
1873	Francisco Jiménez de Guinea
1874	José Luis Giner de los Ríos
1874	Ruperto Salamero Yepes
1874	Eloy Sánchez-Vizcaíno y Nieto
1874-5 enero 1875	José Morales Ramírez
21 enero 1875-1878	Francisco Saúco y Brieva
1878	Carlos Frontaura y Vázquez
1879	Enrique Foxá y Bassols
1880	Antonio Senarega Luchardi
1881	Rafael Bethencourt y Mendoza
1881-28 julio 1882	Ramón Larroca y Pascual
1882	Narciso Ribot y March
1883	Pedro González de los Ríos
1883-2 noviembre 1883	José Álvarez de Sotomayor
3 noviembre de 1883-28 diciembre 1883	Diego Arias de Miranda y Goitia
29 de diciembre de 1883-1884	Francisco Clavijo de Oviedo

Inicio de mandato	Nombre
1884	José González Serrano
16 junio 1884-28 noviembre 1884	Antonio Sandoval
29 noviembre 1884	Ramón Alfaro Saavedra
1885	Enrique de Mesa y Torres
1886	Narciso Ribot y March
1889	Ricardo García Martínez
1890	Luis Espada y Guntín
1890	Agustín Pidal y Pando
1892	Bartolomé Molina Andreu
1892	Pedro Nolasco Gay y Sardá
1893-10 abril 1895	Federico Serrano Negrete
11 abril 1895-1897	Juan Fernández Yáñez
1897	José San Martín Herrero
1898	Francisco Manzano y Alfaro
1898	Jaime Roure Prast
1898	Fernando Ceballos y Solís
1899	Enrique Corcuera y Menéndez
30 julio 1899	Manuel de Velasco y Jaraquemada
1901	Lucas Sanjuan Sarriá
1902	Luis Moyano y Triviño
1902	José Díaz de la Pedraja
1903	Juan Menéndez Pidal
1903	Víctor Ebro Fernández
1904	Manuel Moreno Churruca
1905	José Castillo y Soriano
1905	Juan Antonio Perea y Martínez
1905-8 agosto 1905	Ramón Colinas Ramos
18 agosto 1905	Saturnino Santos y Ruiz Zorrilla
1905	Emilio Godínez
1906	Mariano Sanjuan Moreno
1906	Ricardo Muñiz
1907	Enrique Altamirano
1907	Juan Menéndez Pidal
1907	Juan Fernández Vicente
1909	Francisco Ruano Mazuchelli
1910	Cesáreo Dueñas Ureña
1910	Purificación de Cora y Mas Villafuerte
1911	Emilio Ignesón Paz
1911	Miguel Jordán Coll
31 octubre 1913	Antero Irazoqui Echenique
25 julio 1914	Rufino Cano de Rueda
1914	Alfonso Rodríguez y Rodríguez
1915	Juan de Urquía y Redecilla
1917	Juan de la Prida
1917	José Carmona Ramos

Inicio de mandato	Nombre
1917	Fernando Maldonado Pareja
1919	Federico Dupuy de Lome
1919	Mariano Reina Montilla
1919	Francisco Barea Molina
1920	Fernando Muñoz Balsalobre
1920	José Muñoz Onativia
1920	Manuel Creus y Casi
1921	Adolfo Ruiz Gutiérrez
1921	Robustiano González Bocos
1922	Eusebio Cacho Rubio
1922	Juan de la Prida y Jorro
1923	Joaquín Otero Bárcena
1923	José Rivera y Atienza
1924	Jacobo Díaz Escribano
1925	Gonzalo del Castillo y Alonso
1927	Enrique de Lara y Guerrero Casasola
1929	Carlos de Lara y Guerrero
1930	Eduardo León Serralbo
1931	Miguel Ángel Rivera
1931-10 julio 1931	Miguel Pastor Orozco
10 julio 1931-29 diciembre 1931	Luis Doporto Marchori
1931	José Antonio Echeverría Novoa
15 junio 1932-18 marzo 1933	Ramón Fernández Mato
1933-19 agosto 1933	José María González Gamonal
19 agosto 1933-13 septiembre 1933	José María Lamana Ullate
1933	Antonio Rguez. de León y López Heredia
27 mayo 1934-20 diciembre 1935	Alejandro Pérez Moya
20 diciembre 1935-21 febrero 1936	Ángel José Yagüe Sánchez
21 febrero 1936-2 junio 1936	Fernando Muñoz Ocaña
1936-6 octubre 1936	Germán Vidal Barreiro
6 octubre 1936-21 mayo 1937	José Serrano Romero
13 julio de 1937-28 marzo 1938	Julia Álvarez Resano
1938	Diego Abellán Guardiola
25 mayo 1938	David Antona Domínguez
1939-9 noviembre 1939	José Rosales Tardío
9 noviembre 1939	José María Olivares Fernández
1939-6 septiembre 1940	José Antonio Elola-Olaso e Idiacaiz
6 septiembre 1940-27 octubre 1944	José María Frontera de Haro
27 octubre 1944-25 enero 1952	Jacobo Roldán Losada
25 enero 1952-19 octubre 1956	José María del Moral y Pérez de Zayas
1956-1 marzo 1962	José Utrera Molina
1 marzo 1962-9 abril 1965	José Pérez Bustamante
9 abril 1965-14 septiembre 1968	Julio Rico de Sanz
14 septiembre 1968-7 julio 1972	José María Roger Amat
7 julio 1972-1976	Andrés Villalobos Beltrán

Inicio de mandato	Nombre
1976-15 julio 1978	Eduardo Ameijide y Montenegro
15 julio 1978-6 marzo 1981	Ramón Bello Bañón
6 marzo 1981-18 diciembre 1981	Ricardo Jerez Amador de los Ríos
18 diciembre 1981-1982	Luis Gil-Orozco de Roda
1982-14 septiembre 1983	Pedro Valdecantos García
14 septiembre 1983-21 abril 1989	Joaquín Iñiguez Molina
12 mayo 1989-8 abril 1994	Tomás Morcillo Cuenca
8 abril 1994-14 julio 1995	José Herrero Arcas
14 julio 1995-31 mayo 1996	Fidel Martínez Palomares
1996	Mercedes Cuéllar Mirasol
2000	Jaime Lobo Asensio
2004	Luis Miguel Lacruz Alcocer
2012	Fernando Rodrigo Muñoz
2017	Juan José Jiménez Prieto
2018	María Ángeles Herreros Ramírez
2023	David Broceño Caminero

Fuente: *El Palacio Provincial y su época*, p. 185; *Ciudad Real y su prensa, 1811-2021*, pp. 502-503, y elaboración propia a partir de *BOP*, Gaceta *de Madrid* y *BOE*.

12. MIEMBROS DE LA COMISIÓN PROVINCIAL DE MONUMENTOS

Dionisio Gaínza

Primer presidente en 1844. Nació en Vitoria a principios del siglo XIX. Participó en la guerra contra los franceses en 1823. A partir de 1833 ocupó diversos cargos de la Administración en Logroño y Valencia. Fue nombrado jefe político de la provincia de Ciudad Real el 17 de abril de 1844 en sustitución de don Ramón González Elipe. Ocupaba este mismo cargo en Ávila. En febrero de 1847 fue nombrado jefe político de la provincia de Logroño y después en Toledo, Cádiz, Sevilla, Burgos, Santander y Oviedo. En 1856 fue nombrado director general de Establecimientos Penales y resultó elegido diputado por Ciudad Real en las elecciones de marzo de 1857, cargo en el que permaneció hasta mayo de 1858. Después de jubilarse en 1859 fue nombrado vocal de la Junta General de Beneficencia del Reino. Falleció el 12 de enero de 1868.

José Adame

Nació el 20 de mayo de 1820 y siendo secretario del Gobierno Civil, escribió *Memoria sobre la langosta*. La Sociedad Económica Matritense le concedió por este trabajo el título de socio sin cargas el 20 de julio de 1844[2].

CELEDONIO LÓPEZ

Abogado y propietario. Figura clave en Ciudad Real durante 40 años. Fue secretario de la Comisión.

Ejerció diversos puestos en la provincia de Ciudad Real[3]:

En 1838 fue asesor del Consejo de Guerra ordinario establecido en la capital; y en 1841, socio numerario de la Sociedad Económica de Amigos del País en la provincia de Ciudad Real.

En 1842, miembro fundador de la Diputación Provincial de Arqueología.

En 1843, síndico del Ayuntamiento de Ciudad Real y como tal fue nombrado el 21 de marzo, vocal de la junta de creación del Instituto de Segunda Enseñanza.

En enero de1845 firma como bibliotecario del Instituto de Segunda Enseñanza.

En 1855, vocal de la Junta de Agricultura de la provincia de Ciudad Real.

En 1863, vocal de la Junta Provincial de Sanidad.

En 1875, vocal de la Junta Provincial de Beneficencia.

CIRILO VARA Y SORIA
(Villamanrique de Tajo 1820-Ciudad Real 1885)

Arquitecto formado en la Real Academia de Bellas Artes de San Fernando. Primer arquitecto provincial y autor de informes y proyectos de edificios relevantes de la provincia: Informe sobre el convento de la Asunción, Almagro, 1854; Proyecto Hospital Provincial, Ciudad Real, 1857; Cárcel de Ciudad Real, 1861; Teatro Principal, Almagro, 1861-1866; Proyecto de nuevo edificio para Casa Consistorial, Ciudad Real, 1865; Reforma del Ayuntamiento de Almagro, 1865; Puerta Nueva de Ciruela, Ciudad Real, 1868.

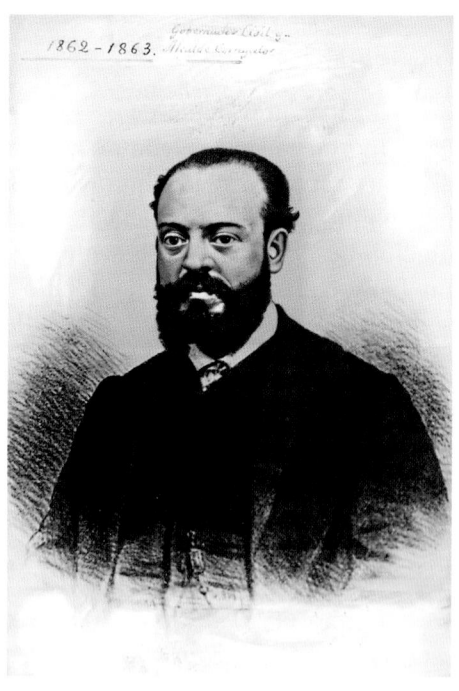

ENRIQUE DE CISNEROS NUEVAS
(Sevilla, 19 de septiembre de 1826-Madrid, 25 de diciembre de 1898)

Dramaturgo y político monárquico. Durante el Gobierno largo de O'Donnell fue nombrado gobernador civil de la provincia de Ciudad Real (1858) y alcalde corregidor de su capital (1859), cargos que desempeñó hasta 1863. Durante esos cinco años, además de crear fuertes lazos con la provincia manchega, restauró el santuario de

Enrique de Cisneros. Fuente: Galería de alcaldes del Ayuntamiento de Ciudad Real.

Alarcos e inauguró en la capital el Hospicio Provincial (1860), con su casa de maternidad y de expósitos, las escuelas normales de maestros y maestras, la puerta de Ciruela y el monumento a Hernán Pérez del Pulgar. En 1863 fue trasladado al Gobierno Civil de Palencia. El 18 de septiembre de 1868 participó en la sublevación de la Escuadra en la bahía de Cádiz.

CASIMIRO PIÑERA Y NAREDO

Nació el 24 de julio de 1837 en Coro, parroquia del municipio de Villaviciosa (Asturias). Fue graduado en Artes por el Instituto de Oviedo, licenciado en Derecho Civil y Derecho Canónico por la Universidad de Oviedo, doctor en Teología por el Seminario Central de Toledo. Se ordenó presbítero en 1861 y ejerció el sacerdocio en la parroquia toledana de San Cipriano. Llegó a Ciudad Real en 1877 acompañando al obispo don Victoriano Guisasola Rodríguez, de quien era secretario. Fue nombrado en 1896 obispo de Barbastro y en 1899 obispo de la diócesis de Ciudad Real. Impulsó obras en la catedral. Falleció en Ciudad Real el 28 de agosto de 1904.

SEBASTIÁN REBOLLAR MUÑOZ
(Fontihoyuelo, Valladolid, mitad del siglo XIX-Ciudad Real, 1906)

Arquitecto, realizó su formación en la Universidad Central de Madrid. Fue arquitecto municipal de Ciudad Real desde 1886 hasta 1902. A Rebollar se le puede considerar el gran introductor de los conceptos de la arquitectura moderna y de sus materiales en la provincia de Ciudad Real. Su tendencia estilística será fundamentalmente ecléctica, un eclecticismo decimonónico que rara vez es anquilosado, clasicista, salpicado siempre de todas las novedades de cada momento, de las que parece estar muy al corriente siempre. Aunque jamás trabaja dentro de los límites estilísticos del modernismo, sí que hace uso intermitente de algunos de sus rasgos decorativos. Por último, reseñar que por los corsés que le impone su cargo municipal, será funcionario y tradicional cuando las circunstancias lo requieran. Obras: Gran Casino de Ciudad Real, 1887; Mercado Municipal, Ciudad Real, 1887; Palacio Provincial, Ciudad Real, 1889-1892; Academia General de Enseñanza, Ciudad Real, 1895-1905; Banco de España, Ciudad Real, 1903.

FEDERICO GALIANO Y ORTEGA
(Almagro, 6 de agosto de 1842-Ciudad Real, 1 de abril de 1906)

Doctor en Filosofía y Letras y Licenciado en Derecho. Director del Instituto de Segunda Enseñanza de Ciudad Real desde 1895 a 1906. Ingresó en la Real Academia de la Historia en 1888. Libros: *El culto a María Santísima de las Nieves en la Ciudad de Almagro* (1891) y *Documentos para la historia de Almagro* (1894). Colaborador en la prensa provincial. Diputado provincial entre 1892 y 1895 por el Partido de Daimiel. Está enterrado en el cementerio de Ciudad Real.

LUIS DELGADO Y DELGADO MERCHÁN (1842-1909)

Sacerdote y gran investigador histórico de Ciudad Real, donde llegó en 1881 proveniente de Zamora, su lugar natal, para ocupar una plaza de canónigo en el Cabildo de la Santa Iglesia Prioral por la Orden de Montesa, siendo promovido a arcipreste del mismo Cabildo en 1900, capellán de honor de Palacio, profesor del Instituto General y Técnico y de la Escuela Normal de Maestras de Ciudad Real. doctor en Teología, licenciado en Cánones y en la Facultad de Filosofía y Letras, Correspondiente de la Real Academia de la Historia, vicepresidente de la Comisión Provincial de Monumentos, vocal de la Junta de Instrucción Pública, etc. Autor en 1893 de la obra *Historia Documentada de Ciudad Real. La Judería, la Inquisición y la Santa Hermandad.* Una segunda edición de esta obra se produciría en 1907, ampliada y corregida.

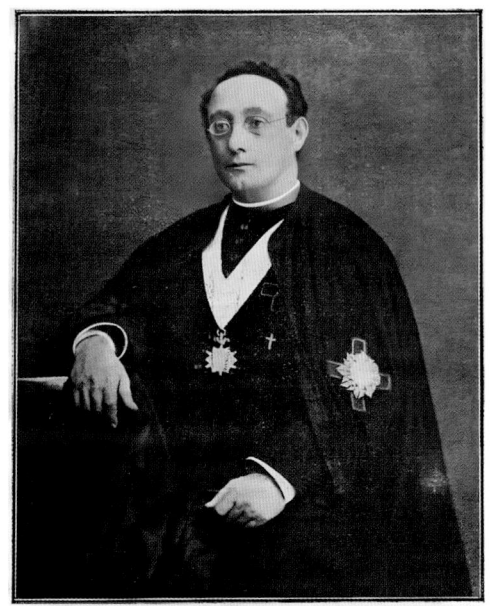

Luis Delgado Merchán.

CEFERINO SAÚCO DÍEZ

Farmacéutico, poeta, actor, periodista y político. Nació el 19 de septiembre de 1851 en la calle de la Mata de Ciudad Real. Estudiante de Farmacia en la Universidad Central de Madrid, obtiene la licenciatura por la Universidad de Granada en 1872. Abrió su oficina de farmacia en 1873 en la calle Cuchillería de Ciudad Real. Decano de la prensa manchega, fundó en 1877 el periódico *El Labriego.* En 1891 es nombrado miembro correspondiente de la Real Academia de la Historia y como tal

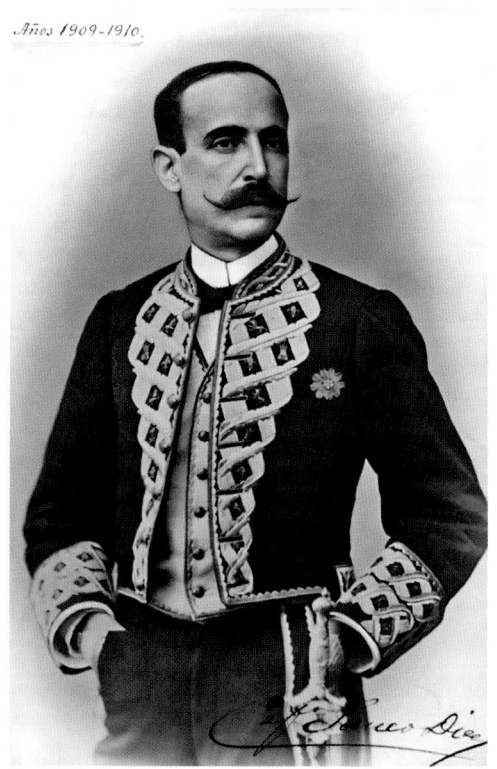

Ceferino Saúco Díez. Fuente: Galería de alcaldes del Ayuntamiento de Ciudad Real.

pasa a formar parte de la Comisión Provincial de Monumentos. Miembro del Partido Liberal-Conservador de Cánovas, fue diputado provincial, concejal en el Ayuntamiento de Ciudad Real en 1893, gobernador civil en Tarragona, Gerona, Zamora y Santander entre 1895 y 1907 y alcalde de Ciudad Real 1909-1910. Amante del teatro, tuvo una dilatada carrera como actor. Falleció el 1 de noviembre de 1915 en Ciudad Real.

INOCENTE HERVÁS Y BUENDÍA
(Torralba de Calatrava, 28 de diciembre de 1842-Ciudad Real, 6 de octubre de 1914)

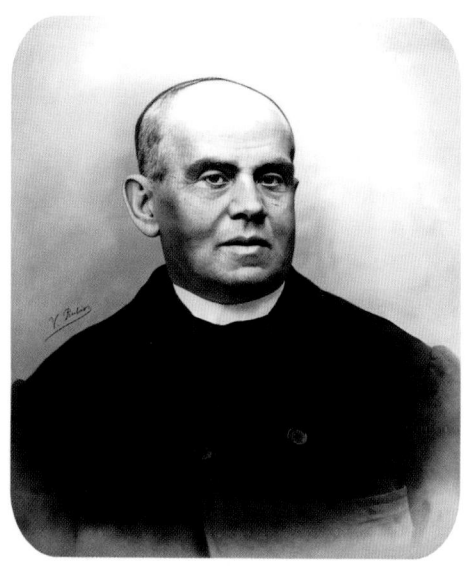

Inocente Hervás y Buendía.

Licenciado en Teología por el Seminario de San Ildefonso de Toledo. Empezó su labor como capellán del Hospital Provincial en 1869 y después en varios destinos como cura en la provincia de Toledo. En 1878 llega a Granátula de Calatrava, donde conoció e investigó sobre Oreto y Zuqueca. Nombrado en enero de 1888 miembro correspondiente de la provincia en la Real Academia de la Historia. Fue autor de diversos libros y publicó también en la prensa de la época.

MANUEL TOLSADA GÓMEZ
(Albacete, 10 de junio de 1858-Ciudad Real, 15 de febrero de 1922)

Profesor, archivero y bibliotecario. Impulsor de la Biblioteca Pública Provincial.

Ejerció inicialmente la enseñanza particular en La Roda hasta que obtuvo plaza de archivero de la Diputación de Albacete. Miembro del Cuerpo de Archiveros, Bibliotecarios y Anticuarios tras aprobar la oposición a la plaza de ayudante. Destinado en Ciudad Real desde el 14 de julio de 1890 hasta el 28 de mayo de 1920 como archivero de la Delegación de Hacienda, se encargó también de la Biblioteca de la Diputación Provincial y del Instituto de Segunda Enseñanza que pasa a convertirse en la Biblioteca Pública Provincial el 10 de enero de 1896, pero no se abre como tal hasta el 1 de octubre de 1900, gracias a los desvelos de don Manuel Tolsada. En 1903 fue elegido miembro correspondiente de la Academia de la Historia y miembro correspondiente de la Academia de Bellas Artes de San Fernando.

EUSEBIO VASCO GALLEGO
(Valdepeñas, 1860-1939)

Editor de prensa, folclorista, historiador, concejal del Ayuntamiento de Valdepeñas, propietario y bodeguero, nombrado académico correspondiente de la Real Academia de la Historia el 23 de octubre de 1908, colaborador activo de dicha institución, a la que facilitó información y material arqueológico, y miembro de la Comisión Provincial de Monumentos Históricos y Artísticos de Ciudad Real, al menos desde 1919.

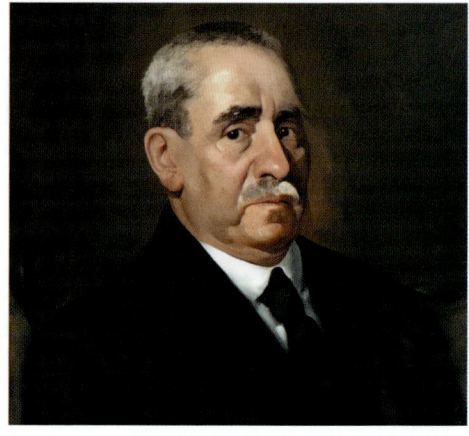

Eusebio Vasco Gallego. Cuadro de Eduardo Núñez Peñasco (1930). Museo de los Molnos de Valdepeñas.

JOSÉ BALCÁZAR Y SABARIEGOS
(Ciudad Real, 1873-1944)

Licenciado en Filosofía y Letras en 1894. Estudió en Salamanca, colaborador en la prensa provincial y nacional, enviado especial en Lisboa, París y Roma.

Catedrático del Instituto de Baeza, Jaén y Ciudad Real, desde 1905. Concejal y diputado provincial. Delegado regio de Bellas entre 1919 y 1931.

Falleció en Ciudad Real el 10 de marzo de 1944.

LUIS BARREDA Y FERRER DE LA VEGA

Era terrateniente, abogado y poeta. Nació en Santander y vino a Ciudad Real porque su familia compró la finca Galiana, junto al Guadiana. Aquí casó con Concepción Treviño y se incorporó plenamente a la vida de la ciudad. Tomó posesión como jefe provincial de Fomento el 7 de enero de 1908.

FRANCISCO PÉREZ FERNÁNDEZ (ANTÓN DE VILLARREAL)
(Ciudad Real, 17 de julio de 1907-Madrid, 20 de noviembre de 1981)

Maestro de Primera Enseñanza y licenciado en Filosofía y Letras. Docente, historiador, periodista y escritor. Consejero del Instituto de Estudios Manchegos (1963) y académico de la Real Academia de Historia (1977).

ANTONIO BLÁZQUEZ Y DELGADO AGUILERA
(Almadén, 2 de marzo de 1859-Madrid, 14 de febrero de 1950)

Historiador, geógrafo e intendente militar. Ingresó en la Real Academia de la Historia el 16 de mayo de 1909. Autor prolífico y fecundo, publicó un importante número de trabajos sobre Historia, Geografía y Geografía histórica. Además de ejercer como prologuista, director o traductor de un gran número de obras, publicó numerosos artículos en la Real Sociedad Geográfica y en el *Boletín de la Real Academia de la Historia.*

NARCISO ESTENAGA Y ECHEVARRÍA

Nació el 29 de octubre de 1882 en Logroño. Estudió en los seminarios de Vitoria y Toledo. Ordenado sacerdote en 1907, fue profesor del Seminario de Toledo. De 1917 a 1922, deán de la Catedral de Toledo. Nombrado en 1922 obispo prior de las Órdenes Militares, entró solemnemente en la diócesis de Ciudad Real el 12 de agosto de 1923.

Estudioso de la Teología, del Derecho Canónico y de la Historia, fue director de la Real Academia de Bellas Artes y Ciencias Históricas de Toledo y académico correspondiente de la Real Academia de Bellas Artes de San Fernando. Murió asesinado en Peralvillo el 22 de agosto de 1936.

MIGUEL PÉREZ MOLINA
(Ciudad Real, 25 de julio de 1868-5 de abril de 1939)

Participó activamente en la vida social, política, cultural, deportiva y educativa de la capital y de la provincia. Licenciado en Ciencias Físico-Matemáticas, en 1895 fundó la Academia General de Enseñanza en la calle Caballeros, 3 de Ciudad Real. Concejal del Ayuntamiento de Ciudad Real en varias ocasiones por el Partido Liberal, fue elegido alcalde de Ciudad Real, cargo que desempeñó entre el 1 de enero de 1912 y el 31 de diciembre de 1913. Fue elegido senador el 13 de mayo de 1923 y tomó posesión del cargo el 6 de junio. Entre otros cargos y actividades, fue profesor del Instituto Provincial, presidente del Casino, del Ateneo, del Comité Provincial de Fútbol y de la Cámara Oficial de la Propiedad Urbana; miembro de la Sociedad Filarmónica de Ciudad Real y del Club Rotario; jefe provincial de Minas; delegado regio de Primera Enseñanza y de los Servicios Hidráulicos del Guadiana.

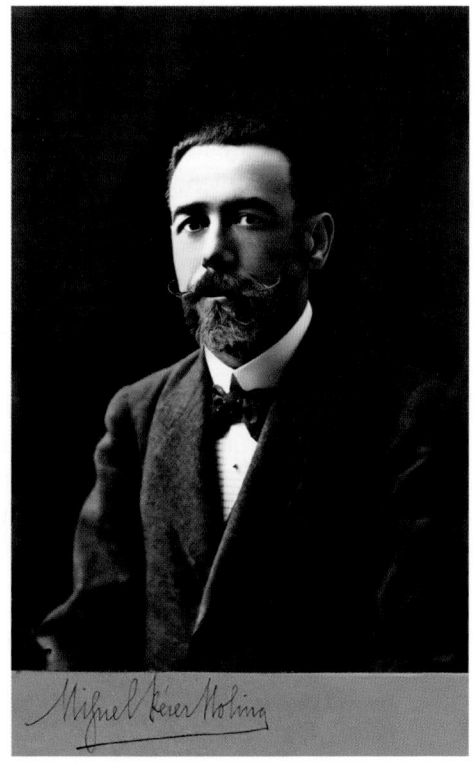

Miguel Pérez Molina. Fuente: Galería de alcaldes del Ayuntamiento de Ciudad Real.

EMILIO BERNABÉU NOVALBOS
(Ciudad Real, 23 de diciembre de 1876-24 de marzo de 1958)

Licenciado en Filosofía y Letras por la Universidad Central, fue profesor del Instituto de Ciudad Real de 1903 a 1946, profesor y director de la Escuela Normal de Magisterio y director de la Escuela de Artes y Oficios. Concejal del Ayuntamiento de Ciudad Real y gobernador civil de Albacete en 1935. Académico de la Real Academia de Historia desde 1909. Licenciado en Derecho en 1912, ejerció también como abogado. Fundador y colaborador de diarios y revistas de la provincia de Ciudad Real. Cronista oficial de Ciudad Real, nombrado el 4 de septiembre de 1955 junto a Julián Alonso.

ISABEL PÉREZ VALERA
(Mahón 1916-Miajadas, Badajoz 1975)

Profesora, archivera, bibliotecaria, periodista. Esposa del prestigioso escultor ciudadrealeño Jerónimo López Salazar. Licenciada en Filosofía y Letras, ingresó en el Cuerpo Facultativo de Archivos y Bibliotecas. Directora de la Biblioteca Pública de Ciudad Real y Archivo Histórico, bajo su dirección ambas instituciones se trasladaron desde el Palacio de la Diputación Provincial a la Casa de Cultura el 26 de marzo de 1961. Entre otros méritos, fue académica correspondiente de la Real Academia de la Historia, consejera fundadora del Instituto de Estudios Manchegos (CSIC) y miembro de la Comisión Provincial de Monumentos. Condecoraciones: Encomienda de Alfonso X El Sabio, Medalla Cultural de Bronce del Ministerio de Asuntos Exteriores de Italia, hija adoptiva de Ciudad Real.

JERÓNIMO LÓPEZ-SALAZAR MARTÍNEZ
(Ciudad Real, 14 de febrero de 1899-10 de mayo de 1979).

Escultor, profesor y director de la Escuela de Artes y Oficios de Ciudad Real. Formado en Ciudad Real, Valencia y Madrid, desarrolló una importante labor creadora hasta que se dedicó plenamente a la docencia. Miembro del Instituto de Estudios Manchegos, junto a su mujer, Isabel Pérez Valera, se convirtieron en motores y dinamizadores de la vida social y cultural de la capital y de la provincia.

MANUEL CORCHADO SORIANO
De raíces manchegas, nació en Madrid en 1913.

Licenciado en Derecho, se dedicó a la agricultura y la ganadería y comenzó a investigar la historia, sobre la que escribió y publicó numerosos estudios históricos sobre el Campo de Calatrava y el Campo de Montiel. Fue académico correspondiente de la Real Academia de la Historia, de la Real Academia de Bellas Artes y Ciencias Históricas de Toledo, así como del Instituto de Estudios Manchegos y Jienenses. Miembro también de la Asociación Española de Amigos de los Castillos. Murió en 1980

José María Martínez Val
(Ágreda, Soria, 1916-Madrid, 1999)

Doctor en Derecho y en Filosofía y Letras. Comisario provincial de Excavaciones de Ciudad Real. Presidente de la Comisión Provincial de Monumentos de Ciudad Real. Miembro de la Real Academia de la Historia.

Catedrático de Legislación Mercantil y Economía Política en Escuelas de Comercio y Geografía e Historia en institutos. Director de la Escuela de Comercio de Ciudad Real. Gobernador civil y jefe provincial del Movimiento de Lérida. Decano del Ilustre Colegio de Abogados de Lérida, miembro del Consejo Superior de Investigaciones Científicas. Director del Instituto de Estudios Manchegos. Jefe nacional de Misiones Pedagógicas del Instituto San José de Calasanz. Vocal del Tribunal Contencioso-Administrativo y magistrado suplente de la Audiencia de Ciudad Real.

Autor de varios libros sobre Derecho, Comercio y Literatura.

Ramón José Maldonado Cocat

Nació el 26 de julio de 1916 en Madrid. Licenciado en Derecho por la Universidad Central.

Gobernador civil de Logroño de 1940 a 1943. Ejerció la abogacía en Madrid.

En 1951 se trasladó a Almagro.

En 1957 fue nombrado delegado provincial del Ministerio de la Vivienda, cargo que ocupó hasta 1978.

Miembro de la Real Academia de la Historia, de la Real Academia de Bellas Artes de San Fernando, del Instituto de Estudios Manchegos y de gran cantidad de instituciones nacionales y de América latina.

Especialista en heráldica, diseñó la bandera de Castilla-La Mancha y organizó numerosos escudos municipales.

Secretario de la Comisión Provincial de Monumentos y miembro de la Comisión Provincial de Patrimonio.

Impulsó la recuperación y conservación de bienes culturales de la provincia de Ciudad Real y fue uno de los impulsores de la declaración de Conjunto Histórico de Almagro.

Margarita Peñalosa Esteban-Infantes

Catedrática y directora de institutos de Ciudad Real, Lérida y Madrid. Participó en la fundación del Instituto de Estudios Manchegos. Autora de estudios biográficos y críticos de la obra de grandes artistas ciudarrealeños, como los pintores Ángel Andrade, Antonio López Torres, Gregorio Prieto y Villaseñor y el escultor García Coronado.

JOSÉ ANTONIO GARCÍA-NOBLEJAS GARCÍA-NOBLEJAS
(Madrid, 1917-1989)

Estudió Derecho en la Universidad Central de Madrid. En 1942 aprobó las oposiciones a notarías y fue destinado a Daimiel, Manzanares y Tomelloso.

Presidente de la Diputación Provincial de Ciudad Real desde el 2 de abril de 1952 al 24 de julio de 1954.

Procurador en Cortes de 14 de mayo de 1952 al 4 de octubre de 1954.

Gobernador civil de la provincia de Castellón del 24 de julio de 1954 al 5 de julio de 1956.

Director general de Archivos y Bibliotecas entre 1956 y 1962.

Investigador ligado a La Mancha, escribió numerosos informes y artículos y tres libros sobre Manzanares: *Manifiesto de Manzanares*, *Estudio crítico sobre el origen y nombre de Manzanares* y *Manzanares: Guerra de la Independencia*.

LEÓN CABALLERO DE LEÓN

Sacerdote, licenciado en Filosofía y Letras y maestro. Ejerció como sacerdote en Santa María la Mayor de Daimiel y en Calzada de Calatrava, su pueblo natal, donde compatibilizó el sacerdocio con la docencia en el Instituto Nacional de Bachillerato. Conservador del Sacro Convento de Calatrava la Nueva. Falleció en 1996.

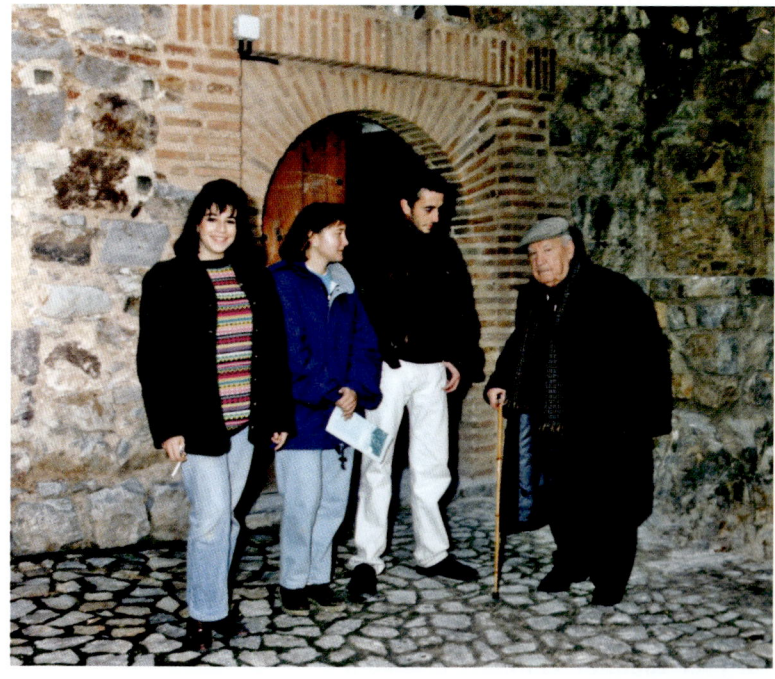

León Caballero en Calatrava la Nueva. Fuente: Archivo del Servicio de Cultura.

EDUARDO TELLO IRUZOZQUI

Nació en Cuenca y pasó su juventud en Soria. Se trasladó a Ciudad Real como técnico del Banco de España. Descubrió la riqueza arqueológica de la provincia y cedió piezas al Museo Provincial.

VICENTE LÓPEZ CARRICAJO
(Villanueva de los Infantes, 1919-2009)

Estudió en la Escuela Superior de Aparejadores de Madrid y en 1949 logra la plaza de aparejador del Ayuntamiento, convirtiéndose en uno de los grandes defensores de la historia y del patrimonio cultural de Villanueva de los Infantes.

ÁNGELA MADRID Y MEDINA

Doctora en Historia por la Universidad de Granada (1978). Catedrática de IES y profesora de la UNED. Académica correspondiente de las reales academias de la Historia, de Bellas Artes Santa Isabel de Hungría de Sevilla, de San Luis de Zaragoza, y Burgense Fernán González de Burgos. Consejera de honor del Instituto de Estudios Manchegos y numeraria de la Sociedad Española de Estudios Medievales. Cruz con Corona del Mérito Melitense, Medalla de Honor de la CECEL, hija adoptiva de Villanueva de los Infantes e hija predilecta de Valdepeñas.

Presidenta del Instituto de Estudios Manchegos (1994-2010). De 2001 a 2009, presidenta de la Confederación Española de Centros de Estudios Locales (CECEL-CSIC), presidenta de honor y vocal permanente en la junta de gobierno de la CECEL desde 2009.

Diseño y dirección de revistas y colecciones, como la *Revista de las Órdenes Militares* y la *Revista de la CECEL*. Especialista en órdenes de caballería (sobre todo las de Santiago y San Juan de Jerusalén o de Malta), con participación en proyectos de investigación dentro y fuera de España y unas cien publicaciones sobre actividades humanitarias, fuentes documentales, prosopografía, aspectos institucionales y culturales e historia local.

NOTAS

CAPÍTULO 1

[1] *Fuero Real de Alfonso X el Sabio*, edición de Antonio Pérez Martín para la Agencia Estatal del *BOE* sobre la edición de la Real Academia de la Historia de 1836, Madrid, 2015.

[2] *Novísima Recopilación de 1805*, leyes IV, título V, libro I, p. 32.

[3] J.J. Barranquero Contento, *Conventos de la provincia de Ciudad Real*, Ciudad Real, Biblioteca de Autores Manchegos, 2003, p. 15.

[4] C. J. Rubio Martínez, *El Campo de Montiel en la Edad Media*, Ciudad Real, Biblioteca de Autores Manchegos, 2017, p. 174.

[5] *Novísima Recopilación de 1805*, ley V, título I, libro VII, p. 280.

[6] *Novísima Recopilación de 1805*, ley IV, título I, libro VII, pp. 279-280.

[7] *Novísima Recopilación de 1805*, ley V, título I, libro VII, p. 280.

[8] VV.AA., *Historia de la Iglesia en Castilla-La Mancha*, Ciudad Real, Almud Ediciones, 2010.

CAPÍTULO 2

[1] D. Fermosel Jiménez y J. M. Sánchez Mellado, *Viaje de Cosme III de Médici por España y Portugal (1668-1669)*, Madrid, Miraguano, 2018, pp. 209-214.

[2] Domingo Aguirre Jiménez (Orán, Argelia, 1741-Madrid, 1804). Mariscal de campo del Ejército, ingeniero militar, cartógrafo e ingeniero hidráulico.

[3] https://xn--institutoestudiosmadrileos-4rc.es/portfolio_page/a-3-2-domingo-aguirre-jimenez/

[4] https://dbe.rah.es/biografias/9993/antonio-ponz-piquer

[5] https://dbe.rah.es/biografias/11897/juan-agustin-cean-bermudez

[6] https://dbe.rah.es/biografias/12833/sebastian-de-minano-y-bedoya

CAPÍTULO 3

[1] J. Díaz-Pintado, *Conflicto social, marginación y mentalidades en La Mancha en el siglo XVIII*, Ciudad Real, Bibliotecade Autores Manchegos, 1987. p. 91.

[2] P. Almarcha Jiménez, *Membrilla en torno a la restauración de su Plaza Mayor (1700-1732)*, Ayuntamiento de Membrilla, 2008, pp. 31 y 32.

[3] J. V. M. Arbeloa i Rigau, «La protección jurídica del patrimonio cultural y la fundación de la Sociedad Arqueológica Tarraconense en 1844», *Butlletí Arqueològic*, Reial Societat Arqueològica Tarraconense, núm. 41, 2019, pp. 255-282.

[4] J. M. Martínez Solares, *Los efectos en España del terremoto de Lisboa (1 de noviembre de 1755)*, Madrid, Dirección General del Instituto Geográfico Nacional, 2001.

[5] J. Calamardo Murat, «Los efectos del terremoto de Lisboa en el Campo de Montiel», *Revista de Estudios del Campo de Montiel*, núm. extra 4, Centro de Estudios del Campo de Montiel, 2022, pp. 107-132.

[6] *Novísima Recopilación de 1805*, leyes V y VI, título II, libro I, pp.15-16.

[7] Actas de sesiones particulares de la Real Academia de Bellas Artes de San Fernando, 29 de noviembre de 1777

[8] *Novísima Recopilación de 1805*, leyes V y VI, título II, tibro I, p. 16.

[9] *Novísima Recopilación de 1805*, leyes III, IV, V, VI y VII, título XXXIV, libro VII, pp. 672-675.

[10] J. Maier Allende, *II Centenario de la Real Cédula de 1803: La Real Academia de la Historia y el inicio de la legislación sobre el Patrimonio Arqueológico y Monumental en España*.Biblioteca Virtual Miguel de Cervantes, 2004.

[11] Actas de sesiones particulares de la Real Academia de Bellas Artes de San Fernando.

[12] https://josemunozvillaharta.blog/2019/03/23/el-arquitecto-sebastian-de-azcuaga-los-largos-tramites-para-la-reconstruccion-de-la-iglesia-parroquial-tras-la-guerra-de-la-independencia-por-jose-munoz-torres/

[13] Archivo General De Palacio. Secretaría. Legajo 294 Iglesia Parroquial (1814-1833).

[14] RABASF, 2-33-3-16.

[15] RABASF, 2-33-3-36.

[16] RABASF, 2-33-3-27.

[17] https://dbe.rah.es/biografias/18297/fernando-jose-lopez-de-cardenas

[18] H. López García, *Trazas de obras conservadas en el archivo histórico diocesano de toledo (siglos XVI-XVIII)*, Real Academia de Toledo, 2002.

CAPÍTULO 4

[1] *Novísima Recopilación de 1805*, ley III, título XXVI, libro I, pp. 181-183.

[2] *Novísima Recopilación de 1805*, ley III, título XX, libro VIII, pp. 169-170.

[3] *Gaceta de Madrid*, núm. 234, 21 de agosto de 1809, pp. 1.043-1.044.

[4] Biblioteca Nacional, Madrid. Libro: *Prontuario de las leyes y decretos del Rey nuestro Señor Don José Napoleon I*, tomo II, signatura 1/53499, pp. 173-175.

[5] *Gaceta de Madrid*, núm. 216, 4 de agosto de 1810, p. 968.

[6] Decreto CLXXV, de 17 de junio de 1812. Declaración de las leyes y del reglamento que rigen sobre confiscos y secuestros.

[7] https://www.cervantesvirtual.com/obra-visor/coleccion-de-los-decretos-y-ordenes-que-han-expedido-las-cortes-generales-y-extraordinarias-desde-24-de-febrero-de-1813-hasta-14-de-setiembre-del-mismo-ano-en-que-terminaron-sus-sesiones-comprende-ademas-el-decreto-expedido-por-las-cortes-extraordinarias-/html/0027cd54-82b2-11df-acc7-002185ce6064_272.html

CAPÍTULO 5

[1] *Gazeta del Gobierno*, núm. 123, 29 de octubre de 1820, p. 544.

[2] Archivo Histórico Provincial de Ciudad Real, Comisión Provincial de Monumentos, 317919-2.

[3] Archivo General de la Diputación Provincial, 4541.

[4] *Gaceta de Madrid*, núm. 172, 15 de junio de 1822, p. 922.

[5] *Gaceta de Madrid*, núm. 120, 4 de octubre de 1827, p. 477.

[6] Juan Manuel Abascal Palazón, Rosario Cebrián Fernández, *Manuscritos sobre antigüedades de la Real Academia de la Historia*, Real Academia de la Historia. www.cervantesvirtual.com

CAPÍTULO 6

[1] *Gaceta de Madrid*, núm. 67, 28 de abril de 1834, pp. 313-314.

[2] *Gaceta de Madrid*, núm. 125, 22 de junio de 1834.

[3] *Gaceta de Madrid*, núm. 188, 7 de julio de 1835, p. 750.

[4] *Gaceta de Madrid*, núm. 217, 4 de agosto de 1835, pp. 865-866.

[5] Archivo RABASF, 2-47-3.

[6] Archivo RABASF, 2-47-3.

[7] Archivo RABASF, 2-47-3.

[8] *Gaceta de Madrid*, núm. 365, 25 de diciembre de 1835.

[9] *Gaceta de Madrid*, núm. 397, 26 de enero de 1836.

[10] *Gaceta de Madrid*, núm. 426, 21 de febrero de 1836.

[11] *Gaceta de Madrid*, núm. 435, 1 de marzo de 1836.

[12] *Gaceta de Madrid*, núm. 441, 7 de marzo de 1836.

[13] *Gaceta de Madrid*, núm. 444, 10 de marzo de 1836.

[14] *Gaceta de Madrid*, núm. 659, 1 de octubre de 1836.

[15] *Gaceta de Madrid*, núm. 727, 2 de diciembre de 1836.

[16] *Gaceta de Madrid*, núm. 742, 17 de diciembre de 1836, p.1.

[17] Archivo RABASF, 2-47-3.

[18] Archivo RABASF, 2-47-3.

[19] Archivo RABASF, 2-47-3.

[20] Juan de Leiva Coronel ejerció como gobernador civil de la provincia de Ciudad Real entre el 7 de julio y el 15 de agosto de 1836. Boletín Oficial de la Provincia de Ciudad Real, 10 de julio y 17 de agosto de 1836.

[21] Archivo RABASF, 2-47-3.

[22] Archivo RABASF, 2-47-3.

[23] Archivo RABASF, 2-47-3.

[24] *Gaceta de Madrid*, núm. 785, 28 de enero de 1837.

[25] *Gaceta de Madrid*, núm. 856, 9 de abril de 1837.

[26] *Gaceta de Madrid*, núm. 878, 1 de mayo de 1837.

[27] *Gaceta de Madrid*, núm. 974, 1 de agosto de 1837.

[28] *Gaceta de Madrid*, núm. 977, 4 de agosto de 1837.

[29] Biblioteca Virtual de Castilla-La Mancha, *Revista de Estudios de Puertollano y Comarca, Campo de Calatrava*, núm. 6, 2003.

[30] *Gaceta de Madrid*, núm. 2.013, 10 de mayo de 1840, p. 1.

[31] *Gaceta de Madrid*, núm. 2.245, 11 de diciembre de 1840.

[32] *Gaceta de Madrid*, núm. 2.265, 31 de diciembre de 1840.

[33] J. Ignacio de la Torre Echávarri y E. Arias Sánchez, «Historia del Museo de Ciudad Real», *Boletín del Museo Arqueológico Nacional*, núm extra 35, 2017 (Ejemplar dedicado a: 150 años de museos arqueológicos en España), pp. 869-884.

[34] *El Correo Nacional* (Madrid), 1 de noviembre de 1840.

[35] *El Correo Nacional* (Madrid), 2 de noviembre de 1840.

[36] *Gaceta de Madrid*, núm. 2.514, 4 de septiembre de 1841.

[37] *Gaceta de Madrid*, núm. 2.515, 5 de septiembre de 1841, p. 1.

[38] *Gaceta de Madrid*, núm. 2.515, 5 de septiembre de 1841, pp. 1-3.

[39] Archivo Histórico Provincial de Ciudad Real, Comisión Provincial de Monumentos, 317918.

[40] *Gaceta de Madrid*, núm. 2.698, 28 de febrero de 1842.

[41] Archivo RABASF, 2-47-3.

[42] Archivo RABASF, 2-47-3.

[43] Archivo Histórico Provincial de Ciudad Real, ES. 13034, AHPCR/1.4.1.1.4//317919-14.

[44] S. Calle Marín y M. E. Sotelo Martín, «La paleografía en auxilio de la arqueología: la Academia Arqueológica y Geográfica del Príncipe Alfonso», *Revista de Historia de la Cultura*, Universidad de Alcalá, Servicio de Publicaciones, 1999, pp. 97-112.

[45] Archivo Histórico Provincial de Ciudad Real, Comisión Provincial de Monumentos, 317919-2.

[46] *Gaceta de Madrid*, núm. 3.500, 14 de abril de 1844, p. 1.

[47] Archivo RABASF, 2-47-3.

[48] BNE, Hemeroteca Digital.

CAPÍTULO 7

[1] Publicada en la *Gaceta de Madrid* del 21 de junio de 1844 y en el *Boletín Oficial de la Provincia* del 1 de julio de 1844.

[2] Archivo Histórico Provincial de Ciudad Real, Libro de actas de la Comisión Provincial de Monumentos, 317919-1.

[3] Archivo RABASF, 2-47-3.

[4] Archivo RABASF, 2-47-3.

[5] Archivo RABASF, 4-58/11.

[6] Archivo Histórico Provincial de Ciudad Real, Libro de actas de la Comisión Provincial de Monumentos, 317919-1.

[7] Archivo RABASF, 4-58/11.

[8] Archivo RABASF, 2-47-3.

[9] Archivo Histórico Provincial de Ciudad Real, Comisión Provincial de Monumentos, 317919-2.

[10] Archivo RABASF, 2-47-3.

[11] Archivo RABASF, 4-58/11.

[12] Archivo RABASF, 4-58/11.

[13] Archivo RABASF, 2-47-3.

[14] Archivo RABASF, 2-47-3.

[15] http://www.memoriademadrid.es/buscador.php?accion=VerFicha&id=306693&num_id=80&num_total=89

[16] *Gaceta de Madrid*, núm. 3865, 14 de abril de 1845.

[17] *Gaceta de Madrid*, núm. 3868, 17 de abril de 1845.

[18] *Gaceta de Madrid*, núm. 4100, 5 de diciembre de 1845.

[19] Archivo Histórico Provincial de Ciudad Real, 317918.

[20] Archivo RABASF, 2-47-3.

[21] Archivo RABASF, 2-47-3.

[22] Archivo RABASF, 2-47-3.

[23] Archivo RABASF, 2-47-3.

[24] Archivo RABASF, 2-47-3.

[25] Archivo RABASF, 2-47-3.

[26] Archivo Histórico Provincial de Ciudad Real, 317918.

[27] BNE, Hemeroteca Digital.

[28] *Gaceta de Madrid*, núm. 5.577, 6 de noviembre de 1849, pp.1-3.

[29] *BOP*, 3 de julio de 1836.

[30] *Gaceta de Madrid*, núm. 6.296, 9 de octubre de 1851.

[31] *Gaceta de Madrid*, núm. 6.526, de 5 de mayo de 1852.

[32] Archivo RABASF, 2-47-3.

[33] Archivo Histórico Provincial de Ciudad Real, 317918.

[34] Archivo RABASF, 4-58/11.

[35] Archivo Histórico Provincial de Ciudad Real, Comisión Provincial de Monumentos, 317919-2.

[36] Archivo RABASF, 2-47-3.

[37] *Gaceta de Madrid*, núm. 685, 17 de noviembre de 1854, pp. 1-2.

[38] Archivo RABASF, 4-58/11.

[39] Archivo RABASF, 2-47-3.

[40] *Gaceta de Madrid*, núm. 774, 14 de febrero de 1855.

[41] *Gaceta de Madrid*, núm. 852, 3 de mayo de 1855.

[42] Archivo Histórico Provincial de Ciudad Real, 317918.

[43] Archivo RABASF, 2-47-3.

[44] Archivo RABASF, 2-47-3.

[45] Archivo RABASF, 2-47-3.

[46] *Gaceta de Madrid*, núm. 1.381, 15 de octubre de 1856.

[47] *Gaceta de Madrid*, núm. 1.624, 16 de junio de 1857.

[48] *Gaceta de Madrid*, núm. 1.654, 16 de julio de 1857.

[49] Archivo RABASF, 2-47-3.

[50] Archivo RABASF, 2-47-3.

[51] *Gaceta de Madrid*, núm. 1.710, 10 d septiembre de 1857.

[52] https://dbe.rah.es/biografias/78338/rafael-martinez-de-carnero

[53] Archivo RABASF, 2-47-3.

[54] Archivo RABASF, 2-47-3.

[55] Archivo RABASF, 2-47-3.

[56] Archivo RABASF, 2-47-3.

[57] Archivo RABASF, 2-47-3.

[58] Archivo Histórico Provincial de Ciudad Real, Comisión Provincial de Monumentos, 317918.

[59] Archivo RABASF, 4-58/11.

[60] Archivo RABASF, 2-47-3.

[61] Archivo RABASF, 4-58/11.

[62] *Gaceta de Madrid*, núm. 99, 8 de abril de 1860.

[63] Archivo RABASF, 4-58/11.

[64] *Gaceta de Madrid*, núm. 279, 6 de octubre de 1861.

[65] Archivo RABASF, 2-47-3.

[66] Archivo RABASF, 2-47-3.

[67] *Gaceta de Madrid*, núm. 120, 29 de abril de 1864.

[68] *Gaceta de Madrid*, núm. 169, 18 de junio de 1865.

[69] *Gaceta de Madrid*, núm. 345, 11 de diciembre de 1865.

[70] *Boletín Oficial de la Provincia de Ciudad Real*, 25 de abril de 1866.

[71] *Gaceta de Madrid*, núm. 67, 8 de marzo de 1867.

[72] *Gaceta de Madrid*, núm. 80, 21 de marzo de 1867.

[73] *Gaceta de Madrid*, núm. 317, 13 de noviembre de 1867.

[74] Archivo RABASF, 4-58/11.

[75] Realizó investigaciones también en otros puntos de la provincia de Ciudad Real, Mentesa Oretanorum (Villanueva de la Fuente).

CAPÍTULO 8

[1] *Gaceta de Madrid*, núm. 296, 22 de octubre de 1868.

[2] *Gaceta de Madrid*, núm. 26, 26 de enero de 1869.

[3] *Gaceta de Madrid*, núm. 38, de 7 de febrero de 1869.

[4] *Gaceta de Madrid*, núm. 161, 10 de junio de 1869.

[5] *Gaceta de Madrid*, núm. 13, 13 de enero de 1870.

[6] *Gaceta de Madrid*, núm. 243, 31 de agosto de 1870.

[7] *Gaceta de Madrid*, núm. 284, 11 de octubre de 1871.

[8] *Gaceta de Madri*d, núm. 70, 11 de marzo de 1873.

[9] *Gaceta de Madrid*, núm. 149, 29 de mayo de 1873.

[10] *Gaceta de Madrid*, núm. 352, 18 de diciembre de 1873.

CAPÍTULO 9

[1] *Gaceta de Madrid*, núm. 10, 10 de enero de 1875.

[2] Archivo RABASF, 2-47-3.

[3] Archivo RABASF, 2-47-3.

[4] Archivo RABASF, 2-47-3.

[5] *Gaceta de Madrid*, núm. 105, 15 de abril de 1877.

[6] *Gaceta de Madrid*, núm. 175, 24 de junio de 1879.

[7] *Gaceta de Madrid*, núm. 49, 18 de febrero de 1882.

[8] Archivo RABASF, 4-81-14.

[9] *Gaceta de Madri*d, núm. 38, 7 de febrero de 1882.

[10] *Gaceta de Madrid*, núm. 129, 9 de mayo de 1883.

[11] *Gaceta de Madrid*, núm. 341, 7 de diciembre de 1883.

[12] Archivo RABASF, 2-47-3.

[13] *Gaceta de Madrid*, núm. 230, 17 de agosto de 1876.

[14] *Gaceta de Madrid*, núm. 90, 31 de marzo de 1886.

[15] *Gaceta de Madrid*, núm. 275, 2 de octubre de 1887.

[16] El Reglamento Interior de la RABASF de 1874 cita por primera vez la existencia de una Comisión Mixta Organizadora de las Provinciales de Monumentos que estaría formada por miembros de las dos reales academias, la de la Historia y la de Bellas Artes

[17] Archivo RABASF, 2-47-3.

[18] *Gaceta de Madrid*, núm. 206, 25 de julio de 1889.

[19] Archivo Histórico Provincial de Ciudad Real, Comisión Provincial de Monumentos, 317918.

[20] Archivo RABASF, 4-48-5.

[21] Archivo RABASF, 4-48-5.

[22] Archivo RABASF, 4-48-5.

[23] Archivo RABASF, 4-48-5.

[24] Archivo Histórico Provincial de Ciudad Real, 317918.

[25] Noticias del tomo XX, cuaderno II del *Boletín de la RAH* (febrero 1892).

[26] Archivo RABASF, 4-48-5.

[27] Archivo Histórico Provincial de Ciudad Real, Comisión Provincial de Monumentos, 317918.

[28] Acta de la sesión extraordinaria del pleno de la Diputación del día 9 de junio de 1893.

[29] Archivo RABASF, 4-48-5.

[30] Archivo RABASF, 4-48-5.

[31] Archivo RABASF, 4-48-5.

[32] Archivo RABASF, 4-48-5.

[33] Gaceta de Madrid, núm. 153, 2 de junio de 1900.

[34] *Gaceta de Madrid*, núm. 234, 22 de agosto de 1901.

[35] *Gaceta de Madrid*, núm. 253, 10 de septiembre de 1901.

[36] *Gaceta de Madrid,* núm. 295, 22 de octubre de 1901.

[37] *Gaceta de Madrid*, núm. 256, 13 de septiembre de 1901.

[38] *Gaceta de Madrid*, núm. 299, 26 de octubre de 1901.

[39] *Gaceta de Madrid*, núm. 330, 26 de noviembre de 1901.

[40] *Gaceta de Madrid*, núm. 337, 3 de diciembre de 1901.

[41] *Gaceta de Madrid*, núm. 49, 18 de febrero de 1902.

[42] Jesús Rejá, *Guía consultor e indicador de Ciudad Real y su provincia*, Ciudad Real, Tipografía de Sucesores de J. M. Ruiz-Morote, 1905.

[43] *Gaceta de Madrid*, núm. 24, 24 de enero de 1905.

[44] *Gaceta de Madrid*, núm. 92, 2 de abril de 1905.

[45] *Gaceta de Madrid*, núm. 91, 1 de abril de 1905.

[46] *Gaceta de Madrid*, núm. 98, 8 de abril de 1905.

[47] *Gaceta de Madrid*, núm. 155, 4 de junio de 1905.

[48] *Gaceta de Madrid*, núm. 168, 17 de junio de 1905.

[49] *Gaceta de Madrid*, núm. 280, 7 de octubre de 1905.

[50] *Gaceta de Madrid*, núm. 137, 17 de mayo de 1907.

[51] *Boletín Oficial de la Provincia,* 23 de marzo de 1908.

[52] Recopilación de los artículos de *Efemérides Manchegas*, de Francisco Pérez Fernández, Ciudad Real, Biblioteca de Autores Manchegos, 1ª Serie, p. 207.

[53] https://www.cervantesvirtual.com/obra-visor/carta-de-eusebio-vasco-a-f-fita-sobre-un-modio-adquirido-por-el-de-daimiel-o-de-un-pueblo-cercano-a-villanueva-de-los-infantes-adjunta-dibujo/html/ [Consultado el 27 de octubre de 2022].

[54] *Gaceta de Madrid*, núm. 325, 20 de noviembre de 1908.

[55] https://www.cervantesvirtual.com/obra-visor/carta-de-eusebio-vasco-a-f-fita-sobre-el-modio-adquirido-por-el-hallado-en-un-desmonte-de-la-carretera-que-va-de-valdepeas-2-leguas-a-torrenueva-adjunta-foto/html/ [Consultado el 27 de octubre de 2022].

[56] Archivo RABASF, 4-48-5.

[57] *Boletín Oficial de la Provincia*, 30 de mayo de 1910.

[58] *Gaceta de Madrid*, núm. 191, 10 de julio de 1910.

[59] *Gaceta de Madrid*, núm. 81, 22 de marzo de 1911.

[60] *Gaceta de Madrid*, núm. 159, 8 de junio de 1911.

[61] *Gaceta de Madrid*, núm. 189, 8 de julio de 1911.

[62] *Boletín de la RABASF*, segunda época, 31 diciembre de 1922, p. 203.

[63] *Gaceta de Madrid*, núm. 257, 14 de septiembre de 1911.

[64] *Gaceta de Madrid*, núm. 65, 5 de marzo de 1912.

[65] *Boletín de la RABASF*. segunda época, 31 diciembre de 1922, p. 203.

[66] *Boletín de la RABASF*. segunda época, 31 diciembre de 1922, p. 203.

[67] *Boletín de la Real Academia de la Historia*, tomo 61, 1912, pp. 215-218 .

[68] Archivo RABASF, 4-60-3.

[69] Archivo RABASF, 2-47-3.

[70] *Gaceta de Madrid*, núm. 208, 27 de julio de 1913.

[71] *Gaceta de Madrid*, núm. 297, 24 de octubre de 1913.

[72] Archivo RABASF, 2-47-3.

[73] Miguel Jordán fue nombrado gobernador civil de Ciudad Real el 21 de diciembre de 1911 y permaneció en el cargo hasta su dimisión el 30 de octubre de 1913.

[74] Archivo RABASF, 2-47-3.

[75] Archivo RABASF, 2-47-3.

[76] https://www.cervantesvirtual.com/obra-visor/carta-de-eusebio-vasco-a-f-fita-enviando-la-descripcion-y-esbozos-de-tres-inscripciones-que-le-dejo-un-anticuario/html/

[77] https://www.cervantesvirtual.com/obra/carta-de-eusebio-vasco-a-f-fita-enviando-fotografia-de-un-cuadro-de-benito-crespi/ [Consultado el 27 de octubre de 2022].

[78] *Boletín de la Real Academia de la Historia*, tomo 66, marzo de 1915, pp. 290-295.

[79] *Gaceta de Madrid*, núm. 48, 17 de febrero de 1915.

[80] Archivo RABASF, 2-47-3.

[81] *Gaceta de Madrid*, núm. 64, 5 de marzo de 1915.

[82] Archivo RABASF, 2-47-3.

[83] *Legislación sobre el tesoro artístico de España*, Dirección General de Bellas Artes, 1957, pp.140-142.

[84] *Legislación sobre el tesoro artístico de España*, Dirección General de Bellas Artes, 1957, pp.142-143.

[85] https://www.cervantesvirtual.com/obra/antigedades-romanas-de-alarcos-0/ [Consultado el 27 de octubre de 2022].

[86] *Boletín de la Real Academia de la Historia*, tomo 69, diciembre de 1916, pp.566-568.

[87] Archivo RABASF, 6-78-46.

[88] Archivo RABASF, 3-527.

[89] Archivo RABASF, 4-60-3.

[90] *Catálogo Monumental de la provincia de Ciudad Real*, edición facsímil de 1972, p. 43.

[91] *Catálogo Monumental de la provincia de Ciudad Real*, edición facsímil de 1972, p. 49.

[92] *Catálogo Monumental de la provincia de Ciudad Real*, edición facsímil de 1972, p. 118.

[93] Catálogo Monumental de la provincia de Ciudad Real. Edición de 1972. pp. 70-71

[94] Catálogo Monumental de la provincia de Ciudad Real. Edición de 1972. p. 72

[95] Catálogo Monumental de la provincia de Ciudad Real. Edición de 1972. p. 93

[96] *Catálogo Monumental de la provincia de Ciudad Real*, edición facsímil de 1972, pp. 112-113

[97] *Catálogo Monumental de la provincia de Ciudad Real*, edición facsímil de 1972, p. 147

[98] *Catálogo Monumental de la provincia de Ciudad Real*, edición facsímil de 1972, p. 148

[99] *Gaceta de Madrid*, núm. 240, 28 de agosto de 1917.

[100] Archivo RABASF, 2-47-3.

[101] Archivo RABASF, 2-47-3.

[102] *Gaceta de Madrid*, núm. 24, 24 d e enero de 1919.

[103] *Gaceta de Madrid*, núm. 39, 8 de febrero de 1919.

[104] Archivo RABASF, 3-527.

[105] *Legislación sobre el tesoro artístico de España*, Dirección General de Bellas Artes, 1957, pp.152-154.

[106] *Gaceta de Madrid*, núm. 284, 1 de octubre de 1919, pp. 143-144.

[107] *Boletín de la Real Academia de la Historia,* tomo 74, mayo de 1919, p. 485.

[108] *Gaceta de Madrid*, núm. 222, 9 de agosto de 1920.

[109] *Legislación sobre el tesoro artístico de España*, Dirección General de Bellas Artes, 1957, pp.156-158.

[110] *Gaceta de Madrid*, núm. 79, 20 de marzo de 1921.

[111] *Gaceta de Madrid*, núm. 202, 21 de julio de 1921.

[112] *Legislación sobre el tesoro artístico de España*, Dirección General de Bellas Artes, 1957, pp.163-165.

[113] *Gaceta de Madrid*, núm. 63, 5 de marzo de 1922.

[114] Archivo RABASF, 2-47-3.

[115] Archivo RABASF, 2-47-3.

[116] *Gaceta de Madrid*, núm. 242, 30 de agosto de 1922.

[117] *Gaceta de Madrid*, núm. 289, 16 de octubre de 1922.

[118] *Gaceta de Madrid*, núm. 50, 19 de febrero de 1922.

[119] *Gaceta de Madrid*, núm. 246, 3 de septiembre de 1922.

[120] *Gaceta de Madrid*, núm. 315, 11 de noviembre de 1922.

[121] Archivo RABASF, 2-47-3.

[122] *Gaceta de Madrid*, núm. 10, 10 de enero de 1923.

[123] *Gaceta de Madrid*, núm. 72, 12 de marzo de 1924.

[124] *Gaceta de Madrid*, núm. 69, 9 de marzo de 1924.

[125] *Gaceta de Madrid*, núm. 128, 7 de mayo de 1924.

[126] *Gaceta de Madrid*, núm. 194, 12 de julio de 1924.

[127] *Gaceta de Madrid*, núm. 242, 29 de agosto de 1924.

[128] *Gaceta de Madrid*, núm. 330, 25 de noviembre de 1924.

[129] *Gaceta de Madrid*, núm. 80, 21 de marzo de 1925.

[130] *Gaceta de Madrid*, núm. 237, 25 de agosto de 1926.

[131] *Gaceta de Madrid*, núm. 303, 30 de octubre de 1926.

[132] *Gaceta de Madrid*, núm. 324, 20 de noviembre de 1926.

[133] *Gaceta de Madrid*, núm. 21, 21 de enero de 1927.

[134] *Gaceta de Madrid*, núm. 203, 22 de julio de 1927.

[135] *Gaceta de Madrid*, núm. 178, 26 de junio de 1928.

[136] *Gaceta de Madrid*, núm. 94, 4 de abril de 1929.

[137] *Gaceta de Madrid*, núm. 209, 28 de julio de 1929.

[138] *Legislación sobre el tesoro artístico de España*, Dirección General de Bellas Artes, 1957, pp. 223-226.

[139] *Gaceta de Madrid*, núm. 314, 10 de noviembre de 1929.

[140] *Gaceta de Madrid*, núm. 316, 12 de noviembre de 1929.

[141] *Gaceta de Madrid*, núm. 319, 15 de noviembre de 1929.

[142] *Gaceta de Madrid*, núm. 186, 5 de julio de 1930.

CAPÍTULO 10

[1] *El Pueblo Manchego*, 14 de marzo de 1931.

[2] *Gaceta de Madrid*, núm. 143, 23 de mayo de 1931.

[3] *Gaceta de Madrid*, núm. 148, 28 de mayo de 1931.

[4] *Gaceta de Madrid*, núm. 150, 30 de mayo de 1931.

[5] *Gaceta de Madrid*, núm. 155, 4 de junio de 1931.

[6] *Gaceta de Madrid*, núm. 185, 4 de julio de 1931.

[7] *Gaceta de Madrid*, núm. 189, 8 de julio de 1931.

[8] *Gaceta de Madrid*, núm. 195, 14 de julio de 1931.

[9] *Gaceta de Madrid*, núm. 192, 11 de julio de 1931.

[10] *Gaceta de Madrid*, núm. 195, 14 de julio de 1931.

[11] *Gaceta de Madrid*, núm. 224, 12 de agosto de 1931.

[12] *Gaceta de Madrid*, núm. 245, 2 de septiembre de 1931.

[13] Político republicano, periodista y catedrático y hermano del cineasta Miguel Morayta Martínez. Fue delegado provincial de Bellas Artes, diputado a Cortes por Ciudad Real y presidente de la Diputación Provincial de Ciudad Real.

[14] *Gaceta de Madrid*, núm. 346, 12 de diciembre de 1931.

[15] *Gaceta de Madrid*, núm. 148, 28 de mayo de 1931.

[16] *Gaceta de Madrid*, núm. 24, 24 de enero de 1932.

[17] *Gaceta de Madrid*, núm. 34, 3 de febrero de 1932.

[18] *Gaceta de Madrid*, núm. 84, 24 de marzo de 1932.

[19] *Gaceta de Madrid*, núm. 109, 18 de abril de 1932.

[20] *Gaceta de Madrid*, núm. 142, 21 de mayo de 1932.

[21] *Gaceta de Madrid*, núm. 239, 26 de agosto de 1932.

[22] *Gaceta de Madrid*, núm. 254, 10 de septiembre de 1932.

[23] *El Pueblo Manchego*, núm. 7.504, 31 de mayo de 1933.

[24] *Gaceta de Madrid*, núm. 145, 25 de mayo de 1933.

[25] *Gaceta de Madrid*, núm. 157, 6 de junio de 1933.

[26] *Gaceta de Madrid*, núm. 157, 6 de junio de 1933.

[27] *Gaceta de Madrid*, núm. 158, 7 de junio de 1933.

[28] *Gaceta de Madrid*, núm. 73, 14 de marzo de 1934.

[29] *Gaceta de Madrid*, núm. 74, 15 de marzo de 1934.

[30] *El Pueblo Manchego*, núm. 7.771, 20 de abril 1934.

[31] *El Pueblo Manchego*, núm. 7.799, 25 de mayo de 1934.

[32] *El Pueblo Manchego*, núm. 7.990, 3 de mayo de 1935.

[33] *El Pueblo Manchego*, núm. 7.826, 27 de junio de 1934.

[34] *El Pueblo Manchego*, núm. 7.833, 6 de julio de 1934.

[35] *El Pueblo Manchego*, núm. 7.869, 20 de agosto de 1934

[36] F. Álvarez-Ossorio, «El tesoro ibérico, de plata, procedente de Torre de Juan Abad (Ciudad Real)», *Archivo Español de Arqueología*, núm. XVIII, 1945, pp. 205-211. A. Clemente Pliego, *Tesoros encontrados en Castellar de Santiago y aledaños: de la leyenda a la realidad*, Madrid, Mitáforas, 2018.

[37] *Gaceta de Madrid*, núm. 46, 15 de febrero de 1935.

[38] Archivo RABASF, 5-141-1.

[39] *Legislación*, p. 272.

[40] *El Pueblo Manchego*, 14 de junio de 1935.

[41] *El Pueblo Manchego*, núm. 8.044, 9 de julio de 1935.

[42] *Gaceta de Madrid*, núm. 297, 24 de octubre de 1935.

[43] Archivo RABASF, 5-141-1

[44] *El Pueblo Manchego*, núm. 8.248, 9 de marzo de 1936 y núm. 8.260, 24 ded marzo de 1936.

[45] *Gaceta de Madrid*, 23 de febrero de 1936.

[46] *Gaceta de Madrid*, núm. 108, 17 de abril de 1936.

[47] *Gaceta de Madrid*, 10 de mayo de 1936.

[48] *Gaceta de Madrid*, núm. 163, 11 de junio de 1936.

[49] *Gaceta de Madrid*, núm. 157, 5 de junio de 1936.

[50] *BOE*, núm. 549, 23 de abril de 1938.

[51] *BOE*, núm. 10, 10 de julio de 1938.

[52] *BOE*, núm. 49, 18 de agosto de 1938, pp. 774-775.

[53] *BOE*, núm. 49, 18 de agosto de 1938.

[54] *BOE*, núm. 73, 14 de marzo de 1939.

CAPÍTULO 11

[1] AHPCR, 108880.

[2] *BOE*, núm. 13, 13 de enero de 1940.

[3] *BOE*, núm. 109, 18 de abril de 1940.

[4] *BOE*, núm. 134, 13 de mato de 1940.

[5] *BOE*, núm. 250, 6 de septiembre de 1940.

[6] *BOE*, núm. 304, 30 de octubre de 1940.

[7] *BOE*, núm. 119, 29 de abril de 1941.

[8] *BOE*, núm. 134, 14 de mayo de 1941.

[9] *BOE*, núm. 241, 29 de agosto de 1941.

[10] *BOE*, núm. 207, 26 de julio de 1942.

[11] *BOE*, núm. 146, 25 de mayo de 1944.

[12] *Boletín Oficial de la Provincia de Ciudad Real*, 28 de julio de 1944.

[13] *BOE*, núm. 199, 18 de julio de 1945.

[14] Biblioteca Virtual de Castilla-La Mancha, *Albores*, núm. 19, mayo de 1948, p. 3.

[15] https://aunamendi.eusko-ikaskuntza.eus/es/estavillo-villambrosa-deogracias/ar-45954/

[16] https://www.cervantesvirtual.com/portales/antigua_historia_y_arqueologia/obra-visor/oficio-dirigido-al-director-de-la-real-academia-de-la-historia en el que-se-comunica-el-hallazgo-de-un-yacimiento-arqueologico-en-la-sierra-del-manzaire/html/

[17] *BOE*, nº 363, 29 de diciembre de 1950.

[18] RABASF, 7-48-1.

[19] RABASF, 7-48-1.

[20] «El Corral de Comedias y la villa de Almagro», pp. 204-205.

[21] *BOE*, núm. 257, 13 de septiembre de 1952.

[22] *Lanza*, 19 de enero de 1953.

[23] *BOE*, núm. 182 , 1 de julio de 1953.

[24] *BOE*, núm. 177, 26 de junio de 1953.

[25] *BOE*, núm. 183, 2 de julio de 1953.

[26] *BOE*, 20 de septiembre de 1953.

[27] *BOE*, núm. 292, 19 de octubre de 1953.

[28] *BOE*, núm. 282, 24 de noviembre de 1960.

[29] *BOE*, 10 de agosto de 1957.

[30] *BOE*, núm. 351, 17 de diciembre de 1954.

[31] RABASF, 7-48-1.

[32] *BOE*, núm. 73, 14 de marzo de 1955.

[33] J. del Reguero González, «Cecilio Muñoz Fillol y la Comisaría Local de Excavaciones Arqueológicas de Valdepeñas en 1955», *Revista de Estudios del Campo de Montiel*, 2019, 6:25-44. DOI: https://doi.org/10.30823/recm.62019105

[34] *BOE*, núm. 195, 14 de julio de 1955.

[35] *BOE*, núm. 191, 10 de julio de 1955.

[36] *BOE*, núm. 2, 2 de enero de 1956.

[37] *BOE*, núm. 359, 25 de diciembre de 1955.

[38] Biblioteca Virtual de Castilla-La Mancha, *Lanza*, 6 de octubre de 1955.

[39] RABASF, 7-48-1.

[40] *BOE*, núm. 135, 14 de mayo de 1956.

[41] *BOE*, 10 de junio de 1956.

[42] *BOE*, núm. 160, 20 de junio de 1957.

[43] Biblioteca Virtual de Castilla-La Mancha, *Lanza*, 29 de enero de 1957.

[44] *BOE*, núm. 193, 13 de agosto de 1958.

[45] *BOE*, núm. 231, 26 de septiembre de 1959.

[46] *Efemérides manchegas*, p. 207.

[47] Archivo RABASF 5-281-2.

[48] *BOE*, núm. 52, 1 de marzo de 1960.

[49] *Boletín RABASF*, segundo semestre de 1960, núm. ll.

[50] *BOE*, núm. 143, 15 de junio de 1960.

[51] *BOE*, núm. 185, 3 de agosto de 1960.

[52] *Lanza*, 11 de noviembre de 1960.

[53] AHPCR, 108853.

[54] *BOE*, núm. 254, 24 de octubre de 1961.

[55] *BOE*, núm. 292, 7 de diciembre de 1961.

[56] RABASF, 7-48-1.

[57] Biblioteca Virtual de Castilla-La Mancha, *Lanza*, 2 de enero de 1962.

[58] *BOE*, núm. 59, 9 de marzo de 1962.

[59] *BOE*, núm. 101, 27 de abril de 1962.

[60] *BOE*, núm. 77, 30 de marzo de 1963.

[61] *BOE*, núm. 119, 18 de mayo de 1963.

[62] *BOE*, núm. 189, 6 de agosto de 1963.

[63] RABASF, 7-48-1.

[64] *BOE*, núm. 141,14 de junio de 1965.

[65] *BOE*, núm. 304, 19 de diciembre de 1964.

[66] Archivo RABASF, 5-360-1.

[67] AHPCR, 108853.

[68] Biblioteca Virtual de Castilla-La Mancha, *Lanza*, 17/8/1966.

[69] *BOE*, núm. 110, 9 de mayo de 1967.

[70] *BOE*, núm. 160, 5 de julio de 1975.

[71] Proyecto redactado en mayo de 1979 por Santiago Camacho Valencia, Exp. 76.0001 del Servicio de Cultura.

[72] *BOE*, núm. 125, 26 de mayo de 1969.

[73] *BOE*, núm. 290, 4 de diciembre de 1969.

[74] *BOE*, núm. 16, 19 de enero de 1970.

CAPÍTULO 12

[1] *Boletines de la RABASF*, primer semestre de 1969, núm. 28, y segundo semestre de 1970, núm. 31.

[2] Archivo RABASF, 5-360-1.

[3] Archivo RABASF, 5-360-1.

[4] *BOE*, núm. 84, 8 de abril de 1970.

[5] *BOE*, núm. 268, 9 de noviembre de 1970.

[6] *BOE*, núm. 98, 24 de abril de 1971.

[7] *BOE*, núm. 70, 22 de marzo de 1972.

[8] *BOE*, núm. 146, 19 de junio de 1972.

[9] *BOE*, núm. 172, 19 de julio de 1972.

[10] *BOE*, núm. 183, 1 de agosto de 1972.

[11] *BOE*, 16 de noviembre de 1972.

[12] RABASF, 7-48-1.

[13] MAN, Inventario, 1973/58/CLT/1.

[14] C. García Bueno, *Aportación al conocimiento de las inscripciones romanas de Fuencaliente*, Universidad de Huelva, 2010.

[15] Archivo RABASF, 5-360-1.

[16] *BOE*, núm. 27, 31 de enero de 1975.

[17] Revista *Oretum*, núm. 1.

[18] C. Fernández Ochoa y A. Caballero Klink, «Nuevo testimonio del culto a Júpiter en Hispania: el ara encontrada en Bolaños de Calatrava (Ciudad Real)», CuPAUAM: *Cuadernos de Prehistoria y Arqueología*, núm. 7-8, 1980-1981, pp. 169-172.

[19] G. Carrasco Serrano (coord.), *Religión y cultos en la Meseta sur de Hispania durante época romana*, Cuenca, Universidad de Castilla-La Mancha, 2021, p. 14.

[20] Revista *Oretum*, núm. 1 y 3.

[21] J. González Ortíz, *Notas sobre un yacimiento paleolitico de superficie localizado en el río Jabalón*.

[22] J. González Ortiz, *La necrópolis de Puertollano (Época tardorromana-tardorromanavisigoda, siglos IV-V d.C.)*, Puertollano, Ediciones G&G, 2013.

[23] BOE, núm. 151, 25 de junio de 1979.

[24] *BOE*, núm. 161, 6 de julio de 1979.

[25] *BOE*, núm. 194, 14 de agosto de 1979.

[26] *BOE*, num. 231, 27 de septiembre de 1982.

[27] *Oretum*, 1986, núm. 2.

[28] *BOE*, 9 de junio de 1982.

[29] Servicio de Cultura, Exp. 82.0001.

[30] *Oretum*, 1986, núm. 2.

[31] *Oretum*, 1986, núm. 2.

CAPÍTULO 13

[1] *BOE*, núm. 104, 2 de mayo de 1983.

[2] *BOE*, núm. 8, 10 de enero de 1984.

[3] *BOE*, núm. 155, 29 de junio de 1985.

[4] *BOE*, núm. 24, 28 de enero de 1986.

[5] *DOCM*,16 de mayo de 1989.

[6] *Tesela*, núm. 76, «Arqueología en Alcázar de San Juan. Sesenta años de intervenciones».

[7] *DOCM*, núm. 10, 10 de marzo de 1995.

[8] *DOCM*, núm. 19, 2 de mayo de 1997.

[9] *DOCM*, núm. 59, 11 de diciembre de 1998.

[10] *DOCM*, núm. 12, 5 de marzo de 1999.

[11] C. García Bueno, *Aportación al conocimiento de las inscripciones romanas de Fuencaliente*, Universidad de Huelva, 2010.

[12] I. Montero Ruiz, M. Fernández Rodríguez, B. Gómez Tubiom y A. Ontalba Salamanca, Espadas, «Puñales del Bronce Final: El depósito de armas de Puertollano (Ciudad Real)», *Gladius*, núm. XXII, 2002, pp. 5-28.

[13] L. A. Gómez Santos, «El asociacionismo como forma de gestión y protección del Patrimonio histórico: el caso de la Asociación Alhambra Tierra Roja», *Revista de Estudios del Campo de Montiel*, núm. extra 3, 2019, pp. 217-231.

[14] C. García Bueno, *Aportación al conocimiento de las inscripciones romanas de Fuencaliente*, Universidad de Huelva, 2010.

[15] J. M. Abascal, *Inscripciones de Agudo (Baetica, conventus Cordubensis) y Alhambra (Hispania citerior, conventus Carthaginiensis)*.

[16] *DOCM*, núm. 139, 17 de julio de 2012.

[17] *DOCM*, núm. 100, 24 de mayo de 2013.

[18] Servicio de Cultura, Exp. 14.0053, Informe de trabajos realizados por Juan Ángel Ruiz Sabina, Javier García Almarcha y Andrés Ocaña Carretón.

[19] G. Carrasco Serrano y J. Velaza Frías, «Ara votiva procedente de Malagón (Ciudad Real): un nuevo testimonio de culto a Marte en la Meseta Sur», *Hispania Antiqua*, 2015, núm. 39, pp. 143-148.

[20] *DOCM*, núm. 142, 21 de julio de 2016.

[21] Servicio de Cultura, Exp. 18.1157.

[22] Servicio de Cultura, Exp. 18.1210.

[23] A. M. Poveda Navarro y J. L. Fuentes Sánchez, «Inscripción monumental del episcopado visigodo de Oretum», *SALDVIE*, núm. 23 (2), 2023.

[24] C. García Bueno y A. M. Blanco Fraga, «Chillón (Ciudad Real) y su entorno. A propósito de la estela de guerrero de Valdelamoza (Chillón III)», *Sautuola*, núm. XXII, Instituto de Prehistoria y Arqueología «Sautuola», Santander, 2017, pp. 53-77.

[25] Servicio de Cultura, Exp. 18.2552.

[26] Servicio de Cultura, Exp. 19.0784.

[27] Servicio de Cultura, Exp. 19.0783.

[28] Servicio de Cultura, Exp. 20.0692.

[29] *DOCM*, núm. 54, 19 de marzo de 2021.

[30] Servicio de Cultura, Exp., 21.1591.

[31] Servicio de Cultura, Exp., 21.3281.

[32] Servicio de Cultura, Exp. 22.2035.

[33] *DOCM*, núm. 190, 3 de octubre de 2022.

[34] Servicio de Cultura, Exp. 23.1715.

[35] *DOCM*, núm. 144, 28 de julio de 2023.

[36] *DOCM*, núm. 228, 28 de noviembre de 2023.

ANEXOS

[1] Plan Nacional de Emergencias y Gestión de Riesgos en Patrimonio Cultural.

[2] I. Hervás y Buendía, *Diccionario…*

[3] Archivo Histórico Provincial de Ciudad Real, Comisión Provincial de Monumentos, 317918.

FUENTES Y BIBLIOGRAFÍA

1. FUENTES DOCUMENTALES

Archivo Histórico Nacional
Archivo Histórico Provincial
Archivo de la Diputación Provincial de Ciudad Real
Archivo de la Real Academia de Bellas Artes de San Fernando
Archivo de la Real Academia de la Historia
Archivo del Servicio de Cultura de la Delegación Provincial de Educación,
    Cultura y Deportes
Biblioteca Digital de Castilla-La Mancha
Biblioteca Digital de Castilla y León
Biblioteca Nacional
Biblioteca Virtual Miguel de Cervantes
Centro de Estudios de Castilla-La Mancha
Hemeroteca Digital de la Biblioteca Nacional de España
Instituto del Patrimonio Cultural de España
Portal de Archivos Españoles
Portal de Cultura de Castilla-La Mancha

2. BIBLIOGRAFÍA

ABASCAL PALAZÓN, J. M. y R. CEBRIÁN FERNÁNDEZ: *Manuscritos sobre antigüedades de la Real Academia de la Historia,* Madrid, Real Academia de la Historia, 2006

ABASCAL PALAZÓN, J. M.: *Dos pedestales ecuestres (CIL II 3230 y 3237) en el programa epigráfico del foro de Laminium (Alhambra, Ciudad Real. Hispania citerior)*, Santander, Universidad de Cantabria, 2017.

ALÍA MIRANDA, F.: *Ciudad Real durante la Dictadura de Primo de Rivera,* Ciudad Real, Instituto de Estudios Manchegos, 1986.

—: *La Guerra Civil en Ciudad Real (1936-1939). Conflicto y revolución en una provincia de la retaguardia republicana,* Ciudad Real, Biblioteca de Autores Manchegos, 2017.

—: *La ciudad subterránea. Cuevas, sótanos y refugios antiaéreos en Ciudad Real*, Ciudad Real, Cuarto Alto y Universidad de Castilla-La Mancha, 2021.

ÁLVAREZ GARCÍA, H.J. y MOLINA CAÑADAS, M.: *Plaza del Pilar*, Ciudad Real, Editorial Serendipia, 2018.

ÁLVAREZ GARCÍA, H. J., M. MOLINA CAÑADAS y J. I. de la TORRE ECHÁVARRI: *La ostentación del poder, metalurgia en la Prehistoria y Protohistoria*, Ciudad Real, Junta de Comunidades de Castilla-La Mancha, 2017.

ÁLVAREZ-OSSORIO, F.: «El tesoro ibérico, de plata, procedente de Torre de Juan Abad (Ciudad Real)», *Archivo Español de Arqueología*, núm. XVIII, 1945.

ARBELOA I RIGAU, J. V. M.: «La protección jurídica del patrimonio cultural y la fundación de la Sociedad Arqueológica Tarraconense en 18442, *Butlletí Arqueològic*, Reial Societat Arqueològica Tarraconense, núm. 41, 2019.

ASENSIO RUBIO, F.: *Nombres ilustres de Almagro*, Sevilla, Punto Rojo Libros, 2014.

BARCELÓ, C. y A. LABARTA: «Inscripción árabe en la ermita de Nuestra Señora de la Vega (Torre de Juan Abad, Ciudad Real)», *Vínculos de Historia*, núm. 8, 2019, pp. 216-231.

BARRAGÁN FERNÁNDEZ, B.: *50 personajes de Ciudad Real para la historia*, Ciudad Real, Biblioteca de Autores Manchegos, 2016.

BARREDA FONTES, J. M.: *Caciques y electores*, Ciudad Real, Instituto de Estudios Manchegos, 1986.

BARRANQUERO, J. J.: *Conventos de la provincia de Ciudad Real*, Ciudad Real, Biblioteca de Autores Manchegos, 2003.

BARROSO, R., A. MALALANA, J. MORÍN, I. SÁNCHEZ y D. URBINA: *Las ocupaciones humanas en el curso bajo del Cigüela. Las intervenciones arqueológicas en los yacimientos de Villajos Norte y Sur, Pozo Sevilla y Arroyo Valdespino. Los paisajes culturales en el valle del Cigüela*, Madrid, AUDEMA, 2014.

BENÍTEZ DE LUGO ENRICH, L.: *Las Motillas y el Bronce de La Mancha*, Valdepeñas, Anthropos, S.L., 2010.

BENÍTEZ DE LUGO ENRICH, L., G. ESTEBAN BORRAJO y P. HEVIA GÓMEZ: *Protohistoria y Antigüedad en la provincia de Ciudad Real (800 a.c-500 d.c.)*, Ciudad Real, Ediciones C&G, 2004.

BLANCO DE LA RUBIA, I. y J. MARTÍNEZ GARCÍA: *La Edad del Bronce en la Cuenca Baja del río Jabalón: estructuras tumulares y fortificaciones en altura, una complejidad manifiesta*, Universidad de Granada, 2022.

CALLE MARÍN, S. y M. E. SOTELO MARTÍN: «La paleografía en auxilio de la arqueología: la Academia Arqueológica y Geográfica del Príncipe Alfonso», *Revista de Historia de la Cultura Escrita*, Universidad de Alcalá. Servicio de Publicaciones, 1999, núm. 6, pp. 97-112

CALVO GÓMEZ, A.: *Crónicas de Almagro*, Ciudad Real, Ayuntamiento de Almagro y Diputación Provincial, 2021.

CAMPOS Y FERNÁNDEZ DE SEVILLA, F. J.: *Textos legales de las desamortizaciones eclesiásticas españolas y con ellas relacionados*, Estudios Superiores de El Escorial.

—: *Los pueblos de la provincia de Ciudad Real en las Relaciones Geográficas de Tomás López*, Madrid, Instituto Escurialense de Investigaciones Históricas y Artísticas, 2021.

—: *Los pueblos de Ciudad Real en las Relaciones Topográficas de Felipe II*, Ciudad Real, Diputación Provincial, 2009.

CARRASCO SERRANO, G. (coord..): *Religión y cultos en la Meseta sur de Hispania durante época romana,* Cuenca, Universidad de Castilla-La Mancha, 2021.

CARRASCO SERRANO G. y J. VELAZA FRÍAS: «Ara votiva procedente de Malagón (Ciudad Real): un nuevo testimonio de culto a Marte en la Meseta Sur», *Hispania Antiqua*, Universidad de Valladolid, núm. 39, 2015, pp. 143-148.

CASTELLANO LÓPEZ, J. A.: *Transición democrática y cambio político en Ciudad Real,* Ciudad Real, Biblioteca de Autores Manchegos, 2011.

CHAPARRO CONTRERAS, C.: *La memoria en plata. Una historia social de la fotografía en el Campo de Montiel (1863-1940)*, Ciudad Real, Biblioteca de Autores Manchegos, 2014.

CLEMENTE ESPINOSA, D.: *Arquitectura tradicional en La Mancha (provincia de Ciudad Real) a través de las fuentes documentales. Siglos XVI-XX*, tesis doctoral, Universidad de Castilla-La Mancha, 2016.

CLEMENTE PLIEGO, A.: *Tesoros encontrados en Castellar de Santiago y aledaños: de la leyenda a la realida*d, Madrid, Mitáforas, 2018

CIUDAD RUIZ, M. y A. MEJÍA GODEO: *La iglesia en Calzada de Calatrava. Estudio histórico-sociológico de una parroquia calatraveña (siglos XIII-XX)*, Ciudad Real, Intuición Grupo Editorial, 2006.

CORCHADO SORIANO, M.: *Avance de un estudio geográfico-histórico del Campo de Montiel*, Ciudad Real, Instituto de Estudios Manchegos, 1971.

DÍAZ ANDREU, M. y M. E. RAMÍREZ SÁNCHEZ: «La Comisaría General de Excavaciones Arqueológicas (1939-1955)», *Complutum*, núm. 12, 2001, pp. 325-343.

DÍEZ DE BALDEÓN, C.: *Almagro. Arquitectura y sociedad*, Toledo, Junta de Comunidades de Castilla-La Mancha, 1993.

DONOSO GARCÍA, S.: *Vida e imagen de las mujeres manchegas del siglo XVIII, Ciudad Real*, Instituto de la Mujer, Junta de Comunidades de Castilla-La Mancha, 2017.

FEIJOO GÓMEZ, A.: *La desamortización del siglo XIX en Castilla-La Mancha*, Toledo, Junta de Comunidades de Castilla-La Mancha, 1990.

FERMOSEL JIMÉNEZ, D. y J. M. SÁNCHEZ MELLADO: *Viaje de Cosme III de Médici por España y Portugal (1668-1669)*, Madrid, Miraguano, 2018.

FERNÁNDEZ ALMOGUERA, A.: «El proyecto para Carrizosa de Silvestre Pérez», *I Congreso Nacional Ciudad Real y su provincia*, tomo III.

FERNÁNDEZ RODRÍGUEZ, M.: *Las pinturas rupestres esquemáticas del Valle de Alcudia y Sierra Madrona*, Asociación para el Desarrollo Sostenible del Valle de Alcudia, 2003.

GALIANO Y ORTEGA, F.: *Documentos para la historia de Almagro*, edición facsímil, Ciudad Real, Biblioteca de Autores Manchegos, 2004.

GARCÍA MARTÍN, F.: *La comisión de monumentos de Toledo (1875-1931)*, Toledo, Ledoria, 2010.

GARCÍA-NOBLEJAS GARCÍA-NOBLEJAS, J. A.: *Manzanares: Guerra de la Independencia*, Ciudad Real, Instituto de Estudios Manchegos, 1982.

GARCÍA BUENO, C.: «Contribución al estudio de las primeras intervenciones arqueológicas realizadas en la villa romana del barrio de Santa María de Alcázar de San Juan (Ciudad Real)», *Tesela*, Alcázar de San Juan, Cuadernos de Patronato Municipal de Cultura, núm. 65.

GARCÍA CIUDAD, J. J.: *La iglesia quemada y la huelga de l aaceitun ade 1932*, Puertollano, Ediciones C&G, 2022.

GARCÍA FERNÁNDEZ, J.: *La regulación y la gestión del Patrimonio Histórico-Artístico durante la Segunda República (1931-1939)*, erph_: revista electrónica de patrimonio histórico, 1988, núm. 1, 2007.

GARCÍA HUERTA, M. R., F. J. MORALES HERVÁS y D. RODRÍGUEZ MORALES: *De la muerte a la eternidad: la necrópolis ibérica de Alarcos (Ciudad Real)*, Madrid, Síntesis, 2018.

—: *El cerro de Alarcos (Ciudad Real): formación y desarrollo de un oppidum ibérico*, Universidad de Castilla-La Mancha, 2020.

GÓMEZ FERNÁNDEZ, J.: *Historia de la Ciudad de Ciudad Real y extracto histórico de España y lista de sus Reyes, casamientos y muertes*, edición facsímil, Junta de Comunidades de Castilla-La Mancha y Ayuntamiento de Ciudad Real, 2010.

GÓMEZ TORRIJOS, L.: *La historia de Alhambra. La ciudad romana de Laminio*. Madrid, 2011.

GRUPO AL-BALATITA: *Los pueblos de la provincia de Ciudad Real a través de las descripciones del Cardenal Lorenzana*, Toledo, Caja de Ahorros de Toledo, 1985.

HERVÁS HERRERA, M. A. y J. B. SÁNCHEZ BERMEJO: *Molinos de La Mancha. Gigantes del Quijote*, Ciudad Real, Ayuntamiento de Campo de Criptana y Diputación Provincial, 2022.

HERVÁS Y BUENDÍA, I.: *Diccionario histórico, geográfico, biográfico y bibliográfico de la provincia de Ciudad Real*, edición facsímil, Ciudad Real, Biblioteca de Autores Manchegos, 2008.

HOSTA, J. de: *Crónica de la provincia de Ciudad Real*, edición facsímil, Ciudad Real, Biblioteca de Autores Manchegos, 2002.

JIMÉNEZ BALLESTA, J.: *El Campo de Montiel, 1808-1814, Guerra de la Independencia*, Madrid, Llanura, 2008.

—: *La villa de Torrenueva en su historia*, Ayuntamiento de Torrenueva, 2003.

—: *Torre de Juan Abad en su historia. La huella de Quevedo*, Ayuntamiento de Torre de Juan Abad, 2011.

JIMÉNEZ CANO, A.: *Historia del ferrocarril en Ciudad Real. Primera parte (1846-1941)*, Ciudad Real, Biblioteca de Autores Manchegos, 2020.

—: *Historia del ferrocarril en Ciudad Real. Segunda parte (1941-1992)*, Ciudad Real, Biblioteca de Autores Manchegos, 2023.

LACRUZ ALCOCER, M.: *Las Escuelas Normales de Maestros y Maestras de Ciudad Real, 1842-1936*, Ciudad Real, Biblioteca de Autores Manchegos, 2022.

LÓPEZ LÓPEZ, M. C.: *Los inicios del Renacimiento en la provincia de Ciudad Real*, Ciudad Real, Biblioteca de Autores Manchegos, 2016.

LÓPEZ-MAESTRE RUIZ, J.: *Paseos de arqueología romana por la provincia de Ciudad Real*, Ciudad Real, Biblioteca de Autores Manchegos, 2015.

—: *El Instituto de Ciudad Real y la Diputación de Ciudad Real. Una relación fructífera (1843-1910)*, Ciudad Real, Biblioteca de Autores Manchegos, 2023.

LÓPEZ-SALAZAR PÉREZ, C.: *El escultor López-Salazar*, Ciudad Real, Biblioteca de Autores Manchegos, 2020.

MALDONADO FELIPE, M. A.: *Rollos jurisdiccionales, horcas y picotas en la provincia de Ciudad Real*, Ciudad Real, Biblioteca de Autores Manchegos, 2022.

MANSILLA ESCUDERO, J. *Los diputados por Ciudad Real en la Segunda República*, Ciudad Real, Biblioteca de Autores Manchegos, 2015.

MAROTO GÓMEZ-PIMPOLLO, A.: *La Solana y las hoces, la Barcelona de La Mancha*, La Solana, Fundación Histórico-Cultural Paulino Sánchez Delgado, 2013.

MARTÍ GILABERT, F.: *La Desamortización española*, Madrid, Rialp, 2019.

MARTÍNEZ SOLARES, J. M. *Los efectos en España del terremoto de Lisboa (1 de noviembre de 1755),* Madrid, Dirección General del Instituto Geográfico Nacional, 2001.

MATEO SORIA, R. y J. I de la TORRE ECHÁVARRI: *La caza, un desafío en evolución*, Ciudad Real, IREC y Junta de Comunidades de Castilla-La Mancha, 2019.

MINGO LORENTE, A. de: *La Comisión de Arquitectura de la Real Academia de Bellas Artes de San Fernando y Castilla-La Mancha (1786-1808)*, tesis doctoral, Universidad de Castilla-La Mancha, 2021.

MOLINA CHAMIZO, P.: «Un espacio para la cultura: de la Academia General de Enseñanza Pérez Molina, al Museo de Ciudad Real (1895-2015)», *I Congreso Provincial, Ciudad Real y su provincia*, Ciudad Real, Instituto de Estudios Manchegos, 2015.

—: *De la fortaleza al templo. Arquitectura religiosa de la Orden de Santiago en la provincia de Ciudad Real (siglos XV.XVIII)*, Ciudad Real, Biblioteca de Autores Manchegos, 2006.

—: *Iglesias parroquiales del Campo de Montiel (1243-1515)*, Ciudad Real, Biblioteca de Autores Manchegos, 1994.

—: *Historia de dos parroquias, Nuestra Señora de la Paz y la Anunciación de Nuestra Señora, Corral de Calatrava siglos XV a XIX*, Ayuntamiento de Corral de Calatrava, 2021.

MONSALVE ROMERA, A.: *Excavaciones en el yacimiento de la Edad del Bronce del Cerro Bilanero (Alhambra, Ciudad Real),* tesis doctoral, Universidad de Granada.

MORALES GARCÍA, J. P.: *Imágenes para el recuerdo. Santa Cruz de Mudela.* Ciudad Real, Ayuntamiento de Santa Cruz de Mudela y Diputación Provincial, 1998.

MORENO DÍAZ DEL CAMPO, F. J. y M NOGUERAS ATANCE: *Torralba de Calatrava en el siglo XVIII. La primera villa manchega en el Catastro de la Ensenada*, Ciudad Real, Ayuntamiento de Torralba de Calatrava, 2004.

MOYA GARCÍA, C.: *Cirilo Vara y Soria (1820-1885), primer arquitecto provincial*, Ciudad Real, Biblioteca de Autores Manchegos, 2013.

—: *Espacios civiles y religiosos de Membrilla, en el paso del medievo a la modernidad, según los libros de visitas de la Orden de Santiago (1468-1500),* Ayuntamiento de Membrilla, 2011.

MOYANO GÓMEZ, A. y A. MOYANO ENRÍQUEZ DE SALAMANCA: *Ciudad Real 1810-2020. Dos siglos de transformaciones*, Ciudad Real, Biblioteca de Autores Manchegos, 2021.

MUÑOZ TORRES, J.: *Una historia, un pueblo: Villaharta de la Orden de San Juan*, Ayuntamiento de Villarta de San Juan, 2002.

NÁJERA COLINO, T.: *La Edad de Bronce en La Mancha occidental*, Universidad de Granada, 1982.

NEBREDA MARTÍN, L.: «La protección del patrimonio histórico-artístico durante la Segunda República: Análisis de documentación legal», *Revista General de Información y Documentación*, Madrid, Ediciones Complutense, 2018.

PALOMARES GARCÍA, V.: *Miguel Pérez Molina (1868-1939) y la Academia General de Enseñanza de Ciudad Real*, Ciudad Real, Biblioteca de Autores Manchegos, 2018.

PARRILLA ALCAIDE, C. y M. PARRILLA NIETO: *Linajes y blasones del Campo de Montiel*, Ciudad Real, Biblioteca de Autores Manchegos, 2003.

—: *Linajes y blasones de la provicia de Ciudad Real*, Ciudad Real, Biblioteca de Autores Manchegos, 2008.

PÉREZ FERNÁNDEZ, F.: *Efemérides Manchegas. 1ª serie, 1970*, Ciudad Real, Biblioteca de Autores Manchegos, 2012.

—: *Efemérides Manchegas. 2ª serie, 1975*, Ciudad Real, Biblioteca de Autores Manchegos, 2013.

PERIS SÁNCHEZ, D.: *Espacios del Barroco en Ciudad Real*, Ciudad Real, Biblioteca de Autores Manchegos, 2021.

—: *Paisaje e industria del territorio*, Ayuntamiento de Corral de Calatrava, 2022.

PERIS, D y J. RIVERO: *El Instituto de Colonización en Ciudad Real. Análisis y documentos*, Ciudad Real, Biblioteca de Autores Manchegos, 2014.

PLANCHUELO PORTALÉS, G.: *Estudio del Alto Guadiana y de la Altiplanicie del Campo de Montiel*, Ciudad Real, Instituto de Estudios Mancegos, 1954.

PORTUONDO Y LORET DE MOLA, B.: *Catálogo Monumental Artístico-Histórico de la Provincia de Ciudad Real*, edición facsímil, Ciudad Real, Biblioteca de Autores Manchegos, 2007.

PRADO SÁNCHEZ-CAMBRONERO, J. F.: *Conflictividad social y patrimonio en la provincia de Ciudad Real durante la II República (1931-1939)*, Ciudad Real, Biblioteca de Autores Manchegos, 2018.

RAMÍREZ DE ARELLANO, R.: *Tres obras sobre Ciudad Real*, edición facsímil, Ciudad Real, Biblioteca de Autores Manchegos, 2016

RAMÍREZ, M. P.: *Cultura y religiosidad popular en el siglo XVIII*, Ciudad Real, Biblioteca de Autores Manchegos, 1986.

RETUERCE VELASCO M., M. A. HERVÁS HERRERA y M. C. SÁNCHEZ DE LEÓN: *El Patio de Comedias de Torralba de Calatrava*, Ayuntamiento de Torralba de Calatrava, 2005.

ROMERO SALAS, H.: *El complejo funerario de Oreto y Zuqueca. Granátula de Calatrava*. Ciudad Real, Instituto de Estudios Manchegos, 2022.

RUBIO MARTÍNEZ, C. J.: *El Campo de Montiel en la Edad Media*, Ciudad Real, Biblioteca de Autores Manchegos, 2017.

SADÍA, J. M.: *El autoexpolio del patrimonio español. Cuando España malvendió su arte*, Córdoba, Almuzara, 2022.

SÁNCHEZ LILLO, J.: *Ciudad Real medieval. Hipótesis sobre la pervivencia del legado alfonsí*, Ciudad Real, Fundación El Monte, 2007.

SÁNCHEZ MOLINA, C.: *Estudios sobre Infantes y el Campo de Montiel*, Círculo Rojo, 2022.

SAÚCO JIMÉNEZ, A.: *Ceferino Saúco Díez (1851-1915), su paso por las Reales Academias,* Málaga, edición del autor, 2022.

SEGURA SEGURA, J. M. (comp.): *Ciudad Real en la pluma de cinco cronistas*, Ciudad Real, Biblioteca de Autores Manchegos, 2016.

PÉREZ GARZÓN, J. S.: «Curas y liberales en la revolución burguesa», *Ayer*, núm. 27, 1997 (ejemplar dedicado a *El anticlericalismo*), pp. 67-100.

TAFALLA BROTONS, J.: «*Albores*». *Una revista cervantina y manchega de los años 40*, Ciudad Real, Biblioteca de Autores Manchegos, 2019.

TRUJILLO VALDERAS, J. J.: *Minas de San Quintín (1884-1934)*, Ciudad Real, Biblioteca de Autores Manchegos, 2016.

VALLE CALZADO, A. R. del: *Desamortización eclesiástica en la provincia de Ciudad Real*, Cuenca, Universidad de Castilla-La Mancha, 1995.

—: *La desamortización de Madoz en la provincia de Ciudad Real*, Ciudad Real, Instituto de Estudios Manchegos, 1997.

—: *La transición en femenino. Mujer y feminismo en la provincia de Ciudad Real, 1970-1983*, Ciudad Real, Biblioteca de Autores Manchegos, 2021.

VILLAR GARRIDO, J. y A. VILLAR GARRIDO: *La Guerra de la Independencia en Castilla-La Mancha, testigos extranjeros,* Toledo, Junta de Comunidades de Castilla-La Mancha, 2008.

VILLEGAS DÍAZ, L. R.: «Religiosidad popular y fenómeno repoblador de la Mancha», en *Devoción Mariana y Sociedad Medieval*, Ciudad Real, Instituto de Estudios Manchegos, 1988, p. 26.

VILLENA ESPINOSA, R.: *Revolución Democrática y Administración Provincial. La Diputación de Ciudad Real, 1868-1874*, Ciudad Real, Bibloteca de Auutores Manchegos, 1995.

—: *El Sexenio Democrático en la España rural*, Ciudad Real, Instituto de Estudios Manchegos, 2005.

VV.AA.: *Historia de la Iglesia en Castilla-La Mancha*, Ciudad Real, Almud Ediciones, 2010.

VV.AA.: *Atempora. Ciudad Real 2023. Un legado de 350.000 años*, Ciudad Real, Fundación Impulsa Castilla-La Mancha, 2023.

VV.AA.: *Educación, Ciencia y Cultura en España: Auge y colapso (1907-1940). Pensionados de la JAE*, Ciudad Real, Almud Ediciones y Centro de Estudios de Castilla-La Mancha, 2012.

VV.AA.: *Guía del Patrimonio Cultural de Castilla-La Mancha*, Toledo, Junta de Comunidades de Castilla-La Mancha, 2011.

VV.AA.: *Arqueología en Ciudad Real*, Toledo, Junta de Comunidades de Castilla-La Mancha, 1994.

VV.AA.: *Investigaciones arqueológicas en Castilla-La Mancha, 1996-2002*, Toledo, Junta de Comunidades de Castilla-La Mancha, 2004.

VV.AA.: *La Meseta Sur entre la tardía antigüedad y la Alta Edad Media*, Toledo, Junta de Comunidades de Castilla-La Mancha, 2017.

VV.AA.: *Catálogo de fotografías de antigüedades y monumentos de la Real Academia de la Historia*, Madrid, Imprenta Nacional de la Agencia Estatal Boletín Oficial del Estado, 2017.

VV.AA.: *Las Comisiones de Monumentos y las Sociedades Arqueológicas como instrumentos para la construcción del pasado europeo*, Universidad de Sevilla, 2021.

VV.AA.: *Un Convento, un Instituto, un Museo*, Ciudad Real, Junta de Comunidades de Castilla-La Mancha, 2005.

VV.AA.: *Historia del arte de Castilla-La Mancha en el siglo XX*, Toledo, Junta de Comunidades de Castilla-La Mancha, 2003.

VV.AA.: *La provincia de La Mancha y la Constitución de 1812*, Cuenca, Universidad de Castilla-La Mancha, 2021.

VV.AA.: *Cultura en Castilla-La Mancha en el siglo XX*, Ciudad Real, Biblioteca Añil, 2007.

VV.AA.: *Castilla-La Mancha en su historia*, Ciudad Real, Junta de Comunidades de Castilla-La Mancha, 2009.

VV.AA.: *Ceferino Saúco Díez 1851-1915*, Ciudad Real, Almud Ediciones y Centro de Estudios de Castilla-La Mancha, 2012.

VV.AA.: *El Corral de Comedias y la Villa de Almagro*. Toledo, Fundación Cultura y Deporte, JCCM, 2002.

VV.AA.: *Devoción mariana y sociedad medieval*, Ciudad Real Instituto de Estudios Manchegos, 1988.

VV.AA.: *Pedro Echevarría Bravo. Músicas y Etnomusicología en La Mancha*, Ciudad Real, Centro de Estudios del Campo de Montiel, 2019.

VV.AA.: *El Catálogo Monumental de España (1900-1961). Investigación, restauración y difusión*, Catálogo de Publicaciones de la AGE.

VV.AA.: *175 años enseñando. El IES Maestro Juan de Ávila, un instituto histórico*, Ciudad Real, Instituto de Estudios Manchegos, 2020.

VV.AA.: *El Palacio Provincial y su época*, Ciudad Real, Biblioteca de Autores Manchegos, 2019.

VV.AA.*: I Congreso de Historia de Castilla-La Mancha*, Talavera de la Reina, Junta de Comunidades de Castilla-La Mancha, 1988.

VV.AA.: *I y II Congreso Nacional, Ciudad Real y su provincia*, Ciudad Real, Instituto de Estudios Manchegos, 2016.

VV.AA.: *V Congreso Internacional de Molinología, actas*, Ciudad Real, Junta de Comunidades de Castilla-La Mancha, 2009.

VV.AA.: *Jornadas de arqueología de Ciudad Real en la Universidad Autónoma de Madrid*, Toledo, Junta de Comunidades de Castilla-La Mancha, 1994.

VV.AA.: *Historia de Torralba de Calatrava II*. Ayuntamiento de Torralba de Calatrava, 2008.

VV.AA.: *El templo de la Asunción de Manzanares. Su historia y evolució*n, Manzanares. Dos Emes, 2022.

VV.AA.: *Legislación sobre el tesoro artístico de España,* Madrid, Dirección General de Bellas Artes, 1957.

VV.AA.: *Arqueología de Castilla-La Mancha. Actas de las I Jornadas*, Cuenca, Universidad de Castilla-La Mancha, 2007.

VV.AA.: *VII, VIII y IX Semanas de Historia de Puertollano*, Ciudad Real, Biblioteca de Autores Manchegos, 1989.

VV.AA.: *Vía Civitas. Una ciudad en la historia*, Ayuntamiento de Ciudad Real, 2021.

VV.AA.: *¿Cuánto valen los platos rotos? Teoría y práctica de la valoración de bienes arqueológicos*, Madrid, Asociación JAS Arqueología, 2021.

SIGLAS

AHN	Archivo Histórico Nacional
AHP	Archivo Histórico Provincial
BNE	Biblioteca Nacional de España
BOE	*Boletín Oficial del Estado*
BOP	*Boletín Oficial de la Provincia de Ciudad Real*
BPE	Biblioteca Pública del Estado
CECLM	Centro de Estudios de Castilla-La Mancha
GM	*Gaceta de Madrid*
IEM	Instituto de Estudios Manchegos
IPCE	Instituto de Patrimonio Cultura de España
JCCM	Junmta de Comunidades de Castilla-La Mancha
MAN	Museo Arqueológico Nacional
RABASF	Real Academia de Bellas Artes de San Fernando
RAH	Real Academia de la Historia
RD	Real Decreto
RO	Real Orden
ROC	Real Orden Circular
UCLM	Universidad de Castilla-La Mancha
UCM	Universidad Complutense de Madrid
UNED	Universidad Nacional de Educación a Distancia

ÍNDICE DE TABLAS

OTROS TÍTULOS DE ESTA COLECCIÓN